2021
中国工业统计年鉴

CHINA INDUSTRY STATISTICAL YEARBOOK

国家统计局工业统计司 编

Compiled by Department of Industry Statistics,
National Bureau of Statistics of China

中国统计出版社
China Statistics Press

图书在版编目（CIP）数据

中国工业统计年鉴. 2021 / 国家统计局工业统计司编. -- 北京 : 中国统计出版社, 2021.11
ISBN 978-7-5037-9729-3

Ⅰ. ①中… Ⅱ. ①国… Ⅲ. ①工业统计—中国—2021—年鉴 Ⅳ. ①F42-54

中国版本图书馆 CIP 数据核字(2021)第 238894 号

中国工业统计年鉴-2021

编　　者/国家统计局工业统计司
责任编辑/许立舫
封面设计/张　冰
出版发行/中国统计出版社有限公司
通信地址/北京市丰台区西三环南路甲 6 号　邮政编码/100073
发行电话/邮购（010）63376909　书店（010）68783171
网　　址/http://www.zgtjcbs.com/
印　　刷/河北鑫兆源印刷有限公司
经　　销/新华书店
开　　本/880mm×1230mm　1/16
字　　数/876 千字
印　　张/28
版　　别/2021 年 11 月第 1 版
版　　次/2021 年 11 月第 1 次印刷
定　　价/580.00 元

《中国工业统计年鉴—2021》
编辑出版人员

顾　　问： 宁吉喆　蔺　涛

总 编 辑： 卢　山

副总编辑： 江　源　朱　虹　杨玉民

编　　委： 刘玉麒　隋秀芹　于卫宁　陈颖婷　孙　晓　王　新
董咏梅　万舒晨　李　阳

编辑主任： 孙　晓

编辑人员：（按姓氏笔画排列）
王　力　王显坤　庄　妍　刘　畅　刘　瑛　刘佳柔
刘耀东　安妮娜　李　倩　李晓冬　杨　佳　吴清华
余传鑫　赵林琳　徐　佳　冀鲁豫

执行编辑： 徐　涛　蒋　睿　王　帅

编 者 说 明

一、《中国工业统计年鉴—2021》是一部全面反映中国工业经济发展情况的资料性年刊，系统地收录了2020年全国各经济类型、各工业行业和各省、自治区、直辖市等工业经济统计数据，以及主要指标历史数据。

二、全书包括四大部分内容：综合数据、分行业数据、分地区数据和附录。主要反映中国工业经济的发展、中国工业经济的行业结构、中国工业经济的地区布局，以供社会各界了解和研究我国工业经济发展情况使用和参考。

三、本书所涉及的全国工业统计数据均未包括香港特别行政区、澳门特别行政区和台湾地区的数据。1997年及以前，我国工业统计范围按隶属关系划分；1998年及以后年份按企业规模划分，其中，1998年至2006年为全部国有及年主营业务收入在500万元及以上非国有工业企业，2007年至2010年为年主营业务收入在500万元及以上的工业企业，2011年及以后年份为年主营业务收入在2000万元及以上的工业企业。

目　　录

一、综合数据

二、分行业数据

三、分地区数据

四、附录

一、综合数据

1-1 分登记注册类型规模以上

分　组	企业单位数(个)	资产总计	固定资产净　额	固定资产原　价	累计折旧	流动资产合　计
总　　计	**399375**	**1303499.30**	**353369.87**	**684983.51**	**311548.48**	**648817.50**
一、按登记注册类型分组:						
内资企业	356349	1055072.40	295272.09	557526.00	245321.04	499671.10
国有企业	2494	43423.56	22267.01	43492.91	20769.49	12352.08
中央企业	643	32116.82	18369.04	36388.21	17852.42	7657.76
地方企业	1851	11306.73	3897.97	7104.70	2917.08	4694.31
集体企业	1001	1726.91	234.36	622.83	349.95	763.88
股份合作企业	761	669.57	133.47	306.37	161.38	400.66
联营企业	98	232.36	63.77	93.82	28.61	116.56
国有联营企业	39	88.18	29.15	45.03	15.03	48.42
集体联营企业	15	15.17	3.72	6.36	2.61	8.45
国有与集体联营企业	15	18.05	5.43	10.53	4.92	8.46
其他联营企业	29	110.95	25.47	31.91	6.04	51.24
有限责任公司	57005	478896.19	160198.04	290438.88	123732.44	195428.04
国有独资公司	4169	130523.39	45603.46	91139.30	44261.83	38908.19
其他有限责任公司	52836	348372.80	114594.58	199299.58	79470.61	156519.84
股份有限公司	8427	185000.73	38352.89	83165.62	42812.14	84803.65
私营企业	286430	345022.79	73993.65	139353.84	57447.24	205754.08
私营独资企业	9634	4940.37	1202.85	2411.56	910.73	2635.83
私营合伙企业	1543	832.80	200.38	408.31	165.12	414.66
私营有限责任公司	262254	291320.23	65320.98	122585.73	50199.11	174318.54
私营股份有限公司	12999	47929.39	7269.44	13948.24	6172.27	28385.05
其他企业	133	100.31	28.90	51.72	19.78	52.16
港、澳、台商投资企业	19746	107263.30	24194.41	51855.87	26332.36	63583.30
合资经营企业(港或澳、台资)	5325	44351.94	10369.99	20195.63	9475.42	25778.04
合作经营企业(港或澳、台资)	284	1086.01	284.41	788.67	427.46	628.36
港澳台商独资经营企业	13471	53387.52	12420.28	28638.62	15376.20	32708.67
港澳台商投资股份有限公司	513	7777.81	1006.41	2037.67	980.20	4047.90
其他港澳台商投资企业	153	660.02	113.32	195.29	73.08	420.33
外商投资企业	23280	141163.60	33903.37	75601.64	39895.08	85563.10
中外合资经营企业	7148	60828.87	15624.87	33416.67	16961.07	34410.98
中外合作经营企业	311	1998.96	406.81	1141.57	721.29	1148.47
外资企业	15235	68904.39	16391.08	38076.56	20826.88	45101.84
外商投资股份有限公司	402	8514.36	1308.12	2623.06	1237.34	4327.88
其他外商投资企业	184	917.01	172.48	343.78	148.50	573.93
二、在总计中:亏损企业	62948	231157.92	73667.69	144858.49	65458.19	98377.88
在总计中:国有控股企业	22072	500460.95	180955.80	352740.35	165073.51	177774.42
在总计中:大型企业	8020	604454.88	168430.50	346021.28	171769.85	276672.06
中型企业	39025	293324.35	78737.45	148487.74	66422.53	151840.57
小型企业	352330	405720.07	106201.92	190474.49	73356.10	220304.87

工业企业主要经济指标

单位：亿元

应收账款	存货	产成品	负债合计	流动负债合计	应付账款	所有者权益合计	实收资本	国家资本	集体资本
167496.23	**125903.81**	**46626.50**	**735385.85**	**559569.17**	**160756.98**	**566379.65**	**280495.93**	**67260.99**	**4116.96**
122096.54	98189.52	36010.10	601672.04	448257.50	116040.42	451964.28	222776.28	63435.82	3725.64
2517.77	2664.34	556.16	25876.21	16691.58	4952.83	17511.51	11169.73	5831.13	43.74
1632.11	1860.36	300.86	18666.87	12196.37	3930.29	13449.95	8608.37	4159.47	2.61
885.66	803.98	255.30	7209.34	4495.21	1022.55	4061.56	2561.36	1671.66	41.13
212.26	134.93	76.16	1039.76	764.29	157.72	671.02	238.39	1.85	190.03
138.41	77.43	35.22	339.32	294.33	81.57	327.98	107.12	3.04	7.03
31.95	21.84	14.00	152.36	94.85	28.34	80.00	62.82	8.89	1.27
16.52	7.72	4.24	55.81	40.42	15.92	32.37	24.53	5.65	0.63
1.37	1.47	0.77	10.71	5.83	1.16	4.46	1.44		0.49
2.77	1.66	1.20	10.58	4.31	0.80	7.47	3.60	0.67	0.15
11.28	10.99	7.79	75.25	44.29	10.47	35.70	33.25	2.56	
42496.42	36365.08	11196.41	286404.65	199963.75	51217.82	192273.72	114658.52	49386.38	1683.11
6309.06	6639.25	1527.91	70051.02	46739.38	10591.38	60413.35	38394.23	28570.07	63.25
36187.36	29725.82	9668.50	216353.64	153224.37	40626.44	131860.37	76264.29	20816.31	1619.86
16525.54	13785.14	4834.81	89526.13	67854.20	18145.75	95351.98	30372.46	7607.95	712.61
60158.67	45126.93	19293.68	198275.49	162553.62	41445.64	145706.96	66142.67	595.59	1087.36
894.36	504.13	240.39	2601.91	1954.38	571.51	2264.02	1012.75	8.51	9.79
119.78	85.51	47.14	415.48	322.02	95.82	401.71	167.07	0.15	3.21
52176.28	38813.22	16555.14	172928.70	142434.39	35863.23	117526.47	57287.29	548.33	907.65
6968.26	5724.06	2451.01	22329.41	17842.82	4915.08	25514.77	7675.56	38.60	166.71
15.51	13.84	3.66	58.12	40.88	10.74	41.12	24.57	1.00	0.49
20109.29	10975.95	4287.77	58657.52	48567.61	19170.94	48499.32	22624.99	1380.57	163.04
6834.90	3669.25	1478.56	26111.92	21319.75	6759.54	18205.64	8518.31	1070.33	94.86
132.82	119.47	26.30	540.46	417.04	115.84	545.55	248.50	27.06	2.32
11997.48	6448.15	2437.73	28613.51	24065.76	11443.14	24702.22	12306.24	231.46	48.65
1046.92	691.63	332.57	3072.92	2488.56	800.07	4704.89	1368.66	44.17	15.16
97.17	47.46	12.61	318.71	276.50	52.35	341.03	183.27	7.55	2.04
25290.40	16738.35	6328.63	75056.28	62744.06	25545.62	65916.05	35094.66	2444.59	228.29
8071.35	6315.48	2508.61	33974.47	27722.28	10372.24	26744.47	14208.81	1871.00	167.76
358.51	250.85	102.02	1025.68	775.64	244.73	973.63	403.22	92.80	22.27
15910.32	9214.05	3353.22	35330.57	30549.51	13860.87	33489.98	19063.02	365.13	22.83
774.04	844.37	317.89	4185.71	3246.81	909.02	4328.25	1200.47	104.18	13.38
176.18	113.60	46.89	539.85	449.83	158.76	379.72	219.14	11.48	2.06
22545.70	20473.08	8091.82	166584.33	121853.54	29944.06	64224.17	64210.37	13634.92	1043.22
32849.01	32479.16	8933.45	289136.95	195320.60	49532.24	211176.28	118431.52	62905.92	806.46
60103.29	50883.07	16173.20	335924.19	256305.47	79653.73	268474.50	118524.50	43610.47	1021.30
38406.36	30564.97	12185.63	162374.97	129226.71	37440.53	130942.44	62168.15	10693.00	1149.37
68986.58	44455.78	18267.67	237086.69	174036.99	43662.72	166962.71	99803.29	12957.52	1946.29

1-1 续表

分组	法人资本	个人资本	港澳台资本	外商资本	营业收入	营业成本
总　　计	**122411.84**	**47751.09**	**14611.60**	**24409.13**	**1083658.43**	**903752.49**
一、按登记注册类型分组:						
内资企业	108442.14	46222.16	426.88	597.12	840469.82	701291.50
国有企业	5123.55	43.39	6.24	117.03	25169.89	21695.83
中央企业	4335.40	7.04	2.84	101.01	19263.19	16600.04
地方企业	788.15	36.35	3.40	16.02	5906.70	5095.79
集体企业	31.03	15.36	0.12		1338.26	1145.62
股份合作企业	36.10	60.91			686.15	580.18
联营企业	44.20	7.60	0.13	0.74	152.90	129.56
国有联营企业	13.02	4.49		0.74	69.47	58.77
集体联营企业	0.77	0.17			14.82	11.77
国有与集体联营企业	1.81	0.98			13.80	10.62
其他联营企业	28.60	1.96	0.13		54.81	48.40
有限责任公司	57543.88	5878.92	103.93	174.94	299936.61	247056.35
国有独资公司	9715.47	38.01	1.72	5.69	64094.74	53686.96
其他有限责任公司	47828.42	5840.90	102.21	169.24	235841.87	193369.39
股份有限公司	14868.07	6732.28	213.86	226.86	99526.28	78898.45
私营企业	30780.01	33477.46	102.60	76.01	413564.00	351705.62
私营独资企业	534.02	458.28	1.65	0.23	8017.77	6913.60
私营合伙企业	70.17	93.28	0.14	0.12	1430.06	1185.68
私营有限责任公司	27204.76	28439.15	92.59	71.99	371165.29	318063.98
私营股份有限公司	2971.06	4486.75	8.22	3.66	32950.88	25542.37
其他企业	15.31	6.24		1.55	95.71	79.89
港、澳、台商投资企业	5197.37	817.32	13118.95	1946.62	95890.75	80385.00
合资经营企业(港或澳、台资)	3388.83	404.07	2949.36	610.07	35669.02	30058.15
合作经营企业(港或澳、台资)	101.40	8.00	88.84	20.87	1183.47	956.20
港澳台商独资经营企业	1120.39	174.50	9564.00	1166.91	54437.59	45824.14
港澳台商投资股份有限公司	541.84	217.14	448.41	101.94	4281.55	3307.19
其他港澳台商投资企业	44.91	13.61	68.34	46.83	319.12	239.32
外商投资企业	8772.33	711.61	1065.77	21865.39	147297.86	122075.99
中外合资经营企业	6009.53	393.57	320.86	5445.78	63397.76	52043.64
中外合作经营企业	83.01	2.65	34.67	167.83	1696.51	1275.64
外资企业	2069.61	177.94	670.26	15750.88	76098.70	63744.99
外商投资股份有限公司	503.58	129.97	33.93	415.42	5273.39	4306.77
其他外商投资企业	106.60	7.47	6.05	85.48	831.51	704.95
二、在总计中:亏损企业	32621.22	8681.14	3153.57	5247.72	120228.45	111612.52
在总计中:国有控股企业	50216.77	2161.98	555.02	1909.88	279606.80	229113.53
在总计中:大型企业	52295.24	7535.91	5397.55	8853.09	451853.09	373843.73
中型企业	29143.31	9998.35	4365.07	6738.40	243175.26	199847.25
小型企业	40973.29	30216.82	4848.98	8817.64	388630.07	330061.51

单位：亿元

销售费用	管理费用	财务费用		投资收益（损失以"–"号记）	营业利润	利润总额	亏损企业亏损额	平均用工人数（万人）
			利息费用					
30777.84	**58274.73**	**11687.65**	**11141.58**	**6574.61**	**66461.67**	**68465.01**	**10036.02**	**7756.09**
22631.89	45756.71	10410.89	9687.26	5129.34	48639.65	50297.61	8304.94	6084.11
232.97	1137.87	407.91	418.13	114.68	563.69	639.08	386.46	157.37
114.30	799.21	304.32	315.65	51.18	346.96	405.40	222.11	103.66
118.67	338.66	103.58	102.48	63.50	216.73	233.68	164.35	53.71
28.12	78.95	8.94	5.62	3.56	64.45	67.69	11.54	17.47
20.62	43.32	7.64	6.07	1.77	31.52	34.75	5.84	8.05
3.36	11.11	2.37	1.95	0.17	7.75	8.48	2.58	1.60
1.06	4.26	1.12	1.13		4.03	4.06	1.28	0.66
0.26	0.74	0.01	0.02		1.78	1.80	0.09	0.29
0.52	0.66	0.37	0.11		1.56	1.55	0.16	0.17
1.51	5.45	0.87	0.69	0.17	0.39	1.06	1.06	0.48
7134.87	16002.93	5016.96	5197.70	1689.27	17155.18	17697.50	4165.90	1726.50
712.69	2736.73	1110.90	1201.36	746.56	3003.88	3078.76	893.76	303.99
6422.17	13266.20	3906.05	3996.34	942.71	14151.31	14618.75	3272.15	1422.52
3852.07	6522.41	1247.38	1502.42	2553.80	7907.27	8041.24	1486.01	597.66
11356.68	21954.84	3718.85	2554.98	766.09	22903.66	23800.48	2245.18	3574.36
176.68	324.09	53.03	27.30	-9.15	462.80	467.64	23.50	77.46
39.47	67.29	9.07	3.59	-12.93	88.32	87.96	4.91	16.03
9541.53	19071.62	3232.19	2185.25	274.49	19127.38	19919.75	1982.07	3187.85
1599.00	2491.85	424.56	338.85	513.68	3225.16	3325.13	234.70	293.03
3.22	5.29	0.83	0.39	0.01	6.12	8.40	1.43	1.09
2819.53	4792.20	688.31	720.07	696.54	7178.74	7332.41	571.38	823.27
975.89	1616.24	323.34	398.55	267.34	2549.56	2570.36	217.45	238.17
22.74	53.63	10.46	9.33	2.53	102.84	103.64	6.87	9.10
1591.79	2775.82	291.62	262.78	308.60	4005.15	4136.87	294.74	532.49
215.02	320.65	58.43	46.09	115.16	482.69	482.17	48.58	40.20
14.09	25.85	4.46	3.32	2.93	38.49	39.38	3.74	3.31
5326.42	7725.82	588.45	734.25	748.73	10643.28	10834.99	1159.70	848.71
2175.62	3285.25	247.42	347.97	495.04	4872.87	4897.18	599.24	262.45
129.22	76.85	12.22	17.22	3.95	191.57	200.27	8.93	10.66
2727.38	4027.81	262.86	295.87	136.42	5126.42	5284.49	496.02	543.23
267.76	286.22	59.86	68.68	113.45	417.86	417.16	41.06	26.66
26.44	49.68	6.10	4.52	-0.13	34.56	35.90	14.45	5.71
2992.26	8470.52	3141.48	2864.36	-104.48	-10374.79	-10036.02	10036.02	1239.39
5386.63	13932.08	4821.04	5456.99	2749.16	15005.95	15346.08	4707.70	1382.80
12658.08	23051.51	4179.33	5117.77	4415.27	28678.20	29084.96	3642.84	2500.61
7744.39	13667.86	2965.28	2675.78	1311.14	17560.37	18113.60	2710.15	2081.99
10375.37	21555.35	4543.03	3348.03	848.21	20223.10	21266.45	3683.04	3173.49

1-2 分行业规模以上工业企业主要效益指标

行业	营业收入利润率(%)	人均营业收入(万元/人)	每百元资产实现的营业收入(元)	资产负债率(%)	产成品存货周转天数(天)	应收账款平均回收期(天)
总计	**6.32**	**139.72**	**83.13**	**56.42**	**18.57**	**55.64**
煤炭开采和洗选业	10.67	77.07	34.87	67.94	12.87	44.76
石油和天然气开采业	3.94	110.23	30.95	47.16	6.13	21.03
黑色金属矿采选业	8.96	147.07	35.72	58.21	19.09	41.15
有色金属矿采选业	14.07	100.16	43.83	57.48	26.51	33.42
非金属矿采选业	9.94	123.90	64.27	50.36	22.46	43.61
开采专业及辅助性活动	0.78	72.65	68.37	63.36	3.09	85.97
其他采矿业	4.86	84.30	69.40	67.06	23.38	79.41
农副食品加工业	4.60	174.82	155.13	57.50	18.05	21.24
食品制造业	8.85	110.80	111.69	48.98	19.30	34.92
酒、饮料和精制茶制造业	16.67	130.27	77.91	41.84	35.37	25.88
烟草制品业	10.05	686.99	102.97	21.02	21.87	9.39
纺织业	5.27	82.05	115.35	55.82	27.24	41.69
纺织服装、服饰业	5.20	52.56	123.45	50.21	27.42	47.31
皮革、毛皮、羽毛及其制品和制鞋业	6.31	56.01	153.15	46.83	17.84	38.63
木材加工和木、竹、藤、棕、草制品业	4.56	96.30	168.05	55.40	17.83	35.01
家具制造业	6.61	63.42	111.85	56.59	21.16	52.64
造纸和纸制品业	6.66	133.21	87.08	58.05	17.17	50.61
印刷和记录媒介复制业	6.81	72.38	104.03	45.83	17.68	59.34
文教、工美、体育和娱乐用品制造业	5.62	73.67	138.34	52.97	35.26	37.15
石油、煤炭及其他燃料加工业	2.47	522.21	112.13	64.56	12.41	17.28
化学原料和化学制品制造业	6.96	187.71	81.13	54.33	19.05	42.20
医药制造业	14.74	117.17	65.91	40.81	58.31	67.46
化学纤维制造业	3.34	189.36	89.14	58.95	21.74	26.52
橡胶和塑料制品业	6.98	90.95	106.74	50.44	23.21	64.41
非金属矿物制品业	8.71	126.95	93.33	54.52	17.84	78.81
黑色金属冶炼和压延加工业	3.59	342.51	115.52	60.54	12.95	13.86
有色金属冶炼和压延加工业	3.51	334.16	126.98	60.41	11.13	22.96
金属制品业	4.82	109.36	118.39	56.70	20.55	61.08
通用设备制造业	7.20	102.85	85.08	54.24	30.01	89.38
专用设备制造业	8.86	103.96	71.33	55.32	37.93	100.79
汽车制造业	6.20	195.77	97.17	59.43	18.62	61.24
铁路、船舶、航空航天和其他运输设备制造	5.27	97.23	60.36	60.91	21.65	99.64
电气机械和器材制造业	6.17	124.27	89.87	56.74	22.95	91.17
计算机、通信和其他电子设备制造业	5.05	135.33	95.37	56.49	16.42	88.67
仪器仪表制造业	10.84	90.30	70.54	45.51	31.24	108.13
其他制造业	6.43	73.37	80.33	59.95	20.84	56.91
废弃资源综合利用业	4.35	323.36	173.04	56.99	17.54	28.45
金属制品、机械和设备修理业	4.68	71.74	60.95	51.28	10.32	100.20
电力、热力生产和供应业	6.10	258.06	38.19	59.22	0.41	45.65
燃气生产和供应业	7.99	271.67	67.58	59.99	4.36	31.20
水的生产和供应业	11.75	68.94	16.72	59.09	4.84	86.62

1-3 分地区规模以上工业企业主要效益指标

地　区	营业收入利润率(%)	人均营业收　入(万元/人)	每百元资产实现的营业收入(元)	资产负债率(%)	产成品存货周转天数(天)	应收账款平均回收期(天)
全　国	**6.32**	**139.72**	**83.13**	**56.42**	**18.57**	**55.64**
北　京	7.25	286.87	43.23	43.86	19.53	68.09
天　津	5.11	176.61	87.72	55.30	17.94	53.17
河　北	5.04	158.76	84.23	60.82	16.18	44.17
山　西	4.93	114.66	44.77	72.89	17.87	58.83
内蒙古	7.52	199.36	51.05	59.29	15.09	46.67
辽　宁	4.37	157.02	71.44	61.80	19.90	51.03
吉　林	4.34	173.47	76.49	52.85	20.06	42.54
黑龙江	3.15	118.35	57.41	60.24	19.88	55.68
上　海	7.29	215.15	79.74	48.67	21.35	68.02
江　苏	6.08	146.38	94.05	53.09	21.57	75.38
浙　江	7.39	114.99	82.06	54.74	22.81	72.19
安　徽	6.33	136.31	87.92	55.59	17.86	66.49
福　建	7.15	133.42	131.63	50.68	14.69	33.77
江　西	7.11	152.90	129.39	52.80	13.89	36.36
山　东	5.08	158.24	85.90	62.56	21.12	47.82
河　南	5.81	104.46	88.91	56.45	14.12	45.10
湖　北	6.47	149.08	92.60	52.27	16.40	46.47
湖　南	6.58	124.31	119.87	50.99	14.23	41.23
广　东	6.38	114.58	99.48	56.30	19.72	61.89
广　西	5.61	140.25	85.21	63.67	19.88	46.17
海　南	6.15	195.23	60.37	53.67	15.30	59.23
重　庆	6.54	142.50	99.21	56.40	14.65	59.11
四　川	7.27	154.11	87.71	55.98	15.04	45.93
贵　州	12.57	121.26	54.17	60.50	19.62	51.49
云　南	7.46	185.85	60.56	57.91	18.53	37.97
西　藏	5.78	143.81	16.23	52.07	18.84	74.28
陕　西	8.34	149.83	62.33	55.43	20.14	50.91
甘　肃	3.95	162.90	62.16	60.02	15.38	48.76
青　海	4.22	167.35	35.92	67.83	18.27	76.96
宁　夏	4.05	161.42	45.06	62.17	17.06	56.99
新　疆	5.75	161.82	47.00	60.63	18.60	56.49

1-4 历年主要工业产品产量

年 份	铁矿石原矿 (万吨)	硫铁矿石 (折含硫35%) (万吨)	磷矿石 (折含五氧化二磷30%) (万吨)	原盐 (万吨)
1957	1937.00	149.00	31.00	828.00
1963	2422.00	213.00	23.00	1056.00
1964	2674.00	245.00	74.00	501.00
1965	3149.00	336.00	158.00	1147.00
1966	3929.00	315.00	352.00	998.00
1967	2962.00	276.00	256.00	1043.00
1968	2679.00	220.00	101.00	1325.00
1969	4333.00	206.00	198.00	966.00
1970	6422.00	346.00	394.00	1109.00
1971	8146.00	392.00	563.00	1235.00
1972	8460.00	460.00	551.00	1386.00
1973	9164.00	431.00	530.00	1076.00
1974	8681.00	458.00	694.00	1456.00
1975	9693.00	519.00	1018.00	1481.00
1976	8970.00	588.00	866.00	1401.00
1977	9384.00	659.00	1117.00	1710.00
1978	11779.00	687.00	1138.00	1953.00
1979	11876.00	634.00	852.00	1477.00
1980	11259.00	589.00	1081.00	1728.00
1981	10459.00	588.00	1087.00	1832.00
1982	10732.00	620.00	1169.00	1638.00
1983	11339.00	742.00	1160.00	1613.00
1984	12670.00	203.00	1345.00	1642.00
1985	13819.00	692.00	681.00	1479.00
1986	14751.00	783.00	962.00	1766.00
1987	16143.00	1087.00	1517.00	1764.00
1988	16854.00	1119.00	1824.00	2264.00
1989	17145.00	1269.00	1983.00	2829.00
1990	17941.00	1275.00	2155.00	2023.00
1991	19016.00	1413.00	2140.00	2410.00
1992	21022.00	1585.00	2320.00	2838.00
1993	22599.00	1490.00	2116.00	2943.00
1994	25056.00	1724.00	2482.00	2996.00
1995	26210.00	1770.70	3120.00	2977.72
1996	25228.00	1828.07	3104.00	2903.57
1997	26699.00	2583.00	3476.00	3082.66
1998	24689.00	1284.00	2703.00	2242.52
1999	23723.00	1194.00	2510.00	2812.36
2000	22256.19	963.87	1937.00	3128.00
2001	21701.47	883.99	2100.79	3410.51
2002	23143.00	926.00	2301.00	3602.43
2003	26138.83	871.47	2447.00	3437.70
2004	34634.27	1270.00	3726.53	4043.44
2005	42049.27	1146.00	3044.00	4661.06
2006	58888.27	1189.00	3895.95	5663.13
2007	70665.53	1200.54	4541.72	6166.97
2008	82673.50	1571.01	6135.12	6664.43
2009	88122.34	1247.96	6020.89	6662.79
2010	107770.51	1512.90	6807.00	7037.76
2011	130749.01	1583.80	8122.30	6742.16
2012	130963.70	1547.40	9529.60	6911.78
2013	148636.41	1703.99	11139.40	7367.60
2014	152671.67	1738.50	12043.80	7049.71
2015	138128.90	1651.60	14203.70	6665.54
2016	127173.09	1466.21	14439.81	6620.10
2017	122918.90	1458.85	12313.24	6654.17
2018	80157.07	1299.79	9535.76	6363.61
2019	84480.80	1317.29	9332.36	6701.44
2020	86671.70	1235.02	8893.31	5852.68

注：1.2004年、2008年、2013年为全国经济普查数据。
2.硫铁矿、磷矿石1995年及以后年份为实物量。
3.本书不包括能源产品产量(以下相关表同)。

1-4 续表 1

年 份	精制食用植物油(万吨)	成品糖(万吨)	乳制品(万吨)	罐头(万吨)	饮料酒(万千升)	#啤酒
1957	110.00	86.00	1.27	6.20	67.00	5.00
1963	84.00	44.00	1.33	7.30	90.00	9.00
1964	113.00	107.00	1.76	10.10	97.00	8.00
1965	139.00	146.00	2.12	12.20	89.00	9.00
1966	149.00	159.00	2.35	14.10	94.00	9.00
1967	145.00	148.00	2.31	12.20	87.00	11.00
1968	120.00	151.00	2.31	13.10	96.00	12.00
1969	100.00	121.00	2.62	15.20	105.00	15.00
1970	103.00	135.00	2.96	19.30	121.00	16.00
1971	124.00	141.00	3.03	20.00	133.00	18.00
1972	132.00	155.00	3.40	24.10	152.00	20.00
1973	136.00	191.00	3.45	28.40	163.00	23.00
1974	166.00	184.00	3.53	32.20	185.00	23.00
1975	156.00	174.00	3.66	35.10	212.00	27.00
1976	148.00	165.00	3.67	35.30	212.00	30.00
1977	154.00	182.00	3.92	44.20	238.00	35.00
1978	177.00	227.00	4.65	48.80	247.00	40.00
1979	214.00	250.00	5.36	50.10	310.00	52.00
1980	222.00	257.00	6.32	57.20	368.00	69.00
1981	292.00	317.00	7.91	68.40	447.00	91.00
1982	345.00	338.00	9.97	78.50	493.00	117.00
1983	360.00	377.00	11.22	84.50	604.00	163.00
1984	382.00	380.00	13.02	109.00	711.00	224.00
1985	401.00	451.00	16.37	142.50	851.00	310.00
1986	441.00	525.00	22.58	164.10	985.00	413.00
1987	478.00	506.00	27.22	161.50	1195.00	540.00
1988	480.00	461.00	29.53	220.90	1357.00	656.00
1989	494.00	501.00	26.68	232.50	1285.00	643.00
1990	544.00	582.00	31.37	157.10	1386.00	692.00
1991	644.00	640.00	37.66	193.00	1539.00	838.00
1992	661.00	829.00	41.29	224.30	1753.00	1021.00
1993	965.00	771.00	41.73	230.30	1971.00	1192.00
1994	724.00	592.00	42.46	247.30	2233.00	1415.00
1995	1144.00	558.64	52.57	310.60	2560.00	1568.82
1996	947.00	640.20	50.41	282.60	2651.00	1681.91
1997	894.00	702.58	56.48	254.60	2834.00	1888.94
1998	603.00	826.00	54.03	156.50		1987.67
1999	734.00	861.00	69.10	169.10	2706.00	2098.77
2000	835.00	700.00	82.92	178.20	2846.00	2231.32
2001	1383.00	653.10	74.29	290.37	2803.00	2288.93
2002	1531.00	926.00	84.55	375.20	2887.00	2402.70
2003	1584.29	1083.94	140.59	436.38	3001.33	2540.48
2004	1682.63	1033.70	1060.11	533.56	4532.60	2948.59
2005	2071.00	912.37	1204.37	500.30	3566.00	3126.05
2006	2335.23	949.07	1441.78	513.88	4072.00	3543.58
2007	2636.98	1271.38	1761.80	603.62	4601.65	3954.07
2008	2805.09	1432.61	1809.21	764.77	5394.94	4156.91
2009	3433.43	1338.35	1924.08	811.65	5066.52	4162.18
2010	3878.54	1117.59	2157.77	980.52	5668.13	4490.16
2011	4331.80	1187.43	2316.44	1093.41	6168.41	4834.50
2012	5172.97	1409.47	2537.91	1043.01	6239.37	4778.58
2013	5590.55	1592.76	2636.87	1163.62	6558.26	4982.79
2014	6534.10	1642.67	2651.80	1256.32	6543.70	4936.29
2015	6734.30	1474.11	2782.60	1309.93	6412.50	4715.60
2016	6907.54	1443.30	2993.23	1394.86	6274.20	4506.44
2017	6071.82	1472.04	2935.04	1314.31	6050.13	4401.49
2018	4940.43	1198.77	2658.48	1047.85	4949.25	3800.83
2019	5421.76	1389.39	2719.40	1034.63	4898.55	3765.29
2020	5476.22	1431.30	2780.38	939.21	4476.49	3411.11

注：1.精制食用植物油2005年及以前名称为食用植物油。
2.成品糖1997年及以前名称为糖，产量包括土糖，1998—2004年名称为机制糖。
3.饮料酒、啤酒2003年及以前计量单位为万吨。

1-4 续表 2

年 份	卷烟 (亿支)	纱 (万吨)	布 (亿米)	#棉布	印染布 (亿米)	绒线(毛线) (万吨)
1957	446.00	84.40	50.50		29.40	0.57
1963	323.00	67.80	33.40	30.70	23.40	0.80
1964	413.00	97.00	47.10	43.80	29.80	0.93
1965	478.00	130.00	62.80	57.40	35.90	1.10
1966	540.00	156.50	73.10	64.80	40.40	1.25
1967	490.00	135.20	65.60	58.10	35.10	1.11
1968	521.00	137.70	64.40	56.00	37.10	1.21
1969	677.00	180.50	82.10	71.00	48.80	1.70
1970	783.00	205.20	91.50	78.00	53.00	2.17
1971	701.00	190.00	84.20	71.00	47.60	2.35
1972	745.00	188.60	83.50	70.00	46.50	2.21
1973	846.00	196.70	87.10	72.20	51.60	2.32
1974	872.00	180.30	80.80	66.50	51.30	2.36
1975	992.00	210.80	94.00	77.70	58.90	2.66
1976	982.00	196.00	88.40	71.70	53.60	2.78
1977	1211.00	223.00	101.50	81.60	59.80	3.11
1978	1182.00	238.20	110.30	81.50	65.00	3.78
1979	1303.00	263.50	121.50	82.20	71.80	4.44
1980	1520.00	292.60	134.70	87.10	80.70	5.73
1981	1704.00	317.00	142.70	85.10	82.90	7.65
1982	1885.00	335.40	153.50	101.30	80.80	9.25
1983	1938.00	327.00	148.80	90.40	73.30	10.21
1984	2132.00	321.90	137.00	70.10	68.10	11.00
1985	2370.00	353.50	146.70	82.10	75.30	12.59
1986	2596.00	397.80	164.70	100.60	79.50	14.91
1987	2881.00	436.80	173.10	107.65	83.10	20.47
1988	3096.00	465.70	187.90	118.74	95.10	22.50
1989	3195.00	476.70	189.20	117.95	94.90	25.00
1990	3298.00	462.60	188.80	108.25	91.60	23.80
1991	3226.00	460.80	181.70	108.58	99.50	28.30
1992	3285.00	501.70	190.70	111.88	125.70	35.06
1993	3376.00	501.50	203.00	122.07	137.60	34.35
1994	3432.00	489.50	211.30	115.73	137.00	43.94
1995	3485.02	542.20	260.18	131.84	136.50	51.38
1996	3401.92	512.21	209.10	105.23	120.60	48.25
1997	3377.42	559.83	248.79	118.85	141.40	48.80
1998	3374.00	542.00	241.00	114.27	146.50	30.70
1999	3340.00	567.00	250.00	118.46	159.10	38.56
2000	3397.00	657.00	277.00	139.22	158.19	42.32
2001	3402.10	760.68	290.00	153.98	178.30	46.21
2002	3467.08	850.00	322.39	172.54	210.87	51.50
2003	3580.86	983.58	353.52	200.86	251.32	65.74
2004	18736.35	1291.34	482.10	242.00	427.57	61.78
2005	19389.08	1450.54	484.39	196.58	362.15	38.70
2006	20218.13	1742.96	598.55	235.49	430.30	40.55
2007	21438.84	1958.42	675.26	271.12	490.19	35.84
2008	22199.20	2055.72	723.05	423.64	754.03	38.13
2009	22901.50	2266.45	753.42	319.62	539.80	32.55
2010	23752.60	2572.82	800.00	383.30	601.50	29.90
2011	24474.00	2717.86	814.14	365.26	593.10	30.40
2012	25160.90	2984.00	848.94	369.59	566.20	39.23
2013	25603.86	3200.00	897.59	398.81	577.84	37.93
2014	26098.49	3379.20	893.68	388.00	536.90	40.70
2015	25890.70	3538.00	892.58	390.12	509.50	40.40
2016	23825.76	3732.60	906.75	392.60	533.70	41.20
2017	23448.25	3191.39	691.05	274.91	518.55	41.03
2018	23375.59	3078.88	698.47	263.51	553.53	20.47
2019	23642.49	2827.16	555.19	219.18	539.72	19.44
2020	23863.73	2618.28	459.19	186.24	527.59	18.28

注：1.卷烟2003年及以前计量单位为万箱。
2.根据2012年纱专项调查，对2007—2011年纱产量进行了修订。

1-4 续表 3

年 份	毛机织物(呢绒)(万米)	服装(亿件)	皮革鞋靴(万双)	胶合板(万立方米)	家具(万件)	机制纸及纸板(万吨)	#新闻纸
1957	1817.00		2529.00	7.00		91.00	12.20
1963	4369.00	2.56	2635.00	10.40		128.00	17.70
1964	4809.00	3.07	2114.00	12.00		145.00	19.40
1965	4240.00	3.85	1808.00	13.90		173.00	20.80
1966	4383.00	4.41	1970.00	15.00		209.00	23.50
1967	3577.00	4.08	2023.00	12.20		196.00	20.70
1968	3976.00	3.25	2204.00	10.60		177.00	19.20
1969	4975.00	3.54	2283.00	14.70		217.00	23.50
1970	5776.00	3.66	4729.00	17.10		241.00	23.70
1971	6153.00	4.14	4710.00	17.20		263.00	24.00
1972	6046.00	4.86	4647.00	18.20		282.00	25.90
1973	6211.00	5.47	5468.00	18.80		313.00	28.90
1974	6357.00	5.68	5794.00	17.60		299.00	28.40
1975	6943.00	6.73	6646.00	19.20		341.00	29.00
1976	7072.00	7.18	7382.00	18.40		341.00	30.60
1977	7840.00	7.17	9119.00	20.90		377.00	32.70
1978	8885.00	6.73	10053.00	25.20		439.00	33.90
1979	9017.00	7.44	11608.00	29.20		493.00	35.70
1980	10095.00	9.45	15745.00	33.00		535.00	37.60
1981	11308.00	10.08	20239.00	35.10		540.00	35.50
1982	12669.00	9.85	18661.00	39.50		589.00	37.60
1983	14291.00	10.04	18361.00	45.50		661.00	39.60
1984	18049.00	11.06	19676.00	49.00		756.00	41.30
1985	21816.00	12.67	23162.00	23.90	11641.00	911.00	42.50
1986	25187.00	27.00	26440.00	28.60	12008.60	998.00	41.40
1987	26537.00	23.00	30910.00	77.60	14484.50	1141.00	36.60
1988	28609.00	29.11	34720.00	82.70	16583.50	1270.00	34.20
1989	27962.00	30.04	35433.00	72.80	16660.20	1333.00	38.70
1990	29505.00	31.75	43770.00	75.90	16372.40	1372.00	40.00
1991	31141.00	36.30	53592.00	105.40	21437.90	1479.00	43.80
1992	33792.00	42.66	77068.00	156.50	21650.70	1725.00	48.90
1993	35382.00	63.68	115059.00	212.50	30867.40	1914.00	73.60
1994	41900.00	79.37	154284.00	260.60	50514.50	2138.00	73.30
1995	65392.00	179.96	320207.00	759.30	61865.00	2812.30	78.30
1996	45954.00	126.64	237528.00	490.30	50164.20	2638.20	90.10
1997	38791.00	136.74	247343.00	758.40	43894.30	2733.20	73.00
1998	26777.00	150.29	120562.00	446.50	10038.10	2125.63	95.60
1999	27317.00	160.90	101375.00	727.60	9968.70	2159.30	112.90
2000	27832.37	209.34	146837.90	992.54	9212.34	2486.93	145.53
2001	34303.39	228.44	133586.35	904.50	10923.10	3777.07	172.95
2002	32691.21	252.37	152282.44	1135.20	13376.00	4666.99	182.56
2003	44294.58	363.08	181646.92	2102.35	17199.08	4849.33	207.11
2004	81689.47	375.18	274393.13	5190.59	83589.21	5413.27	335.19
2005	32960.00	147.98	252547.52	2418.98	33990.14	6205.42	340.96
2006	44482.54	170.02	300300.15	2919.17	41628.59	6863.02	392.90
2007	54548.22	201.66	322902.11	4054.42	48480.56	7792.43	425.81
2008	85040.15	362.91	331533.00	7112.33	80799.21	8404.30	463.28
2009	49506.01	237.50	354616.80	6578.95	60819.04	8965.13	428.71
2010	56630.00	285.21	419308.30	9804.00	77032.70	9832.63	402.07
2011	51835.60	254.20	426642.35	11848.80	69895.60	11010.89	368.60
2012	47872.18	267.28	449662.50	14106.54	65444.30	10956.54	389.50
2013	49423.89	276.59	452369.42	15221.15	66833.02	11323.06	364.50
2014	60003.30	298.95	449879.80	17388.85	77374.62	11785.80	358.50
2015	63326.10	308.27	455800.30	18354.90	76961.70	11742.77	332.14
2016	46388.12	298.37	461815.73	19278.96	79464.15	12319.22	291.90
2017	45393.20	278.18	447689.08	18781.72	80703.47	12542.01	249.13
2018	47900.15	253.18	412504.69	13804.40	88455.28	12045.97	143.12
2019	48989.14	245.27	394654.62	13525.95	89698.45	12515.30	108.86
2020	29044.52	223.70	354244.89	15609.65	91221.04	12700.63	100.93

注：皮革鞋靴2008年及以前名称为皮鞋。

1-4 续表 4

年 份	硫酸(折100%)(万吨)	浓硝酸(折100%)(万吨)	盐酸(氯化氢含量31%)(万吨)	纯碱(万吨)	烧碱(折100%)(万吨)	合成氨(万吨)
1957	63.20	3.87	8.20	50.60	19.80	15.30
1963	130.60	5.59	19.30	66.40	33.80	64.40
1964	170.40	7.61	21.80	69.50	41.10	93.10
1965	234.00	11.56	29.00	88.00	55.60	148.40
1966	290.90	16.45	32.90	106.60	69.30	212.40
1967	198.30	11.25	29.80	91.50	57.80	152.10
1968	141.50	10.57	26.70	70.10	49.60	103.40
1969	234.30	17.95	37.80	89.40	70.40	160.30
1970	291.40	22.72	47.10	107.70	89.20	244.50
1971	357.90	28.49	52.80	115.50	105.50	310.00
1972	400.50	28.84	59.60	119.70	111.50	395.60
1973	468.10	29.36	63.10	120.40	121.00	474.40
1974	442.70	25.38	63.10	110.60	112.60	452.50
1975	484.70	30.23	78.00	124.30	128.90	607.70
1976	450.80	28.96	83.70	111.70	121.50	618.50
1977	537.50	32.88	96.20	107.70	138.60	870.30
1978	661.00	33.76	111.50	132.90	164.00	1183.50
1979	699.80	28.19	107.80	148.60	182.60	1348.20
1980	764.30	22.77	117.70	161.30	192.30	1497.40
1981	780.70	19.26	129.20	165.20	192.30	1483.40
1982	817.50	24.61	148.30	173.50	207.30	1546.30
1983	869.60	25.60	158.30	179.30	212.30	1677.10
1984	817.20	25.78	170.40	188.00	222.20	1837.40
1985	676.40	27.40	185.60	201.10	235.30	1718.80
1986	763.10	27.53	206.00	214.60	251.80	1672.90
1987	983.30	29.02	227.00	236.30	273.90	1940.60
1988	1111.30	30.33	246.20	260.90	300.50	1986.30
1989	1153.30	32.82	257.90	304.20	321.10	2068.10
1990	1196.90	31.80	262.30	379.50	335.40	2129.00
1991	1332.90	34.34	285.20	393.60	354.10	2201.60
1992	1408.70	44.41	302.80	455.00	379.50	2298.10
1993	1336.50	56.13	323.90	534.90	395.40	2192.50
1994	1536.50	49.31	336.20	581.40	429.60	2436.80
1995	1811.00	56.01	370.60	597.71	531.82	2765.90
1996	1883.57	64.17	403.90	669.29	573.78	3094.20
1997	2036.87	66.96	409.20	725.76	574.40	3000.30
1998	2171.00	75.50	371.60	744.00	539.37	3134.20
1999	2356.00	75.05	408.00	766.00	580.14	3431.70
2000	2427.00	82.48	442.10	834.00	667.88	3363.70
2001	2696.32	87.97	470.57	914.37	787.96	3427.28
2002	3050.40	99.15	492.60	1033.15	877.97	3675.30
2003	3371.22	116.16	527.60	1133.56	945.27	3822.70
2004	3928.89	184.79	737.91	1334.70	1041.12	4135.06
2005	4544.66	156.97	658.18	1421.08	1239.98	4596.30
2006	5033.17	181.78	730.58	1560.03	1511.78	4936.81
2007	5412.56	200.89	747.60	1765.00	1759.29	5171.05
2008	5097.95	197.74	730.44	1854.60	1926.01	4876.24
2009	5960.91	205.57	803.44	1944.77	1832.37	5136.35
2010	7090.47	235.60	839.00	2034.82	2228.39	4964.59
2011	7482.70	255.10	841.00	2294.03	2473.52	5252.70
2012	7876.63	262.40	876.60	2395.93	2696.82	5528.40
2013	8154.49	269.19	899.28	2431.63	2927.44	5739.00
2014	8901.55	288.10	938.30	2525.84	3063.51	5699.50
2015	8975.70	276.70	845.00	2591.80	3020.66	5791.40
2016	9133.03	273.73	867.35	2584.98	3201.68	5708.27
2017	9212.92	278.14	777.77	2767.14	3329.17	4946.26
2018	9209.27	246.85	821.89	2647.96	3475.47	4587.05
2019	9119.24	244.17	735.23	2986.46	3457.89	4735.03
2020	9238.18	232.31	775.91	2812.37	3673.87	5117.13

1-4 续表 5

年份	农用氮、磷、钾化肥(万吨)	#氮肥	磷肥	钾肥	化学农药原药(万吨)	纯苯(万吨)	碳化钙(电石)(万吨)
1957	15.10	12.90	2.10		6.50	5.00	4.90
1963	64.80	45.80	18.90	0.10	10.80	6.70	25.40
1964	100.80	67.50	33.20	0.10	12.90	8.30	32.50
1965	172.60	103.70	68.80	0.10	19.30	11.80	44.00
1966	240.90	146.10	94.60	0.20	26.20	15.10	56.10
1967	164.10	101.50	62.20	0.40	22.40	10.20	4.20
1968	110.90	68.40	42.20	0.30	17.10	8.20	36.00
1969	174.90	102.30	72.30	0.30	26.20	12.90	55.90
1970	243.50	152.30	90.70	0.50	32.10	16.70	69.60
1971	299.40	190.40	107.80	1.20	38.70	19.20	78.00
1972	370.10	244.40	124.90	0.80	40.20	20.50	81.30
1973	459.20	299.60	158.90	0.70	45.60	21.00	89.60
1974	422.20	282.70	139.00	0.50	37.10	18.80	91.30
1975	524.70	370.90	153.10	0.70	42.20	21.30	98.30
1976	524.40	381.50	141.80	1.10	39.10	21.10	96.30
1977	723.80	550.90	170.80	2.10	45.70	22.50	98.90
1978	869.30	763.90	103.30	2.10	53.30	32.00	123.80
1979	1065.40	882.10	181.70	1.60	53.70	33.90	140.70
1980	1232.10	999.30	230.80	2.00	53.70	36.00	152.00
1981	1239.00	985.70	250.80	2.50	48.40	35.20	151.30
1982	1278.10	1021.90	253.70	2.50	45.70	39.30	167.50
1983	1378.90	1109.40	266.60	2.90	33.10	42.50	180.80
1984	1460.20	1221.00	236.00	3.20	29.90	41.60	184.60
1985	1322.20	1143.80	176.00	2.40	21.10	39.00	195.30
1986	1395.70	1159.20	234.00	2.50	20.30	42.60	215.00
1987	1672.20	1342.30	325.90	4.00	16.10	49.40	241.20
1988	1740.20	1365.60	369.20	5.40	17.90	57.10	225.60
1989	1802.50	1424.10	372.80	5.70	20.80	59.80	246.10
1990	1879.70	1463.10	411.40	4.60	22.80	65.40	228.00
1991	1979.50	1510.10	459.70	9.90	25.50	77.50	235.80
1992	2047.90	1570.50	462.20	15.30	28.10	81.90	242.50
1993	1956.30	1525.60	419.00	11.70	25.70	81.70	264.20
1994	2272.80	1736.30	504.40	32.70	29.00	89.40	292.00
1995	2548.14	1859.18	662.60	26.30	41.65	102.30	345.70
1996	2809.04	2136.00	651.20	21.80	44.75	113.50	309.20
1997	2820.96	2075.00	714.60	31.50	52.67	135.80	344.70
1998	3010.00	2225.67	666.79	62.52	55.90	143.10	281.30
1999	3251.00	2471.96	636.07	77.86	62.50	165.70	273.10
2000	3186.00	2398.11	663.03	85.98	60.70	184.70	340.40
2001	3383.01	2527.37	752.56	100.49	78.72	198.80	346.30
2002	3791.00	2808.48	801.03	89.42	92.90	213.10	425.60
2003	3881.31	2814.50	978.10	88.60	76.72	240.80	530.00
2004	4804.82	3357.73	1246.78	200.31	82.08	262.77	796.20
2005	5177.86	3809.03	1206.20	159.09	114.73	306.10	894.57
2006	5345.05	3911.54	1225.46	207.51	138.46	344.08	1177.36
2007	5824.98	4233.13	1339.28	252.53	176.48	405.88	1471.30
2008	6028.05	4392.42	1385.50	250.13	209.99	444.67	1295.64
2009	6385.01	4553.36	1513.14	318.51	208.92	463.77	1503.27
2010	6337.86	4458.67	1532.91	346.28	223.52	553.10	1471.43
2011	6419.39	4500.97	1561.22	357.20	230.00	665.90	1725.54
2012	6832.10	4865.58	1564.41	402.11	290.88	662.30	1858.83
2013	7026.18	4832.61	1673.08	520.48	303.14	728.55	2287.52
2014	6876.85	4564.24	1743.01	569.51	374.40	733.51	2521.93
2015	7431.99	4970.57	1857.20	604.47	374.00	782.90	2482.50
2016	6629.62	4105.47	1859.11	665.02	320.97	805.22	2564.78
2017	5891.71	3795.15	1501.05	595.49	250.74	833.47	2367.17
2018	5403.51	3457.12	1296.26	650.12	240.02	967.17	2688.48
2019	5731.18	3556.25	1308.40	762.19	211.81	861.79	2522.49
2020	5495.97	3702.48	1057.18	710.85	214.80	1041.97	2791.89

注：农用化肥按100%有效成分计算。

1-4 续表 6

年 份	乙烯 (万吨)	初级形态的塑料 (万吨)	合成橡胶 (万吨)	冰乙酸(冰醋酸) (万吨)	合成洗涤剂 (万吨)	化学药品原药 (万吨)
1957		1.30		0.24		0.22
1963	0.18	4.80	0.69	0.98	2.20	0.77
1964	0.20	6.40	0.94	1.18	2.30	0.85
1965	0.30	9.70	1.59	2.08	3.00	1.05
1966	0.54	13.90	3.06	3.22	4.20	1.45
1967	0.36	11.00	1.90	2.33	3.70	1.30
1968	0.37	10.60	1.47	2.36	4.20	1.18
1969	0.51	15.10	1.85	3.66	6.20	1.67
1970	1.51	17.60	2.54	3.54	9.30	2.15
1971	3.19	21.60	3.54	4.41	10.90	2.56
1972	4.44	24.80	3.57	4.96	15.20	2.75
1973	5.10	29.50	4.09	5.09	17.90	2.90
1974	6.10	30.40	4.73	5.22	19.30	2.51
1975	6.47	33.00	5.67	6.69	22.30	(2.73)3.05
1976	13.35	34.50	5.99	6.66	21.70	3.12
1977	30.27	52.40	7.75	8.79	25.70	3.52
1978	38.03	67.90	10.19	10.46	32.40	4.07
1979	43.49	79.30	12.06	11.55	39.70	4.17
1980	48.99	89.80	12.30	12.46	39.30	4.01
1981	50.48	91.60	12.49	13.85	47.80	3.73
1982	56.49	100.30	13.60	15.54	56.90	4.22
1983	65.37	112.10	16.89	18.94	67.70	4.80
1984	64.80	118.00	17.41	17.79	81.00	5.35
1985	65.21	123.40	18.11	18.68	100.50	15.77
1986	69.52	132.10	18.84	20.82	117.50	15.14
1987	93.72	152.60	21.87	23.44	119.20	18.05
1988	123.21	190.40	25.76	28.16	131.90	20.72
1989	139.57	200.80	29.22	26.15	146.60	20.83
1990	157.20	227.00	31.76	35.85	151.40	22.10
1991	176.10	283.00	33.64	40.15	146.20	24.25
1992	200.30	330.80	37.26	44.37	166.60	28.06
1993	202.70	359.90	39.26	43.44	188.30	35.08
1994	212.90	401.40	44.35	43.65	217.50	33.09
1995	240.10	516.87	58.56	51.83	299.80	48.68
1996	304.00	576.86	59.97	51.65	262.20	42.90
1997	358.60	685.76	64.23	59.82	279.90	44.28
1998	377.30	692.58	58.90	59.87	280.30	41.55
1999	435.00	871.10	73.28	73.66	286.50	43.63
2000	470.00	1087.51	86.52	86.51	297.47	52.57
2001	480.60	1288.71	121.98	86.14	330.40	76.22
2002	543.02	1455.67	136.21	84.09	348.30	73.93
2003	611.77	1652.08	134.83	94.68	386.79	99.42
2004	629.85	2366.50	184.04	106.84	465.17	103.05
2005	755.54	2308.86	205.13	136.96	516.95	126.70
2006	940.51	2602.60	199.81	142.05	527.68	176.55
2007	1027.80	3184.54	228.92	162.79	582.97	205.07
2008	987.58	3680.23	296.03	287.01	655.31	209.70
2009	1072.62	3629.97	274.91	272.06	699.66	201.22
2010	1421.34	4432.59	319.52	383.90	752.59	226.14
2011	1527.50	4992.31	367.13	424.80	888.14	248.85
2012	1486.80	5330.92	397.39	430.20	933.80	292.19
2013	1599.31	6293.03	480.64	454.21	1094.27	263.30
2014	1696.69	7088.84	549.55	537.10	1209.73	303.40
2015	1714.60	7807.66	534.17	586.80	1311.08	334.81
2016	1781.14	8307.81	559.97	594.66	1338.01	340.83
2017	1821.84	8458.08	592.09	621.34	1311.49	355.44
2018	1861.76	8854.87	691.39	626.71	1027.58	230.37
2019	2052.29	9743.65	743.96	744.97	1048.56	276.85
2020	2159.96	10542.20	751.32	719.95	1149.16	291.90

注：1.初级形态的塑料2004年及以前名称为塑料树脂及共聚物，简称塑料。
2.化学药品原药1975年括号内数字及以前年份数字为七大类药品。1975年括号外数字及以后各年为十二大类药品。

1-4 续表 7

年 份	化学纤维(万吨)	#合成纤维	塑料制品(万吨)	橡胶轮胎外胎(万条)	水泥(万吨)	平板玻璃(万重量箱)
1957	0.02		1.40	88.00	686.00	430.00
1963	1.89	0.09	6.10	167.00	806.00	497.00
1964	3.21	0.19	9.20	202.00	1209.00	539.00
1965	5.01	0.52	13.00	232.00	1634.00	599.00
1966	7.58	1.77	17.60	262.00	2015.00	719.00
1967	5.22	1.54	17.80	238.00	1462.00	578.00
1968	3.60	0.97	17.10	247.00	1262.00	573.00
1969	6.66	2.11	24.60	310.00	1829.00	807.00
1970	10.09	3.62	32.80	425.00	2575.00	928.00
1971	11.99	4.39	32.50	474.00	3258.00	1051.00
1972	13.73	5.03	39.30	525.00	3547.00	1048.00
1973	14.88	5.66	50.70	578.00	3731.00	1042.00
1974	14.26	5.73	52.10	553.00	3709.00	1024.00
1975	15.48	6.57	60.70	700.00	4626.00	1262.00
1976	14.61	7.84	64.20	676.00	4670.00	1261.00
1977	18.98	10.57	76.80	770.00	5565.00	1481.00
1978	28.46	16.94	92.30	936.00	6524.00	1784.00
1979	32.63	21.36	94.90	1169.00	7390.00	2083.00
1980	45.03	31.41	114.40	1146.00	7986.00	2466.00
1981	52.73	38.47	138.40	729.00	8290.00	2701.00
1982	51.70	37.53	166.10	864.00	9520.00	3154.00
1983	54.07	40.20	191.80	1271.00	10825.00	3647.00
1984	73.49	57.58	215.30	1569.00	12302.00	4190.00
1985	94.78	77.06	248.00	1926.00	14595.00	4942.00
1986	101.73	83.07	274.50	1924.00	16606.00	5202.00
1987	117.50	98.20	297.10	2333.00	18625.00	5803.00
1988	130.12	112.47	334.60	2991.00	21014.00	7293.00
1989	148.09	128.20	352.50	3226.00	21029.00	8442.00
1990	165.42	143.43	366.80	3209.00	20971.00	8067.00
1991	191.03	167.03	443.50	3940.00	25261.00	8712.00
1992	213.04	188.17	536.80	5183.00	30822.00	9359.00
1993	237.37	208.86	669.00	6391.00	36788.00	11086.00
1994	280.33	246.72	843.00	9302.00	42118.00	11925.00
1995	341.17	308.87	668.44	7945.00	47560.59	15731.71
1996	375.45	337.05	1574.10	8806.00	49118.90	16069.37
1997	471.62	428.46	1534.20	9599.00	51173.80	16630.70
1998	510.00	441.64	843.30	9513.00	53600.00	17194.03
1999	600.00	548.75	937.60	10970.00	57300.00	17419.79
2000	694.00	629.52	1035.76	12157.87	59700.00	18352.20
2001	841.38	759.68	1184.33	13573.00	66103.99	20964.12
2002	991.20	915.16	1400.50	16306.59	72500.00	23445.56
2003	1181.15	1069.17	1650.50	19311.96	86208.11	27702.60
2004	1699.80	1581.35	3760.71	39058.33	96681.99	37026.17
2005	1664.79	1496.66	2198.54	34390.00	106884.79	40210.24
2006	2073.18	1859.63	2801.87	43547.08	123676.48	46574.70
2007	2413.78	2173.47	3305.23	55832.97	136117.25	53918.07
2008	2453.29	2244.68	5723.68	51956.94	142355.73	59890.39
2009	2747.28	2494.05	4479.28	65601.56	164397.78	58574.07
2010	3090.00	2850.27	5830.60	77611.83	188191.17	66330.80
2011	3390.07	3096.68	5474.40	83566.22	209925.86	79107.55
2012	3837.37	3448.48	5781.80	89370.49	220984.08	75050.50
2013	4160.28	3735.56	6938.65	110440.12	241923.89	79285.80
2014	4389.75	4017.49	7387.80	111913.11	249207.08	83128.16
2015	4831.71	4446.37	7566.78	92831.39	235918.83	78651.63
2016	4886.36	4484.69	7717.52	94974.05	241030.98	80408.45
2017	4877.05	4436.34	7515.54	92789.58	233084.06	83765.80
2018	5418.02	4929.02	7746.44	88608.72	223609.62	93963.26
2019	5883.37	5432.75	8184.17	84445.28	234430.62	94461.22
2020	6124.68	5588.94	7603.22	80747.48	239470.83	95227.79

1-4 续表 8

年 份	生铁 (万吨)	粗钢 (万吨)	成品钢材 (万吨)	#重轨	轻轨	#大型型钢
1957	594.00	535.00	415.00	41.10	8.90	32.70
1963	741.00	762.00	533.00	28.20	12.90	9.90
1964	902.00	964.00	688.00	43.60	10.50	18.10
1965	1077.00	1223.00	881.00	53.50	13.80	21.50
1966	1334.00	1532.00	1035.00	49.90	16.70	30.40
1967	663.00	1029.00	718.00	24.00	11.30	35.70
1968	857.00	904.00	666.00	21.70	14.90	14.60
1969	1280.00	1333.00	926.00	32.20	13.90	29.60
1970	1706.00	1779.00	1188.00	61.90	16.60	41.30
1971	2100.00	2132.00	1389.00	66.70	24.80	50.10
1972	2355.00	2338.00	1561.00	82.10	22.50	52.20
1973	2490.00	2522.00	1684.00	77.90	26.40	53.30
1974	2062.00	2112.00	1466.00	41.50	19.70	38.70
1975	2449.00	2390.00	1622.00	49.50	14.90	64.70
1976	2233.00	2046.00	1466.00	49.00	15.50	49.40
1977	2505.00	2374.00	1633.00	66.10	19.70	54.60
1978	3479.00	3178.00	2208.00	81.80	26.30	88.60
1979	3673.00	3448.00	2497.00	81.30	21.60	83.00
1980	3802.00	3712.00	2716.00	67.30	22.00	69.40
1981	3417.00	3560.00	2670.00	55.60	26.00	73.00
1982	3551.00	3716.00	2902.00	63.50	26.70	89.10
1983	3738.00	4002.00	3072.00	78.40	27.50	64.70
1984	4001.00	4347.00	3372.00	85.20	28.90	61.50
1985	4384.00	4679.00	3693.00	86.80	25.30	84.70
1986	5064.00	5220.00	4058.00	88.10	22.00	79.10
1987	5503.00	5628.00	4386.00	95.70	24.30	86.90
1988	5704.00	5943.00	4689.00	98.80	25.10	87.00
1989	5820.00	6159.00	4859.00	100.50	25.10	90.60
1990	6238.00	6635.00	5153.00	92.20	34.40	105.10
1991	6765.00	7100.00	5638.00	93.30	29.90	68.40
1992	7589.00	8094.00	6697.00	92.50	21.70	87.10
1993	8739.00	8956.00	7716.00	125.60	14.10	129.30
1994	9741.00	9261.00	8428.00	137.40	30.50	103.40
1995	10529.27	9535.99	8979.80	101.70	23.80	118.10
1996	10722.50	10124.06	9338.02	73.20	34.20	115.30
1997	11511.41	10894.17	9978.93	96.40	22.40	130.60
1998	11863.67	11559.00	10737.80	114.69	13.70	102.90
1999	12539.24	12426.00	12109.78	111.87	11.30	115.40
2000	13101.48	12850.00	13146.00	116.86	12.96	161.52
2001	15554.25	15163.44	16067.61	126.35	16.83	226.17
2002	17084.60	18236.61	19251.59	135.70	25.70	267.80
2003	21366.68	22233.60	24108.01	122.50	28.20	309.30
2004	26830.99	28291.09	31975.72	172.07	58.49	809.46
2005	34375.19	35323.98	37771.14	192.67	40.21	752.04
2006	41245.19	41914.85	46893.36	201.70	90.62	917.28
2007	47651.63	48928.80	56560.87	179.32	102.66	1008.11
2008	47824.42	50305.75	60460.29	322.42	95.92	962.45
2009	55283.46	57218.23	69405.40	442.07	100.83	947.10
2010	59733.34	63722.99	80276.58	433.50	97.20	946.54
2011	64050.88	68528.31	88619.57	291.50	121.60	1085.25
2012	66354.40	72388.22	95577.83	321.50	155.60	1134.07
2013	71149.88	81313.89	108200.54	428.20	140.13	1282.61
2014	71374.78	82230.63	112513.12	405.40	120.30	1349.40
2015	69141.30	80382.50	103468.41	359.70	87.30	1435.70
2016	70227.33	80760.94	104813.45	348.56	72.86	1551.74
2017	71361.93	87074.09	104642.05	369.33	73.99	1460.70
2018	77987.63	92903.84	113287.33	377.24	76.01	1395.33
2019	80849.38	99541.89	120456.94	405.73	71.08	1586.87
2020	88897.61	106476.68	132489.18	357.09	75.66	1855.74

1-4 续表 9

年份				铁合金（万吨）	发动机（万千瓦）	金属切削机床（万台）	泵（万台）
	线材	无缝钢管	焊接钢管				
1957	55.60	7.80	8.20	10.50	50.78	2.80	5.10
1963	92.40	18.40	13.70	22.50	94.94	2.22	8.50
1964	103.00	22.80	21.80	26.20	131.01	2.81	11.10
1965	107.40	29.00	30.30	33.90	205.34	3.96	15.10
1966	139.20	34.20	35.90	48.70	283.36	5.49	29.70
1967	98.10	22.70	25.00	42.50	198.72	4.07	24.70
1968	94.90	22.70	27.20	28.80	204.61	4.64	22.30
1969	118.50	34.20	37.50	46.60	299.55	8.56	28.90
1970	150.30	38.80	44.30	59.50	539.49	13.89	58.20
1971	170.10	45.20	50.30	67.00	796.35	14.57	76.40
1972	186.60	49.40	55.40	75.70	978.14	16.22	83.20
1973	218.90	53.80	66.20	85.00	1218.08	18.33	110.00
1974	189.20	47.80	67.10	69.10	1340.99	16.45	112.80
1975	216.80	56.20	65.20	76.90	1728.13	17.49	118.80
1976	195.20	49.40	69.20	65.90	1715.62	15.70	109.30
1977	215.20	62.60	65.40	73.20	2017.38	19.87	121.40
1978	290.90	81.50	86.70	93.90	2074.05	18.32	133.10
1979	360.90	91.00	89.10	117.30	2140.29	13.96	125.60
1980	443.20	96.10	120.70	99.40	1868.70	13.36	109.60
1981	462.90	91.90	129.60	79.90	1474.94	10.26	115.60
1982	414.10	101.20	149.80	88.90	1689.86	9.98	156.50
1983	445.40	115.10	159.70	108.80	2133.66	12.10	185.10
1984	509.80	127.70	172.10	127.50	2996.99	13.35	220.20
1985	598.30	139.20	181.80	149.40	4082.59	16.72	210.90
1986	632.20	146.20	229.20	159.70	3625.54	16.37	261.90
1987	691.70	162.90	244.80	184.60	4335.84	17.22	332.00
1988	798.20	178.30	223.80	208.40	5932.08	19.17	411.50
1989	882.10	194.10	214.20	238.20	5905.23	17.87	420.90
1990	999.00	211.10	220.90	244.20	5402.32	13.45	366.40
1991	1099.90	231.40	261.60	246.00	6690.23	16.39	399.20
1992	1257.10	265.60	315.40	265.00	9252.53	22.87	515.00
1993	1389.50	283.10	298.70	299.90	10080.53	26.20	663.20
1994	1571.40	303.90	413.80	336.10	12181.52	20.65	645.30
1995	1687.20	327.00	497.10	431.90	15819.00	20.34	1060.60
1996	1834.00	334.00	430.10	418.00	22152.79	17.74	887.50
1997	1953.80	360.50	566.50	404.40	20641.85	18.65	1016.60
1998	2203.10	346.90	463.90	354.06	16034.30	11.91	674.60
1999	2594.90	345.80	425.20	381.40	17801.62	14.22	736.80
2000	2635.37	414.83	518.93	402.92	18857.30	17.66	1045.60
2001	3109.71	535.68	602.44	450.82	20531.17	25.58	1539.30
2002	3562.40	608.30	701.40	483.70	28505.75	30.86	1744.70
2003	4026.70	699.90	1070.20	634.06	31851.30	30.58	2263.87
2004	5148.51	1005.65	1722.13	1173.00	31893.56	48.72	2898.40
2005	6094.74	1033.32	1567.06	1067.00	36563.46	51.14	2904.30
2006	7207.40	1528.04	1977.14	1442.75	45267.36	57.30	3752.50
2007	7919.02	1881.50	2371.30	1743.60	56641.90	64.69	5946.90
2008	8053.55	2359.86	2683.64	1991.30	54977.10	71.73	10466.70
2009	9604.13	2192.88	3100.57	2210.56	84892.52	58.55	5915.46
2010	10572.67	2549.90	3246.85	2442.83	138592.03	69.73	7815.39
2011	12461.56	2680.75	4077.68	2795.64	137099.43	88.68	9739.20
2012	13659.94	2836.70	4775.40	3129.30	136111.48	88.23	8502.00
2013	15001.38	3192.83	5319.62	3709.57	193670.93	87.55	9981.31
2014	15313.91	3133.77	5784.42	3797.63	214105.40	85.80	12402.60
2015	14723.30	2857.70	6969.50	3666.40	203179.40	75.50	11749.10
2016	14158.75	2735.34	7016.41	3554.65	226001.13	67.28	12073.70
2017	12862.24	2611.56	5329.69	3288.68	267405.13	60.85	12242.77
2018	14414.96	2629.21	5112.80	3137.75	269946.86	54.07	13709.34
2019	15682.00	2798.38	5619.17	3657.54	267228.95	42.10	17781.88
2020	16655.60	2787.68	6166.59	3419.56	262652.03	43.89	17995.80

注：2009年起内燃机指标名称改为发动机。

1-4 续表 10

年 份	风机 (万台)	气体压缩机 (万台)	大中型拖拉机 (万台)	小型拖拉机 (万台)	两轮脚踏自行车 (万辆)
1957	5.40	0.63			80.60
1963	1.60	0.53	0.87	0.02	148.90
1964	4.20	0.85	0.98	0.09	170.50
1965	5.80	1.23	0.96	0.36	183.80
1966	5.30	1.32	1.18	1.16	205.30
1967	3.90	0.52	0.85	0.97	177.10
1968	3.50	0.35	0.89	1.11	201.10
1969	4.90	0.90	1.34	1.94	292.10
1970	6.40	0.92	3.19	5.14	368.80
1971	7.50	1.05	4.45	8.09	412.60
1972	8.20	1.52	4.93	8.95	440.40
1973	10.20	1.95	5.79	11.93	496.80
1974	11.30	2.11	6.27	13.80	519.60
1975	13.80	2.54	7.84	20.94	623.20
1976	12.70	2.10	7.37	24.00	668.10
1977	12.70	2.10	9.93	32.05	742.70
1978	20.10	2.63	11.35	32.42	854.00
1979	23.70	2.13	12.56	31.75	1009.50
1980	20.40	1.85	9.77	21.79	1302.40
1981	19.90	1.14	5.28	19.89	1745.30
1982	20.00	1.65	4.03	29.83	2420.00
1983	22.10	1.77	3.70	49.77	2758.20
1984	30.20	2.69	3.97	68.86	2861.40
1985	38.30	7.59	4.50	82.25	3227.70
1986	40.10	5.32	2.86	77.45	3568.30
1987	44.60	4.46	3.71	110.60	4116.70
1988	54.80	6.77	4.72	133.57	4140.10
1989	48.10	7.68	3.98	111.81	3676.80
1990	34.10	5.47	3.94	110.14	3141.60
1991	42.90	6.22	5.27	134.78	3676.80
1992	61.90	8.83	5.70	139.07	4083.60
1993	58.50	9.88	3.77	96.14	4149.60
1994	138.40	10.48	4.67	135.54	4364.90
1995	223.80	86.90	6.33	206.30	4472.20
1996	183.50	62.80	8.37	209.66	3361.20
1997	121.60	40.10	8.24	201.64	2999.30
1998	94.60	47.91	6.78	187.40	2312.50
1999	53.40	53.16	6.54	205.52	2397.60
2000	66.93	25.20	4.10	193.43	2906.79
2001	65.84	18.99	3.82	192.45	2902.30
2002	76.17	31.13	4.54	184.50	3957.50
2003	123.33	41.09	4.88	186.46	5451.70
2004	1215.24	7289.56	11.38	193.98	7906.22
2005	263.80	1442.72	16.33	201.01	6900.64
2006	263.96	1841.05	19.93	191.51	7886.63
2007	432.33	3093.30	20.31	213.80	7475.20
2008	1679.65	11788.17	28.44	175.80	7185.18
2009	931.72	10164.02	37.13	190.56	5757.65
2010	1376.70	15932.90	33.68	228.10	6819.48
2011	1085.10	19250.30	40.19	237.27	7169.11
2012	2162.20	25776.90	52.73	178.70	7612.85
2013	1708.60	29339.50	66.56	184.86	7545.25
2014	1778.23	33648.50	64.37	167.80	7910.14
2015	1816.80	32526.60	68.82	140.10	6882.24
2016	2364.86	35937.11	61.84	106.90	6615.22
2017	2621.47	38919.03	34.44	95.20	7105.24
2018	3288.81	40510.48	26.21	34.12	5723.90
2019	3619.76	46395.87	28.08	34.03	4978.97
2020	4169.92	45970.92	34.52	18.12	5541.65

注：气体压缩机中2004年包括空调压缩机，2008年包括规模以下工业。

1-4 续表 11

年 份	表(万只)	照相机(万台)	铁路机车(辆)	铁路客车(辆)	铁路货车(万辆)	汽车(万辆)	#载货汽车	轿车
1957	0.40	0.01	167	454	0.73	0.79	0.62	
1963	91.80	1.22	20	341	0.14	2.06	1.67	
1964	101.50	1.08	59	321	0.24	2.81	2.08	
1965	108.30	1.72	146	160	0.29	4.05	2.65	
1966	137.40	2.79	353	114	0.50	5.59	3.41	
1967	145.00	4.40	269	87	0.56	2.04	1.09	
1968	183.80	4.45	280	117	0.64	2.51	1.20	
1969	268.60	4.98	397	284	0.99	5.31	3.04	
1970	358.10	4.04	573	576	1.38	8.72	4.71	
1971	429.20	4.48	598	674	1.44	11.10	5.81	
1972	491.70	5.80	595	672	1.35	10.82	6.05	
1973	573.20	7.69	665	829	1.87	11.62	6.44	
1974	673.50	11.10	573	635	1.65	10.48	5.69	
1975	809.00	18.49	526	804	1.57	13.98	7.76	
1976	949.60	22.50	327	556	0.80	13.52	7.45	
1977	1152.80	24.66	293	538	0.64	12.54	7.59	
1978	1410.80	17.89	521	784	1.70	14.91	9.61	
1979	1750.40	23.81	573	856	1.60	18.57	11.67	
1980	2267.50	37.28	512	1002	1.06	22.23	13.55	0.54
1981	2906.60	62.30	398	1159	0.88	17.56	10.83	0.34
1982	3313.20	74.23	486	1153	1.06	19.63	12.18	0.51
1983	3478.10	92.56	589	1230	1.58	23.98	13.71	0.60
1984	3807.10	126.18	658	1200	1.81	31.64	18.18	0.65
1985	5447.10	178.96	746	1447	1.93	43.72	26.90	0.90
1986	7332.00	202.54	818	1522	2.06	36.98	22.91	1.17
1987	6159.40	256.70	909	1791	1.16	47.18	29.84	1.79
1988	6788.90	312.26	844	1980	2.33	64.47	40.33	2.96
1989	7559.60	245.18	680	2000	2.41	58.35	36.34	3.58
1990	8671.30	213.22	655	1866	1.86	51.40	28.97	3.50
1991	7824.90	478.18	706	1674	1.85	71.42	38.25	6.87
1992	8658.80	526.48	798	1652	2.16	106.67	47.67	16.17
1993	19290.80	1136.49	922	1847	2.90	129.85	59.79	22.29
1994	47776.80	2830.02	992	1837	3.76	136.69	66.30	26.87
1995	48191.30	3326.15	974	2395	3.73	145.27	59.60	33.70
1996	47975.60	4120.77	1050	2616	3.28	147.52	62.51	38.29
1997	29504.60	4686.89	1069	2535	3.12	158.25	57.36	48.60
1998	23642.20	5521.87	278	1576	2.35	163.00	73.56	50.71
1999	24051.50	4832.29	300	1778	1.86	183.20	83.96	57.10
2000	21430.69	5514.52	243	3244	2.73	207.00	86.29	60.70
2001	18431.60	5962.09	303	3273	3.07	234.17	89.01	70.36
2002	18391.90	5309.61	336	2856	3.13	325.10	109.20	109.20
2003	18136.85	6198.14	323	1525	3.12	444.39	112.44	207.08
2004	50154.42	7891.40	442	1867	3.17	509.11	111.56	227.63
2005	15498.86	8199.00	838	2001	3.92	570.49	149.46	277.01
2006	14178.25	8551.51	984	2143	3.93	727.89	179.76	386.94
2007	12266.55	8689.60	1002	2425	4.22	888.89	218.31	479.78
2008	11919.20	8193.03	1235	1835	5.73	930.59	202.70	503.81
2009	13306.38	8457.81	1753	7107	4.28	1379.53	308.00	748.48
2010	14631.80	9327.70	2571	7450	4.81	1826.53	391.57	957.59
2011	13162.50	8241.34	2530	6853	6.69	1841.64	324.74	1012.67
2012	15795.80	8801.71	1622	7562	5.92	1927.62	302.04	1077.00
2013	18354.82	4690.89	1351	3631	5.19	2212.09	321.50	1210.43
2014	18253.50	3123.00	1658	3438	3.44	2372.52	312.90	1248.31
2015	18024.21	2845.40	1979	2572	2.73	2450.35	272.92	1162.97
2016	16186.61	2306.77	1292	1303	2.46	2811.91	301.24	1211.12
2017	14995.25	2308.27	1500	330	5.18	2901.81	343.61	1194.54
2018	15778.33	2086.95	1306	914	5.05	2782.74	370.32	1217.38
2019	13450.40	1595.24	1319	1641	6.03	2567.67	380.49	1028.49
2020	8558.56	1028.22	1090	538	4.12	2532.49	459.03	923.98

注：铁路客车2008年、2010年及以后年份不包括动车组产量。铁路客车1998—2004年计量单位为万千瓦。

1-4 续表 12

年 份	发电设备（万千瓦）	#水轮发电机组	交流电动机（万千瓦）	变压器（万千伏安）	家用电冰箱（万台）	家用洗衣机（万台）
1957	19.80	7.20	146.00	420.00	0.16	
1963	40.40	27.80	313.00	437.00	0.14	
1964	44.00	32.50	308.00	572.00	0.17	
1965	68.30	28.00	405.00	818.00	0.30	
1966	132.30	38.20	615.00	1303.00	0.54	
1967	61.90	5.20	496.00	999.00	0.59	
1968	137.50	30.20	460.00	650.00	0.67	
1969	203.10	69.80	810.00	1490.00	0.66	
1970	291.80	90.20	1456.00	2741.00	0.52	
1971	353.30	151.40	1831.00	3011.00	0.61	
1972	432.50	177.50	2195.00	3173.00	0.76	
1973	501.80	157.50	2717.00	3490.00	1.00	
1974	461.60	131.60	2626.00	3989.00	1.34	
1975	496.50	113.60	2799.00	4097.00	1.80	
1976	400.20	57.40	2609.00	3656.00	2.12	
1977	318.10	62.60	2696.00	3581.00	2.46	
1978	483.80	144.60	3195.00	4862.00	2.80	0.04
1979	621.20	171.70	3563.00	5823.00	3.18	1.81
1980	419.30	123.80	2570.00	4461.00	4.90	24.53
1981	139.50	63.20	2126.00	2734.00	5.56	128.08
1982	164.50	57.50	2420.00	3143.00	9.99	253.26
1983	274.00	66.90	2868.00	4228.00	18.85	365.86
1984	467.40	85.80	3051.00	5030.00	54.74	578.06
1985	563.60	140.20	3484.00	8045.00	144.81	887.20
1986	722.40	188.40	3967.00	7729.00	225.02	893.40
1987	941.10	177.70	4172.00	9297.00	401.34	990.20
1988	1109.30	198.40	4511.00	10039.00	757.63	1046.80
1989	1174.00	203.50	4096.00	9931.00	670.79	825.40
1990	1225.40	210.10	3528.00	7443.00	463.06	662.68
1991	1164.20	354.00	3825.00	7748.00	469.94	678.20
1992	1297.00	411.00	5243.00	9949.00	485.76	707.90
1993	1472.80	247.30	5450.00	14332.00	596.66	895.90
1994	1674.10	609.00	5946.00	39398.00	768.12	1094.20
1995	1667.90	297.00	6011.00	16449.00	918.54	948.40
1996	2353.50	333.80	5313.00	15104.00	979.65	1074.70
1997	2405.10	326.90	5127.00	16134.00	1044.43	1254.50
1998	1608.00		4310.00	14910.00	1060.00	1207.31
1999	1369.00	468.91	4602.00	17719.00	1210.00	1342.17
2000	1249.00	391.50	5134.20	21670.39	1279.00	1442.98
2001	1340.14	303.16	6263.27	25137.00	1351.26	1341.61
2002	2120.84	353.27	7004.80	29605.79	1598.87	1595.76
2003	3700.62	608.56	8920.00	37651.00	2242.56	1964.46
2004	9233.01	1079.56	19534.76	240476.62	3007.59	2533.41
2005	9200.00	1200.86	12934.88	63115.84	2987.06	3035.52
2006	11694.27	1834.90	15826.48	73645.50	3530.89	3560.50
2007	12990.98	2836.08	18848.22	91020.78	4397.13	4005.10
2008	13942.42	2249.05	24053.72	122165.87	4799.95	4447.00
2009	11729.25	2303.96	18710.14	126075.27	5930.45	4973.63
2010	12880.21	2033.90	23212.90	134630.40	7295.72	6247.73
2011	14410.52	2644.05	26563.92	141804.05	8699.20	6715.94
2012	13005.52	2337.95	25691.20	143132.40	8427.00	6791.12
2013	14197.66	2492.01	27900.94	157294.27	9255.74	7300.53
2014	15053.02	2396.20	30134.40	170076.50	8796.09	7114.40
2015	12431.38	1727.90	28258.00	165398.00	7992.75	7274.50
2016	13119.78	1407.14	27764.76	166476.05	8481.57	7620.85
2017	11822.93	1263.84	27918.19	159350.20	8314.48	7500.88
2018	10903.07	1093.02	28097.70	293931.22	8108.79	7261.50
2019	9073.69	1082.18	28733.03	175599.97	7904.25	7432.99
2020	13384.46	2080.78	31705.04	173601.19	9014.71	8041.87

注：家用电冰箱1979年以前为主要电冰箱厂的电冰箱数字，1979年及以后各年为全国家用电冰箱数字。

1-4 续表 13

年份	家用电风扇(万台)	房间空气调节器(万台)	家用吸尘器(万台)	半导体分立器件(亿只)	集成电路(万块)	彩色电视机(万台)
1957						
1963				0.02		
1964				0.04		
1965				0.12		
1966				0.28		
1967				0.34	2	
1968				0.37	8	
1969				0.66	78	
1970				1.55	423	
1971				2.32	406	0.02
1972				1.94	264	0.01
1973				1.77	186	0.07
1974				2.27	388	0.24
1975				3.15	579	0.29
1976				3.75		0.28
1977				4.52		0.25
1978	137.80	0.02	0.41	4.42	3041	0.38
1979	233.10	0.86	0.57	4.01		0.95
1980	723.70	1.32	1.48	6.96	1684	3.21
1981	1049.90	1.40	1.73	9.96	1279	15.21
1982	918.60	2.44	2.23	6.75	1352	28.81
1983	1045.70	3.45	4.43	8.22	2604	53.11
1984	1770.70	6.12	9.10	11.76	4148	133.95
1985	3174.60	12.35	8.82	14.79	6385	435.28
1986	3528.70	9.65	8.40	10.99	5720	414.60
1987	3660.70	13.22	35.34	15.14	9544	672.72
1988	4495.50	25.91	182.93	19.77	13160	1037.66
1989	4991.90	37.47	218.98	24.80	13156	940.02
1990	5799.30	24.07	71.67	33.38	10838	1033.04
1991	6219.10	63.03	68.61	54.69	17049	1205.06
1992	6837.00	158.03	112.92	67.19	16099	1333.08
1993	7387.30	346.41	149.00	95.06	20101	1435.76
1994	8613.00	393.42	321.81	167.02	48462	1689.15
1995	12966.70	682.56	805.50		551686	2057.74
1996	10291.70	786.21	879.74	187.67	388987	2537.60
1997	8171.40	974.01	976.40	313.37	255455	2711.33
1998	6724.49	1156.87	519.18	223.83	262577	3497.00
1999	6158.14	1337.64	574.99	278.76	415000	4262.00
2000	7661.61	1826.67	1010.30	511.98	588000	3936.00
2001	9616.10	2333.64	1141.17	476.91	636288	4093.70
2002	10761.33	3135.11	1611.16	593.39	963101	5155.00
2003	12980.92	4820.86	2185.35	875.45	1483100	6541.40
2004	14169.67	6390.33	5015.42	1956.43	2355100	7431.83
2005	12022.39	6764.57	4679.31	2062.90	2699700	8283.22
2006	14465.85	6849.42	5319.13	2224.70	3357500	8375.40
2007	15440.04	8014.28	6514.22	2504.60	4116200	8478.01
2008	15866.85	8147.37	8324.32	2902.10	4387700	9187.14
2009	15955.05	8078.25	6534.66	2637.38	4144000	9898.79
2010	18067.92	10887.47	7669.36	3403.80	6525000	11830.03
2011	18845.89	13912.50	8400.46	4067.78	7195200	12231.34
2012	16593.59	12398.72	8145.09	4256.30	7796100	12823.52
2013	15875.50	13069.30	8981.07	4905.17	9034600	12745.21
2014	16551.17	14463.27	8799.80	5359.30	10155300	14128.90
2015	17173.56	14200.35	8703.60	5780.40	10872000	14475.73
2016	17631.87	14342.37	8765.79	6433.15	13179500	15769.64
2017	18643.05	17861.53	9892.33	7636.30	15645800	15932.62
2018	20524.43	20955.68	11297.47	9821.79	18525991	19695.03
2019	21607.17	21866.16	11214.60	10705.11	20182151	18999.06
2020	23630.83	21035.25	13382.89	13315.50	26142259	19626.24

注：半导体器件从1995年及以后年份为半导体分立器件。

1-4 续表 14

年　份	改装汽车（万辆）	摩托车整车（万辆）	家用吸排油烟机（万台）	微波炉（万台）	电饭锅（万个）	电话单机（万部）
1985	11.26	91.70			511.85	274.10
1986	8.61	65.57			711.41	471.68
1987	10.90	73.77			1078.74	451.96
1988	14.91	117.18			849.02	721.64
1989	11.97	104.83			918.42	880.00
1990	11.05	97.85			711.88	880.00
1991	14.99	134.10			1183.35	1482.00
1992	22.67	204.61				1982.27
1993	26.87	355.63				2663.59
1994	22.42	535.39				5722.92
1995	27.26	825.41	522.50	99.79	2149.83	9956.36
1996	24.19	916.75	309.18	302.26	1697.55	7960.82
1997	22.13	1033.42	287.59	432.40	1642.09	8653.71
1998	21.17	829.09	258.15		1057.99	6520.48
1999	25.26	978.20	351.41	824.28	871.65	7139.93
2000	28.52	960.19	366.15	1257.16	1355.46	9597.99
2001	31.42	1041.45	456.28	1817.70	1442.47	10302.74
2002	40.80	1198.80	426.46	2270.89	2109.32	11892.42
2003	39.45	1461.34	477.25	3660.40	3691.02	12935.90
2004	59.41	1674.92	677.44	4353.33	10781.90	19515.71
2005	48.16	1690.93	730.10	4931.89	6154.14	18861.52
2006	61.82	2054.50	1118.07	5570.17	8879.82	18647.83
2007	69.17	2508.32	1216.88	6289.09	11463.29	16516.46
2008	104.94	2837.87	1709.71	6286.02	13356.50	18244.72
2009	100.20	2758.72	1714.48	6107.28	14313.89	14537.70
2010	120.36	2734.17	2028.33	6781.70	17086.20	16769.68
2011	123.57	2735.50	2032.06	6692.10	18329.40	14017.91
2012	119.19	2603.02	2235.37	6999.40	18404.80	12773.84
2013	135.07	2527.10	2783.55	7277.64	21730.79	12519.67
2014	132.90	2691.70	3082.25	7750.10	28028.60	12286.80
2015	134.20	2502.80	3046.39	8774.90	32237.80	11664.70
2016	146.08	2390.69	3180.31	10325.85	34595.71	10524.80
2017	129.94	2267.66	3144.03	7723.72	30846.68	7239.37
2018	120.68	1820.52	3432.04	7982.02	24046.98	6146.61
2019	103.47	1698.84	3711.80	8498.96	21826.48	5710.16
2020	101.17	2180.25	3535.88	9321.57	15098.53	5134.52

注：电饭锅1991年以前包括电热蒸煮器具。

1-4 续表 15

年 份	微型计算机设备（万台）	移动通信手持机（万台）	程控交换机（万线）	复印和胶版印制设备（万台）
1985				2.37
1986	4.21			1.80
1987	5.12			1.81
1988	11.61			
1989	7.54			
1990	8.21			
1991	16.25			
1992	12.62			4.38
1993	14.66			6.06
1994	24.57			4.10
1995	83.57		2091.60	21.75
1996	138.83		2274.80	63.87
1997	206.55		2787.30	107.75
1998	291.40		4219.90	117.93
1999	405.00		4726.00	210.29
2000	672.00	5247.88	7136.00	156.63
2001	877.65	8031.66	7223.50	144.12
2002	1463.51	12146.35	5860.70	207.39
2003	3216.70	18231.37	7379.93	264.17
2004	5974.90	23751.58	7625.22	324.57
2005	8084.89	30354.21	7720.90	403.56
2006	9336.44	48013.79	7404.63	467.80
2007	12073.38	54857.86	5387.05	452.36
2008	15853.65	55945.10	4583.95	517.70
2009	18215.07	68193.37	4152.51	421.02
2010	24584.46	99827.36	3137.97	534.82
2011	32036.93	113257.71	3034.04	655.05
2012	31806.71	118154.57	2829.08	609.69
2013	35348.41	152343.90	2698.53	698.20
2014	35079.63	168202.75	2148.15	712.90
2015	31418.70	181261.40	1880.30	734.20
2016	29008.51	184845.66	1457.69	684.41
2017	30678.37	188982.37	937.86	626.14
2018	31580.23	180050.62	1036.65	576.05
2019	34163.22	169603.36	790.46	487.79
2020	37800.41	146961.78	702.55	311.20

1-5 主要工业产品产量(2020年、2019年)

产品名称	计量单位	2020年	2019年
铁矿石原矿	万吨	86671.70	84480.80
硫铁矿石(折含硫35%)	万吨	1235.02	1317.29
磷矿石(折含五氧化二磷30%)	万吨	8893.31	9332.36
原盐	万吨	5852.68	6701.44
饲料	万吨	29355.03	26184.00
精制食用植物油	万吨	5476.22	5421.76
成品糖	万吨	1431.30	1389.39
鲜、冷藏肉	万吨	2554.11	2817.46
乳制品	万吨	2780.38	2719.40
罐头	万吨	939.21	1034.63
饮料酒	万千升	4476.49	4898.55
#白酒(折65度，商品量)	万千升	740.73	785.95
啤酒	万千升	3411.11	3765.29
葡萄酒	万千升	41.33	45.15
饮料	万吨	16347.33	17763.48
卷烟	亿支	23863.73	23642.49
纱	万吨	2618.28	2827.16
布	亿米	459.19	555.19
#棉布	亿米	186.24	219.18
印染布	亿米	527.59	539.72
绒线(俗称毛线)	万吨	18.28	19.44
毛机织物(呢绒)	万米	29044.52	48989.14
蚕丝	吨	49777.33	68227.65
蚕丝及交织机织物(含蚕丝≥50%)	万米	38349.53	48166.98
非织造布(无纺布)	万吨	560.34	485.28
服装	万件	2237011.96	2452695.75
鞋	万双	938154.08	1033083.99
#皮革鞋靴	万双	354244.89	394654.62
人造板	万立方米	24772.50	23058.50
#胶合板	万立方米	15609.65	13525.95
家具	万件	91221.04	89698.45
机制纸及纸板(外购原纸加工除外)	万吨	12700.63	12515.30
#新闻纸	万吨	100.93	108.86
纸制品	万吨	6859.71	7219.16
硫酸(折100%)	万吨	9238.18	9119.24
盐酸(氯化氢，含量31%)	万吨	775.91	735.23
浓硝酸(折100%)	万吨	232.31	244.17
烧碱(折100%)	万吨	3673.87	3457.89
纯碱(碳酸钠)	万吨	2812.37	2986.46
碳化钙(电石，折300升/千克)	万吨	2791.89	2522.49
乙烯	万吨	2159.96	2052.29
纯苯	万吨	1041.97	861.79
冰乙酸(冰醋酸)	万吨	719.95	744.97
合成氨(无水氨)	万吨	5117.13	4735.03

1-5 续表 1

产品名称	计量单位	2020年	2019年
农用氮、磷、钾化学肥料(折纯)	万吨	5495.97	5731.18
#1.氮肥(折含氮100%)	万吨	3702.48	3556.25
#尿素(折含氮100%)	万吨	2709.13	2495.19
2.磷肥(折五氧化二磷100%)	万吨	1057.18	1308.40
3.钾肥(折氧化钾100%)	万吨	710.85	762.19
化学农药原药(折有效成分100%)	万吨	214.80	211.81
涂料	万吨	2459.10	2430.64
初级形态塑料	万吨	10542.20	9743.65
合成橡胶	万吨	751.32	743.96
合成纤维单体	万吨	5684.88	5515.13
合成纤维聚合物	万吨	1733.91	1890.80
合成洗涤剂	万吨	1149.16	1048.56
化学药品原药	万吨	291.90	276.85
中成药	万吨	244.88	282.36
化学纤维	万吨	6124.68	5883.37
#人造纤维(纤维素纤维)	万吨	494.57	505.50
合成纤维	万吨	5588.94	5432.75
橡胶轮胎外胎	万条	80747.48	84445.28
塑料制品	万吨	7603.22	8184.17
#农用薄膜	万吨	77.39	85.21
水泥	万吨	239470.83	234430.62
商品混凝土	万立方米	284589.60	257202.04
砖	亿块	3571.45	3954.28
瓦	亿片	41.33	50.56
瓷质砖	万平方米	745590.30	724719.31
陶质砖	万平方米	281875.75	281599.88
平板玻璃	万重量箱	95227.79	94461.22
钢化玻璃	万平方米	53425.86	52617.36
夹层玻璃	万平方米	11422.35	9426.96
中空玻璃	万平方米	14596.90	13851.00
卫生陶瓷制品	万件	20349.03	22173.67
生铁	万吨	88897.61	80849.38
粗钢	万吨	106476.68	99541.89
钢材	万吨	132489.18	120456.94
#铁道用钢材	万吨	461.71	520.69
#轻轨	万吨	75.66	71.08
重轨	万吨	357.09	405.73
大型型钢	万吨	1855.74	1586.87
中小型型钢	万吨	5174.10	4889.77
棒材	万吨	9338.57	8035.74
钢筋	万吨	26754.23	24916.21
线材(盘条)	万吨	16655.60	15682.00
特厚板	万吨	1055.06	859.87

1-5 续表 2

产品名称	计量单位	2020年	2019年
厚钢板	万吨	3636.02	3202.64
中板	万吨	4440.46	4041.22
热轧薄板	万吨	548.49	357.48
冷轧薄板	万吨	3912.26	3251.62
中厚宽钢带	万吨	17046.08	14938.25
热轧薄宽钢带	万吨	8921.39	8361.98
冷轧薄宽钢带	万吨	6061.19	5374.78
热轧窄钢带	万吨	5101.43	4936.66
冷轧窄钢带	万吨	708.01	640.29
镀层板(带)	万吨	6138.42	5738.87
涂层板(带)	万吨	982.15	802.36
电工钢板(带)	万吨	1188.61	1119.15
无缝钢管	万吨	2787.68	2798.38
焊接钢管	万吨	6166.59	5619.17
铁合金	万吨	3419.56	3657.54
十种有色金属	万吨	6188.42	5865.96
#精炼铜(电解铜)	万吨	1002.51	978.42
铅	万吨	644.31	579.71
锌	万吨	642.49	623.64
镍	万吨	25.65	21.33
锡	万吨	20.29	18.15
原铝(电解铝)	万吨	3708.04	3512.96
镁	万吨	85.83	84.48
氧化铝	万吨	7313.19	7230.16
单一稀土金属	万千克	4571.23	4502.58
铝合金	万吨	963.59	942.14
铜材	万吨	2045.46	2017.19
铝材	万吨	5779.32	5225.05
金属切削工具	万件	352666.58	466679.87
金属集装箱	万立方米	9863.55	7236.43
锻件	万吨	992.04	921.83
电站锅炉	万蒸发量吨	24.15	27.02
工业锅炉	蒸发量吨	439112.18	393853.38
发动机	万千瓦	262652.03	267228.95
#汽车用发动机	万千瓦	228063.03	237981.86
电站用汽轮机	万千瓦	4963.36	5343.76
燃气轮机	万千瓦	351.39	419.05
电站水轮机	万千瓦	75.29	109.34
金属切削机床	万台	43.89	42.10
#数控金属切削机床	万台	19.26	16.44
金属成形机床	万台	20.21	23.82
铸造机械	万台	108.06	70.73
电焊机	万台	1108.93	950.06
起重机	万吨	1078.90	921.66
电动车辆(电动叉车)	万台	28.12	21.57

1-5 续表 3

产品名称	计量单位	2020年	2019年
内燃叉车	万台	42.73	34.33
输送机械(输送机和提升机)	万吨	134.65	137.92
电梯、自动扶梯及升降机	万台	128.22	117.33
泵	万台	17995.80	17781.88
气体压缩机	万台	45970.92	46395.87
阀门	万吨	567.54	586.38
齿轮	万吨	245.67	237.17
风机	万台	4169.92	3619.76
气体分离及液化设备	台	112504.00	94931.00
电动手提式工具	万台	22159.87	20224.47
包装专用设备	台	260831.00	210403.50
照相机	万台	1028.22	1595.24
#数码照相机	万台	560.30	818.60
复印和胶版印制设备	万台	311.20	487.79
自动柜员机(ATM机)	万台	15.59	19.09
减速机	万台	916.69	878.73
矿山专用设备	万吨	653.60	673.11
石油钻井设备	台(套)	210120.00	217809.00
挖掘、铲土运输机械	台	609128.00	492439.00
#挖掘机	台	326967.00	266299.00
装载机	台	168858.00	156686.00
压实机械	台	31531.00	52705.00
水泥专用设备	吨	337844.81	386535.12
混凝土机械	台	130490.00	96615.00
金属冶炼设备	吨	698528.47	611113.09
金属轧制设备	吨	346276.59	506908.07
炼油、化工生产专用设备	万吨	118.52	127.09
饲料生产专用设备	台	216281.00	264026.00
印刷专用设备	吨	115768.57	184767.11
大中型拖拉机	万台	34.52	28.08
小型拖拉机	万台	18.12	34.03
收获机械	台	149203.00	157895.00
环境污染防治专用设备	台(套)	833563.00	772597.00
#大气污染防治设备	台(套)	336817.00	333714.00
自动售货机、售票机	台	44579.00	39439.00
工业机器人	套	217989.00	175985.70
汽车	万辆	2532.49	2567.67
#基本型乘用车(轿车)	万辆	923.98	1028.49
多功能乘用车(MPV)	万辆	99.04	132.40
运动型多用途乘用车(SUV)	万辆	905.02	882.22
客车	万辆	44.07	46.63
载货汽车	万辆	459.03	380.49
#新能源汽车	万辆	145.58	122.18
改装汽车	万辆	101.17	103.47
铁路机车	辆	1090.00	1319.00
动车组	辆	2056.00	2117.00
铁路客车	辆	538.00	1641.00
铁路货车	辆	41195.00	60330.00
民用钢质船舶	万载重吨	2750.97	3068.77
摩托车整车	万辆	2180.25	1698.84

1-5 续表 4

产品名称	计量单位	2020年	2019年
两轮脚踏自行车	万辆	5541.65	4978.97
电动自行车	万辆	3034.28	2707.69
发电机组(发电设备)	万千瓦	13384.46	9073.69
#水轮发电机组	万千瓦	2080.78	1082.18
汽轮发电机组	万千瓦	5250.25	4888.34
风力发电机组	万千瓦	5500.75	2312.41
交流电动机	万千瓦	31705.04	28733.03
变压器	万千伏安	173601.19	175599.97
电力电缆	万千米	5242.51	5140.52
光缆	万芯千米	28877.72	26585.04
锂离子电池	万只(自然只)	1884548.26	1572184.42
太阳能电池(光伏电池)	万千瓦	15728.64	12862.07
家用电冰箱(家用冷冻冷藏箱)	万台	9014.71	7904.25
家用冷柜(家用冷冻箱)	万台	3042.38	2171.73
房间空气调节器	万台	21035.25	21866.16
家用电风扇	万台	23630.83	21607.17
家用吸排油烟机	万台	3535.88	3711.80
电饭锅	万个	15098.53	21826.48
微波炉	万台	9321.57	8498.96
家用洗衣机	万台	8041.87	7432.99
家用电热水器	万台	4237.48	4589.11
家用吸尘器	万台	13382.89	11214.60
家用燃气热水器	万台	2098.81	1668.97
电子计算机整机	万台	40509.15	35646.63
#微型计算机设备	万台	37800.41	34163.22
#笔记本计算机	万台	23524.63	18533.22
显示器	万台	17043.65	16982.95
打印机	万台	5368.99	5010.78
程控交换机	万线	702.55	790.46
#数字程控交换机	万线	693.59	772.05
电话单机	万部	5134.52	5710.16
移动通信基站设备	万射频模块	893.74	
移动通信手持机(手机)	万台	146961.78	169603.36
#智能手机	万台	110296.52	122719.39
彩色电视机	万台	19626.24	18999.06
#液晶电视机	万台	19247.20	18689.68
#智能电视	万台	11933.38	11926.37
组合音响	万台	16428.79	16706.81
数字激光音、视盘机	万台	1945.12	2006.90
电视接收机顶盒	万台	17494.93	16718.53
半导体分立器件	亿只	13315.50	10705.11
集成电路	亿块	2614.23	2018.22
光电子器件	亿只(片、套)	9722.95	10899.21
电子元件	亿只	68810.88	44452.35
电工仪器仪表	万台	26537.95	28753.31
汽车仪器仪表	万台	3607.16	3884.30
钟	万只	11120.75	13088.43
表	万只	8558.56	13450.40

注：移动通信基站设备2020年调整计量单位。

1-6 全国规模以上工业主要产品生产能力(2020年、2019年)

产品名称	计量单位	2020年	2019年
天然原油	万吨	20448.11	20727.57
卷烟	亿支	30762.98	38603.03
原油加工能力	万吨	84762.87	79489.57
焦炭	万吨	60795.87	63034.61
烧碱	万吨	4295.60	3985.07
碳化钙(电石,折 300升/千克)	万吨	3290.75	3118.61
农用氮、磷、钾化学肥料总计(折纯)	万吨	8381.40	8822.26
初级形态塑料	万吨	12355.90	11395.19
化学纤维	万吨	7469.19	6923.34
水泥	万吨	339735.63	332459.18
平板玻璃	万重量箱	112630.66	107848.96
粗钢	万吨	108562.57	106036.13
钢材	万吨	159937.62	154018.91
原铝(电解铝)	万吨	4231.12	4040.16
金属切削机床	万台	81.06	70.82
汽车	万辆	4139.32	4017.44
家用电冰箱	万台	12148.54	10851.65
房间空气调节器	万台	31781.78	29828.75
微型计算机设备	万台	58006.39	50495.00
移动通信手持机(手机)	万台	224666.81	212912.56
彩色电视机	万台	26777.33	26486.66
发电设备容量总计	万千瓦	193908.12	178554.51
#火电设备容量	万千瓦	123740.13	117082.29
水电设备容量	万千瓦	30963.43	30693.65
核电设备容量	万千瓦	4987.33	4875.53
风电设备容量	万千瓦	20400.66	17632.84

二、分行业数据

2-1 规模以上工业企业

行　　业	企业单位数（个）	资产总计	固定资产净额	固定资产原价	累计折旧	流动资产合计
总　计	**399375**	**1303499.30**	**353369.87**	**684983.51**	**311548.48**	**648817.50**
采矿业	**10667**	**107931.55**	**32894.01**	**73100.53**	**38350.11**	**35855.05**
煤炭开采和洗选业	4331	59712.45	15384.04	28179.27	11884.58	23324.76
烟煤和无烟煤开采洗选	4234	58022.89	14935.96	27301.41	11502.94	22879.11
褐煤开采洗选	70	1637.47	421.34	841.71	372.67	436.06
其他煤炭采选	27	52.09	26.74	36.15	8.97	9.58
石油和天然气开采业	128	21507.69	11794.68	34114.78	21750.79	2893.15
石油开采	69	16798.83	8939.32	27416.68	17943.51	2165.53
陆地石油开采	65	15254.86	7676.65	23502.70	15292.20	2112.48
海洋石油开采	4	1543.97	1262.67	3913.98	2651.31	53.05
天然气开采	59	4708.85	2855.35	6698.09	3807.29	727.63
陆地天然气开采	55	3807.86	2269.82	5144.53	2839.26	504.30
海洋天然气及可燃冰开采	4	900.99	585.53	1553.56	968.03	223.33
黑色金属矿采选业	1290	11644.98	2204.78	3834.59	1525.93	3529.36
铁矿采选	1204	11470.33	2173.24	3774.89	1500.81	3457.48
锰矿、铬矿采选	70	132.72	18.21	35.30	15.82	51.84
其他黑色金属矿采选	16	41.93	13.32	24.40	9.29	20.03
有色金属矿采选业	1208	6271.10	1878.26	3218.35	1175.85	2060.55
常用有色金属矿采选	782	3772.00	1064.50	1777.16	621.38	1319.07
铜矿采选	159	1243.05	502.23	810.11	267.76	271.11
铅锌矿采选	306	1484.97	407.14	677.77	251.88	485.27
镍钴矿采选	10	39.34	19.85	34.18	12.99	6.56
锡矿采选	42	511.62	25.94	67.53	20.32	280.28
锑矿采选	10	19.82	7.14	14.77	6.08	5.48
铝矿采选	86	161.12	46.45	65.26	17.00	72.82
镁矿采选	97	171.49	25.11	55.61	25.24	116.36
其他常用有色金属矿采选	72	140.58	30.64	51.92	20.10	81.17
贵金属矿采选	231	1509.33	538.14	912.94	345.45	427.51
金矿采选	213	1454.03	515.55	867.88	325.50	410.78
银矿采选	17	54.06	22.26	44.38	19.59	16.42
稀有稀土金属矿采选	195	989.78	275.63	528.25	209.03	313.97
钨钼矿采选	152	794.04	234.41	455.38	186.73	244.42
稀土金属矿采选	16	104.85	6.44	12.13	5.09	35.52
非金属矿采选业	3429	5698.23	941.22	1761.27	707.87	2376.14
土砂石开采	2872	3997.02	617.15	1109.01	405.87	1607.59
石灰石、石膏开采	764	973.66	191.09	343.96	129.11	341.12
建筑装饰用石开采	669	1145.93	130.63	227.69	72.57	400.63
耐火土石开采	211	168.40	43.34	96.57	46.23	76.11
粘土及其他土砂石开采	1228	1709.03	252.09	440.79	157.96	789.73
化学矿开采	211	587.33	130.81	247.63	103.72	275.24
采盐	80	815.19	134.28	281.21	143.50	357.80

主要经济指标(大、中、小类行业)

单位：亿元

应收账款	存货	产成品	负债合计	流动负债合计	应付账款	所有者权益合计	实收资本	国家资本	集体资本
167496.23	**125903.81**	**46626.50**	**735385.85**	**559569.17**	**160756.98**	**566379.65**	**280495.93**	**67260.99**	**4116.96**
4657.45	**2338.49**	**1115.68**	**65930.07**	**44946.79**	**8330.93**	**41797.27**	**21853.97**	**8842.29**	**234.59**
2588.77	1161.08	526.61	40570.59	28600.90	4485.82	19058.68	8516.34	3047.40	161.58
2502.53	1142.13	519.74	39525.70	27999.57	4398.28	18399.57	8161.46	2953.44	159.81
82.82	17.20	5.77	1009.60	570.88	82.90	642.73	350.04	90.64	1.77
3.42	1.76	1.10	35.28	30.44	4.64	16.38	4.84	3.32	
388.90	172.21	86.47	10143.42	5308.22	1730.82	11307.41	7582.23	4624.03	0.75
139.25	139.91	78.99	8272.86	4244.80	1329.13	8469.11	5844.42	3046.83	0.47
136.32	114.12	74.25	7046.95	3327.05	1138.65	8151.04	5834.25	3046.83	0.47
2.94	25.79	4.73	1225.91	917.75	190.48	318.07	10.17		
249.64	32.30	7.48	1870.56	1063.41	401.69	2838.30	1737.82	1577.19	0.28
234.71	16.90	4.76	1303.20	695.48	334.92	2504.66	1506.02	1354.39	0.28
14.93	15.40	2.72	567.35	367.93	66.77	333.64	231.80	222.80	
475.46	297.44	171.51	6778.76	4576.43	628.08	4862.08	2092.17	497.84	32.52
461.20	281.50	161.21	6698.77	4510.79	610.97	4769.29	2062.01	494.60	29.57
12.59	9.54	6.42	55.24	43.50	9.91	76.09	25.07	3.24	2.20
1.67	6.40	3.88	24.75	22.14	7.20	16.70	5.09		0.75
255.17	316.48	143.75	3604.70	2597.56	332.75	2627.11	1109.39	381.89	21.01
181.21	154.90	67.43	2142.94	1532.74	214.25	1596.04	706.70	223.84	15.13
39.79	46.53	18.70	737.84	440.84	66.90	505.23	287.71	91.84	4.57
53.99	50.27	22.06	718.88	549.35	71.85	765.39	270.79	81.31	7.87
0.85	2.39	1.30	25.09	20.22	1.53	14.25	10.95	8.22	1.20
14.57	9.89	4.91	341.42	243.18	7.03	141.23	70.96	37.12	0.29
0.26	0.88	0.37	11.32	10.45	0.56	7.30	4.11	0.01	
35.22	8.34	5.37	113.66	101.73	21.44	45.73	15.30	4.01	0.29
27.75	16.28	10.10	120.94	106.72	18.91	50.55	23.96		0.50
8.78	20.33	4.61	73.79	60.25	26.03	66.36	22.92	1.35	0.41
39.43	81.62	18.35	934.12	699.17	59.71	571.61	196.18	46.69	3.05
38.50	77.03	16.04	908.57	676.89	55.05	541.87	186.01	44.07	3.05
0.93	4.44	2.21	24.76	21.49	4.25	29.30	9.77	2.22	
34.53	79.96	57.96	527.63	365.65	58.78	459.45	206.51	111.36	2.83
25.17	53.20	36.66	397.20	298.00	48.41	395.18	147.28	77.28	2.78
5.23	12.61	10.99	61.74	30.29	3.49	42.46	25.84	22.63	
443.63	282.45	169.86	2869.57	2030.88	364.52	2808.51	1016.81	243.09	15.18
311.04	180.48	114.70	2057.51	1397.54	239.83	1922.93	679.57	118.83	10.59
73.14	27.53	18.41	525.55	382.98	77.30	442.02	222.76	39.99	2.12
70.42	36.18	27.17	617.55	427.77	59.23	525.89	155.21	20.82	2.62
17.47	14.41	8.58	85.58	69.05	16.58	82.26	36.82	1.51	0.81
150.00	102.36	60.53	828.83	517.75	86.71	872.76	264.79	56.51	5.04
58.77	44.67	20.52	349.04	278.39	56.48	236.85	128.00	46.93	3.35
42.38	31.24	19.43	295.43	221.04	34.70	519.76	137.10	60.52	0.99

2-1 续表 1

行　业	企业单位数(个)	资产总计	固定资产净额	固定资产原价	累计折旧	流动资产合计
石棉及其他非金属矿采选	266	298.68	58.98	123.42	54.78	135.51
石棉、云母矿采选	7	16.26	6.77	14.35	7.40	6.50
石墨、滑石采选	62	132.28	25.42	46.35	19.58	56.33
其他未列明非金属矿采选	195	145.36	26.35	61.21	26.73	69.84
开采专业及辅助性活动	275	3081.12	685.11	1976.76	1296.26	1665.08
煤炭开采和洗选专业及辅助性活动	8	64.13	6.13	11.91	5.77	28.43
石油和天然气开采专业及辅助性活动	257	3011.61	678.51	1963.40	1289.91	1631.99
其他开采专业及辅助性活动	10	5.38	0.46	1.45	0.58	4.66
其他采矿业	6	15.98	5.92	15.52	8.82	6.00
制造业	**373498**	**979939.83**	**208029.70**	**407804.20**	**184731.84**	**570561.07**
农副食品加工业	21881	31461.96	6521.08	12253.02	4998.65	18587.55
谷物磨制	5314	4365.04	1061.84	2025.65	789.53	2498.56
稻谷加工	3874	2643.14	628.75	1260.41	523.98	1545.31
小麦加工	1153	1482.75	388.21	674.88	229.91	817.63
玉米加工	48	24.66	6.53	14.97	8.29	11.96
杂粮加工	120	89.03	17.59	33.31	7.94	49.55
其他谷物磨制	119	125.45	20.76	42.08	19.42	74.11
饲料加工	4220	7008.32	1160.65	2241.84	945.70	4011.64
宠物饲料加工	261	309.84	71.87	113.48	34.14	180.57
其他饲料加工	3959	6698.47	1088.78	2128.37	911.56	3831.08
植物油加工	1498	4908.60	767.32	1604.84	734.26	3560.43
食用植物油加工	1378	4846.93	748.76	1551.20	703.29	3529.72
非食用植物油加工	120	61.67	18.56	53.65	30.97	30.71
制糖业	258	1483.56	290.63	653.22	351.74	973.11
屠宰及肉类加工	3641	6126.53	1385.17	2369.73	885.57	3283.41
牲畜屠宰	1233	2071.54	420.79	730.77	271.36	1103.07
禽类屠宰	669	1445.76	395.42	642.96	225.06	738.90
肉制品及副产品加工	1739	2609.24	568.96	995.99	389.16	1441.43
水产品加工	1616	1989.98	352.97	670.12	290.04	1310.93
水产品冷冻加工	1185	1613.10	275.56	506.22	210.57	1087.16
鱼糜制品及水产品干腌制加工	314	264.99	54.08	113.28	53.82	159.56
鱼油提取及制品制造	20	22.85	5.95	12.12	6.17	14.72
其他水产品加工	97	89.04	17.38	38.49	19.49	49.49
蔬菜、菌类、水果和坚果加工	3075	2558.44	546.34	1002.75	362.22	1505.99
蔬菜加工	1504	1123.72	259.05	514.62	206.94	623.42
食用菌加工	519	433.46	112.19	191.42	56.29	222.92
水果和坚果加工	1052	1001.25	175.09	296.71	98.99	659.65
其他农副食品加工	2259	3021.49	956.17	1684.86	639.58	1443.48
淀粉及淀粉制品制造	621	1703.62	600.50	1025.77	382.38	754.98
豆制品制造	620	452.61	159.48	304.58	133.50	206.87
蛋品加工	191	162.92	48.20	80.14	28.64	82.64
其他未列明农副食品加工	827	702.34	147.99	274.37	95.06	398.99

单位：亿元

应收账款	存货	产成品	负债合计	流动负债合计	应付账款	所有者权益合计	实收资本	国家资本	集体资本
31.44	26.06	15.21	167.59	133.91	33.52	128.98	72.14	16.82	0.25
1.35	2.33	2.26	10.91	10.46	0.76	5.36	5.90	1.80	
14.81	10.67	5.61	72.84	60.39	13.16	59.44	27.39	9.17	0.02
14.96	11.22	5.52	81.44	60.65	19.51	61.80	36.75	5.83	0.23
503.07	106.79	16.97	1952.31	1829.12	787.34	1128.51	1532.62	44.24	3.37
5.72	1.18	0.77	35.38	34.16	9.09	28.75	15.41	8.99	
494.65	105.24	15.93	1912.65	1792.40	777.91	1098.66	1516.43	35.14	3.22
2.70	0.37	0.27	4.28	2.56	0.34	1.10	0.78	0.11	0.15
2.45	2.04	0.52	10.72	3.69	1.60	4.97	4.40	3.80	0.20
152430.25	**121515.11**	**45309.71**	**541685.19**	**448285.73**	**138343.13**	**436803.96**	**197956.98**	**23568.50**	**3227.22**
2879.51	5553.39	2194.48	18091.63	15136.05	2894.14	13234.57	6071.44	321.30	147.75
405.59	1025.86	302.33	2114.78	1709.68	248.66	2208.46	953.73	74.76	30.18
235.21	658.00	209.79	1290.28	1039.56	138.62	1343.79	584.03	45.80	17.33
139.65	322.14	73.63	695.91	576.51	96.61	761.53	319.72	25.26	11.12
1.77	5.05	1.62	10.54	9.53	0.88	13.88	7.13		0.12
10.13	19.59	10.33	48.66	33.40	5.43	38.04	16.84	0.41	1.51
18.83	21.09	6.95	69.39	50.68	7.11	51.22	26.02	3.30	0.10
487.51	925.74	204.44	3885.40	3277.53	575.05	3106.06	1268.23	14.89	29.37
32.89	46.52	14.92	138.73	119.24	32.19	169.32	65.10	0.05	1.08
454.62	879.22	189.52	3746.68	3158.28	542.86	2936.74	1203.13	14.84	28.29
395.34	1095.25	424.42	3294.46	2884.01	549.06	1589.15	824.43	75.98	21.25
388.94	1084.85	417.98	3264.42	2862.70	544.66	1557.56	805.91	75.97	21.15
6.41	10.39	6.44	30.04	21.32	4.40	31.59	18.52	0.02	0.10
103.56	210.53	138.86	1169.64	1031.73	200.64	321.53	202.24	48.07	6.45
523.91	720.03	371.29	3358.27	2699.96	494.13	2747.55	1240.75	36.22	27.73
159.22	226.98	144.59	1173.19	898.34	127.48	886.46	436.74	22.55	14.20
117.40	156.33	97.01	900.46	739.73	143.42	543.78	293.05	4.36	4.70
247.28	336.71	129.69	1284.62	1061.88	223.23	1317.32	510.97	9.32	8.83
307.30	565.98	327.27	1185.21	1007.59	264.92	795.36	341.55	18.08	3.22
257.01	475.26	286.14	999.03	855.57	230.84	607.44	265.63	16.59	2.98
37.57	64.36	29.59	138.07	110.41	24.27	124.99	51.64	1.00	0.08
2.97	4.56	1.39	14.20	13.66	3.08	8.65	4.65	0.28	
9.75	21.81	10.15	33.91	27.96	6.73	54.28	19.62	0.21	0.15
371.85	485.65	207.14	1334.35	1094.10	282.72	1204.31	532.26	17.61	9.00
148.93	222.21	110.79	526.95	430.58	119.55	583.65	257.90	12.69	4.86
46.02	57.45	27.82	221.04	153.17	42.41	209.40	93.32	0.28	2.47
176.90	205.98	68.53	586.36	510.35	120.76	411.26	181.04	4.64	1.66
284.43	524.34	218.73	1749.52	1431.46	278.97	1262.14	708.25	35.69	20.55
125.53	279.30	112.83	1104.56	888.96	155.27	600.46	401.90	22.30	15.49
42.43	64.99	26.11	202.80	166.06	32.43	247.99	109.91	1.46	1.20
24.63	25.75	15.09	79.55	63.43	13.18	82.79	40.79	0.12	0.30
91.85	154.31	64.70	362.61	313.00	78.09	330.91	155.64	11.81	3.55

2-1 续表 2

行 业	企业单位数(个)	资产总计	固定资产净额	固定资产原价	累计折旧	流动资产合计
食品制造业	8267	17291.05	4183.93	7839.20	3378.55	9265.97
焙烤食品制造	1544	1846.85	507.47	961.97	415.41	995.49
糕点、面包制造	927	969.07	239.02	423.96	172.00	542.61
饼干及其他焙烤食品制造	617	877.78	268.45	538.02	243.41	452.88
糖果、巧克力及蜜饯制造	605	1061.24	252.99	541.51	267.95	621.70
糖果、巧克力制造	357	776.15	198.06	451.75	237.52	450.47
蜜饯制作	248	285.09	54.93	89.77	30.43	171.23
方便食品制造	1431	2146.33	561.72	1033.96	424.84	1116.47
米、面制品制造	538	468.46	116.01	232.62	95.68	224.56
速冻食品制造	509	750.56	199.49	334.00	121.22	405.11
方便面制造	114	614.80	163.44	321.22	150.59	316.58
其他方便食品制造	270	312.52	82.78	146.13	57.36	170.23
乳制品制造	570	4099.37	721.18	1386.63	604.05	2138.75
液体乳制造	355	3026.29	526.82	1011.98	450.49	1449.49
乳粉制造	150	906.73	133.84	279.44	120.16	616.29
其他乳制品制造	65	166.35	60.52	95.20	33.40	72.97
罐头食品制造	659	783.36	181.43	395.72	190.19	464.15
肉、禽类罐头制造	86	148.96	31.81	59.89	26.19	73.45
水产品罐头制造	51	69.68	11.68	23.25	10.95	51.94
蔬菜、水果罐头制造	472	495.17	116.13	274.87	138.14	302.12
其他罐头食品制造	50	69.54	21.82	37.71	14.91	36.65
调味品、发酵制品制造	1117	2569.57	753.71	1424.79	646.57	1362.94
味精制造	65	494.08	151.87	294.20	141.06	231.47
酱油、食醋及类似制品制造	271	694.54	227.65	426.83	193.35	350.46
其他调味品、发酵制品制造	781	1380.95	374.19	703.76	312.17	781.02
其他食品制造	2341	4784.32	1205.43	2094.62	829.53	2566.46
营养食品制造	254	468.79	130.29	234.71	96.25	247.30
保健食品制造	439	1087.98	185.23	288.53	95.31	659.48
冷冻饮品及食用冰制造	125	238.47	70.95	141.10	65.59	131.35
盐加工	72	334.45	103.86	193.59	87.35	131.18
食品及饲料添加剂制造	1012	1976.10	556.42	966.54	383.49	1004.04
其他未列明食品制造	439	678.52	158.69	270.15	101.53	393.11
酒、饮料和精制茶制造业	5530	18983.23	3842.77	7483.15	3328.28	11202.62
酒的制造	1773	13144.72	2263.18	4189.12	1782.73	8117.36
酒精制造	80	576.85	163.34	273.89	102.11	298.96
白酒制造	975	9275.73	1275.63	2250.01	885.64	6082.11
啤酒制造	332	2107.92	599.32	1282.84	654.68	983.44
黄酒制造	96	245.63	61.24	108.89	44.65	132.71
葡萄酒制造	115	305.50	89.92	150.89	56.79	159.65
其他酒制造	175	633.10	73.75	122.60	38.86	460.49
饮料制造	1725	4423.56	1243.52	2662.31	1299.67	2347.69

单位：亿元

应收账款	存货	产成品	负债合计	流动负债合计	应付账款	所有者权益合计	实收资本	国家资本	集体资本
1873.36	1897.46	800.70	8468.85	7247.50	1886.90	8757.14	3769.21	164.26	97.16
188.85	173.60	62.04	805.50	678.95	185.22	1034.14	423.28	7.36	3.64
101.48	73.47	23.65	421.84	353.86	93.02	543.14	223.23	5.57	1.46
87.37	100.13	38.39	383.66	325.09	92.20	491.00	200.06	1.79	2.18
136.57	123.08	53.47	488.44	425.61	147.78	568.31	218.88	7.45	2.82
101.48	84.31	36.89	378.17	330.60	125.87	397.04	164.48	7.45	2.45
35.09	38.77	16.58	110.27	95.02	21.91	171.27	54.40		0.36
253.36	247.96	102.92	1063.90	925.37	265.61	1072.22	565.63	25.77	1.47
37.18	64.27	25.74	216.21	178.46	35.55	249.05	111.92	6.66	1.11
93.18	112.39	47.84	386.78	332.35	102.10	358.35	203.25	6.42	0.74
76.21	37.33	17.28	313.87	289.83	85.83	299.89	163.19	0.15	0.26
46.79	33.95	12.05	147.04	124.73	42.13	164.94	87.28	12.53	-0.65
520.28	230.47	93.28	2183.87	1986.84	565.09	1897.22	783.99	37.89	36.94
338.59	128.41	47.99	1569.43	1444.68	365.03	1443.60	525.76	28.08	30.47
165.26	81.42	38.17	529.33	467.17	173.51	375.30	213.52	9.39	5.17
16.43	20.64	7.12	85.11	75.00	26.56	78.32	44.71	0.42	1.30
76.42	181.86	110.62	393.88	338.42	87.11	383.66	167.68	10.74	2.05
15.57	29.11	11.68	68.93	63.83	19.83	79.88	43.62	2.70	0.35
5.27	15.61	9.21	34.85	31.77	4.90	33.82	10.12	1.00	0.21
47.63	128.92	87.04	262.90	219.03	54.01	227.63	94.12	5.02	1.30
7.96	8.21	2.68	27.21	23.78	8.37	42.33	19.83	2.02	0.19
263.43	341.26	122.12	1111.49	896.67	216.70	1454.80	561.12	30.00	23.78
74.65	55.18	18.95	173.55	130.96	30.75	320.53	106.16	4.70	18.52
59.22	91.53	23.39	274.24	239.89	60.39	419.80	144.52	7.97	0.66
129.56	194.55	79.78	663.70	525.82	125.56	714.48	310.44	17.33	4.59
434.45	599.23	256.25	2421.78	1995.64	419.38	2346.78	1048.63	45.06	26.47
50.13	56.98	22.46	233.47	173.55	45.98	237.21	116.76	0.60	6.61
78.95	118.51	59.56	503.71	429.18	69.35	582.52	208.79	3.56	1.82
23.60	28.80	9.71	131.13	118.07	25.80	105.91	81.19	3.41	0.01
20.59	16.75	8.46	173.57	134.02	24.13	160.40	71.81	29.74	8.33
211.07	260.66	127.66	1049.49	859.50	193.80	916.40	466.45	6.27	6.56
50.10	117.53	28.40	330.41	281.31	60.32	344.35	103.64	1.49	3.15
1063.21	3092.22	947.12	7943.26	6892.74	1262.67	10998.31	2952.48	316.90	57.62
365.53	2441.48	616.75	5257.55	4581.72	705.97	7865.21	1452.26	249.78	36.20
33.74	75.87	25.53	476.65	410.71	99.76	100.19	72.03	13.05	2.51
171.67	1877.46	459.93	3317.98	2894.38	364.93	5945.52	583.49	89.44	21.11
107.15	238.37	49.84	936.81	814.51	202.60	1169.71	633.24	126.32	10.82
14.25	75.62	42.34	83.22	72.64	15.69	161.62	36.93	7.51	0.04
21.77	91.84	16.06	134.35	103.11	10.70	169.96	78.08	9.26	0.95
16.94	82.32	23.05	308.53	286.37	12.29	318.21	48.48	4.20	0.76
540.49	355.85	172.24	2117.33	1861.78	450.42	2299.45	1220.22	53.43	13.07

2-1 续表 3

行 业	企业单位数(个)	资产总计	固定资产净 额	固定资产原 价	累计折旧	流动资产合 计
碳酸饮料制造	119	549.23	178.12	381.03	199.70	299.75
瓶(罐)装饮用水制造	538	928.53	316.80	592.95	247.22	377.47
果菜汁及果菜汁饮料制造	413	908.48	248.37	518.15	247.11	421.63
含乳饮料和植物蛋白饮料制造	263	840.02	214.21	477.01	233.37	497.46
固体饮料制造	146	201.70	48.34	89.43	38.25	121.83
茶饮料及其他饮料制造	246	995.61	237.68	603.73	334.02	629.56
精制茶加工	2032	1414.94	336.06	631.72	245.89	737.57
烟草制品业	105	11052.40	1254.89	3279.16	2016.41	7801.84
烟叶复烤	23	427.09	84.28	192.54	108.25	288.74
卷烟制造	46	10435.10	1123.80	2994.47	1862.83	7390.04
其他烟草制品制造	36	190.22	46.81	92.15	45.33	123.06
纺织业	18510	20349.95	5248.41	10854.60	5214.50	11553.61
棉纺织及印染精加工	8039	10832.27	2862.28	6177.90	3053.55	5807.87
棉纺纱加工	4200	5775.56	1570.28	3215.85	1511.08	2987.28
棉织造加工	2546	2753.44	609.19	1498.69	799.79	1609.82
棉印染精加工	1293	2303.27	682.81	1463.37	742.68	1210.78
毛纺织及染整精加工	866	1361.23	253.70	560.74	294.25	893.37
毛条和毛纱线加工	499	667.33	116.53	253.76	129.20	467.36
毛织造加工	263	560.58	93.12	221.36	124.98	357.52
毛染整精加工	104	133.31	44.05	85.61	40.07	68.49
麻纺织及染整精加工	241	226.65	63.15	124.59	55.75	125.74
麻纤维纺前加工和纺纱	89	98.08	24.61	48.26	21.43	54.91
麻织造加工	146	127.02	37.89	75.07	33.76	70.21
麻染整精加工	6	1.55	0.65	1.26	0.55	0.63
丝绢纺织及印染精加工	591	602.43	139.75	277.36	127.03	337.99
缫丝加工	240	234.25	51.02	102.68	45.60	129.84
绢纺和丝织加工	293	281.06	60.82	122.51	57.22	164.21
丝印染精加工	58	87.12	27.90	52.17	24.21	43.94
化纤织造及印染精加工	1934	1644.10	484.50	921.18	417.13	949.16
化纤织造加工	1674	1270.59	361.44	685.30	305.53	752.42
化纤织物染整精加工	260	373.51	123.06	235.88	111.60	196.75
针织或钩针编织物及其制品制造	2090	1599.87	413.06	863.21	420.75	955.21
针织或钩针编织物织造	1658	1214.97	301.01	631.43	311.10	741.78
针织或钩针编织物印染精加工	102	96.03	39.12	69.68	26.25	40.03
针织或钩针编织品制造	330	288.87	72.93	162.10	83.40	173.40
家用纺织制成品制造	1841	1550.11	346.14	642.44	272.51	960.75
床上用品制造	974	855.56	148.56	265.58	106.46	566.46
毛巾类制品制造	213	278.21	88.39	186.35	88.12	147.25
窗帘、布艺类产品制造	301	182.30	41.26	79.43	37.08	113.84
其他家用纺织制成品制造	353	234.04	67.93	111.08	40.85	133.19
产业用纺织制成品制造	2908	2533.30	685.83	1287.18	573.52	1523.51
非织造布制造	1419	1310.21	366.09	701.14	318.18	760.41

单位：亿元

应收账款	存货	产成品	负债合计	流动负债合计	应付账款	所有者权益合计	实收资本	国家资本	集体资本
66.53	60.58	37.42	329.01	308.03	75.09	220.22	117.03	13.09	1.92
62.06	40.90	15.09	483.85	425.88	78.35	441.20	257.18	16.68	1.40
71.34	104.83	59.34	396.04	314.56	67.23	511.43	322.05	9.53	5.62
92.22	60.16	19.09	317.90	271.46	70.66	520.22	226.68	4.22	0.77
29.18	29.93	12.40	97.39	70.17	21.87	104.31	50.83	0.15	
219.17	59.45	28.91	493.14	471.69	137.23	502.07	246.45	9.77	3.36
157.18	294.89	158.13	568.38	449.24	106.27	833.65	280.01	13.69	8.36
296.83	3981.14	215.91	2322.73	2295.76	522.75	8729.67	1081.10	535.63	2.49
7.35	64.98	55.65	76.93	72.44	31.14	350.16	221.88	39.18	
263.40	3886.29	139.28	2183.20	2165.51	472.92	8251.90	827.02	487.23	
26.08	29.87	20.99	62.61	57.82	18.70	127.61	32.20	9.22	2.49
2718.29	3102.07	1544.42	11360.29	9161.87	1915.05	8913.74	4395.59	158.65	56.82
1181.36	1551.24	754.10	6072.21	4813.04	906.58	4710.45	2329.04	121.91	30.34
481.54	815.77	393.25	3300.54	2527.15	442.60	2445.80	1246.38	107.09	23.95
416.79	464.56	251.93	1419.57	1123.40	226.31	1315.60	598.62	11.63	4.65
283.02	270.91	108.92	1352.10	1162.49	237.68	949.04	484.03	3.19	1.75
222.18	299.39	171.29	769.55	563.68	130.98	589.41	343.55	3.40	7.62
124.94	168.55	100.44	376.57	276.69	75.31	289.01	125.14	1.41	3.06
77.80	110.70	59.75	311.85	217.35	42.58	248.22	187.50	1.99	4.49
19.44	20.14	11.09	81.13	69.64	13.09	52.19	30.92	0.01	0.07
26.51	54.77	30.90	128.00	101.17	18.44	95.54	52.77	4.10	5.51
10.69	21.56	10.54	52.29	41.63	6.88	44.49	22.72	2.11	2.82
15.65	33.08	20.30	74.88	58.71	11.36	50.33	29.85	1.99	2.69
0.17	0.14	0.07	0.83	0.83	0.20	0.72	0.21		
86.03	128.64	67.94	354.20	292.42	57.07	244.72	104.55	1.77	1.80
23.63	56.62	28.82	141.47	103.17	14.12	92.80	37.76	0.52	0.38
46.55	63.83	36.94	152.48	132.44	31.61	125.05	50.40	1.25	0.26
15.84	8.18	2.18	60.26	56.81	11.35	26.86	16.38		1.17
248.78	275.20	152.51	1036.28	829.09	133.57	606.08	349.57	0.40	2.01
210.08	236.53	139.81	798.48	625.67	101.27	470.37	277.51	0.40	1.33
38.70	38.67	12.70	237.80	203.42	32.30	135.71	72.06		0.67
272.68	253.84	127.16	926.71	793.70	144.83	664.25	343.82	1.66	0.97
215.10	201.87	101.98	700.49	613.29	102.75	507.97	261.75	1.66	0.40
14.09	9.82	4.48	65.99	53.52	12.28	30.04	21.30		0.05
43.49	42.15	20.70	160.24	126.90	29.80	126.24	60.77	0.01	0.52
275.09	241.21	110.23	855.81	736.92	228.64	691.06	326.45	6.38	4.81
172.67	139.04	64.91	494.44	432.57	141.17	360.02	171.33	0.61	3.37
27.54	37.60	18.69	137.33	112.72	22.11	140.51	65.22	5.77	0.29
35.57	28.93	11.61	93.97	87.31	30.54	87.94	37.41		0.06
39.31	35.64	15.02	130.07	104.32	34.83	102.60	52.49	0.01	1.09
405.67	297.78	130.29	1217.53	1031.86	294.93	1312.24	545.84	19.03	3.75
189.54	136.36	61.98	618.33	515.88	132.36	690.86	293.61	7.77	2.19

2-1 续表 4

行 业	企业单位数(个)	资产总计	固定资产净额	固定资产原价	累计折旧	流动资产合计
绳、索、缆制造	200	138.58	52.37	79.09	25.65	75.29
纺织带和帘子布制造	313	312.11	83.73	173.31	85.80	186.12
篷、帆布制造	268	206.95	36.68	73.27	34.96	141.69
其他产业用纺织制成品制造	708	565.45	146.96	260.37	108.93	360.01
纺织服装、服饰业	12706	11234.15	1969.23	3988.58	1793.97	6777.41
机织服装制造	7012	7312.93	1228.87	2534.18	1136.47	4318.93
运动机织服装制造	1434	1710.44	273.63	571.93	257.60	880.24
其他机织服装制造	5578	5602.48	955.24	1962.24	878.86	3438.69
针织或钩针编织服装制造	3743	2939.17	501.75	1023.03	487.75	1859.03
运动休闲针织服装制造	1376	1239.37	192.87	368.59	163.26	841.56
其他针织或钩针编织服装制造	2367	1699.81	308.89	654.44	324.49	1017.47
服饰制造	1951	982.05	238.60	431.38	169.75	599.46
皮革、毛皮、羽毛及其制品和制鞋业	7942	6613.83	1291.19	2575.44	1059.47	3841.84
皮革鞣制加工	594	721.32	137.61	266.34	96.17	415.56
皮革制品制造	2136	1714.99	332.42	557.86	181.03	866.61
皮革服装制造	247	469.39	59.36	77.01	16.75	91.48
皮箱、包(袋)制造	1415	770.81	215.33	353.60	113.55	406.05
皮手套及皮装饰制品制造	191	67.22	12.97	28.41	10.74	40.30
其他皮革制品制造	283	407.57	44.75	98.84	39.99	328.77
毛皮鞣制及制品加工	473	292.83	53.54	134.78	64.35	185.48
毛皮鞣制加工	73	61.93	16.85	30.37	7.92	30.77
毛皮服装加工	327	125.67	14.69	63.55	37.83	85.68
其他毛皮制品加工	73	105.22	22.00	40.86	18.60	69.03
羽毛(绒)加工及制品制造	479	379.83	58.44	98.05	29.88	274.03
羽毛(绒)加工	265	193.45	29.82	47.02	12.16	138.32
羽毛(绒)制品加工	214	186.38	28.61	51.03	17.72	135.71
制鞋业	4260	3504.86	709.19	1518.41	688.05	2100.15
纺织面料鞋制造	626	556.14	193.67	319.82	107.59	213.62
皮鞋制造	2188	2163.32	339.92	715.53	309.32	1401.31
塑料鞋制造	546	205.68	41.01	194.07	140.51	132.78
橡胶鞋制造	476	355.11	80.33	174.21	82.10	218.67
其他制鞋业	424	224.60	54.25	114.78	48.54	133.77
木材加工和木、竹、藤、棕、草制品业	9887	5158.26	1139.34	2360.19	1005.15	3035.28
木材加工	2098	742.85	138.34	257.13	91.09	446.30
锯材加工	828	286.99	50.09	102.04	41.24	170.29
木片加工	477	166.24	33.06	60.64	18.89	81.61
单板加工	472	197.44	34.92	60.95	20.56	134.15
其他木材加工	321	92.19	20.27	33.50	10.40	60.24
人造板制造	5020	2722.63	655.18	1369.15	581.19	1536.11
胶合板制造	3910	1299.51	255.94	550.09	224.60	830.88
纤维板制造	415	794.38	227.71	506.43	229.21	400.53
刨花板制造	200	336.24	107.37	165.11	53.49	143.41
其他人造板制造	495	292.50	64.15	147.53	73.90	161.29

单位：亿元

应收账款	存货	产成品	负债合计	流动负债合计	应付账款	所有者权益合计	实收资本	国家资本	集体资本
29.69	18.47	8.62	57.24	49.84	13.24	79.27	32.62	0.01	0.63
45.38	44.84	17.18	180.69	155.37	38.22	131.12	72.37	9.50	0.49
41.08	39.73	16.30	112.99	102.23	34.92	93.96	39.36	0.69	0.01
99.98	58.38	26.21	248.28	208.54	76.20	317.03	107.87	1.05	0.43
1822.54	1693.59	892.02	5640.83	4646.95	1491.30	5544.51	2347.80	47.16	42.54
1111.24	1049.07	585.61	3507.68	2828.32	895.32	3774.77	1604.60	36.64	36.56
210.76	202.69	112.62	809.35	616.98	226.37	893.72	316.60	4.64	2.95
900.48	846.37	472.99	2698.33	2211.34	668.95	2881.05	1288.00	32.00	33.61
537.72	477.03	226.33	1583.71	1350.04	454.77	1347.20	517.78	8.19	3.64
230.52	197.38	105.31	625.95	529.62	201.84	612.26	217.51	0.32	1.34
307.20	279.65	121.03	957.76	820.43	252.94	734.94	300.27	7.87	2.31
173.59	167.50	80.07	549.43	468.59	141.20	422.54	225.42	2.33	2.34
1086.80	985.50	427.91	3097.08	2519.02	711.88	3451.04	1203.15	6.80	7.51
106.17	169.40	58.57	336.35	291.30	65.76	358.41	172.98		2.09
201.89	209.29	77.88	708.40	566.22	151.60	1002.40	217.58	1.12	1.05
25.36	20.59	9.51	138.62	131.05	14.07	329.79	21.56	0.40	0.35
105.05	105.66	43.01	396.77	285.36	97.55	371.42	127.66	0.20	0.51
10.88	11.01	3.78	36.45	29.71	6.89	30.59	17.56	0.16	
60.60	72.03	21.59	136.56	120.11	33.08	270.61	50.79	0.36	0.19
33.60	79.69	28.33	152.94	110.07	28.84	133.20	54.15	1.50	0.07
5.94	10.62	4.27	27.12	20.52	4.69	30.70	15.61		
18.19	27.24	10.26	61.63	52.07	17.05	61.43	17.81	1.50	0.05
9.46	41.83	13.81	64.19	37.49	7.10	41.07	20.74		0.02
86.89	91.89	41.94	234.90	199.09	53.86	143.45	72.10	0.05	0.34
43.19	49.89	25.53	120.21	102.45	23.71	72.21	33.98	0.05	
43.69	42.00	16.41	114.70	96.64	30.15	71.25	38.12		0.34
658.26	435.23	221.19	1664.48	1352.33	411.83	1813.58	686.34	4.14	3.96
58.07	56.26	25.60	247.11	161.77	51.55	306.92	128.83	0.07	0.61
455.34	265.89	143.75	1024.07	880.00	259.63	1118.56	380.73	1.42	2.51
33.59	39.43	15.88	107.89	80.39	18.73	97.25	53.16	0.03	0.10
55.46	48.04	25.38	176.62	141.45	47.07	176.64	66.90	2.35	0.41
55.80	25.62	10.59	108.79	88.72	34.85	114.21	56.70	0.26	0.33
843.08	783.22	380.31	2857.54	2288.30	595.93	2262.53	1153.06	49.40	23.68
121.46	120.93	58.32	386.74	307.22	76.34	349.39	188.41	16.10	1.97
39.85	48.93	23.51	142.64	119.04	27.21	142.10	73.04	11.22	0.85
25.94	24.98	13.47	84.48	72.33	16.87	79.43	41.29	0.88	0.70
34.91	28.69	13.69	110.02	74.48	17.67	85.57	46.65	3.42	0.09
20.76	18.34	7.65	49.60	41.36	14.58	42.29	27.42	0.58	0.33
400.55	380.84	184.25	1524.81	1203.92	305.23	1176.45	597.46	24.80	18.15
281.24	198.86	93.75	752.72	592.74	192.26	536.92	233.94	3.14	4.05
55.70	105.31	53.55	445.06	346.39	60.52	339.21	181.49	13.70	12.62
20.25	32.15	16.91	189.59	154.40	20.38	146.69	93.62	7.07	0.32
43.35	44.53	20.04	137.43	110.39	32.07	153.63	88.41	0.90	1.16

2-1 续表 5

行业	企业单位数(个)	资产总计	固定资产净额	固定资产原价	累计折旧	流动资产合计
木质制品制造	2027	1404.76	272.83	555.33	247.65	910.66
建筑用木料及木材组件加工	347	165.61	36.06	71.25	29.19	108.69
木门窗制造	493	423.10	97.91	192.42	82.15	259.09
木楼梯制造	33	15.46	3.52	7.68	2.94	9.69
木地板制造	416	443.61	68.17	138.71	63.97	302.88
木制容器制造	299	166.95	21.13	46.83	23.44	117.79
软木制品及其他木制品制造	439	190.03	46.03	98.44	45.96	112.52
竹、藤、棕、草等制品制造	742	288.02	72.99	178.59	85.21	142.22
竹制品制造	629	251.22	63.26	158.71	79.19	123.85
藤制品制造	17	7.79	1.73	3.05	0.96	4.19
棕制品制造	16	7.72	1.57	4.75	0.76	2.81
草及其他制品制造	80	21.30	6.43	12.08	4.29	11.36
家具制造业	6531	6320.73	1244.25	2137.43	780.79	3873.95
木质家具制造	4114	3801.40	748.23	1289.27	468.06	2300.85
竹、藤家具制造	102	64.86	22.78	33.04	8.92	27.11
金属家具制造	1144	1299.20	250.79	452.74	184.71	867.83
塑料家具制造	114	78.78	20.46	33.61	12.38	43.34
其他家具制造	1057	1076.50	201.99	328.78	106.72	634.82
造纸和纸制品业	6656	15107.37	4671.57	8569.45	3682.19	7636.80
纸浆制造	43	367.75	181.70	301.53	109.40	126.41
木竹浆制造	33	322.37	157.09	264.91	97.39	109.68
非木竹浆制造	10	45.38	24.62	36.62	12.01	16.73
造纸	2385	10242.21	3348.07	6121.45	2646.48	4820.79
机制纸及纸板制造	1998	9782.48	3217.85	5908.51	2569.48	4551.47
手工纸制造	58	64.82	23.77	39.36	13.83	37.39
加工纸制造	329	394.91	106.44	173.57	63.17	231.92
纸制品制造	4228	4497.41	1141.80	2146.47	926.31	2689.60
纸和纸板容器制造	2477	2076.95	510.68	1023.96	480.41	1214.48
其他纸制品制造	1751	2420.46	631.13	1122.50	445.90	1475.12
印刷和记录媒介复制业	5887	6381.16	1546.02	3438.00	1781.77	3602.21
印刷	5736	6117.90	1496.72	3322.96	1716.98	3444.24
书、报刊印刷	622	747.78	209.24	536.45	313.85	409.92
本册印制	188	292.31	85.00	176.76	90.27	159.11
包装装潢及其他印刷	4926	5077.81	1202.48	2609.75	1312.86	2875.21
装订及印刷相关服务	128	229.82	40.85	88.78	47.12	136.75
记录媒介复制	23	33.43	8.45	26.27	17.68	21.23
文教、工美、体育和娱乐用品制造业	8936	8891.12	1605.09	3183.29	1361.58	5781.75
文教办公用品制造	792	825.69	156.18	297.77	129.28	515.36
文具制造	418	541.10	93.23	178.73	75.73	346.62
笔的制造	214	149.40	40.42	73.31	30.91	79.07
教学用模型及教具制造	72	48.45	8.74	16.29	7.10	32.59

单位：亿元

应收账款	存货	产成品	负债合计	流动负债合计	应付账款	所有者权益合计	实收资本	国家资本	集体资本
279.54	237.25	113.74	815.32	669.18	182.51	585.51	304.73	8.24	3.42
31.42	31.98	15.89	97.85	72.73	18.44	66.07	41.70	4.91	0.20
85.07	54.62	21.47	251.37	201.58	57.51	171.26	82.62	0.88	1.66
4.07	1.99	0.83	8.47	6.80	2.87	6.99	3.26		0.34
88.72	85.32	39.60	257.68	211.89	59.28	184.89	92.81	1.44	0.66
36.67	25.66	16.18	102.49	94.04	20.41	63.95	38.20	0.91	0.28
33.60	37.67	19.77	97.45	82.13	23.99	92.35	46.14	0.10	0.27
41.52	44.19	24.01	130.67	107.98	31.85	151.18	62.47	0.26	0.13
36.00	38.77	21.59	111.08	92.38	27.79	135.45	56.58	0.08	0.11
0.92	1.76	0.49	3.43	2.92	1.38	4.35	1.21	0.17	
0.85	0.88	0.38	3.24	1.87	0.52	3.06	1.18		0.01
3.75	2.78	1.55	12.91	10.81	2.16	8.32	3.49	0.01	0.01
1033.79	846.04	342.22	3576.65	3118.79	950.48	2725.54	1263.78	9.64	7.55
564.92	537.42	223.80	2175.48	1878.82	512.60	1615.10	739.46	5.85	6.47
4.71	9.78	3.64	28.91	21.72	8.06	35.58	17.11		
260.87	155.95	55.79	722.06	679.19	252.61	570.33	294.29	3.35	0.69
11.95	12.65	4.82	36.92	31.11	9.86	41.86	21.94		
191.33	130.24	54.17	613.28	507.96	167.35	462.66	190.97	0.44	0.39
1849.54	1413.62	529.44	8769.83	7163.99	1581.23	6317.09	3705.86	197.50	57.44
31.12	25.81	5.69	265.14	213.16	49.80	101.56	126.03	17.72	2.39
26.73	24.32	5.59	222.58	173.38	44.26	98.74	113.15	16.86	0.39
4.38	1.49	0.10	42.56	39.79	5.55	2.82	12.89	0.86	2.00
929.85	817.29	316.55	6060.09	4856.46	915.77	4179.34	2590.92	172.05	39.31
864.02	754.06	287.42	5809.79	4641.91	857.74	3970.91	2480.42	162.27	37.54
7.94	10.52	6.20	31.53	25.59	4.68	32.48	20.21	0.82	0.29
57.88	52.72	22.93	218.77	188.96	53.35	175.94	90.29	8.96	1.48
888.58	570.52	207.21	2444.60	2094.36	615.66	2036.18	988.90	7.74	15.74
443.25	265.89	84.37	1153.70	1004.49	286.33	915.96	440.04	3.29	4.81
445.34	304.63	122.84	1290.91	1089.87	329.33	1120.22	548.86	4.45	10.93
1094.24	672.98	269.55	2924.28	2437.51	746.15	3445.80	1640.13	145.90	24.61
1041.10	651.86	261.27	2810.39	2346.14	718.69	3296.44	1586.90	145.19	23.30
97.31	71.14	25.78	362.52	298.76	79.40	382.84	313.55	57.55	2.50
53.64	26.47	11.86	160.28	125.74	32.65	131.94	73.86	1.23	0.63
890.15	554.25	223.63	2287.59	1921.63	606.64	2781.66	1199.49	86.40	20.17
49.49	18.23	6.71	104.88	83.29	25.29	124.94	38.59	0.71	1.32
3.65	2.89	1.58	9.02	8.08	2.16	24.42	14.63		
1269.18	2092.28	1029.54	4710.04	3788.63	1069.76	4141.47	1741.47	19.15	17.77
120.70	126.09	50.74	436.56	384.48	121.17	388.58	167.13	1.87	0.73
74.82	80.66	27.09	292.47	255.54	84.35	248.08	81.71	0.01	0.27
18.92	24.67	12.10	77.19	68.71	18.50	72.21	48.25	0.81	0.24
8.30	7.60	4.32	26.17	23.20	4.94	22.29	11.55		

2-1 续表 6

行　业	企业单位数(个)	资产总计	固定资产净　额	固定资产原　价	累计折旧	流动资产合　计
墨水、墨汁制造	21	15.79	2.12	3.90	1.78	8.70
其他文教办公用品制造	67	70.95	11.67	25.54	13.77	48.37
乐器制造	202	247.01	66.11	126.55	57.66	147.26
中乐器制造	25	18.83	3.70	5.93	2.22	12.30
西乐器制造	112	154.86	37.70	76.45	37.37	92.89
电子乐器制造	23	47.45	18.20	32.32	14.12	26.53
其他乐器及零件制造	42	25.87	6.51	11.85	3.95	15.55
工艺美术及礼仪用品制造	4746	5185.83	846.99	1653.82	687.98	3460.74
雕塑工艺品制造	834	537.28	103.49	278.44	139.39	278.95
金属工艺品制造	509	481.28	98.63	178.19	66.79	277.91
漆器工艺品制造	103	83.77	22.69	37.52	12.52	52.14
花画工艺品制造	124	49.21	15.52	30.94	13.79	24.34
天然植物纤维编织工艺品制造	435	205.39	48.42	88.01	35.32	112.85
抽纱刺绣工艺品制造	528	387.34	97.87	203.79	99.73	232.20
地毯、挂毯制造	369	367.39	89.75	187.82	95.00	212.55
珠宝首饰及有关物品制造	447	1907.36	118.20	189.88	64.48	1600.12
其他工艺美术及礼仪用品制造	1397	1166.82	252.42	459.24	160.96	669.68
体育用品制造	1160	1037.22	193.27	423.17	186.38	677.36
球类制造	120	96.86	18.30	35.11	15.81	55.19
专项运动器材及配件制造	318	378.04	69.95	186.59	80.68	232.00
健身器材制造	336	308.73	53.97	99.72	41.75	218.01
运动防护用具制造	134	69.70	16.04	32.25	15.50	45.64
其他体育用品制造	252	183.90	34.99	69.50	32.65	126.52
玩具制造	1665	1156.14	255.76	523.29	235.60	726.25
电玩具制造	120	125.04	22.41	53.26	22.37	77.25
塑胶玩具制造	655	562.95	138.13	257.81	107.42	341.81
金属玩具制造	19	20.59	4.16	10.43	4.19	12.12
弹射玩具制造	3	1.35	0.09	0.18	0.09	1.23
娃娃玩具制造	122	49.65	10.42	20.29	8.73	29.63
儿童乘骑玩耍的童车类产品制造	217	188.48	38.39	94.39	53.87	130.10
其他玩具制造	529	208.07	42.15	86.93	38.94	134.10
游艺器材及娱乐用品制造	371	439.24	86.77	158.68	64.67	254.79
露天游乐场所游乐设备制造	169	200.04	40.82	73.27	31.22	130.07
游艺用品及室内游艺器材制造	120	136.09	21.64	44.09	17.75	61.82
其他娱乐用品制造	82	103.11	24.31	41.32	15.70	62.89
石油、煤炭及其他燃料加工业	2116	37434.26	10399.20	23148.20	11070.52	16949.09
精炼石油产品制造	1114	26861.21	7445.58	17657.52	8779.23	12215.57
原油加工及石油制品制造	1082	26532.80	7241.54	17365.93	8696.09	12148.80
其他原油制造	32	328.41	204.04	291.60	83.14	66.77
煤炭加工	710	9788.87	2770.92	5209.22	2154.37	4430.65
炼焦	501	8426.96	2312.37	4443.33	1884.17	4084.28
煤制合成气生产	17	115.24	35.35	58.70	21.70	39.77

单位：亿元

应收账款	存货	产成品	负债合计	流动负债合计	应付账款	所有者权益合计	实收资本	国家资本	集体资本
2.29	2.63	1.28	4.48	4.28	1.15	11.31	3.82	1.05	0.07
16.38	10.53	5.94	36.25	32.76	12.24	34.69	21.79		0.15
24.28	55.05	19.89	100.42	86.38	32.97	146.59	86.25	2.02	0.69
1.88	4.84	1.40	8.71	6.67	2.29	10.13	2.31	0.04	0.27
11.77	36.50	13.16	66.52	57.74	17.15	88.33	54.78	1.74	0.41
6.89	8.59	3.38	12.56	12.29	9.05	34.89	22.03	0.24	
3.74	5.11	1.95	12.63	9.69	4.47	13.24	7.12		
625.92	1457.96	784.62	2790.75	2194.12	471.99	2362.71	792.35	13.41	10.06
72.09	95.40	53.31	202.83	139.77	35.33	327.95	101.86	1.60	2.55
57.39	93.42	30.91	244.42	204.54	65.49	234.42	87.96	2.25	0.12
9.38	18.72	8.11	34.15	27.04	7.83	46.32	12.10		0.18
7.43	5.66	2.64	18.81	16.67	4.46	30.12	16.06	0.20	0.02
36.38	38.35	18.65	101.36	82.01	20.57	101.88	33.84	3.00	0.38
58.06	63.95	34.43	221.60	182.58	41.22	164.12	79.73	0.07	0.74
53.18	65.29	32.47	209.45	179.96	45.13	157.89	82.46	3.18	2.98
199.97	891.60	540.49	1313.05	1001.88	138.94	590.68	172.38	2.67	1.73
132.04	185.57	63.61	445.08	359.66	113.03	709.34	205.95	0.42	1.36
210.50	161.47	62.72	529.09	424.77	185.78	504.81	301.83	1.61	1.16
11.95	15.19	6.08	47.17	36.91	9.38	49.49	26.93	0.32	0.03
61.06	51.54	19.67	174.57	112.14	51.10	200.36	147.34	1.23	1.05
85.70	47.33	18.44	184.04	164.55	73.40	124.67	64.49	0.07	0.01
11.46	13.99	5.09	32.53	29.27	13.46	37.16	24.42		
40.33	33.42	13.44	90.78	81.91	38.44	93.12	38.65		0.08
212.68	213.53	80.63	624.38	517.44	196.64	528.66	297.20		3.79
28.38	22.37	7.76	64.82	51.39	17.03	60.06	36.27		0.76
107.75	109.17	36.42	294.55	241.91	99.89	265.91	161.15		1.44
2.08	3.48	1.35	5.53	5.02	2.09	15.06	5.61		
0.38	0.66	0.25	0.84	0.45	0.42	0.51	0.33		
9.41	7.82	3.37	28.99	19.49	8.01	20.22	11.86		
25.24	35.20	17.46	113.21	103.55	36.79	75.28	31.68		0.73
39.43	34.81	14.02	116.44	95.63	32.43	91.62	50.31		0.86
75.12	78.18	30.94	228.84	181.43	61.21	210.12	96.72	0.23	1.33
34.29	36.63	7.43	110.36	92.00	24.82	89.68	47.30	0.21	0.43
18.77	17.13	8.57	66.29	42.95	12.73	69.53	18.11		
22.05	24.42	14.94	52.19	46.47	23.66	50.91	31.31	0.02	0.90
2014.72	4289.37	1197.52	24167.57	18798.78	4933.08	13263.19	6912.38	2578.17	79.90
1306.64	3416.92	885.24	16781.32	12962.23	3355.55	10078.24	4775.96	2035.25	37.49
1301.51	3404.32	880.68	16577.61	12832.71	3334.24	9953.54	4692.66	1978.92	37.34
5.13	12.59	4.56	203.71	129.52	21.30	124.70	83.31	56.34	0.15
674.10	765.49	290.06	6899.47	5462.04	1504.26	2888.24	1965.24	428.03	42.24
581.50	712.09	269.69	5900.91	4750.50	1297.93	2530.48	1526.86	299.70	35.48
4.42	2.93	0.74	90.88	77.10	12.79	24.36	17.69	1.93	0.01

2-1 续表 7

行　业	企业单位数(个)	资产总计	固定资产净　额	固定资产原　价	累计折旧	流动资产合　计
煤制液体燃料生产	30	1063.31	366.43	619.78	220.62	213.19
煤制品制造	113	121.57	34.95	55.94	19.40	63.76
其他煤炭加工	49	61.80	21.82	31.47	8.47	29.65
生物质燃料加工	287	239.94	74.34	105.10	25.74	125.22
生物质液体燃料生产	54	169.07	55.38	73.01	15.69	86.54
生物质致密成型燃料加工	233	70.88	18.96	32.09	10.05	38.68
化学原料和化学制品制造业	22008	78651.54	24896.92	46137.21	19537.04	35428.58
基础化学原料制造	4826	27348.98	9948.84	18589.23	7871.53	10669.08
无机酸制造	283	631.65	167.81	427.46	231.52	324.11
无机碱制造	182	2688.69	1093.54	2030.39	891.73	917.72
无机盐制造	830	2568.86	762.72	1309.82	488.70	1077.45
有机化学原料制造	2284	17565.67	6406.71	11918.54	4992.63	6819.71
其他基础化学原料制造	1247	3894.11	1518.06	2903.02	1266.96	1530.09
肥料制造	1790	8678.81	2991.76	5651.40	2440.10	3631.45
氮肥制造	168	3563.57	1555.50	2983.74	1313.19	1196.30
磷肥制造	125	959.00	359.82	652.44	274.30	382.62
钾肥制造	71	641.41	206.20	426.50	214.35	271.99
复混肥料制造	785	2935.06	756.50	1388.88	580.94	1501.26
有机肥料及微生物肥料制造	590	532.03	104.44	183.90	51.54	248.33
其他肥料制造	51	47.74	9.29	15.92	5.77	30.95
农药制造	729	2783.64	638.85	1116.43	452.37	1522.83
化学农药制造	586	2414.11	541.35	946.58	386.07	1317.32
生物化学农药及微生物农药制造	143	369.53	97.49	169.85	66.30	205.51
涂料、油墨、颜料及类似产品制造	3250	5678.13	1158.36	2192.26	959.31	3320.66
涂料制造	2005	2847.00	521.12	1007.09	441.62	1817.60
油墨及类似产品制造	366	452.33	76.21	196.52	114.38	273.88
工业颜料制造	294	937.79	297.58	522.58	211.12	404.77
工艺美术颜料制造	80	141.53	44.44	80.19	34.34	71.26
染料制造	249	998.97	156.64	273.93	111.18	559.59
密封用填料及类似品制造	256	300.50	62.38	111.94	46.67	193.57
合成材料制造	2781	17264.38	6510.74	11477.45	4645.48	7011.41
初级形态塑料及合成树脂制造	1677	11821.69	4571.48	8045.52	3283.57	4569.15
合成橡胶制造	369	1008.70	266.59	627.00	352.69	499.71
合成纤维单(聚合)体制造	157	3237.42	1324.13	2180.83	761.40	1307.30
其他合成材料制造	578	1196.57	348.54	624.10	247.82	635.25
专用化学产品制造	5759	11617.98	2582.32	5093.17	2299.28	6315.49
化学试剂和助剂制造	2286	4335.83	899.44	1726.54	765.88	2481.69
专项化学用品制造	1593	4040.25	1007.98	1931.35	858.42	2240.31
林产化学产品制造	441	340.07	71.80	136.39	53.66	175.08
文化用信息化学品制造	149	657.66	145.28	309.58	142.89	325.02
医学生产用信息化学品制造	32	83.08	7.42	21.50	10.06	43.15
环境污染处理专用药剂材料制造	375	428.57	78.84	140.71	56.91	271.03

单位：亿元

应收账款	存货	产成品	负债合计	流动负债合计	应付账款	所有者权益合计	实收资本	国家资本	集体资本
66.14	27.71	7.75	777.08	516.99	157.33	282.79	376.90	125.59	6.30
13.51	13.71	6.87	85.00	75.81	26.02	36.16	31.95	0.54	0.45
8.52	9.04	5.01	45.59	41.64	10.19	14.45	11.85	0.28	
32.86	28.23	12.37	144.95	113.81	22.35	94.31	42.89	4.88	0.17
18.70	21.05	8.36	108.19	87.97	12.93	60.83	27.82	3.87	
14.16	7.18	4.01	36.76	25.84	9.42	33.48	15.08	1.00	0.17
7480.51	6385.32	2787.52	42731.43	32667.40	7987.46	35852.53	18771.49	3336.40	338.71
1609.64	1733.89	734.79	15870.04	11884.58	2670.51	11470.99	6588.66	1350.25	98.78
65.39	57.70	19.30	351.34	269.16	69.67	274.27	168.35	22.17	2.96
102.45	100.10	43.83	1778.32	1374.61	248.36	923.97	614.41	148.81	4.91
164.98	249.93	98.48	1538.45	1184.68	277.39	1031.35	484.14	95.78	13.18
924.30	1115.90	479.05	10135.62	7611.09	1656.88	7419.11	4313.53	1010.49	58.84
352.51	210.26	94.14	2066.31	1445.05	418.20	1822.28	1008.21	73.00	18.89
410.32	746.97	285.34	5720.99	4569.84	810.31	2942.67	1948.86	385.14	57.99
81.13	131.04	34.73	2504.15	1966.92	325.15	1055.02	892.00	242.09	6.20
99.76	77.77	31.17	636.51	512.17	102.20	321.34	176.16	67.23	0.24
31.98	69.83	15.01	429.41	294.45	43.22	204.64	135.09	6.22	4.61
142.92	398.05	171.43	1836.68	1571.79	288.85	1103.59	580.53	60.45	21.53
49.58	61.59	28.76	284.08	195.60	45.33	240.67	153.76	8.28	25.41
4.95	8.69	4.23	30.15	28.91	5.56	17.40	11.31	0.86	
288.64	391.90	189.73	1389.62	1189.97	295.52	1387.95	471.04	47.39	8.56
248.51	342.69	167.19	1217.26	1043.86	258.77	1191.00	393.47	38.10	1.43
40.12	49.20	22.54	172.36	146.10	36.75	196.95	77.56	9.30	7.14
1081.81	629.18	292.77	2736.52	2351.13	741.75	2925.82	1126.11	52.63	44.68
694.76	279.24	125.74	1407.71	1204.85	429.16	1436.92	586.49	27.67	26.15
109.07	52.70	21.98	165.52	146.40	64.09	276.73	119.09	3.43	1.31
96.93	103.12	41.78	473.84	382.37	97.58	460.63	159.06	14.50	7.89
20.84	22.04	9.52	61.33	48.03	14.78	80.20	30.97	0.44	5.33
102.60	139.12	80.23	482.22	434.44	90.19	516.75	168.79	6.54	3.93
57.61	32.96	13.52	145.90	135.04	45.95	154.59	61.71	0.05	0.07
1381.63	1208.74	504.60	9407.44	6455.32	1551.01	7854.10	4907.71	1276.76	54.53
893.18	800.59	332.62	6249.52	4139.40	949.43	5570.09	3404.28	1120.78	46.59
114.58	92.98	45.54	670.40	492.59	109.95	337.85	274.49	32.52	5.48
174.80	195.22	67.22	1959.52	1392.24	348.84	1277.90	846.59	92.19	0.60
199.07	119.95	59.21	528.00	431.09	142.79	668.26	382.35	31.27	1.86
1824.31	1193.04	557.81	5322.42	4265.42	1289.01	6293.80	2664.35	173.13	57.04
743.18	493.45	227.04	1951.84	1639.80	501.97	2375.94	967.18	79.84	15.57
633.35	374.20	185.57	1995.05	1527.59	483.34	2059.29	936.97	33.70	21.44
37.31	54.71	32.67	147.18	115.27	28.66	189.70	90.73	0.86	1.17
91.30	62.41	24.68	307.54	265.58	56.95	349.34	173.14	9.28	4.52
12.28	9.00	2.41	28.00	26.95	6.46	54.23	22.46	0.23	0.15
95.70	49.83	23.08	190.18	149.27	63.75	236.27	91.91	8.61	2.82

2-1 续表 8

行业	企业单位数(个)	资产总计	固定资产净额	固定资产原价	累计折旧	流动资产合计
动物胶制造	41	60.14	21.72	36.79	14.09	30.26
其他专用化学产品制造	842	1672.38	349.85	790.31	397.38	748.95
炸药、火工及焰火产品制造	1051	1527.22	406.28	711.96	260.11	557.18
炸药及火工产品制造	225	1016.80	289.82	488.16	190.11	410.32
焰火、鞭炮产品制造	826	510.41	116.45	223.80	70.00	146.86
日用化学产品制造	1822	3752.41	659.78	1305.31	608.86	2400.47
肥皂及洗涤剂制造	411	1073.37	133.77	296.15	151.24	746.38
化妆品制造	724	1362.61	257.63	500.11	233.94	824.38
口腔清洁用品制造	65	246.56	27.41	71.47	41.38	193.49
香料、香精制造	334	741.75	166.15	287.44	114.87	443.99
其他日用化学产品制造	288	328.12	74.82	150.14	67.43	192.23
医药制造业	8170	38010.09	6688.34	11864.80	4827.31	21842.82
化学药品原料药制造	1318	6501.21	1671.91	3113.08	1322.75	3120.65
化学药品制剂制造	1155	11069.67	1683.28	3022.99	1300.55	6823.65
中药饮片加工	1311	2670.78	377.15	622.80	200.39	1836.16
中成药生产	1540	8227.23	1338.89	2365.85	950.14	4653.31
兽用药品制造	438	951.24	255.50	433.32	165.43	465.08
生物药品制品制造	909	5770.84	849.55	1424.64	549.42	3233.05
生物药品制造	867	4807.33	729.75	1228.66	473.70	2677.65
基因工程药物和疫苗制造	42	963.51	119.80	195.98	75.73	555.40
卫生材料及医药用品制造	1284	2455.37	417.48	699.10	254.83	1509.43
药用辅料及包装材料	215	363.74	94.59	183.04	83.80	201.50
化学纤维制造业	1937	8965.02	2381.11	4814.91	2295.62	3871.51
纤维素纤维原料及纤维制造	214	1752.59	591.41	1074.52	467.53	747.50
化纤浆粕制造	22	69.13	21.56	45.03	20.01	26.24
人造纤维(纤维素纤维)制造	192	1683.46	569.85	1029.49	447.51	721.26
合成纤维制造	1625	6820.82	1672.17	3565.44	1778.77	2938.82
锦纶纤维制造	197	819.90	189.74	477.50	271.23	402.67
涤纶纤维制造	935	4954.82	1188.30	2449.82	1173.80	2042.58
腈纶纤维制造	12	163.70	66.95	130.71	62.77	75.30
维纶纤维制造	12	16.05	6.00	12.96	6.94	6.86
丙纶纤维制造	63	70.42	15.34	31.24	14.61	45.37
氨纶纤维制造	58	443.18	111.73	297.53	185.23	189.92
其他合成纤维制造	348	352.74	94.09	165.69	64.19	176.13
生物基材料制造	98	391.61	117.54	174.95	49.33	185.19
生物基化学纤维制造	38	193.06	76.52	108.73	25.60	77.11
生物基、淀粉基新材料制造	60	198.55	41.02	66.22	23.73	108.08
橡胶和塑料制品业	20781	23964.34	5832.11	11712.40	5560.58	13982.29
橡胶制品业	3129	7222.33	2143.72	4277.55	2064.31	3840.84
轮胎制造	355	4134.06	1523.95	3085.03	1532.68	1947.15
橡胶板、管、带制造	697	1027.06	205.22	408.29	184.85	591.55
橡胶零件制造	761	771.94	151.41	309.87	149.09	475.42

单位：亿元

应收账款	存货	产成品	负债合计	流动负债合计	应付账款	所有者权益合计	实收资本	国家资本	集体资本
6.45	14.74	6.12	25.14	23.10	5.80	35.00	25.48	0.93	
204.74	134.71	56.24	677.50	517.86	142.06	994.03	356.49	39.68	11.36
142.46	80.49	43.11	553.39	392.80	101.64	959.76	347.15	37.79	11.18
95.15	43.26	17.43	422.76	311.54	72.30	593.65	187.42	37.51	10.41
47.30	37.23	25.68	130.63	81.26	29.33	366.11	159.73	0.27	0.77
741.71	401.12	179.37	1731.00	1558.35	527.72	2017.45	717.62	13.30	5.94
325.09	88.46	32.19	578.64	531.72	147.31	493.63	172.25	3.75	0.51
222.16	162.89	75.63	620.73	561.64	210.11	741.78	284.32	2.21	3.24
37.24	22.38	12.49	106.89	100.55	41.20	138.64	39.19	4.33	0.35
106.55	84.96	37.35	263.80	215.33	74.14	476.98	135.10	2.92	1.32
50.66	42.43	21.72	160.94	149.11	54.96	166.42	86.76	0.10	0.53
4694.48	4801.34	2286.82	15513.72	12591.41	2897.49	22451.06	6337.21	454.00	155.27
630.58	732.11	348.05	2799.64	2191.90	451.85	3676.17	1223.48	49.18	37.29
1476.38	1521.02	749.80	4599.58	3963.23	972.61	6463.59	1724.55	133.62	32.00
551.77	655.84	424.66	1456.91	1081.34	330.54	1213.42	409.60	28.88	8.25
867.59	877.34	316.10	3246.60	2688.71	522.61	4969.46	1267.92	97.27	31.72
91.75	93.98	43.32	353.95	277.48	70.92	597.29	216.44	11.69	6.79
707.34	559.36	191.53	1875.71	1515.77	282.51	3895.13	1108.76	115.77	37.89
563.35	509.48	177.93	1609.32	1294.48	247.86	3198.01	932.40	87.65	37.89
143.98	49.89	13.60	266.40	221.29	34.65	697.12	176.36	28.12	
316.30	319.81	191.45	1025.71	753.62	237.15	1428.59	313.84	15.79	0.88
52.76	41.88	21.92	155.60	119.37	29.30	207.41	72.61	1.80	0.45
588.73	807.06	438.24	5285.32	4235.43	723.60	3675.07	2084.24	222.18	23.55
98.09	168.58	74.14	1126.35	852.50	170.54	626.02	422.35	126.82	6.66
6.13	6.71	2.54	48.77	40.26	9.82	20.36	16.67	6.35	
91.96	161.87	71.60	1077.58	812.24	160.72	605.66	405.68	120.47	6.66
474.50	607.75	350.78	3931.11	3198.12	521.44	2884.67	1564.47	91.85	13.88
70.67	101.18	71.75	475.29	373.92	37.29	344.43	147.02	15.38	0.10
321.14	404.73	223.14	2917.82	2393.10	401.56	2033.26	1100.81	45.94	6.06
11.52	15.94	8.53	129.71	114.75	19.94	33.99	25.20	13.02	
1.43	1.95	1.21	9.79	8.08	1.03	6.26	6.66	2.69	
8.42	6.97	3.38	37.02	31.17	7.64	32.54	15.39	0.30	1.20
23.45	32.67	20.38	165.86	141.40	28.13	277.32	161.92	6.81	6.40
37.88	44.31	22.38	195.63	135.69	25.86	156.86	107.47	7.71	0.11
16.14	30.73	13.32	227.86	184.81	31.62	164.38	97.42	3.51	3.01
6.79	16.20	6.54	111.84	88.79	13.78	81.22	56.03	3.51	3.01
9.36	14.54	6.79	116.02	96.02	17.84	83.15	41.39		
4576.73	2898.03	1363.27	12087.02	10244.73	-5437.67	11830.82	5851.32	253.21	143.18
1149.74	839.75	433.58	3579.77	3029.90	889.85	3636.02	1751.08	150.04	20.63
449.43	498.64	271.80	2175.62	1869.72	472.97	1958.43	1024.97	99.53	15.69
238.52	107.92	56.60	443.53	367.05	118.62	578.57	284.71	42.11	1.61
191.72	78.13	37.45	333.08	286.17	121.29	438.86	166.13	1.41	1.28

2-1 续表 9

行　业	企业单位数(个)	资产总计	固定资产净　额	固定资产原　价	累计折旧	流动资产合　计
再生橡胶制造	120	61.09	16.32	30.22	11.35	32.80
日用及医用橡胶制品制造	260	430.12	97.49	157.84	57.08	278.89
运动场地用塑胶制造	57	20.31	5.09	10.93	5.28	11.56
其他橡胶制品制造	879	777.75	144.23	275.37	123.99	503.46
塑料制品业	17652	16742.00	3688.39	7434.85	3496.28	10141.45
塑料薄膜制造	2359	3240.29	828.45	1582.69	705.48	1807.09
塑料板、管、型材制造	3067	3329.23	678.28	1283.36	560.16	2078.37
塑料丝、绳及编织品制造	1591	1058.00	243.44	491.72	225.78	593.68
泡沫塑料制造	958	580.39	111.23	219.71	98.25	390.85
塑料人造革、合成革制造	414	607.37	135.18	331.02	182.65	348.08
塑料包装箱及容器制造	1760	1429.44	347.32	750.09	379.19	805.80
日用塑料制品制造	1896	1358.87	343.38	690.78	328.59	796.33
人造草坪制造	79	50.15	10.52	20.89	9.57	35.08
塑料零件及其他塑料制品制造	5528	5088.27	990.59	2064.60	1006.60	3286.17
非金属矿物制品业	39675	62166.57	15497.08	29540.04	12664.81	35116.71
水泥、石灰和石膏制造	3728	15357.19	5006.63	10019.37	4754.36	7262.82
水泥制造	2926	14742.05	4823.62	9679.69	4615.04	6957.20
石灰和石膏制造	802	615.14	183.00	339.69	139.32	305.62
石膏、水泥制品及类似制品制造	15148	18140.11	2778.03	5536.06	2459.47	13162.34
水泥制品制造	12514	14747.51	2020.44	4287.92	2031.35	11171.47
砼结构构件制造	1352	1982.72	397.50	648.07	218.74	1274.15
石棉水泥制品制造	31	25.76	7.29	12.70	4.01	10.22
轻质建筑材料制造	757	973.43	271.65	428.72	137.49	426.29
其他水泥类似制品制造	494	410.68	81.15	158.65	67.88	280.22
砖瓦、石材等建筑材料制造	8483	6520.36	1571.63	2780.94	971.95	3499.29
粘土砖瓦及建筑砌块制造	2888	1463.81	474.44	894.59	331.01	638.18
建筑用石加工	2311	1751.97	415.00	743.42	246.17	856.50
防水建筑材料制造	811	984.62	159.03	255.39	79.88	639.20
隔热和隔音材料制造	905	759.14	202.26	321.20	106.08	414.40
其他建筑材料制造	1568	1560.82	320.90	566.34	208.81	951.01
玻璃制造	1109	3186.59	970.28	1785.73	721.17	1556.35
平板玻璃制造	237	1417.25	462.46	933.45	417.24	620.37
特种玻璃制造	542	1313.83	383.89	625.34	225.81	716.90
其他玻璃制造	330	455.51	123.94	226.93	78.11	219.08
玻璃制品制造	1944	3057.85	920.56	1695.43	717.09	1596.75
技术玻璃制品制造	533	1326.80	391.27	665.75	256.27	718.11
光学玻璃制造	246	429.65	146.62	282.23	124.43	227.84
玻璃仪器制造	44	47.53	11.78	26.18	13.77	22.32
日用玻璃制品制造	474	386.39	127.52	242.77	106.49	185.75
玻璃包装容器制造	281	545.63	172.89	334.78	155.42	252.00
玻璃保温容器制造	42	43.74	11.51	18.76	6.98	23.61
制镜及类似品加工	61	49.68	7.54	15.97	7.97	36.90
其他玻璃制品制造	263	228.44	51.43	109.00	45.76	130.22

单位：亿元

应收账款	存货	产成品	负债合计	流动负债合计	应付账款	所有者权益合计	实收资本	国家资本	集体资本
11.22	6.65	3.27	29.16	23.97	5.96	31.53	15.45		0.91
56.36	50.94	25.24	209.88	155.73	47.56	220.05	69.19	0.58	0.23
3.21	2.93	1.30	11.04	7.14	1.68	9.19	5.06		
199.27	94.54	37.92	377.47	320.12	121.78	399.38	185.57	6.40	0.90
3426.99	2058.28	929.69	8507.25	7214.83	-6327.52	8194.80	4100.24	103.17	122.56
501.92	326.02	134.03	1711.77	1391.74	-8218.57	1518.93	919.42	65.19	88.74
673.41	441.29	224.70	1562.02	1307.15	350.72	1758.73	911.98	17.46	13.73
181.10	135.47	69.68	562.01	469.73	128.74	491.30	238.26	1.55	6.04
162.31	73.05	34.51	295.18	258.75	94.07	284.87	129.13	0.20	0.57
77.39	103.70	37.91	306.83	271.06	66.18	298.55	149.90	0.72	0.31
271.79	142.36	64.10	719.56	613.00	180.39	706.46	349.93	4.30	1.48
251.42	187.95	83.55	719.64	627.13	198.16	635.51	300.78	6.17	4.58
12.83	7.08	3.41	33.00	29.69	8.84	16.90	10.03		0.02
1294.82	641.36	277.81	2597.25	2246.60	863.94	2483.55	1090.79	7.57	7.08
12700.93	5288.21	2347.39	33891.29	28459.82	10408.60	28175.36	13372.98	1549.39	254.01
951.69	783.67	246.78	7096.66	5891.47	1438.59	8270.48	3294.33	891.79	79.33
852.12	744.08	230.48	6750.75	5621.70	1345.20	8001.67	3143.59	871.87	74.10
99.56	39.59	16.30	345.91	269.77	93.39	268.81	150.75	19.91	5.23
7565.88	1420.20	534.30	12153.38	10718.30	5579.30	5959.28	3381.77	260.84	57.46
6619.51	1098.21	365.08	10123.08	9039.24	4834.44	4603.54	2382.68	168.33	43.12
665.11	211.96	119.95	1314.70	1085.62	518.25	665.30	467.55	67.64	9.69
2.53	2.74	1.02	9.81	6.01	1.54	15.69	4.61	0.16	
127.31	69.78	36.81	461.92	370.06	109.81	507.94	228.81	18.84	3.28
151.42	37.51	11.44	243.86	217.37	115.26	166.80	298.12	5.88	1.37
1287.69	643.57	322.97	3220.39	2582.77	837.66	3271.02	1647.98	58.18	31.79
232.13	123.34	73.58	679.07	537.58	170.87	769.82	394.78	14.43	7.99
195.69	221.54	115.69	763.01	570.00	132.54	978.69	428.56	11.24	6.99
317.40	88.95	34.04	520.61	461.84	161.83	464.77	239.94	5.00	3.72
155.42	74.71	35.17	353.74	292.94	92.54	404.42	249.74	7.54	4.50
387.05	135.03	64.48	903.96	720.40	279.88	653.31	334.95	19.97	8.59
300.17	245.11	96.47	1798.54	1520.49	315.37	1387.59	833.60	56.82	11.22
63.56	114.72	40.92	766.80	651.06	120.46	655.09	367.57	37.95	9.61
188.07	92.68	39.10	766.43	647.85	152.38	546.93	347.41	16.53	1.02
48.55	37.71	16.45	265.31	221.58	42.53	185.56	118.61	2.34	0.58
462.09	349.05	189.40	1651.97	1339.09	435.19	1398.89	733.80	58.92	6.17
191.15	113.36	54.59	721.01	550.94	158.06	604.25	341.58	27.79	2.67
88.43	51.75	25.25	215.53	183.94	89.44	212.70	124.95	16.32	0.65
6.60	5.51	3.36	19.76	14.46	3.57	27.84	12.61		
54.15	56.00	33.34	215.52	178.80	46.11	166.86	84.16	0.81	1.02
58.72	79.14	51.23	301.87	263.65	85.85	243.69	106.11	8.31	0.90
6.45	8.27	4.89	25.78	19.23	4.49	17.97	4.56		
8.97	6.97	2.95	24.55	23.75	7.43	25.13	8.76	0.15	
47.61	28.03	13.79	127.95	104.31	40.23	100.45	51.08	5.55	0.92

2-1 续表 10

行　　业	企业单位数(个)	资产总计	固定资产净　额	固定资产原　价	累计折旧	流动资产合　计
玻璃纤维和玻璃纤维增强塑料制品制造	968	2141.93	661.76	1083.32	393.77	1044.09
玻璃纤维及制品制造	527	1550.92	570.22	919.10	331.97	672.88
玻璃纤维增强塑料制品制造	441	591.02	91.54	164.22	61.80	371.20
陶瓷制品制造	3147	5190.44	1476.65	2978.00	1341.12	2325.89
建筑陶瓷制品制造	1048	2436.71	773.35	1727.86	873.40	1173.27
卫生陶瓷制品制造	359	703.69	168.86	317.43	139.73	345.93
特种陶瓷制品制造	615	920.46	240.28	436.56	161.41	396.64
日用陶瓷制品制造	560	648.44	161.46	249.46	78.15	218.09
陈设艺术陶瓷制造	442	387.38	103.19	193.39	67.67	147.98
园艺陶瓷制造	59	46.72	16.75	34.76	16.20	19.82
其他陶瓷制品制造	64	47.05	12.76	18.54	4.56	24.15
耐火材料制品制造	1890	2441.19	394.51	812.34	380.41	1562.31
石棉制品制造	56	31.84	9.86	16.12	5.14	16.66
云母制品制造	52	49.03	9.40	16.88	7.14	28.52
耐火陶瓷制品及其他耐火材料制造	1782	2360.31	375.25	779.34	368.13	1517.13
石墨及其他非金属矿物制品制造	3258	6130.90	1717.03	2848.86	925.46	3106.88
石墨及碳素制品制造	1024	2880.79	717.82	1194.59	434.62	1604.02
其他非金属矿物制品制造	2234	3250.11	999.20	1654.27	490.84	1502.86
黑色金属冶炼和压延加工业	5307	63240.11	19973.67	40433.41	19653.37	28220.83
炼铁	156	1092.04	405.51	753.08	343.09	568.05
炼钢	126	7201.88	2296.03	4455.41	2076.60	2964.58
钢压延加工	4181	50576.72	16458.82	33777.60	16662.77	22730.05
铁合金冶炼	844	4369.47	813.31	1447.31	570.91	1958.16
有色金属冶炼和压延加工业	7646	42707.82	11126.60	19922.06	8129.32	21235.59
常用有色金属冶炼	1168	20259.54	6418.03	11333.64	4678.07	9150.07
铜冶炼	146	4313.97	1087.84	2003.38	898.95	2270.13
铅锌冶炼	253	2396.78	591.73	1214.63	577.55	1220.55
镍钴冶炼	53	1593.11	271.90	494.10	206.44	790.46
锡冶炼	51	426.04	127.80	207.05	76.12	138.46
锑冶炼	45	97.31	25.64	44.80	18.42	49.05
铝冶炼	273	10286.91	3982.91	6747.25	2671.92	4116.14
镁冶炼	62	160.68	45.76	81.64	35.63	72.65
硅冶炼	109	275.83	89.35	179.21	77.99	118.69
其他常用有色金属冶炼	176	708.92	195.11	361.60	115.05	373.93
贵金属冶炼	200	2540.35	385.36	849.69	432.78	1076.42
金冶炼	135	2297.45	363.82	792.25	407.01	953.84
银冶炼	39	203.58	16.62	40.64	14.53	94.37
其他贵金属冶炼	26	39.32	4.93	16.80	11.24	28.21
稀有稀土金属冶炼	292	2123.98	410.91	704.81	285.16	1046.77
钨钼冶炼	101	1308.29	285.57	463.45	172.18	511.90
稀土金属冶炼	127	644.16	78.83	171.85	90.18	450.23
其他稀有金属冶炼	64	171.53	46.50	69.51	22.79	84.65

单位：亿元

应收账款	存货	产成品	负债合计	流动负债合计	应付账款	所有者权益合计	实收资本	国家资本	集体资本
338.75	166.02	66.10	1087.86	840.88	234.78	1052.84	499.92	79.19	18.06
211.99	86.85	40.74	771.69	570.41	168.86	778.58	382.63	77.66	17.55
126.75	79.17	25.36	316.17	270.47	65.93	274.26	117.29	1.53	0.52
543.53	713.82	463.99	2412.25	1923.39	465.77	2750.92	1096.12	7.26	9.62
260.41	422.19	299.36	1300.34	1105.66	246.00	1120.14	371.11	0.11	2.00
80.36	83.60	42.78	312.93	271.88	77.36	390.64	172.95	0.08	1.81
123.81	86.88	46.81	327.00	255.45	78.01	593.16	284.59	6.60	4.81
40.88	58.00	34.90	289.59	148.89	32.12	358.84	162.64	0.34	0.38
27.80	49.52	31.69	133.63	99.27	22.39	246.56	85.24	0.13	0.57
4.72	6.32	3.63	19.26	15.19	3.16	26.51	11.56		0.05
5.56	7.30	4.82	29.49	27.05	6.73	15.07	8.04		
521.21	289.46	161.62	1264.15	1138.32	376.96	1172.29	530.50	29.49	11.27
6.02	3.48	1.54	14.02	10.07	3.25	17.73	7.02		0.18
8.44	6.40	2.79	22.89	18.35	6.47	26.14	9.06		1.51
506.76	279.57	157.29	1227.24	1109.91	367.25	1128.43	514.42	29.49	9.58
729.92	677.32	265.76	3206.09	2505.11	724.97	2912.05	1354.98	106.89	29.08
349.43	357.48	137.04	1500.76	1266.38	386.67	1380.74	576.31	53.91	15.91
380.49	319.84	128.72	1705.33	1238.73	338.30	1531.31	778.66	52.98	13.17
2812.97	7126.14	2406.53	38286.15	31517.96	8002.99	24874.89	11918.94	2249.44	86.54
119.48	188.18	71.69	831.40	764.79	273.54	260.02	200.66	83.70	1.66
206.55	779.40	304.96	4778.58	3822.98	951.73	2423.30	951.39	90.98	3.72
2263.93	5730.28	1832.85	30163.83	24892.24	6119.30	20336.36	9202.64	1977.81	51.84
223.00	428.27	197.02	2512.34	2037.95	658.43	1855.21	1564.25	96.95	29.32
3458.38	6051.15	1540.66	25800.83	19725.76	4429.36	16881.81	8933.31	1907.20	144.33
999.20	3125.60	510.39	12759.04	9669.38	2275.41	7503.69	4124.07	1169.00	71.97
172.23	1101.15	131.45	2680.33	1879.16	440.01	1628.55	600.15	185.11	8.48
109.56	543.70	108.67	1550.76	1288.42	226.24	845.06	553.53	159.60	15.00
79.48	213.16	74.76	856.53	604.48	160.25	736.58	333.98	235.82	2.19
8.09	60.24	23.41	286.95	265.69	55.16	139.09	35.57	3.95	
8.13	19.23	6.64	59.87	49.18	11.92	38.01	29.44	16.81	0.11
543.64	981.76	99.78	6374.95	4839.33	1230.47	3911.73	2314.40	539.58	24.87
9.57	16.11	7.76	139.07	115.91	17.16	21.62	49.88	1.52	
16.88	47.50	21.76	294.58	232.08	64.35	6.63	61.63	0.56	19.92
51.63	142.75	36.15	516.01	395.14	69.86	176.43	145.50	26.06	1.41
42.53	420.14	68.45	1468.16	1015.81	166.00	1070.66	216.67	82.59	10.02
37.30	375.08	60.28	1318.85	933.43	158.65	977.48	172.87	55.08	10.02
1.51	31.78	4.66	128.07	63.21	4.37	75.10	35.63	23.30	
3.71	13.28	3.51	21.24	19.17	2.97	18.08	8.16	4.20	
126.27	332.02	109.16	1171.64	493.78	109.03	951.29	242.65	71.06	7.04
38.78	110.30	38.34	751.69	214.43	35.18	555.55	78.20	10.56	0.40
76.92	196.13	58.56	334.58	214.41	56.43	309.58	115.02	43.84	1.23
10.58	25.59	12.27	85.37	64.95	17.42	86.16	49.43	16.65	5.41

2-1 续表 11

行　业	企业单位数(个)	资产总计	固定资产净　额	固定资产原　价	累计折旧	流动资产合　计
有色金属合金制造	1092	2688.39	577.04	989.45	369.43	1461.33
有色金属压延加工	4894	15095.56	3335.25	6044.47	2363.88	8501.00
铜压延加工	1327	3807.48	558.81	1086.33	478.67	2601.16
铝压延加工	2751	9110.39	2260.94	4047.01	1528.09	4592.52
贵金属压延加工	87	363.21	41.94	123.37	56.53	227.09
稀有稀土金属压延加工	176	676.11	107.86	201.21	88.89	423.86
其他有色金属压延加工	553	1138.37	365.71	586.55	211.70	656.36
金属制品业	26881	32971.57	6370.85	12780.27	5863.45	20860.77
结构性金属制品制造	8545	10129.26	1599.92	2972.99	1221.11	6869.30
金属结构制造	6231	8111.37	1259.52	2347.14	979.60	5522.88
金属门窗制造	2314	2017.89	340.41	625.85	241.51	1346.41
金属工具制造	1625	1767.37	407.49	887.40	408.88	1005.24
切削工具制造	623	886.27	223.84	480.49	247.00	505.29
手工具制造	353	254.72	72.16	127.63	54.42	152.76
农用及园林用金属工具制造	159	123.71	28.84	51.08	20.60	81.18
刀剪及类似日用金属工具制造	121	87.75	16.06	36.09	19.47	57.83
其他金属工具制造	369	414.92	66.60	192.12	67.39	208.18
集装箱及金属包装容器制造	1393	2821.67	560.67	1064.79	474.59	1743.73
集装箱制造	118	561.96	100.13	170.31	69.46	405.11
金属压力容器制造	510	1033.21	174.28	328.98	139.58	647.59
金属包装容器及材料制造	765	1226.50	286.26	565.50	265.56	691.03
金属丝绳及其制品制造	1382	1781.78	364.29	801.89	416.92	1187.28
建筑、安全用金属制品制造	2927	2672.44	544.43	1035.07	443.61	1710.45
建筑、家具用金属配件制造	1177	854.84	202.35	398.97	186.58	524.58
建筑装饰及水暖管道零件制造	1055	1175.13	207.50	393.78	163.96	779.78
安全、消防用金属制品制造	386	354.39	77.75	138.67	50.03	208.25
其他建筑、安全用金属制品制造	309	288.09	56.83	103.65	43.04	197.83
金属表面处理及热处理加工	1989	2077.38	475.85	931.50	408.27	1325.43
搪瓷制品制造	130	125.99	22.65	49.22	24.23	77.66
生产专用搪瓷制品制造	32	25.46	3.26	7.84	4.54	20.27
建筑装饰搪瓷制品制造	12	27.68	7.31	12.60	5.20	10.73
搪瓷卫生洁具制造	44	39.24	5.70	12.90	6.33	25.64
搪瓷日用品及其他搪瓷制品制造	42	33.61	6.38	15.89	8.16	21.02
金属制日用品制造	1911	1528.79	308.94	625.74	287.30	966.24
金属制厨房用器具制造	357	252.60	47.95	95.29	42.46	175.56
金属制餐具和器皿制造	737	632.24	142.73	250.71	100.57	371.52
金属制卫生器具制造	120	105.38	20.84	42.05	18.73	73.89
其他金属制日用品制造	697	538.57	97.42	237.68	125.54	345.27
铸造及其他金属制品制造	6979	10066.90	2086.61	4411.66	2178.53	5975.45
黑色金属铸造	2547	3557.73	796.15	1738.60	847.45	1964.57
有色金属铸造	336	528.45	128.31	235.26	124.73	307.79

单位：亿元

应收账款	存货	产成品	负债合计	流动负债合计	应付账款	所有者权益合计	实收资本	国家资本	集体资本
364.56	344.53	133.74	1403.45	1084.14	291.00	1275.74	638.34	143.07	4.45
1925.82	1828.86	718.92	8998.54	7462.64	1587.92	6080.41	3711.59	441.48	50.85
548.41	539.97	212.72	2525.11	2144.67	414.64	1280.40	725.53	67.39	9.83
1087.76	891.21	353.97	5246.38	4299.66	915.40	3851.13	2491.55	285.90	38.18
36.53	85.19	21.42	198.66	164.60	37.53	164.12	50.07	17.75	1.00
76.39	82.90	42.90	359.97	298.61	73.13	315.22	148.62	31.92	0.13
176.74	229.59	87.91	668.42	555.10	147.21	469.55	295.81	38.51	1.70
6622.95	4696.78	1935.02	18694.37	15815.97	4435.00	14210.27	7336.84	471.25	102.16
2330.60	1600.41	692.31	6383.51	5546.69	1589.55	3736.22	2139.72	137.49	33.92
1817.67	1331.12	593.49	5202.62	4523.29	1280.39	2900.85	1583.65	127.41	28.97
512.93	269.28	98.82	1180.90	1023.40	309.16	835.37	556.06	10.08	4.95
318.52	250.69	108.85	784.87	671.06	237.36	981.39	371.28	15.76	5.30
146.68	125.90	55.48	345.62	290.56	97.51	540.27	206.47	10.64	2.78
53.56	39.69	18.05	141.65	116.57	46.19	112.92	52.44		1.24
26.09	21.06	7.22	71.47	66.38	23.69	51.82	21.24	0.08	
17.87	12.17	5.83	42.29	36.74	12.01	45.46	16.54	0.24	0.06
74.32	51.88	22.26	183.85	160.82	57.95	230.91	74.60	4.80	1.22
523.73	416.69	148.11	1600.27	1392.93	374.16	1219.93	726.78	64.90	12.19
145.31	97.46	41.62	353.67	338.11	112.93	208.29	116.61	4.50	3.77
184.59	184.86	57.48	600.78	529.58	124.64	431.23	276.75	55.02	4.17
193.82	134.36	49.00	645.83	525.23	136.59	580.41	333.41	5.38	4.25
391.12	232.64	103.77	999.56	826.05	152.41	780.56	512.45	31.18	6.14
581.09	384.13	161.47	1343.45	1153.97	338.71	1325.56	614.72	3.46	11.62
190.02	129.20	47.49	464.86	413.89	127.29	389.07	171.04	0.57	1.58
236.28	162.07	66.55	559.81	492.85	134.41	615.28	277.10	1.41	6.77
70.18	48.88	22.13	152.33	117.80	39.20	199.70	92.80	0.02	2.54
84.61	43.98	25.30	166.46	129.43	37.82	121.51	73.78	1.45	0.74
405.12	261.12	106.85	1326.53	1124.78	260.98	747.67	465.16	10.18	9.61
24.94	16.85	6.07	70.83	59.23	20.89	55.00	29.59		0.24
6.63	3.54	0.89	13.22	11.20	6.30	12.25	8.97		0.24
5.19	2.63	0.44	11.15	11.09	2.57	16.53	6.59		
6.35	6.16	2.60	27.65	19.16	6.90	11.58	7.07		
6.77	4.51	2.14	18.82	17.78	5.13	14.65	6.96		
284.77	219.81	88.22	815.65	739.09	206.56	710.53	315.12	0.97	2.67
52.16	41.62	19.63	141.01	125.66	37.62	111.51	62.97		0.35
101.57	86.20	32.80	351.85	324.74	80.53	279.03	122.77	0.61	1.74
24.53	21.44	7.54	61.77	57.26	17.71	43.47	22.12	0.12	0.21
106.51	70.55	28.25	261.01	231.43	70.70	276.52	107.26	0.24	0.37
1763.06	1314.46	519.35	5369.68	4302.17	1254.38	4653.40	2162.02	207.31	20.46
588.96	430.92	194.17	1854.59	1360.24	382.05	1677.21	799.26	45.50	11.12
94.38	76.41	27.30	263.18	221.06	85.58	260.78	106.09	7.34	1.59

2-1　续表 12

行　　业	企业单位数（个）	资产总计	固定资产净额	固定资产原价	累计折旧	流动资产合计
锻件及粉末冶金制品制造	1588	2410.70	510.34	1063.89	521.15	1361.74
交通及公共管理用金属标牌制造	200	143.34	22.12	42.26	18.28	96.69
其他未列明金属制品制造	2308	3426.69	629.69	1331.66	666.91	2244.66
通用设备制造业	26420	48383.29	7639.32	15668.12	7423.66	32724.94
锅炉及原动设备制造	1419	7474.16	1005.56	2128.21	1059.94	5222.79
锅炉及辅助设备制造	620	2069.38	254.57	546.95	271.50	1490.44
内燃机及配件制造	470	3289.96	502.80	1013.75	476.82	2141.37
汽轮机及辅机制造	99	1088.79	107.35	309.27	200.17	795.20
水轮机及辅机制造	38	116.16	25.72	72.77	42.29	73.79
风能原动设备制造	171	885.61	111.94	178.86	66.03	702.37
其他原动设备制造	21	24.26	3.19	6.61	3.14	19.62
金属加工机械制造	3475	5269.69	804.42	1642.23	768.51	3427.38
金属切削机床制造	870	1978.99	278.35	566.43	263.15	1291.50
金属成形机床制造	524	812.37	136.30	277.95	135.45	565.44
铸造机械制造	447	443.28	79.61	176.82	78.44	243.83
金属切割及焊接设备制造	570	847.73	91.68	170.25	73.74	599.99
机床功能部件及附件制造	379	448.97	90.30	170.93	75.51	277.03
其他金属加工机械制造	685	738.35	128.18	279.85	142.21	449.59
物料搬运设备制造	2462	7588.47	972.87	1852.40	781.68	5421.62
轻小型起重设备制造	220	215.04	39.07	81.46	38.22	146.92
生产专用起重机制造	556	2610.62	433.93	829.40	331.76	1734.40
生产专用车辆制造	185	465.73	76.42	158.28	72.45	300.24
连续搬运设备制造	429	710.10	68.40	123.57	52.35	484.90
电梯、自动扶梯及升降机制造	845	3184.70	314.05	584.05	253.27	2443.81
客运索道制造	6	17.79	1.69	2.84	1.15	13.37
机械式停车设备制造	71	116.03	9.73	15.82	6.03	85.87
其他物料搬运设备制造	150	268.47	29.59	56.98	26.44	212.11
泵、阀门、压缩机及类似机械制造	5126	8016.43	1340.66	2780.37	1364.23	5538.16
泵及真空设备制造	1305	1981.48	309.69	632.64	280.69	1347.17
气体压缩机械制造	535	2173.25	321.53	765.97	437.89	1565.72
阀门和旋塞制造	2036	2064.67	344.71	674.48	315.37	1433.30
液压动力机械及元件制造	1102	1458.45	291.66	580.43	277.23	952.00
液力动力机械元件制造	25	14.03	2.83	5.72	2.84	10.34
气压动力机械及元件制造	123	324.57	70.24	121.13	50.23	229.63
轴承、齿轮和传动部件制造	2528	4559.44	1107.68	2355.96	1152.34	2726.69
滚动轴承制造	1216	2107.79	517.21	1124.53	530.06	1196.02
滑动轴承制造	112	129.42	31.50	63.94	31.96	84.36
齿轮及齿轮减、变速箱制造	864	1927.11	479.43	1007.26	512.83	1183.85
其他传动部件制造	336	395.12	79.54	160.24	77.48	262.46
烘炉、风机、包装等设备制造	3746	6986.26	952.53	1863.46	835.79	4704.21
烘炉、熔炉及电炉制造	265	368.22	39.94	90.60	32.68	231.13
风机、风扇制造	554	901.34	113.78	217.64	99.64	630.07

单位：亿元

应收账款	存货	产成品	负债合计	流动负债合计	应付账款	所有者权益合计	实收资本	国家资本	集体资本
443.05	302.26	123.46	1228.63	1008.67	280.44	1176.20	536.02	45.41	3.93
30.64	14.64	6.09	59.94	52.73	17.82	79.94	28.81	1.85	0.21
606.03	490.23	168.33	1963.34	1659.47	488.50	1459.27	691.83	107.21	3.61
10220.97	7490.88	2786.90	26244.39	22588.01	7951.87	22091.49	9222.21	828.31	121.62
1269.62	1069.29	329.19	4328.51	3819.41	1317.51	3147.07	1140.33	282.02	12.29
373.13	376.43	65.10	1325.40	1183.32	358.85	745.97	308.82	79.01	4.26
375.57	379.53	183.22	1603.41	1366.56	555.56	1686.55	525.04	115.37	6.10
172.55	169.45	30.08	748.64	698.76	176.84	340.15	164.04	78.28	0.28
25.73	16.58	4.63	65.52	58.81	20.00	50.64	20.27	2.80	0.08
313.27	122.46	45.04	569.62	498.02	201.16	315.41	116.25	6.49	1.56
9.36	4.83	1.12	15.92	13.94	5.10	8.35	5.92	0.07	
861.53	894.56	302.73	2856.40	2327.11	670.26	2400.40	1024.25	83.08	16.99
259.38	338.01	114.74	1174.62	969.30	210.18	795.38	390.44	61.61	6.35
140.39	171.06	51.18	427.09	346.36	124.10	385.27	151.12	8.72	1.71
80.73	62.16	21.73	236.27	192.63	52.76	206.95	107.67	1.49	0.60
161.73	147.72	54.60	435.88	362.10	135.09	411.40	145.38	2.36	1.91
86.80	69.76	23.21	200.66	164.61	58.05	246.36	96.69	1.67	4.21
132.50	105.85	37.27	381.89	292.12	90.08	355.03	132.95	7.23	2.21
1809.73	1320.14	472.25	4693.30	4069.40	1316.77	2890.34	1306.58	90.14	24.75
45.60	36.36	11.15	117.50	99.46	35.46	97.17	47.36	1.92	0.74
672.95	514.38	101.46	1744.36	1434.21	459.05	864.59	418.51	73.16	4.69
86.78	74.82	28.01	232.78	209.42	102.61	232.95	91.30	5.62	0.69
159.50	105.28	36.40	391.47	303.24	95.27	317.56	144.63	0.75	14.90
738.39	498.52	269.08	1985.97	1825.00	552.43	1197.00	511.70	5.83	2.57
7.19	2.68	1.11	9.31	8.70	3.77	8.48	3.22	0.16	
31.63	20.38	8.62	60.37	50.67	15.15	55.66	37.40	1.39	0.18
67.70	67.71	16.42	151.53	138.70	53.04	116.93	52.47	1.32	0.99
1843.85	1319.78	517.29	4052.38	3562.44	1425.81	3957.33	1714.12	79.25	18.57
409.78	338.19	110.89	996.48	884.02	336.64	981.16	431.07	22.82	4.43
501.51	361.59	154.00	1258.94	1135.48	481.23	913.83	393.73	31.57	7.11
553.56	330.43	136.02	978.32	835.91	313.38	1084.66	531.07	5.70	4.85
327.66	223.26	85.65	711.85	613.25	251.21	746.08	287.40	18.95	2.11
4.29	2.84	0.75	7.88	7.13	3.47	6.15	4.74	0.11	0.08
47.05	63.47	29.97	98.92	86.66	39.89	225.47	66.11	0.11	
967.06	634.46	276.01	2273.90	1843.70	660.71	2280.78	1055.38	89.00	12.16
447.18	287.44	143.30	1054.14	860.81	305.39	1052.24	539.57	41.02	6.04
33.35	17.22	9.18	55.53	50.35	22.34	73.70	24.84	4.15	0.04
386.71	273.76	100.58	953.57	751.31	262.35	970.48	403.93	40.02	4.84
99.82	56.05	22.95	210.67	181.23	70.64	184.35	87.05	3.81	1.24
1513.54	951.20	396.70	3765.88	3357.96	1227.51	3218.02	1228.00	67.40	20.28
62.22	57.46	16.08	191.74	171.19	50.18	174.62	66.04	0.82	1.50
183.97	111.31	46.87	498.50	448.94	147.30	402.64	142.39	9.13	0.45

2-1 续表 13

行　业	企业单位数(个)	资产总计	固定资产净　额	固定资产原　价	累计折旧	流动资产合　计
气体、液体分离及纯净设备制造	689	1416.62	211.33	391.07	148.48	921.28
制冷、空调设备制造	1281	2951.36	379.85	731.42	333.96	1944.41
风动和电动工具制造	369	710.90	113.11	235.65	121.99	538.00
喷枪及类似器具制造	114	113.18	24.35	48.83	22.14	74.66
包装专用设备制造	474	524.64	70.17	148.25	76.90	364.66
文化、办公用机械制造	608	1803.97	234.33	572.80	328.87	1301.78
电影机械制造	14	21.16	1.58	3.28	1.71	18.22
幻灯及投影设备制造	76	252.60	31.16	89.39	57.55	189.61
照相机及器材制造	168	395.14	90.74	188.04	93.09	267.29
复印和胶印设备制造	147	362.11	49.51	179.51	125.67	275.87
计算器及货币专用设备制造	135	697.68	52.20	89.06	36.33	489.88
其他文化、办公用机械制造	68	75.29	9.14	23.52	14.52	60.91
通用零部件制造	5451	4444.49	954.42	2000.41	944.13	2804.18
金属密封件制造	265	271.74	52.86	104.77	46.81	186.87
紧固件制造	1417	1196.69	260.04	547.08	257.70	772.14
弹簧制造	276	275.66	57.74	122.83	56.76	177.90
机械零部件加工	2759	1972.71	443.51	934.00	442.57	1190.37
其他通用零部件制造	734	727.69	140.27	291.73	140.28	476.90
其他通用设备制造业	1605	2240.37	266.84	472.28	188.16	1578.14
工业机器人制造	459	937.46	70.43	107.64	33.06	679.15
特殊作业机器人制造	33	66.64	2.89	9.21	5.91	49.90
增材制造装备制造	101	135.82	16.19	25.78	8.90	99.80
其他未列明通用设备制造业	1012	1100.45	177.34	329.66	140.30	749.29
专用设备制造业	21089	47463.16	6323.66	12117.72	5388.50	31862.82
采矿、冶金、建筑专用设备制造	4082	17558.66	2229.99	4443.74	2058.09	12053.77
矿山机械制造	1424	3732.94	617.46	1071.65	415.82	2430.79
石油钻采专用设备制造	728	2297.11	334.84	768.97	400.31	1519.42
深海石油钻探设备制造	42	111.80	19.65	49.05	27.71	70.93
建筑工程用机械制造	854	7615.97	677.42	1441.99	720.94	5548.68
建筑材料生产专用机械制造	450	1102.65	111.19	237.40	114.44	645.78
冶金专用设备制造	523	2354.20	388.89	769.53	355.37	1607.49
隧道施工专用机械制造	61	344.01	80.55	105.16	23.51	230.70
化工、木材、非金属加工专用设备制造	4147	5865.65	1090.02	2243.24	1102.62	3870.32
炼油、化工生产专用设备制造	455	1155.03	189.48	380.73	175.67	807.42
橡胶加工专用设备制造	151	419.35	52.57	102.39	48.62	255.66
塑料加工专用设备制造	555	923.97	141.11	268.05	124.54	670.73
木竹材加工机械制造	131	122.38	21.11	41.34	18.56	73.10
模具制造	2770	3165.27	674.20	1431.25	728.23	2004.62
其他非金属加工专用设备制造	85	79.66	11.55	19.47	7.00	58.79
食品、饮料、烟草及饲料生产专用设备制造	739	800.17	154.42	315.33	148.44	528.56
食品、酒、饮料及茶生产专用设备制造	308	302.17	49.74	99.07	46.94	210.15
农副食品加工专用设备制造	310	277.06	66.07	121.46	48.57	160.60

单位：亿元

应收账款	存货	产成品	负债合计	流动负债合计	应付账款	所有者权益合计	实收资本	国家资本	集体资本
283.48	193.31	75.91	798.06	697.67	222.71	619.10	247.00	33.17	1.16
651.78	345.50	161.98	1542.04	1399.07	527.31	1408.48	559.30	17.53	15.84
226.00	120.24	48.08	401.45	360.17	192.71	309.45	96.82		0.20
22.25	18.83	6.47	64.98	52.87	19.39	48.20	20.55	1.53	0.08
83.85	104.56	41.31	269.12	228.04	67.91	255.52	95.88	5.21	1.05
425.97	284.55	109.47	807.15	686.37	319.68	996.61	371.97	17.86	2.46
4.12	6.87	2.59	12.80	9.59	3.92	8.37	2.72		
71.77	58.73	19.78	123.08	104.55	70.45	129.51	47.98	1.18	0.42
86.17	64.23	20.05	179.22	156.96	73.72	215.91	106.38	0.34	0.06
101.93	53.55	21.46	151.42	118.52	58.26	210.69	75.74	0.05	1.81
140.78	89.96	41.68	299.23	257.64	99.41	398.23	119.02	16.29	0.10
21.20	11.22	3.91	41.39	39.11	13.91	33.90	20.13		0.07
1086.62	595.61	268.89	2288.47	1899.91	666.53	2141.65	990.27	95.77	8.49
66.28	33.91	14.09	119.65	102.09	37.30	150.91	55.17	4.95	0.59
298.96	174.65	86.38	581.62	489.53	163.40	612.31	279.49	6.34	1.10
69.25	33.65	18.65	130.96	108.22	37.97	142.35	58.37	0.34	0.90
471.04	257.60	107.26	1069.68	877.74	316.94	896.21	463.17	80.59	5.56
181.07	95.80	42.52	386.55	322.34	110.92	339.87	134.06	3.55	0.34
443.05	421.29	114.38	1178.40	1021.71	347.09	1059.30	391.31	23.80	5.64
169.44	185.02	47.67	480.96	407.67	152.25	456.22	155.01	3.48	4.37
12.39	8.98	2.20	30.27	24.94	6.65	36.32	16.08	0.48	0.03
34.19	27.30	8.84	72.77	66.00	20.39	63.04	27.43	1.00	
227.03	199.99	55.67	594.40	523.10	167.80	503.72	192.79	18.84	1.25
9477.92	7405.95	2773.34	26255.45	22190.43	7110.85	21164.25	8580.48	820.17	150.22
3875.90	2788.06	1207.88	10674.68	8791.42	2906.87	6870.18	2854.45	471.97	58.63
798.72	636.94	251.37	2199.92	1834.47	570.60	1529.81	777.01	128.89	12.59
518.37	393.05	162.91	1292.66	1128.47	390.43	1003.33	643.71	88.38	23.66
23.83	15.10	7.54	42.19	34.71	14.68	69.61	37.64		
1895.84	1144.31	581.09	4843.67	3935.28	1424.48	2767.69	682.87	91.62	17.34
170.52	111.43	42.40	560.93	488.24	100.83	539.07	242.86	14.15	1.51
400.54	391.11	121.84	1500.86	1198.26	354.76	851.19	419.89	125.82	3.47
68.08	96.11	40.74	234.44	171.99	51.10	109.49	50.46	23.11	0.06
1209.59	983.46	316.76	3142.75	2775.77	906.76	2720.13	1178.09	63.37	29.61
236.62	212.30	52.72	713.76	635.82	155.69	440.26	238.51	31.89	1.38
84.29	67.36	27.59	209.12	196.65	64.10	210.23	77.15	14.77	9.34
159.51	166.26	53.53	470.91	432.39	150.31	453.05	152.50	2.48	2.32
8.75	24.10	9.66	52.50	47.36	15.29	69.74	21.98		
705.12	499.28	169.07	1652.59	1422.71	503.66	1511.06	673.12	13.73	16.56
15.31	14.16	4.20	43.88	40.83	17.71	35.78	14.82	0.50	
114.34	159.27	52.01	384.55	332.03	105.05	415.09	172.90	13.22	0.82
47.63	63.47	21.15	172.31	148.06	37.75	129.25	53.75	0.17	0.53
36.86	38.22	15.03	118.27	97.75	26.99	158.88	65.34	1.80	0.12

2-1 续表 14

行　　业	企业单位数(个)	资产总计	固定资产净　额	固定资产原　价	累计折旧	流动资产合　计
烟草生产专用设备制造	68	188.44	33.47	75.49	40.43	136.27
饲料生产专用设备制造	53	32.50	5.15	19.30	12.50	21.54
印刷、制药、日化及日用品生产专用设备制造	966	1450.86	212.54	447.71	196.36	871.65
制浆和造纸专用设备制造	169	248.22	45.91	114.36	57.75	171.55
印刷专用设备制造	366	419.54	68.03	128.15	54.90	266.51
日用化工专用设备制造	46	40.84	4.58	9.33	3.77	20.66
制药专用设备制造	155	293.55	33.80	67.75	32.87	190.68
照明器具生产专用设备制造	44	53.54	7.84	16.26	8.14	36.95
玻璃、陶瓷和搪瓷制品生产专用设备制造	126	332.07	41.70	93.20	31.23	143.17
其他日用品生产专用设备制造	60	63.09	10.68	18.67	7.70	42.13
纺织、服装和皮革加工专用设备制造	981	1429.11	209.49	432.81	210.72	996.39
纺织专用设备制造	673	1044.09	143.38	280.05	128.97	729.93
皮革、毛皮及其制品加工专用设备制造	32	22.47	4.08	10.69	2.10	14.75
缝制机械制造	241	341.62	59.57	136.92	76.99	236.66
洗涤机械制造	35	20.93	2.46	5.15	2.66	15.05
电子和电工机械专用设备制造	1660	4050.94	329.01	550.29	201.36	2682.49
电工机械专用设备制造	368	531.35	55.74	105.74	48.02	385.51
半导体器件专用设备制造	328	961.40	89.30	153.74	60.37	662.88
电子元器件与机电组件设备制造	491	646.71	108.90	160.89	48.87	459.46
其他电子专用设备制造	473	1911.48	75.07	129.92	44.10	1174.64
农、林、牧、渔专用机械制造	1210	1907.42	320.07	625.51	271.34	1267.91
拖拉机制造	125	379.31	73.78	177.19	93.11	237.33
机械化农业及园艺机具制造	559	997.70	149.04	275.38	113.58	676.91
营林及木竹采伐机械制造	6	4.90	0.75	1.96	1.22	2.69
畜牧机械制造	194	242.71	25.98	42.34	14.03	196.06
渔业机械制造	17	11.01	1.70	4.55	1.72	8.41
农林牧渔机械配件制造	196	173.12	46.39	82.60	32.59	97.91
棉花加工机械制造	14	20.83	3.02	5.78	1.85	13.13
其他农、林、牧、渔业机械制造	99	77.83	19.40	35.71	13.24	35.47
医疗仪器设备及器械制造	2767	5955.14	846.96	1465.91	592.14	3681.02
医疗诊断、监护及治疗设备制造	709	2361.80	269.04	433.03	155.04	1513.30
口腔科用设备及器具制造	78	87.44	16.70	26.50	9.21	59.34
医疗实验室及医用消毒设备和器具制造	98	162.68	23.55	39.91	14.35	88.68
医疗、外科及兽医用器械制造	619	1418.10	228.96	412.66	178.14	805.16
机械治疗及病房护理设备制造	155	218.43	28.89	49.76	19.78	157.64
康复辅具制造	146	284.64	37.36	62.43	24.62	187.99
眼镜制造	398	397.85	98.27	202.13	100.28	260.18
其他医疗设备及器械制造	564	1024.21	144.19	239.50	90.73	608.74
环保、邮政、社会公共服务及其他专用设备制造	4537	8445.21	931.17	1593.17	607.44	5910.70
环境保护专用设备制造	2276	4702.62	472.11	778.12	277.83	3192.80
地质勘查专用设备制造	20	71.77	14.64	29.62	14.63	47.52
邮政专用机械及器材制造	16	38.91	1.44	3.05	1.58	34.23

单位：亿元

应收账款	存货	产成品	负债合计	流动负债合计	应付账款	所有者权益合计	实收资本	国家资本	集体资本
24.42	51.73	14.63	73.49	67.85	35.22	114.95	47.62	11.25	0.03
5.43	5.84	1.20	20.49	18.37	5.09	12.01	6.18		0.14
211.66	257.02	77.46	785.21	650.04	198.68	664.99	321.22	3.42	2.34
38.98	42.03	12.93	175.41	155.66	34.41	72.52	39.19	2.10	
72.31	75.09	25.80	235.46	192.55	66.81	183.92	97.58	0.34	1.02
5.06	5.19	1.40	18.43	14.51	3.70	22.41	9.04		0.05
41.61	57.64	15.77	147.32	126.71	30.59	146.22	49.20	0.57	0.67
11.16	13.10	6.51	32.15	30.45	11.32	21.19	14.53		0.23
32.77	48.24	11.26	142.58	98.36	41.39	189.49	94.68	0.40	0.37
9.78	15.72	3.79	33.85	31.79	10.46	29.24	17.00		
260.99	237.96	82.24	793.00	681.07	209.43	635.39	263.58	35.27	1.64
190.30	157.27	49.50	604.35	516.04	143.96	439.62	173.85	33.30	1.07
3.03	3.86	1.46	10.88	6.78	2.08	11.18	3.92		
64.34	71.74	29.72	165.83	150.13	60.35	175.60	77.09	1.75	0.53
3.34	5.09	1.57	11.94	8.13	3.04	8.99	8.71	0.21	0.04
728.64	623.64	217.04	2456.18	2081.31	519.34	1592.48	753.64	33.47	21.87
112.43	69.93	22.61	305.15	245.99	100.41	225.90	91.13	16.71	0.46
178.22	151.86	61.65	448.65	370.86	127.60	512.74	225.28	7.97	16.56
156.35	118.27	45.28	387.06	235.70	94.32	257.67	132.27	6.39	3.58
281.63	283.57	87.50	1315.31	1228.76	197.02	596.17	304.96	2.40	1.26
317.16	343.98	159.48	1161.48	999.88	336.55	740.53	420.60	27.15	4.94
45.50	57.89	21.88	253.95	204.77	64.74	128.17	107.11	2.20	1.93
174.98	181.92	85.07	586.81	502.82	192.13	407.41	238.62	22.50	2.48
0.57	0.89	0.46	2.85	2.85	1.10	2.05	0.77		
47.87	64.27	34.40	169.88	162.55	40.01	72.80	28.93	0.03	0.41
2.26	1.40	0.66	6.46	6.35	1.41	4.55	2.18		
35.14	24.23	10.85	96.95	83.40	27.31	75.65	25.57		0.11
2.53	3.51	2.05	10.29	7.72	1.68	10.54	2.82	0.57	
8.32	9.88	4.11	34.29	29.41	8.17	39.36	14.60	1.84	
786.72	705.70	263.61	2238.10	1901.21	599.18	3716.97	1116.33	14.05	12.42
282.02	287.53	86.65	870.74	753.46	223.77	1491.06	393.71	4.91	4.70
10.83	15.51	3.63	36.81	31.75	15.50	50.62	18.80		
22.59	24.22	11.11	89.06	77.00	18.92	73.62	21.55		0.11
168.70	148.62	60.71	501.92	406.18	129.03	916.18	257.45	3.96	3.76
22.86	30.39	10.79	82.56	76.46	22.52	135.78	42.22	0.35	0.20
48.57	41.73	19.86	76.94	69.45	28.89	207.70	53.28	0.11	0.67
104.09	66.92	31.84	184.12	165.30	70.46	213.71	106.00	0.87	0.01
127.06	90.79	39.03	395.94	321.61	90.10	628.30	223.32	3.86	2.97
1972.91	1306.86	396.85	4619.49	3977.71	1328.99	3808.49	1499.68	158.26	17.95
1109.04	609.46	176.52	2587.47	2207.13	694.81	2110.83	834.53	89.09	7.51
16.26	8.28	3.66	33.14	19.78	9.49	38.43	8.85	6.19	0.14
9.38	13.32	2.46	23.51	23.19	8.66	15.40	3.77	1.04	

2-1 续表 15

行 业	企业单位数(个)	资产总计	固定资产净额	固定资产原价	累计折旧	流动资产合计
商业、饮食、服务专用设备制造	69	93.78	11.49	22.01	10.28	65.31
社会公共安全设备及器材制造	443	614.77	76.05	132.58	51.83	441.37
交通安全、管制及类似专用设备制造	160	210.48	15.54	26.33	8.98	159.52
水资源专用机械制造	182	275.23	39.27	78.41	35.08	180.17
其他专用设备制造	1371	2437.65	300.63	523.05	207.23	1789.78
汽车制造业	16018	84079.75	15394.99	31698.94	15471.53	50170.74
汽车整车制造	397	40360.85	6338.30	13474.31	6812.00	22812.94
汽柴油车整车制造	240	36160.92	5709.06	12594.69	6590.32	20432.93
新能源车整车制造	157	4199.93	629.25	879.62	221.68	2380.02
汽车用发动机制造	116	2228.37	474.62	1100.93	575.02	1364.13
改装汽车制造	501	1998.33	272.30	485.92	195.37	1361.79
低速汽车制造	14	127.65	17.29	32.90	15.57	67.77
电车制造	49	128.28	23.66	44.66	18.50	71.71
汽车车身、挂车制造	618	982.97	189.84	365.10	166.04	623.64
汽车零部件及配件制造	14323	38253.28	8078.96	16195.11	7689.04	23868.75
铁路、船舶、航空航天和其他运输设备制造业	5050	25699.37	4261.21	8024.35	3481.67	16934.18
铁路运输设备制造	983	5929.01	744.26	1409.37	630.46	4141.91
高铁车组制造	14	1615.32	169.65	349.72	172.45	1211.23
铁路机车车辆制造	27	1015.65	158.10	300.69	140.63	598.63
窄轨机车车辆制造	19	78.56	17.85	28.27	9.25	52.72
高铁设备、配件制造	200	863.40	91.39	165.23	72.73	640.25
铁路机车车辆配件制造	339	807.79	117.33	232.15	106.47	570.84
铁路专用设备及器材、配件制造	359	1388.91	159.46	287.01	113.25	976.03
其他铁路运输设备制造	25	159.39	30.47	46.30	15.68	92.22
城市轨道交通设备制造	131	760.59	88.59	223.07	59.59	485.46
船舶及相关装置制造	954	8979.67	1679.86	3082.61	1314.76	5713.86
金属船舶制造	393	6737.85	1213.07	2250.65	977.35	4286.16
非金属船舶制造	36	106.86	26.54	38.08	11.39	75.86
娱乐船和运动船制造	46	55.32	10.27	19.90	8.63	33.75
船用配套设备制造	370	802.58	163.91	325.75	153.67	510.56
船舶改装	14	59.18	16.86	31.92	14.14	34.74
船舶拆除	8	73.37	10.24	20.26	7.45	30.27
海洋工程装备制造	78	1139.27	237.87	393.81	141.00	739.31
航标器材及其他相关装置制造	9	5.24	1.10	2.24	1.14	3.21
航空、航天器及设备制造	577	6709.97	1159.48	2123.80	925.97	4436.15
飞机制造	236	4558.57	770.81	1408.85	641.14	3040.53
航天器及运载火箭制造	35	593.60	121.35	187.63	66.26	351.70
航天相关设备制造	93	585.75	113.66	209.12	89.82	386.43
航空相关设备制造	135	592.23	94.71	169.58	73.87	393.13
其他航空航天器制造	78	379.83	58.95	148.62	54.88	264.37
摩托车制造	1152	1959.42	354.01	766.31	385.59	1246.53
摩托车整车制造	174	832.99	119.73	246.12	117.17	578.38
摩托车零部件及配件制造	978	1126.42	234.28	520.19	268.42	668.15

单位：亿元

应收账款	存货	产成品	负债合计	流动负债合计	应付账款	所有者权益合计	实收资本	国家资本	集体资本
19.11	18.80	6.98	50.18	43.75	15.90	43.60	19.98	2.27	
165.73	98.08	31.23	302.69	260.58	113.65	312.08	102.73	0.89	1.21
45.16	30.38	11.57	117.02	96.36	30.04	91.71	37.19	1.06	1.11
58.17	33.68	8.16	160.75	142.19	38.87	112.81	60.83	7.13	0.06
550.06	494.86	156.26	1344.73	1184.73	417.57	1083.64	431.81	50.59	7.91
13898.45	7480.29	3553.25	49969.38	43229.52	17689.79	34096.90	13936.39	2121.20	337.13
4185.92	2729.12	1391.00	25813.68	22170.09	8834.57	14588.24	5658.29	1269.94	145.46
3188.12	2557.88	1329.10	22683.97	19698.07	8015.65	13520.61	4950.27	1092.28	124.74
997.80	171.24	61.90	3129.71	2472.02	818.92	1067.63	708.02	177.66	20.72
445.02	219.62	112.76	1255.35	1109.51	447.35	971.73	548.60	156.02	30.69
479.61	276.41	93.95	1370.13	1231.14	436.32	626.93	399.55	67.99	23.79
13.16	22.80	3.40	66.32	62.27	10.31	61.34	27.37	12.80	
14.82	10.26	2.90	95.34	83.03	39.74	29.79	26.12	1.10	0.17
189.24	121.39	54.90	553.27	491.59	190.90	429.24	201.66	20.99	6.06
8570.69	4100.69	1894.34	20815.30	18081.89	7730.58	17389.63	7074.80	592.36	130.96
4293.22	4413.52	790.04	15652.23	13278.50	5119.13	10036.74	5892.34	1384.16	34.31
1565.82	844.64	226.20	3216.85	2890.54	1579.75	2711.55	1180.13	473.84	11.94
439.85	182.08	2.26	1029.09	962.48	661.76	586.23	192.99	121.61	4.25
233.04	131.73	19.19	571.43	511.48	268.95	444.22	316.16	152.91	
16.68	15.21	5.16	43.67	33.29	8.67	34.89	27.62	22.46	
218.10	143.14	63.70	385.56	339.12	174.80	477.78	166.78	61.72	2.74
178.10	138.08	65.25	444.23	386.95	169.74	363.27	156.00	14.51	2.78
438.32	215.57	67.78	647.75	577.74	250.40	740.89	283.13	92.08	1.85
41.72	18.82	2.85	95.12	79.49	45.43	64.27	37.46	8.55	0.31
195.61	102.91	19.54	515.13	387.97	223.74	245.47	148.63	52.76	0.52
753.50	1614.13	159.09	6221.95	5107.31	1464.60	2755.39	1998.47	470.11	6.84
395.16	1164.93	71.11	4690.58	3906.42	1124.47	2045.40	1327.06	327.15	5.81
13.72	15.53	3.26	62.42	55.77	10.49	44.44	18.66	1.76	0.20
4.07	10.73	5.05	37.30	32.68	5.12	17.56	14.28	0.01	
154.57	139.81	32.63	416.07	345.05	127.12	386.51	264.92	97.79	0.58
4.75	3.88	0.21	28.59	27.53	6.20	30.60	8.90	0.35	
9.56	2.49	1.86	76.28	62.03	7.09	-2.91	6.69		0.24
171.13	275.93	44.81	907.30	674.94	183.12	231.97	356.71	43.05	
0.53	0.83	0.16	3.42	2.90	0.99	1.82	1.25		
1111.10	1456.73	222.81	3819.61	3201.46	1247.07	2890.23	1895.30	366.61	9.87
756.04	1018.06	152.03	2634.63	2211.08	912.49	1923.93	1537.43	272.86	5.89
55.54	145.36	3.29	360.34	305.41	83.11	233.25	53.21	26.60	
94.04	125.82	24.65	320.13	264.86	97.12	265.62	110.26	24.84	0.26
115.93	108.14	29.78	305.87	251.57	100.36	286.24	128.21	25.79	0.38
89.55	59.34	13.06	198.65	168.54	53.99	181.18	66.19	16.52	3.34
376.98	203.67	94.15	1036.84	922.31	337.29	920.96	322.71	15.41	3.46
167.36	77.31	31.36	462.04	420.91	186.72	371.22	145.37	13.77	1.54
209.63	126.36	62.79	574.80	501.40	150.57	549.74	177.34	1.64	1.93

2-1 续表 16

行业	企业单位数(个)	资产总计	固定资产净额	固定资产原价	累计折旧	流动资产合计
自行车和残疾人座车制造	469	438.52	81.07	153.70	70.69	302.29
自行车制造	435	415.35	76.42	144.28	65.97	286.57
残疾人座车制造	34	23.17	4.65	9.42	4.72	15.72
助动车制造	480	600.65	101.48	164.59	49.55	396.84
非公路休闲车及零配件制造	196	206.08	32.37	63.72	29.35	142.70
潜水救捞及其他未列明运输设备制造	108	115.47	20.09	37.18	15.71	68.43
潜水装备制造	11	14.62	2.62	4.22	1.61	6.45
水下救捞装备制造	10	5.76	1.28	2.42	1.09	3.62
其他未列明运输设备制造	87	95.09	16.19	30.53	13.02	58.37
电气机械和器材制造业	26944	77118.99	10579.21	20775.97	9300.62	51815.23
电机制造	2813	10609.27	1227.33	2381.79	1102.16	7610.85
发电机及发电机组制造	774	6561.43	512.56	981.98	445.65	4946.56
电动机制造	1137	1934.40	342.76	662.05	300.83	1306.40
微特电机及组件制造	535	1289.98	234.82	451.34	210.61	790.07
其他电机制造	367	823.46	137.20	286.42	145.07	567.82
输配电及控制设备制造	9459	24387.50	3183.27	6201.21	2544.16	16161.84
变压器、整流器和电感器制造	1911	4313.86	495.46	1086.00	539.71	2947.00
电容器及其配套设备制造	236	228.07	38.14	79.61	40.18	159.26
配电开关控制设备制造	3600	6907.84	680.96	1318.17	600.68	4813.40
电力电子元器件制造	1768	2560.55	412.24	811.47	364.98	1802.08
光伏设备及元器件制造	927	7757.88	1274.57	2407.15	809.57	4755.53
其他输配电及控制设备制造	1017	2619.31	281.89	498.81	189.04	1684.56
电线、电缆、光缆及电工器材制造	5280	10870.28	1469.56	2993.16	1381.73	7430.31
电线、电缆制造	4292	8006.98	1044.58	2151.47	1022.87	5848.42
光纤制造	184	737.07	195.21	369.28	152.01	390.57
光缆制造	144	1379.52	86.56	176.41	85.87	711.14
绝缘制品制造	417	496.58	98.01	192.80	83.00	313.59
其他电工器材制造	243	250.13	45.20	103.19	37.98	166.59
电池制造	1844	11966.21	2298.27	3649.49	1256.47	7092.56
锂离子电池制造	1233	9075.75	1805.31	2768.28	885.52	5352.61
镍氢电池制造	80	230.69	43.14	71.92	26.25	136.64
铅蓄电池制造	192	793.02	171.12	324.07	146.81	499.34
锌锰电池制造	41	110.76	26.44	51.55	24.69	64.94
其他电池制造	298	1755.99	252.26	433.67	173.21	1039.03
家用电力器具制造	3459	14457.98	1657.98	4088.70	2366.36	10353.78
家用制冷电器具制造	218	2089.72	242.26	526.63	274.97	1275.90
家用空气调节器制造	245	7010.96	676.50	2106.03	1420.76	5159.94
家用通风电器具制造	288	535.77	94.59	180.24	84.84	371.02
家用厨房电器具制造	902	1689.58	222.47	428.19	198.40	1213.25
家用清洁卫生电器具制造	288	1651.63	178.02	365.33	163.81	1285.69
家用美容、保健护理电器具制造	328	454.65	62.83	119.28	55.83	331.36

单位：亿元

应收账款	存货	产成品	负债合计	流动负债合计	应付账款	所有者权益合计	实收资本	国家资本	集体资本
105.59	76.11	27.39	263.17	245.94	102.45	174.71	184.54	0.10	1.44
99.37	72.59	26.50	251.96	235.53	98.15	162.75	177.10	0.10	1.44
6.22	3.52	0.89	11.21	10.40	4.29	11.96	7.44		
118.30	71.88	27.23	383.44	344.05	105.83	213.41	104.06	0.97	0.24
44.85	30.43	9.52	129.33	125.12	39.37	75.48	31.75	1.22	
21.47	13.03	4.10	65.91	53.81	19.04	49.56	26.74	3.13	
1.83	2.07	0.42	6.60	5.17	1.72	8.02	3.69	0.34	
1.22	0.76	0.23	1.81	1.69	0.46	3.95	3.14		
18.42	10.20	3.45	57.50	46.95	16.86	37.59	19.91	2.79	
17551.07	8650.87	3704.44	43757.08	37054.24	14292.14	33226.30	15909.44	913.96	353.71
2384.44	1465.68	509.66	6619.93	5842.02	2235.30	3984.68	1688.94	219.20	6.57
1434.20	916.26	275.66	4566.01	4068.21	1476.71	1991.77	925.10	197.50	2.25
443.79	294.47	124.21	1026.15	888.73	366.73	907.79	379.46	19.38	2.97
303.45	137.66	58.71	658.68	567.28	231.65	630.77	239.03	1.68	0.64
203.01	117.29	51.09	369.09	317.80	160.21	454.36	145.35	0.64	0.71
6380.42	2496.63	948.04	13357.99	11281.88	4644.41	10999.04	6604.26	344.14	120.62
1164.93	518.74	210.28	2242.82	1926.75	749.75	2068.23	882.75	60.41	15.70
68.54	30.09	12.99	115.65	104.59	42.82	112.40	56.72	1.78	1.05
1980.56	754.67	288.07	3406.14	2942.16	1302.31	3498.93	1486.55	152.26	37.01
725.29	323.08	127.45	1222.34	1070.81	527.22	1331.31	527.16	8.96	15.64
1725.55	614.25	233.81	4829.16	3961.81	1443.42	2914.24	1850.50	58.49	35.05
715.55	255.80	75.44	1541.88	1275.77	578.89	1073.93	1800.58	62.24	16.17
3145.82	1312.21	664.26	5643.20	4637.57	1356.00	5225.52	2844.49	107.93	44.58
2551.70	1077.12	544.78	4262.63	3598.25	1017.65	3738.20	2200.52	90.02	37.58
174.78	58.76	25.85	310.40	243.36	82.29	431.77	250.29	10.97	3.26
214.12	92.41	57.71	720.36	514.08	144.02	658.65	216.00	4.71	0.02
135.33	54.23	23.92	234.03	194.92	75.52	262.55	117.28	2.00	2.05
69.89	29.69	12.00	115.78	86.97	36.52	134.35	60.39	0.23	1.68
2135.18	1254.89	486.22	6815.64	5365.94	2003.92	5139.51	2359.70	153.58	156.65
1681.85	919.07	369.51	5176.23	4196.39	1636.33	3889.06	1817.54	108.41	153.60
47.15	32.35	15.77	118.85	86.21	30.67	111.84	53.42	0.43	0.12
130.03	129.34	38.24	484.22	403.62	124.51	308.80	182.97	8.65	1.99
20.61	17.37	8.31	59.31	53.13	20.54	51.44	29.46	0.89	
255.55	156.75	54.38	977.02	626.59	191.87	778.36	276.31	35.21	0.94
2388.63	1450.13	830.09	8905.14	7843.88	3185.84	5531.15	1410.27	36.73	17.43
423.01	170.77	118.82	1283.85	1201.55	401.58	805.68	296.35	10.92	3.29
771.52	559.95	362.52	4561.43	3820.83	1545.79	2449.53	348.14	20.35	6.35
83.44	76.29	41.62	291.86	276.02	107.39	243.87	61.28		0.05
317.19	240.75	119.08	955.40	875.08	356.09	734.17	252.06	0.51	5.67
447.50	166.91	91.05	964.08	915.66	411.41	687.37	179.92	2.79	0.69
95.27	66.56	23.11	240.70	213.84	114.33	213.95	95.98		0.02

2-1 续表 17

行业	企业单位数(个)	资产总计	固定资产净额	固定资产原价	累计折旧	流动资产合计
家用电力器具专用配件制造	689	568.95	104.90	207.03	92.92	391.50
其他家用电力器具制造	501	456.71	76.42	155.97	74.83	325.12
非电力家用器具制造	567	941.70	113.56	221.61	98.58	617.79
燃气及类似能源家用器具制造	283	518.92	58.74	112.83	50.35	360.88
太阳能器具制造	159	319.06	33.84	60.84	24.18	193.58
其他非电力家用器具制造	125	103.72	20.98	47.93	24.04	63.34
照明器具制造	2912	3147.72	535.42	1063.64	485.33	2052.14
电光源制造	379	656.89	105.53	229.61	107.79	421.08
照明灯具制造	1830	1814.08	304.59	594.74	268.97	1189.71
舞台及场地用灯制造	270	282.58	58.62	119.38	58.59	174.45
智能照明器具制造	123	193.69	29.43	48.84	18.35	128.02
灯用电器附件及其他照明器具制造	310	200.47	37.26	71.08	31.62	138.88
其他电气机械及器材制造	610	738.33	93.80	176.38	65.83	495.95
电气信号设备装置制造	213	313.86	36.07	66.79	28.27	195.59
其他未列明电气机械及器材制造	397	424.47	57.73	109.59	37.56	300.36
计算机、通信和其他电子设备制造业	20867	129821.05	22862.00	45130.74	21061.67	83685.15
计算机制造	2242	15840.30	1257.89	3728.68	2196.67	12122.32
计算机整机制造	290	8756.97	399.50	1745.57	1108.68	7437.10
计算机零部件制造	875	2899.24	456.90	1057.88	581.20	1933.60
计算机外围设备制造	686	2333.17	248.23	587.52	325.37	1505.16
工业控制计算机及系统制造	95	265.16	32.36	52.95	20.55	189.01
信息安全设备制造	52	250.81	16.06	22.29	6.14	183.50
其他计算机制造	244	1334.96	104.85	262.48	154.73	873.96
通信设备制造	2129	34249.71	2485.42	4851.42	2283.38	27099.95
通信系统设备制造	1038	8829.18	650.00	1227.84	552.63	6644.63
通信终端设备制造	1091	25420.53	1835.42	3623.58	1730.75	20455.32
广播电视设备制造	604	1923.11	379.14	690.11	293.33	1156.44
广播电视节目制作及发射设备制造	33	80.41	8.53	16.65	7.57	57.74
广播电视接收设备制造	227	612.11	107.65	296.32	182.45	368.85
广播电视专用配件制造	53	66.19	10.68	20.45	9.73	44.59
专业音响设备制造	84	198.92	27.27	43.58	10.55	152.94
应用电视设备及其他广播电视设备制造	207	965.48	225.01	313.12	83.02	532.32
雷达及配套设备制造	97	975.91	121.65	220.02	95.70	703.42
非专业视听设备制造	1146	5388.42	494.56	1015.50	489.17	4013.46
电视机制造	191	3454.22	258.05	506.17	235.13	2561.67
音响设备制造	714	1087.57	158.24	331.65	168.11	789.35
影视录放设备制造	241	846.63	78.27	177.68	85.93	662.44
智能消费设备制造	1122	4868.13	649.00	1307.22	605.18	3477.89
可穿戴智能设备制造	138	822.88	132.05	189.25	55.74	639.93
智能车载设备制造	199	724.14	104.70	222.01	71.96	441.01
智能无人飞行器制造	66	264.27	13.15	28.73	14.62	190.96
服务消费机器人制造	66	161.22	13.88	17.97	3.58	120.47
其他智能消费设备制造	653	2895.62	385.21	849.26	459.27	2085.52

单位：亿元

应收账款	存货	产成品	负债合计	流动负债合计	应付账款	所有者权益合计	实收资本	国家资本	集体资本
155.08	79.17	32.40	334.98	288.74	129.13	213.92	89.83	1.26	0.74
95.61	89.73	41.49	272.84	252.16	120.12	182.66	86.72	0.91	0.62
264.35	127.12	52.32	473.89	395.51	138.15	410.35	173.13	2.20	1.62
147.81	75.49	37.02	290.60	262.12	100.63	227.63	92.11	0.63	0.93
89.90	37.54	9.91	133.39	89.49	22.20	129.16	63.14	1.54	0.69
26.64	14.09	5.39	49.89	43.91	15.32	53.56	17.88	0.03	
651.48	438.57	177.40	1570.53	1353.06	583.80	1568.53	661.41	25.80	4.91
131.78	87.67	37.36	321.08	266.47	118.87	332.68	135.36	6.82	0.33
376.68	260.83	106.90	923.31	817.81	360.36	885.88	383.50	16.80	3.77
49.53	37.21	13.60	138.54	104.82	34.91	143.40	56.91	2.08	0.25
42.97	20.19	8.33	82.84	72.27	30.88	110.85	45.02		
50.52	32.67	11.21	104.75	91.68	38.77	95.72	40.62	0.10	0.55
200.75	105.66	36.45	370.77	334.37	144.72	367.51	167.23	24.38	1.33
86.20	40.29	16.13	141.15	128.14	59.67	172.64	70.71	2.81	0.39
114.55	65.36	20.32	229.62	206.24	85.05	194.87	96.52	21.57	0.94
30494.61	14846.03	4881.82	73329.76	60794.93	29193.51	56324.55	27443.73	2013.78	292.13
6076.76	1881.67	573.59	10767.80	10080.26	6444.84	5062.46	1706.83	87.42	5.06
4215.04	992.58	258.95	7331.95	7213.79	4852.40	1425.02	405.87	16.85	0.05
931.45	358.82	137.82	1571.91	1237.32	740.64	1323.73	580.47	2.64	1.77
600.15	285.84	94.33	1117.40	979.86	514.99	1214.38	435.86	63.78	1.79
55.53	44.91	12.01	127.34	87.86	52.24	137.81	57.47	2.15	0.45
41.47	25.64	6.32	101.58	98.90	42.56	144.82	33.09	0.96	0.23
233.12	173.89	64.16	517.62	462.53	242.00	816.71	194.08	1.04	0.77
9321.80	5146.83	1547.37	22688.32	19709.77	9327.16	11562.97	3541.37	138.61	43.39
2366.14	1288.19	492.93	5116.19	4214.06	1689.81	3709.58	1066.51	93.58	14.41
6955.65	3858.65	1054.43	17572.13	15495.72	7637.35	7853.39	2474.86	45.03	28.98
446.21	229.76	81.81	988.85	813.36	420.32	933.60	508.21	158.05	5.23
20.64	13.57	2.48	40.44	36.62	15.23	39.98	25.27	1.92	
139.20	82.52	31.01	223.31	200.54	96.35	388.40	187.55	9.34	0.49
16.84	10.19	2.64	36.29	31.81	15.11	29.90	15.52	0.05	0.11
81.14	44.40	20.90	149.62	136.49	102.67	49.30	23.38		
188.39	79.08	24.78	539.19	407.90	190.95	426.03	256.48	146.74	4.63
155.83	201.30	38.84	626.24	489.67	183.20	349.67	101.50	58.88	1.08
1417.62	823.95	301.37	3488.75	3053.97	1481.82	1901.11	800.55	49.97	4.58
809.44	505.98	187.81	2357.59	2119.55	890.27	1108.55	450.27	38.27	0.73
315.74	176.85	63.77	593.03	528.13	318.39	493.15	197.86	8.20	3.53
292.44	141.13	49.78	538.13	406.29	273.17	299.41	152.41	3.51	0.32
1371.07	568.71	221.58	2907.55	2636.12	1260.02	1960.09	782.57	90.05	4.54
352.30	94.95	33.58	577.75	510.06	369.28	244.91	101.17		0.33
181.53	91.65	36.66	355.26	304.23	111.01	368.88	158.55	69.00	1.72
71.93	52.80	18.50	150.58	130.90	88.13	113.70	29.12	2.04	
36.73	16.13	8.31	94.21	87.73	37.67	66.81	22.05	1.30	
728.59	313.18	124.53	1729.75	1603.20	653.92	1165.78	471.68	17.71	2.49

2-1 续表 18

行　业	企业单位数(个)	资产总计	固定资产净　额	固定资产原　价	累计折旧	流动资产合　计
电子器件制造	4761	39652.87	11755.11	22274.89	10198.39	19117.28
电子真空器件制造	489	1022.65	146.79	303.95	150.93	696.08
半导体分立器件制造	423	1543.53	393.47	927.69	527.06	840.43
集成电路制造	860	14524.43	4564.85	9259.25	4610.65	6890.40
显示器件制造	993	12863.74	4354.41	7893.65	3374.50	5647.32
半导体照明器件制造	392	2894.52	710.92	1313.05	590.06	1144.12
光电子器件制造	862	4512.27	1096.58	1698.50	574.82	2444.49
其他电子器件制造	742	2291.74	488.09	878.80	370.39	1454.45
电子元件及电子专用材料制造	7347	22416.85	4881.99	9809.18	4545.80	13251.09
电阻电容电感元件制造	1205	2720.07	609.78	1309.85	655.92	1590.89
电子电路制造	1540	5440.52	1402.52	2883.43	1454.04	3089.85
敏感元件及传感器制造	364	883.61	141.22	280.23	136.11	600.85
电声器件及零件制造	350	977.19	209.25	357.74	145.51	591.89
电子专用材料制造	1374	6641.54	1509.31	2758.61	1010.59	3444.17
其他电子元件制造	2514	5753.92	1009.91	2219.31	1143.64	3933.44
其他电子设备制造	1419	4505.74	837.24	1233.73	354.06	2743.28
仪器仪表制造业	5289	11608.21	1340.18	2529.40	1117.46	7950.23
通用仪器仪表制造	3237	7451.48	765.22	1391.64	584.57	5095.76
工业自动控制系统装置制造	1816	4031.47	457.22	822.18	352.63	2875.82
电工仪器仪表制造	436	1563.73	111.65	186.69	73.26	980.24
绘图、计算及测量仪器制造	160	190.50	36.37	78.28	30.92	117.23
实验分析仪器制造	240	377.42	38.55	73.24	30.80	284.74
试验机制造	145	237.11	19.54	38.07	18.44	173.77
供应用仪器仪表制造	263	691.03	52.20	102.03	40.75	419.80
其他通用仪器制造	177	360.22	49.70	91.14	37.77	244.15
专用仪器仪表制造	996	2214.30	239.13	465.17	217.45	1570.28
环境监测专用仪器仪表制造	211	363.38	28.01	48.61	18.71	256.43
运输设备及生产用计数仪表制造	123	376.57	70.17	147.88	74.91	235.20
导航、测绘、气象及海洋专用仪器制造	97	283.81	32.50	63.53	30.29	197.62
农林牧渔专用仪器仪表制造	17	48.88	7.88	11.97	4.02	34.83
地质勘探和地震专用仪器制造	46	100.69	10.72	22.06	11.14	58.75
教学专用仪器制造	72	55.28	7.20	14.43	6.95	40.62
核子及核辐射测量仪器制造	12	26.66	0.83	2.16	1.20	20.94
电子测量仪器制造	243	519.54	46.97	92.53	44.78	418.31
其他专用仪器制造	175	439.50	34.84	62.01	25.44	307.57
钟表与计时仪器制造	257	262.10	50.75	100.95	43.98	181.02
光学仪器制造	449	1243.70	237.60	476.82	228.73	813.05
衡器制造	145	171.38	21.20	36.08	14.49	105.83
其他仪器仪表制造业	205	265.25	26.28	58.74	28.24	184.29
其他制造业	1762	3022.22	720.02	1341.43	598.97	1649.26
日用杂品制造	1145	823.05	176.89	378.57	190.96	526.17

单位：亿元

应收账款	存货	产成品	负债合计	流动负债合计	应付账款	所有者权益合计	实收资本	国家资本	集体资本
5521.20	3081.82	1003.25	18995.74	13491.52	5145.80	20627.60	14010.26	1179.72	165.40
273.82	97.24	38.60	460.39	400.50	210.22	554.97	210.43	11.55	2.23
261.06	175.07	62.76	631.15	508.80	250.81	910.55	486.95	35.90	13.71
1183.22	915.84	218.82	6514.64	4573.07	1160.77	8007.33	5358.66	475.40	117.33
2090.54	920.98	336.24	6510.94	4386.36	2008.34	6349.43	4909.96	539.41	9.41
349.91	160.24	78.73	1368.15	889.62	311.61	1521.63	1195.31	31.48	13.78
844.88	464.28	172.26	2289.08	1691.31	681.50	2214.63	1331.65	50.03	7.55
517.77	348.17	95.85	1221.40	1041.87	522.55	1069.05	517.30	35.94	1.40
5198.39	2418.07	919.03	10498.34	8671.94	4044.46	11796.21	5141.98	219.50	52.55
565.58	327.65	131.59	1182.76	945.78	414.50	1529.56	624.87	37.05	11.47
1373.91	548.55	193.44	2637.44	2237.99	1136.63	2798.67	1387.89	29.88	9.07
193.96	118.27	56.24	398.43	329.26	148.38	484.77	221.99	7.77	10.68
309.45	88.96	40.75	559.16	465.94	251.94	417.49	130.04	0.14	4.01
1141.21	583.39	202.81	3060.80	2407.66	871.44	3476.18	1633.36	105.55	9.08
1614.29	751.25	294.19	2659.75	2285.32	1221.58	3089.53	1143.82	39.12	8.23
985.73	493.91	194.98	2368.16	1848.31	885.89	2130.84	850.47	31.56	10.30
2459.53	1603.97	528.60	5282.49	4568.28	1834.93	6301.12	2073.39	144.42	21.97
1631.46	1000.09	320.11	3423.35	2973.08	1201.68	4026.11	1339.63	101.18	13.48
930.12	631.32	195.50	1928.53	1676.53	702.92	2102.12	747.45	51.62	6.10
303.72	137.65	40.87	713.70	648.17	250.59	849.83	273.67	38.47	4.68
32.60	27.71	11.70	81.34	63.88	22.24	108.16	33.55	0.07	0.34
67.00	54.87	17.80	150.75	131.28	46.82	226.66	64.07	2.70	0.60
56.26	42.20	11.08	102.65	89.17	33.60	134.46	35.78	0.25	0.17
159.54	66.26	26.68	273.96	212.42	88.86	417.07	119.48	3.11	0.92
82.22	40.09	16.48	172.42	151.64	56.66	187.80	65.64	4.97	0.68
449.26	339.06	119.06	981.44	848.25	301.99	1212.20	371.50	28.21	4.45
79.15	48.24	17.08	149.09	136.45	47.48	212.78	69.26	1.13	1.76
78.84	49.94	22.16	187.48	156.51	42.52	189.09	62.61	0.87	0.61
56.20	51.09	14.50	141.95	116.87	47.74	141.86	52.50	2.70	
5.38	14.63	1.69	32.16	25.79	5.59	16.72	8.77	0.52	0.80
22.54	13.19	4.85	43.18	36.56	12.09	57.51	19.35	2.93	0.44
10.14	5.56	2.12	26.12	25.19	6.47	29.16	12.62	0.11	0.10
2.01	4.51	2.08	9.30	8.89	2.87	17.36	2.74	0.12	
104.55	90.11	39.03	210.07	186.36	74.79	309.43	69.39	8.45	0.43
90.46	61.78	15.54	182.10	155.62	62.43	238.31	74.26	11.38	0.30
51.06	58.09	22.44	116.25	98.14	44.16	145.33	54.33	0.08	0.25
236.11	150.21	52.15	565.54	482.46	224.73	677.30	221.49	10.24	1.21
34.37	22.06	6.15	77.08	66.97	27.32	94.30	32.38	3.23	2.13
57.26	34.46	8.70	118.82	99.37	35.04	145.88	54.06	1.47	0.46
383.75	353.21	117.52	1811.94	1246.92	390.82	1203.23	523.70	107.32	17.95
133.58	133.71	54.39	387.52	335.88	102.44	429.18	201.19	1.15	0.86

2-1 续表 19

行业	企业单位数(个)	资产总计	固定资产净额	固定资产原价	累计折旧	流动资产合计
鬃毛加工、制刷及清扫工具制造	304	157.32	44.63	88.61	42.93	96.13
其他日用杂品制造	841	665.73	132.26	289.96	148.03	430.04
废弃资源综合利用业	2159	3397.45	770.83	1270.77	434.82	1963.54
金属废料和碎屑加工处理	1163	2334.89	456.71	763.87	274.03	1467.84
非金属废料和碎屑加工处理	996	1062.56	314.12	506.90	160.79	495.70
金属制品、机械和设备修理业	541	2389.82	454.62	931.95	449.61	1335.97
金属制品修理	22	15.64	2.73	6.47	3.74	10.66
通用设备修理	47	45.61	5.50	11.00	5.14	35.47
专用设备修理	113	573.27	36.20	106.06	65.81	199.54
铁路、船舶、航空航天等运输设备修理	243	1598.62	382.11	744.53	339.50	981.93
铁路运输设备修理	35	177.30	27.23	50.06	22.30	108.33
船舶修理	130	579.52	203.90	357.82	137.13	306.27
航空航天器修理	74	704.11	139.53	312.46	167.33	449.65
其他运输设备修理	4	137.68	11.45	24.19	12.75	117.69
电气设备修理	43	47.98	11.23	17.97	6.40	34.99
仪器仪表修理	7	8.51	0.49	1.86	1.38	7.57
其他机械和设备修理业	66	100.21	16.36	44.06	27.65	65.82
电力、热力、燃气及水生产和供应业	**15210**	**215627.92**	**112446.16**	**204078.78**	**88466.52**	**42401.39**
电力、热力生产和供应业	9831	180566.74	100443.08	184837.32	81647.06	31187.79
电力生产	7483	99311.21	59981.84	99950.25	37700.27	19132.16
火力发电	808	22969.17	14177.52	28907.50	14367.25	4965.46
热电联产	796	13933.73	8070.20	15957.48	7501.64	3278.27
水力发电	1428	23608.56	15486.00	24162.50	8326.70	2169.71
核力发电	25	7822.05	5493.37	7395.13	1900.36	896.23
风力发电	1763	16481.83	10050.68	14552.63	3893.94	3536.01
太阳能发电	1952	10259.16	5600.03	7400.47	1330.87	3108.86
生物质能发电	550	3243.03	873.72	1228.37	284.77	812.01
其他电力生产	161	993.70	230.33	346.18	94.74	365.62
电力供应	507	71506.22	36531.49	78250.24	41353.71	8177.09
热力生产和供应	1841	9749.31	3929.74	6636.82	2593.08	3878.54
燃气生产和供应业	2624	13821.02	5214.63	7780.70	2378.97	4772.47
燃气生产和供应业	2599	13753.68	5194.85	7750.98	2369.75	4742.04
天然气生产和供应业	2452	12348.62	4664.97	6982.27	2135.17	4317.72
液化石油气生产和供应业	108	397.29	90.83	172.49	80.56	175.98
煤气生产和供应业	39	1007.76	439.05	596.22	154.02	248.35
生物质燃气生产和供应业	25	67.34	19.78	29.73	9.22	30.43
水的生产和供应业	2755	21240.17	6788.46	11460.75	4440.49	6441.12
自来水生产和供应	1746	15198.55	5034.28	8797.20	3568.31	4793.11
污水处理及其再生利用	984	5895.94	1716.16	2599.86	847.91	1577.47
海水淡化处理	6	28.06	15.59	26.11	10.52	6.17
其他水的处理、利用与分配	19	117.62	22.43	37.58	13.74	64.36

单位：亿元

应收账款	存货	产成品	负债合计	流动负债合计	应付账款	所有者权益合计	实收资本	国家资本	集体资本
29.55	23.03	9.25	68.75	55.35	20.37	88.53	33.96	0.20	0.55
104.04	110.68	45.14	318.77	280.53	82.07	340.64	167.23	0.95	0.31
464.55	526.09	262.28	1936.31	1579.88	354.60	1458.42	815.53	63.32	21.10
329.98	446.57	223.99	1401.63	1177.40	249.41	932.42	540.50	48.00	13.99
134.57	79.52	38.30	534.68	402.48	105.19	526.00	275.03	15.32	7.11
405.42	287.36	34.92	1225.49	1000.64	397.34	1164.56	716.00	178.32	6.50
3.08	1.77	0.44	10.74	10.33	2.76	4.90	3.20	0.06	0.20
11.51	2.73	1.23	25.22	24.01	6.34	20.39	10.18	3.89	0.84
60.24	16.86	5.12	200.45	156.68	49.80	372.82	202.97	27.54	1.28
287.72	247.46	22.86	901.62	731.82	299.93	697.00	463.59	137.29	2.00
53.71	21.78	3.25	106.74	91.84	55.46	70.56	61.81	17.92	0.10
63.96	69.55	6.43	396.04	328.55	125.25	183.48	206.81	88.97	1.10
156.10	133.42	12.98	342.94	273.74	102.03	361.18	189.40	25.29	0.80
13.95	22.71	0.20	55.90	37.69	17.19	81.78	5.58	5.11	
16.13	3.20	0.60	31.73	28.95	13.65	16.25	13.30	4.00	1.54
3.67	0.40	0.03	4.72	4.61	3.53	3.79	2.05	0.15	
23.08	14.93	4.63	51.01	44.25	21.32	49.42	20.71	5.38	0.62
10408.53	**2050.22**	**201.11**	**127770.59**	**66336.64**	**14082.92**	**87778.42**	**60684.98**	**34850.20**	**655.14**
8744.50	1499.06	69.13	106929.12	54869.07	11815.93	73635.62	53282.80	31220.55	426.40
6559.07	1165.26	47.53	64506.66	27245.73	4775.60	34808.86	24205.08	8777.13	384.23
1272.66	404.04	17.83	14609.41	7675.13	1628.78	8365.41	6475.26	2697.36	83.42
724.41	266.55	10.14	9536.71	5703.17	1127.64	4407.39	3713.35	1101.44	64.40
296.63	32.97	3.35	14472.21	4453.88	278.28	9133.10	4653.02	1627.17	70.91
116.21	381.08		5703.07	1488.16	201.46	2118.99	1654.67	460.90	
2020.40	24.27	4.71	10543.11	3788.18	696.90	5937.80	4302.65	1821.48	59.51
1693.88	19.72	6.77	6898.39	2853.78	532.73	3354.76	2379.11	819.32	89.53
355.17	28.82	3.31	2069.14	919.57	254.42	1173.39	855.22	192.41	10.62
79.71	7.83	1.41	674.63	363.86	55.38	318.02	171.80	57.05	5.84
1706.98	135.62	3.30	35162.65	23248.14	6087.12	36339.94	27553.86	21953.56	11.92
478.45	198.17	18.30	7259.82	4375.20	953.21	2486.81	1523.86	489.86	30.24
809.53	319.79	97.00	8291.11	5806.13	1244.32	5497.76	2979.71	1103.03	47.56
798.77	316.17	94.47	8247.06	5775.81	1233.79	5474.46	2963.95	1103.03	47.40
742.51	273.37	76.38	7248.32	5102.91	1093.01	5068.16	2568.36	929.88	46.31
36.99	23.54	13.15	219.72	127.18	42.62	177.56	101.31	7.05	0.87
19.27	19.26	4.95	779.02	545.72	98.15	228.74	294.28	166.11	0.23
10.76	3.61	2.52	44.05	30.32	10.53	23.30	15.77		0.15
854.50	231.38	34.99	12550.35	5661.44	1022.68	8645.04	4422.47	2526.61	181.19
376.04	195.30	27.83	9062.81	4037.80	569.03	6093.49	2978.62	1893.82	157.74
467.18	33.93	6.97	3371.57	1566.62	445.71	2521.84	1412.90	622.53	23.15
1.96	0.34	0.07	24.69	13.15	3.00	3.37	16.46	2.40	
9.32	1.80	0.12	91.28	43.87	4.95	26.34	14.48	7.86	0.30

2-1 续表 20

行　业					营业收入
	法人资本	个人资本	港澳台资本	外商资本	
总　计	**122411.84**	**47751.09**	**14611.60**	**24409.13**	**1083658.43**
采矿业	**11027.91**	**1534.92**	**85.07**	**127.65**	**40167.22**
煤炭开采和洗选业	4389.11	841.98	23.72	51.24	20821.60
烟煤和无烟煤开采洗选	4150.79	823.39	23.23	49.48	20255.26
褐煤开采洗选	237.11	18.28	0.49	1.75	543.35
其他煤炭采选	1.21	0.31			23.00
石油和天然气开采业	2940.05	5.44		11.96	6656.93
石油开采	2790.72	1.86		4.53	5130.66
陆地石油开采	2783.09	1.86		1.99	4305.37
海洋石油开采	7.63			2.54	825.29
天然气开采	149.33	3.58		7.43	1526.27
陆地天然气开采	140.33	3.58		7.43	1232.85
海洋天然气及可燃冰开采	9.00				293.42
黑色金属矿采选业	1349.95	198.39	5.47	7.99	4159.96
铁矿采选	1334.92	189.75	5.47	7.69	3972.79
锰矿、铬矿采选	11.64	8.00			81.51
其他黑色金属矿采选	3.40	0.64		0.30	105.66
有色金属矿采选业	482.37	159.85	17.32	46.76	2748.74
常用有色金属矿采选	307.51	112.22	14.03	33.77	1666.94
铜矿采选	126.68	34.05	3.73	26.65	494.32
铅锌矿采选	134.96	39.05	6.65	0.95	668.18
镍钴矿采选	1.32	0.03	0.18		20.53
锡矿采选	18.28	15.14	0.14		135.01
锑矿采选	3.19	0.91			17.60
铝矿采选	5.03	5.67		0.30	107.67
镁矿采选	6.17	11.23	3.32	2.74	88.22
其他常用有色金属矿采选	11.89	6.15		3.13	135.40
贵金属矿采选	102.81	27.37	3.29	12.98	666.46
金矿采选	95.74	26.88	3.29	12.98	633.91
银矿采选	7.07	0.48			30.82
稀有稀土金属矿采选	72.05	20.26		0.01	415.35
钨钼矿采选	48.31	18.89		0.01	326.94
稀土金属矿采选	3.05	0.17			46.40
非金属矿采选业	441.51	295.85	12.61	8.57	3662.35
土砂石开采	295.96	241.00	6.73	6.46	2828.34
石灰石、石膏开采	102.15	74.55	2.64	1.31	757.33
建筑装饰用石开采	52.97	75.36	1.01	2.44	587.23
耐火土石开采	17.30	17.10	0.06	0.04	204.84
粘土及其他土砂石开采	123.55	73.99	3.02	2.67	1278.94
化学矿开采	53.87	22.96	0.39	0.50	323.24
采盐	61.39	8.72	5.49		215.65

单位：亿元

营业成本	销售费用	管理费用	财务费用		投资收益（损失以"－"号记）	营业利润	利润总额	亏损企业亏损额	平均用工人数（万人）
				利息费用					
903752.49	**30777.84**	**58274.73**	**11687.65**	**11141.58**	**6574.61**	**66461.67**	**68465.01**	**10036.02**	**7756.09**
29699.71	**883.30**	**3187.60**	**1262.05**	**1373.12**	**505.38**	**3634.88**	**3624.34**	**1598.46**	**444.98**
14725.97	559.71	1628.64	788.35	908.65	305.82	2301.16	2221.57	636.14	270.18
14396.19	547.90	1580.91	769.66	890.62	296.28	2197.41	2147.17	615.97	262.85
311.47	11.59	45.83	17.69	17.06	9.54	102.67	73.69	19.93	6.79
18.32	0.22	1.90	0.99	0.97		1.07	0.71	0.25	0.53
5077.93	34.50	670.58	165.17	172.04	9.73	130.01	262.04	778.20	60.39
4173.88	29.33	549.97	139.48	148.96	9.18	-286.73	-174.07	769.19	57.27
3805.14	27.22	533.09	125.97	146.89	9.08	-674.26	-562.30	769.19	56.35
368.74	2.11	16.89	13.51	2.07	0.10	387.53	388.23		0.92
904.06	5.17	120.61	25.69	23.08	0.55	416.74	436.11	9.00	3.12
750.64	3.69	110.96	22.48	22.81	0.17	307.30	326.53	8.56	2.72
153.42	1.48	9.65	3.21	0.27	0.39	109.43	109.57	0.44	0.40
3234.93	61.78	292.19	165.98	173.82	119.44	435.31	372.92	71.61	28.29
3067.82	59.13	285.10	164.14	172.41	119.41	428.62	366.03	70.40	26.90
68.02	2.40	5.78	0.89	0.95	0.02	3.25	3.34	1.10	1.13
99.10	0.25	1.31	0.95	0.46		3.44	3.55	0.10	0.26
1952.27	31.37	240.89	72.39	64.95	44.87	395.64	386.83	60.38	27.44
1196.25	21.67	132.36	42.62	34.87	39.74	251.21	243.53	41.62	15.24
323.01	5.24	38.22	12.88	10.19	-2.23	89.28	82.44	22.32	5.02
461.87	5.65	62.32	14.74	15.55	11.90	109.81	107.90	11.95	6.28
16.93	0.24	1.27	0.66	0.66	1.80	2.82	2.95	0.06	0.17
114.66	0.56	9.17	6.97	3.33	27.94	27.48	28.46	0.70	1.27
13.15	0.46	2.07	0.20	0.19		0.93	0.98		0.31
85.38	1.87	7.34	3.01	1.80		5.31	4.82	2.85	0.57
74.04	3.37	5.71	3.33	2.42	0.05	-0.10	0.30	2.74	0.92
107.22	4.29	6.28	0.83	0.72	0.29	15.68	15.68	1.01	0.69
437.98	4.15	72.15	17.13	18.47	2.57	115.91	117.10	9.31	7.64
412.47	3.95	69.11	16.58	17.98	2.57	113.18	114.66	9.08	7.15
23.88	0.19	2.91	0.55	0.49		2.73	2.44	0.23	0.45
318.04	5.54	36.38	12.64	11.61	2.55	28.51	26.20	9.45	4.57
246.97	3.56	28.91	8.90	8.33	1.93	26.34	23.90	6.59	3.90
38.20	0.29	3.23	2.12	2.08	0.73	2.06	2.06	0.46	0.21
2723.03	191.38	248.14	57.38	42.79	18.02	364.57	364.02	25.76	29.56
2088.71	144.60	187.39	42.20	30.32	12.27	303.74	297.49	20.21	20.34
559.62	41.23	52.20	9.61	7.93	10.07	79.03	77.24	6.14	5.56
422.89	25.94	43.09	12.17	9.83	0.69	68.11	65.99	4.58	4.46
157.21	11.71	11.87	1.64	1.15	0.20	18.62	19.14	0.81	1.64
948.99	65.72	80.23	18.78	11.42	1.32	137.97	135.13	8.68	8.68
243.88	14.33	23.95	9.15	7.23	1.13	22.39	22.31	2.53	3.11
161.02	16.52	20.25	2.33	2.80	4.50	15.01	20.99	0.85	3.71

2-1 续表 21

行 业					营业收入
	法人资本	个人资本	港澳台资本	外商资本	
石棉及其他非金属矿采选	30.28	23.17		1.61	295.12
石棉、云母矿采选	3.86	0.23			14.42
石墨、滑石采选	11.44	5.53		1.24	99.62
其他未列明非金属矿采选	14.98	15.33		0.38	179.38
开采专业及辅助性活动	1424.74	33.18	25.96	1.13	2106.54
煤炭开采和洗选专业及辅助性活动	5.22	1.20			27.64
石油和天然气开采专业及辅助性活动	1419.23	31.75	25.96	1.13	2073.87
其他开采专业及辅助性活动	0.29	0.23			5.02
其他采矿业	0.16	0.23			11.09
制造业	**89582.99**	**45024.92**	**13248.37**	**23384.70**	**961643.75**
农副食品加工业	2643.21	2037.42	265.35	655.46	48806.80
谷物磨制	337.79	429.75	27.15	54.11	8601.99
稻谷加工	190.06	302.80	11.19	16.86	5511.29
小麦加工	133.60	104.23	14.94	30.57	2721.82
玉米加工	2.29	4.72			33.52
杂粮加工	5.83	7.25	0.93	0.91	100.33
其他谷物磨制	6.01	10.75	0.09	5.76	235.03
饲料加工	632.12	471.59	25.42	94.53	10687.92
宠物饲料加工	30.66	18.74	1.02	13.55	453.28
其他饲料加工	601.46	452.85	24.40	80.98	10234.64
植物油加工	354.07	177.37	49.80	145.25	8169.50
食用植物油加工	345.18	169.93	49.21	143.76	8043.03
非食用植物油加工	8.88	7.44	0.59	1.49	126.47
制糖业	107.85	26.50	4.60	8.78	1006.44
屠宰及肉类加工	591.79	379.49	70.74	134.77	10658.98
牲畜屠宰	234.67	133.58	14.04	17.69	4012.58
禽类屠宰	132.00	94.00	16.29	41.71	2823.46
肉制品及副产品加工	225.12	151.91	40.41	75.37	3822.93
水产品加工	136.59	131.10	27.07	25.49	2620.03
水产品冷冻加工	104.96	99.20	21.38	20.51	2004.55
鱼糜制品及水产品干腌制加工	22.54	21.48	2.04	4.50	469.51
鱼油提取及制品制造	1.39	2.47	0.51		28.45
其他水产品加工	7.69	7.95	3.14	0.47	117.52
蔬菜、菌类、水果和坚果加工	203.09	229.47	29.31	43.40	3410.06
蔬菜加工	82.09	110.42	14.81	32.97	1690.38
食用菌加工	41.67	46.57	1.74	0.59	472.57
水果和坚果加工	79.33	72.47	12.77	9.84	1247.12
其他农副食品加工	279.91	192.15	31.26	149.14	3651.87
淀粉及淀粉制品制造	138.20	62.24	28.69	134.98	1708.93
豆制品制造	54.67	47.38	1.29	4.37	816.96
蛋品加工	18.46	17.76	0.59	3.56	237.03
其他未列明农副食品加工	68.58	64.77	0.70	6.23	888.95

单位：亿元

营业成本	销售费用	管理费用	财务费用	利息费用	投资收益（损失以“–”号记）	营业利润	利润总额	亏损企业亏损额	平均用工人数（万人）
229.43	15.93	16.56	3.70	2.44	0.12	23.42	23.23	2.18	2.40
11.00	0.93	1.24	0.07	0.06		1.15	1.27	0.04	0.19
77.97	4.70	5.32	1.59	1.38	0.09	7.87	7.84	1.24	0.85
139.40	10.26	9.80	2.04	1.01	0.03	14.10	13.82	0.90	1.34
1977.53	4.10	105.92	12.39	10.51	7.48	7.48	16.42	26.35	28.99
25.07	0.32	3.78	0.17	0.12	0.18	-1.17	-1.37	2.51	0.75
1948.07	3.72	101.86	12.20	10.38	7.30	8.43	17.54	23.83	28.14
4.39	0.07	0.28	0.02	0.01		0.21	0.25		0.10
8.03	0.47	1.23	0.39	0.35	0.02	0.71	0.54	0.02	0.13
802586.64	**29394.71**	**52862.19**	**7408.65**	**6890.61**	**5239.86**	**57693.86**	**59469.77**	**7356.96**	**6958.00**
43766.63	1056.74	1457.32	355.03	286.49	197.33	2205.08	2244.09	227.10	279.19
7732.20	178.17	229.53	58.44	38.08	10.45	380.83	374.29	14.68	32.82
4917.79	123.49	158.46	38.64	23.59	9.75	255.74	243.59	8.17	20.58
2488.90	42.47	55.92	16.07	12.91	0.41	114.18	118.91	4.73	10.45
30.52	0.80	0.82	0.32	0.15	-0.01	1.08	1.18	0.07	0.16
86.27	5.78	3.91	0.87	0.56		3.33	3.75	0.54	0.70
208.72	5.63	10.42	2.54	0.87	0.32	6.49	6.87	1.17	0.93
9504.19	247.98	359.45	55.75	45.43	138.79	638.52	644.78	34.14	44.08
374.37	24.60	21.22	3.13	1.85	1.51	29.01	29.43	2.02	3.90
9129.82	223.38	338.23	52.62	43.58	137.27	609.50	615.36	32.12	40.18
7497.03	124.03	151.88	44.52	55.50	-8.69	329.76	335.62	19.46	16.91
7382.90	121.66	147.09	43.53	54.92	-8.73	325.98	331.65	18.71	16.22
114.13	2.38	4.80	0.98	0.59	0.04	3.78	3.98	0.75	0.69
890.75	16.94	42.73	26.47	25.53	-0.12	27.16	30.35	13.14	9.03
9712.98	201.18	272.05	57.37	47.97	40.27	418.99	427.69	70.97	81.32
3737.11	56.71	79.32	19.79	15.78	14.99	122.41	127.32	20.81	16.47
2646.77	29.55	54.73	11.89	10.60	8.16	82.84	84.01	27.95	32.15
3329.10	114.92	138.00	25.70	21.60	17.12	213.75	216.36	22.21	32.70
2337.49	54.83	94.38	35.38	19.60	3.07	88.83	95.72	26.34	32.89
1818.33	35.88	63.38	29.59	16.57	2.42	53.64	59.37	22.94	27.28
395.42	15.13	23.78	4.16	2.48	0.50	25.95	26.61	2.22	4.29
22.58	1.03	1.62	0.43	0.07		2.69	2.74	0.07	0.15
101.16	2.78	5.61	1.20	0.48	0.15	6.55	7.01	1.11	1.18
2939.68	103.48	145.58	34.59	20.65	5.98	172.36	180.26	19.48	31.61
1440.80	53.98	79.93	18.22	9.51	-0.82	86.92	89.82	7.05	17.22
405.18	11.37	20.28	5.37	3.81	0.81	28.09	30.04	2.12	4.89
1093.70	38.13	45.37	11.01	7.33	5.99	57.35	60.40	10.31	9.50
3152.30	130.13	161.70	42.50	33.72	7.58	148.64	155.37	28.90	30.52
1532.10	54.78	60.67	23.39	22.95	5.29	36.16	39.49	20.81	10.45
678.47	36.79	43.89	7.88	3.65	0.58	45.19	46.71	3.59	9.85
200.51	7.50	11.16	2.65	1.92	0.02	13.26	12.94	0.36	1.89
741.22	31.07	45.98	8.57	5.20	1.70	54.03	56.23	4.13	8.33

2-1 续表 22

行 业	法人资本	个人资本	港澳台资本	外商资本	营业收入
食品制造业	1573.30	959.50	351.15	622.79	19311.92
焙烤食品制造	147.84	104.33	74.07	86.05	2416.62
糕点、面包制造	89.75	62.35	36.39	27.71	1120.85
饼干及其他焙烤食品制造	58.09	41.98	37.68	58.33	1295.77
糖果、巧克力及蜜饯制造	62.82	61.39	25.54	58.87	1361.91
糖果、巧克力制造	39.70	33.13	24.89	56.86	1026.09
蜜饯制作	23.12	28.26	0.65	2.00	335.82
方便食品制造	261.41	105.48	97.97	73.54	2924.26
米、面制品制造	42.52	39.12	16.26	6.24	734.95
速冻食品制造	113.93	38.80	21.21	22.14	916.99
方便面制造	70.47	11.14	46.71	34.46	817.17
其他方便食品制造	34.49	16.41	13.79	10.70	455.15
乳制品制造	395.03	157.39	50.44	105.30	4255.72
液体乳制造	259.87	125.42	1.44	79.49	3266.19
乳粉制造	104.15	22.10	48.45	24.25	768.00
其他乳制品制造	31.01	9.87	0.55	1.56	221.53
罐头食品制造	67.66	56.38	9.88	20.97	1123.17
肉、禽类罐头制造	21.59	7.51	3.12	8.35	206.40
水产品罐头制造	2.07	4.59	1.34	0.91	85.90
蔬菜、水果罐头制造	37.67	40.57	3.56	6.01	753.57
其他罐头食品制造	6.33	3.72	1.86	5.70	77.30
调味品、发酵制品制造	191.72	172.91	38.03	104.69	2756.36
味精制造	25.01	35.78	8.34	13.81	368.37
酱油、食醋及类似制品制造	54.24	47.60	7.74	26.30	797.41
其他调味品、发酵制品制造	112.47	89.52	21.94	64.57	1590.58
其他食品制造	446.82	301.63	55.22	173.38	4473.89
营养食品制造	48.95	33.47	2.64	24.50	600.53
保健食品制造	94.02	69.74	24.46	15.19	733.02
冷冻饮品及食用冰制造	35.86	14.30	2.96	24.65	288.53
盐加工	29.44	4.09	0.11	0.10	158.35
食品及饲料添加剂制造	200.09	147.23	21.78	84.48	1700.37
其他未列明食品制造	38.47	32.79	3.28	24.46	993.09
酒、饮料和精制茶制造业	1245.94	599.55	233.67	491.91	14790.53
酒的制造	627.72	287.03	42.35	204.84	8282.95
酒精制造	25.24	25.19	0.93	0.77	501.57
白酒制造	292.75	172.89	4.26	3.04	5831.28
啤酒制造	218.23	44.71	34.81	198.35	1467.17
黄酒制造	13.47	14.86	0.04	1.01	128.55
葡萄酒制造	50.98	14.54	1.92	0.42	98.93
其他酒制造	27.03	14.83	0.40	1.25	255.45
饮料制造	517.19	164.96	183.96	285.15	4501.00

单位：亿元

营业成本	销售费用	管理费用	财务费用	利息费用	投资收益（损失以"—"号记）	营业利润	利润总额	亏损企业亏损额	平均用工人数（万人）
14935.88	1705.05	1018.50	99.90	103.39	206.84	1673.87	1709.97	118.25	174.29
1870.24	209.10	128.72	11.68	9.65	30.09	215.46	221.60	10.77	34.31
864.36	93.80	66.97	7.71	5.41	26.37	107.93	111.55	8.02	18.59
1005.88	115.30	61.76	3.97	4.24	3.73	107.53	110.05	2.75	15.72
1042.41	130.26	85.08	5.11	4.70	36.34	127.85	129.95	4.73	12.47
757.75	116.37	68.62	3.07	2.92	2.95	77.28	78.27	3.42	9.02
284.66	13.89	16.45	2.04	1.78	33.39	50.57	51.68	1.31	3.45
2405.44	186.75	129.24	15.36	14.33	28.13	202.10	209.19	20.04	31.70
631.22	24.64	30.57	6.21	5.56	2.78	40.48	41.31	2.24	6.98
769.07	39.36	46.50	6.33	4.18	7.42	59.70	59.97	5.53	11.45
636.01	86.94	26.69	0.80	3.00	17.73	81.50	86.63	1.76	6.88
369.14	35.80	25.48	2.02	1.59	0.19	20.42	21.28	10.52	6.39
3287.71	505.19	142.87	-3.14	16.93	94.01	406.56	404.06	21.96	22.16
2581.02	394.95	102.13	-5.62	12.44	70.58	261.61	251.76	12.31	17.25
523.63	94.05	32.25	1.71	3.83	22.69	131.30	138.31	8.70	3.53
183.07	16.18	8.49	0.77	0.66	0.74	13.65	14.00	0.94	1.38
943.12	38.64	54.26	9.36	5.63	-1.71	71.33	74.53	3.09	12.33
173.83	7.33	10.61	1.11	1.30	0.23	13.30	13.26	0.21	1.80
71.36	2.75	4.23	1.07	0.35	0.13	6.19	7.57	0.20	0.97
639.36	24.79	34.88	6.73	3.56	0.36	44.50	46.18	2.11	8.71
58.56	3.77	4.54	0.46	0.42	-2.44	7.33	7.52	0.57	0.85
2144.09	155.18	152.27	20.56	19.39	6.23	277.78	282.75	14.23	20.42
311.50	12.00	18.16	3.18	2.64	1.76	24.03	24.43	1.39	2.67
570.39	49.45	50.12	2.84	3.44	0.94	122.00	123.99	2.78	5.58
1262.20	93.74	83.99	14.54	13.31	3.54	131.75	134.33	10.05	12.17
3242.87	479.94	326.06	40.96	32.76	13.74	372.79	387.89	43.42	40.91
389.17	120.50	37.03	4.94	3.12	1.39	48.02	49.85	1.68	5.70
403.77	154.59	71.76	3.80	4.05	3.47	98.83	102.34	7.57	6.55
209.47	38.81	17.65	1.18	1.36	0.19	19.74	19.92	1.94	2.77
120.17	15.38	11.40	4.46	3.99	1.56	5.58	6.53	3.30	1.75
1331.11	95.87	128.05	21.63	15.79	6.57	120.93	127.54	20.81	12.96
789.17	54.79	60.18	4.94	4.44	0.56	79.70	81.71	8.11	11.18
9640.80	1180.29	794.36	62.58	84.13	107.24	2448.01	2465.71	66.59	113.54
4752.24	575.29	454.38	26.68	55.57	68.39	1806.67	1810.35	37.95	57.51
457.40	7.24	14.25	10.62	9.36	0.31	9.07	10.44	7.41	2.66
2911.34	410.70	320.36	10.46	33.29	42.69	1604.10	1604.00	13.13	37.69
1042.05	125.68	87.49	-0.30	6.63	17.05	131.58	135.67	12.03	12.27
94.64	8.04	8.07	1.41	1.39	1.57	16.65	16.91	0.17	1.44
76.43	4.52	8.12	1.89	1.66	1.06	2.18	2.56	4.19	1.20
170.39	19.10	16.09	2.59	3.24	5.71	43.10	40.78	1.02	2.27
3291.22	515.40	211.83	17.53	17.76	37.87	479.73	492.58	22.89	36.30

2-1 续表 23

行业					营业收入
	法人资本	个人资本	港澳台资本	外商资本	
碳酸饮料制造	29.39	13.04	29.01	30.59	772.54
瓶(罐)装饮用水制造	142.45	56.38	15.62	24.65	839.58
果菜汁及果菜汁饮料制造	129.29	47.57	46.48	81.21	740.83
含乳饮料和植物蛋白饮料制造	119.66	20.58	15.62	65.75	887.68
固体饮料制造	18.19	9.17	4.59	18.73	248.41
茶饮料及其他饮料制造	78.22	18.24	72.65	64.22	1011.97
精制茶加工	101.03	147.56	7.36	1.93	2006.57
烟草制品业	536.82	3.91		2.24	11380.59
烟叶复烤	182.70				145.51
卷烟制造	338.66	1.14			11117.47
其他烟草制品制造	15.47	2.78		2.24	117.61
纺织业	1604.69	1643.28	551.93	379.88	23473.81
棉纺织及印染精加工	874.63	824.84	325.30	151.67	12136.31
棉纺纱加工	540.24	453.65	65.71	55.59	6661.43
棉织造加工	208.02	216.12	115.75	42.46	3219.98
棉印染精加工	126.36	155.07	143.85	53.62	2254.90
毛纺织及染整精加工	208.28	89.83	23.14	11.27	1332.85
毛条和毛纱线加工	43.10	59.76	11.01	6.80	859.88
毛织造加工	148.78	20.02	9.96	2.26	384.13
毛染整精加工	16.40	10.06	2.17	2.21	88.84
麻纺织及染整精加工	13.87	18.76	9.93	0.61	245.96
麻纤维纺前加工和纺纱	4.92	6.92	5.34	0.61	115.40
麻织造加工	8.94	11.64	4.59		128.04
麻染整精加工	0.01	0.20			2.51
丝绢纺织及印染精加工	35.30	48.76	4.85	12.07	627.21
缫丝加工	15.95	19.88	0.83	0.21	239.35
绢纺和丝织加工	12.55	23.11	3.63	9.61	313.35
丝印染精加工	6.80	5.77	0.39	2.26	74.51
化纤织造及印染精加工	105.64	169.41	48.37	23.74	1592.81
化纤织造加工	78.79	143.67	40.17	13.14	1301.23
化纤织物染整精加工	26.85	25.74	8.20	10.60	291.58
针织或钩针编织物及其制品制造	86.32	183.00	50.69	21.18	2100.87
针织或钩针编织物织造	62.46	139.81	43.59	13.83	1532.91
针织或钩针编织物印染精加工	6.25	10.87	2.10	2.03	100.25
针织或钩针编织品制造	17.61	32.32	5.00	5.32	467.71
家用纺织制成品制造	109.76	129.83	32.72	42.95	1922.90
床上用品制造	55.77	80.95	14.15	16.49	1010.15
毛巾类制品制造	31.48	19.54	4.69	3.45	311.47
窗帘、布艺类产品制造	7.07	12.79	9.13	8.36	276.55
其他家用纺织制成品制造	15.45	16.55	4.74	14.65	324.73
产业用纺织制成品制造	170.89	178.84	56.93	116.39	3514.89
非织造布制造	94.43	99.12	22.74	67.36	1938.44

单位：亿元

营业成本	销售费用	管理费用	财务费用		投资收益(损失以"－"号记)	营业利润	利润总额	亏损企业亏损额	平均用工人数(万人)
				利息费用					
510.62	177.08	25.94	-0.42	1.05	2.50	56.53	60.07	0.78	6.93
616.91	85.78	41.01	6.05	3.57	9.56	94.19	96.29	6.69	7.50
588.16	46.27	38.58	7.95	5.69	-2.46	52.91	54.68	8.33	5.68
665.29	71.61	45.10	1.11	3.69	20.48	119.02	120.21	2.53	7.45
177.87	24.40	17.44	1.50	0.94	0.31	25.96	26.09	1.06	2.03
732.37	110.26	43.74	1.35	2.83	7.48	131.14	135.24	3.51	6.71
1597.34	89.60	128.16	18.37	10.80	0.98	161.61	162.79	5.75	19.72
3554.63	144.37	648.42	-59.19	3.92	79.71	1150.43	1143.35	7.09	16.57
110.17	4.38	14.53	-6.13		0.54	20.53	19.58	1.25	1.60
3365.00	138.12	619.78	-52.37	3.50	77.84	1106.88	1100.83	5.36	13.36
79.46	1.86	14.11	-0.68	0.42	1.33	23.01	22.93	0.48	1.61
20411.78	441.33	1131.42	283.93	185.14	54.46	1157.34	1237.65	146.84	286.09
10811.75	176.63	529.07	152.57	103.58	32.54	447.58	491.52	83.41	155.87
6016.21	89.70	241.07	88.87	62.01	23.47	227.52	246.34	53.92	84.43
2860.58	57.05	145.91	35.17	21.15	6.98	112.39	128.07	14.37	36.47
1934.95	29.87	142.08	28.53	20.42	2.08	107.67	117.11	15.11	34.97
1222.90	13.94	52.87	19.27	13.79	4.63	25.07	33.02	13.89	13.12
802.21	7.18	27.00	8.80	5.84	2.40	14.27	16.20	7.40	5.75
343.85	5.31	18.72	8.38	6.36	2.04	9.26	14.90	4.23	5.57
76.85	1.45	7.15	2.09	1.59	0.19	1.53	1.92	2.25	1.80
219.66	4.16	12.54	3.58	2.50	0.62	5.02	5.63	4.13	4.63
102.78	2.01	5.93	2.01	1.43	0.62	2.53	2.44	2.07	1.90
114.78	2.14	6.24	1.56	1.06		2.48	3.17	1.99	2.67
2.10	0.01	0.36	0.01	0.01		0.01	0.02	0.06	0.06
555.90	10.79	31.56	9.30	6.73	0.88	17.08	20.52	8.53	9.26
218.10	3.26	9.85	3.78	2.95	0.03	3.15	4.53	5.40	4.32
276.72	6.15	14.78	4.34	2.89	0.68	10.49	11.22	2.69	3.38
61.08	1.38	6.93	1.18	0.89	0.18	3.44	4.77	0.44	1.56
1412.66	20.52	79.45	24.22	15.39	2.50	49.73	54.22	10.67	21.04
1161.66	16.30	59.04	18.72	11.55	1.84	40.06	43.35	7.55	15.13
251.00	4.22	20.41	5.50	3.85	0.67	9.67	10.88	3.13	5.91
1841.79	33.78	97.35	24.31	14.58	-4.29	92.62	97.39	9.31	20.66
1345.52	24.17	71.28	17.26	10.86	-4.46	64.86	68.27	6.58	15.09
88.13	1.32	6.35	1.49	1.11	0.06	2.51	3.21	1.26	1.93
408.14	8.29	19.72	5.56	2.61	0.11	25.25	25.91	1.47	3.64
1614.17	76.84	103.16	21.09	11.20	8.08	108.78	112.98	7.24	25.63
848.78	44.13	57.53	11.30	5.93	1.24	45.21	47.76	4.30	13.31
267.33	7.95	12.95	4.61	3.11	1.87	20.89	21.18	0.68	4.89
230.74	6.89	14.75	2.53	0.94	0.34	20.82	21.49	1.12	3.35
267.31	17.87	17.94	2.65	1.22	4.62	21.87	22.56	1.14	4.07
2732.95	104.68	225.43	29.59	17.36	9.49	411.46	422.37	9.67	35.89
1458.38	58.27	120.37	16.07	8.68	8.01	281.56	287.17	4.40	15.27

2-1 续表 24

行　业	法人资本	个人资本	港澳台资本	外商资本	营业收入
绳、索、缆制造	15.95	9.88	3.62	2.55	152.87
纺织带和帘子布制造	17.19	16.30	15.56	13.32	329.47
篷、帆布制造	11.18	21.77	3.01	2.70	272.03
其他产业用纺织制成品制造	32.15	31.78	11.99	30.46	822.08
纺织服装、服饰业	862.16	860.03	354.96	177.58	13868.58
机织服装制造	627.36	584.50	224.21	91.98	8777.84
运动机织服装制造	134.76	119.81	37.07	17.38	2137.64
其他机织服装制造	492.60	464.69	187.15	74.60	6640.20
针织或钩针编织服装制造	154.79	182.39	104.76	63.99	3756.23
运动休闲针织服装制造	58.15	79.89	52.80	25.00	1666.86
其他针织或钩针编织服装制造	96.64	102.50	51.97	38.99	2089.36
服饰制造	80.01	93.14	25.98	21.61	1334.51
皮革、毛皮、羽毛及其制品和制鞋业	441.63	441.92	164.21	141.08	10129.01
皮革鞣制加工	53.95	95.49	8.38	13.07	990.56
皮革制品制造	78.02	86.93	31.71	18.76	2203.92
皮革服装制造	5.83	14.07	0.92	0.01	560.56
皮箱、包(袋)制造	47.65	46.73	26.02	6.55	1199.27
皮手套及皮装饰制品制造	6.41	6.01	2.58	2.40	82.82
其他皮革制品制造	18.13	20.13	2.19	9.79	361.27
毛皮鞣制及制品加工	21.77	27.10	2.03	1.68	454.39
毛皮鞣制加工	3.81	10.61	0.64	0.56	128.34
毛皮服装加工	3.13	12.13	1.00		209.52
其他毛皮制品加工	14.83	4.36	0.39	1.12	116.53
羽毛(绒)加工及制品制造	29.13	35.16	3.51	3.92	541.81
羽毛(绒)加工	14.67	17.32	1.12	0.82	270.30
羽毛(绒)制品加工	14.46	17.84	2.39	3.09	271.51
制鞋业	258.76	197.23	118.59	103.66	5938.33
纺织面料鞋制造	75.47	25.80	11.16	15.72	970.57
皮鞋制造	110.09	110.30	82.86	73.56	3254.39
塑料鞋制造	23.09	19.75	3.57	6.62	702.66
橡胶鞋制造	25.21	24.82	9.05	5.06	553.94
其他制鞋业	24.89	16.56	11.95	2.71	456.78
木材加工和木、竹、藤、棕、草制品业	448.77	536.48	49.38	45.25	8668.70
木材加工	66.31	79.29	20.81	3.93	1408.55
锯材加工	23.90	33.99	2.25	0.83	559.13
木片加工	23.79	13.86	2.06		282.86
单板加工	9.19	17.48	14.81	1.65	388.76
其他木材加工	9.42	13.96	1.68	1.45	177.80
人造板制造	242.68	288.30	14.00	9.42	4649.97
胶合板制造	70.14	147.73	3.94	4.83	3225.34
纤维板制造	77.67	71.84	3.01	2.66	643.53
刨花板制造	44.75	39.15	2.30	0.03	254.43
其他人造板制造	50.11	29.58	4.75	1.91	526.67

单位：亿元

营业成本	销售费用	管理费用	财务费用		投资收益（损失以"–"号记）	营业利润	利润总额	亏损企业亏损额	平均用工人数（万人）
				利息费用					
131.26	4.75	8.90	1.83	0.98	0.01	4.97	5.42	0.32	2.19
286.20	7.51	19.36	3.77	2.39	0.20	11.19	11.96	2.39	4.75
225.82	7.04	20.48	3.12	1.69	0.59	14.80	15.79	0.51	3.72
631.30	27.11	56.31	4.80	3.60	0.68	98.93	102.03	2.05	9.97
11711.20	495.61	796.99	121.42	73.98	54.98	692.31	721.84	93.59	263.87
7360.87	342.27	496.65	68.01	43.45	30.93	479.09	493.75	55.79	161.92
1808.44	58.27	101.13	14.25	10.77	2.06	138.04	141.12	9.47	32.74
5552.43	284.01	395.52	53.76	32.68	28.86	341.05	352.64	46.31	129.18
3213.56	116.41	217.21	41.12	24.19	22.78	154.78	163.31	29.30	72.05
1453.24	45.67	81.57	14.70	13.07	6.91	57.96	60.65	13.74	28.39
1760.32	70.74	135.64	26.42	11.11	15.87	96.81	102.67	15.56	43.66
1136.77	36.92	83.13	12.30	6.34	1.28	58.45	64.77	8.51	29.90
8635.64	247.26	522.82	76.32	48.16	26.39	618.00	639.63	61.01	180.83
853.18	18.79	39.31	9.75	7.84	-1.35	61.56	60.84	9.17	13.47
1842.85	59.23	118.07	21.12	18.07	0.92	151.67	155.61	13.01	39.15
447.71	17.27	25.95	10.97	11.99	0.08	57.11	57.83	1.35	9.89
1015.33	31.40	68.00	9.17	5.02	0.68	67.88	70.21	9.77	22.82
70.62	2.34	5.20	0.70	0.32	0.08	3.08	3.25	0.52	2.20
309.20	8.22	18.91	0.29	0.74	0.09	23.60	24.32	1.37	4.24
404.60	7.10	17.09	4.48	1.51		18.76	19.71	4.93	4.85
109.92	2.36	4.15	0.95	0.58	0.02	10.61	10.62	0.63	1.78
189.53	3.36	8.57	1.13	0.52	-0.05	5.32	6.09	2.87	1.40
105.15	1.37	4.37	2.40	0.41	0.03	2.83	2.99	1.44	1.66
492.75	7.83	17.73	5.22	2.68	0.37	17.29	17.75	4.99	4.11
247.05	2.92	9.34	2.33	1.09		8.16	8.06	2.43	1.51
245.70	4.91	8.38	2.90	1.59	0.36	9.13	9.69	2.56	2.60
5042.26	154.31	330.63	35.74	18.07	26.44	368.73	385.72	28.91	119.25
829.75	15.97	47.03	5.11	1.99	-1.80	66.80	68.45	3.51	21.35
2720.94	103.90	193.42	20.87	12.37	31.00	225.93	239.30	20.39	67.74
624.51	13.79	30.93	3.68	0.95	-0.46	26.64	26.14	1.37	8.87
475.42	13.26	32.23	4.14	1.77	-0.19	24.76	26.04	1.76	12.06
391.63	7.39	27.02	1.94	0.99	-2.11	24.59	25.79	1.87	9.25
7678.61	180.59	320.83	63.79	39.96	15.05	382.23	395.48	41.27	90.02
1268.12	23.35	43.37	7.47	4.11	8.71	65.64	67.08	7.79	13.17
509.36	8.16	14.50	2.42	1.79	5.31	25.92	26.36	4.50	4.69
248.96	5.49	10.62	1.59	0.98	0.73	14.17	14.55	1.03	2.97
348.64	6.73	11.99	2.48	0.91	2.65	19.89	20.32	1.46	3.66
161.16	2.97	6.25	0.98	0.43	0.02	5.65	5.86	0.80	1.85
4192.41	74.93	146.61	32.49	22.34	4.39	183.27	191.57	22.15	47.50
2944.03	38.68	79.92	14.52	7.84	-0.45	128.36	131.01	5.94	33.64
562.68	14.26	31.44	10.52	7.98	2.70	25.60	29.08	10.23	6.33
219.71	9.12	12.62	3.35	3.86	1.67	10.52	12.14	3.94	2.53
465.99	12.87	22.63	4.10	2.66	0.47	18.78	19.33	2.03	5.00

2-1 续表 25

行业	法人资本	个人资本	港澳台资本	外商资本	营业收入
木质制品制造	116.52	131.67	13.56	31.31	1867.47
建筑用木料及木材组件加工	19.26	13.64	0.03	3.66	285.38
木门窗制造	36.99	36.42	4.11	2.55	536.50
木楼梯制造	0.42	0.74	0.16	1.60	25.96
木地板制造	36.54	36.38	6.50	11.30	445.49
木制容器制造	9.23	20.40	0.45	6.93	190.89
软木制品及其他木制品制造	14.08	24.09	2.31	5.28	383.25
竹、藤、棕、草等制品制造	23.26	37.21	1.01	0.59	742.71
竹制品制造	21.31	33.68	0.96	0.44	676.09
藤制品制造	0.33	0.65		0.07	12.30
棕制品制造	0.54	0.59	0.04		12.25
草及其他制品制造	1.09	2.30	0.01	0.08	42.07
家具制造业	506.96	538.33	114.17	87.13	7069.83
木质家具制造	331.53	313.48	51.66	30.47	4132.50
竹、藤家具制造	7.25	7.40	0.80	1.66	95.31
金属家具制造	70.07	147.09	41.05	32.04	1529.91
塑料家具制造	7.60	12.32	0.83	1.20	88.97
其他家具制造	90.51	58.04	19.83	21.76	1223.15
造纸和纸制品业	1400.49	694.46	580.57	775.19	13155.65
纸浆制造	82.42	6.77	11.74	5.00	154.31
木竹浆制造	75.49	3.67	11.74	5.00	135.48
非木竹浆制造	6.93	3.10			18.83
造纸	943.85	437.61	360.60	637.51	7301.36
机制纸及纸板制造	897.32	407.08	352.11	624.09	6818.83
手工纸制造	6.11	11.35	1.60	0.03	83.10
加工纸制造	40.41	19.17	6.89	13.39	399.42
纸制品制造	374.23	250.09	208.23	132.68	5699.98
纸和纸板容器制造	162.45	153.27	57.84	58.37	2843.92
其他纸制品制造	211.77	96.82	150.39	74.31	2856.06
印刷和记录媒介复制业	676.15	466.13	151.29	176.05	6638.28
印刷	649.54	450.34	145.94	172.59	6433.27
书、报刊印刷	168.96	40.77	41.37	2.40	609.32
本册印制	9.76	21.77	4.16	36.31	314.78
包装装潢及其他印刷	470.82	387.80	100.41	133.88	5509.17
装订及印刷相关服务	17.99	13.19	3.14	2.24	185.55
记录媒介复制	8.62	2.60	2.20	1.21	19.46
文教、工美、体育和娱乐用品制造业	533.71	683.90	294.07	192.58	12300.17
文教办公用品制造	63.48	66.02	14.55	20.48	1030.93
文具制造	16.92	38.85	10.10	15.56	722.52
笔的制造	28.33	14.40	2.91	1.55	147.91
教学用模型及教具制造	3.98	7.40	0.17	0.01	51.93

单位：亿元

营业成本	销售费用	管理费用	财务费用		投资收益（损失以“—”号记）	营业利润	利润总额	亏损企业亏损额	平均用工人数（万人）
				利息费用					
1576.72	62.84	94.44	19.04	11.19	1.81	97.33	100.62	10.59	21.72
251.59	6.42	10.83	2.03	1.03	0.03	11.81	11.82	2.89	2.99
429.85	25.40	31.96	5.23	3.60	0.33	40.89	41.89	1.54	6.79
21.92	0.75	1.40	0.31	0.15		1.29	1.31	0.15	0.41
377.56	15.39	23.78	6.25	3.62	0.70	16.90	18.92	3.37	4.40
166.82	5.22	10.60	1.76	1.13	0.84	6.42	6.99	1.10	2.13
328.99	9.66	15.88	3.46	1.66	-0.09	20.02	19.68	1.54	4.99
641.36	19.47	36.41	4.78	2.33	0.14	35.99	36.21	0.74	7.63
582.58	17.95	33.70	4.28	2.15	0.13	33.34	33.39	0.65	6.61
10.76	0.27	0.41	0.07	0.04	0.01	0.73	0.75		0.16
10.46	0.33	0.66	0.13	0.05		0.55	0.55	0.01	0.14
37.57	0.93	1.63	0.31	0.10		1.37	1.52	0.07	0.72
5822.47	285.31	473.56	61.90	36.48	66.84	449.91	467.50	40.55	111.47
3414.09	170.61	266.40	35.30	23.69	17.10	237.48	247.73	25.26	68.76
81.12	2.47	5.86	0.60	0.35	0.01	4.51	4.69	0.19	1.72
1251.34	49.68	108.71	12.48	6.75	30.35	129.17	133.08	5.43	20.99
71.97	3.13	6.92	1.02	0.36	0.05	5.47	5.80	1.07	1.81
1003.95	59.43	85.67	12.51	5.33	19.33	73.29	76.21	8.60	18.20
11103.55	418.47	672.01	174.10	166.11	68.94	811.62	876.79	81.73	98.76
135.03	4.69	9.22	8.43	6.69	0.69	-2.10	-1.47	7.18	1.23
118.81	4.28	7.64	7.05	5.24	0.69	-1.36	-1.06	5.64	0.94
16.22	0.41	1.58	1.38	1.45	0.01	-0.74	-0.41	1.54	0.29
6188.18	192.96	370.86	130.87	130.09	52.79	455.32	494.10	51.12	44.99
5778.39	176.82	340.32	126.26	127.02	52.64	435.59	473.26	47.76	40.90
70.47	2.17	5.81	1.04	0.81		2.79	3.44	0.38	0.70
339.33	13.97	24.73	3.57	2.26	0.15	16.94	17.40	2.98	3.38
4780.34	220.82	291.92	34.80	29.33	15.45	358.40	384.15	23.42	52.54
2462.17	82.23	143.82	22.69	16.38	11.36	127.20	144.08	13.15	28.44
2318.17	138.59	148.10	12.11	12.95	4.09	231.20	240.07	10.27	24.11
5488.93	184.14	472.07	53.37	37.71	31.18	435.00	452.38	33.74	91.71
5330.89	175.43	450.18	50.42	35.38	27.22	419.60	436.93	30.29	87.30
510.98	13.65	53.92	4.50	3.62	0.50	23.80	27.21	6.17	10.92
257.85	10.73	18.94	4.53	2.62	0.64	21.86	22.13	1.01	3.64
4562.07	151.05	377.31	41.39	29.14	26.09	373.94	387.58	23.11	72.74
144.29	6.70	19.34	2.89	2.24	3.81	14.33	14.37	3.10	4.12
13.74	2.02	2.55	0.06	0.08	0.15	1.07	1.08	0.36	0.29
10511.41	316.09	658.79	109.21	56.72	24.98	661.46	691.74	53.81	166.96
848.00	42.33	67.84	8.50	6.12	11.19	71.66	76.93	4.87	13.84
595.99	28.05	42.09	4.70	3.96	8.23	57.06	59.77	1.33	8.56
122.89	6.94	12.82	1.94	1.14	2.60	5.67	7.95	3.17	3.42
40.14	2.39	4.70	0.89	0.65	0.04	3.52	3.58	0.13	0.70

2-1　续表 26

行　　业					营业收入
	法人资本	个人资本	港澳台资本	外商资本	
墨水、墨汁制造	2.01	0.56		0.13	12.61
其他文教办公用品制造	12.25	4.81	1.36	3.22	95.96
乐器制造	30.11	26.90	5.58	20.95	235.31
中乐器制造	0.28	1.69		0.03	20.51
西乐器制造	25.53	6.64	2.06	18.39	116.75
电子乐器制造	3.81	12.74	2.84	2.40	68.86
其他乐器及零件制造	0.48	5.82	0.68	0.14	29.19
工艺美术及礼仪用品制造	292.80	343.29	93.31	39.18	7681.59
雕塑工艺品制造	35.90	58.03	3.32	0.46	1149.88
金属工艺品制造	43.38	34.89	2.42	4.89	694.44
漆器工艺品制造	3.74	7.09	0.91	0.18	125.09
花画工艺品制造	4.58	6.90	3.28	1.07	116.16
天然植物纤维编织工艺品制造	12.67	16.53	0.49	0.77	345.72
抽纱刺绣工艺品制造	31.14	33.13	11.58	3.07	507.01
地毯、挂毯制造	23.29	27.66	9.64	15.72	351.08
珠宝首饰及有关物品制造	60.59	55.72	44.46	7.21	2939.17
其他工艺美术及礼仪用品制造	77.52	103.34	17.21	5.80	1453.04
体育用品制造	61.92	132.70	56.87	47.56	1322.52
球类制造	8.14	3.21	5.17	10.06	140.37
专项运动器材及配件制造	19.25	95.57	17.83	12.42	434.35
健身器材制造	18.42	20.55	15.36	10.08	407.65
运动防护用具制造	4.82	3.72	12.48	3.39	97.52
其他体育用品制造	11.29	9.65	6.03	11.60	242.62
玩具制造	60.67	76.82	110.89	45.03	1602.21
电玩具制造	13.77	4.39	13.99	3.36	168.82
塑胶玩具制造	23.83	35.53	69.99	30.34	674.23
金属玩具制造	1.96	1.23	2.41		34.79
弹射玩具制造	0.33				5.72
娃娃玩具制造	4.07	3.89	2.43	1.47	92.96
儿童乘骑玩耍的童车类产品制造	5.06	10.60	12.24	3.05	290.68
其他玩具制造	11.66	21.17	9.82	6.80	335.01
游艺器材及娱乐用品制造	24.73	38.17	12.88	19.37	427.60
露天游乐场所游乐设备制造	15.85	19.18	6.96	4.66	152.75
游艺用品及室内游艺器材制造	5.02	7.21	5.73	0.15	159.53
其他娱乐用品制造	3.86	11.78	0.19	14.56	115.32
石油、煤炭及其他燃料加工业	3178.68	767.19	107.59	200.64	41976.56
精炼石油产品制造	2115.03	351.48	72.13	164.59	33762.09
原油加工及石油制品制造	2094.08	348.37	72.13	161.83	33603.98
其他原油制造	20.94	3.11		2.77	158.11
煤炭加工	1021.77	402.22	35.15	35.63	7746.34
炼焦	763.45	379.21	34.46	14.35	7265.49
煤制合成气生产	4.88	5.29	0.68	4.89	73.63

单位：亿元

营业成本	销售费用	管理费用	财务费用		投资收益（损失以“–”号记）	营业利润	利润总额	亏损企业亏损额	平均用工人数（万人）
				利息费用					
10.09	0.48	1.44	0.01	0.03	0.03	0.59	0.63	0.04	0.14
78.89	4.47	6.78	0.95	0.34	0.29	4.82	5.00	0.20	1.01
193.65	6.04	19.14	1.79	1.19	0.17	13.87	14.81	1.16	4.47
16.06	0.61	1.53	0.21	0.18	0.10	2.11	2.45	0.04	0.36
96.57	2.76	10.39	0.62	0.82	0.06	5.81	6.14	1.05	2.68
56.81	1.86	4.64	0.71	0.02	0.01	4.72	4.85	0.05	0.87
24.21	0.81	2.58	0.23	0.17	-0.01	1.23	1.36	0.01	0.56
6685.78	174.39	317.33	63.78	35.21	8.37	408.70	421.32	31.34	73.93
956.12	30.46	48.02	6.80	3.13	1.88	101.63	102.75	0.93	11.57
587.33	24.27	36.63	4.63	2.14	-5.33	38.78	41.54	2.64	8.00
102.17	4.22	7.14	2.34	1.70	0.03	8.33	8.39	0.18	1.82
97.06	3.45	5.61	0.68	0.23	0.07	8.92	9.33	0.13	2.15
297.38	9.46	14.98	2.82	1.01	0.16	19.47	19.37	0.70	5.04
436.48	10.15	28.01	5.74	3.35	0.89	23.76	25.66	3.01	7.19
298.56	11.16	22.15	5.42	2.74	1.79	13.96	15.37	4.21	5.24
2674.75	44.64	84.02	21.04	14.60	7.88	107.27	108.55	16.32	11.23
1235.93	36.59	70.76	14.30	6.30	0.99	86.58	90.36	3.21	21.68
1089.93	35.50	97.23	12.94	4.01	3.38	80.81	85.08	4.64	23.16
119.07	3.05	6.20	1.24	0.37	1.03	11.25	11.24	0.39	2.41
344.44	11.53	34.22	4.40	1.36	1.21	35.44	36.94	1.66	7.53
341.95	12.95	26.64	4.11	1.25	0.59	20.77	21.91	0.66	5.51
80.77	2.66	9.60	0.97	0.43	0.25	3.13	3.60	0.87	2.96
203.70	5.31	20.57	2.21	0.61	0.30	10.22	11.40	1.04	4.74
1350.95	46.02	124.55	16.34	7.07	1.49	56.44	62.71	8.96	45.64
140.94	4.79	14.06	1.96	0.51	0.02	6.24	6.63	1.33	5.20
575.65	14.49	54.20	7.21	3.70	0.91	19.88	23.09	4.37	23.65
30.04	0.61	2.66	0.18	0.07	0.04	1.28	1.29	0.38	1.01
4.78	0.13	0.13				0.67	0.70		0.08
78.96	3.05	5.84	1.10	0.22	0.01	3.49	3.73	0.31	2.71
238.56	11.53	23.62	2.98	1.20	0.35	11.87	12.73	0.86	4.30
282.02	11.42	24.04	2.91	1.37	0.16	13.00	14.55	1.69	8.69
343.10	11.82	32.70	5.87	3.13	0.37	29.99	30.89	2.85	5.94
120.55	5.19	15.24	1.70	1.31	0.21	8.35	8.96	1.38	2.64
127.74	3.46	7.99	1.74	1.00	0.03	17.29	17.51	0.90	1.78
94.81	3.17	9.46	2.42	0.82	0.14	4.35	4.42	0.58	1.53
34731.53	375.07	1101.69	366.67	365.62	111.34	1047.78	1034.91	505.78	80.38
27618.38	191.61	828.00	222.17	238.55	104.13	610.60	603.97	402.18	44.95
27507.96	190.52	821.57	214.34	231.30	105.13	596.70	590.41	387.50	44.23
110.41	1.09	6.43	7.82	7.25	-1.00	13.91	13.56	14.68	0.72
6712.23	176.07	249.43	141.47	123.70	6.48	402.61	396.03	101.46	32.96
6269.92	167.39	221.47	121.23	104.79	5.62	427.41	421.53	59.35	29.71
68.93	0.80	1.75	2.33	2.23		-0.31	-0.31	1.85	0.24

2-1 续表 27

行　业	法人资本	个人资本	港澳台资本	外商资本	营业收入
煤制液体燃料生产	223.53	5.31		16.18	209.23
煤制品制造	22.09	8.87			137.66
其他煤炭加工	7.82	3.54		0.21	60.32
生物质燃料加工	23.62	13.49	0.32	0.42	319.79
生物质液体燃料生产	17.87	5.34	0.32	0.42	171.44
生物质致密成型燃料加工	5.75	8.16			148.35
化学原料和化学制品制造业	8156.72	3021.23	1208.86	2701.54	63809.79
基础化学原料制造	3007.27	863.24	379.02	882.36	19911.77
无机酸制造	71.94	34.32	2.08	34.27	587.06
无机碱制造	245.02	148.09	53.22	10.86	1307.68
无机盐制造	252.86	107.13	5.33	9.75	2188.92
有机化学原料制造	1998.26	450.70	238.97	554.02	12848.01
其他基础化学原料制造	439.20	123.00	79.41	273.46	2980.11
肥料制造	1120.84	327.21	30.70	26.98	5602.88
氮肥制造	568.42	61.59	6.60	7.09	1715.64
磷肥制造	57.83	49.55		1.31	662.81
钾肥制造	74.69	42.13	5.81	1.63	310.75
复混肥料制造	357.82	115.02	14.94	10.77	2431.26
有机肥料及微生物肥料制造	54.84	56.17	3.04	6.02	430.51
其他肥料制造	7.23	2.76	0.30	0.16	51.91
农药制造	254.75	129.35	6.36	24.62	2317.64
化学农药制造	226.72	98.54	5.36	23.33	2014.76
生物化学农药及微生物农药制造	28.03	30.82	0.99	1.28	302.88
涂料、油墨、颜料及类似产品制造	427.91	318.50	132.74	149.35	5357.78
涂料制造	200.80	163.94	81.55	86.40	3113.61
油墨及类似产品制造	42.21	31.75	14.62	25.47	441.95
工业颜料制造	62.19	48.18	15.59	10.72	778.21
工艺美术颜料制造	15.86	6.54	1.55	1.25	122.83
染料制造	86.21	46.68	11.20	14.22	540.04
密封用填料及类似品制造	20.65	21.42	8.23	11.29	361.14
合成材料制造	1968.92	457.94	326.76	822.80	14159.96
初级形态塑料及合成树脂制造	1129.00	304.25	248.49	555.17	9054.06
合成橡胶制造	80.26	56.84	5.39	94.00	1132.46
合成纤维单(聚合)体制造	597.58	20.77	58.19	77.26	3007.95
其他合成材料制造	162.08	76.07	14.69	96.37	965.49
专用化学产品制造	922.80	693.66	220.63	597.09	11367.34
化学试剂和助剂制造	363.50	291.85	46.99	169.42	4210.87
专项化学用品制造	264.64	228.69	137.87	250.62	3949.71
林产化学产品制造	44.99	33.64	1.77	8.29	484.99
文化用信息化学品制造	61.55	21.81	17.70	58.28	516.08
医学生产用信息化学品制造	4.10	5.09	1.16	11.72	87.81
环境污染处理专用药剂材料制造	41.86	25.77	1.77	11.07	421.43

单位：亿元

营业成本	销售费用	管理费用	财务费用	利息费用	投资收益（损失以"—"号记）	营业利润	利润总额	亏损企业亏损额	平均用工人数（万人）
200.20	1.03	17.50	15.56	14.69	0.81	-30.43	-31.02	35.57	1.77
118.85	5.21	6.20	1.26	1.09	0.02	5.64	5.46	1.98	0.73
54.34	1.64	2.51	1.09	0.91	0.02	0.30	0.36	2.71	0.51
282.12	6.98	11.52	3.05	2.05	0.28	15.70	16.40	1.04	1.49
154.12	3.40	4.68	2.33	1.75	0.28	7.87	8.88	0.54	0.57
128.00	3.58	6.83	0.72	0.30		7.82	7.52	0.50	0.93
52682.60	2020.79	3625.48	814.43	766.61	397.91	4331.81	4439.56	786.98	339.94
16939.49	425.91	1003.49	304.84	292.20	155.88	1056.36	1096.37	389.10	90.56
495.72	16.66	33.22	6.54	5.16	4.09	37.33	37.63	7.37	4.15
1104.64	41.88	99.16	25.48	22.82	12.28	41.08	38.75	54.51	9.45
1899.26	59.48	108.96	40.83	33.32	4.24	69.66	73.99	32.69	14.46
10978.46	225.54	618.25	183.41	184.51	115.02	656.94	690.08	263.59	48.75
2461.41	82.34	143.90	48.58	46.38	20.25	251.35	255.91	30.93	13.75
4762.11	162.05	290.33	122.77	121.97	25.79	249.60	249.03	86.81	35.64
1469.97	37.03	109.64	64.47	66.62	8.13	34.03	31.27	61.51	11.50
567.18	19.40	31.43	14.37	16.93	3.16	32.62	31.81	3.91	3.88
213.99	12.72	14.09	7.20	6.74	-0.11	40.64	40.93	5.93	1.65
2115.53	71.31	102.42	31.03	28.01	14.13	118.05	118.09	11.58	13.97
352.83	18.55	29.62	5.21	3.14	0.42	21.77	24.41	3.45	4.05
42.62	3.04	3.13	0.51	0.52	0.07	2.49	2.52	0.44	0.60
1865.71	59.21	174.70	26.40	16.84	13.77	204.23	203.28	17.39	14.37
1630.21	51.21	150.87	23.14	14.99	12.42	171.62	169.84	15.26	12.00
235.49	8.00	23.82	3.26	1.85	1.35	32.60	33.44	2.12	2.37
4196.16	258.77	404.74	39.88	33.03	16.43	450.31	464.61	24.97	35.95
2395.68	184.81	242.91	20.93	16.06	9.61	256.74	265.02	12.81	19.86
350.29	18.16	36.50	2.54	1.96	1.25	33.43	34.41	0.75	3.36
627.58	23.57	48.31	7.68	6.69	-0.09	67.12	67.72	4.36	5.37
96.98	4.01	11.33	1.56	0.96	0.08	8.34	8.55	2.74	1.24
437.64	11.79	41.07	5.55	6.05	4.80	56.04	59.50	3.73	3.88
287.99	16.43	24.63	1.62	1.31	0.78	28.64	29.40	0.58	2.24
12044.06	279.00	613.85	188.48	197.86	70.88	962.19	971.89	124.99	48.51
7544.36	186.20	423.44	126.84	128.42	56.96	705.60	719.42	56.72	31.32
987.06	21.34	45.16	11.86	12.91	-0.21	63.49	63.86	7.18	5.29
2743.96	37.33	78.06	39.79	48.91	10.54	114.35	114.43	42.99	5.80
768.68	34.12	67.19	9.99	7.61	3.59	78.75	74.18	18.10	6.10
9323.17	381.85	687.77	95.07	79.96	58.73	886.49	903.32	71.90	58.58
3400.04	151.00	284.85	35.55	32.01	15.92	338.16	346.65	21.61	23.57
3287.21	123.39	209.37	31.37	29.37	23.70	299.71	303.59	27.81	16.95
418.63	12.25	22.65	3.82	2.98	0.44	26.75	27.71	2.34	3.32
424.49	11.96	31.72	5.93	4.53	4.11	42.54	43.84	4.47	3.03
70.80	3.37	4.96	0.14	0.22	4.20	12.00	12.08	0.37	0.44
326.30	19.70	32.89	2.26	1.72	2.36	40.28	41.44	1.85	2.80

2-1 续表 28

行　业					营业收入
	法人资本	个人资本	港澳台资本	外商资本	
动物胶制造	6.73	7.97		9.85	48.01
其他专用化学产品制造	135.43	78.83	13.35	77.84	1648.44
炸药、火工及焰火产品制造	200.12	95.71	0.05	2.30	1448.37
炸药及火工产品制造	110.48	26.72		2.30	526.85
焰火、鞭炮产品制造	89.64	68.99	0.05		921.52
日用化学产品制造	254.11	135.61	112.61	196.05	3644.04
肥皂及洗涤剂制造	46.71	25.32	66.75	29.21	1032.25
化妆品制造	98.29	58.82	30.72	91.06	1309.65
口腔清洁用品制造	16.48	8.09	2.25	7.69	263.98
香料、香精制造	63.37	22.74	6.77	37.98	617.07
其他日用化学产品制造	29.27	20.65	6.11	30.11	421.09
医药制造业	3131.11	1670.54	390.13	534.84	25053.57
化学药品原料药制造	716.47	282.35	73.92	62.86	3970.98
化学药品制剂制造	742.66	409.46	114.42	292.40	8267.87
中药饮片加工	212.37	147.58	4.39	8.12	1782.82
中成药生产	664.22	399.35	49.30	26.05	4433.29
兽用药品制造	105.36	74.27	6.55	11.79	910.46
生物药品制品制造	524.68	217.98	124.78	87.66	2810.55
生物药品制造	425.29	207.95	114.34	59.30	2482.54
基因工程药物和疫苗制造	99.39	10.03	10.45	28.37	328.01
卫生材料及医药用品制造	140.20	108.17	12.50	36.41	2575.94
药用辅料及包装材料	25.15	31.38	4.27	9.55	301.66
化学纤维制造业	1037.19	451.70	192.16	157.45	7991.05
纤维素纤维原料及纤维制造	119.34	71.18	43.95	54.39	1382.80
化纤浆粕制造	4.27	4.09	1.96		61.96
人造纤维(纤维素纤维)制造	115.06	67.10	41.99	54.39	1320.84
合成纤维制造	842.25	366.65	148.12	101.72	6423.56
锦纶纤维制造	61.64	56.16	4.88	8.86	1141.14
涤纶纤维制造	639.29	223.56	122.55	63.41	4485.66
腈纶纤维制造	0.42	1.61	10.16		95.19
维纶纤维制造	1.72	1.76	0.49		13.49
丙纶纤维制造	5.96	5.17	2.76		73.88
氨纶纤维制造	71.46	56.77	3.67	16.81	270.69
其他合成纤维制造	61.76	21.62	3.63	12.64	343.51
生物基材料制造	75.61	13.87	0.09	1.34	184.69
生物基化学纤维制造	41.68	7.20		0.63	80.20
生物基、淀粉基新材料制造	33.92	6.67	0.09	0.71	104.48
橡胶和塑料制品业	2030.82	1842.03	627.85	953.17	25580.33
橡胶制品业	570.30	415.06	165.40	429.65	5922.49
轮胎制造	304.61	158.36	123.55	323.22	2970.30
橡胶板、管、带制造	77.59	120.32	6.74	36.34	803.92
橡胶零件制造	74.55	44.75	10.72	33.41	690.70

单位：亿元

营业成本	销售费用	管理费用	财务费用	利息费用	投资收益（损失以"–"号记）	营业利润	利润总额	亏损企业亏损额	平均用工人数（万人）
40.41	1.32	3.34	0.53	0.25	-0.01	2.18	2.14	0.68	0.50
1355.29	58.86	97.98	12.47	8.87	8.01	124.87	125.86	12.76	7.98
1057.19	71.49	127.40	16.43	10.09	6.96	139.89	139.30	3.76	27.17
340.34	35.93	78.39	7.20	7.74	6.98	66.43	66.42	3.43	8.90
716.85	35.55	49.01	9.23	2.35	-0.02	73.46	72.88	0.34	18.26
2494.70	382.51	323.20	20.55	14.65	49.47	382.74	411.77	68.06	29.17
716.97	114.27	86.97	7.89	4.40	29.06	59.03	79.26	51.89	6.66
842.01	169.65	146.76	5.86	4.49	14.09	149.34	151.54	13.13	13.18
156.95	47.83	12.61	-0.34	0.16	0.24	47.13	47.30	0.46	1.60
449.27	23.79	49.69	4.57	4.21	5.26	93.59	95.15	1.87	3.77
329.50	26.98	27.18	2.57	1.38	0.82	33.65	38.52	0.71	3.96
14118.37	4654.63	2598.16	259.56	246.69	392.57	3631.11	3693.40	274.29	213.82
2787.22	217.88	398.86	68.65	48.84	42.44	517.12	524.27	41.57	34.93
3846.31	2421.73	912.38	41.89	60.24	129.24	1110.38	1123.76	65.88	53.36
1360.39	126.70	118.01	34.92	31.47	5.90	125.43	123.15	50.98	19.54
2429.45	1008.82	425.46	44.21	53.60	135.66	645.55	676.62	40.12	49.44
611.92	66.65	104.99	17.42	4.90	4.90	106.20	107.28	5.11	7.93
1163.65	572.64	413.58	23.18	27.98	44.67	657.91	663.08	61.60	21.42
1107.22	459.12	356.91	21.69	26.32	33.90	550.11	555.60	54.78	19.35
56.43	113.52	56.67	1.49	1.66	10.78	107.80	107.48	6.82	2.08
1701.31	221.86	198.73	26.28	17.82	29.11	434.69	440.27	7.66	23.87
218.11	18.37	26.15	2.99	1.84	0.64	33.82	34.97	1.36	3.32
7258.52	81.76	325.37	113.49	110.07	52.61	248.13	266.53	84.15	42.20
1231.05	18.54	63.14	27.30	27.18	7.99	39.71	44.81	31.50	8.72
53.64	1.37	3.35	0.64	0.60		2.71	2.95	2.18	0.48
1177.41	17.18	59.80	26.66	26.58	7.99	37.00	41.86	29.32	8.24
5864.26	59.28	248.68	83.37	80.98	44.93	207.38	219.70	46.70	31.94
1017.92	9.02	53.75	15.12	13.59	2.36	45.85	47.38	3.08	3.99
4169.77	34.56	151.72	55.38	57.74	38.96	112.70	121.00	33.25	21.61
87.43	1.79	3.00	5.83	4.26	0.14	-2.91	-2.90	4.26	0.95
11.96	0.18	0.99	0.18	0.17		0.04	0.10	0.39	0.15
59.69	1.79	4.22	1.09	0.59	0.03	6.50	7.15	0.46	0.67
221.66	6.29	13.78	2.06	2.77	1.95	28.33	29.05	1.86	1.61
295.83	5.65	21.22	3.72	1.86	1.47	16.87	17.91	3.40	2.95
163.20	3.94	13.54	2.81	1.91	-0.31	1.04	2.02	5.94	1.53
67.91	1.43	7.65	2.09	1.26	-0.08	1.25	1.54	3.44	0.88
95.29	2.51	5.90	0.72	0.65	-0.23	-0.21	0.48	2.51	0.65
21142.19	766.81	1626.24	244.76	170.48	87.76	1734.16	1786.37	157.98	281.25
4738.92	225.44	412.69	70.42	48.93	33.57	469.37	475.97	42.74	67.28
2435.88	129.72	188.28	44.82	33.45	21.34	170.26	173.37	28.88	29.08
648.34	28.88	57.60	7.67	5.31	2.36	59.08	60.51	4.49	9.50
535.57	25.44	63.05	5.73	4.20	9.47	65.84	68.12	2.61	11.31

2-1 续表 29

行业					营业收入
	法人资本	个人资本	港澳台资本	外商资本	
再生橡胶制造	5.90	8.12		0.51	106.14
日用及医用橡胶制品制造	32.82	20.63	5.85	9.07	472.23
运动场地用塑胶制造	1.41	3.32	0.31	0.01	38.35
其他橡胶制品制造	73.41	59.55	18.23	27.09	840.84
塑料制品业	1460.51	1426.97	462.45	523.52	19657.85
塑料薄膜制造	359.39	219.17	82.94	103.97	2946.96
塑料板、管、型材制造	367.46	418.03	46.35	48.95	3723.16
塑料丝、绳及编织品制造	93.01	122.58	6.92	8.12	1580.56
泡沫塑料制造	44.78	50.92	10.60	22.06	798.73
塑料人造革、合成革制造	39.71	75.39	28.78	4.99	721.44
塑料包装箱及容器制造	130.65	107.66	46.83	59.00	1656.65
日用塑料制品制造	80.95	93.36	58.40	56.31	1889.98
人造草坪制造	4.44	2.94	1.51	1.12	89.77
塑料零件及其他塑料制品制造	340.12	336.90	180.12	219.00	6250.58
非金属矿物制品业	5700.77	4441.89	715.02	699.03	58018.13
水泥、石灰和石膏制造	1384.09	516.69	290.18	130.68	10728.34
水泥制造	1318.48	460.23	288.76	128.87	10048.72
石灰和石膏制造	65.60	56.46	1.43	1.82	679.62
石膏、水泥制品及类似制品制造	1339.76	1599.95	59.77	63.46	19946.73
水泥制品制造	941.21	1169.97	41.80	17.85	16955.62
砼结构构件制造	253.91	121.77	10.81	3.61	1637.27
石棉水泥制品制造	1.60	2.72	0.13		49.10
轻质建筑材料制造	103.71	60.28	5.53	37.18	786.96
其他水泥类似制品制造	39.33	245.22	1.50	4.82	517.79
砖瓦、石材等建筑材料制造	672.54	796.21	46.94	40.07	8251.29
粘土砖瓦及建筑砌块制造	143.52	226.02	1.37	1.35	2229.25
建筑用石加工	164.99	217.99	18.90	8.47	2588.24
防水建筑材料制造	115.61	113.12	1.34	1.15	1124.83
隔热和隔音材料制造	123.78	91.60	13.35	8.97	746.16
其他建筑材料制造	124.65	147.48	11.99	20.13	1562.81
玻璃制造	388.63	154.48	92.13	130.31	2121.38
平板玻璃制造	180.16	53.29	38.98	47.58	911.17
特种玻璃制造	135.15	70.32	49.38	75.00	881.25
其他玻璃制造	73.32	30.86	3.77	7.72	328.96
玻璃制品制造	282.07	168.65	94.60	123.38	2810.56
技术玻璃制品制造	120.69	50.40	60.55	79.47	1009.95
光学玻璃制造	66.11	15.89	16.03	9.95	366.07
玻璃仪器制造	5.97	4.40	0.49	1.76	45.22
日用玻璃制品制造	30.96	38.58	5.31	7.49	423.68
玻璃包装容器制造	37.43	36.02	8.99	14.45	577.39
玻璃保温容器制造	0.73	3.15	0.49	0.19	39.16
制镜及类似品加工	1.47	3.08	0.51	3.53	46.54
其他玻璃制品制造	18.71	17.14	2.23	6.54	302.55

单位：亿元

营业成本	销售费用	管理费用	财务费用	利息费用	投资收益（损失以“-”号记）	营业利润	利润总额	亏损企业亏损额	平均用工人数（万人）
94.23	2.32	5.11	0.84	0.53		2.99	3.65	0.22	0.92
306.05	12.18	30.40	4.42	1.42	0.78	117.95	118.67	0.49	5.20
32.57	0.78	2.46	0.25	0.06	0.03	2.17	2.22	0.07	0.40
686.29	26.12	65.79	6.70	3.96	-0.41	51.08	49.42	5.98	10.86
16403.27	541.37	1213.55	174.35	121.55	54.19	1264.78	1310.40	115.24	213.97
2458.63	67.35	182.75	34.94	27.27	6.63	186.50	191.58	37.45	21.96
3083.43	121.36	211.56	30.44	24.73	19.83	274.74	283.41	10.38	30.26
1361.88	39.12	70.33	15.22	10.24	2.94	88.88	89.96	4.80	19.32
672.34	25.27	46.93	6.19	3.99	3.94	48.16	49.64	1.84	8.74
644.09	11.85	36.14	4.75	3.53	1.11	22.63	24.62	4.07	8.23
1385.04	48.21	100.73	14.55	10.39	1.65	102.01	105.04	6.38	19.51
1545.15	68.89	127.37	18.33	9.90	4.65	126.62	133.29	7.17	26.83
79.43	2.09	4.63	0.84	0.23	0.07	2.68	3.08	0.07	1.19
5173.28	157.24	433.12	49.09	31.28	13.37	412.59	429.78	43.08	77.92
47371.21	1982.49	2949.64	561.40	444.48	209.60	4952.77	5054.68	281.34	457.02
7954.62	301.91	521.08	96.65	120.16	90.57	1876.28	1927.46	49.90	56.13
7391.68	261.42	491.44	91.26	116.68	90.38	1841.78	1892.41	45.53	51.18
562.94	40.49	29.65	5.39	3.48	0.18	34.51	35.05	4.37	4.95
17043.82	742.95	852.88	160.28	109.82	26.34	1052.30	1055.63	65.16	116.99
14552.10	628.69	678.16	132.17	91.08	8.62	864.30	862.86	46.14	92.04
1383.89	60.37	91.85	17.01	11.30	0.53	80.91	82.31	12.08	12.40
42.62	1.00	1.36	0.31	0.14		3.58	3.67	0.21	0.30
624.46	35.05	57.38	6.97	5.13	17.55	76.71	79.84	5.13	9.26
440.76	17.85	24.12	3.82	2.17	-0.37	26.80	26.96	1.60	2.99
6776.45	301.67	422.05	81.40	41.31	8.77	598.88	613.45	27.00	68.74
1839.77	94.68	111.09	19.93	9.29	-0.08	137.99	147.73	5.19	22.91
2124.00	76.06	113.13	24.96	11.06	0.48	225.56	225.20	5.69	21.47
910.58	46.36	65.80	11.42	6.43	4.41	82.72	83.43	2.66	5.97
615.18	26.29	47.45	6.94	4.12	0.43	45.05	47.92	4.49	7.66
1286.92	58.27	84.57	18.15	10.41	3.54	107.55	109.17	8.97	10.72
1676.88	46.30	129.87	30.90	24.85	13.38	237.55	242.44	11.43	19.11
712.71	12.89	49.91	14.67	14.60	2.17	112.58	115.90	4.12	6.69
689.62	23.45	57.48	11.28	6.98	10.23	108.45	109.50	4.88	8.71
274.56	9.96	22.48	4.95	3.27	0.98	16.52	17.04	2.43	3.71
2306.22	89.90	186.81	30.76	25.13	7.71	188.15	195.47	21.15	38.70
806.46	29.37	64.31	12.53	12.49	1.28	92.16	96.02	8.62	9.21
301.54	6.48	34.75	3.51	2.08	0.41	17.65	18.48	4.06	6.99
34.55	2.36	4.24	0.59	0.34	0.79	3.86	3.88	0.44	0.76
348.60	16.07	28.39	5.51	3.70	-0.53	22.70	23.43	2.85	7.57
486.48	24.53	30.67	4.97	4.01	5.38	33.24	34.05	3.19	8.15
32.13	1.28	3.38	0.72	0.42	0.07	1.61	1.92	0.32	1.25
39.46	1.53	3.39	-0.03	0.45	0.01	2.05	2.37	0.11	0.62
257.00	8.28	17.66	2.96	1.63	0.29	14.87	15.31	1.56	4.14

2-1 续表 30

行业	法人资本	个人资本	港澳台资本	外商资本	营业收入
玻璃纤维和玻璃纤维增强塑料制品制造	203.80	112.16	56.25	30.45	1551.85
玻璃纤维及制品制造	147.45	66.62	52.77	20.59	1040.54
玻璃纤维增强塑料制品制造	56.36	45.53	3.48	9.86	511.30
陶瓷制品制造	495.71	458.51	39.33	85.07	6123.05
建筑陶瓷制品制造	147.49	182.58	19.82	18.51	3114.33
卫生陶瓷制品制造	71.56	47.11	10.98	41.41	757.22
特种陶瓷制品制造	152.35	101.07	1.93	17.82	898.20
日用陶瓷制品制造	82.76	72.99	1.62	4.55	610.84
陈设艺术陶瓷制造	37.84	41.29	2.74	2.67	603.57
园艺陶瓷制造	1.97	7.35	2.11	0.09	75.92
其他陶瓷制品制造	1.74	6.14	0.13	0.03	62.98
耐火材料制品制造	173.65	262.50	15.75	37.84	2028.22
石棉制品制造	3.33	2.78	0.13	0.60	36.86
云母制品制造	5.24	2.14	0.01	0.16	44.70
耐火陶瓷制品及其他耐火材料制造	165.07	257.58	15.61	37.08	1946.66
石墨及其他非金属矿物制品制造	760.52	372.73	20.06	57.77	4456.71
石墨及碳素制品制造	318.70	152.33	4.96	30.50	1805.11
其他非金属矿物制品制造	441.83	220.40	15.09	27.27	2651.60
黑色金属冶炼和压延加工业	6419.46	2801.20	194.88	366.14	73054.90
炼铁	71.66	40.51	0.13	2.99	1855.24
炼钢	590.69	223.82		42.18	9263.01
钢压延加工	5315.59	1582.07	182.05	292.33	58463.24
铁合金冶炼	441.52	954.81	12.70	28.63	3473.40
有色金属冶炼和压延加工业	5102.47	1164.17	326.78	285.69	54229.81
常用有色金属冶炼	2397.53	392.64	41.46	51.41	20608.80
铜冶炼	297.12	78.15	7.09	24.22	6431.14
铅锌冶炼	242.36	136.46	0.11		3214.45
镍钴冶炼	80.37	9.64	2.64	3.31	1959.54
锡冶炼	23.63	7.11	0.70	0.17	343.92
锑冶炼	5.86	6.62			133.89
铝冶炼	1614.84	94.91	24.01	16.20	7451.03
镁冶炼	29.71	18.48	0.17		104.17
硅冶炼	27.68	13.23		0.24	224.76
其他常用有色金属冶炼	75.96	28.05	6.74	7.28	745.91
贵金属冶炼	78.49	37.12	7.77	0.69	4340.86
金冶炼	71.73	27.61	7.77	0.67	3790.34
银冶炼	4.39	7.92		0.02	289.53
其他贵金属冶炼	2.37	1.59			260.99
稀有稀土金属冶炼	88.43	68.19	1.25	6.76	1473.73
钨钼冶炼	40.82	22.00	0.07	4.35	604.58
稀土金属冶炼	32.05	35.57	0.21	2.12	764.58
其他稀有金属冶炼	15.55	10.62	0.98	0.29	104.57

单位：亿元

营业成本	销售费用	管理费用	财务费用	利息费用	投资收益（损失以“-”号记）	营业利润	利润总额	亏损企业亏损额	平均用工人数（万人）
1232.23	47.10	100.02	27.01	20.64	19.37	162.43	166.92	6.53	15.01
815.55	31.24	64.29	19.85	16.69	12.70	123.33	127.06	4.06	10.39
416.68	15.86	35.73	7.16	3.95	6.66	39.10	39.86	2.47	4.62
5008.28	217.98	340.72	55.76	36.04	11.73	443.61	452.29	18.80	87.53
2615.78	97.04	136.99	24.76	20.61	6.04	203.77	207.05	9.81	33.36
608.68	29.17	46.44	6.01	3.56	6.30	69.01	69.46	1.99	12.28
680.65	40.23	74.98	9.64	5.16	-0.12	84.29	86.52	3.18	12.19
493.10	24.96	36.47	8.61	3.72	0.14	40.84	42.23	1.99	14.99
495.27	22.59	37.80	5.44	2.39	-0.63	35.97	36.95	1.30	12.08
63.21	2.26	3.83	0.89	0.44		5.09	5.30	0.12	1.53
51.60	1.74	4.21	0.42	0.15		4.65	4.77	0.41	1.10
1656.80	99.85	130.91	22.61	14.71	17.64	120.38	127.58	15.31	20.26
30.67	1.02	2.47	0.26	0.12	0.05	2.28	2.47	0.12	0.41
35.98	1.77	3.92	0.60	0.31	0.04	2.16	2.19	0.46	0.65
1590.15	97.05	124.52	21.75	14.28	17.55	115.95	122.92	14.73	19.21
3715.91	134.82	265.30	56.01	51.83	14.10	273.19	273.44	66.06	34.55
1505.01	50.33	117.89	24.46	25.56	5.94	103.87	107.63	36.22	13.91
2210.90	84.49	147.41	31.55	26.27	8.15	169.32	165.81	29.84	20.64
66889.38	686.23	2088.79	552.24	635.66	-64.76	2441.51	2624.31	301.58	213.29
1761.06	9.21	38.22	13.35	9.68	0.64	28.90	25.81	12.08	6.86
8460.68	53.28	279.49	98.73	107.77	-27.97	292.02	326.05	17.36	23.06
53455.05	557.90	1662.57	396.05	477.02	-59.69	2073.08	2210.96	202.87	166.20
3212.59	65.85	108.51	44.10	41.19	22.25	47.50	61.50	69.26	17.17
49812.78	382.06	1330.82	561.52	549.78	85.11	1857.39	1903.69	289.41	162.29
18830.50	130.44	438.05	281.66	295.43	-0.08	709.50	750.02	151.09	61.28
6037.68	25.64	81.18	52.63	63.30	-17.90	150.51	152.53	7.09	10.17
2973.75	16.04	84.33	40.19	36.79	8.11	93.09	91.79	14.82	12.84
1754.89	8.90	28.74	13.58	18.61	-2.26	125.59	125.69	10.99	4.38
305.90	1.14	12.78	2.28	2.20	3.78	23.66	24.19	2.49	2.20
110.59	1.40	6.94	1.04	0.84	0.05	13.15	12.90	1.73	1.09
6666.55	64.19	177.83	158.82	164.60	8.36	320.59	357.72	53.42	23.39
101.06	1.38	4.47	2.44	1.65	0.03	-5.81	-5.33	6.84	1.59
213.41	4.38	11.67	3.25	2.27	-0.22	-42.22	-41.58	46.39	1.91
666.66	7.38	30.11	7.43	5.18	-0.04	30.94	32.09	7.31	3.71
4071.41	8.56	89.06	36.77	38.41	41.60	158.93	147.69	5.48	7.04
3557.71	7.55	76.71	28.03	33.69	21.94	126.37	126.44	4.71	5.77
267.21	0.25	9.95	8.12	4.24	19.66	23.25	6.89	0.73	1.00
246.49	0.75	2.40	0.62	0.48		9.30	14.36	0.04	0.26
1282.37	10.89	60.70	25.67	16.33	9.98	95.67	96.64	5.90	5.54
519.45	3.81	27.06	15.76	5.76	9.12	40.67	40.09	2.32	2.58
672.34	5.98	27.46	7.92	8.35	0.77	50.28	51.52	1.95	2.15
90.58	1.11	6.17	2.00	2.23	0.09	4.73	5.02	1.62	0.81

2-1 续表 31

行业	法人资本	个人资本	港澳台资本	外商资本	营业收入
有色金属合金制造	273.03	140.96	36.64	40.18	3173.88
有色金属压延加工	2265.00	525.25	239.66	186.65	24632.55
铜压延加工	440.70	153.57	27.17	26.87	10602.98
铝压延加工	1566.80	295.74	203.00	99.23	10759.62
贵金属压延加工	13.97	11.76	0.06	5.53	1056.08
稀有稀土金属压延加工	88.39	22.14	2.35	3.68	544.90
其他有色金属压延加工	155.14	42.04	7.08	51.34	1668.97
金属制品业	3068.83	2509.01	570.07	615.27	39034.35
结构性金属制品制造	914.69	904.47	73.28	75.86	12129.25
金属结构制造	711.71	602.53	60.99	52.04	9816.75
金属门窗制造	202.98	301.94	12.29	23.83	2312.50
金属工具制造	143.30	118.17	30.93	57.82	1809.15
切削工具制造	89.42	59.06	8.06	36.50	694.15
手工具制造	19.12	16.59	7.83	7.66	386.58
农用及园林用金属工具制造	7.47	7.42	5.45	0.82	163.34
刀剪及类似日用金属工具制造	3.95	5.89	1.02	5.39	112.36
其他金属工具制造	23.34	29.21	8.58	7.45	452.72
集装箱及金属包装容器制造	323.79	153.12	106.37	66.40	2473.10
集装箱制造	56.04	10.33	26.80	15.17	641.96
金属压力容器制造	119.72	76.68	7.92	13.24	721.61
金属包装容器及材料制造	148.03	66.11	71.65	37.98	1109.53
金属丝绳及其制品制造	216.79	139.40	75.44	43.50	2862.20
建筑、安全用金属制品制造	253.13	219.73	49.53	77.25	3493.12
建筑、家具用金属配件制造	50.67	59.43	26.93	31.87	1391.83
建筑装饰及水暖管道零件制造	134.53	95.99	14.14	24.25	1295.46
安全、消防用金属制品制造	40.61	38.84	2.42	8.37	446.35
其他建筑、安全用金属制品制造	27.32	25.47	6.03	12.76	359.48
金属表面处理及热处理加工	215.84	148.72	21.71	59.10	3252.94
搪瓷制品制造	13.64	7.68	2.43	5.60	162.41
生产专用搪瓷制品制造	2.89	2.73		3.11	37.51
建筑装饰搪瓷制品制造	5.12	1.42	0.05		13.69
搪瓷卫生洁具制造	2.10	1.87	2.07	1.04	45.89
搪瓷日用品及其他搪瓷制品制造	3.53	1.66	0.31	1.46	65.32
金属制日用品制造	102.46	99.03	52.89	57.10	2014.61
金属制厨房用器具制造	17.99	26.30	4.06	14.27	341.99
金属制餐具和器皿制造	43.40	32.83	23.17	21.01	763.00
金属制卫生器具制造	8.08	6.27	4.92	2.53	121.90
其他金属制日用品制造	32.99	33.63	20.74	19.29	787.72
铸造及其他金属制品制造	885.19	718.68	157.48	172.64	10837.56
黑色金属铸造	336.86	331.61	34.04	39.87	4264.88
有色金属铸造	47.96	27.65	3.67	17.89	575.53

单位：亿元

营业成本	销售费用	管理费用	财务费用	利息费用	投资收益（损失以"－"号记）	营业利润	利润总额	亏损企业亏损额	平均用工人数（万人）
2864.99	35.36	128.64	24.87	21.45	18.79	124.68	131.93	19.84	14.40
22763.50	196.80	614.37	192.55	178.16	14.82	768.62	777.42	107.11	74.02
10087.91	43.27	162.66	40.40	39.11	-3.71	215.34	218.79	17.50	14.09
9686.48	127.93	348.67	128.68	117.41	15.66	430.36	425.48	78.23	49.88
1000.89	2.78	17.71	3.98	3.17	0.54	27.74	31.73	1.19	0.94
473.95	4.90	20.61	4.22	5.86	0.90	41.25	42.65	4.21	2.60
1514.27	17.92	64.72	15.27	12.60	1.43	53.93	58.76	5.99	6.52
33895.05	811.82	2056.44	319.79	222.41	36.69	1797.63	1881.71	204.84	356.93
10611.82	257.05	590.36	104.89	72.25	-9.64	487.27	508.56	45.99	95.66
8665.76	186.31	448.47	79.90	55.09	-9.95	371.36	383.63	38.63	69.13
1946.07	70.74	141.89	24.99	17.16	0.31	115.91	124.93	7.36	26.53
1456.04	55.19	135.20	16.68	9.09	2.57	137.98	145.04	5.51	24.53
541.65	21.09	57.39	6.27	4.15	1.51	65.15	68.58	1.92	9.25
309.90	11.31	27.91	3.81	1.88	0.83	32.51	33.31	1.00	5.30
136.52	4.12	11.87	2.21	0.77	0.21	8.05	8.45	0.59	2.31
80.01	9.80	10.86	0.80	0.42	0.47	10.82	11.50	0.26	2.33
387.96	8.86	27.17	3.59	1.87	-0.45	21.44	23.20	1.74	5.34
2109.23	59.77	145.48	30.21	23.68	17.01	141.36	144.64	20.66	21.15
560.07	11.87	27.11	7.56	4.07	5.41	40.95	39.60	1.54	4.42
598.98	17.77	61.58	10.90	9.99	5.77	37.01	39.65	13.15	7.55
950.18	30.13	56.79	11.76	9.62	5.83	63.40	65.38	5.96	9.18
2594.68	44.67	96.97	18.33	15.70	-30.84	69.06	77.50	33.77	14.88
2965.60	88.08	200.58	27.06	15.74	2.95	197.01	204.53	11.58	41.59
1188.85	31.60	73.73	10.80	5.08	0.65	81.51	84.86	4.35	18.29
1105.63	31.11	76.21	9.38	6.34	1.59	69.37	71.38	3.37	15.64
358.18	16.02	30.83	3.68	2.16	0.40	33.09	34.13	2.79	4.49
312.95	9.34	19.81	3.20	2.16	0.31	13.04	14.15	1.07	3.18
2930.16	43.69	133.03	17.54	12.12	-1.63	114.91	127.49	13.21	25.92
136.03	5.08	11.87	1.17	0.46	0.32	7.99	9.03	0.13	2.27
31.93	1.52	2.52	0.22	0.12	0.03	1.38	1.42	0.03	0.45
10.76	0.46	1.19	0.14	0.12	0.21	1.46	1.45		0.15
37.54	1.50	3.56	0.34	0.03	0.07	2.78	3.55	0.08	0.66
55.79	1.61	4.59	0.47	0.18	0.01	2.38	2.60	0.02	1.00
1683.83	67.43	127.85	19.15	10.52	12.62	122.19	128.09	7.06	30.43
290.78	15.86	20.36	2.91	1.67	0.21	11.34	12.23	1.24	4.40
636.12	26.38	49.41	9.23	5.36	10.11	51.29	54.22	2.17	13.13
102.66	4.19	8.75	1.11	0.55	0.12	4.84	5.22	1.07	1.86
654.27	21.00	49.32	5.89	2.93	2.18	54.73	56.42	2.57	11.04
9407.66	190.85	615.10	84.75	62.85	43.34	519.86	536.84	66.92	100.51
3784.24	73.89	190.07	32.56	24.30	13.54	177.04	179.45	22.00	33.96
507.24	9.01	31.46	3.93	2.72	3.38	26.40	29.56	3.25	4.89

2-1 续表 32

行业	法人资本	个人资本	港澳台资本	外商资本	营业收入
锻件及粉末冶金制品制造	239.09	199.81	12.91	34.87	2234.84
交通及公共管理用金属标牌制造	10.86	14.97	0.73	0.20	148.67
其他未列明金属制品制造	250.42	144.65	106.13	79.81	3613.64
通用设备制造业	3384.17	2888.05	472.09	1526.93	41166.75
锅炉及原动设备制造	423.89	261.25	49.51	111.37	4562.13
锅炉及辅助设备制造	97.40	108.38	2.61	17.15	1119.77
内燃机及配件制造	198.13	106.37	31.08	67.99	2137.92
汽轮机及辅机制造	53.05	11.06	6.40	14.96	427.21
水轮机及辅机制造	11.03	3.53		2.83	102.31
风能原动设备制造	62.34	30.93	8.33	6.59	757.59
其他原动设备制造	1.94	0.98	1.09	1.84	17.33
金属加工机械制造	386.24	342.49	66.43	129.01	4265.30
金属切削机床制造	142.52	86.48	29.75	63.72	1089.88
金属成形机床制造	52.45	58.89	9.14	20.21	645.92
铸造机械制造	47.33	46.09	4.94	7.22	561.24
金属切割及焊接设备制造	50.40	63.87	11.67	15.16	691.52
机床功能部件及附件制造	30.70	36.73	6.71	16.66	417.47
其他金属加工机械制造	62.83	50.42	4.21	6.04	859.26
物料搬运设备制造	487.73	473.14	51.53	178.74	6391.12
轻小型起重设备制造	15.14	20.15	1.27	8.13	210.75
生产专用起重机制造	139.60	153.32	6.38	40.80	1876.44
生产专用车辆制造	28.28	25.54	1.74	29.45	627.66
连续搬运设备制造	44.19	70.77	3.34	10.67	454.74
电梯、自动扶梯及升降机制造	212.54	173.08	35.60	82.09	2870.76
客运索道制造	1.39	1.67			22.77
机械式停车设备制造	17.07	16.49	1.59	0.68	72.61
其他物料搬运设备制造	29.51	12.12	1.61	6.92	255.41
泵、阀门、压缩机及类似机械制造	614.29	618.45	62.64	320.66	7356.42
泵及真空设备制造	156.13	187.31	9.43	50.94	1755.94
气体压缩机械制造	169.70	62.88	15.93	106.55	1985.57
阀门和旋塞制造	181.63	269.16	13.83	55.91	1983.46
液压动力机械及元件制造	100.51	91.87	15.34	58.35	1384.43
液力动力机械元件制造	0.84	2.12		1.60	14.29
气压动力机械及元件制造	5.48	5.10	8.11	47.30	232.73
轴承、齿轮和传动部件制造	392.76	240.60	28.47	292.39	3870.24
滚动轴承制造	207.03	116.52	13.96	155.00	1736.75
滑动轴承制造	5.76	9.94	1.21	3.74	99.53
齿轮及齿轮减、变速箱制造	147.48	90.01	11.07	110.50	1592.90
其他传动部件制造	32.49	24.14	2.23	23.14	441.06
烘炉、风机、包装等设备制造	459.15	421.09	75.04	185.04	6204.60
烘炉、熔炉及电炉制造	35.18	16.74	3.64	8.17	240.23
风机、风扇制造	65.41	55.33	2.74	9.33	695.45

单位：亿元

营业成本	销售费用	管理费用	财务费用		投资收益（损失以"–"号记）	营业利润	利润总额	亏损企业亏损额	平均用工人数（万人）
				利息费用					
1881.84	44.94	145.32	25.09	18.90	15.22	124.60	127.84	28.75	21.00
125.47	3.20	9.75	0.54	0.48	0.72	9.75	10.92	0.71	1.38
3108.87	59.80	238.50	22.63	16.46	10.48	182.07	189.07	12.21	39.27
33434.20	1380.63	3168.13	305.14	251.41	178.56	2829.11	2963.26	247.82	400.27
3720.97	132.72	369.55	20.46	35.28	29.27	333.39	341.78	34.48	33.23
919.94	31.22	102.31	10.48	13.37	8.88	71.87	74.36	13.85	10.18
1741.63	64.48	164.55	4.93	13.40	14.28	171.90	177.17	11.48	15.08
348.11	11.31	50.76	-0.91	3.57	6.00	17.73	17.08	2.36	3.13
85.41	1.35	8.28	0.51	0.58	-0.20	4.56	4.87	1.36	0.90
611.34	23.98	41.79	5.21	4.21	0.31	67.21	68.10	4.85	3.73
14.54	0.38	1.86	0.23	0.15		0.11	0.20	0.59	0.22
3437.81	164.79	353.88	40.70	28.83	26.91	259.27	280.92	45.22	45.63
880.41	50.00	104.15	13.61	10.64	15.00	49.99	57.68	19.16	12.62
515.99	25.04	57.62	4.67	4.59	0.60	40.37	45.63	6.75	7.66
468.73	16.70	34.34	5.31	3.28	1.48	32.90	34.47	1.61	5.56
528.26	36.38	70.16	7.24	3.90	7.19	52.62	56.48	4.28	8.01
338.77	10.40	32.98	3.40	1.99	1.90	31.26	33.64	1.62	4.63
705.66	26.27	54.62	6.47	4.43	0.73	52.12	53.03	11.81	7.14
5220.00	232.06	467.68	38.22	40.83	51.32	439.08	452.31	22.27	46.93
174.51	6.09	17.66	2.43	1.66	0.11	8.99	9.60	2.04	2.50
1559.33	53.85	128.51	22.23	22.73	7.66	102.71	103.43	7.58	11.90
538.17	17.86	39.08	1.66	1.60	8.56	35.97	37.37	2.58	3.64
360.86	16.11	40.71	5.37	3.94	3.11	31.41	33.82	1.97	4.67
2305.00	124.57	212.83	3.48	9.09	31.27	237.64	244.60	6.37	21.45
18.13	0.98	1.63	0.03	0.06		1.77	1.79		0.11
54.87	5.24	7.65	1.37	0.63	0.05	3.48	3.80	1.19	0.76
209.13	7.35	19.60	1.64	1.11	0.55	17.14	17.90	0.54	1.88
5852.47	271.47	578.20	59.70	39.79	19.31	588.85	612.26	25.66	74.25
1355.10	88.10	157.77	16.68	11.22	3.03	132.78	138.59	8.03	19.74
1669.01	50.54	127.51	13.49	8.63	10.77	130.64	134.59	5.56	14.36
1566.64	79.93	165.71	19.06	10.88	3.78	144.98	153.85	6.78	23.88
1069.47	44.83	110.64	11.26	8.20	1.33	147.02	150.56	4.82	13.56
11.71	0.47	1.54	0.16	0.12	0.01	0.38	0.36	0.16	0.22
180.54	7.61	15.04	-0.95	0.76	0.40	33.05	34.30	0.30	2.48
3144.95	97.13	273.48	40.98	30.11	16.81	299.14	313.54	28.44	42.86
1418.41	40.96	124.57	19.64	15.44	10.92	125.27	131.85	19.01	22.02
77.36	2.70	9.59	0.71	0.68	0.58	8.83	9.57	0.64	1.44
1282.39	43.25	109.36	16.30	11.92	3.98	136.12	141.81	7.68	15.12
366.79	10.22	29.96	4.33	2.07	1.34	28.92	30.32	1.12	4.27
5020.73	247.90	471.66	39.73	34.66	31.48	423.14	448.00	29.14	59.45
190.82	7.96	23.62	2.29	2.08	0.74	14.65	15.68	1.04	2.44
559.14	28.99	61.52	2.85	4.29	5.65	40.75	43.97	3.32	7.75

2-1 续表 33

行　业	法人资本	个人资本	港澳台资本	外商资本	营业收入
气体、液体分离及纯净设备制造	73.07	82.92	11.83	44.84	1136.34
制冷、空调设备制造	222.66	191.87	29.93	81.47	2581.38
风动和电动工具制造	20.04	25.86	23.23	27.50	1007.19
喷枪及类似器具制造	7.11	6.26	0.46	5.11	116.39
包装专用设备制造	35.68	42.12	3.21	8.62	427.61
文化、办公用机械制造	106.95	67.68	55.20	121.83	1820.83
电影机械制造	0.41	0.46	1.85		21.52
幻灯及投影设备制造	15.88	2.80	20.09	7.61	395.95
照相机及器材制造	26.60	9.08	20.61	49.68	395.63
复印和胶印设备制造	12.90	12.61	4.90	43.47	493.93
计算器及货币专用设备制造	50.20	38.01	6.02	8.40	443.60
其他文化、办公用机械制造	0.96	4.71	1.74	12.66	70.20
通用零部件制造	334.28	332.39	63.63	155.50	4846.38
金属密封件制造	14.75	18.52	2.21	14.15	258.84
紧固件制造	81.15	87.97	32.58	70.34	1259.03
弹簧制造	18.53	14.19	6.95	17.46	253.32
机械零部件加工	175.00	156.63	13.41	31.98	2270.85
其他通用零部件制造	44.86	55.08	8.47	21.57	804.35
其他通用设备制造业	178.87	130.95	19.64	32.39	1849.72
工业机器人制造	95.54	39.00	4.70	7.92	595.34
特殊作业机器人制造	8.64	6.93			32.04
增材制造装备制造	15.00	9.10	0.55	1.79	108.19
其他未列明通用设备制造业	59.69	75.93	14.39	22.69	1114.16
专用设备制造业	3654.56	2468.24	538.70	947.78	33853.37
采矿、冶金、建筑专用设备制造	1368.89	605.17	81.65	268.13	11746.13
矿山机械制造	397.06	188.87	33.20	16.40	2460.60
石油钻采专用设备制造	330.76	142.82	12.25	45.83	1236.72
深海石油钻探设备制造	15.67	5.94	0.06	15.97	116.41
建筑工程用机械制造	237.35	151.46	32.54	152.57	5713.68
建筑材料生产专用机械制造	174.24	41.53	2.55	8.88	693.59
冶金专用设备制造	193.90	68.04	1.05	27.62	1331.44
隧道施工专用机械制造	19.92	6.52		0.85	193.70
化工、木材、非金属加工专用设备制造	413.06	320.12	189.24	162.70	4784.70
炼油、化工生产专用设备制造	107.04	64.90	19.74	13.55	779.94
橡胶加工专用设备制造	31.80	16.23	1.81	3.21	232.58
塑料加工专用设备制造	40.78	30.91	47.81	28.20	821.02
木竹材加工机械制造	5.64	10.04	1.44	4.87	123.84
模具制造	221.18	192.29	118.33	111.03	2746.21
其他非金属加工专用设备制造	6.62	5.75	0.11	1.84	81.11
食品、饮料、烟草及饲料生产专用设备制造	89.20	50.11	4.93	14.63	813.10
食品、酒、饮料及茶生产专用设备制造	21.67	17.96	3.57	9.86	306.49
农副食品加工专用设备制造	36.18	22.31	0.46	4.47	343.56

单位：亿元

营业成本	销售费用	管理费用	财务费用	利息费用	投资收益（损失以"–"号记）	营业利润	利润总额	亏损企业亏损额	平均用工人数（万人）
893.02	50.35	94.08	10.70	8.52	8.36	89.83	97.33	5.54	9.10
2090.88	110.96	186.32	15.00	12.71	12.53	180.11	187.79	15.23	23.21
874.96	19.69	48.97	4.14	4.04	1.11	58.29	60.65	1.25	10.14
90.53	4.98	10.87	1.13	0.62	0.06	8.21	8.60	0.73	1.69
321.38	24.97	46.28	3.61	2.41	3.02	31.30	33.97	2.03	5.12
1551.21	48.42	125.57	9.19	6.59	-4.21	83.36	90.72	15.89	21.45
17.66	1.41	1.75	0.09	0.05	0.21	0.66	0.80	0.27	0.17
352.84	7.46	19.83	1.16	0.57	0.42	14.30	15.35	2.30	3.52
331.49	5.76	30.52	2.72	1.46	-4.70	24.25	25.13	2.95	6.24
447.51	8.56	24.56	2.32	1.75	1.34	10.55	15.30	7.32	5.87
342.29	23.34	42.29	1.56	2.42	-1.62	32.70	33.02	2.02	4.35
59.41	1.89	6.61	1.34	0.34	0.15	0.90	1.12	1.03	1.30
4017.20	116.06	346.78	44.56	25.29	2.47	290.68	302.25	24.69	59.33
197.93	11.55	22.89	2.21	1.55	0.03	20.79	20.96	2.43	3.35
1029.87	35.18	88.80	11.49	6.85	1.56	88.64	91.51	4.50	13.98
201.61	8.04	23.13	2.72	1.24	0.58	16.35	17.09	1.48	3.66
1920.20	44.87	153.95	19.89	10.82	0.73	116.27	122.69	12.48	28.53
667.60	16.41	58.01	8.25	4.84	-0.44	48.63	50.01	3.80	9.82
1468.86	70.08	181.33	11.60	10.02	5.21	112.21	121.47	22.03	17.15
466.00	26.14	71.06	2.70	3.82	2.91	30.38	34.26	14.17	5.06
21.59	2.87	7.02	0.50	0.52	0.28	0.52	0.73	1.91	0.29
79.79	5.76	12.13	1.35	1.15	0.45	9.29	10.38	1.60	1.33
901.48	35.31	91.12	7.06	4.54	1.57	72.01	76.10	4.34	10.47
26321.60	1451.93	2894.29	327.44	277.32	217.94	2888.80	2999.24	257.04	325.64
9481.45	469.44	784.84	123.62	129.18	80.26	892.53	921.63	63.15	74.86
1969.15	84.62	187.93	35.78	33.29	-7.39	142.36	150.04	21.95	21.94
1011.21	42.88	102.93	23.59	15.70	2.30	51.45	57.18	19.10	11.68
99.24	1.63	7.48	0.11	0.43	0.03	6.85	6.88	0.22	0.95
4549.10	283.28	319.56	30.59	46.25	48.42	561.19	570.81	9.42	22.81
580.67	25.29	47.86	7.66	7.29	26.29	47.72	49.20	3.66	5.99
1124.16	27.60	102.41	22.23	22.93	10.04	61.52	66.02	7.36	10.58
147.93	4.13	16.67	3.67	3.30	0.57	21.45	21.51	1.45	0.92
3825.90	135.14	422.04	46.12	33.11	20.44	343.97	358.23	31.68	63.90
638.74	19.51	63.56	9.07	8.39	1.15	43.01	45.59	5.39	7.07
192.41	6.41	19.02	2.50	1.80	1.14	12.44	11.39	1.85	2.06
630.71	37.18	66.38	4.29	3.76	4.50	83.74	86.79	2.63	6.82
99.42	2.86	10.00	0.54	0.40	0.80	11.93	12.07	0.50	1.47
2200.53	65.56	255.32	29.32	18.59	11.77	186.85	195.76	20.77	45.64
64.08	3.61	7.76	0.39	0.17	1.07	6.01	6.63	0.54	0.84
644.33	30.45	73.60	6.37	4.36	2.54	55.66	56.42	4.44	9.18
242.47	11.95	28.40	2.42	1.52	0.25	18.75	18.89	3.69	3.46
278.90	12.49	23.78	3.52	2.31	1.59	24.90	25.65	0.53	3.85

2-1 续表 34

行业	法人资本	个人资本	港澳台资本	外商资本	营业收入
烟草生产专用设备制造	28.75	6.70	0.89		126.09
饲料生产专用设备制造	2.60	3.14		0.30	36.96
印刷、制药、日化及日用品生产专用设备制造	163.04	87.12	17.53	47.75	1216.30
制浆和造纸专用设备制造	7.19	12.27	2.83	14.79	221.62
印刷专用设备制造	37.03	30.83	5.88	22.48	349.30
日用化工专用设备制造	6.03	2.70		0.26	36.22
制药专用设备制造	24.99	18.25	0.61	4.11	205.06
照明器具生产专用设备制造	2.99	10.09	0.84	0.38	46.71
玻璃、陶瓷和搪瓷制品生产专用设备制造	82.67	7.12	2.70	1.42	293.54
其他日用品生产专用设备制造	2.15	5.86	4.67	4.32	63.86
纺织、服装和皮革加工专用设备制造	81.98	79.52	23.65	41.23	1052.36
纺织专用设备制造	50.73	53.53	14.00	20.92	751.83
皮革、毛皮及其制品加工专用设备制造	1.07	2.32	0.26	0.28	15.30
缝制机械制造	29.22	19.99	6.86	18.74	269.52
洗涤机械制造	0.96	3.69	2.53	1.29	15.70
电子和电工机械专用设备制造	257.49	311.97	83.71	45.12	2103.25
电工机械专用设备制造	34.97	29.05	2.95	6.98	393.37
半导体器件专用设备制造	106.62	24.01	57.11	13.01	507.58
电子元器件与机电组件设备制造	61.06	31.48	14.29	15.47	490.04
其他电子专用设备制造	54.83	227.44	9.37	9.66	712.26
农、林、牧、渔专用机械制造	183.84	100.47	12.16	92.05	2073.62
拖拉机制造	51.83	17.88	0.29	32.97	410.31
机械化农业及园艺机具制造	101.12	50.43	10.79	51.30	1012.03
营林及木竹采伐机械制造	0.18	0.53		0.06	8.99
畜牧机械制造	13.10	10.33		5.06	308.06
渔业机械制造	0.22	1.96			15.94
农林牧渔机械配件制造	9.29	12.80	1.07	2.31	176.72
棉花加工机械制造	1.41	0.75		0.09	12.63
其他农、林、牧、渔业机械制造	6.69	5.80		0.27	128.93
医疗仪器设备及器械制造	490.66	302.56	98.89	197.24	4427.94
医疗诊断、监护及治疗设备制造	202.82	96.71	21.04	63.54	1664.80
口腔科用设备及器具制造	5.30	3.00	2.24	8.26	78.78
医疗实验室及医用消毒设备和器具制造	9.93	7.22	0.23	4.06	132.17
医疗、外科及兽医用器械制造	101.94	97.87	13.75	36.16	1099.25
机械治疗及病房护理设备制造	18.88	11.01	3.20	8.59	185.86
康复辅具制造	16.42	16.64	7.74	11.71	185.39
眼镜制造	28.98	17.48	25.27	33.40	368.70
其他医疗设备及器械制造	106.41	52.63	25.42	31.52	712.99
环保、邮政、社会公共服务及其他专用设备制造	606.40	611.19	26.96	78.93	5635.97
环境保护专用设备制造	337.72	355.34	14.00	30.89	2831.18
地质勘查专用设备制造	1.44	1.05	0.02		39.33
邮政专用机械及器材制造	1.57	1.16			26.43

单位：亿元

营业成本	销售费用	管理费用	财务费用	利息费用	投资收益（损失以“–”号记）	营业利润	利润总额	亏损企业亏损额	平均用工人数（万人）
93.12	4.65	17.06	0.15	0.34	0.62	11.07	10.73	0.04	1.40
29.85	1.36	4.37	0.29	0.19	0.08	0.94	1.15	0.19	0.47
965.12	51.45	106.51	10.17	6.23	4.59	83.04	88.08	9.00	13.32
176.99	10.57	16.83	1.41	0.73	0.29	15.15	15.73	1.07	1.96
281.74	15.51	32.42	3.07	1.96	0.29	14.21	16.34	4.31	4.56
28.35	1.37	3.60	0.53	0.30		2.15	2.23	0.31	0.44
148.41	12.28	24.69	1.65	1.06	1.03	17.52	18.63	1.83	3.02
38.71	1.85	3.50	0.61	0.41	0.01	1.95	2.05	0.36	0.58
239.19	8.15	19.29	2.38	1.61	2.80	28.40	29.15	0.55	1.94
51.73	1.72	6.17	0.53	0.14	0.17	3.67	3.95	0.58	0.81
846.57	36.10	93.25	9.05	6.27	4.10	66.94	78.43	8.25	12.85
604.34	24.63	63.38	6.28	4.43	1.72	50.43	58.93	5.49	7.98
12.39	0.56	1.59	0.12	0.06	0.02	0.65	0.83	0.01	0.25
217.05	9.92	26.01	2.40	1.68	2.36	16.58	19.44	1.74	4.32
12.78	1.00	2.27	0.25	0.11	-0.01	-0.72	-0.77	1.02	0.30
1621.37	72.76	224.06	19.48	12.16	8.10	175.80	184.67	23.53	27.08
314.37	13.55	33.93	3.24	2.31	-0.31	24.52	25.11	4.46	4.51
380.80	17.75	64.77	4.83	3.34	5.93	57.04	59.14	7.26	4.56
391.77	12.47	49.86	4.38	2.90	0.96	29.92	32.09	5.88	10.58
534.42	29.00	75.51	7.03	3.61	1.52	64.32	68.34	5.93	7.43
1749.29	64.03	130.84	14.05	11.53	7.55	102.22	105.16	17.32	18.34
368.61	6.64	25.31	3.60	3.39	5.57	-0.16	0.64	7.13	2.87
839.67	33.99	66.59	6.58	5.79	1.17	60.05	62.08	8.58	9.41
7.49	0.26	0.49	0.06	0.03		0.67	0.68	0.05	0.10
251.16	15.80	19.06	1.18	0.68	0.69	20.75	21.00	0.57	2.53
13.33	0.41	1.21	0.03	0.02		0.88	0.93	0.03	0.20
150.68	3.50	9.52	1.63	0.92	0.07	10.39	10.97	0.66	2.20
10.55	0.37	1.04	0.13	0.05	0.01	0.49	0.60	0.01	0.14
107.80	3.05	7.62	0.84	0.64	0.05	9.15	8.26	0.29	0.89
2830.22	357.46	528.16	39.24	25.17	64.20	730.09	748.34	38.27	55.91
968.92	156.57	222.39	12.85	7.78	35.76	341.63	348.93	16.10	14.46
53.01	4.99	9.55	0.46	0.22	0.26	10.95	11.31	1.21	1.14
91.21	12.22	13.38	1.34	2.34	3.21	15.90	16.99	0.18	1.48
731.52	72.53	115.71	11.26	5.83	12.81	175.85	179.73	7.59	14.35
124.10	13.69	21.53	0.72	0.48	1.47	26.77	27.27	0.88	2.33
109.13	23.12	21.67	1.04	0.43	0.65	29.99	30.29	2.02	3.16
293.57	13.96	33.86	3.67	2.00	-0.01	21.47	23.47	3.36	10.17
458.76	60.37	90.06	7.90	6.09	10.05	107.52	110.35	6.93	8.83
4357.35	235.11	531.00	59.33	49.31	26.17	438.55	458.27	61.40	50.21
2184.88	108.11	256.64	34.22	30.77	15.16	240.03	250.68	25.58	23.02
32.39	1.22	3.82	0.38	0.07	0.09	2.81	2.82	0.17	0.45
21.23	1.02	2.68	0.10	0.13		1.20	1.27	0.05	0.23

2-1 续表 35

行　业					营业收入
	法人资本	个人资本	港澳台资本	外商资本	
商业、饮食、服务专用设备制造	5.43	6.02	1.53	4.74	69.50
社会公共安全设备及器材制造	47.61	43.66	0.54	8.79	520.75
交通安全、管制及类似专用设备制造	15.77	18.94		0.30	177.65
水资源专用机械制造	23.57	24.28	0.64	5.14	190.27
其他专用设备制造	173.29	160.74	10.22	29.06	1780.87
汽车制造业	6579.73	1456.31	589.11	2851.90	81703.92
汽车整车制造	3149.24	168.44	118.12	807.09	39518.51
汽柴油车整车制造	2725.89	120.92	86.03	800.41	37594.20
新能源车整车制造	423.35	47.52	32.09	6.68	1924.32
汽车用发动机制造	218.14	13.66		130.09	2347.50
改装汽车制造	204.83	95.35	3.04	4.54	1755.82
低速汽车制造	2.47	1.00		11.10	67.10
电车制造	19.24	5.62			128.73
汽车车身、挂车制造	89.13	61.00	2.83	21.58	1126.67
汽车零部件及配件制造	2896.67	1111.24	465.12	1877.50	36759.58
铁路、船舶、航空航天和其他运输设备制造业	2812.38	509.55	150.12	946.73	15511.30
铁路运输设备制造	533.06	125.19	7.74	28.35	3696.83
高铁车组制造	61.11	1.16		4.84	1026.10
铁路机车车辆制造	162.41	0.84			648.29
窄轨机车车辆制造	2.59	1.91		0.66	35.44
高铁设备、配件制造	65.51	29.67	1.98	5.15	529.49
铁路机车车辆配件制造	95.74	28.38	3.22	11.36	612.98
铁路专用设备及器材、配件制造	120.25	61.13	1.48	6.34	742.80
其他铁路运输设备制造	25.43	2.11	1.05		101.72
城市轨道交通设备制造	79.86	9.09	0.17	6.23	560.17
船舶及相关装置制造	1146.93	113.50	45.74	160.34	3671.82
金属船舶制造	850.20	54.66	14.42	74.79	2454.69
非金属船舶制造	10.35	5.38	0.05	0.91	84.59
娱乐船和运动船制造	6.42	3.53	1.51	2.81	29.99
船用配套设备制造	48.43	35.61	1.59	25.91	533.42
船舶改装	0.31	0.41	7.83		40.10
船舶拆除	0.78	4.86	0.81		54.04
海洋工程装备制造	229.62	8.60	19.53	55.90	469.73
航标器材及其他相关装置制造	0.82	0.43			5.25
航空、航天器及设备制造	744.47	60.82	43.11	670.41	3463.91
飞机制造	528.28	31.21	39.81	659.37	2363.65
航天器及运载火箭制造	25.57	1.03			296.66
航天相关设备制造	74.71	8.06		2.39	384.91
航空相关设备制造	79.73	14.30	2.57	5.45	250.78
其他航空航天器制造	36.18	6.22	0.74	3.19	167.91
摩托车制造	148.27	95.15	31.54	28.80	2157.52
摩托车整车制造	70.96	27.13	23.79	8.17	935.12
摩托车零部件及配件制造	77.31	68.02	7.74	20.63	1222.40

单位：亿元

营业成本	销售费用	管理费用	财务费用	利息费用	投资收益(损失以“-”号记)	营业利润	利润总额	亏损企业亏损额	平均用工人数(万人)
52.78	4.84	7.76	0.44	0.40	0.90	4.31	4.68	0.80	0.97
398.53	28.60	47.58	4.47	2.89	1.78	40.96	43.96	1.75	5.41
152.01	5.84	11.35	1.95	0.79	0.41	6.15	6.72	1.91	1.36
147.51	12.54	19.03	2.50	2.17	0.33	7.33	6.97	6.19	1.91
1368.02	72.94	182.15	15.27	12.09	7.50	135.77	141.17	24.96	16.86
68711.20	2194.74	4946.08	272.25	392.79	1018.93	4988.05	5062.89	1100.67	417.36
33491.88	1277.71	2099.06	41.44	182.71	720.62	1970.99	1982.79	720.88	91.12
31716.63	1245.85	1964.13	8.56	152.84	716.38	2023.20	2025.65	599.34	81.43
1775.25	31.86	134.93	32.88	29.87	4.24	-52.21	-42.86	121.54	9.69
1980.11	38.17	98.47	2.33	7.23	2.26	224.23	223.11	15.04	6.77
1500.93	54.29	103.03	13.49	12.25	3.00	82.32	87.29	20.03	10.88
56.20	1.92	5.08	0.07	0.97	0.02	3.63	3.89	0.38	0.84
113.71	2.61	5.49	1.19	0.45	-0.11	5.44	5.87	1.38	1.15
962.10	24.66	69.43	7.88	5.49	1.01	60.48	60.95	7.11	9.78
30606.26	795.38	2565.53	205.85	183.68	292.13	2640.97	2698.99	335.84	296.82
13137.65	298.49	1250.05	112.72	126.93	119.08	779.97	817.37	213.72	159.52
2938.88	109.19	356.07	17.41	18.44	30.71	309.69	318.92	10.51	29.72
844.70	25.71	90.41	-2.28	0.95	-0.27	69.35	72.49	1.66	4.99
547.05	14.80	65.63	5.28	3.10	3.98	25.76	26.15	2.29	5.68
28.50	0.90	2.52	0.85	0.71	0.01	2.70	2.79	0.09	0.28
401.92	14.28	53.59	4.06	4.53	11.19	65.58	66.75	2.25	4.50
473.74	21.45	61.94	4.67	3.84	5.68	51.92	53.54	1.83	6.34
556.31	29.83	73.28	4.14	4.61	9.61	85.81	87.63	2.17	6.88
86.66	2.22	8.69	0.69	0.69	0.51	8.58	9.58	0.21	1.05
479.52	14.31	36.87	1.81	2.27	1.15	25.92	27.19	4.97	2.56
3295.90	33.69	297.02	42.60	55.73	40.26	16.07	29.83	145.73	34.78
2228.47	16.93	201.66	22.98	42.12	38.76	12.70	21.37	97.68	22.55
70.55	2.24	6.58	0.79	0.67	0.09	3.84	3.90	0.37	0.64
24.58	0.88	3.24	0.26	0.26	0.02	0.81	0.90	0.60	0.57
456.11	9.77	45.20	4.44	3.07	1.19	17.55	20.39	2.92	6.42
32.40	0.49	2.17	0.54	0.19		4.87	4.95		0.63
51.41	0.18	1.21	0.23	0.28	0.10	0.94	0.96	0.78	0.07
428.00	3.11	36.37	13.31	9.09	0.10	-24.72	-22.75	43.37	3.83
4.38	0.10	0.60	0.07	0.05		0.08	0.12		0.07
2901.75	34.56	318.88	26.23	33.54	26.74	203.36	210.53	37.89	36.59
2036.01	24.18	191.32	15.40	21.46	19.62	117.15	121.28	29.45	25.28
247.34	1.17	28.99	2.34	3.08	0.88	19.77	20.48	0.73	2.25
313.34	2.72	40.54	3.00	3.11	0.72	23.86	24.59	4.82	3.62
186.25	3.86	36.22	2.78	2.94	4.83	23.80	24.93	1.86	3.54
118.81	2.63	21.81	2.71	2.95	0.69	18.78	19.25	1.03	1.90
1820.17	49.88	133.55	14.09	12.18	14.75	143.53	144.24	6.14	23.57
790.25	22.93	59.71	4.38	3.77	2.92	57.62	58.18	3.16	6.29
1029.92	26.95	73.84	9.70	8.42	11.82	85.91	86.06	2.98	17.27

2-1 续表 36

行业	法人资本	个人资本	港澳台资本	外商资本	营业收入
自行车和残疾人座车制造	106.90	22.35	15.04	38.72	625.45
自行车制造	106.11	20.36	12.80	36.30	590.78
残疾人座车制造	0.79	1.99	2.24	2.42	34.67
助动车制造	34.70	64.45	1.61	2.09	976.75
非公路休闲车及零配件制造	9.20	11.51	1.99	7.83	239.69
潜水救捞及其他未列明运输设备制造	8.97	7.50	3.18	3.96	119.17
潜水装备制造	0.83	1.03	1.06	0.43	5.46
水下救捞装备制造	1.61	0.09	0.04	1.40	4.64
其他未列明运输设备制造	6.53	6.38	2.08	2.13	109.07
电气机械和器材制造业	7280.73	5107.08	765.36	1481.31	69306.55
电机制造	702.20	372.64	90.85	297.48	8757.07
发电机及发电机组制造	419.60	159.24	26.72	119.80	5035.04
电动机制造	158.70	108.04	15.93	74.45	1804.55
微特电机及组件制造	66.61	53.55	33.58	82.96	1093.96
其他电机制造	57.30	51.81	14.62	20.27	823.52
输配电及控制设备制造	2847.78	2786.08	185.70	312.82	19393.91
变压器、整流器和电感器制造	435.79	247.03	50.95	72.88	3539.36
电容器及其配套设备制造	24.26	18.75	3.81	7.07	205.61
配电开关控制设备制造	547.20	645.29	31.45	66.22	5044.08
电力电子元器件制造	207.26	159.44	50.73	85.13	2581.42
光伏设备及元器件制造	1424.68	219.16	44.44	68.69	6251.06
其他输配电及控制设备制造	208.60	1496.40	4.33	12.84	1772.39
电线、电缆、光缆及电工器材制造	1334.31	1040.63	113.24	203.62	13176.70
电线、电缆制造	947.30	883.10	83.04	159.31	11178.39
光纤制造	189.24	17.99	3.56	25.28	439.59
光缆制造	122.34	78.17	6.44	4.33	737.73
绝缘制品制造	49.47	36.06	19.02	8.67	516.58
其他电工器材制造	25.96	25.31	1.19	6.04	304.40
电池制造	1289.13	269.94	132.82	357.57	8192.73
锂离子电池制造	995.69	184.95	92.65	282.24	5638.41
镍氢电池制造	34.55	7.34	2.59	8.39	214.26
铅蓄电池制造	70.30	35.25	18.95	47.84	1040.42
锌锰电池制造	15.30	3.60	1.64	8.03	134.90
其他电池制造	173.29	38.80	16.99	11.07	1164.75
家用电力器具制造	725.61	277.77	155.29	197.45	15020.80
家用制冷电器具制造	152.87	49.34	30.01	49.91	2000.84
家用空气调节器制造	205.67	57.46	10.41	47.90	6536.68
家用通风电器具制造	20.47	15.15	18.06	7.56	615.43
家用厨房电器具制造	133.05	54.25	30.74	27.85	2064.43
家用清洁卫生电器具制造	116.45	15.32	12.99	31.68	1831.27
家用美容、保健护理电器具制造	28.09	27.15	29.32	11.40	572.98

单位：亿元

营业成本	销售费用	管理费用	财务费用		投资收益（损失以“-”号记）	营业利润	利润总额	亏损企业亏损额	平均用工人数（万人）
				利息费用					
545.67	16.58	32.34	4.65	1.68	1.67	25.20	27.02	2.07	8.96
516.89	15.72	29.72	4.36	1.62	1.67	23.26	24.99	2.04	8.27
28.79	0.86	2.62	0.29	0.06		1.94	2.02	0.04	0.68
859.10	28.92	50.20	1.60	1.51	3.25	36.61	39.64	2.25	19.04
197.36	7.20	17.31	3.38	1.15	0.05	13.61	13.52	3.02	3.02
99.29	4.16	7.81	0.96	0.43	0.50	5.98	6.48	1.15	1.29
4.24	0.15	1.68	0.13	0.09	0.49	-0.37	-0.43	0.66	0.21
3.58	0.11	0.61	0.06	0.03		0.27	0.32		0.11
91.47	3.89	5.52	0.77	0.31	0.01	6.08	6.59	0.49	0.97
58096.38	2448.16	4315.79	502.31	410.36	435.48	4115.30	4275.53	527.43	557.71
7437.58	244.55	533.34	44.60	41.97	26.65	507.97	526.16	68.31	65.54
4360.28	147.60	251.41	13.28	20.97	-15.99	233.99	238.81	52.68	18.18
1488.91	53.67	135.44	11.65	9.38	7.09	119.15	126.70	8.21	20.17
899.03	25.57	87.98	15.20	8.80	9.96	75.85	79.26	5.53	15.46
689.37	17.70	58.51	4.46	2.82	25.59	78.97	81.38	1.88	11.73
16167.32	636.02	1345.55	173.16	124.67	155.24	1184.70	1244.49	175.77	156.72
2903.10	149.48	256.87	36.57	28.63	21.49	198.59	220.24	19.54	33.30
162.93	8.24	18.05	2.03	1.30	0.22	13.51	13.99	1.11	2.65
4004.03	220.20	418.40	37.91	30.92	41.00	444.38	466.44	19.41	46.32
2062.34	67.79	209.95	16.72	9.73	6.85	220.71	228.81	12.58	32.56
5599.61	115.45	311.62	62.87	39.74	70.19	192.55	198.76	114.19	27.37
1435.32	74.88	130.66	17.06	14.36	15.49	114.96	116.25	8.95	14.51
11605.07	307.97	606.36	130.20	99.35	51.35	521.30	543.50	47.62	78.70
9903.89	253.34	476.64	97.37	70.28	19.50	408.90	428.40	29.13	64.02
379.76	10.01	32.88	5.36	4.64	1.46	14.14	15.69	11.04	3.25
649.15	19.68	39.84	19.53	20.02	28.36	39.19	41.28	3.25	3.38
421.42	16.11	38.86	5.50	3.04	1.45	33.90	34.44	3.66	5.24
250.85	8.83	18.15	2.45	1.37	0.59	25.17	23.69	0.54	2.81
6936.38	154.99	523.04	72.56	79.66	39.61	472.33	477.36	142.25	67.27
4755.28	110.70	383.61	41.19	51.74	14.74	331.13	330.80	129.58	47.63
181.13	4.16	13.77	2.61	0.99	3.73	15.43	15.70	0.64	1.92
908.35	13.71	47.83	6.69	6.43	15.49	51.71	53.53	4.80	8.15
99.58	9.94	9.24	1.38	0.53	0.34	13.94	15.26	0.60	1.23
992.04	16.48	68.59	20.69	19.97	5.30	60.13	62.08	6.63	8.34
12085.24	913.59	918.63	41.96	42.82	142.40	1151.69	1193.66	55.99	122.99
1717.62	88.66	95.68	9.24	5.45	55.47	142.65	145.86	3.54	14.11
5066.03	481.12	387.32	-12.18	15.55	66.75	648.15	673.50	30.73	27.62
485.54	35.95	48.63	5.43	2.78	3.28	40.89	41.54	1.59	9.26
1701.34	87.91	134.96	16.50	7.59	9.30	128.63	133.19	6.73	30.21
1452.43	162.27	110.43	4.15	3.19	5.24	103.70	106.57	6.88	11.50
469.37	24.90	41.60	6.02	1.77	1.76	32.78	34.26	1.65	8.66

2-1 续表 37

行业	法人资本	个人资本	港澳台资本	外商资本	营业收入
家用电力器具专用配件制造	42.39	32.16	5.19	8.09	762.22
其他家用电力器具制造	26.61	26.95	18.57	13.05	636.95
非电力家用器具制造	83.93	60.14	11.36	13.88	805.79
燃气及类似能源家用器具制造	50.30	25.63	2.00	12.61	505.40
太阳能器具制造	27.37	25.77	7.32	0.45	167.76
其他非电力家用器具制造	6.26	8.74	2.04	0.81	132.63
照明器具制造	237.07	231.05	72.88	89.72	3355.48
电光源制造	44.78	47.37	14.27	21.79	612.21
照明灯具制造	132.20	131.83	46.34	52.57	1987.59
舞台及场地用灯制造	18.19	26.68	2.20	7.52	309.69
智能照明器具制造	30.27	11.69	0.86	2.21	144.27
灯用电器附件及其他照明器具制造	11.64	13.49	9.20	5.64	301.72
其他电气机械及器材制造	60.70	68.83	3.22	8.77	604.07
电气信号设备装置制造	27.13	35.16	0.47	4.74	234.18
其他未列明电气机械及器材制造	33.57	33.67	2.74	4.03	369.89
计算机、通信和其他电子设备制造业	13764.33	3281.94	3069.53	5009.22	123807.96
计算机制造	511.48	217.61	451.43	433.83	22132.24
计算机整机制造	125.82	26.01	133.59	103.55	14519.35
计算机零部件制造	115.83	45.68	201.93	212.61	3360.84
计算机外围设备制造	125.15	86.17	79.59	79.38	2725.51
工业控制计算机及系统制造	17.38	10.58	24.56	2.34	232.32
信息安全设备制造	20.07	9.62	1.47	0.73	108.69
其他计算机制造	107.23	39.54	10.29	35.21	1185.53
通信设备制造	1703.10	959.21	417.89	277.84	40944.50
通信系统设备制造	620.39	221.25	47.49	69.39	6907.69
通信终端设备制造	1082.72	737.95	370.40	208.45	34036.81
广播电视设备制造	99.65	105.43	90.21	49.63	1690.73
广播电视节目制作及发射设备制造	11.23	8.42	0.03	3.67	80.44
广播电视接收设备制造	24.15	43.85	86.32	23.39	565.11
广播电视专用配件制造	4.81	6.17	1.11	3.27	76.32
专业音响设备制造	14.51	2.91	0.19	5.76	250.58
应用电视设备及其他广播电视设备制造	44.95	44.08	2.55	13.54	718.28
雷达及配套设备制造	34.08	6.50	0.16	0.80	470.90
非专业视听设备制造	300.51	201.64	85.42	158.42	7052.17
电视机制造	194.72	126.40	35.43	54.72	4280.20
音响设备制造	61.82	41.23	31.62	51.46	1518.56
影视录放设备制造	43.97	34.00	18.37	52.24	1253.41
智能消费设备制造	370.70	155.97	62.24	99.07	5051.77
可穿戴智能设备制造	69.27	17.99	8.05	5.53	1172.70
智能车载设备制造	32.00	26.65	9.24	19.94	680.22
智能无人飞行器制造	17.71	4.76	4.60		296.19
服务消费机器人制造	14.48	6.16	0.10		115.37
其他智能消费设备制造	237.24	100.40	40.25	73.60	2787.30

单位：亿元

营业成本	销售费用	管理费用	财务费用		投资收益（损失以“–”号记）	营业利润	利润总额	亏损企业亏损额	平均用工人数（万人）
				利息费用					
659.77	13.68	51.00	6.57	3.75	-0.25	28.74	30.88	2.90	10.64
533.14	19.11	49.03	6.22	2.73	0.83	26.16	27.86	1.99	10.99
635.49	53.66	59.91	6.59	4.52	1.91	50.15	52.49	4.63	8.93
386.79	42.95	36.45	3.50	2.23	0.98	36.42	37.68	2.53	5.42
139.44	7.40	14.73	2.06	1.78	0.87	4.17	5.05	1.93	1.70
109.26	3.31	8.74	1.03	0.51	0.06	9.55	9.76	0.18	1.80
2743.87	113.10	271.32	29.50	14.31	15.32	194.35	202.93	26.98	49.92
504.97	18.05	47.80	5.68	2.89	4.52	37.33	38.54	3.75	9.71
1617.48	71.89	165.26	16.86	8.09	5.59	109.93	114.68	18.17	28.55
255.64	10.09	23.43	3.04	1.47	0.26	16.16	17.45	3.49	4.11
110.40	6.31	13.56	1.81	0.75	4.82	16.01	16.41	0.59	2.54
255.37	6.77	21.28	2.12	1.11	0.13	14.93	15.84	0.97	5.01
485.42	24.28	57.64	3.76	3.06	2.99	32.81	34.94	5.88	7.64
185.99	11.42	23.20	1.57	1.43	1.29	11.61	12.64	3.09	3.44
299.43	12.85	34.44	2.19	1.63	1.70	21.20	22.30	2.79	4.20
107000.35	2666.20	8259.70	559.02	692.46	881.48	6074.30	6252.94	1003.22	914.84
20590.30	273.62	670.80	19.19	57.31	85.51	649.94	685.91	42.37	124.99
14017.32	124.20	227.13	-28.63	32.92	18.60	208.17	214.10	3.08	41.71
2917.43	43.13	177.62	31.65	10.44	33.25	206.12	228.65	14.62	48.08
2401.71	54.13	136.60	19.35	10.66	16.87	121.93	126.51	15.15	23.45
181.98	10.59	20.65	0.65	0.18	0.96	20.04	20.63	0.71	1.77
76.93	4.53	18.45	-0.26	0.37	0.56	12.08	12.59	1.39	0.81
994.94	37.04	90.34	-3.57	2.74	15.27	81.61	83.42	7.41	9.17
34661.59	1288.01	3334.57	97.90	202.83	485.19	1955.88	1980.48	166.29	198.71
5472.48	288.57	693.43	66.95	57.17	65.80	449.41	454.97	87.05	47.36
29189.10	999.44	2641.14	30.94	145.66	419.39	1506.47	1525.51	79.24	151.35
1423.79	48.20	113.24	10.39	11.19	4.62	91.90	95.33	11.46	17.68
68.88	2.31	5.83	0.43	0.38	0.15	3.35	3.61	0.22	0.68
473.33	16.71	41.33	4.56	2.02	2.21	27.87	29.53	5.49	6.81
66.60	2.20	5.24	0.51	0.29	0.01	1.55	1.70	0.18	1.28
223.43	2.84	17.09	0.29	0.46	0.26	6.45	6.76	1.44	3.42
591.55	24.14	43.74	4.60	8.03	2.00	52.68	53.73	4.13	5.50
383.12	5.83	56.09	3.44	6.34	6.54	29.32	29.66	8.22	3.97
6356.27	161.47	324.95	42.42	43.51	82.70	203.79	209.97	44.36	45.13
3913.24	122.19	151.23	26.40	36.82	71.33	103.51	94.24	28.79	15.06
1308.96	25.56	114.11	8.69	4.50	-1.59	52.16	65.32	9.50	21.87
1134.07	13.71	59.60	7.32	2.18	12.96	48.13	50.40	6.07	8.19
4330.26	125.81	337.78	25.09	24.80	23.30	271.23	280.42	44.55	43.06
1052.05	9.38	50.70	2.15	1.94	2.30	61.46	62.44	5.77	10.89
526.84	32.93	81.82	2.18	2.35	4.17	44.90	45.50	5.55	4.71
254.25	7.50	24.67	4.69	1.97	-0.14	4.32	5.59	8.75	1.53
89.84	8.96	16.82	1.55	0.81	0.20	-1.56	-1.26	10.81	0.92
2407.28	67.04	163.77	14.52	17.73	16.77	162.11	168.15	13.66	25.02

2-1 续表 38

行业	法人资本	个人资本	港澳台资本	外商资本	营业收入
电子器件制造	8255.40	614.43	988.04	2803.67	23358.16
电子真空器件制造	120.14	27.06	27.15	22.30	1050.93
半导体分立器件制造	155.81	54.41	92.22	134.90	1326.82
集成电路制造	2451.70	139.08	480.16	1694.98	5411.10
显示器件制造	3417.40	108.58	244.86	590.30	8888.14
半导体照明器件制造	972.48	77.35	42.91	57.31	1231.89
光电子器件制造	880.84	153.69	45.85	190.10	3475.81
其他电子器件制造	257.03	54.27	54.88	113.78	1973.48
电子元件及电子专用材料制造	2036.99	886.55	894.91	1043.60	19951.71
电阻电容电感元件制造	154.89	127.78	119.27	174.41	2495.84
电子电路制造	401.91	222.20	358.77	365.33	4925.11
敏感元件及传感器制造	107.59	35.48	24.13	36.35	864.12
电声器件及零件制造	25.56	56.43	35.91	7.99	949.04
电子专用材料制造	948.32	227.15	187.26	148.85	4825.12
其他电子元件制造	398.73	217.51	169.56	310.67	5892.47
其他电子设备制造	452.42	134.60	79.23	142.35	3155.77
仪器仪表制造业	858.24	706.85	118.81	223.09	8188.40
通用仪器仪表制造	567.81	466.62	61.23	129.32	5064.23
工业自动控制系统装置制造	299.64	246.38	49.53	94.18	2984.36
电工仪器仪表制造	124.56	98.22	3.89	3.85	773.55
绘图、计算及测量仪器制造	17.26	8.58	1.31	6.00	227.31
实验分析仪器制造	21.02	26.06	3.42	10.28	296.39
试验机制造	13.29	16.25	0.59	5.24	144.41
供应用仪器仪表制造	70.50	40.52	2.13	2.31	364.73
其他通用仪器制造	21.55	30.62	0.36	7.47	273.49
专用仪器仪表制造	140.10	144.45	6.60	47.70	1465.03
环境监测专用仪器仪表制造	30.55	33.03	0.63	2.15	230.35
运输设备及生产用计数仪表制造	16.77	20.06	1.68	22.62	299.94
导航、测绘、气象及海洋专用仪器制造	27.32	14.44	0.49	7.56	175.47
农林牧渔专用仪器仪表制造	3.50	2.13	0.07	1.74	31.37
地质勘探和地震专用仪器制造	3.87	10.52		1.59	44.44
教学专用仪器制造	2.97	9.44			49.22
核子及核辐射测量仪器制造	1.95	0.43		0.25	13.99
电子测量仪器制造	27.65	22.11	2.76	7.97	354.05
其他专用仪器制造	25.51	32.29	0.97	3.81	266.20
钟表与计时仪器制造	10.63	8.82	26.80	7.74	277.09
光学仪器制造	107.69	53.54	19.27	29.55	1020.51
衡器制造	8.09	13.99	0.61	4.32	166.39
其他仪器仪表制造业	23.93	19.44	4.30	4.47	195.14
其他制造业	190.52	108.11	34.07	65.71	2427.70
日用杂品制造	72.82	52.25	24.08	50.04	1154.73

单位：亿元

营业成本	销售费用	管理费用	财务费用	利息费用	投资收益（损失以“-”号记）	营业利润	利润总额	亏损企业亏损额	平均用工人数（万人）
20015.32	335.32	1736.14	183.05	223.75	120.84	1315.95	1360.86	431.57	196.46
868.43	19.35	71.53	4.30	2.78	14.22	101.20	105.82	3.45	13.36
1113.79	21.18	92.04	9.54	6.16	4.53	99.34	103.80	9.56	14.20
4338.39	69.03	629.00	30.06	63.02	39.37	496.79	510.33	227.61	33.72
7940.53	104.96	476.36	92.01	101.83	17.39	282.03	296.52	126.17	64.51
1061.11	20.37	90.36	15.25	18.84	11.02	62.77	64.79	16.78	12.29
3027.96	54.07	225.62	17.95	21.40	24.35	172.19	177.35	34.95	31.11
1665.11	46.37	151.23	13.94	9.72	9.97	101.63	102.25	13.05	27.27
16713.80	337.36	1403.97	152.42	101.35	63.41	1338.80	1384.10	219.98	245.57
2039.15	56.18	184.79	14.92	12.26	-44.64	144.24	150.31	71.05	37.47
4194.18	71.81	324.21	37.86	23.49	25.52	305.96	312.44	37.25	64.58
699.94	19.63	80.56	5.40	3.32	3.45	56.55	57.76	9.79	10.26
806.52	13.07	76.77	11.10	5.24	6.47	46.04	46.94	4.74	14.59
4128.56	63.72	277.79	42.75	36.82	46.59	347.11	370.63	67.61	33.08
4845.46	112.96	459.86	40.39	20.21	26.03	438.91	446.02	29.54	85.60
2525.91	90.58	282.17	25.13	21.39	9.36	217.49	226.21	34.42	39.27
6091.04	409.21	870.94	61.23	48.15	115.45	849.11	887.42	58.60	90.68
3757.06	273.59	522.99	39.34	32.79	90.22	543.58	570.07	32.36	48.98
2239.81	151.45	305.04	18.43	14.48	33.95	286.07	303.13	19.19	26.67
581.99	44.03	76.20	8.91	9.18	40.19	101.83	104.08	7.09	7.01
187.92	8.70	14.02	0.96	0.50	0.59	15.40	15.82	1.31	3.08
185.43	22.48	40.81	1.61	1.34	2.37	48.15	50.41	2.51	3.23
97.00	8.82	21.05	1.28	0.49	0.59	16.04	17.23	0.41	1.73
266.63	20.55	37.64	5.78	4.86	7.00	43.42	45.76	1.19	4.30
198.27	17.55	28.23	2.38	1.93	5.52	32.67	33.64	0.67	2.96
1041.19	83.90	188.10	9.49	8.34	15.44	158.18	165.54	9.83	15.96
148.34	19.97	31.21	1.08	1.16	2.17	33.15	34.93	0.97	2.67
237.02	13.35	31.17	2.72	2.54	1.17	15.19	16.00	2.56	3.18
129.55	7.34	26.21	1.08	0.97	0.86	12.23	12.68	2.08	1.94
23.63	1.48	3.13	0.41	0.38	0.13	2.74	2.79	0.75	0.23
30.62	2.21	6.38	1.63	1.21	0.05	3.62	4.04	0.69	0.64
36.18	3.02	5.99	0.33	0.29	-0.03	3.44	3.92	0.21	0.71
9.01	0.84	1.85	0.02	0.05	0.87	2.93	3.27		0.19
238.51	20.58	48.62	0.70	0.79	6.55	52.54	54.25	1.35	3.72
188.33	15.11	33.53	1.51	0.96	3.65	32.34	33.66	1.23	2.67
219.42	15.65	25.21	2.13	1.18	-0.70	12.36	13.33	4.82	7.93
804.87	18.02	97.55	7.25	4.29	8.92	98.45	100.31	10.35	12.60
128.12	7.12	14.62	1.11	0.57	0.81	15.75	16.38	0.27	2.74
140.38	10.93	22.47	1.91	0.98	0.77	20.78	21.80	0.98	2.47
2029.60	56.53	187.42	14.40	11.58	4.36	153.62	156.13	11.12	33.09
973.57	36.32	72.27	9.40	4.95	2.12	60.56	62.90	4.31	21.17

2-1 续表 39

行 业	法人资本	个人资本	港澳台资本	外商资本	营业收入
鬃毛加工、制刷及清扫工具制造	8.50	10.65	2.66	11.40	235.78
其他日用杂品制造	64.32	41.60	21.42	38.64	918.95
废弃资源综合利用业	356.13	323.23	36.44	13.95	5878.91
金属废料和碎屑加工处理	216.29	235.02	17.98	8.67	4878.51
非金属废料和碎屑加工处理	139.84	88.22	18.46	5.28	1000.40
金属制品、机械和设备修理业	402.28	41.69	30.04	57.17	1456.55
金属制品修理	0.93	1.65	0.13	0.23	19.88
通用设备修理	3.14	2.11		0.20	41.41
专用设备修理	162.64	5.79	1.33	4.38	179.73
铁路、船舶、航空航天等运输设备修理	218.07	27.54	28.05	50.64	1033.17
铁路运输设备修理	38.31	0.61	0.33	4.54	104.56
船舶修理	81.49	9.92	7.14	18.18	355.88
航空航天器修理	97.82	16.99	20.59	27.92	531.82
其他运输设备修理	0.45	0.03			40.91
电气设备修理	6.62	1.14			50.43
仪器仪表修理	0.77	0.85	0.28		9.90
其他机械和设备修理业	10.12	2.61	0.24	1.72	122.03
电力、热力、燃气及水生产和供应业	**21800.94**	**1191.25**	**1278.16**	**896.78**	**81847.45**
电力、热力生产和供应业	19278.65	904.26	893.00	547.49	68955.50
电力生产	12973.08	654.08	880.25	523.37	25051.75
火力发电	3132.89	130.23	289.60	134.42	10406.25
热电联产	2200.83	169.41	99.41	77.85	6183.30
水力发电	2699.76	128.91	83.03	41.45	3123.51
核力发电	1071.19	0.85	35.93	85.80	1210.54
风力发电	2058.06	74.97	176.03	112.60	2065.78
太阳能发电	1289.54	100.14	51.91	24.79	1173.64
生物质能发电	443.63	41.81	125.82	40.89	620.69
其他电力生产	77.17	7.75	18.52	5.57	268.03
电力供应	5536.28	45.38	0.04	5.68	41028.38
热力生产和供应	769.29	204.80	12.72	18.43	2875.38
燃气生产和供应业	1136.78	192.18	260.11	240.06	9340.50
燃气生产和供应业	1123.26	190.14	260.05	240.06	9313.86
天然气生产和供应业	1014.43	166.98	208.03	202.73	8719.76
液化石油气生产和供应业	26.82	17.05	34.03	15.50	407.55
煤气生产和供应业	82.00	6.12	18.00	21.82	186.54
生物质燃气生产和供应业	13.53	2.03	0.05		26.64
水的生产和供应业	1385.51	94.82	125.05	109.23	3551.45
自来水生产和供应	759.57	45.37	64.40	57.72	2488.99
污水处理及其再生利用	614.30	48.43	52.93	51.50	1040.27
海水淡化处理	7.73	0.11	6.22		5.80
其他水的处理、利用与分配	3.91	0.91	1.50		16.39

单位：亿元

营业成本	销售费用	管理费用	财务费用	利息费用	投资收益（损失以"–"号记）	营业利润	利润总额	亏损企业亏损额	平均用工人数（万人）
198.69	8.20	14.12	2.06	0.87	0.56	12.08	12.73	0.92	3.85
774.88	28.12	58.15	7.34	4.08	1.55	48.47	50.17	3.40	17.32
5383.29	55.82	156.89	41.61	30.18	5.48	222.26	255.50	42.66	18.18
4560.30	32.66	98.44	31.53	23.35	1.27	136.14	163.43	33.46	11.03
822.99	23.16	58.46	10.08	6.83	4.22	86.12	92.07	9.19	7.15
1218.16	16.09	143.18	16.28	15.43	20.34	65.78	68.23	36.76	20.30
16.78	0.33	1.55	0.09	0.08	0.10	1.22	1.32	0.01	0.30
34.18	0.61	3.20	0.25	0.19		2.93	3.05	0.31	0.89
145.63	2.73	16.21	3.46	3.96	17.03	27.22	26.63	0.51	2.72
867.36	9.02	107.86	11.75	10.53	3.12	28.31	30.80	35.67	12.05
88.80	1.64	10.12	0.37	0.40	0.34	3.47	4.93	0.28	1.60
291.37	4.87	27.32	9.19	6.52	0.31	19.99	20.35	4.49	4.12
455.93	2.34	63.78	3.61	3.61	2.44	1.01	1.68	30.90	6.05
31.26	0.16	6.64	-1.41		0.04	3.83	3.83		0.27
43.17	0.59	4.41	0.35	0.30	0.04	1.57	1.66	0.19	1.41
8.16	0.26	1.23	-0.01		-0.02	0.14	0.25		0.23
102.88	2.56	8.72	0.39	0.36	0.08	4.40	4.52	0.08	2.70
71466.14	**499.84**	**2224.93**	**3016.95**	**2877.86**	**829.37**	**5132.93**	**5370.89**	**1080.60**	**353.10**
60860.52	75.19	1571.11	2734.33	2579.07	672.69	4046.98	4207.70	899.17	267.20
18565.98	34.39	720.22	2103.19	1947.78	311.32	3588.35	3621.76	564.87	94.15
8749.66	10.07	244.43	467.60	479.51	89.20	850.35	874.44	207.39	33.46
5383.84	5.23	169.84	299.03	286.85	98.41	321.24	328.99	210.06	27.37
1566.48	11.38	131.85	479.27	458.46	69.92	933.56	920.03	72.07	16.76
695.65	0.85	45.88	181.50	175.05	2.98	306.18	304.40	2.67	1.59
993.43	2.52	43.20	356.48	300.97	17.31	682.99	691.09	24.37	5.23
563.06	3.24	28.69	239.01	181.89	15.44	331.45	331.60	27.18	2.96
412.33	0.40	43.52	60.24	49.59	15.18	123.42	129.98	19.36	5.34
201.53	0.70	12.81	20.06	15.46	2.89	39.16	41.23	1.77	1.44
39634.12	15.26	675.57	531.22	542.29	349.22	455.66	494.40	214.94	144.48
2660.42	25.54	175.33	99.92	89.00	12.16	2.97	91.54	119.36	28.58
8001.58	263.02	315.44	106.59	115.46	81.64	731.21	745.95	90.85	34.38
7977.97	262.05	314.07	105.78	115.11	81.64	730.69	745.32	89.83	34.20
7466.73	235.16	296.50	86.40	97.56	72.52	702.34	715.71	69.43	31.63
360.71	6.45	6.74	3.94	1.69	1.30	29.81	31.20	2.04	0.80
150.53	20.43	10.83	15.44	15.86	7.83	-1.47	-1.59	18.37	1.78
23.61	0.98	1.36	0.81	0.35		0.53	0.63	1.02	0.18
2604.03	161.62	338.38	176.03	183.33	75.03	354.74	417.24	90.57	51.52
1846.08	155.99	258.75	95.64	105.37	52.46	183.94	236.46	67.74	43.08
742.91	5.06	77.40	77.31	73.76	21.34	168.52	178.46	22.04	8.28
4.60	0.08	0.55	0.79	0.66		-0.16	-0.15	0.44	0.03
10.45	0.50	1.68	2.29	3.54	1.23	2.44	2.47	0.35	0.13

2-2 国有控股工业企业

行　业	企业单位数(个)	资产总计	固定资产净　额	固定资产原　价	累计折旧	流动资产合　计
总　计	**22072**	**500460.95**	**180955.80**	**352740.35**	**165073.51**	**177774.42**
采矿业	**1793**	**81854.49**	**25730.79**	**57824.56**	**30754.64**	**24673.60**
煤炭开采和洗选业	965	46081.13	12373.29	22803.30	9795.16	16889.01
烟煤和无烟煤开采洗选	932	44550.96	11950.71	21986.14	9447.21	16523.78
褐煤开采洗选	30	1492.27	398.22	785.56	340.70	361.55
其他煤炭采选	3	37.89	24.36	31.60	7.25	3.69
石油和天然气开采业	86	18860.81	9882.67	28460.89	18009.59	2554.28
石油开采	44	15196.62	7661.84	23390.51	15195.51	2085.15
天然气开采	42	3664.19	2220.84	5070.37	2814.09	469.12
黑色金属矿采选业	120	8352.51	1458.71	2343.16	849.75	1846.92
铁矿采选	109	8296.17	1446.76	2322.43	842.45	1826.52
锰矿、铬矿采选	10	50.63	9.29	15.44	5.66	18.33
有色金属矿采选业	269	3651.57	1143.44	1970.58	721.21	1042.28
常用有色金属矿采选	125	1948.07	567.51	951.44	324.57	612.00
贵金属矿采选	83	1047.86	379.25	639.94	244.18	266.52
稀有稀土金属矿采选	61	655.64	196.69	379.20	152.47	163.76
非金属矿采选业	317	2273.76	258.31	450.29	180.80	942.94
土砂石开采	248	1374.08	106.49	157.18	46.77	537.11
化学矿开采	19	212.04	56.64	108.86	46.62	91.38
采盐	36	645.10	89.64	172.41	81.12	296.94
石棉及其他非金属矿采选	14	42.53	5.54	11.84	6.29	17.50
开采专业及辅助性活动	34	2620.24	608.72	1781.68	1189.64	1392.84
煤炭开采和洗选专业及辅助性活动	4	38.46	4.85	7.14	2.30	26.27
石油和天然气开采专业及辅助性活动	28	2580.63	603.71	1774.29	1187.26	1365.59
制造业	**12689**	**242583.33**	**58699.41**	**116916.33**	**54875.15**	**123844.77**
农副食品加工业	720	2371.43	533.06	973.84	408.11	1382.79
谷物磨制	217	445.53	106.03	170.12	53.25	265.98
饲料加工	66	141.30	38.56	62.75	22.92	66.92
植物油加工	80	571.58	85.04	188.21	98.71	401.67
制糖业	63	391.88	103.67	235.38	130.23	203.01
屠宰及肉类加工	185	378.05	76.17	123.58	42.61	213.03
水产品加工	25	106.56	26.73	42.10	14.26	41.35
蔬菜、菌类、水果和坚果加工	36	99.26	17.91	34.51	14.11	61.62
其他农副食品加工	48	237.28	78.94	117.19	32.02	129.21
食品制造业	330	1580.18	387.10	771.11	351.29	753.21
焙烤食品制造	36	50.58	12.96	21.75	8.72	30.17
糖果、巧克力及蜜饯制造	3	21.81	0.11	4.04	1.20	12.95
方便食品制造	42	106.42	25.72	55.76	29.22	63.55

主要经济指标(大、中类行业)

单位：亿元

应收账款	存货	产成品	负债合计	流动负债合计	应付账款	所有者权益合计	实收资本	国家资本	集体资本
32849.01	**32479.16**	**8933.45**	**289136.95**	**195320.60**	**49532.24**	**211176.28**	**118431.52**	**62905.92**	**806.46**
2848.31	**1196.47**	**496.87**	**50023.58**	**32696.49**	**5937.70**	**31732.88**	**17943.82**	**8497.86**	**88.13**
1658.85	642.38	238.39	32244.71	22191.46	3274.08	13825.16	6705.03	3004.83	66.07
1582.64	627.37	233.85	31297.19	21670.02	3196.49	13226.39	6373.95	2913.93	65.67
74.31	14.00	3.77	919.74	496.58	74.51	588.66	329.32	89.78	0.40
1.90	1.01	0.77	27.79	24.86	3.08	10.11	1.77	1.12	
349.14	129.15	78.51	8244.67	3932.65	1437.46	10559.28	7183.97	4401.23	0.28
128.68	112.79	73.58	7011.38	3301.39	1127.47	8128.38	5690.19	3046.83	
220.46	16.37	4.92	1233.29	631.26	309.99	2430.90	1493.78	1354.39	0.28
225.20	92.80	56.07	4684.04	2810.16	294.65	3668.47	1631.53	483.79	11.02
221.32	89.51	53.19	4661.58	2790.51	291.25	3634.59	1617.58	482.56	9.02
2.95	2.31	1.92	17.45	14.64	3.10	33.18	13.24	1.24	2.00
116.36	139.90	50.15	2074.98	1484.27	144.36	1546.68	598.58	341.07	7.57
61.30	49.26	17.49	1100.84	768.11	76.32	817.71	356.28	186.16	5.83
34.88	52.20	7.91	670.00	522.36	32.55	377.86	110.41	44.83	0.61
20.18	38.43	24.76	304.15	193.81	35.50	351.10	131.90	110.08	1.12
127.79	101.16	58.69	1091.73	669.67	97.95	1182.02	385.45	219.09	2.81
65.88	55.20	39.91	708.48	368.44	36.64	665.60	207.32	111.80	2.48
31.65	23.31	5.17	137.90	119.16	30.36	74.14	54.23	34.57	0.16
27.62	19.96	11.19	223.57	164.56	24.67	421.53	104.90	58.75	0.17
2.65	2.70	2.42	21.78	17.51	6.28	20.75	19.01	13.97	
368.65	89.04	14.54	1673.25	1605.02	687.70	946.99	1435.45	44.06	0.39
5.25	0.82	0.42	16.19	15.46	7.68	22.27	9.92	8.99	
363.01	88.08	14.04	1656.37	1589.39	679.87	924.26	1425.41	34.96	0.39
22786.30	**29817.07**	**8348.37**	**135996.73**	**109844.42**	**32266.48**	**106606.40**	**48791.70**	**20647.62**	**463.65**
114.75	485.45	202.37	1624.90	1364.43	178.23	747.63	446.18	209.77	4.51
25.48	120.98	45.86	314.15	251.21	20.14	129.25	87.87	42.94	0.43
9.27	18.65	5.04	56.18	53.06	9.88	84.92	30.04	11.14	0.06
14.46	134.66	41.88	401.51	379.49	50.23	170.06	108.81	43.10	0.03
23.32	71.68	54.02	291.96	264.49	47.71	99.91	60.19	37.31	1.83
19.64	35.85	26.23	255.79	179.71	18.04	121.72	60.35	22.15	0.21
6.56	16.45	9.87	70.03	48.63	7.70	36.53	24.07	14.88	
6.57	9.87	3.45	50.17	44.78	10.03	49.09	20.81	7.41	1.04
9.45	77.31	16.02	185.11	143.06	14.49	56.15	54.04	30.83	0.91
156.99	126.10	60.95	795.65	684.84	183.98	771.60	399.05	126.27	44.18
6.55	2.17	0.57	20.08	19.61	8.31	30.50	14.90	6.63	0.02
2.47	0.75	0.47	10.43	9.23	1.96	11.38	8.18	0.09	
11.13	7.82	3.71	64.32	61.03	10.35	41.11	30.84	19.02	

2-2 续表 1

行业	企业单位数(个)	资产总计	固定资产净额	固定资产原价	累计折旧	流动资产合计
乳制品制造	79	596.18	121.13	275.44	131.65	289.07
罐头食品制造	29	58.77	15.03	35.65	19.88	40.82
调味品、发酵制品制造	31	246.48	52.33	89.87	36.53	113.47
其他食品制造	110	499.95	159.82	288.59	124.09	203.17
酒、饮料和精制茶制造业	280	7524.95	946.46	1776.52	804.10	4984.83
酒的制造	171	7162.15	876.86	1649.19	750.00	4747.59
饮料制造	68	295.72	59.14	111.31	49.31	199.45
精制茶加工	41	67.08	10.46	16.02	4.80	37.78
烟草制品业	85	10971.64	1231.54	3214.70	1975.31	7756.47
烟叶复烤	23	427.09	84.28	192.54	108.25	288.74
卷烟制造	42	10416.43	1118.63	2963.23	1836.75	7377.28
其他烟草制品制造	20	128.13	28.63	58.93	30.30	90.46
纺织业	148	996.62	286.17	502.87	212.82	498.75
棉纺织及印染精加工	83	790.81	218.09	385.06	164.44	396.23
毛纺织及染整精加工	11	45.10	14.45	25.07	10.53	22.61
麻纺织及染整精加工	8	19.21	4.59	7.36	2.27	6.71
丝绢纺织及印染精加工	9	32.06	6.25	20.18	13.72	15.63
针织或钩针编织物及其制品制造	4	3.25	1.78	3.16	1.38	1.27
家用纺织制成品制造	6	6.57	2.98	6.35	3.03	3.02
产业用纺织制成品制造	26	98.62	37.42	54.96	17.32	52.88
纺织服装、服饰业	205	388.40	85.82	172.59	83.76	247.14
机织服装制造	164	309.35	68.14	136.67	66.26	197.86
针织或钩针编织服装制造	18	40.12	5.16	13.48	8.05	27.39
服饰制造	23	38.93	12.52	22.44	9.46	21.89
皮革、毛皮、羽毛及其制品和制鞋业	22	105.54	12.26	26.39	9.97	68.94
皮革制品制造	4	1.60	0.60	1.56	0.92	0.99
制鞋业	15	71.58	6.65	18.55	7.78	47.29
木材加工和木、竹、藤、棕、草制品业	64	260.71	51.79	95.40	39.16	122.99
木材加工	17	90.43	9.20	17.57	6.75	44.01
人造板制造	29	143.72	37.61	60.06	22.26	59.87
木质制品制造	14	20.11	4.51	8.66	4.07	13.77
竹、藤、棕、草等制品制造	4	6.45	0.46	9.10	6.08	5.34
家具制造业	18	59.51	8.50	16.09	5.06	32.56
木质家具制造	11	35.51	4.71	9.24	2.37	14.87
金属家具制造	5	18.68	0.82	2.36	1.18	16.06

单位：亿元

应收账款	存货	产成品	负债合计	流动负债合计	应付账款	所有者权益合计	实收资本	国家资本	集体资本
87.30	28.50	10.63	297.27	277.29	102.40	287.55	151.41	32.72	18.50
5.55	25.10	18.12	35.90	34.15	5.35	22.78	15.92	7.74	0.44
13.14	21.47	7.76	110.06	82.05	13.59	136.42	57.27	20.68	14.02
30.86	40.29	19.69	257.59	201.47	42.03	241.87	120.53	39.38	11.21
126.32	1119.44	251.36	2478.50	2242.94	309.42	5045.75	516.75	227.33	22.97
107.50	1067.43	217.67	2272.03	2075.65	282.03	4890.12	419.06	185.05	21.13
15.09	39.11	27.77	165.98	137.59	23.98	129.74	81.15	30.87	0.61
3.72	12.90	5.93	40.49	29.70	3.41	25.89	16.54	11.42	1.23
289.88	3971.40	210.01	2274.26	2253.56	513.65	8697.38	1068.80	532.58	0.02
7.35	64.98	55.65	76.93	72.44	31.14	350.16	221.88	39.18	
262.45	3883.32	136.90	2173.03	2157.71	471.32	8243.39	824.84	486.42	
20.07	23.09	17.47	24.30	23.42	11.20	103.83	22.08	6.98	0.02
54.11	128.63	72.94	532.60	378.47	62.72	464.19	229.90	111.43	4.08
40.58	102.80	59.20	420.94	305.20	52.76	369.87	178.23	87.20	1.32
2.59	8.93	4.95	18.00	10.40	2.70	27.10	9.42	3.11	0.63
-0.34	2.97	1.81	12.97	6.31	0.36	6.24	7.20	3.92	1.96
3.04	4.69	2.56	18.70	4.73	2.01	13.53	2.89	1.49	0.16
0.13	0.27	0.02	1.96	0.70	0.15	1.29	0.48	0.30	
0.59	1.29	0.49	2.97	1.63	0.18	3.60	7.33	0.18	
7.47	7.55	3.83	56.92	49.38	4.55	41.70	23.66	15.23	0.01
36.55	39.40	18.19	159.87	133.48	31.09	229.29	64.56	36.99	2.86
28.92	33.46	15.01	123.98	102.71	22.42	186.13	51.35	29.11	2.81
6.27	4.95	2.69	20.04	19.14	6.39	20.08	8.08	6.85	0.05
1.36	0.99	0.49	15.85	11.63	2.28	23.08	5.13	1.03	
13.98	11.27	7.65	44.26	35.62	8.61	61.15	18.85	4.06	
0.33	0.02		0.57	0.55	0.21	1.02	0.32	0.11	
12.74	8.98	6.81	26.30	18.92	7.27	45.15	14.54	2.46	
12.75	31.42	13.38	170.81	121.80	15.12	90.01	72.76	32.13	6.00
4.20	8.85	4.28	43.56	23.45	2.78	46.87	29.76	13.59	
5.43	15.95	5.65	105.05	80.11	9.59	38.78	33.37	10.87	6.00
2.99	6.22	3.24	17.22	13.29	2.35	2.89	9.20	7.49	
0.13	0.40	0.21	4.98	4.96	0.39	1.47	0.44	0.18	
10.54	3.41	1.87	40.54	29.55	10.41	18.97	11.38	4.23	0.05
4.28	2.88	1.75	24.68	14.82	5.41	10.83	9.68	3.55	0.05
6.11	0.19	0.07	13.57	12.63	4.91	5.11	1.06	0.68	

2-2 续表 2

行业	企业单位数(个)	资产总计	固定资产净额	固定资产原价	累计折旧	流动资产合计
造纸和纸制品业	98	1482.01	388.00	804.55	397.42	702.31
纸浆制造	6	79.56	32.89	77.75	42.73	27.56
造纸	51	1330.38	332.80	686.02	338.65	632.91
纸制品制造	41	72.07	22.31	40.78	16.05	41.84
印刷和记录媒介复制业	276	939.86	202.95	630.38	422.21	512.53
印刷	265	914.62	198.70	614.27	410.43	494.49
装订及印刷相关服务	6	19.15	3.52	11.94	8.42	14.17
记录媒介复制	5	6.09	0.73	4.17	3.36	3.87
文教、工美、体育和娱乐用品制造业	61	301.14	28.72	60.93	30.61	240.79
文教办公用品制造	6	12.05	1.61	2.75	0.72	7.34
乐器制造	11	43.80	11.94	17.92	5.97	26.79
工艺美术及礼仪用品制造	37	227.29	12.21	35.27	21.99	194.29
体育用品制造	3	3.27	1.04	1.94	0.79	1.61
游艺器材及娱乐用品制造	4	14.74	1.92	3.05	1.13	10.75
石油、煤炭及其他燃料加工业	247	17854.00	5732.18	14899.62	8295.94	6415.14
精炼石油产品制造	145	14549.91	4725.23	13089.63	7573.41	5291.96
煤炭加工	92	2725.89	883.34	1616.76	609.73	929.55
生物质燃料加工	5	33.96	15.25	16.88	1.63	15.97
化学原料和化学制品制造业	1180	23443.06	9853.58	17761.63	7217.83	7497.48
基础化学原料制造	378	9665.85	4196.93	7914.72	3361.49	2754.54
肥料制造	163	4098.99	1671.35	3119.86	1373.09	1511.79
农药制造	41	437.72	127.83	237.75	106.66	215.35
涂料、油墨、颜料及类似产品制造	67	355.93	97.97	173.02	63.49	165.61
合成材料制造	155	6553.02	3237.79	5360.49	1926.56	1836.56
专用化学产品制造	233	1406.47	281.60	546.90	230.85	568.72
炸药、火工及焰火产品制造	109	700.07	225.26	364.25	133.21	271.23
日用化学产品制造	34	225.01	14.85	44.64	22.48	173.68
医药制造业	485	5581.99	1002.36	1757.26	727.31	2872.49
化学药品原料药制造	79	728.60	219.85	405.83	176.91	266.85
化学药品制剂制造	117	1761.86	265.02	471.27	199.85	864.81
中药饮片加工	62	310.52	39.27	57.74	18.22	201.47
中成药生产	141	1516.43	239.66	423.80	180.49	908.86
兽用药品制造	21	84.41	25.62	37.64	11.45	38.39
生物药品制品制造	48	1156.61	206.42	349.56	135.87	578.90
卫生材料及医药用品制造	14	21.45	6.21	10.07	3.72	11.86
药用辅料及包装材料	3	2.12	0.32	1.36	0.80	1.35
化学纤维制造业	55	1360.58	473.62	969.45	469.88	528.06
纤维素纤维原料及纤维制造	24	730.41	275.81	492.71	213.25	293.38
合成纤维制造	25	581.63	177.67	446.69	249.51	218.54
生物基材料制造	6	48.54	20.14	30.05	7.12	16.15
橡胶和塑料制品业	244	1708.20	446.78	794.10	329.75	855.39

单位：亿元

应收账款	存货	产成品	负债合计	流动负债合计	应付账款	所有者权益合计	实收资本	国家资本	集体资本
76.77	154.34	41.86	938.65	749.61	93.22	550.02	309.44	163.65	1.83
3.45	9.64	1.50	56.87	39.69	5.33	22.68	26.04	17.72	
62.09	133.98	34.09	842.32	679.09	73.68	495.95	262.23	141.34	1.71
11.23	10.72	6.27	39.46	30.84	14.21	31.38	21.18	4.58	0.12
91.98	98.56	36.64	268.35	235.93	74.76	670.81	317.59	132.54	1.11
87.77	94.00	35.10	262.35	230.40	72.74	651.56	309.37	132.12	1.11
3.49	3.89	1.45	4.37	4.29	1.72	14.77	3.13	0.42	
0.72	0.67	0.10	1.62	1.24	0.30	4.47	5.10		
17.14	134.15	69.49	191.80	174.71	39.78	108.61	54.20	12.29	1.24
1.23	1.90	0.92	4.39	3.75	1.26	7.67	2.69	1.83	
1.94	11.28	4.09	22.05	19.20	3.38	21.75	20.91	2.02	0.02
8.67	119.20	64.06	154.89	142.54	30.61	71.66	24.84	6.92	0.55
0.60	0.73	0.33	1.30	0.89	0.52	1.97	1.80	1.52	0.26
4.70	1.04	0.08	9.17	8.33	4.02	5.56	3.97		0.40
597.69	1630.66	381.04	9748.69	7389.03	1545.96	8109.54	4137.37	2454.21	32.50
469.29	1311.03	280.06	7470.91	5645.05	1164.53	7079.00	3152.18	1930.15	4.26
126.87	238.34	90.33	1909.99	1460.80	330.05	820.14	850.02	412.28	28.24
0.41	2.56	0.79	25.96	22.48	0.46	8.00	6.89	1.78	
1020.44	1232.27	480.64	14457.50	10336.13	1975.02	8970.20	6217.03	3059.92	80.01
316.39	460.69	171.04	5911.70	4470.39	847.20	3747.90	2462.70	1168.29	33.93
167.03	226.24	72.33	2990.20	2420.91	336.82	1108.28	963.90	360.66	14.64
34.34	45.53	23.29	223.94	178.45	42.09	213.78	71.51	45.31	0.15
25.61	34.51	16.67	178.99	144.56	31.57	174.28	92.45	48.10	1.36
217.72	270.20	103.49	4000.67	2238.70	506.17	2552.35	2168.48	1238.98	11.27
134.99	123.65	64.25	690.71	529.28	130.77	710.09	293.48	152.25	17.32
64.50	34.03	13.95	321.52	226.56	50.21	378.55	130.01	37.47	0.99
59.86	37.42	15.62	139.76	127.28	30.19	84.97	34.51	8.84	0.36
504.78	593.24	235.34	2154.78	1749.27	315.02	3427.32	894.29	370.12	14.93
52.68	79.73	37.10	391.84	326.13	39.85	336.86	120.11	40.71	4.27
118.37	128.40	59.71	637.24	518.05	94.47	1124.62	307.59	117.15	1.73
79.79	63.87	26.86	128.57	90.14	33.30	181.95	41.00	22.86	
130.42	208.02	69.83	559.58	465.36	88.45	956.85	221.10	66.42	2.00
10.30	12.50	6.96	31.17	27.30	11.64	53.24	20.37	10.19	
110.05	98.69	33.63	392.06	308.18	44.78	764.55	179.66	110.72	6.92
2.74	1.66	1.02	13.38	13.19	2.35	8.06	3.94	1.82	
0.42	0.36	0.22	0.93	0.92	0.18	1.19	0.52	0.24	
54.79	128.42	65.27	841.30	663.33	106.06	519.29	298.17	188.54	6.01
34.07	82.79	39.74	462.40	346.39	58.79	268.02	154.80	101.94	0.07
19.64	40.21	22.43	345.44	292.41	43.59	236.19	131.92	83.09	5.94
1.08	5.42	3.10	33.46	24.53	3.69	15.08	11.46	3.51	
189.38	193.92	103.68	964.82	761.04	208.04	743.69	452.65	227.90	3.95

2-2 续表 3

行 业	企业单位数(个)	资产总计	固定资产净 额	固定资产原 价	累计折旧	流动资产合 计
橡胶制品业	66	826.50	285.36	461.96	174.96	392.13
塑料制品业	178	881.71	161.43	332.14	154.78	463.27
非金属矿物制品业	1950	12506.00	3723.08	6540.07	2604.74	6010.04
水泥、石灰和石膏制造	663	6598.07	2346.01	4387.17	1922.72	2745.79
石膏、水泥制品及类似制品制造	830	2907.23	436.86	715.72	264.48	1990.94
砖瓦、石材等建筑材料制造	170	484.50	100.37	155.45	45.42	272.27
玻璃制造	30	405.53	145.40	198.95	41.16	162.89
玻璃制品制造	46	260.98	108.12	186.19	63.22	104.76
玻璃纤维和玻璃纤维增强塑料制品制造	29	531.62	209.92	309.00	98.28	215.92
陶瓷制品制造	27	75.55	22.03	32.61	9.89	34.82
耐火材料制品制造	33	241.72	29.09	58.22	28.58	109.42
石墨及其他非金属矿物制品制造	122	1000.80	325.27	496.75	130.99	373.24
黑色金属冶炼和压延加工业	283	27983.82	10810.08	22226.56	11047.84	9544.58
炼铁	11	289.38	170.84	248.86	77.00	90.57
炼钢	10	2903.07	859.58	1447.63	581.11	932.08
钢压延加工	222	24418.17	9652.52	20304.65	10301.70	8379.34
铁合金冶炼	40	373.20	127.14	225.42	88.02	142.59
有色金属冶炼和压延加工业	528	15925.73	4825.43	8818.75	3782.22	6573.09
常用有色金属冶炼	166	10036.39	3442.63	6389.11	2805.69	3795.92
贵金属冶炼	76	1969.41	296.89	643.78	335.61	825.68
稀有稀土金属冶炼	53	669.86	78.14	145.17	62.14	408.12
有色金属合金制造	57	806.16	224.19	362.90	131.82	355.66
有色金属压延加工	176	2443.91	783.58	1277.79	446.97	1187.71
金属制品业	577	4691.87	841.15	1654.80	776.44	2874.79
结构性金属制品制造	211	1334.95	208.42	339.38	118.21	942.68
金属工具制造	24	109.50	35.15	84.74	49.05	56.86
集装箱及金属包装容器制造	60	385.05	83.51	147.92	60.38	232.59
金属丝绳及其制品制造	37	161.56	36.21	71.32	32.59	100.93
建筑、安全用金属制品制造	14	102.27	10.65	18.21	7.32	80.49
金属表面处理及热处理加工	21	113.90	18.80	41.84	23.03	61.70
金属制日用品制造	6	7.98	0.68	2.05	1.38	6.78
铸造及其他金属制品制造	204	2476.65	447.73	949.35	484.50	1392.77
通用设备制造业	754	9150.04	1165.04	2379.69	1189.99	6343.12
锅炉及原动设备制造	128	3442.41	317.09	741.71	421.26	2522.77
金属加工机械制造	86	716.36	137.44	291.28	148.52	413.81
物料搬运设备制造	95	1203.96	147.93	269.42	119.56	905.45
泵、阀门、压缩机及类似机械制造	126	1229.63	188.37	363.84	169.22	888.10
轴承、齿轮和传动部件制造	75	615.48	129.33	259.85	128.60	371.14
烘炉、风机、包装等设备制造	73	867.55	100.23	164.35	63.70	569.98
文化、办公用机械制造	13	202.06	12.48	25.87	10.99	111.95
通用零部件制造	104	459.63	73.29	165.17	88.90	290.99
其他通用设备制造业	54	412.95	58.89	98.20	39.25	268.93

单位：亿元

应收账款	存货	产成品	负债合计	流动负债合计	应付账款	所有者权益合计	实收资本	国家资本	集体资本
79.33	101.71	62.52	476.19	411.51	102.61	350.31	239.85	143.94	2.35
110.04	92.21	41.16	488.63	349.53	105.43	393.38	212.80	83.96	1.60
1646.20	618.34	242.14	6481.13	5471.31	1525.80	6038.53	2723.86	1296.15	29.51
241.91	235.16	73.47	2783.21	2373.09	411.89	3826.95	1457.68	802.42	17.28
1101.80	175.68	86.08	1952.29	1776.96	814.54	954.43	473.12	223.12	2.52
78.23	27.72	11.30	318.81	230.26	55.87	165.63	96.93	39.84	3.65
23.89	17.49	6.69	289.77	229.32	29.95	120.67	144.30	48.01	
33.22	25.93	14.98	182.34	170.93	37.29	78.64	79.73	49.14	0.22
65.80	28.62	9.36	306.84	214.34	53.54	224.78	115.60	23.43	2.34
8.18	7.54	4.50	55.10	33.10	7.71	20.45	24.60	5.83	0.70
24.21	21.28	13.73	116.67	105.70	24.20	124.90	50.00	27.98	1.65
68.97	78.92	22.02	476.11	337.60	90.81	522.07	281.89	76.38	1.15
856.12	2726.99	705.29	17041.79	13816.18	3353.44	10942.03	5714.97	2084.55	2.73
5.34	66.68	26.71	228.14	205.20	43.87	61.24	34.20	13.59	
84.92	251.34	96.69	2100.08	1581.55	262.34	802.99	380.94	76.30	
754.91	2370.60	566.15	14437.29	11842.13	3011.86	9980.88	5140.85	1899.09	2.73
10.94	38.38	15.74	276.28	187.29	35.38	96.92	158.98	95.56	
649.84	2507.97	447.54	9771.08	7096.07	1476.36	6152.09	3602.98	1822.35	16.54
281.39	1563.38	191.27	6486.69	4647.56	1013.21	3549.71	2179.62	1142.09	5.27
38.53	348.82	47.62	1129.26	784.96	127.50	839.01	137.03	60.10	1.03
58.57	150.97	46.35	318.98	208.70	26.22	350.14	126.21	67.37	0.66
75.29	86.83	34.05	373.22	265.31	116.54	432.94	238.41	133.64	1.57
196.05	357.96	128.25	1462.93	1189.55	192.88	980.29	921.72	419.16	8.02
702.24	684.09	259.43	2943.69	2498.01	694.33	1745.57	1022.89	428.14	10.49
329.79	259.26	112.28	976.60	837.79	274.02	358.49	254.41	121.92	3.94
12.49	22.65	13.23	51.78	43.03	8.89	57.72	36.87	11.48	1.07
86.93	54.39	18.98	229.27	211.61	67.32	155.78	122.54	62.63	1.16
26.56	20.61	10.00	92.60	82.87	16.49	68.96	62.41	29.49	
13.93	9.04	4.97	58.50	56.94	21.61	43.27	31.82	2.89	
21.35	9.10	5.22	68.88	55.60	17.05	45.01	29.54	9.15	0.91
3.58	1.44	0.29	5.00	4.97	1.95	2.99	2.21	0.22	
207.61	307.60	94.47	1461.05	1205.22	287.01	1013.35	483.08	190.37	3.40
1523.14	1442.06	520.24	5622.35	4967.78	1597.29	3528.23	1558.03	742.02	19.25
469.39	480.00	124.75	2061.43	1870.52	638.18	1380.98	525.46	253.25	5.20
94.17	118.01	38.75	431.05	318.43	83.73	285.31	166.38	80.22	1.71
272.40	230.82	128.97	817.56	780.64	198.91	386.41	177.62	85.91	0.14
251.84	225.57	80.12	808.25	694.74	276.24	421.39	182.91	55.96	5.81
117.41	94.72	45.20	352.64	296.45	112.87	262.85	160.37	84.78	4.45
132.30	107.20	46.19	546.00	489.16	132.98	322.09	107.48	53.42	1.00
25.44	25.99	14.82	84.12	67.00	20.38	117.94	50.05	16.29	
84.00	70.71	30.10	271.55	227.48	78.86	188.08	144.61	90.67	0.26
76.19	89.04	11.34	249.76	223.38	55.14	163.18	43.16	21.51	0.68

2-2 续表 4

行 业	企业单位数(个)	资产总计	固定资产净额	固定资产原价	累计折旧	流动资产合计
专用设备制造业	810	9559.28	1260.42	2298.34	992.77	6425.10
采矿、冶金、建筑专用设备制造	376	6220.68	881.69	1593.87	674.11	4247.97
化工、木材、非金属加工专用设备制造	75	595.62	95.96	183.65	84.36	413.66
食品、饮料、烟草及饲料生产专用设备制造	21	144.38	22.47	53.99	31.47	113.30
印刷、制药、日化及日用品生产专用设备制造	15	51.46	9.95	17.79	7.73	32.58
纺织、服装和皮革加工专用设备制造	23	178.89	25.32	49.46	22.98	119.26
电子和电工机械专用设备制造	51	305.82	22.48	38.87	16.34	224.27
农、林、牧、渔专用机械制造	27	376.43	58.82	125.48	65.64	244.90
医疗仪器设备及器械制造	35	156.54	19.74	31.67	11.60	71.33
环保、邮政、社会公共服务及其他专用设备制造	187	1529.46	124.01	203.56	78.54	957.84
汽车制造业	747	34572.47	5378.48	11776.53	6095.10	19765.23
汽车整车制造	130	27504.30	4097.76	9079.81	4772.24	15109.28
汽车用发动机制造	35	1131.07	200.24	510.06	280.34	793.16
改装汽车制造	81	542.02	89.08	140.26	49.27	370.40
低速汽车制造	3	35.42	8.66	14.07	5.38	21.29
汽车车身、挂车制造	20	154.53	26.93	56.49	29.47	111.18
汽车零部件及配件制造	476	5191.68	952.65	1971.77	957.50	3352.50
铁路、船舶、航空航天和其他运输设备制造业	563	16171.49	2582.15	4746.53	2110.96	10936.91
铁路运输设备制造	152	4139.41	559.15	1052.74	472.71	2836.49
城市轨道交通设备制造	41	349.57	62.15	96.79	34.62	245.12
船舶及相关装置制造	127	5812.76	971.91	1782.67	775.94	3923.04
航空、航天器及设备制造	213	5746.63	967.72	1762.28	798.04	3859.33
摩托车制造	17	93.97	17.39	43.58	25.26	57.42
非公路休闲车及零配件制造	3	4.30	0.29	0.74	0.45	3.83
潜水救捞及其他未列明运输设备制造	7	20.60	2.66	5.91	3.03	8.78
电气机械和器材制造业	664	8455.01	1059.74	1891.54	790.02	5802.41
电机制造	124	2676.21	254.85	485.01	217.57	2006.45
输配电及控制设备制造	271	3435.79	422.15	739.24	297.98	2268.72
电线、电缆、光缆及电工器材制造	119	1021.43	139.90	273.66	125.70	697.16
电池制造	65	741.38	161.64	238.29	74.94	424.81
家用电力器具制造	26	347.48	52.34	96.52	44.06	226.40
非电力家用器具制造	8	14.11	0.94	1.77	0.83	10.10
照明器具制造	25	141.42	19.29	44.57	25.24	106.77
其他电气机械及器材制造	26	77.20	8.63	12.48	3.70	62.00
计算机、通信和其他电子设备制造业	759	20780.33	4321.87	7374.05	2818.98	10844.43
计算机制造	82	1657.42	83.78	143.56	48.41	1006.01
通信设备制造	122	3868.11	276.05	463.45	184.18	2837.73

单位：亿元

应收账款	存货	产成品	负债合计	流动负债合计	应付账款	所有者权益合计	实收资本	国家资本	集体资本
1857.78	1700.36	654.52	6246.07	5215.86	1636.45	3308.34	1842.07	710.33	8.03
1307.50	1137.33	481.47	4137.20	3346.56	1062.22	2085.36	1231.05	432.93	2.61
104.04	122.12	24.86	392.83	359.60	78.00	202.79	117.30	51.04	0.52
19.25	47.23	12.77	56.17	52.53	31.66	88.21	32.62	11.52	0.03
6.74	11.68	3.34	39.14	29.77	7.77	12.33	12.02	3.25	
20.25	28.95	8.30	105.69	92.01	24.40	73.19	40.39	30.67	0.46
51.95	68.84	30.67	215.26	153.29	49.74	90.56	50.25	30.44	0.95
24.22	53.51	31.66	271.41	238.11	58.50	105.02	68.54	14.38	0.51
14.11	20.36	8.90	78.79	73.98	13.79	77.75	31.36	10.32	2.40
309.72	210.34	52.55	949.58	870.01	310.38	573.13	258.54	125.78	0.54
4027.15	2816.28	1517.67	20708.58	17902.30	7088.76	13907.80	5070.18	1696.57	77.86
2354.34	1996.68	1084.41	16286.64	13883.83	5581.61	11267.08	3591.39	1072.70	5.12
260.69	148.94	87.37	668.41	604.13	260.94	462.66	325.05	127.57	27.21
139.97	73.85	23.39	396.10	356.06	135.48	145.92	106.78	39.10	0.44
8.98	4.88	2.83	26.63	25.67	6.55	8.80	23.90	12.80	
27.18	21.64	10.12	96.00	85.46	37.43	58.53	35.32	17.06	0.03
1232.73	568.87	309.53	3224.36	2937.46	1059.35	1961.81	984.16	426.25	45.06
2480.77	3105.84	348.22	10273.70	8814.29	3625.64	5897.21	3290.91	1311.40	13.61
1060.68	595.37	113.88	2365.83	2151.37	1228.93	1773.58	892.73	452.30	5.51
98.45	50.00	2.34	220.19	201.93	137.08	129.38	94.32	46.50	
382.67	1122.42	40.91	4202.51	3516.64	1095.69	1610.25	1268.74	442.32	1.36
921.48	1326.53	185.97	3418.95	2888.23	1139.42	2327.68	1002.45	353.53	5.46
14.02	8.19	4.50	49.10	42.28	20.29	44.30	25.13	12.73	1.27
1.02	1.14	0.23	2.71	2.48	0.97	1.59	2.58	0.84	
1.68	1.70	0.29	12.40	9.47	2.73	8.20	3.37	3.13	
2015.27	1188.17	460.31	5504.24	4794.30	1998.62	2950.18	1518.78	720.45	30.76
521.48	458.88	150.95	1965.47	1772.45	674.04	710.73	423.14	193.45	1.03
917.36	421.79	152.28	2084.36	1840.94	862.88	1351.43	635.87	303.68	23.54
260.10	126.74	67.91	600.91	424.61	112.16	420.52	204.10	93.35	4.53
192.30	91.55	42.55	497.92	417.55	193.24	242.87	149.28	77.77	1.26
63.99	35.11	25.38	217.15	206.29	81.24	130.33	51.95	18.38	
3.64	2.69	0.77	10.26	9.49	2.75	3.85	3.10	1.51	
35.08	34.33	16.12	87.58	83.01	51.70	53.84	26.10	15.68	
21.32	17.07	4.35	40.59	39.95	20.62	36.61	25.24	16.62	0.41
2810.02	2312.75	789.11	10353.13	7438.22	2644.74	10417.54	5826.65	1489.55	8.83
198.94	246.78	78.77	745.02	645.87	215.56	912.40	221.07	83.57	1.78
722.89	654.32	274.95	2135.93	1704.66	539.43	1732.27	441.78	129.42	1.20

2-2 续表 5

行业	企业单位数(个)	资产总计	固定资产净额	固定资产原价	累计折旧	流动资产合计
广播电视设备制造	17	449.84	170.52	210.91	40.30	153.69
雷达及配套设备制造	33	830.11	106.12	192.02	83.29	601.34
非专业视听设备制造	26	1461.17	144.01	253.16	107.99	1037.84
智能消费设备制造	21	249.33	27.63	84.82	15.24	94.74
电子器件制造	218	9351.35	2825.73	4916.73	2003.30	3510.22
电子元件及电子专用材料制造	195	2109.18	406.69	772.07	280.82	1182.17
其他电子设备制造	45	803.81	281.36	337.33	55.45	420.71
仪器仪表制造业	242	2243.19	222.88	413.15	184.72	1438.38
通用仪器仪表制造	140	1453.43	110.15	186.16	71.64	878.90
专用仪器仪表制造	58	363.13	38.91	76.90	37.66	263.33
光学仪器制造	30	387.95	68.95	141.19	71.39	269.06
衡器制造	3	10.85	1.58	2.80	1.22	7.27
其他仪器仪表制造业	9	22.52	3.22	5.54	2.32	14.83
其他制造业	55	1663.51	444.71	788.34	339.50	777.59
日用杂品制造	5	3.14	0.49	0.81	0.31	2.52
废弃资源综合利用业	112	385.58	95.36	157.09	56.56	210.65
金属废料和碎屑加工处理	71	282.21	58.09	95.10	33.79	171.30
非金属废料和碎屑加工处理	41	103.37	37.26	62.00	22.77	39.35
金属制品、机械和设备修理业	127	1565.14	298.11	623.48	304.77	826.60
金属制品修理	5	2.79	0.24	1.15	0.91	2.37
通用设备修理	12	24.47	3.11	5.18	1.98	19.62
专用设备修理	26	480.19	25.20	86.48	57.83	130.21
铁路、船舶、航空航天等运输设备修理	57	983.88	253.10	501.77	231.61	621.33
电气设备修理	11	19.05	5.90	8.82	2.92	12.68
其他机械和设备修理业	15	54.56	10.55	19.97	9.42	40.20
电力、热力、燃气及水生产和供应业	**7590**	**176023.13**	**96525.60**	**177999.46**	**79443.71**	**29256.04**
电力、热力生产和供应业	5201	151690.91	87646.69	163644.18	74204.46	21942.72
电力生产	4140	76062.17	48786.23	81411.37	31259.27	12241.66
电力供应	390	69733.10	36386.14	78039.54	41293.03	7514.84
热力生产和供应	671	5895.64	2474.32	4193.28	1652.16	2186.21
燃气生产和供应业	739	7029.02	3040.72	4528.67	1423.71	2065.05
燃气生产和供应业	738	7016.19	3035.75	4522.93	1422.94	2057.60
水的生产和供应业	1650	17303.20	5838.19	9826.60	3815.55	5248.27
自来水生产和供应	1298	13518.00	4516.78	7876.48	3198.10	4277.22
污水处理及其再生利用	341	3731.71	1292.81	1909.98	606.44	954.81
海水淡化处理	4	22.12	10.78	16.26	5.48	5.47
其他水的处理、利用与分配	7	31.37	17.81	23.89	5.52	10.77

单位：亿元

应收账款	存货	产成品	负债合计	流动负债合计	应付账款	所有者权益合计	实收资本	国家资本	集体资本
41.37	18.63	1.26	255.29	149.59	71.00	194.55	164.93	157.72	
125.80	181.84	31.60	536.15	418.26	161.12	293.97	79.38	58.71	
255.84	266.42	94.24	930.51	861.99	268.54	530.66	93.12	41.78	
23.38	18.50	4.67	107.05	71.74	27.23	142.29	97.35	84.83	0.02
993.51	595.95	195.26	4208.93	2542.46	1004.47	5133.95	4125.08	711.35	2.91
321.94	238.23	75.37	961.42	712.43	227.35	1146.47	375.34	195.89	2.93
126.35	92.08	32.99	472.85	331.21	130.04	330.96	228.58	26.28	
415.17	254.24	80.67	1146.63	1004.03	427.86	1096.28	377.24	137.89	1.32
294.93	141.22	48.96	736.42	646.56	290.85	717.01	246.50	98.18	1.02
61.66	61.88	18.20	176.55	156.53	50.64	186.58	62.42	26.18	0.04
51.16	43.91	11.39	219.97	189.29	83.03	167.70	55.95	9.99	0.19
3.49	1.51	0.15	4.29	4.21	1.15	6.55	3.28	2.04	
2.32	3.15	0.60	7.88	5.92	1.55	14.64	7.93	1.42	
150.13	145.73	34.50	1177.65	698.40	213.65	485.86	207.04	104.44	14.03
0.53	0.64	0.30	0.87	0.74	0.36	2.27	0.55	0.47	
64.53	33.02	16.24	221.49	153.37	40.87	164.09	103.93	47.34	4.24
54.72	29.07	15.50	171.77	114.79	30.19	110.44	73.42	36.53	4.19
9.81	3.95	0.74	49.72	38.57	10.68	53.65	30.52	10.81	0.05
219.13	199.19	19.83	817.92	670.54	271.55	747.22	423.19	162.52	0.21
0.74	0.29	0.04	1.44	1.25	0.72	1.35	0.76	0.06	
4.86	1.02	0.71	15.80	15.66	1.99	8.67	5.01	3.89	0.01
29.42	7.64	2.31	150.76	110.81	26.46	329.44	102.59	27.47	
162.68	178.90	13.69	601.68	500.86	224.56	382.20	300.70	121.90	
6.38	0.81	0.10	13.97	11.69	3.58	5.08	6.84	3.87	0.20
14.95	10.53	2.99	34.08	30.07	14.11	20.48	7.13	5.17	
7214.40	**1465.62**	**88.21**	**103116.64**	**52779.69**	**11328.06**	**72837.00**	**51696.00**	**33760.44**	**254.68**
6313.12	1152.87	34.22	88566.84	45443.81	10056.94	63126.03	46491.66	30373.15	230.20
4388.85	931.73	25.22	50151.70	20357.18	3355.02	25916.54	18292.51	7967.34	221.25
1687.06	117.50	2.94	34080.69	22588.50	6179.85	35649.67	27257.62	21941.60	5.24
237.21	103.64	6.06	4334.45	2498.13	522.07	1559.82	941.54	464.21	3.72
280.01	127.21	28.47	4316.44	2773.16	516.56	2680.57	1722.14	1017.99	5.09
278.96	126.93	28.19	4314.46	2771.18	516.11	2669.72	1712.14	1017.99	5.09
621.27	185.54	25.52	10233.37	4562.71	754.55	7030.41	3482.19	2369.29	19.39
314.60	176.07	24.45	8075.28	3626.38	512.78	5403.29	2519.66	1786.13	13.88
299.61	9.21	1.02	2118.70	914.67	237.18	1613.01	944.93	573.91	5.51
1.67	0.19	0.05	19.40	11.24	2.40	2.72	10.13	2.40	
5.39	0.07		19.98	10.42	2.19	11.38	7.47	6.86	

2-2 续表 6

行　业	法人资本	个人资本	港澳台资本	外商资本	营业收入
总　计	**50216.77**	**2161.98**	**555.02**	**1909.88**	**279606.80**
采矿业	**9052.30**	**254.53**	**0.49**	**50.50**	**23608.18**
煤炭开采和洗选业	3381.04	220.54	0.49	32.07	12721.11
烟煤和无烟煤开采洗选	3157.07	205.22		32.07	12227.51
褐煤开采洗选	223.32	15.32	0.49		482.58
其他煤炭采选	0.65				11.02
石油和天然气开采业	2781.98	0.49			5485.67
石油开采	2643.33	0.03			4290.53
天然气开采	138.65	0.46			1195.14
黑色金属矿采选业	1124.16	11.55		1.01	1647.34
铁矿采选	1117.02	7.97		1.01	1612.49
锰矿、铬矿采选	6.43	3.58			10.33
有色金属矿采选业	215.74	17.64		16.57	1227.42
常用有色金属矿采选	154.49	3.73		6.06	613.19
贵金属矿采选	43.79	10.68		10.49	404.15
稀有稀土金属矿采选	17.46	3.22		0.01	210.08
非金属矿采选业	158.42	4.29		0.84	645.97
土砂石开采	90.23	2.81			399.97
化学矿开采	18.88	0.13		0.50	90.31
采盐	44.69	1.29			139.26
石棉及其他非金属矿采选	4.63	0.06		0.34	16.43
开采专业及辅助性活动	1390.97	0.03		0.01	1870.86
煤炭开采和洗选专业及辅助性活动	0.93				21.99
石油和天然气开采专业及辅助性活动	1390.03	0.03		0.01	1847.80
制造业	**24463.32**	**1670.87**	**261.21**	**1419.93**	**187705.73**
农副食品加工业	188.72	24.03	10.48	8.67	3516.73
谷物磨制	31.50	4.94	3.19	4.86	693.54
饲料加工	17.26	0.87	0.28	0.43	287.55
植物油加工	58.38	5.32		1.98	1104.83
制糖业	14.26	3.41	3.02	0.35	300.28
屠宰及肉类加工	34.21	3.78			755.67
水产品加工	8.23	0.51		0.45	98.54
蔬菜、菌类、水果和坚果加工	9.07	3.29			69.70
其他农副食品加工	15.80	1.90	3.98	0.61	206.62
食品制造业	188.30	30.70	3.16	6.44	1252.47
焙烤食品制造	5.83	0.61	0.94	0.88	46.26
糖果、巧克力及蜜饯制造	8.09				9.93
方便食品制造	8.36	0.01	1.13	2.33	88.34

单位：亿元

营业成本	销售费用	管理费用	财务费用	利息费用	投资收益(损失以"-"号记)	营业利润	利润总额	亏损企业亏损额	平均用工人数(万人)
229113.53	**5386.63**	**13932.08**	**4821.04**	**5456.99**	**2749.16**	**15005.95**	**15346.08**	**4707.70**	**1382.80**
17433.26	**415.10**	**2270.12**	**983.04**	**1177.88**	**450.17**	**1589.08**	**1623.04**	**1350.43**	**316.19**
8620.66	328.18	1196.11	643.36	798.66	270.52	1486.87	1441.77	467.90	201.64
8340.95	318.82	1155.27	625.73	781.55	261.06	1390.74	1373.13	451.11	195.43
271.23	9.36	39.36	16.67	16.15	9.46	96.45	68.85	16.57	5.82
8.48	0.01	1.48	0.96	0.95		-0.33	-0.21	0.23	0.39
4522.69	30.18	640.48	148.70	168.76	9.23	-381.63	-253.78	775.70	58.61
3792.52	26.93	531.29	126.72	146.75	9.07	-674.69	-562.88	767.55	56.01
730.16	3.25	109.19	21.98	22.01	0.16	293.06	309.10	8.15	2.60
1243.31	17.71	166.28	121.16	142.58	108.46	171.03	113.73	48.03	11.45
1216.35	17.60	164.03	120.28	141.92	108.44	167.04	109.67	47.41	11.08
7.10	0.09	1.61	0.21	0.39	0.02	0.96	1.03	0.62	0.32
812.25	8.72	129.52	41.33	43.04	39.60	220.17	215.64	29.92	13.67
416.60	5.50	57.28	23.24	20.62	36.77	117.32	117.04	21.37	6.05
249.27	0.67	47.04	10.80	14.80	0.77	83.29	81.18	4.25	4.71
146.38	2.55	25.21	7.29	7.62	2.05	19.56	17.42	4.31	2.90
442.10	28.72	53.04	19.32	16.56	16.67	98.11	102.44	6.13	6.05
260.38	11.06	30.59	14.07	10.37	11.73	80.71	79.89	5.56	2.40
67.32	4.21	6.70	3.33	3.93	0.42	6.58	6.43	0.33	0.84
103.14	12.92	14.69	1.49	1.94	4.51	8.44	13.70	0.16	2.53
11.26	0.53	1.06	0.43	0.32	0.01	2.38	2.41	0.08	0.29
1785.15	1.17	83.73	8.81	7.94	5.69	-6.16	2.73	22.75	24.66
20.42	0.07	3.51	0.07	0.08	-0.01	-1.67	-1.83	2.17	0.59
1763.80	1.10	80.19	8.74	7.86	5.70	-4.57	4.43	20.58	24.06
150791.99	**4649.23**	**10004.85**	**1431.23**	**1957.13**	**1645.16**	**10013.11**	**10133.48**	**2453.20**	**780.41**
3231.93	81.13	85.45	34.83	27.80	6.23	80.24	83.12	30.62	14.46
628.75	21.46	21.59	6.57	3.89	0.51	13.82	16.96	5.94	2.11
254.61	8.54	7.96	0.88	0.67	3.65	17.94	16.51	0.66	1.13
1035.04	12.59	12.70	8.66	6.45	-1.87	29.22	29.71	1.99	1.31
264.45	6.58	15.75	7.66	7.94	-0.37	5.73	5.71	5.40	3.27
716.94	14.20	14.97	3.27	1.61	3.21	9.19	9.33	7.66	3.96
92.29	1.58	3.96	2.60	2.15	1.71	-0.01	-0.12	1.61	0.77
57.32	2.89	2.96	0.57	0.78	0.19	5.65	6.11	1.01	0.67
182.54	13.29	5.56	4.62	4.30	-0.81	-1.30	-1.10	6.35	1.26
986.12	125.89	68.86	11.84	12.03	8.96	60.28	64.20	23.19	12.37
34.28	3.94	3.79	-0.13	0.02	0.47	4.64	4.76	0.22	0.81
7.11	0.33	1.17	-0.08	0.10	0.74	2.16	2.12		0.07
72.48	7.27	8.70	0.48	0.97	0.07	-0.79	-0.85	6.56	1.84

2-2 续表 7

行　业					营业收入
	法人资本	个人资本	港澳台资本	外商资本	
乳制品制造	86.87	10.49		2.83	583.83
罐头食品制造	6.18	1.42	0.08	0.05	56.06
调味品、发酵制品制造	14.24	8.28	0.05		182.58
其他食品制造	58.74	9.88	0.97	0.35	285.47
酒、饮料和精制茶制造业	208.83	35.31	1.96	15.99	4143.62
酒的制造	159.59	34.62	1.74	12.58	3879.70
饮料制造	45.54	0.50	0.22	3.41	213.61
精制茶加工	3.70	0.19			50.31
烟草制品业	534.04	2.15			11332.57
烟叶复烤	182.70				145.51
卷烟制造	338.16	0.26			11101.69
其他烟草制品制造	13.19	1.89			85.37
纺织业	78.37	34.26	0.52	1.25	684.10
棉纺织及印染精加工	55.52	33.36	0.52	0.31	494.11
毛纺织及染整精加工	5.32	0.36			42.95
麻纺织及染整精加工	1.27	0.05			11.60
丝绢纺织及印染精加工	0.65	0.34		0.25	26.66
针织或钩针编织物及其制品制造	0.12	0.06			5.55
家用纺织制成品制造	6.80			0.35	5.28
产业用纺织制成品制造	8.00	0.09		0.34	96.84
纺织服装、服饰业	23.22	1.22	0.05	0.20	213.52
机织服装制造	18.40	0.81	0.05	0.17	178.32
针织或钩针编织服装制造	0.78	0.36		0.03	21.22
服饰制造	4.05	0.05			13.98
皮革、毛皮、羽毛及其制品和制鞋业	14.18	0.59		0.02	72.40
皮革制品制造	0.12	0.10			1.41
制鞋业	12.03	0.04		0.02	65.49
木材加工和木、竹、藤、棕、草制品业	23.90	10.73			151.38
木材加工	11.28	4.89			61.63
人造板制造	11.07	5.42			53.62
木质制品制造	1.29	0.42			23.00
竹、藤、棕、草等制品制造	0.26				13.13
家具制造业	6.32	0.26	0.05	0.47	48.48
木质家具制造	5.69	0.06		0.33	24.63
金属家具制造	0.19		0.05	0.14	18.28

单位：亿元

营业成本	销售费用	管理费用	财务费用	利息费用	投资收益（损失以“–”号记）	营业利润	利润总额	亏损企业亏损额	平均用工人数（万人）
471.94	72.07	17.91	1.86	1.17	4.86	24.44	24.69	3.46	4.25
45.50	3.30	2.49	0.59	0.47	-0.20	3.65	4.86	0.02	0.69
137.94	13.08	11.50	1.69	2.59	1.36	19.14	19.61	0.63	1.48
216.87	25.91	23.31	7.43	6.72	1.66	7.03	9.01	12.30	3.24
1877.89	328.74	217.82	-16.46	18.03	48.13	1376.44	1374.64	19.08	24.85
1701.93	286.15	201.43	-17.90	16.56	46.42	1347.73	1343.75	13.49	22.31
142.15	38.17	10.43	0.09	1.06	1.62	24.86	26.78	3.94	1.93
33.81	4.42	5.96	1.35	0.41	0.08	3.85	4.10	1.65	0.62
3518.45	143.32	642.87	-59.52	3.47	78.38	1144.62	1137.34	6.77	15.35
110.17	4.38	14.53	-6.13		0.54	20.53	19.58	1.25	1.60
3354.27	137.64	618.37	-52.42	3.45	77.84	1103.85	1097.75	5.21	13.26
54.01	1.30	9.97	-0.97	0.02		20.23	20.01	0.31	0.50
611.97	10.11	32.26	13.68	12.70	4.21	22.40	24.36	9.88	8.79
459.65	6.41	20.31	11.75	11.12	4.12	3.75	5.02	6.90	6.27
36.83	1.03	2.31	0.14	0.13	0.02	2.34	2.52	0.76	0.91
10.77	0.27	0.85	0.07	0.02	-0.02	-0.50	-0.46	0.74	0.34
22.68	0.58	1.35	0.32	0.31		1.41	1.50	0.19	0.39
5.37		0.37				-0.20	-0.19	0.30	0.05
4.68	0.12	0.40	0.02	0.01		-0.05	-0.04	0.08	0.13
71.08	1.66	6.63	1.37	1.11	0.08	15.54	15.89	0.91	0.68
160.92	4.67	50.03	-0.52	0.78	0.87	-0.48	4.01	6.55	7.90
135.04	4.21	39.54	-0.71	0.64	0.52	1.17	3.81	4.95	6.64
16.66	0.38	4.26	-0.03	0.11	0.35	0.22	0.66	0.48	0.74
9.22	0.08	6.24	0.23	0.03		-1.87	-0.47	1.12	0.52
59.95	1.66	6.52	0.37	0.17	0.14	3.27	4.12	0.40	1.42
1.00	0.03	0.42				-0.05	-0.04	0.13	0.11
54.64	1.09	5.54	0.10	0.11	0.14	3.50	3.65	0.26	1.20
138.11	4.06	8.54	3.64	2.96	6.30	1.17	0.90	8.02	1.38
56.52	1.44	3.37	1.46	0.53	5.46	4.23	4.34	1.80	0.38
47.41	2.10	3.97	1.99	2.27	0.82	-0.82	-0.89	3.00	0.66
21.78	0.44	1.06	0.18	0.16	0.01	-2.70	-3.00	3.23	0.24
12.39	0.09	0.15	0.01	0.01		0.45	0.45		0.11
43.51	1.49	1.83	0.02	0.55	0.03	1.88	2.83	0.01	6.48
23.16	0.43	0.82	0.15	0.53	0.02	0.20	1.15	0.01	6.35
16.51	0.07	0.67	-0.13			1.28	1.29		0.03

2-2 续表 8

行　业					营业收入
	法人资本	个人资本	港澳台资本	外商资本	
造纸和纸制品业	80.03	42.12	0.41	21.40	636.05
纸浆制造	8.32				45.08
造纸	56.15	41.64		21.39	529.81
纸制品制造	15.56	0.48	0.41	0.02	61.15
印刷和记录媒介复制业	172.36	8.75	0.40	2.44	572.61
印刷	164.56	8.74	0.40	2.44	557.93
装订及印刷相关服务	2.71				12.11
记录媒介复制	5.09	0.01			2.56
文教、工美、体育和娱乐用品制造业	39.33	0.94	0.12	0.29	632.37
文教办公用品制造	0.86				4.58
乐器制造	18.66	0.20		0.01	21.35
工艺美术及礼仪用品制造	16.71	0.26	0.12	0.28	595.08
体育用品制造	0.02				2.95
游艺器材及娱乐用品制造	3.08	0.48			8.41
石油、煤炭及其他燃料加工业	1393.46	104.97	45.84	106.40	22443.19
精炼石油产品制造	1020.31	48.22	45.84	103.42	20312.10
煤炭加工	349.97	56.56		2.98	1960.70
生物质燃料加工	4.92	0.19			22.04
化学原料和化学制品制造业	2689.41	187.77	7.03	189.54	13133.27
基础化学原料制造	1109.66	53.60	6.33	87.54	5723.95
肥料制造	521.44	56.55	0.70	9.91	1956.77
农药制造	22.77	3.29			340.12
涂料、油墨、颜料及类似产品制造	38.35	3.33		1.30	250.20
合成材料制造	791.68	39.37		87.18	3438.80
专用化学产品制造	98.81	22.23		2.87	899.82
炸药、火工及焰火产品制造	84.46	6.35		0.74	360.68
日用化学产品制造	22.25	3.06			162.92
医药制造业	366.60	112.64	12.22	17.80	2671.57
化学药品原料药制造	57.30	15.11		2.72	324.71
化学药品制剂制造	124.13	53.59	0.88	10.12	745.15
中药饮片加工	12.99	2.68		2.48	184.06
中成药生产	112.21	26.76	11.32	2.38	803.78
兽用药品制造	10.04	0.08		0.07	64.55
生物药品制品制造	48.38	13.59		0.04	532.89
卫生材料及医药用品制造	1.40	0.70	0.02		14.47
药用辅料及包装材料	0.14	0.14			1.96
化学纤维制造业	82.37	3.48	11.81	5.97	1042.91
纤维素纤维原料及纤维制造	33.17	3.11	11.30	5.20	625.02
合成纤维制造	41.44	0.16	0.52	0.77	406.29
生物基材料制造	7.75	0.20			11.61
橡胶和塑料制品业	187.61	26.77	0.69	5.73	1015.36

单位：亿元

营业成本	销售费用	管理费用	财务费用		投资收益（损失以“–”号记）	营业利润	利润总额	亏损企业亏损额	平均用工人数（万人）
				利息费用					
528.05	21.00	48.19	17.45	26.52	11.13	33.32	39.95	6.13	4.92
37.51	2.25	2.24	2.23	1.03	0.69	1.62	1.60	0.11	0.37
438.97	16.60	41.17	14.55	24.80	10.25	29.32	35.95	4.72	3.72
51.58	2.15	4.78	0.67	0.70	0.19	2.37	2.41	1.31	0.83
447.70	10.76	68.79	-0.29	1.75	6.30	49.47	51.73	6.42	7.43
435.63	10.39	66.61	-0.25	1.73	6.13	49.42	51.68	5.94	7.22
10.06	0.22	1.66	-0.06	0.01	0.11	0.25	0.26	0.22	0.16
2.01	0.16	0.52	0.02		0.07	-0.19	-0.21	0.26	0.05
584.51	9.25	10.63	3.86	3.77	3.77	34.16	34.25	1.85	1.47
3.59	0.12	0.81	-0.01		2.11	2.76	2.80	0.07	0.11
16.65	0.64	2.71	0.14	0.24	0.06	1.26	1.45	0.41	0.39
556.51	7.72	5.89	3.60	3.40	1.62	28.94	28.95	0.81	0.76
1.62	0.61	0.31	0.01	0.01		0.40	0.24	0.39	0.09
6.15	0.15	0.90	0.13	0.12	-0.02	0.80	0.82	0.17	0.11
17409.17	145.12	633.42	121.01	157.07	91.67	192.11	178.23	354.57	38.75
15511.93	110.23	553.44	75.04	113.53	94.62	139.30	119.83	302.76	29.78
1758.87	34.12	66.33	45.22	41.54	-3.39	33.36	39.29	50.37	7.95
19.57	0.34	0.92	0.78	0.67		0.59	0.59	0.33	0.05
10971.61	296.14	779.18	299.48	318.88	127.89	481.70	507.54	374.05	65.63
4859.60	100.09	316.50	113.79	121.42	75.56	179.62	182.36	187.65	25.04
1649.56	54.43	108.27	72.93	83.18	11.36	55.20	55.64	55.79	11.21
268.71	6.29	23.96	4.33	2.90	6.15	43.40	43.31	0.06	1.95
204.49	7.19	18.83	1.74	1.66	1.64	21.24	21.19	0.80	1.78
2910.64	50.23	180.11	87.21	92.09	19.10	126.77	126.07	68.41	13.24
741.22	26.08	67.35	12.90	11.31	8.74	59.40	60.86	9.64	5.05
243.05	22.32	55.08	5.66	6.10	4.90	35.67	35.89	1.78	6.42
94.33	29.52	9.08	0.93	0.23	0.44	-39.59	-17.78	49.91	0.94
1449.01	514.45	280.14	23.55	39.74	85.72	478.18	485.22	26.84	22.85
227.56	31.26	41.12	9.76	8.37	6.81	20.34	21.91	9.60	3.66
411.52	172.57	82.22	4.68	10.34	43.13	117.38	117.69	6.36	6.98
116.01	30.48	11.18	1.94	2.25	5.00	29.10	28.91	0.42	1.22
433.63	173.89	72.97	3.07	8.56	17.25	132.60	139.88	7.38	7.51
37.41	6.58	8.00	0.36	0.36	0.07	11.77	11.58	0.95	0.62
210.63	98.63	63.23	3.52	9.68	13.46	165.39	163.59	2.11	2.69
10.62	0.89	1.28	0.20	0.15		1.53	1.57		0.14
1.62	0.13	0.14	0.02	0.02		0.07	0.08	0.01	0.04
910.41	12.77	52.47	22.15	22.39	4.40	46.07	48.45	17.76	6.34
531.59	6.02	24.98	13.31	13.89	2.60	48.86	49.15	8.92	3.47
368.35	6.29	25.58	8.31	7.96	1.90	-1.05	0.83	6.76	2.67
10.47	0.46	1.90	0.53	0.55	-0.10	-1.75	-1.53	2.08	0.19
835.62	35.04	69.38	15.77	16.51	5.78	68.23	68.80	9.83	10.43

2-2 续表 9

行　业	法人资本	个人资本	港澳台资本	外商资本	营业收入
橡胶制品业	81.76	9.92	0.01	1.87	500.07
塑料制品业	105.85	16.84	0.69	3.86	515.30
非金属矿物制品业	1290.63	80.45	4.55	21.38	7275.24
水泥、石灰和石膏制造	581.50	39.56	3.88	11.87	3738.15
石膏、水泥制品及类似制品制造	232.31	13.88	0.16	1.12	2035.48
砖瓦、石材等建筑材料制造	47.13	5.77	0.05	0.49	291.27
玻璃制造	90.51	0.13		5.65	209.11
玻璃制品制造	24.14	5.51		0.73	159.06
玻璃纤维和玻璃纤维增强塑料制品制造	87.51	1.73	0.20	0.38	233.18
陶瓷制品制造	15.81	2.26			35.25
耐火材料制品制造	16.65	2.66		1.05	113.20
石墨及其他非金属矿物制品制造	195.05	8.95	0.26	0.10	460.54
黑色金属冶炼和压延加工业	3577.64	127.84	38.40	82.86	23497.66
炼铁	20.40	0.21			419.76
炼钢	304.64				2107.58
钢压延加工	3209.51	123.26	38.40	66.90	20668.69
铁合金冶炼	43.09	4.36		15.96	301.63
有色金属冶炼和压延加工业	1591.75	134.48	8.97	28.88	18647.07
常用有色金属冶炼	930.67	74.22	2.47	24.91	10466.55
贵金属冶炼	52.85	16.81	6.25		3268.47
稀有稀土金属冶炼	30.68	24.96	0.15	2.38	549.70
有色金属合金制造	97.45	5.58		0.17	514.32
有色金属压延加工	480.10	12.91	0.11	1.42	3848.02
金属制品业	505.81	60.35	8.24	9.87	3631.66
结构性金属制品制造	120.79	7.57		0.18	1262.04
金属工具制造	22.94	1.01		0.37	68.46
集装箱及金属包装容器制造	52.36	3.00	0.42	2.97	241.00
金属丝绳及其制品制造	29.57	0.83	1.41	1.12	297.12
建筑、安全用金属制品制造	27.51	1.42			95.89
金属表面处理及热处理加工	19.39	0.04		0.04	102.18
金属制日用品制造	1.63	0.08	0.28		9.70
铸造及其他金属制品制造	231.60	46.40	6.13	5.18	1555.28
通用设备制造业	602.00	120.98	23.31	50.22	5137.58
锅炉及原动设备制造	183.73	37.30	20.15	25.83	1740.85
金属加工机械制造	74.41	8.14	1.31	0.58	283.14
物料搬运设备制造	66.38	17.57		7.62	1046.61
泵、阀门、压缩机及类似机械制造	98.71	11.72		10.46	817.29
轴承、齿轮和传动部件制造	59.16	9.90		2.08	364.14
烘炉、风机、包装等设备制造	38.02	12.54	1.68	0.82	411.73
文化、办公用机械制造	16.24	15.16	0.17	2.19	75.95
通用零部件制造	46.04	7.05		0.58	232.19
其他通用设备制造业	19.30	1.59		0.07	165.68

单位：亿元

营业成本	销售费用	管理费用	财务费用	利息费用	投资收益(损失以"–"号记)	营业利润	利润总额	亏损企业亏损额	平均用工人数(万人)
392.53	17.90	35.23	9.42	8.48	0.70	51.16	50.49	5.24	5.69
443.09	17.14	34.15	6.35	8.04	5.08	17.07	18.32	4.59	4.74
5416.96	229.44	411.55	85.10	109.27	65.02	1153.03	1171.92	58.48	40.17
2519.99	121.43	206.17	23.71	48.86	32.42	881.23	895.83	23.48	17.62
1678.23	66.96	101.78	22.69	22.36	21.84	167.50	167.38	10.65	10.00
225.39	9.99	18.95	5.03	3.91	1.05	29.01	29.67	4.53	1.91
176.65	2.80	10.31	7.47	7.48	1.49	12.59	13.74	2.23	1.34
131.44	5.12	12.76	5.61	4.95	0.02	4.45	4.48	4.87	1.57
176.90	8.61	16.22	9.19	7.74	1.58	25.27	26.03	0.75	2.54
27.10	1.43	5.64	1.06	0.29	0.12	0.54	1.02	1.16	0.91
93.89	4.61	9.27	0.95	1.49	1.31	4.77	5.12	0.82	1.19
387.38	8.50	30.44	9.39	12.20	5.19	27.68	28.65	9.98	3.08
21411.91	282.89	803.21	291.03	355.33	160.62	720.83	742.61	82.90	66.23
403.92	0.41	7.15	3.18	3.57	-0.18	3.62	3.83	0.98	0.97
1903.60	15.21	75.22	67.79	70.14	12.50	20.37	47.17	3.52	5.77
18826.09	261.73	709.19	215.41	276.30	145.62	694.50	679.68	70.29	58.28
278.30	5.54	11.65	4.66	5.32	2.69	2.34	11.93	8.10	1.21
17293.36	96.10	390.94	235.07	248.24	34.70	474.15	472.66	96.85	48.25
9652.29	54.21	203.16	154.54	163.56	7.83	257.03	256.47	57.52	30.34
3083.68	7.28	62.53	24.16	30.20	22.40	101.57	102.11	3.23	4.82
480.57	2.26	18.10	8.29	9.39	6.14	46.84	47.28	2.21	1.70
432.34	8.18	30.39	6.14	5.49	3.44	33.53	33.40	6.26	3.38
3644.48	24.17	76.75	41.94	39.60	-5.11	35.17	33.40	27.63	8.01
3241.23	51.39	203.24	27.34	31.13	-1.09	80.90	86.98	61.68	22.54
1163.47	14.52	46.63	13.98	12.25	0.02	17.23	18.71	11.20	5.16
50.63	2.80	8.66	0.61	0.67	0.14	5.49	5.68	0.17	1.18
209.57	4.17	15.67	3.47	4.86	2.21	11.90	11.82	2.52	1.73
276.59	4.69	9.81	0.55	0.66	-25.26	-21.49	-14.44	19.71	1.20
86.82	1.17	4.43	-0.08	0.07	-0.01	2.99	3.20	0.15	0.37
94.67	0.86	3.95	0.60	0.75	1.14	2.82	2.54	0.55	0.31
8.75	0.21	0.55	0.09	0.05	0.13	0.24	0.22		0.13
1350.74	22.97	113.53	8.13	11.81	20.53	61.73	59.25	27.38	12.46
4255.24	149.61	443.76	21.39	42.92	39.00	263.24	272.18	82.54	38.30
1425.35	43.74	156.70	-4.94	8.14	-0.59	120.61	121.56	15.62	8.83
239.36	11.97	35.85	4.22	6.33	13.19	-7.04	-4.81	23.06	5.77
877.43	28.81	66.57	2.75	5.78	4.02	58.96	59.98	6.15	4.17
690.69	19.44	63.23	5.61	5.91	4.98	44.92	45.71	6.17	6.36
292.96	14.75	32.86	5.58	5.78	4.42	17.10	18.88	8.71	4.09
344.27	13.76	36.54	3.26	5.82	9.51	19.29	19.68	4.94	2.59
59.43	5.64	8.14	0.66	0.40	2.05	3.33	3.43	0.21	0.89
191.19	6.65	25.16	2.16	2.24	0.07	3.44	4.66	10.06	4.04
134.55	4.85	18.70	2.10	2.53	1.34	2.64	3.09	7.60	1.57

2-2 续表 10

行　业					营业收入
	法人资本	个人资本	港澳台资本	外商资本	
专用设备制造业	993.63	120.75	1.38	7.96	5039.35
采矿、冶金、建筑专用设备制造	729.67	64.51	0.24	1.09	3379.08
化工、木材、非金属加工专用设备制造	60.85	1.48	0.51	2.89	299.89
食品、饮料、烟草及饲料生产专用设备制造	21.07				86.10
印刷、制药、日化及日用品生产专用设备制造	8.04	0.63	0.10		24.06
纺织、服装和皮革加工专用设备制造	6.79	2.16	0.18	0.13	86.43
电子和电工机械专用设备制造	14.60	2.56	0.03	1.69	134.69
农、林、牧、渔专用机械制造	52.11	1.54			349.63
医疗仪器设备及器械制造	13.50	4.97		0.17	64.87
环保、邮政、社会公共服务及其他专用设备制造	87.00	42.89	0.33	2.00	614.60
汽车制造业	2456.25	93.03	29.91	716.57	33019.39
汽车整车制造	1863.89	68.92	20.28	560.48	26729.00
汽车用发动机制造	90.86	2.44		76.96	1396.68
改装汽车制造	60.68	4.65	0.43	1.46	461.78
低速汽车制造				11.10	13.90
汽车车身、挂车制造	18.23	0.01			150.79
汽车零部件及配件制造	420.10	16.98	9.20	66.57	4252.60
铁路、船舶、航空航天和其他运输设备制造业	1843.76	23.78	5.49	37.87	7980.15
铁路运输设备制造	423.30	3.72	0.12	7.77	2633.96
城市轨道交通设备制造	45.61	0.47		1.74	301.94
船舶及相关装置制造	745.78	1.18	1.96	21.13	1912.70
航空、航天器及设备制造	618.09	18.18	3.30	3.89	3007.10
摩托车制造	7.58	0.16	0.10	3.28	107.99
非公路休闲车及零配件制造	1.73				3.02
潜水救捞及其他未列明运输设备制造	0.15	0.04		0.05	10.42
电气机械和器材制造业	666.68	77.53	1.65	21.71	5741.66
电机制造	225.49	3.08		0.09	1822.22
输配电及控制设备制造	251.51	48.70	0.51	7.93	1846.94
电线、电缆、光缆及电工器材制造	83.66	11.95	1.11	9.50	923.03
电池制造	68.71	1.34		0.20	564.90
家用电力器具制造	20.86	11.09		1.63	358.95
非电力家用器具制造	1.45	0.11		0.03	9.71
照明器具制造	7.73	0.39	0.03	2.28	172.67
其他电气机械及器材制造	7.28	0.87		0.06	43.22
计算机、通信和其他电子设备制造业	4127.18	127.44	39.95	33.71	11025.61
计算机制造	93.76	35.21	4.15	2.60	1328.10
通信设备制造	307.02	3.88	0.26		2346.77

单位：亿元

营业成本	销售费用	管理费用	财务费用	利息费用	投资收益（损失以“-”号记）	营业利润	利润总额	亏损企业亏损额	平均用工人数（万人）
4183.66	200.09	396.52	79.90	91.58	47.23	191.64	206.54	66.15	35.74
2812.36	145.46	232.92	57.08	61.15	29.59	143.33	152.20	29.59	20.99
256.10	5.22	24.80	5.74	6.63	0.56	5.15	4.34	6.59	2.69
62.56	3.29	12.47	-0.19	0.10	0.51	8.39	7.98		0.93
19.74	1.36	3.66	0.57	0.59		-2.00	-1.77	2.48	0.37
71.60	2.64	8.83	0.56	1.55	0.20	2.54	6.03	0.53	1.25
105.93	4.70	23.69	2.66	2.58	-1.03	3.09	2.32	5.82	1.39
306.79	10.73	22.99	1.98	3.51	7.24	3.86	4.84	1.92	2.52
42.00	7.59	8.24	0.63	1.30	4.17	9.11	9.16	1.01	0.91
506.57	19.11	58.93	10.88	14.15	5.99	18.16	21.45	18.22	4.70
27569.34	1207.94	1858.42	3.98	138.59	644.63	1994.04	1980.34	511.25	86.66
22175.32	1077.68	1462.33	-10.68	113.61	573.54	1612.64	1615.37	438.79	55.40
1180.02	27.75	56.49	1.31	3.66	0.67	127.51	127.63	3.82	3.01
410.81	14.48	25.97	3.77	3.53	0.65	13.05	12.82	7.45	2.47
11.84	0.42	1.31	0.40	0.42	-0.02	-0.13	-0.11	0.12	0.15
129.32	3.07	10.70	0.75	0.99	0.21	8.62	8.28	2.65	1.09
3648.59	84.26	300.90	8.40	16.33	69.58	232.11	216.09	58.43	24.51
6856.98	114.62	702.65	43.23	72.52	50.26	307.91	323.26	136.82	65.23
2138.03	69.93	250.06	8.64	10.45	16.03	191.42	197.02	5.98	16.88
269.83	3.63	14.99	0.93	1.50	0.22	11.14	11.65	0.55	1.20
1768.53	10.22	169.34	13.61	33.69	7.73	-57.03	-51.40	101.12	14.98
2578.14	25.88	254.93	19.63	26.72	25.40	156.33	159.91	27.74	31.03
88.74	4.57	10.32	0.37	0.09	0.81	6.91	6.80	0.16	0.90
2.42	0.07	1.52	0.01	0.02		-1.03	-1.03	1.04	0.04
8.86	0.20	1.14	0.01	0.04	-0.02	0.04	0.03	0.17	0.14
5055.85	181.16	347.06	38.13	41.06	-1.12	134.46	145.62	94.40	28.81
1623.42	60.37	100.51	3.15	9.16	-21.38	16.02	18.42	40.89	6.20
1587.04	63.69	132.96	16.42	15.73	15.95	88.33	92.93	16.72	10.27
821.32	27.93	49.37	9.99	7.10	2.40	20.83	23.74	4.89	4.12
509.26	8.34	26.99	6.00	5.69	0.56	6.30	6.60	17.97	3.88
325.92	14.40	18.70	1.52	2.26	2.49	-5.64	-4.78	9.94	2.62
7.76	0.44	0.78	0.41	0.39	-0.02	0.05	0.08	0.32	0.07
147.55	4.27	12.54	0.61	0.58	-2.12	5.06	5.06	3.23	1.21
33.59	1.72	5.21	0.03	0.16	1.01	3.52	3.57	0.45	0.45
9069.97	338.64	1095.62	95.36	136.89	44.62	448.14	449.40	300.58	69.63
1152.35	34.22	96.20	1.30	6.40	19.36	58.89	58.73	9.41	4.92
1655.55	135.49	368.96	11.94	25.31	34.78	227.90	229.00	34.95	17.14

2-2 续表 11

行　　业					营业收入
	法人资本	个人资本	港澳台资本	外商资本	
广播电视设备制造	6.94	0.14	0.12		147.24
雷达及配套设备制造	19.87	0.40		0.40	378.20
非专业视听设备制造	39.53	11.15	0.67		1882.51
智能消费设备制造	6.73	0.77	5.00		81.88
电子器件制造	3323.37	38.74	27.91	20.81	3341.31
电子元件及电子专用材料制造	129.90	35.48	1.64	9.50	1215.00
其他电子设备制造	200.06	1.66	0.19	0.39	304.61
仪器仪表制造业	171.20	60.14	1.13	5.55	1069.46
通用仪器仪表制造	90.88	50.74	0.66	5.03	615.03
专用仪器仪表制造	33.77	2.43			170.16
光学仪器制造	42.57	2.20	0.47	0.53	262.25
衡器制造	1.01	0.24			5.95
其他仪器仪表制造业	1.98	4.54			9.97
其他制造业	72.65	11.25	0.06	4.62	736.13
日用杂品制造	0.02	0.01	0.05		3.15
废弃资源综合利用业	47.67	3.30	0.09	1.29	542.40
金属废料和碎屑加工处理	30.06	2.64			474.82
非金属废料和碎屑加工处理	17.62	0.66	0.09	1.29	67.58
金属制品、机械和设备修理业	239.43	2.87	3.34	14.83	799.79
金属制品修理	0.70				5.63
通用设备修理	1.10				10.38
专用设备修理	75.07			0.05	108.24
铁路、船舶、航空航天等运输设备修理	157.90	2.84	3.34	14.73	612.40
电气设备修理	2.78				15.89
其他机械和设备修理业	1.88	0.03		0.05	46.60
电力、热力、燃气及水生产和供应业	**16701.15**	**236.58**	**293.32**	**439.44**	**68292.90**
电力、热力生产和供应业	15205.86	175.33	210.09	286.64	61040.60
电力生产	9445.01	157.38	208.84	280.70	19100.17
电力供应	5300.26	5.29	0.04	5.18	40372.23
热力生产和供应	460.58	12.65	1.21	0.76	1568.20
燃气生产和供应业	511.93	29.72	53.70	103.71	4723.61
燃气生产和供应业	501.93	29.72	53.70	103.71	4717.69
水的生产和供应业	983.36	31.53	29.53	49.09	2528.68
自来水生产和供应	637.06	20.25	26.29	36.05	2035.86
污水处理及其再生利用	338.26	10.98	3.24	13.03	484.50
海水淡化处理	7.73				4.25
其他水的处理、利用与分配	0.31	0.30			4.07

单位：亿元

营业成本	销售费用	管理费用	财务费用		投资收益（损失以“–”号记）	营业利润	利润总额	亏损企业亏损额	平均用工人数（万人）
				利息费用					
125.38	2.85	10.55	4.91	6.91	1.57	4.85	4.99	0.97	0.81
314.62	3.37	40.66	2.36	5.24	6.22	23.77	23.52	4.73	3.05
1704.69	50.80	76.07	6.90	18.15	9.92	37.78	34.65	2.72	6.22
70.43	3.53	7.99	0.39	0.69	1.05	4.91	4.70	1.88	0.78
2838.60	66.98	337.93	47.11	54.51	21.27	45.46	48.06	162.05	22.80
947.63	31.56	126.72	13.07	9.60	-50.37	43.70	44.61	72.10	11.43
260.72	9.85	30.53	7.39	10.07	0.82	0.89	1.14	11.76	2.48
845.68	41.75	121.54	6.83	8.25	51.39	98.20	99.80	10.36	9.51
490.77	30.79	60.80	5.93	6.18	44.03	66.00	66.97	2.56	4.28
121.28	6.39	29.53	0.36	0.85	5.92	18.55	18.81	1.56	2.01
220.04	2.24	27.72	0.38	1.03	1.28	11.14	11.44	6.19	2.89
3.80	0.66	1.08		0.02		0.40	0.41		0.12
6.80	0.39	1.72	0.17	0.16	0.14	1.24	1.28	0.05	0.16
626.14	4.04	71.09	0.13	3.31	1.72	52.78	51.87	3.35	6.05
2.23	0.06	0.85	-0.01				0.04	0.03	0.07
503.28	2.68	13.49	4.98	3.55	0.90	12.42	11.71	13.09	1.56
450.13	1.81	9.55	4.45	2.87	0.90	2.94	2.12	12.34	1.17
53.15	0.87	3.94	0.53	0.68		9.48	9.58	0.75	0.39
697.44	3.28	89.38	7.89	9.37	17.39	8.31	8.90	32.79	10.91
5.04	0.02	0.25	0.02	0.02		0.36	0.37		0.04
8.37	0.03	0.81	0.11	0.14		0.98	1.02	0.26	0.29
91.08	0.40	9.30	3.15	3.71	16.73	20.24	20.33	0.15	1.18
538.04	2.62	74.19	4.40	5.21	0.56	-15.80	-15.39	32.38	7.20
13.18	0.13	1.89	0.13	0.14	0.03	0.40	0.42		0.42
41.17	0.08	2.87	0.09	0.15	0.07	2.11	2.13		1.77
60888.28	**322.29**	**1657.11**	**2406.76**	**2321.98**	**653.83**	**3403.76**	**3589.56**	**904.07**	**286.20**
54835.56	40.83	1269.37	2220.48	2120.56	549.22	2934.50	3061.05	760.62	229.16
14277.04	19.08	514.01	1641.45	1563.76	210.35	2560.39	2585.49	474.73	68.91
39038.90	10.95	657.78	526.18	505.38	338.50	412.54	469.28	204.89	143.25
1519.62	10.80	97.57	52.85	51.42	0.37	-38.42	6.28	81.00	17.00
4131.63	139.89	131.47	61.81	67.66	42.06	305.19	309.15	63.89	15.81
4126.31	139.33	131.17	61.89	67.66	42.06	305.31	309.28	63.77	15.78
1921.09	141.57	256.27	124.47	133.76	62.55	164.07	219.35	79.56	41.23
1556.52	140.30	221.56	76.96	84.27	44.62	91.20	141.17	64.67	37.28
358.94	1.04	34.01	46.36	48.39	17.93	72.30	77.61	14.28	3.89
3.18	0.08	0.46	0.61	0.65			0.01	0.26	0.02
2.45	0.16	0.24	0.53	0.44		0.57	0.57	0.35	0.04

2-3 私营工业企业主要

行　业	企业单位数(个)	资产总计	固定资产净　额	固定资产原　价	累计折旧	流动资产合　计
总　计	**286430**	**345022.79**	**73993.65**	**139353.84**	**57447.24**	**205754.08**
采矿业	**6945**	**11590.74**	**2510.10**	**4844.42**	**1979.81**	**5921.40**
煤炭开采和洗选业	2561	6097.62	1282.50	2377.72	922.17	3168.44
烟煤和无烟煤开采洗选	2515	6040.12	1273.26	2356.82	911.71	3139.55
褐煤开采洗选	26	48.43	7.20	16.80	8.85	24.26
其他煤炭采选	20	9.07	2.04	4.09	1.62	4.64
石油和天然气开采业	15	44.53	15.74	47.68	31.57	19.64
石油开采	13	28.53	9.93	38.41	28.10	9.80
黑色金属矿采选业	929	2085.82	427.14	881.90	409.46	1107.85
铁矿采选	876	2037.47	421.27	866.56	401.52	1083.19
锰矿、铬矿采选	45	33.76	4.33	11.76	6.66	18.11
其他黑色金属矿采选	8	14.59	1.53	3.58	1.28	6.55
有色金属矿采选业	664	1119.40	267.86	512.52	198.38	553.99
常用有色金属矿采选	487	747.40	159.32	312.53	128.66	416.26
贵金属矿采选	78	187.15	62.51	114.96	43.65	58.11
稀有稀土金属矿采选	99	184.85	46.02	85.02	26.07	79.62
非金属矿采选业	2588	1986.95	473.40	909.54	356.60	920.51
土砂石开采	2244	1601.17	390.31	736.44	277.44	734.22
化学矿开采	121	138.94	28.15	57.28	24.08	70.58
采盐	20	84.16	21.81	40.91	18.98	30.04
石棉及其他非金属矿采选	203	162.68	33.13	74.91	36.11	85.67
开采专业及辅助性活动	185	255.31	43.31	114.42	61.40	150.55
煤炭开采和洗选专业及辅助性活动	3	24.93	1.24	4.66	3.43	1.54
石油和天然气开采专业及辅助性活动	178	229.44	41.88	109.38	57.79	148.40
其他开采专业及辅助性活动	4	0.95	0.20	0.38	0.19	0.61
其他采矿业	3	1.11	0.15	0.64	0.23	0.43
制造业	**276055**	**321007.38**	**66412.77**	**126472.51**	**52943.13**	**195394.25**
农副食品加工业	16592	15614.32	3349.51	6399.98	2548.25	9313.49
谷物磨制	4453	2801.94	723.29	1421.52	582.83	1549.68
饲料加工	2820	2967.62	569.06	1128.99	458.73	1794.27
植物油加工	1123	2080.67	305.22	671.98	299.97	1503.20
制糖业	123	647.29	92.27	220.57	121.37	475.52
屠宰及肉类加工	2663	2961.06	672.33	1137.24	401.81	1589.52
水产品加工	1207	1187.94	206.23	378.07	151.05	817.62
蔬菜、菌类、水果和坚果加工	2426	1573.95	366.19	677.15	234.89	896.62
其他农副食品加工	1777	1393.85	414.92	764.46	297.60	687.04
食品制造业	5687	6309.93	1709.77	2972.83	1114.49	3239.98
焙烤食品制造	1112	844.13	261.73	462.12	172.43	396.21
糖果、巧克力及蜜饯制造	436	424.63	107.98	182.29	61.81	227.63
方便食品制造	1031	988.90	259.71	436.28	147.29	456.52

经济指标(大、中类行业)

单位：亿元

应收账款	存货	产成品	负债合计	流动负债合计	应付账款	所有者权益合计	实收资本	国家资本	集体资本
60158.67	**45126.93**	**19293.68**	**198275.49**	**162553.62**	**41445.64**	**145706.96**	**66142.67**	**595.59**	**1087.36**
1095.02	**732.89**	**425.61**	**7388.06**	**5938.14**	**1303.16**	**4111.70**	**1889.89**	**12.24**	**27.28**
559.26	348.95	205.58	4072.91	3259.26	714.22	1961.34	802.21	10.29	12.05
555.22	347.14	204.50	4025.35	3222.73	709.33	1952.94	790.07	10.29	11.32
2.74	1.12	0.79	43.10	32.95	3.97	4.21	11.47		0.73
1.30	0.69	0.29	4.46	3.57	0.92	4.18	0.68		
9.79	1.07	0.35	27.05	19.72	4.92	17.48	139.58		0.17
2.11	0.80	0.23	16.49	11.49	4.69	12.03	136.55		0.17
138.20	147.23	85.88	1394.64	1185.52	234.15	687.63	267.75	0.88	6.26
136.16	139.91	81.36	1360.95	1163.12	231.13	674.84	260.46	0.88	6.26
1.53	5.96	3.66	23.66	14.79	1.37	8.71	5.36		
0.51	1.36	0.87	10.03	7.61	1.65	4.08	1.94		
75.95	89.28	50.10	679.95	515.45	100.41	435.06	197.46	0.49	1.15
64.95	59.35	35.08	470.93	368.65	73.54	273.97	119.26	0.14	0.37
1.59	12.27	3.26	99.11	61.51	12.76	88.44	38.25	0.34	0.73
9.40	17.65	11.77	109.91	85.29	14.11	72.64	39.94		0.05
236.70	137.42	82.12	1063.64	823.78	191.73	904.24	415.32	0.59	5.98
198.42	100.90	58.73	876.40	673.07	160.35	709.25	340.09	0.58	5.12
11.53	13.39	9.04	68.11	54.27	10.42	69.38	28.87		0.37
5.07	6.53	5.37	26.46	23.70	4.27	57.70	12.90		0.35
21.68	16.60	8.98	92.67	72.74	16.70	67.91	33.46	0.01	0.14
75.11	8.94	1.57	149.51	134.15	57.72	105.51	67.18		1.68
0.46	0.36	0.35	19.13	18.64	1.41	5.79	5.20		
74.55	8.43	1.11	130.01	115.18	56.19	99.13	61.53		1.54
0.10	0.15	0.11	0.36	0.33	0.12	0.59	0.45		0.14
0.02			0.37	0.27		0.44	0.39		
57965.41	**44215.64**	**18834.12**	**182825.95**	**152019.92**	**39156.96**	**137234.49**	**61719.37**	**430.51**	**988.47**
1623.41	2889.16	1200.95	8738.27	7254.41	1462.03	6794.99	2932.19	23.65	71.66
280.60	621.80	178.03	1173.80	941.49	159.83	1611.76	614.61	4.74	21.89
275.19	440.09	123.02	1675.11	1442.42	294.64	1284.29	534.18	1.37	15.17
190.46	425.72	161.17	1476.63	1242.09	251.55	585.81	306.43	3.43	9.35
42.63	66.76	38.50	531.27	469.07	89.03	119.49	66.96	0.20	1.52
266.31	412.19	224.12	1686.99	1321.23	237.09	1261.22	581.82	1.32	15.44
198.14	360.27	216.75	704.84	620.29	153.97	474.84	189.77	1.29	0.71
223.70	310.30	144.84	780.20	640.41	153.14	781.65	343.98	9.70	4.71
146.38	252.03	114.52	709.42	577.40	122.77	675.94	294.45	1.59	2.87
617.97	921.07	357.25	3010.72	2442.64	550.13	3262.94	1374.98	13.34	12.84
79.49	103.12	30.93	387.22	318.00	73.23	450.64	187.94	0.25	2.04
56.79	56.40	21.13	170.04	132.40	30.44	250.34	83.48	7.36	0.42
89.18	123.85	48.99	445.22	360.26	87.78	535.92	262.03	3.39	0.57

2-3 续表 1

行　业	企业单位数(个)	资产总计	固定资产净额	固定资产原价	累计折旧	流动资产合计
乳制品制造	250	658.25	198.66	344.32	137.45	325.85
罐头食品制造	481	461.55	103.38	224.78	105.73	274.54
调味品、发酵制品制造	805	975.39	279.08	501.97	206.52	520.03
其他食品制造	1572	1957.07	499.23	821.07	283.26	1039.20
酒、饮料和精制茶制造业	3866	4424.99	1189.48	2176.14	810.62	2166.62
酒的制造	1110	2167.71	533.49	954.35	342.87	1087.89
饮料制造	970	1176.01	372.79	685.43	255.48	549.92
精制茶加工	1786	1081.26	283.20	536.35	212.27	528.81
烟草制品业	13	53.41	11.59	21.80	10.21	34.85
卷烟制造	3	16.89	4.56	7.92	3.36	12.10
其他烟草制品制造	10	36.52	7.03	13.89	6.86	22.75
纺织业	15553	12132.90	3296.94	6591.36	3012.11	6797.07
棉纺织及印染精加工	6805	6214.79	1728.43	3673.15	1762.72	3265.44
毛纺织及染整精加工	696	627.74	139.75	275.71	126.79	398.72
麻纺织及染整精加工	186	119.43	37.33	70.88	30.23	67.14
丝绢纺织及印染精加工	480	393.21	96.98	179.43	72.36	222.93
化纤织造及印染精加工	1718	1155.01	357.78	655.89	279.87	669.04
针织或钩针编织物及其制品制造	1820	1221.12	328.57	666.20	317.72	701.28
家用纺织制成品制造	1533	900.78	200.87	354.18	134.35	576.65
产业用纺织制成品制造	2315	1500.82	407.22	715.92	288.08	895.87
纺织服装、服饰业	9597	5499.80	1129.79	2216.84	929.91	3226.19
机织服装制造	5137	3371.31	687.89	1388.30	585.39	1934.40
针织或钩针编织服装制造	2882	1488.26	278.94	544.49	241.42	909.79
服饰制造	1578	640.24	162.95	284.06	103.10	382.00
皮革、毛皮、羽毛及其制品和制鞋业	6449	3605.92	788.73	1572.43	608.60	1906.64
皮革鞣制加工	490	441.63	96.34	181.24	59.93	236.37
皮革制品制造	1696	1014.27	186.43	320.91	98.77	409.24
毛皮鞣制及制品加工	440	249.79	44.10	117.14	58.97	156.25
羽毛(绒)加工及制品制造	411	276.00	44.76	70.88	18.81	202.45
制鞋业	3412	1624.22	417.11	882.26	372.12	902.33
木材加工和木、竹、藤、棕、草制品业	9037	3681.91	845.83	1760.39	727.04	2185.72
木材加工	1939	520.51	107.29	199.22	68.68	331.79
人造板制造	4668	1949.02	481.45	1004.43	405.03	1130.67
木质制品制造	1762	970.15	194.32	410.14	185.29	605.02
竹、藤、棕、草等制品制造	668	242.24	62.77	146.60	68.05	118.25
家具制造业	5383	3847.56	850.46	1388.36	470.74	2271.28
木质家具制造	3499	2593.48	529.68	885.23	309.58	1544.87
竹、藤家具制造	84	51.89	19.03	25.70	5.36	20.96
金属家具制造	895	593.47	159.64	254.69	85.34	360.64
塑料家具制造	92	52.24	15.94	25.17	8.47	24.54
其他家具制造	813	556.49	126.17	197.57	61.99	320.27

单位：亿元

应收账款	存货	产成品	负债合计	流动负债合计	应付账款	所有者权益合计	实收资本	国家资本	集体资本
81.39	67.06	21.48	341.41	283.23	67.88	312.09	142.53	0.28	2.46
44.34	108.31	62.58	233.72	198.63	46.72	224.44	86.31	0.83	0.57
76.30	154.76	55.09	431.65	341.09	78.45	540.45	203.84	0.49	3.43
190.47	307.57	117.05	1001.45	809.02	165.62	949.07	408.86	0.75	3.36
331.82	780.31	361.59	2002.37	1620.99	310.72	2393.89	875.00	13.79	15.68
106.44	475.06	196.79	1073.03	858.25	118.80	1083.61	357.42	3.11	4.22
95.63	110.88	45.42	519.16	436.13	108.35	650.57	298.81	8.97	4.67
129.74	194.36	119.37	410.18	326.61	83.57	659.70	218.77	1.71	6.79
4.68	6.94	4.33	36.74	34.45	6.10	16.66	4.98	0.81	
0.87	2.80	2.27	8.77	6.48	1.52	8.12	1.81	0.81	
3.81	4.14	2.06	27.97	27.97	4.58	8.54	3.17		
1722.88	1931.54	974.98	7270.88	5966.91	1215.36	4804.00	2374.44	30.91	13.56
746.31	947.57	472.74	3738.20	2987.83	562.58	2441.44	1172.89	22.94	6.52
108.32	134.64	68.66	395.88	328.54	77.86	230.87	217.70		1.36
15.25	26.99	14.62	68.63	54.51	9.68	49.15	22.44	0.08	0.30
57.24	87.80	48.03	252.83	217.17	40.61	136.92	64.10	0.01	0.16
196.26	212.62	119.49	765.90	621.58	102.77	387.37	226.22		0.84
192.64	195.30	99.92	735.69	631.11	102.74	476.62	230.00	0.90	0.63
167.86	150.27	72.25	544.80	473.43	138.72	352.74	181.53	6.07	1.33
238.99	176.35	79.28	768.95	652.74	180.40	728.90	259.55	0.92	2.41
813.89	895.81	462.69	2956.36	2441.90	677.35	2512.90	1105.95	5.29	7.48
444.44	523.26	274.68	1692.90	1378.09	373.11	1656.01	728.81	2.84	4.77
252.68	262.62	135.03	892.32	745.38	210.67	589.09	243.73	1.30	0.59
116.78	109.92	52.98	371.15	318.42	93.57	267.80	133.42	1.15	2.12
568.28	544.15	243.45	1793.81	1452.96	386.12	1761.14	627.74	2.56	2.81
67.83	82.33	31.89	192.10	175.91	39.10	226.00	109.74		1.29
114.75	104.14	45.26	439.62	380.69	92.34	571.31	137.28	1.01	0.40
29.10	71.85	24.69	132.04	92.33	26.06	111.06	45.69		0.05
64.69	70.11	35.28	173.19	145.77	37.23	101.66	48.85	0.05	0.23
291.91	215.73	106.33	856.86	658.26	191.39	751.12	286.18	1.51	0.85
661.53	569.44	282.93	2057.18	1676.85	457.57	1594.01	767.94	14.26	7.16
102.44	95.57	47.25	282.54	232.97	62.91	231.99	113.90	1.21	1.85
347.00	289.05	145.91	1105.11	897.71	253.73	829.24	399.91	12.88	3.84
176.12	147.96	69.64	568.45	464.24	118.67	397.77	199.42	0.11	1.46
35.97	36.85	20.12	101.08	81.93	22.26	135.01	54.71	0.06	0.01
569.18	523.08	213.16	2167.35	1853.05	526.09	1666.01	767.41	1.80	5.79
365.91	355.51	148.01	1471.88	1265.44	317.00	1112.51	486.00	1.19	5.10
3.49	7.41	2.58	21.39	16.47	5.89	30.13	12.45		
101.82	76.77	26.37	314.29	282.99	99.65	274.88	166.41	0.17	0.35
6.48	6.74	2.15	24.55	19.09	5.71	27.69	14.22		
91.47	76.64	34.04	335.25	269.06	97.84	220.80	88.32	0.44	0.34

2-3 续表 2

行 业	企业单位数(个)	资产总计	固定资产净额	固定资产原价	累计折旧	流动资产合计
造纸和纸制品业	5139	4475.51	1298.94	2332.79	927.02	2493.47
纸浆制造	20	49.68	28.83	45.23	15.57	16.48
造纸	1864	2282.36	720.68	1290.52	512.05	1210.50
纸制品制造	3255	2143.46	549.42	997.04	399.40	1266.50
印刷和记录媒介复制业	4453	3005.35	810.26	1620.75	725.56	1684.81
印刷	4366	2956.20	791.97	1584.59	708.38	1659.98
装订及印刷相关服务	85	48.00	18.09	35.09	16.30	23.95
文教、工美、体育和娱乐用品制造业	6758	5092.88	996.54	1926.89	763.09	3065.06
文教办公用品制造	595	623.49	113.91	197.69	74.69	386.41
乐器制造	123	96.27	35.83	58.24	19.66	44.18
工艺美术及礼仪用品制造	3854	3073.45	582.69	1136.17	462.70	1889.13
体育用品制造	791	550.19	106.82	233.11	89.66	333.71
玩具制造	1097	487.88	109.89	213.31	80.55	272.34
游艺器材及娱乐用品制造	298	261.60	47.40	88.39	35.83	139.28
石油、煤炭及其他燃料加工业	1386	9348.49	1655.54	3606.64	1229.07	5667.57
精炼石油产品制造	715	5519.96	758.87	1813.19	444.16	3615.47
煤炭加工	426	3714.83	862.93	1740.76	769.78	1995.01
生物质燃料加工	245	113.71	33.74	52.69	15.13	57.09
化学原料和化学制品制造业	14789	22105.35	5561.51	10093.91	4002.52	11426.38
基础化学原料制造	3069	6603.48	2122.83	3758.67	1420.84	3061.19
肥料制造	1205	1736.90	486.20	884.27	316.73	792.40
农药制造	488	1041.73	226.08	395.03	157.29	596.30
涂料、油墨、颜料及类似产品制造	2249	2451.72	488.38	933.57	396.61	1402.92
合成材料制造	1746	3906.96	880.37	1543.56	611.96	2007.87
专用化学产品制造	3972	4446.02	967.99	1873.47	834.14	2583.68
炸药、火工及焰火产品制造	847	574.67	132.41	255.57	86.11	179.00
日用化学产品制造	1213	1343.86	257.27	449.76	178.83	803.02
医药制造业	4900	10453.57	2102.22	3772.28	1489.60	6040.89
化学药品原料药制造	786	2399.59	612.75	1179.95	499.79	1183.47
化学药品制剂制造	456	1713.45	296.68	535.49	225.94	1009.38
中药饮片加工	976	1677.75	215.48	371.49	119.49	1167.69
中成药生产	805	1988.23	387.93	700.44	277.03	1162.99
兽用药品制造	299	439.33	135.17	231.11	88.36	186.77
生物药品制品制造	470	1279.03	232.44	367.52	130.98	759.80
卫生材料及医药用品制造	963	806.73	178.37	306.89	112.45	488.04
药用辅料及包装材料	145	149.45	43.40	79.38	35.56	82.75
化学纤维制造业	1550	3190.42	851.85	1708.00	812.02	1767.09
纤维素纤维原料及纤维制造	137	305.21	97.46	174.15	69.39	156.78
合成纤维制造	1349	2777.23	715.75	1468.52	717.87	1564.58
生物基材料制造	64	107.97	38.63	65.32	24.75	45.72
橡胶和塑料制品业	15820	11871.90	2786.32	5283.77	2292.79	7127.10

单位：亿元

应收账款	存货	产成品	负债合计	流动负债合计	应付账款	所有者权益合计	实收资本	国家资本	集体资本
706.53	616.82	247.62	2771.86	2307.00	566.85	1683.00	866.01	1.18	15.53
4.53	4.26	1.43	55.54	48.95	15.19	-5.89	19.85		2.00
280.95	307.02	129.83	1429.91	1150.23	270.41	844.17	444.42	0.55	8.13
421.05	305.54	116.36	1286.41	1107.81	281.26	844.73	401.74	0.63	5.41
586.70	349.50	136.94	1626.17	1346.52	386.93	1372.01	608.25	1.23	7.01
578.12	344.60	135.20	1602.94	1329.17	381.68	1346.09	595.52	1.23	7.01
8.26	4.84	1.71	22.96	17.24	5.27	25.05	12.20		
691.88	966.73	432.51	2644.87	2091.29	545.93	2421.11	948.88	3.20	7.90
83.78	89.15	34.48	351.96	309.38	92.82	270.98	112.77		0.54
7.76	12.86	5.34	37.31	28.44	12.07	58.96	30.28	0.01	0.02
412.97	674.74	313.47	1547.83	1222.82	278.20	1501.89	504.46	3.09	5.80
76.40	74.70	31.33	302.63	218.64	76.21	247.36	162.45	0.07	0.54
72.41	74.36	28.75	273.39	216.38	61.71	212.35	93.34		0.94
38.56	40.92	19.14	131.75	95.64	24.91	129.57	45.57	0.03	0.06
878.14	1495.87	486.99	7233.31	5932.77	1910.75	2108.43	1174.81	2.29	20.86
566.32	1201.31	365.35	4449.19	3696.90	1258.38	1069.43	638.53	0.46	17.11
296.47	278.91	113.09	2721.16	2192.70	640.59	988.94	512.30	1.83	3.58
15.35	15.65	8.55	62.96	43.17	11.78	50.07	23.98		0.17
2952.23	2265.46	1077.37	11771.54	9434.83	2514.02	10285.42	4409.97	15.56	77.46
575.13	566.17	274.55	3970.22	3044.64	806.39	2635.23	1321.32	6.72	17.57
105.61	232.19	94.94	1019.77	818.19	188.35	701.79	394.66	0.57	1.55
108.77	179.08	82.38	514.76	445.41	123.29	523.00	220.40	0.55	6.90
497.74	263.15	116.10	1256.53	1082.70	304.07	1192.59	461.21	2.14	14.78
496.24	344.88	165.57	2124.95	1620.38	353.13	1781.29	742.08	1.93	18.42
816.96	487.88	246.85	2241.10	1895.85	575.57	2193.86	885.51	3.11	14.76
56.51	38.79	26.20	150.70	99.37	33.92	409.91	174.03	0.20	0.95
295.28	153.31	70.79	493.51	428.28	129.29	847.76	210.76	0.35	2.53
1460.16	1528.47	792.92	4841.75	3747.33	901.90	5594.55	1922.14	15.46	46.91
244.05	303.64	150.38	1036.12	768.39	165.47	1350.23	465.42	0.69	7.71
262.73	177.81	84.55	765.30	630.91	150.56	947.21	272.43	5.49	1.43
316.17	468.95	331.68	965.56	655.57	201.82	712.22	269.69	1.07	3.28
262.77	251.28	93.64	932.86	786.68	172.03	1053.16	362.54	5.28	7.54
36.14	40.83	17.38	166.21	120.44	29.01	273.12	105.06	0.02	1.30
205.71	173.85	59.49	541.60	433.20	81.16	737.44	268.19	2.48	24.59
110.90	94.85	46.57	361.26	297.73	91.78	444.58	150.22	0.15	0.60
21.69	17.26	9.24	72.85	54.41	10.08	76.60	28.60	0.27	0.45
284.56	383.33	224.19	1922.71	1575.82	284.72	1265.77	747.40	1.97	1.90
22.62	33.68	17.26	173.85	130.87	42.86	131.14	104.41		0.10
256.63	339.21	202.73	1676.65	1385.89	229.30	1098.24	614.65	1.97	1.16
5.30	10.44	4.20	72.21	59.06	12.56	36.39	28.33		0.64
2509.17	1482.08	708.78	6514.46	5539.90	-7013.67	5318.07	2550.58	8.40	96.61

2-3 续表 3

行　业	企业单位数（个）	资产总计	固定资产净　额	固定资产原　价	累计折旧	流动资产合　计
橡胶制品业	2267	2704.66	696.23	1281.48	550.43	1576.70
塑料制品业	13553	9167.24	2090.09	4002.29	1742.36	5550.40
非金属矿物制品业	31367	31354.05	7037.63	13944.96	6016.41	18902.56
水泥、石灰和石膏制造	2283	4247.12	1210.62	2664.94	1369.63	2284.46
石膏、水泥制品及类似制品制造	12010	11492.34	1774.76	3731.91	1716.49	8508.25
砖瓦、石材等建筑材料制造	7261	4690.15	1186.04	2113.78	723.13	2447.13
玻璃制造	879	1264.77	378.56	704.51	265.59	604.24
玻璃制品制造	1521	1262.56	373.06	700.12	298.83	652.98
玻璃纤维和玻璃纤维增强塑料制品制造	738	629.26	135.67	249.63	91.18	370.77
陶瓷制品制造	2597	3345.43	977.67	1971.87	877.78	1414.94
耐火材料制品制造	1563	1621.50	268.58	524.79	223.89	1057.51
石墨及其他非金属矿物制品制造	2515	2800.92	732.67	1283.42	449.89	1562.28
黑色金属冶炼和压延加工业	4115	20303.03	4839.95	9834.74	4782.55	10970.14
炼铁	121	625.18	164.24	321.35	153.65	395.67
炼钢	78	2467.57	873.10	1799.57	915.46	1144.22
钢压延加工	3265	14401.98	3392.92	6985.32	3441.75	8232.88
铁合金冶炼	651	2808.31	409.68	728.50	271.69	1197.38
有色金属冶炼和压延加工业	5713	11513.24	2324.13	4315.53	1673.51	6987.22
常用有色金属冶炼	782	3654.27	845.01	1562.86	659.17	2201.19
贵金属冶炼	89	248.78	32.42	83.13	38.93	109.57
稀有稀土金属冶炼	176	313.27	52.56	86.27	30.97	212.49
有色金属合金制造	797	1163.77	213.40	372.02	125.91	679.71
有色金属压延加工	3869	6133.16	1180.75	2211.24	818.52	3784.26
金属制品业	21230	17051.23	3484.78	6812.12	3004.84	10858.81
结构性金属制品制造	7037	5573.21	1002.36	1845.87	736.01	3726.60
金属工具制造	1209	904.94	234.86	420.59	174.76	531.08
集装箱及金属包装容器制造	969	992.73	207.77	405.36	184.67	637.17
金属丝绳及其制品制造	1097	992.83	170.99	364.84	185.64	693.20
建筑、安全用金属制品制造	2322	1579.47	358.93	654.70	265.48	959.67
金属表面处理及热处理加工	1545	1256.95	281.95	526.92	222.02	816.35
搪瓷制品制造	100	70.40	12.06	25.80	11.56	45.07
金属制日用品制造	1501	941.70	204.54	387.88	160.33	575.11
铸造及其他金属制品制造	5450	4739.00	1011.33	2180.15	1064.37	2874.56
通用设备制造业	19564	18666.34	3334.53	6633.92	2859.98	12187.82
锅炉及原动设备制造	955	1972.35	356.21	703.40	300.93	1371.03
金属加工机械制造	2588	2393.80	402.62	810.00	364.28	1488.67
物料搬运设备制造	1812	2530.42	345.97	715.65	286.35	1723.86
泵、阀门、压缩机及类似机械制造	3820	3455.09	636.01	1210.17	522.55	2267.77
轴承、齿轮和传动部件制造	1858	1750.10	423.98	867.64	384.76	1028.81
烘炉、风机、包装等设备制造	2668	2649.18	421.11	825.56	344.48	1742.13
文化、办公用机械制造	350	453.88	48.94	84.44	33.54	323.65
通用零部件制造	4347	2533.77	576.33	1194.02	535.31	1588.85
其他通用设备制造业	1166	927.74	123.36	223.04	87.77	653.06

单位：亿元

应收账款	存货	产成品	负债合计	流动负债合计	应付账款	所有者权益合计	实收资本	国家资本	集体资本
492.91	344.28	178.12	1567.71	1350.37	350.72	1130.72	522.92	1.09	2.87
2016.26	1137.80	530.66	4946.74	4189.53	-7364.39	4187.35	2027.66	7.31	93.74
8017.39	3166.95	1433.22	18099.45	15275.79	6253.98	13154.82	6246.36	60.56	85.17
433.61	321.40	101.08	2491.53	2037.78	592.56	1754.15	773.78	28.61	14.94
5062.88	982.55	338.85	7776.30	6782.02	3718.64	3692.80	2007.01	12.96	29.91
935.64	477.96	245.88	2221.29	1783.00	607.56	2439.38	1219.86	6.96	18.86
151.58	125.67	50.80	770.45	646.32	145.03	489.06	262.49		0.30
202.62	176.15	99.74	713.23	591.31	188.08	542.55	219.89	0.11	1.93
150.41	61.33	29.84	322.33	262.76	80.70	306.18	153.24	0.57	0.77
266.40	457.28	300.97	1454.51	1179.43	274.93	1870.49	697.37	0.91	4.34
373.43	193.58	110.91	825.79	743.67	249.69	791.35	344.46	0.40	3.60
440.81	371.03	155.15	1524.02	1249.50	396.80	1268.86	568.25	10.03	10.50
1176.02	2627.03	1112.68	12462.98	10618.77	2862.54	7780.41	3367.34	2.29	32.68
104.90	91.89	32.42	484.81	456.62	199.38	139.74	76.43		0.05
80.34	295.87	131.68	1577.67	1350.83	417.06	889.90	321.11		0.67
857.26	2002.67	839.22	8840.40	7541.68	1805.60	5504.67	1847.91	0.90	14.37
133.51	236.59	109.37	1560.10	1269.64	440.50	1246.09	1121.89	1.39	17.58
1567.13	1853.61	686.24	7401.88	6065.58	1412.61	4090.35	2090.25	10.94	47.75
336.81	757.83	210.80	2432.81	2049.44	528.52	1223.41	620.59	1.73	12.23
2.78	24.76	11.64	131.68	88.50	13.53	116.71	28.43		4.60
39.82	69.02	28.90	195.04	167.67	51.39	117.91	57.35	0.36	0.96
178.20	146.36	57.26	687.32	529.24	96.64	469.33	214.77	1.04	1.78
1009.52	855.64	377.64	3955.03	3230.73	722.52	2162.98	1169.11	7.81	28.17
3761.18	2411.21	1009.41	9877.44	8104.48	2219.90	7117.84	3557.61	19.24	35.69
1377.50	814.53	344.54	3386.66	2833.72	788.65	2178.05	1206.49	8.22	11.52
165.27	124.55	51.15	439.20	370.18	134.59	464.79	168.64	1.26	2.22
189.96	177.61	56.06	597.58	518.11	139.48	393.68	218.95	1.68	3.82
227.19	137.78	64.39	596.63	487.77	81.26	395.53	225.52	0.85	0.50
335.56	223.49	96.14	804.67	686.65	176.69	772.58	366.58	0.47	5.77
255.66	167.04	67.54	850.93	727.53	151.19	402.84	218.39	0.28	1.72
15.33	9.62	3.06	37.38	32.03	9.62	33.03	17.12		
170.88	123.56	49.59	535.88	484.99	127.11	404.20	159.49	0.24	2.44
1023.82	633.03	276.92	2628.51	1963.50	611.32	2073.14	976.44	6.25	7.70
4245.71	2798.18	1089.50	10017.63	8479.57	2860.84	8611.11	3641.87	15.61	53.09
510.20	303.00	101.65	1168.78	995.95	359.16	802.84	289.14	0.66	4.07
440.75	408.22	152.30	1285.85	1040.99	329.90	1101.45	444.87	0.26	7.73
573.87	390.97	133.56	1302.43	1087.57	374.87	1223.79	593.68	6.24	19.62
823.13	512.57	200.33	1710.38	1494.06	528.30	1740.15	819.00	3.08	5.07
399.04	237.51	107.21	975.96	816.31	261.08	770.56	295.31	0.03	2.29
542.31	403.81	162.74	1463.36	1273.92	409.31	1183.29	484.56	3.61	9.58
84.48	70.31	27.70	218.31	196.42	76.30	235.44	75.22		0.14
664.92	314.22	148.26	1384.57	1152.44	374.07	1135.00	447.73	1.56	4.22
206.99	157.58	55.75	507.99	421.90	147.84	418.59	192.37	0.16	0.36

2-3 续表 4

行　　业	企业单位数(个)	资产总计	固定资产净　额	固定资产原　价	累计折旧	流动资产合　计
专用设备制造业	15084	18665.93	2857.75	5341.14	2241.70	12338.54
采矿、冶金、建筑专用设备制造	2898	6005.28	834.40	1618.85	711.89	3919.20
化工、木材、非金属加工专用设备制造	2942	2544.57	518.78	1041.71	494.95	1643.32
食品、饮料、烟草及饲料生产专用设备制造	582	437.34	87.20	181.45	83.06	263.29
印刷、制药、日化及日用品生产专用设备制	693	817.03	120.82	250.69	94.95	446.75
纺织、服装和皮革加工专用设备制造	737	657.12	112.78	228.75	107.09	441.10
电子和电工机械专用设备制造	1129	1104.42	152.48	248.95	90.09	806.65
农、林、牧、渔专用机械制造	942	865.51	167.98	302.37	114.85	541.81
医疗仪器设备及器械制造	1789	2087.81	343.45	576.22	216.73	1362.09
环保、邮政、社会公共服务及其他专用设备	3372	4146.87	519.85	892.14	328.08	2914.32
汽车制造业	10014	14610.86	3121.23	5510.65	2166.95	8968.00
汽车整车制造	99	2322.37	370.39	543.87	147.42	1592.94
汽车用发动机制造	42	250.67	73.53	108.36	31.16	117.21
改装汽车制造	302	780.52	98.74	187.12	75.69	529.82
低速汽车制造	8	6.10	1.44	3.02	1.57	2.65
电车制造	34	44.34	12.37	22.30	8.30	19.80
汽车车身、挂车制造	460	374.96	83.77	147.05	56.47	218.78
汽车零部件及配件制造	9069	10831.89	2481.00	4498.93	1846.32	6486.80
铁路、船舶、航空航天和其他运输设备制造业	3385	4374.69	791.44	1509.34	626.68	2772.57
铁路运输设备制造	586	742.96	93.58	179.34	75.74	536.71
城市轨道交通设备制造	57	83.87	9.82	22.92	12.19	59.77
船舶及相关装置制造	614	1134.25	247.13	482.66	198.38	669.27
航空、航天器及设备制造	223	360.91	60.79	95.38	31.72	243.28
摩托车制造	952	1263.83	242.91	499.60	232.57	750.14
自行车和残疾人座车制造	311	170.28	34.40	56.22	20.04	113.18
助动车制造	425	448.57	78.59	130.58	39.01	287.71
非公路休闲车及零配件制造	151	139.72	18.54	31.55	12.77	94.61
潜水救捞及其他未列明运输设备制造	66	30.31	5.68	11.10	4.27	17.92
电气机械和器材制造业	19635	29425.06	4655.24	9038.62	4082.78	19941.45
电机制造	1983	2588.93	392.74	721.99	307.00	1773.97
输配电及控制设备制造	6916	9424.52	1481.10	2565.00	986.51	6349.97
电线、电缆、光缆及电工器材制造	4020	5314.21	766.96	1517.75	684.12	3865.13
电池制造	1131	4207.02	744.31	1129.09	341.61	2614.66
家用电力器具制造	2508	5468.15	866.19	2320.93	1438.30	3748.30
非电力家用器具制造	428	434.23	68.68	132.32	57.95	270.23
照明器具制造	2222	1643.60	287.39	554.85	234.85	1091.23
其他电气机械及器材制造	427	344.40	47.87	96.69	32.43	227.96
计算机、通信和其他电子设备制造业	12403	23482.73	3573.18	6083.66	2266.72	16582.58
计算机制造	1270	2167.46	226.26	391.41	153.15	1699.72
通信设备制造	1275	6337.84	385.56	620.30	199.30	5304.43

单位：亿元

应收账款	存货	产成品	负债合计	流动负债合计	应付账款	所有者权益合计	实收资本	国家资本	集体资本
3847.83	2866.09	1105.35	10235.41	8467.11	2592.26	8398.08	3070.92	26.48	27.00
1249.32	917.66	406.08	3501.62	2786.01	801.43	2489.04	749.94	4.44	9.49
556.29	414.61	147.02	1492.88	1300.65	409.09	1048.92	400.56	10.67	2.94
56.15	71.71	27.28	218.95	192.49	43.76	217.86	91.00	0.57	0.29
118.89	136.10	46.47	428.75	336.82	104.71	387.78	187.02	0.03	0.27
126.90	108.43	42.58	384.40	325.81	95.21	272.52	112.07	1.26	0.12
276.79	185.21	62.10	645.54	514.46	188.59	458.78	200.29	2.33	1.68
147.03	160.80	64.59	474.15	410.37	139.07	387.00	157.05	0.16	2.10
281.54	271.86	115.53	916.22	783.16	242.96	1171.52	376.45	0.36	2.24
1034.91	599.72	193.71	2172.90	1817.34	567.43	1964.66	796.53	6.65	7.87
3139.41	1673.07	801.82	8839.11	7554.78	2725.09	5748.46	2524.61	61.48	129.58
450.24	114.74	53.99	1717.24	1468.47	414.72	600.84	494.01	18.58	107.83
37.12	16.61	6.75	167.65	135.23	34.76	81.72	37.95		
178.09	112.93	41.54	514.03	451.41	122.50	265.52	140.42	4.43	0.71
0.39	0.37	0.06	3.03	2.16	0.74	3.07	1.93		
3.27	5.89	1.61	24.92	17.08	4.38	19.42	15.18		
65.74	52.86	23.28	214.09	189.04	60.30	160.75	83.16	0.72	1.69
2404.56	1369.66	674.59	6198.15	5291.39	2087.68	4617.14	1751.96	37.75	19.35
881.79	578.57	202.94	2596.67	2176.89	686.89	1772.23	771.40	7.09	6.52
238.04	96.22	45.18	404.61	342.29	168.87	338.29	134.29	3.55	1.06
28.90	11.15	4.29	49.20	38.74	12.71	34.67	15.14	0.16	0.42
134.54	189.12	41.33	762.09	576.21	119.28	370.84	253.09	2.60	3.17
76.22	49.99	17.90	143.68	119.14	44.07	217.23	73.96	0.11	0.30
248.10	127.06	58.18	712.70	622.88	198.94	550.64	165.56	0.30	1.44
43.70	26.60	8.91	115.48	108.41	44.56	54.15	28.42		
78.34	54.27	20.45	283.94	249.21	63.31	161.61	77.96		0.13
29.92	19.81	5.72	104.67	103.20	29.08	34.80	16.91	0.38	
4.03	4.35	0.98	20.31	16.82	6.06	10.00	6.08		
7118.58	3535.06	1589.30	16573.59	13528.43	5176.40	12820.26	7125.01	36.72	56.36
644.79	377.67	138.10	1491.28	1253.44	481.91	1095.41	425.79	3.04	3.56
2675.21	984.38	415.53	5140.03	4324.60	1872.97	4276.22	3604.17	7.43	19.73
1752.23	674.91	330.96	2772.05	2316.25	620.81	2535.66	1544.37	9.14	13.71
716.88	486.41	194.89	2499.05	1984.27	738.71	1705.24	666.47	13.33	10.48
807.88	674.89	374.83	3376.58	2536.31	1021.10	2089.99	422.89	1.93	4.69
107.32	63.90	27.85	251.03	217.57	77.39	181.61	84.34	0.06	1.04
318.29	227.47	91.52	870.83	745.39	300.15	764.46	305.63	1.66	3.12
95.99	45.43	15.62	172.75	150.59	63.35	171.68	71.35	0.13	0.02
5853.92	3462.62	1148.09	13839.28	12044.43	5693.80	9590.48	3940.91	22.52	91.20
757.74	335.18	126.48	1227.98	1127.71	724.73	933.28	295.04	1.03	1.59
1390.94	1253.65	296.83	4319.50	3927.04	1791.15	2008.07	529.59	2.70	21.05

2-3 续表 5

行 业	企业单位数(个)	资产总计	固定资产净额	固定资产原价	累计折旧	流动资产合计
广播电视设备制造	400	612.45	93.90	157.20	53.70	444.57
雷达及配套设备制造	43	86.17	10.67	18.21	7.49	62.48
非专业视听设备制造	673	682.56	93.13	150.81	53.14	524.10
智能消费设备制造	748	1334.04	224.68	311.79	80.46	912.37
电子器件制造	2729	5110.74	1018.64	1751.56	659.45	3161.52
电子元件及电子专用材料制造	4380	6163.42	1397.21	2460.89	980.23	3746.45
其他电子设备制造	885	988.04	123.13	221.48	79.80	726.95
仪器仪表制造业	3473	4035.73	578.84	990.30	372.79	2770.12
通用仪器仪表制造	2220	2673.68	360.61	627.56	240.62	1891.58
专用仪器仪表制造	626	786.22	96.74	171.52	70.16	527.10
钟表与计时仪器制造	122	64.55	18.49	31.07	11.61	36.65
光学仪器制造	279	312.60	78.37	118.71	35.42	186.22
衡器制造	109	107.82	13.49	21.15	7.27	61.21
其他仪器仪表制造业	117	90.88	11.14	20.29	7.71	67.37
其他制造业	1258	720.49	149.05	260.78	97.51	455.42
日用杂品制造	858	437.09	98.06	176.05	70.08	270.81
废弃资源综合利用业	1594	1792.68	385.68	658.92	231.30	1073.77
金属废料和碎屑加工处理	835	1195.55	215.79	383.23	146.87	792.75
非金属废料和碎屑加工处理	759	597.12	169.89	275.69	84.43	281.03
金属制品、机械和设备修理业	248	297.13	44.05	92.66	45.77	171.03
金属制品修理	8	3.88	0.55	1.13	0.58	2.98
通用设备修理	23	8.29	0.73	1.62	0.67	5.61
专用设备修理	55	37.48	3.32	7.17	3.26	28.12
铁路、船舶、航空航天等运输设备修理	108	204.53	34.85	61.89	25.21	109.71
电气设备修理	17	11.64	1.46	2.74	1.14	9.36
仪器仪表修理	4	3.12	0.19	0.53	0.34	2.62
其他机械和设备修理业	33	28.18	2.95	17.57	14.58	12.62
电力、热力、燃气及水生产和供应业	**3430**	**12424.68**	**5070.78**	**8036.91**	**2524.29**	**4438.42**
电力、热力生产和供应业	2242	10011.57	4325.95	6839.28	2145.84	3473.09
电力生产	1471	7771.12	3528.42	5493.78	1622.40	2526.83
电力供应	55	307.00	50.79	67.44	16.27	88.14
热力生产和供应	716	1933.45	746.74	1278.07	507.17	858.12
燃气生产和供应业	765	1587.52	513.49	776.94	230.12	693.78
燃气生产和供应业	754	1575.99	509.43	770.94	228.85	688.98
生物质燃气生产和供应业	11	11.52	4.06	6.00	1.26	4.80
水的生产和供应业	423	825.59	231.34	420.68	148.33	271.55
自来水生产和供应	129	273.32	87.60	181.03	65.07	72.08
污水处理及其再生利用	287	545.15	143.37	237.63	82.33	196.37
其他水的处理、利用与分配	6	6.62	0.13	1.78	0.90	2.92

单位：亿元

应收账款	存货	产成品	负债合计	流动负债合计	应付账款	所有者权益合计	实收资本	国家资本	集体资本
192.38	93.10	36.79	354.21	324.27	180.76	257.98	115.46	0.04	0.68
21.21	12.65	4.31	57.70	41.78	14.82	28.47	10.34	0.17	
218.84	112.55	37.16	451.55	400.71	225.04	228.79	196.41		1.65
354.37	180.10	71.53	788.93	651.81	276.19	544.76	208.04	0.87	1.33
1141.00	673.32	260.10	2854.48	2355.79	1072.10	2244.48	1076.58	7.06	45.94
1509.69	662.41	266.81	3226.39	2715.10	1174.20	2921.50	1345.60	10.47	16.50
267.74	139.66	48.08	558.54	500.22	234.80	423.16	163.86	0.17	2.47
932.58	615.77	205.70	1904.29	1608.34	626.40	2107.76	752.57	2.55	7.66
650.06	411.80	134.45	1258.33	1058.94	413.94	1413.56	520.59	1.55	3.17
167.00	127.04	44.83	375.02	322.34	121.10	390.54	137.37	0.91	1.90
10.29	12.27	4.66	33.02	29.17	9.49	31.25	11.21		
62.73	38.69	13.72	135.75	110.47	49.73	176.30	52.94	0.10	0.30
19.03	13.42	4.08	57.97	48.43	18.29	49.85	15.76		2.10
23.48	12.55	3.95	44.20	38.99	13.85	46.26	14.70		0.18
130.03	109.38	43.64	377.08	324.91	102.09	340.44	153.96	0.63	2.34
72.40	68.93	28.60	238.75	206.40	60.23	196.07	91.07	0.43	0.54
249.98	341.69	191.49	1102.16	937.43	209.29	688.61	359.12	7.48	1.80
163.52	285.62	163.49	790.29	696.94	147.58	404.42	219.09	7.27	0.74
86.46	56.07	27.99	311.87	240.49	61.71	284.19	140.03	0.21	1.06
60.87	26.69	6.13	138.62	113.80	46.00	158.73	58.79	1.23	0.48
1.21	0.90	0.36	1.93	1.91	0.40	1.95	1.15		
2.60	0.77	0.19	4.47	3.49	1.39	3.82	2.23		
12.78	3.76	1.59	19.88	18.44	8.89	17.60	7.80		0.45
33.89	16.63	2.56	95.63	75.80	29.04	108.90	33.28	1.23	
4.39	2.16	0.50	7.14	7.13	2.57	4.50	4.05		
0.97	0.15	0.03	1.26	1.15	0.80	1.85	0.90		
5.02	2.32	0.90	8.31	5.89	2.92	20.10	9.37		0.02
1098.24	**178.40**	**33.94**	**8061.48**	**4595.55**	**985.52**	**4360.77**	**2533.41**	**152.84**	**71.60**
931.27	122.11	13.97	6553.06	3598.29	735.58	3458.96	2047.32	118.94	57.38
798.37	69.36	6.83	4933.19	2494.08	495.85	2837.44	1694.97	116.30	52.88
5.12	1.16	0.19	122.87	98.57	19.40	184.13	53.05	0.01	0.06
127.78	51.60	6.94	1497.00	1005.65	220.33	437.40	299.30	2.63	4.43
96.20	41.31	15.49	1046.65	730.58	177.04	540.63	310.55	7.32	6.96
95.65	40.48	15.16	1039.56	724.36	174.34	536.20	309.06	7.32	6.81
0.55	0.83	0.34	7.09	6.22	2.71	4.43	1.49		0.15
70.77	14.98	4.48	461.77	266.68	72.91	361.17	175.54	26.58	7.26
9.83	3.12	1.14	143.12	88.47	20.45	129.63	55.94	14.13	0.86
60.04	10.17	3.21	314.86	176.06	51.78	228.22	117.67	11.45	6.41
0.79	1.64	0.12	3.49	1.86	0.50	3.13	1.82	1.00	

2-3 续表 6

行　业	法人资本	个人资本	港澳台资本	外商资本	营业收入
总　计	**30780.01**	**33477.46**	**102.60**	**76.01**	**413564.00**
采矿业	**870.33**	**962.08**	**15.83**	**2.09**	**10064.30**
煤炭开采和洗选业	324.76	455.08			4965.27
烟煤和无烟煤开采洗选	316.48	451.94			4928.70
褐煤开采洗选	7.92	2.82			26.85
其他煤炭采选	0.36	0.31			9.72
石油和天然气开采业	137.03	2.38			10.51
石油开采	134.70	1.68			4.55
黑色金属矿采选业	108.63	149.98		2.00	1709.40
铁矿采选	105.17	146.15		2.00	1655.06
锰矿、铬矿采选	1.87	3.49			46.65
其他黑色金属矿采选	1.60	0.34			7.69
有色金属矿采选业	98.64	97.17			882.19
常用有色金属矿采选	46.60	72.14			594.68
贵金属矿采选	26.51	10.66			124.84
稀有稀土金属矿采选	25.53	14.36			162.67
非金属矿采选业	179.28	228.82	0.57	0.09	2352.38
土砂石开采	143.09	190.63	0.57	0.09	1977.99
化学矿开采	16.21	12.30			126.18
采盐	5.66	6.89			32.34
石棉及其他非金属矿采选	14.32	18.99			215.88
开采专业及辅助性活动	21.82	28.43	15.26		143.50
煤炭开采和洗选专业及辅助性活动	4.00	1.20			5.05
石油和天然气开采专业及辅助性活动	17.72	27.02	15.26		136.95
其他开采专业及辅助性活动	0.10	0.21			1.51
其他采矿业	0.16	0.23			1.05
制造业	**28183.82**	**31941.32**	**82.77**	**68.93**	**399608.77**
农副食品加工业	1353.02	1476.70	2.68	3.81	27322.47
谷物磨制	225.74	361.80	0.44		6244.34
饲料加工	304.52	209.90	0.52	2.64	5693.59
植物油加工	167.76	125.17	0.01		3007.19
制糖业	46.32	18.93			401.02
屠宰及肉类加工	263.62	300.16	1.14	0.15	5647.60
水产品加工	73.74	113.99		0.05	1740.68
蔬菜、菌类、水果和坚果加工	131.67	196.69	0.48	0.34	2430.87
其他农副食品加工	139.67	150.06	0.10	0.62	2157.19
食品制造业	697.71	645.84	2.70	2.50	8572.41
焙烤食品制造	97.63	88.02	0.01		1363.96
糖果、巧克力及蜜饯制造	24.66	51.02	0.01		569.07
方便食品制造	163.41	94.25	0.41		1500.83

单位：亿元

营业成本	销售费用	管理费用	财务费用	利息费用	投资收益（损失以"–"号记）	营业利润	利润总额	亏损企业亏损额	平均用工人数（万人）
351705.62	**11356.68**	**21954.84**	**3718.85**	**2554.98**	**766.09**	**22903.66**	**23800.48**	**2245.18**	**3574.36**
8015.56	**355.44**	**518.06**	**133.95**	**92.27**	**27.60**	**796.17**	**770.75**	**117.75**	**78.88**
4008.55	172.43	222.80	63.18	47.20	11.99	346.50	328.57	75.66	37.87
3979.98	171.34	219.46	62.41	46.55	11.98	345.22	327.78	73.62	37.37
20.60	0.92	3.06	0.73	0.64	0.01	0.10	-0.05	2.01	0.37
7.97	0.17	0.29	0.03	0.02		1.18	0.84	0.02	0.13
8.95	0.04	1.33	0.60	0.29		-0.70	-0.55	1.45	0.17
4.53	0.04	1.18	0.12	0.03		-1.55	-1.40	1.45	0.15
1370.68	29.64	76.16	28.44	19.24	11.58	182.13	177.47	14.47	11.09
1325.44	27.43	72.36	27.90	18.84	11.57	180.07	175.33	14.11	10.44
38.54	2.03	3.43	0.37	0.25		1.86	1.90	0.31	0.57
6.70	0.18	0.37	0.17	0.15		0.20	0.24	0.05	0.09
704.38	16.73	60.70	15.51	8.88	2.34	67.20	67.67	12.29	8.56
475.77	11.20	41.89	10.49	6.60	0.55	42.91	42.37	8.89	5.94
92.23	3.02	11.00	2.56	0.87	1.60	14.50	15.22	2.04	1.60
136.37	2.50	7.80	2.47	1.40	0.19	9.79	10.09	1.36	1.02
1801.56	134.93	143.17	24.02	15.41	0.64	195.93	192.54	11.81	18.26
1503.76	115.73	121.36	19.27	12.53	0.24	171.94	168.12	9.04	14.95
98.29	6.83	7.16	2.23	1.37	0.33	9.10	9.11	1.28	1.23
24.47	1.49	3.02	0.63	0.58		1.93	2.54	0.12	0.58
175.04	10.88	11.63	1.88	0.93	0.08	12.96	12.78	1.37	1.50
120.73	1.63	13.67	2.20	1.24	1.02	5.07	5.01	2.07	2.92
4.52	0.25	0.24	0.10	0.05		-0.11	-0.16	0.34	0.15
114.83	1.38	13.36	2.09	1.19	1.02	5.14	5.12	1.73	2.74
1.38		0.07	0.01			0.04	0.04		0.03
0.71	0.05	0.23	0.01		0.02	0.05	0.04		0.02
340693.21	**10950.02**	**21242.41**	**3356.44**	**2285.69**	**677.56**	**21648.79**	**22535.48**	**2067.18**	**3470.85**
24385.80	575.52	874.62	210.29	147.40	94.03	1263.56	1283.82	97.55	174.83
5595.43	115.28	168.87	41.02	24.81	0.02	295.19	282.68	5.65	25.30
5115.01	118.32	178.99	28.09	21.55	69.27	314.46	322.71	18.37	24.35
2718.50	49.10	83.25	29.68	27.05	13.68	138.57	143.55	7.84	9.76
352.25	5.08	15.88	12.33	11.67	-1.22	12.71	13.69	3.21	3.49
5132.82	105.82	159.18	30.98	23.30	7.69	201.61	206.93	29.65	45.04
1550.37	36.71	60.37	22.06	11.94	2.11	64.15	68.57	12.47	23.16
2090.90	72.37	104.13	25.43	15.29	-0.06	122.43	127.45	11.15	22.56
1830.53	72.85	103.95	20.70	11.79	2.54	114.45	118.24	9.20	21.19
7020.66	424.03	455.33	68.67	45.62	60.35	620.44	635.16	37.83	90.60
1094.06	80.64	69.21	10.10	5.63	1.17	103.87	106.51	4.80	20.07
473.73	27.57	30.87	4.01	2.37	33.13	62.34	63.32	2.96	6.13
1264.64	59.72	67.20	11.91	7.57	18.93	107.75	109.67	4.33	16.02

2-3 续表 7

行　业					营业收入
	法人资本	个人资本	港澳台资本	外商资本	
乳制品制造	88.23	50.49	1.07		875.63
罐头食品制造	37.67	46.53	0.02	0.69	727.78
调味品、发酵制品制造	86.70	113.12	0.01	0.09	1295.19
其他食品制造	199.41	202.40	1.17	1.72	2239.95
酒、饮料和精制茶制造业	413.71	431.03	0.12	0.50	5221.57
酒的制造	172.93	177.16	0.01		2155.20
饮料制造	163.29	121.29		0.50	1349.39
精制茶加工	77.49	132.58	0.11		1716.98
烟草制品业	2.78	1.39			31.34
卷烟制造	0.50	0.50			11.89
其他烟草制品制造	2.28	0.89			19.45
纺织业	906.80	1417.31	4.51	1.14	16322.50
棉纺织及印染精加工	443.70	697.35	1.22	0.96	8457.17
毛纺织及染整精加工	137.33	78.94		0.08	615.36
麻纺织及染整精加工	6.61	15.45			167.24
丝绢纺织及印染精加工	23.77	39.63	0.53		462.89
化纤织造及印染精加工	70.35	153.99	1.00	0.04	1211.82
针织或钩针编织物及其制品制造	59.33	168.41	0.72		1700.13
家用纺织制成品制造	71.74	102.34	0.06		1276.86
产业用纺织制成品制造	93.98	161.20	0.98	0.06	2431.03
纺织服装、服饰业	419.53	670.24	2.24	1.05	8490.56
机织服装制造	284.56	435.26	0.85	0.40	5291.84
针织或钩针编织服装制造	84.23	156.13	1.37	0.10	2234.58
服饰制造	50.73	78.84	0.03	0.54	964.14
皮革、毛皮、羽毛及其制品和制鞋业	253.70	366.87	1.55	0.23	6515.16
皮革鞣制加工	23.58	84.87			807.86
皮革制品制造	56.81	78.00	1.06		1488.97
毛皮鞣制及制品加工	20.42	25.22			402.09
羽毛(绒)加工及制品制造	20.35	28.20		0.02	436.04
制鞋业	132.55	150.57	0.49	0.21	3380.20
木材加工和木、竹、藤、棕、草制品业	281.98	463.54	0.04	0.84	7494.65
木材加工	42.06	67.98		0.81	1233.98
人造板制造	136.61	246.44		0.04	4144.66
木质制品制造	84.58	113.22	0.04		1453.25
竹、藤、棕、草等制品制造	18.73	35.90			662.76
家具制造业	310.09	449.46	0.21	0.06	4928.11
木质家具制造	210.33	269.20	0.18	0.01	3129.50
竹、藤家具制造	6.93	5.52			78.72
金属家具制造	43.06	122.84			859.90
塑料家具制造	2.70	11.52			67.08
其他家具制造	47.07	40.39	0.03	0.05	792.92

单位：亿元

营业成本	销售费用	管理费用	财务费用	利息费用	投资收益（损失以“-”号记）	营业利润	利润总额	亏损企业亏损额	平均用工人数（万人）
715.54	57.47	39.99	5.38	4.76	1.99	56.41	57.66	3.82	6.65
615.43	22.81	35.37	6.22	3.79	0.76	46.02	46.40	1.84	7.85
1052.46	64.43	67.05	9.06	6.26	1.50	96.61	99.45	3.71	10.27
1804.81	111.40	145.65	21.99	15.24	2.87	147.43	152.16	16.37	23.61
4030.62	263.81	294.38	49.65	31.56	25.28	459.91	467.72	16.64	44.61
1598.71	106.34	111.45	24.99	17.08	8.38	194.40	198.80	9.36	15.97
1044.75	84.23	77.16	10.18	5.99	16.43	139.07	142.14	4.55	11.94
1387.15	73.24	105.76	14.48	8.49	0.46	126.44	126.77	2.73	16.71
23.20	0.82	3.30	0.08	0.16	1.29	4.99	5.10	0.27	1.01
7.14	0.43	1.21	0.05	0.05		3.01	3.05	0.15	0.09
16.06	0.39	2.09	0.03	0.11	1.29	1.98	2.04	0.11	0.92
14243.38	288.18	748.46	187.36	114.53	7.89	782.54	829.87	89.02	194.17
7540.56	115.66	347.82	100.59	61.07	3.64	315.14	341.97	49.59	104.55
563.57	6.14	25.53	8.89	6.11	2.15	10.77	13.89	8.53	7.78
147.48	2.90	7.89	2.15	1.46	0.63	6.36	6.25	1.25	2.97
412.81	6.95	21.64	6.62	4.75	0.07	12.54	14.55	6.54	6.61
1078.75	14.20	59.56	17.68	10.85	1.69	35.56	38.87	8.34	15.92
1503.27	25.54	70.69	19.30	12.05	-4.42	71.82	74.81	4.84	15.10
1086.10	48.18	66.72	12.95	6.65	0.85	57.25	60.35	4.62	17.09
1910.83	68.61	148.61	19.19	11.58	3.27	273.10	279.18	5.30	24.15
7235.75	266.77	439.44	67.53	34.93	17.64	433.44	449.04	40.79	158.27
4482.92	176.27	267.45	38.80	21.04	6.66	299.37	307.92	20.86	97.17
1927.72	65.90	117.44	20.76	9.34	10.28	86.94	90.62	16.75	40.77
825.11	24.60	54.56	7.97	4.55	0.71	47.13	50.50	3.18	20.33
5627.36	136.45	304.70	52.35	33.85	-4.32	357.53	365.63	24.06	110.19
697.51	15.17	29.46	6.96	5.46	-1.45	53.56	54.15	2.57	10.41
1239.90	39.55	75.78	17.86	15.37	0.66	108.78	111.54	5.82	26.25
359.47	5.48	14.34	3.77	1.20	-0.01	16.84	17.11	4.45	4.12
401.46	4.82	12.28	3.71	1.99	0.06	12.81	13.03	3.49	2.93
2929.03	71.43	172.84	20.05	9.82	-3.59	165.56	169.81	7.73	66.47
6679.47	139.66	254.34	47.54	27.61	2.16	327.53	337.26	21.16	76.31
1116.50	19.93	34.69	5.13	2.95	-0.01	50.88	52.00	4.09	11.35
3753.64	58.77	117.56	24.37	14.71	0.70	167.76	173.86	11.76	42.09
1238.95	42.62	68.82	13.82	7.86	1.34	76.82	79.26	4.82	16.04
570.37	18.34	33.27	4.22	2.10	0.14	32.07	32.14	0.50	6.82
4072.84	193.12	306.71	44.53	25.84	6.49	283.38	291.88	22.20	72.10
2594.60	123.92	191.16	26.00	17.11	5.20	177.90	182.45	15.08	46.55
67.01	1.75	4.83	0.45	0.31	0.01	3.99	4.15	0.19	1.40
702.85	32.26	51.49	9.32	4.67	-1.29	55.80	58.98	2.54	11.97
54.31	2.37	4.74	0.79	0.34	0.04	4.54	4.77	0.21	1.30
654.05	32.83	54.49	7.96	3.41	2.54	41.15	41.53	4.18	10.88

2-3 续表 8

行　　业	法人资本	个人资本	港澳台资本	外商资本	营业收入
造纸和纸制品业	381.02	466.27	1.63	0.18	6367.32
纸浆制造	14.16	3.69			31.12
造纸	168.59	265.71	1.45		2951.72
纸制品制造	198.27	196.87	0.19	0.18	3384.48
印刷和记录媒介复制业	233.82	361.62	4.52	0.05	4232.74
印刷	225.99	356.72	4.52	0.05	4160.76
装订及印刷相关服务	7.83	4.37			71.39
文教、工美、体育和娱乐用品制造业	334.71	600.21	2.43	0.12	7365.75
文教办公用品制造	50.23	61.90	0.08	0.02	795.89
乐器制造	6.95	23.26	0.04		110.00
工艺美术及礼仪用品制造	200.38	293.03	1.80	0.06	4696.91
体育用品制造	34.99	126.37	0.45	0.04	733.01
玩具制造	25.43	66.91	0.06		747.47
游艺器材及娱乐用品制造	16.74	28.74			282.48
石油、煤炭及其他燃料加工业	682.23	468.33	0.80	0.09	10582.30
精炼石油产品制造	388.89	231.19	0.80	0.09	7213.65
煤炭加工	281.27	225.42			3161.64
生物质燃料加工	12.08	11.72			207.02
化学原料和化学制品制造业	2461.62	1849.12	3.46	2.63	23513.17
基础化学原料制造	814.97	479.34	0.17	2.42	6154.74
肥料制造	247.19	145.35			1889.43
农药制造	120.69	92.21	0.05		1030.41
涂料、油墨、颜料及类似产品制造	221.65	222.49	0.10	0.04	2678.05
合成材料制造	448.48	272.02	1.11	0.11	4082.11
专用化学产品制造	408.66	458.65	0.30	0.03	5357.92
炸药、火工及焰火产品制造	95.49	77.36	0.04		933.92
日用化学产品制造	104.49	101.69	1.67	0.04	1386.59
医药制造业	1061.23	796.47	0.41	1.76	8388.80
化学药品原料药制造	297.04	159.89		0.09	1832.27
化学药品制剂制造	155.20	110.30			1214.77
中药饮片加工	145.26	120.07			1157.85
中成药生产	192.73	156.74		0.24	1413.94
兽用药品制造	52.01	51.74			577.42
生物药品制品制造	137.83	102.85	0.41	0.04	875.52
卫生材料及医药用品制造	69.38	78.78		1.40	1162.53
药用辅料及包装材料	11.79	16.09			154.51
化学纤维制造业	449.72	293.21	0.60		3762.32
纤维素纤维原料及纤维制造	56.70	47.61			318.32
合成纤维制造	375.31	235.61	0.60		3367.38
生物基材料制造	17.70	9.99			76.62
橡胶和塑料制品业	999.89	1436.66	3.52	5.45	15463.48

单位：亿元

营业成本	销售费用	管理费用	财务费用	利息费用	投资收益（损失以“–”号记）	营业利润	利润总额	亏损企业亏损额	平均用工人数（万人）
5554.34	162.48	300.19	61.27	44.07	0.83	256.20	288.91	36.05	58.17
29.10	0.51	2.24	2.34	2.24		-3.08	-2.99	3.86	0.31
2591.94	66.54	130.96	30.67	24.24	-0.06	114.23	134.17	19.01	24.05
2933.29	95.43	166.99	28.26	17.60	0.89	145.05	157.72	13.18	33.81
3572.11	107.56	251.01	36.90	22.41	5.44	246.27	255.33	12.78	55.65
3514.95	104.67	244.68	35.97	21.88	5.38	241.86	250.93	12.22	54.47
56.73	2.86	6.27	0.91	0.53	0.05	4.36	4.35	0.56	1.16
6250.69	201.61	383.60	68.72	36.75	9.01	411.70	431.23	28.58	92.69
659.02	31.45	48.15	5.83	5.35	8.94	57.44	61.31	1.04	9.43
88.43	3.28	8.36	1.05	0.54	0.02	8.38	8.85	0.15	1.81
4054.76	111.95	199.37	43.13	22.54	-3.28	243.75	252.88	22.37	51.88
598.28	22.35	55.46	6.73	2.58	2.19	45.85	48.11	1.46	10.37
626.25	24.70	52.15	7.71	3.65	0.93	32.70	35.77	2.37	15.71
223.94	7.88	20.11	4.28	2.09	0.21	23.58	24.32	1.20	3.49
9553.98	135.94	212.62	128.96	85.85	9.97	425.50	423.87	63.55	23.89
6672.82	45.92	111.81	74.80	38.92	9.57	207.63	213.52	40.01	8.10
2701.20	84.75	92.26	52.95	46.51	0.39	207.32	198.58	23.12	14.63
179.97	5.27	8.54	1.22	0.43		10.56	11.78	0.42	1.16
19641.54	704.70	1375.77	240.26	171.40	95.25	1495.03	1545.15	174.99	160.03
5280.46	154.37	327.00	77.79	55.95	34.91	316.12	341.47	97.41	35.98
1621.36	55.50	92.45	24.29	17.22	1.97	88.52	91.00	13.43	13.88
831.50	25.03	82.44	9.49	6.31	3.96	83.49	83.22	5.31	6.98
2170.45	103.19	190.57	23.24	16.69	3.45	179.06	186.70	11.87	19.63
3501.76	82.67	187.59	41.92	34.88	20.11	274.26	278.29	11.48	17.98
4462.03	169.58	325.75	45.39	32.30	12.94	337.74	346.91	28.59	32.48
719.01	37.23	52.90	9.34	2.49	0.20	78.76	78.57	0.18	18.56
1054.96	77.13	117.08	8.80	5.56	17.71	137.07	139.00	6.72	14.56
5541.99	946.17	786.50	124.25	86.82	39.77	952.46	967.17	115.46	82.48
1321.94	80.82	169.29	31.23	17.16	9.26	225.25	227.19	14.54	14.45
607.26	316.83	131.55	10.79	14.60	8.48	150.04	154.03	17.22	11.05
934.23	51.60	75.06	30.17	26.91	0.70	50.11	46.96	45.12	14.39
863.05	266.02	135.33	18.90	13.75	10.80	126.51	132.40	18.01	16.66
413.61	28.29	68.71	15.44	3.05	3.14	47.49	48.11	1.71	4.87
452.84	136.52	106.30	8.09	6.39	4.19	167.63	169.21	13.94	7.46
838.04	55.07	86.98	7.92	3.90	2.83	168.41	171.84	4.41	11.96
111.01	11.02	13.28	1.70	1.07	0.37	17.03	17.44	0.53	1.64
3413.76	31.59	153.02	41.22	35.48	13.61	129.10	137.53	29.36	20.23
295.60	2.82	16.82	3.35	2.69	2.45	0.37	2.21	7.72	2.33
3050.69	26.62	131.03	36.89	31.97	11.18	128.31	134.59	19.73	17.19
67.48	2.15	5.18	0.98	0.82	-0.03	0.41	0.72	1.91	0.71
13025.85	406.79	913.78	144.55	92.37	21.92	905.27	934.08	66.31	162.91

2-3 续表 9

行业	法人资本	个人资本	港澳台资本	外商资本	营业收入
橡胶制品业	234.88	282.37	1.50	0.21	2759.96
塑料制品业	765.00	1154.29	2.02	5.24	12703.52
非金属矿物制品业	2596.17	3489.68	4.08	1.57	37310.80
水泥、石灰和石膏制造	364.73	364.98	0.23		4046.74
石膏、水泥制品及类似制品制造	761.52	1199.05	2.31	1.06	14406.13
砖瓦、石材等建筑材料制造	504.63	688.86	0.44	0.01	6647.03
玻璃制造	151.28	110.87	0.01		1028.54
玻璃制品制造	87.41	130.06		0.38	1617.89
玻璃纤维和玻璃纤维增强塑料制品制造	65.20	86.63		0.06	678.28
陶瓷制品制造	291.92	398.64	0.91	0.05	4660.26
耐火材料制品制造	110.15	230.15	0.16		1462.94
石墨及其他非金属矿物制品制造	259.32	280.46	0.03	0.01	2762.98
黑色金属冶炼和压延加工业	1168.68	2144.95	12.41	6.22	29855.04
炼铁	40.93	35.45			1068.13
炼钢	158.82	161.62			3767.80
钢压延加工	789.77	1036.45	0.20	6.22	23098.22
铁合金冶炼	179.16	911.44	12.20		1920.88
有色金属冶炼和压延加工业	1265.42	765.18	0.71	0.14	20349.92
常用有色金属冶炼	402.22	204.34	0.01	0.01	4685.04
贵金属冶炼	8.19	15.64			512.16
稀有稀土金属冶炼	25.63	30.40			436.06
有色金属合金制造	107.43	104.44	0.08		1861.67
有色金属压延加工	721.95	410.37	0.61	0.13	12854.99
金属制品业	1538.61	1960.20	1.82	2.05	24892.96
结构性金属制品制造	534.12	652.22	0.30	0.11	7880.69
金属工具制造	71.98	92.87		0.30	1189.02
集装箱及金属包装容器制造	110.52	101.73	0.12	1.06	1182.67
金属丝绳及其制品制造	101.63	121.90	0.64		1943.85
建筑、安全用金属制品制造	166.25	193.45	0.63	0.01	2309.23
金属表面处理及热处理加工	85.03	131.36			2213.17
搪瓷制品制造	11.00	6.13			105.34
金属制日用品制造	71.00	85.80	0.01		1322.68
铸造及其他金属制品制造	387.07	574.74	0.12	0.56	6746.33
通用设备制造业	1450.29	2119.14	2.65	0.53	19067.58
锅炉及原动设备制造	123.42	160.94	0.05		1520.57
金属加工机械制造	191.90	244.81	0.06	0.10	2628.62
物料搬运设备制造	219.26	347.59	0.40	0.01	2353.32
泵、阀门、压缩机及类似机械制造	291.13	519.23	0.10	0.38	3440.18
轴承、齿轮和传动部件制造	128.63	164.37			1671.82
烘炉、风机、包装等设备制造	189.03	281.75	0.57	0.01	2671.30
文化、办公用机械制造	41.74	32.72	0.62		415.44
通用零部件制造	168.56	273.34	0.05		3313.87
其他通用设备制造业	96.62	94.40	0.80	0.02	1052.45

单位：亿元

营业成本	销售费用	管理费用	财务费用		投资收益（损失以"—"号记）	营业利润	利润总额	亏损企业亏损额	平均用工人数（万人）
				利息费用					
2275.07	84.04	174.73	31.78	18.63	4.21	182.85	187.73	13.16	32.58
10750.78	322.75	739.05	112.77	73.74	17.71	722.42	746.35	53.15	130.33
31348.74	1302.46	1773.04	329.16	204.81	53.69	2307.62	2367.26	125.84	307.97
3335.46	106.85	172.04	40.94	36.71	22.71	387.94	411.40	17.64	23.25
12398.08	541.51	590.94	105.86	62.63	-1.12	674.99	674.72	37.40	85.53
5493.48	237.07	328.69	62.38	29.28	5.11	462.94	475.05	15.35	56.66
826.08	23.31	64.83	14.57	11.89	0.72	91.30	93.64	4.88	10.43
1353.95	53.02	97.06	15.02	9.80	0.39	88.74	94.27	6.05	23.17
552.83	21.59	46.32	6.56	3.81	1.95	46.78	47.88	2.55	7.23
3878.24	153.53	234.20	40.21	24.19	5.90	299.28	304.30	9.65	66.02
1193.82	74.07	92.10	18.18	10.12	15.46	89.25	93.93	9.56	14.33
2316.80	91.51	146.88	25.44	16.38	2.59	166.41	172.07	22.77	21.35
27547.33	233.33	727.38	160.03	151.52	-95.56	980.86	998.25	143.83	91.77
1013.89	5.33	22.24	9.83	5.52	0.08	13.86	10.92	8.62	3.93
3444.06	19.67	102.70	15.45	14.67	-28.25	143.08	145.60	6.90	10.85
21276.81	173.94	548.77	105.23	106.92	-67.89	842.53	858.34	75.06	66.82
1812.57	34.39	53.68	29.52	24.41	0.51	-18.60	-16.61	53.25	10.17
18632.51	174.42	529.75	138.22	119.63	11.42	765.02	821.57	97.16	71.14
4214.73	35.56	120.24	46.99	44.41	-3.87	215.86	223.82	59.50	16.72
474.07	0.81	11.89	2.00	1.82	-0.44	19.42	24.97	0.84	1.21
389.42	4.09	18.53	3.40	3.37	0.19	18.51	18.99	2.15	1.81
1714.60	17.98	60.96	11.76	10.42	12.08	64.57	68.17	6.34	7.41
11839.69	115.99	318.13	74.07	59.62	3.46	446.67	485.62	28.34	43.98
21706.06	515.34	1233.98	202.85	127.85	0.61	1109.38	1147.69	86.24	225.20
6850.53	181.02	388.10	68.26	42.65	-15.78	328.36	339.30	22.70	67.58
967.91	31.69	83.08	10.62	5.62	0.72	89.52	93.82	2.39	15.12
1007.34	31.66	76.62	12.70	8.45	1.65	50.49	50.17	12.89	11.05
1780.93	24.05	51.99	12.37	10.20	0.56	72.63	72.82	3.32	7.74
1969.17	58.76	126.56	18.53	10.09	1.19	124.38	128.77	7.14	26.64
2006.95	28.39	81.06	12.78	7.80	-3.17	71.73	73.47	9.12	17.78
87.88	3.70	8.08	0.85	0.41	0.25	4.55	4.85	0.06	1.53
1113.83	42.69	84.16	13.60	7.87	2.16	67.02	70.46	4.01	20.06
5921.52	113.38	334.34	53.14	34.76	13.02	300.70	314.03	24.60	57.69
15570.02	614.87	1471.47	175.64	114.22	34.55	1156.06	1225.42	67.64	215.80
1226.13	46.69	113.05	17.28	16.26	1.49	107.05	112.58	6.00	14.73
2151.11	86.21	198.23	23.43	13.52	4.12	156.88	166.91	10.52	26.32
1940.83	82.46	178.79	16.31	12.58	10.43	133.73	140.81	9.08	22.63
2739.21	136.18	284.76	35.47	21.20	3.45	229.18	242.54	8.63	42.93
1382.87	38.18	123.16	20.20	13.12	3.53	100.88	108.68	4.55	22.59
2155.33	107.04	224.22	23.65	15.27	7.31	151.75	163.65	10.31	32.27
335.13	13.29	34.88	3.13	2.27	3.06	31.99	33.74	2.36	5.45
2791.13	70.15	215.69	29.37	16.14	-0.48	185.45	191.96	7.16	38.76
848.28	34.67	98.69	6.81	3.86	1.64	59.16	64.56	9.03	10.13

2-3 续表 10

行业	法人资本	个人资本	港澳台资本	外商资本	营业收入
专用设备制造业	1388.21	1623.28	2.78	2.63	16564.93
采矿、冶金、建筑专用设备制造	317.48	417.51	0.36	0.66	4725.39
化工、木材、非金属加工专用设备制造	158.70	227.05	0.57	0.63	2596.13
食品、饮料、烟草及饲料生产专用设备制造	44.54	45.60			532.71
印刷、制药、日化及日用品生产专用设备制	120.36	66.08	0.28		775.24
纺织、服装和皮革加工专用设备制造	43.53	66.79	0.35	0.02	567.44
电子和电工机械专用设备制造	108.58	87.58	0.11	0.02	987.54
农、林、牧、渔专用机械制造	77.41	76.91		0.46	1134.89
医疗仪器设备及器械制造	184.20	187.54	1.10	0.50	1916.41
环保、邮政、社会公共服务及其他专用设备	333.42	448.22	0.01	0.34	3329.18
汽车制造业	1392.60	936.77	0.91	2.80	14348.08
汽车整车制造	341.13	26.47			1507.07
汽车用发动机制造	30.64	7.26		0.05	161.40
改装汽车制造	66.34	68.94			668.63
低速汽车制造	1.47	0.46			6.10
电车制造	10.82	4.36			63.03
汽车车身、挂车制造	27.82	52.70	0.08	0.08	557.67
汽车零部件及配件制造	914.37	776.59	0.83	2.67	11384.17
铁路、船舶、航空航天和其他运输设备制造业	389.56	367.88	0.04	0.22	4288.92
铁路运输设备制造	51.58	78.09			514.74
城市轨道交通设备制造	9.55	5.01			59.14
船舶及相关装置制造	154.64	92.67			843.91
航空、航天器及设备制造	44.60	28.95			206.66
摩托车制造	85.04	78.48		0.22	1396.22
自行车和残疾人座车制造	13.34	15.08	0.01		289.64
助动车制造	22.80	54.99	0.04		756.77
非公路休闲车及零配件制造	7.02	9.51			172.02
潜水救捞及其他未列明运输设备制造	0.98	5.10			49.81
电气机械和器材制造业	2967.30	4031.93	3.56	26.97	31555.06
电机制造	168.59	249.75	0.02	0.83	2658.28
输配电及控制设备制造	1194.93	2376.05	2.22	1.81	8914.84
电线、电缆、光缆及电工器材制造	698.98	820.20	0.06	2.10	7879.82
电池制造	460.50	161.82		20.35	3081.22
家用电力器具制造	238.64	174.82	1.04	1.77	6249.86
非电力家用器具制造	42.44	40.80			475.53
照明器具制造	134.62	165.89	0.22	0.11	1966.52
其他电气机械及器材制造	28.60	42.60			328.99
计算机、通信和其他电子设备制造业	2184.61	1611.95	19.54	3.89	28219.91
计算机制造	163.35	126.26	2.74	0.07	2832.05
通信设备制造	266.96	238.19	0.41	0.23	9963.47

单位：亿元

营业成本	销售费用	管理费用	财务费用	利息费用	投资收益（损失以“–”号记）	营业利润	利润总额	亏损企业亏损额	平均用工人数（万人）
12827.50	668.97	1420.73	153.57	107.41	45.76	1441.19	1498.60	81.05	176.97
3672.63	188.11	347.31	48.30	41.09	11.29	451.04	463.15	18.68	35.35
2093.35	68.51	226.95	25.07	15.57	2.59	166.72	174.97	9.71	35.47
436.86	16.93	41.94	5.29	3.59	1.79	29.54	30.09	3.26	6.26
630.44	25.74	61.05	6.35	3.58	2.88	53.42	56.71	2.22	8.64
454.95	17.88	51.13	5.85	3.57	1.58	35.92	39.08	4.55	7.54
769.70	35.20	105.73	9.01	5.45	2.46	64.71	69.99	7.36	15.75
948.99	32.35	65.75	8.14	4.81	-0.50	74.89	76.27	2.44	11.31
1255.93	149.13	213.61	16.35	8.79	14.43	287.77	299.36	17.03	25.96
2564.64	135.11	307.28	29.22	20.96	9.23	277.17	288.99	15.81	30.69
12113.09	328.94	921.71	147.93	96.91	18.79	775.39	817.27	124.17	144.67
1398.92	12.13	50.05	18.79	13.29	4.76	18.67	18.75	53.30	4.32
136.71	2.05	12.19	1.28	0.98	0.19	9.94	10.40	0.72	1.13
556.76	20.46	42.10	5.89	5.28	0.63	37.97	40.63	4.89	4.58
4.93	0.24	0.36	0.16	0.16		0.34	0.35	0.09	0.07
54.38	1.20	2.51	0.58	0.39		4.23	4.47	0.66	0.76
484.82	10.04	30.68	4.09	3.03	-0.40	25.32	26.23	1.45	5.45
9476.56	282.82	783.81	117.15	73.78	13.61	678.92	716.45	63.05	128.36
3601.95	100.78	294.91	38.25	25.33	20.63	245.92	257.83	24.65	63.02
403.42	16.39	49.22	5.60	4.10	2.93	39.95	42.13	2.33	6.60
45.11	2.19	6.60	0.83	0.47	0.01	4.35	4.55	0.29	0.70
717.11	15.62	64.92	11.39	5.26	3.11	32.97	37.88	11.31	12.36
142.67	4.63	27.99	2.09	1.87	0.57	27.05	29.36	1.84	2.61
1182.13	28.41	79.09	12.18	10.22	10.04	92.97	92.72	4.91	16.52
257.34	5.85	13.87	1.72	0.84	0.70	10.68	11.04	0.40	3.79
665.47	22.13	37.96	1.32	1.31	3.20	30.18	32.35	1.60	17.73
145.43	4.63	12.60	2.60	1.06	0.06	6.31	6.05	1.83	2.14
43.27	0.94	2.67	0.52	0.20		1.46	1.76	0.13	0.56
26461.81	1020.23	2038.42	240.37	157.43	95.73	1723.58	1822.43	178.86	280.70
2228.11	62.98	188.58	23.61	15.34	29.23	177.98	186.35	8.74	29.85
7477.27	268.35	649.64	76.54	50.41	32.68	421.31	461.08	74.90	82.24
6995.28	171.11	332.68	64.65	43.87	6.99	287.68	303.93	14.42	45.44
2603.35	64.70	210.77	12.15	20.53	-2.21	158.85	165.67	53.63	26.32
4903.43	345.60	437.43	40.72	15.37	23.07	518.28	537.62	12.69	57.79
382.00	26.00	34.00	4.41	2.55	0.61	26.97	28.67	2.27	5.45
1606.35	69.05	155.21	15.98	8.01	4.86	115.26	120.38	10.63	29.37
266.02	12.43	30.12	2.30	1.34	0.51	17.26	18.72	1.59	4.25
23791.83	759.39	2222.72	136.11	106.30	67.91	1304.00	1378.25	221.93	241.26
2387.56	65.29	186.69	9.41	7.39	12.15	183.36	191.94	10.09	26.62
8595.48	365.84	803.50	11.28	23.69	20.34	213.93	223.30	57.85	32.65

2-3 续表 11

行　业	法人资本	个人资本	港澳台资本	外商资本	营业收入
广播电视设备制造	49.38	65.36			731.26
雷达及配套设备制造	6.41	3.74		0.01	47.84
非专业视听设备制造	55.95	138.62	0.20		1209.76
智能消费设备制造	114.25	91.51	0.04	0.04	1321.51
电子器件制造	714.50	304.58	1.02	3.49	4466.51
电子元件及电子专用材料制造	732.72	563.59	15.10	0.07	6557.16
其他电子设备制造	81.09	80.10	0.04		1090.35
仪器仪表制造业	344.12	397.29	0.89	0.06	3307.82
通用仪器仪表制造	245.98	269.85	0.03	0.01	2208.60
专用仪器仪表制造	54.68	79.88		0.01	562.95
钟表与计时仪器制造	4.06	6.50	0.66		96.77
光学仪器制造	28.77	23.53	0.20	0.04	248.20
衡器制造	5.26	8.40			110.77
其他仪器仪表制造业	5.38	9.13			80.53
其他制造业	68.54	81.44		1.01	1049.70
日用杂品制造	42.49	46.59		1.01	717.53
废弃资源综合利用业	162.70	183.72	1.94	0.43	3969.74
金属废料和碎屑加工处理	102.61	107.10	0.66	0.17	3296.99
非金属废料和碎屑加工处理	60.09	76.62	1.28	0.27	672.75
金属制品、机械和设备修理业	23.46	33.62			253.64
金属制品修理	0.10	1.05			4.92
通用设备修理	0.62	1.61			10.62
专用设备修理	1.77	5.58			35.55
铁路、船舶、航空航天等运输设备修理	10.22	21.82			131.59
电气设备修理	3.09	0.96			11.27
仪器仪表修理	0.70	0.20			2.79
其他机械和设备修理业	6.95	2.40			56.89
电力、热力、燃气及水生产和供应业	**1725.87**	**574.06**	**4.00**	**4.98**	**3890.93**
电力、热力生产和供应业	1424.24	442.33	2.19	2.24	2487.55
电力生产	1229.22	292.47	1.94	2.24	1730.29
电力供应	42.19	10.78			88.65
热力生产和供应	152.82	139.08	0.25		668.61
燃气生产和供应业	202.46	93.07	0.72	0.02	1096.78
燃气生产和供应业	201.33	92.87	0.72	0.02	1087.68
生物质燃气生产和供应业	1.13	0.21			9.10
水的生产和供应业	99.17	38.65	1.10	2.73	306.60
自来水生产和供应	26.09	14.85			94.82
污水处理及其再生利用	72.87	23.08	1.10	2.73	208.25
其他水的处理、利用与分配	0.21	0.61			3.33

单位：亿元

营业成本	销售费用	管理费用	财务费用		投资收益（损失以“–”号记）	营业利润	利润总额	亏损企业亏损额	平均用工人数（万人）
				利息费用					
615.87	17.70	50.96	2.51	2.16	1.01	43.01	44.84	2.34	8.38
32.32	1.52	11.09	0.79	0.65	0.11	1.98	2.42	3.34	0.63
1057.53	19.49	72.45	7.18	2.87	1.19	47.16	50.03	4.10	12.38
1094.80	41.58	110.61	8.99	6.12	6.49	71.78	76.71	16.92	13.31
3720.96	88.59	379.94	40.21	28.67	7.29	250.75	270.80	67.00	49.15
5446.28	120.00	498.15	49.28	31.58	18.72	420.83	442.19	47.60	83.07
841.03	39.38	109.33	6.46	3.19	0.61	71.20	76.01	12.69	15.07
2456.09	168.05	372.67	28.53	18.08	12.32	284.91	307.58	20.51	42.55
1639.54	115.41	244.54	17.78	11.63	10.41	194.12	210.05	13.17	26.16
396.01	34.60	76.24	6.11	4.01	1.47	51.25	55.58	3.53	7.23
77.49	3.91	7.66	0.70	0.47	-1.04	5.57	5.90	0.60	2.05
197.55	5.47	25.64	2.56	1.34	0.60	16.60	17.59	2.69	4.40
87.63	4.15	9.18	0.85	0.41	0.57	9.00	9.48	0.27	1.61
57.87	4.51	9.41	0.53	0.22	0.30	8.37	8.98	0.25	1.09
881.75	29.90	66.67	8.96	4.88	0.59	58.82	60.87	3.73	16.31
612.40	20.51	40.33	5.96	3.23	0.47	36.21	37.80	2.30	12.74
3679.82	39.83	90.50	20.37	13.31	2.52	122.48	164.77	14.13	11.10
3117.24	22.05	53.76	14.44	9.88	0.81	73.98	111.22	9.72	6.28
562.58	17.78	36.74	5.93	3.42	1.71	48.50	53.55	4.41	4.82
201.36	8.33	20.69	2.33	1.36	2.02	18.70	18.93	0.84	4.26
4.00	0.24	0.44	0.06	0.03		0.16	0.25		0.08
9.03	0.36	0.83	0.10	0.02		0.23	0.29	0.05	0.28
28.00	0.76	3.74	0.15	0.13	0.14	2.79	1.97	0.30	0.79
103.37	4.15	9.72	1.59	0.84	1.87	13.55	14.26	0.32	2.23
8.98	0.42	1.29	0.16	0.14	0.01	0.36	0.46	0.13	0.23
2.16	0.25	0.28			-0.02	0.07	0.09		0.08
45.82	2.16	4.39	0.28	0.19	0.03	1.54	1.61	0.03	0.57
2996.86	**51.21**	**194.37**	**228.46**	**177.02**	**60.93**	**458.70**	**494.24**	**60.25**	**24.64**
1861.72	15.96	120.31	196.22	152.74	56.32	334.28	368.18	49.64	16.41
1196.10	6.88	73.56	168.41	131.26	50.63	322.67	332.11	27.24	9.62
76.14	1.86	4.42	3.52	3.26	4.45	6.54	6.66	1.19	0.35
589.48	7.22	42.33	24.29	18.21	1.24	5.06	29.42	21.21	6.45
913.23	29.97	49.26	19.66	14.90	3.99	84.77	85.37	7.15	5.00
905.96	29.71	48.83	19.48	14.77	3.99	83.83	84.36	7.14	4.95
7.27	0.26	0.44	0.18	0.13		0.93	1.01	0.01	0.05
221.90	5.29	24.80	12.58	9.38	0.61	39.65	40.70	3.46	3.23
69.10	2.70	6.50	2.98	2.51	0.22	11.18	11.50	0.64	1.36
150.40	2.25	17.87	9.54	6.83	0.40	28.16	28.88	2.82	1.82
2.26	0.34	0.39	0.06	0.04		0.29	0.31		0.05

2-4 外商投资和港澳台商投资工业

行　　业	企业单位数(个)	资产总计	固定资产净　额	固定资产原　价	累计折旧	流动资产合　计
总　计	**43026**	**248426.90**	**58097.78**	**127457.51**	**66227.44**	**149146.40**
采矿业	**153**	**6318.47**	**2484.15**	**6755.44**	**4196.34**	**1668.04**
煤炭开采和洗选业	35	3038.60	349.31	759.59	346.66	1096.08
烟煤和无烟煤开采洗选	32	3021.35	343.58	745.97	338.77	1089.80
褐煤开采洗选	3	17.24	5.73	13.62	7.88	6.29
石油和天然气开采业	14	2523.27	1880.57	5579.85	3699.29	296.12
石油开采	7	1558.81	1266.05	3981.81	2715.76	61.43
天然气开采	7	964.47	614.52	1598.04	983.52	234.69
黑色金属矿采选业	17	218.63	54.87	105.13	49.41	115.98
铁矿采选	16	202.50	47.50	92.80	44.45	107.40
有色金属矿采选业	37	359.68	171.80	250.37	68.53	81.78
常用有色金属矿采选	28	282.49	136.47	198.85	56.69	59.73
贵金属矿采选	8	76.12	35.33	49.84	11.84	21.85
非金属矿采选业	43	103.01	21.71	48.97	26.85	48.27
土砂石开采	29	51.97	10.17	20.82	10.25	29.06
化学矿开采	4	10.28	1.98	5.29	3.30	4.58
采盐	3	25.16	5.45	14.29	8.84	7.09
石棉及其他非金属矿采选	7	15.59	4.11	8.57	4.45	7.54
开采专业及辅助性活动	7	75.28	5.88	11.53	5.62	29.81
石油和天然气开采专业及辅助性活动	7	75.28	5.88	11.53	5.62	29.81
制造业	**41262**	**225552.79**	**47896.05**	**106196.34**	**55526.68**	**142977.19**
农副食品加工业	1303	5715.22	1209.11	2303.07	1027.11	3596.13
谷物磨制	85	449.81	104.71	177.67	63.21	295.63
饲料加工	318	824.03	146.25	291.41	134.55	539.39
植物油加工	112	1678.13	291.36	584.76	279.00	1272.00
制糖业	17	147.30	45.68	84.10	37.93	83.86
屠宰及肉类加工	179	1362.53	278.76	488.42	202.98	707.44
水产品加工	213	333.22	61.82	145.75	81.88	221.59
蔬菜、菌类、水果和坚果加工	252	321.58	60.09	119.86	56.74	204.42
其他农副食品加工	127	598.61	220.45	411.10	170.82	271.81
食品制造业	1069	5752.07	1186.02	2513.59	1284.33	3568.80
焙烤食品制造	223	785.26	172.47	373.79	194.57	496.25
糖果、巧克力及蜜饯制造	88	531.49	125.49	321.43	191.37	332.68
方便食品制造	191	799.40	215.95	446.52	227.03	465.78

企业主要经济指标(大、中类行业)

单位：亿元

应收账款	存货	产成品	负债合计	流动负债合计	应付账款	所有者权益合计	实收资本	国家资本	集体资本
45399.69	**27714.29**	**10616.41**	**133713.80**	**111311.67**	**44716.56**	**114415.37**	**57719.65**	**3825.16**	**391.32**
170.65	**104.02**	**33.96**	**4102.38**	**2750.24**	**440.92**	**2213.92**	**620.90**	**245.93**	**5.95**
77.40	23.63	14.16	1849.17	1172.32	113.12	1189.42	228.20	16.24	4.59
75.82	23.31	14.10	1837.30	1160.46	111.17	1184.06	224.08	15.73	4.59
1.57	0.32	0.06	11.87	11.86	1.95	5.37	4.12	0.51	
23.99	40.98	7.50	1833.11	1322.09	273.18	690.17	242.99	222.80	
3.59	26.20	5.13	1240.19	928.20	195.61	318.62	12.16		
20.40	14.78	2.37	592.92	393.89	77.58	371.55	230.83	222.80	
37.06	13.89	5.77	116.45	83.05	21.40	102.18	35.24	3.00	
37.01	10.49	3.92	109.59	76.19	16.26	92.91	34.10	3.00	
4.14	14.75	3.31	203.56	117.51	19.93	153.96	71.96	3.47	0.50
3.60	12.40	2.35	165.45	94.84	17.59	117.03	60.05	3.47	0.50
0.53	2.29	0.94	36.69	22.67	2.33	36.92	11.91		
10.78	8.26	3.12	47.64	35.51	7.17	55.37	29.06	0.22	0.86
5.19	5.31	2.04	21.06	15.16	3.00	30.91	17.46		0.83
1.21	0.50	0.35	3.68	2.52	0.39	6.60	3.09		
1.88	1.05	0.18	17.14	13.36	1.89	8.02	5.49		
2.51	1.39	0.54	5.76	4.47	1.89	9.84	3.02	0.22	0.03
17.28	2.50	0.11	52.45	19.76	6.11	22.83	13.45	0.18	
17.28	2.50	0.11	52.45	19.76	6.11	22.83	13.45	0.18	
44052.45	**27302.67**	**10538.12**	**120507.53**	**103631.96**	**43326.50**	**104751.19**	**52572.81**	**2491.23**	**309.02**
561.38	1078.51	430.03	3112.20	2737.93	557.38	2604.36	1369.21	54.92	22.54
43.87	136.82	43.64	275.96	252.73	29.54	176.96	101.40	16.09	
88.60	112.61	25.84	421.93	336.31	85.34	401.51	176.90	1.91	0.58
138.40	429.77	177.99	964.26	906.77	167.18	713.87	334.10	25.22	10.70
6.74	27.27	22.97	98.97	74.59	14.52	48.33	27.59	0.90	0.01
115.46	109.00	44.78	626.60	531.16	106.89	735.94	309.79	5.55	0.39
53.09	99.44	47.41	179.65	158.41	46.21	153.23	70.97	2.19	0.70
53.72	73.25	30.44	177.67	156.29	49.30	143.62	93.46		0.85
61.49	90.35	36.96	367.17	321.67	58.41	230.90	254.99	3.05	9.31
774.53	503.90	239.51	2734.23	2502.02	832.50	3013.11	1260.27	17.00	3.11
78.77	49.75	24.92	316.95	273.17	88.89	468.31	181.14	1.93	0.45
65.44	55.28	27.77	271.31	254.74	107.59	260.18	105.57		0.24
133.29	83.87	37.80	416.47	382.42	139.93	381.87	242.53	9.01	0.37

2-4 续表 1

行业	企业单位数(个)	资产总计	固定资产净额	固定资产原价	累计折旧	流动资产合计
乳制品制造	92	1626.18	190.35	401.64	193.48	1024.14
罐头食品制造	75	130.50	31.19	64.06	28.63	72.25
调味品、发酵制品制造	129	700.15	207.68	420.68	210.54	405.80
其他食品制造	271	1179.08	242.90	485.47	238.71	771.90
酒、饮料和精制茶制造业	624	3153.89	929.98	2198.76	1203.81	1695.30
酒的制造	151	920.15	313.67	686.99	359.12	437.96
饮料制造	431	2173.67	604.01	1487.07	832.81	1220.52
精制茶加工	42	60.08	12.30	24.70	11.88	36.82
纺织业	1661	3943.52	920.39	2237.41	1248.61	2437.58
棉纺织及印染精加工	642	2053.07	480.12	1232.96	699.26	1237.83
毛纺织及染整精加工	92	201.84	31.31	87.30	54.78	141.70
麻纺织及染整精加工	19	45.54	7.46	19.85	12.35	28.26
丝绢纺织及印染精加工	34	91.02	15.08	38.24	23.16	54.11
化纤织造及印染精加工	155	308.30	83.14	186.26	102.45	172.71
针织或钩针编织物及其制品制造	197	268.76	63.67	154.13	81.11	181.05
家用纺织制成品制造	202	320.45	70.07	137.45	66.77	208.84
产业用纺织制成品制造	320	654.55	169.54	381.24	208.72	413.09
纺织服装、服饰业	1955	3219.49	498.29	1124.83	573.93	2083.25
机织服装制造	1155	2104.83	304.90	699.67	350.65	1259.56
针织或钩针编织服装制造	594	913.17	150.46	337.16	180.39	695.34
服饰制造	206	201.50	42.93	88.00	42.89	128.35
皮革、毛皮、羽毛及其制品和制鞋业	1034	2115.58	380.49	800.55	392.05	1332.01
皮革鞣制加工	58	169.33	29.42	60.55	30.28	109.49
皮革制品制造	346	418.15	130.76	208.78	71.00	212.66
毛皮鞣制及制品加工	13	14.56	2.87	6.72	3.85	10.07
羽毛(绒)加工及制品制造	27	39.20	5.13	11.87	6.05	29.66
制鞋业	590	1474.35	212.31	512.64	280.87	970.13
木材加工和木、竹、藤、棕、草制品业	254	448.90	74.59	169.77	91.49	313.56
木材加工	27	61.79	7.56	13.36	5.20	44.07
人造板制造	84	158.84	30.36	71.03	39.68	97.23
木质制品制造	109	212.53	33.85	73.31	38.15	164.08
竹、藤、棕、草等制品制造	34	15.73	2.81	12.07	8.46	8.18
家具制造业	629	1392.85	212.52	449.22	221.75	981.69
木质家具制造	276	627.87	96.45	208.23	104.97	426.79
竹、藤家具制造	6	8.28	1.55	4.16	2.61	3.87
金属家具制造	166	479.08	66.35	154.15	80.89	354.51
塑料家具制造	14	21.34	4.15	7.70	3.55	14.71
其他家具制造	167	256.28	44.01	74.97	29.74	181.82

单位：亿元

应收账款	存货	产成品	负债合计	流动负债合计	应付账款	所有者权益合计	实收资本	国家资本	集体资本
244.63	76.10	36.42	812.16	759.22	261.23	813.91	244.38	1.11	0.60
18.43	24.44	13.68	60.87	53.05	23.32	67.30	41.62	0.23	0.37
109.38	86.97	33.97	297.36	266.57	74.23	402.80	168.82	2.11	0.65
124.59	127.47	64.94	559.11	512.84	137.31	618.74	276.21	2.61	0.43
425.84	314.21	105.93	1504.80	1344.56	365.24	1648.36	978.58	50.56	7.73
55.09	144.68	22.82	435.99	377.82	113.67	484.16	323.74	37.58	2.05
361.80	156.01	79.50	1038.47	941.53	247.45	1135.02	641.31	12.98	5.68
8.94	13.53	3.62	30.34	25.20	4.12	29.18	13.53		
619.51	602.69	264.06	1791.19	1497.76	383.31	2140.82	1233.44	9.14	6.22
286.19	301.73	127.09	936.10	788.56	182.43	1105.56	635.26	7.06	4.91
32.00	51.97	28.23	108.48	96.60	21.13	93.35	54.82		0.19
8.33	12.80	7.53	23.40	21.77	4.65	22.13	13.80		
16.08	14.37	6.53	39.17	32.70	8.93	51.85	23.10		
38.44	51.30	27.72	158.53	108.37	18.77	149.77	104.72		
61.47	39.52	16.89	136.65	116.55	29.99	132.12	92.74	0.47	0.32
63.93	50.22	18.41	130.83	110.07	43.85	189.61	102.23	0.09	0.69
113.06	80.78	31.67	258.02	223.15	73.55	396.43	206.78	1.53	0.11
615.57	472.11	228.49	1586.19	1307.57	560.91	1615.13	755.86	2.79	7.20
359.04	289.59	155.08	1048.16	845.73	351.78	1048.33	490.37	2.69	5.27
217.80	144.42	55.98	438.52	381.94	179.48	473.33	205.01	0.08	1.84
38.72	38.10	17.44	99.51	79.91	29.64	93.47	60.47	0.02	0.10
394.80	295.43	131.12	986.89	803.26	255.25	1117.15	407.43	0.06	1.85
21.07	46.99	22.59	93.06	86.32	18.27	75.64	43.56		
64.14	58.36	17.82	199.22	122.98	51.78	218.40	66.63		0.15
3.71	5.15	2.85	8.31	8.18	1.26	6.25	5.12		
7.69	10.93	2.00	23.84	18.86	6.35	15.05	10.76		0.09
298.19	174.00	85.87	662.47	566.92	177.60	801.80	281.36	0.06	1.61
85.17	84.81	45.18	227.43	196.95	61.73	221.44	137.03	0.02	1.65
10.17	6.24	2.54	24.56	17.88	4.94	37.23	26.09		
13.71	24.44	10.69	85.81	67.14	10.40	73.03	51.52		1.09
58.81	50.91	30.07	107.88	103.11	40.12	104.65	56.40		0.44
2.48	3.23	1.87	9.17	8.82	6.27	6.54	3.03	0.02	0.11
291.21	206.45	82.11	814.09	750.89	256.67	575.46	294.37	3.12	0.12
104.87	109.56	46.80	365.80	324.41	94.01	261.27	129.14		
0.72	1.84	0.80	4.11	2.00	1.26	4.17	4.17		
106.43	52.59	19.42	289.71	282.13	108.17	186.86	86.50	3.12	0.08
4.70	4.49	2.00	9.86	9.50	3.36	11.49	6.81		
74.49	37.97	13.09	144.61	132.86	49.87	111.67	67.76		0.04

2-4 续表 2

行业	企业单位数(个)	资产总计	固定资产净额	固定资产原价	累计折旧	流动资产合计
造纸和纸制品业	746	5606.82	1859.00	3655.27	1732.84	2920.87
纸浆制造	6	75.88	26.82	53.62	21.86	30.85
造纸	210	3851.59	1404.58	2727.66	1281.99	1837.12
纸制品制造	530	1679.35	427.60	873.99	429.00	1052.90
印刷和记录媒介复制业	535	1376.75	302.19	755.14	440.51	809.77
印刷	507	1336.52	293.14	724.33	418.91	780.87
装订及印刷相关服务	19	25.98	5.50	17.64	12.02	18.90
记录媒介复制	9	14.26	3.54	13.18	9.58	10.01
文教、工美、体育和娱乐用品制造业	1478	2475.36	424.31	920.32	460.12	1744.39
文教办公用品制造	136	139.80	32.08	76.05	41.52	90.42
乐器制造	53	90.33	16.62	46.88	30.25	64.00
工艺美术及礼仪用品制造	514	1167.18	146.52	305.28	141.94	847.21
体育用品制造	281	400.27	70.44	163.75	86.60	287.84
玩具制造	458	580.25	129.97	277.44	139.64	398.01
游艺器材及娱乐用品制造	36	97.54	28.68	50.93	20.16	56.90
石油、煤炭及其他燃料加工业	138	3256.41	1079.88	2580.82	1248.58	1453.48
精炼石油产品制造	98	2484.90	840.70	2156.60	1076.92	1089.87
煤炭加工	36	733.01	232.92	411.85	165.55	338.00
生物质燃料加工	4	38.50	6.25	12.37	6.10	25.60
化学原料和化学制品制造业	2699	16379.26	4923.29	10436.69	5264.22	8471.48
基础化学原料制造	558	5249.60	1852.50	3979.23	2006.75	2276.79
肥料制造	69	495.03	203.85	376.32	163.15	227.14
农药制造	51	363.43	61.06	115.09	52.55	229.21
涂料、油墨、颜料及类似产品制造	528	1575.62	269.60	571.44	296.97	1107.07
合成材料制造	451	4158.00	1449.49	3096.40	1579.68	1929.31
专用化学产品制造	690	3031.46	809.64	1683.93	836.67	1701.76
炸药、火工及焰火产品制造	7	8.21	2.49	4.92	2.24	2.85
日用化学产品制造	345	1497.89	274.67	609.35	326.22	997.36
医药制造业	752	7874.67	1221.40	2237.56	962.06	4943.02
化学药品原料药制造	110	894.91	232.12	462.30	216.40	445.47
化学药品制剂制造	199	3509.81	506.64	923.07	406.10	2480.21
中药饮片加工	25	183.18	17.96	29.67	10.89	115.08
中成药生产	104	938.79	163.66	296.12	115.54	538.20
兽用药品制造	28	158.91	35.04	57.32	21.97	93.42
生物药品制品制造	140	1612.27	173.19	295.30	114.43	901.34
卫生材料及医药用品制造	114	523.43	77.67	136.95	55.16	339.56
药用辅料及包装材料	32	53.38	15.12	36.83	21.57	29.74
化学纤维制造业	194	1641.55	644.48	1336.54	667.36	701.49
纤维素纤维原料及纤维制造	35	387.51	172.80	342.62	166.51	166.25
合成纤维制造	152	1240.43	466.18	985.70	498.43	529.64
生物基材料制造	7	13.61	5.51	8.22	2.42	5.59
橡胶和塑料制品业	2782	5873.79	1628.05	3849.45	2155.33	3519.54

单位：亿元

应收账款	存货	产成品	负债合计	流动负债合计	应付账款	所有者权益合计	实收资本	国家资本	集体资本
805.06	419.60	152.29	2800.50	2295.58	588.17	2801.67	1884.16	36.07	10.97
16.90	4.44	1.49	50.51	45.95	10.62	25.37	27.42		
431.22	227.68	87.87	1933.92	1547.60	335.07	1915.95	1418.18	33.70	10.48
356.93	187.48	62.93	816.08	702.03	242.48	860.34	438.56	2.37	0.48
233.06	127.64	55.06	535.32	440.65	154.97	838.68	415.32	10.42	2.36
224.12	122.98	53.12	516.01	422.03	149.22	817.75	402.21	10.17	2.30
7.20	3.74	1.53	14.57	13.92	4.48	11.41	7.53	0.25	0.07
1.75	0.92	0.42	4.74	4.71	1.27	9.52	5.58		
449.36	735.89	430.23	1275.28	1057.69	372.62	1189.82	590.85	0.17	2.22
28.58	23.78	9.20	58.64	50.77	21.09	81.16	41.11	0.03	0.15
13.08	25.56	8.50	32.27	30.20	14.92	58.06	30.83	0.05	0.40
139.43	465.20	333.09	638.05	502.01	97.19	522.94	176.33	0.06	0.60
117.83	74.07	25.40	187.26	170.11	95.35	209.89	122.53	0.02	0.05
128.32	124.46	44.31	309.22	264.02	122.84	270.08	185.89		1.01
22.12	22.82	9.72	49.84	40.57	21.22	47.70	34.17		
211.86	338.73	76.72	1782.79	1278.93	401.22	1472.90	706.59	175.17	4.29
160.50	286.58	62.23	1250.31	828.91	263.78	1234.60	575.66	167.66	3.78
50.09	48.32	13.78	518.08	436.49	134.73	214.21	125.98	4.42	0.50
1.27	3.83	0.71	14.40	13.53	2.71	24.10	4.95	3.10	
2110.55	1532.14	648.35	7328.99	5731.95	1888.13	9039.51	5242.71	275.26	27.83
409.79	339.16	140.05	2319.85	1654.12	439.97	2927.13	1831.56	182.09	5.66
25.83	53.26	19.47	310.97	257.35	38.96	178.46	103.02	14.96	0.23
72.29	65.44	30.04	193.15	179.20	45.48	170.28	46.09	0.37	
390.92	198.14	101.41	718.89	647.19	259.19	856.54	362.94	2.25	6.78
423.56	385.30	152.68	1814.00	1337.13	487.04	2342.46	1540.58	64.61	8.72
519.71	342.11	141.51	1199.67	936.73	340.33	1830.99	975.63	10.39	6.25
0.47	0.50	0.25	1.71	1.41	0.41	6.50	2.93		
267.99	148.23	62.95	770.75	718.82	276.75	727.14	379.97	0.59	0.19
1006.91	1239.98	622.13	3058.82	2652.42	757.47	4800.61	1476.78	36.89	7.00
117.16	95.97	45.06	382.51	318.40	79.11	500.85	207.90	1.46	
491.13	827.45	439.24	1633.82	1478.93	469.93	1872.92	617.47	8.95	0.55
42.53	26.58	10.77	76.60	48.38	8.83	106.11	24.32	7.68	
88.37	104.25	45.84	300.98	243.16	45.09	637.81	167.17	16.66	2.46
15.36	17.21	9.18	54.06	43.19	8.60	104.85	33.63	0.80	1.84
172.74	120.42	49.16	414.11	354.10	65.09	1198.16	346.67	0.88	1.98
71.09	39.67	19.31	173.41	147.26	75.92	349.85	61.81	0.45	0.18
8.54	8.42	3.55	23.33	18.99	4.90	30.05	17.82		
109.43	166.74	85.11	934.71	715.05	125.13	704.47	582.76	36.67	0.59
18.30	39.84	14.96	204.19	139.66	45.12	183.33	149.59	25.98	
90.56	125.30	69.52	723.07	571.47	78.44	514.98	428.56	10.68	0.59
0.56	1.60	0.63	7.45	3.92	1.57	6.16	4.62		
1174.59	741.16	310.02	2520.04	2160.18	842.83	3351.23	1963.66	26.21	17.66

2-4 续表 3

行 业	企业单位数(个)	资产总计	固定资产净额	固定资产原价	累计折旧	流动资产合计
橡胶制品业	464	1874.32	714.67	1692.55	950.62	929.19
塑料制品业	2318	3999.46	913.37	2156.91	1204.71	2590.35
非金属矿物制品业	1552	6618.59	1877.67	3910.30	1951.75	3708.36
水泥、石灰和石膏制造	152	1656.09	596.50	1239.82	637.08	829.26
石膏、水泥制品及类似制品制造	331	874.03	124.70	265.62	134.13	617.21
砖瓦、石材等建筑材料制造	219	472.83	94.02	197.36	96.29	264.71
玻璃制造	93	1057.46	327.27	668.10	329.30	600.27
玻璃制品制造	176	763.31	263.20	496.80	225.83	415.53
玻璃纤维和玻璃纤维增强塑料制品制造	88	426.24	99.29	230.67	128.24	249.60
陶瓷制品制造	213	825.95	245.78	528.15	250.72	374.46
耐火材料制品制造	105	208.89	38.31	110.73	69.43	149.84
石墨及其他非金属矿物制品制造	175	333.79	88.60	173.05	80.74	207.49
黑色金属冶炼和压延加工业	331	5374.30	1536.46	3318.08	1755.26	2866.88
炼铁	4	34.34	11.46	14.19	2.73	12.74
炼钢	8	657.63	164.53	479.01	310.51	412.40
钢压延加工	300	4211.33	1248.25	2608.51	1340.20	2288.10
铁合金冶炼	19	470.99	112.23	216.37	101.82	153.65
有色金属冶炼和压延加工业	481	5621.74	1203.57	2298.36	1039.28	3095.80
常用有色金属冶炼	48	2239.81	564.67	937.20	370.11	1178.32
贵金属冶炼	6	91.15	22.93	52.09	29.06	33.55
稀有稀土金属冶炼	18	101.85	18.68	42.45	23.77	68.39
有色金属合金制造	105	349.92	63.02	127.99	64.35	204.54
有色金属压延加工	304	2839.01	534.28	1138.63	551.99	1611.01
金属制品业	2485	6023.76	1112.96	2535.78	1361.46	4047.53
结构性金属制品制造	420	1492.30	125.62	284.48	149.76	1087.23
金属工具制造	258	415.85	90.88	229.09	130.68	282.17
集装箱及金属包装容器制造	198	853.24	186.13	347.61	154.93	525.34
金属丝绳及其制品制造	141	378.40	95.47	262.17	157.56	248.21
建筑、安全用金属制品制造	341	613.38	100.99	233.95	123.09	431.09
金属表面处理及热处理加工	203	327.92	76.34	172.24	85.85	220.70
搪瓷制品制造	18	47.82	9.46	20.94	11.48	26.89
金属制日用品制造	279	451.32	80.04	192.10	109.27	301.55
铸造及其他金属制品制造	627	1443.54	348.04	793.19	438.85	924.34
通用设备制造业	3380	13019.64	2082.36	4731.73	2585.33	9505.22
锅炉及原动设备制造	140	1418.33	198.55	474.32	273.93	997.71
金属加工机械制造	386	879.50	142.16	303.89	156.55	647.06
物料搬运设备制造	304	3150.37	383.30	713.29	319.38	2382.43
泵、阀门、压缩机及类似机械制造	714	2394.59	397.14	974.55	567.33	1743.19
轴承、齿轮和传动部件制造	353	1132.86	351.94	805.57	440.95	698.91
烘炉、风机、包装等设备制造	588	1889.09	255.27	557.18	292.10	1461.87
文化、办公用机械制造	179	866.85	129.88	399.05	265.24	671.08
通用零部件制造	557	833.89	176.98	413.73	227.41	566.99
其他通用设备制造业	159	454.15	47.14	90.15	42.42	335.98

单位：亿元

应收账款	存货	产成品	负债合计	流动负债合计	应付账款	所有者权益合计	实收资本	国家资本	集体资本
327.63	192.89	84.00	710.29	569.59	198.30	1163.72	712.31	15.74	11.21
846.96	548.27	226.02	1809.76	1590.59	644.53	2187.51	1251.35	10.47	6.44
900.40	558.94	250.03	2851.51	2331.75	696.79	3764.57	2000.83	71.90	20.64
68.62	63.56	17.65	409.64	370.02	99.90	1246.46	542.15	48.15	10.29
254.53	46.15	25.44	509.66	443.86	177.25	364.37	185.13	3.18	0.24
78.64	58.99	28.24	202.29	172.78	47.79	269.81	140.57	4.41	1.74
102.74	66.09	27.76	514.12	436.05	90.13	543.34	328.12	8.11	0.26
100.54	72.93	32.46	334.80	230.22	80.20	428.36	275.00	1.72	2.15
71.49	51.14	12.79	208.31	179.10	32.24	217.85	105.51	0.40	0.01
125.68	117.28	72.94	425.94	294.89	88.95	398.45	228.50		1.58
46.84	35.12	16.18	90.18	79.11	38.62	118.71	77.09	2.13	1.50
51.30	47.67	16.56	156.57	125.72	41.70	177.22	118.78	3.80	2.88
263.84	610.88	191.62	3137.28	2556.88	579.24	2237.02	1002.59	121.83	2.02
-1.41	4.27	1.69	18.52	18.00	2.03	15.82	4.99		1.00
15.86	76.94	12.78	397.80	357.90	142.90	259.83	64.74		0.74
231.15	501.20	164.96	2533.43	2036.07	399.77	1677.90	775.74	105.88	0.27
18.24	28.47	12.18	187.52	144.91	34.54	283.47	157.11	15.96	
547.00	740.03	158.55	3337.37	2678.27	700.86	2283.89	1089.47	60.90	1.69
134.91	408.26	44.69	1362.55	992.13	348.22	877.26	360.08	23.24	0.13
0.32	16.65	0.04	38.40	32.79	3.60	52.75	9.12	6.31	0.52
12.43	21.43	12.52	45.75	41.69	11.70	56.09	33.61	6.28	
56.48	52.50	16.85	144.90	132.13	36.29	204.97	114.27	0.79	
342.86	241.19	84.46	1745.76	1479.53	301.05	1092.81	572.39	24.28	1.04
1272.37	868.26	354.22	3153.53	2857.91	906.09	2867.61	1567.24	18.26	16.09
283.32	215.44	106.64	1022.61	984.43	284.74	469.69	207.14	3.86	0.71
97.46	78.33	32.27	199.70	172.54	63.50	216.15	121.70	2.75	0.67
175.25	117.87	46.52	454.81	392.44	119.95	398.42	252.30	1.04	4.18
91.34	45.13	17.98	188.90	164.95	36.57	189.01	156.39	1.48	3.32
153.22	99.65	33.20	293.81	256.72	91.40	319.49	156.28		0.19
73.06	30.93	10.57	166.00	143.60	45.76	161.92	110.70	0.16	3.73
7.93	5.54	2.40	29.00	23.08	10.07	18.82	10.54		
91.03	75.41	28.82	219.90	201.08	60.55	230.43	129.37	0.33	0.01
299.75	199.95	75.82	578.80	519.07	193.55	863.67	422.81	8.64	3.27
3054.71	2254.60	825.20	6805.10	5945.33	2426.99	6211.44	2652.33	66.50	11.28
180.66	208.88	87.28	821.04	755.47	244.83	599.85	223.27	27.76	
152.65	180.46	46.57	372.71	319.73	134.26	504.71	228.57	1.13	0.43
809.13	654.07	230.22	2266.39	1982.57	605.30	883.35	379.92	2.13	1.01
542.90	418.78	168.78	1054.71	944.53	470.72	1339.43	535.77	23.55	2.16
264.00	167.88	55.90	460.75	335.45	146.76	670.94	402.87	1.97	0.06
555.91	266.29	108.40	965.67	876.76	440.23	923.27	342.52	4.54	3.87
249.21	150.32	46.76	361.04	299.19	184.06	505.81	204.26	1.92	0.42
212.31	128.22	59.65	297.65	241.98	116.60	535.50	268.61	2.08	0.55
87.93	79.70	21.65	205.15	189.65	84.24	248.58	66.55	1.43	2.79

2-4 续表 4

行业	企业单位数(个)	资产总计	固定资产净额	固定资产原价	累计折旧	流动资产合计
专用设备制造业	2493	8544.61	1237.23	2740.75	1456.15	6223.61
采矿、冶金、建筑专用设备制造	292	2387.41	298.94	759.35	450.52	1856.84
化工、木材、非金属加工专用设备制造	700	1722.52	309.61	688.06	362.33	1214.41
食品、饮料、烟草及饲料生产专用设备制造	65	117.14	23.95	46.51	22.46	84.03
印刷、制药、日化及日用品生产专用设备制造	143	345.15	51.67	121.05	67.78	251.68
纺织、服装和皮革加工专用设备制造	140	374.89	43.73	108.36	62.75	283.19
电子和电工机械专用设备制造	214	597.75	61.49	128.45	63.98	423.92
农、林、牧、渔专用机械制造	92	342.80	48.04	117.86	61.75	257.05
医疗仪器设备及器械制造	506	1764.61	303.24	575.42	267.94	1161.26
环保、邮政、社会公共服务及其他专用设备制造	341	892.36	96.56	195.69	96.64	691.23
汽车制造业	3174	34759.37	7783.08	17429.57	9342.61	21663.47
汽车整车制造	81	16399.59	3798.45	8707.40	4752.93	9511.94
汽车用发动机制造	31	1226.90	262.19	673.02	380.66	782.44
改装汽车制造	20	76.16	8.33	18.59	10.26	61.10
汽车车身、挂车制造	49	226.07	36.50	84.77	47.25	168.80
汽车零部件及配件制造	2992	16811.61	3674.18	7937.55	4146.73	11125.56
铁路、船舶、航空航天和其他运输设备制造业	533	3566.71	660.01	1274.15	579.48	2342.52
铁路运输设备制造	72	633.72	44.21	110.27	56.13	518.28
城市轨道交通设备制造	14	199.68	9.04	19.84	9.81	161.06
船舶及相关装置制造	129	1861.55	421.19	736.04	296.59	1073.41
航空、航天器及设备制造	54	187.59	66.97	124.02	52.78	95.00
摩托车制造	87	368.23	54.44	149.47	94.36	281.52
自行车和残疾人座车制造	113	192.20	38.64	83.12	44.34	132.35
助动车制造	15	44.02	5.62	10.30	4.68	29.75
非公路休闲车及零配件制造	30	53.01	12.10	28.13	15.64	38.53
潜水救捞及其他未列明运输设备制造	19	26.71	7.81	12.97	5.16	12.61
电气机械和器材制造业	3215	15121.10	2301.65	5350.43	2691.84	10575.53
电机制造	407	2555.34	398.12	844.48	436.06	1902.85
输配电及控制设备制造	972	3773.41	431.11	1330.86	634.39	2644.34
电线、电缆、光缆及电工器材制造	549	1443.27	223.51	560.58	317.25	1077.61
电池制造	214	3230.12	669.89	1195.58	511.80	1951.86
家用电力器具制造	542	3001.41	408.00	1036.03	591.02	2245.63
非电力家用器具制造	55	247.38	17.28	39.12	18.39	186.81
照明器具制造	411	784.24	140.66	315.38	167.62	498.05
其他电气机械及器材制造	65	85.93	13.07	28.39	15.31	68.38
计算机、通信和其他电子设备制造业	4486	53007.76	9889.03	23602.78	13092.51	35931.63
计算机制造	554	10745.39	843.75	2998.36	1922.42	8561.49
通信设备制造	294	10954.92	705.70	1693.18	977.56	9286.94

单位：亿元

应收账款	存货	产成品	负债合计	流动负债合计	应付账款	所有者权益合计	实收资本	国家资本	集体资本
1851.35	1508.92	546.31	3972.56	3507.02	1450.26	4571.78	2051.89	51.63	37.01
585.24	460.69	188.28	1280.31	1143.82	472.25	1106.33	481.07	27.83	33.14
356.00	303.11	98.43	762.05	680.61	290.05	960.47	474.49	3.60	0.31
20.97	18.49	5.45	55.52	48.10	16.26	61.62	31.18	0.84	
54.64	65.35	14.63	194.59	175.65	59.06	150.55	76.96	0.13	1.16
71.04	70.87	22.60	173.52	153.45	57.59	200.85	80.53	1.80	
144.94	103.70	41.75	236.85	205.35	99.50	358.95	198.56	2.01	0.45
75.17	71.14	33.77	212.53	171.26	66.01	133.24	115.51	6.51	0.45
309.97	225.98	74.08	580.47	508.05	218.59	1184.14	420.24	1.20	1.24
233.38	189.59	67.31	476.73	420.73	170.96	415.63	173.35	7.71	0.26
5735.39	3237.49	1353.44	21202.59	18851.81	8508.08	13548.47	5948.88	653.28	38.87
1391.59	1446.96	622.60	11863.19	10583.63	4500.31	4534.91	2273.91	475.44	15.16
285.31	89.55	35.42	674.08	609.58	249.92	552.82	285.91	46.33	8.61
14.74	17.36	4.41	36.77	30.92	15.03	39.39	11.04	1.26	0.30
48.89	21.39	9.69	141.41	127.35	59.44	84.66	42.02	3.06	1.00
3988.52	1659.38	679.62	8473.29	7486.73	3678.39	8331.49	3313.79	116.09	13.80
597.97	657.13	152.81	1889.59	1454.64	480.35	1676.52	1564.87	67.55	1.03
182.63	104.70	32.11	305.81	241.92	106.53	327.91	83.39	15.44	0.50
63.33	35.15	10.00	137.21	130.10	72.12	62.48	20.52	2.57	
200.08	392.65	66.89	1088.38	779.20	175.51	772.71	439.18	38.90	0.35
20.10	33.21	7.82	82.25	52.49	11.44	105.33	742.28	7.00	
62.18	34.19	14.33	122.98	115.46	58.83	245.11	107.94	2.74	0.11
42.81	38.29	14.97	99.87	90.62	38.99	92.34	141.19		
9.12	7.85	2.74	25.78	23.75	5.97	18.24	9.50		0.08
12.28	8.15	2.93	15.51	14.54	8.30	37.50	11.41	0.84	
5.43	2.94	1.02	11.81	6.55	2.66	14.90	9.46	0.05	
3796.47	1840.30	732.78	8187.07	7066.10	3091.99	6874.89	3212.47	63.57	30.33
652.63	350.75	156.62	1436.29	1337.85	561.66	1119.05	473.47	2.12	1.65
1068.75	412.53	129.73	2187.49	1816.68	769.58	1577.98	839.31	16.11	21.27
497.97	207.04	93.44	795.53	712.96	295.40	652.69	435.82	10.21	1.78
575.16	334.38	114.59	1634.81	1223.86	503.78	1595.31	669.46	23.44	0.21
715.37	371.17	184.03	1626.26	1524.47	756.94	1375.15	529.92	5.19	4.85
83.95	34.94	9.79	94.39	75.34	26.23	97.19	42.02	0.34	0.08
177.94	114.77	40.16	371.79	336.41	157.30	412.11	202.84	6.17	
24.70	14.71	4.42	40.51	38.52	21.09	45.42	19.63		0.50
15429.86	5623.39	1904.71	31332.37	27535.93	15551.02	21560.66	11324.16	543.52	20.61
4837.47	1138.62	320.10	8098.12	7691.30	5195.51	2645.26	1008.00	3.65	0.05
4486.84	1502.85	612.40	7942.86	7763.56	4969.43	3011.58	935.14	1.75	0.10

2-4 续表 5

行　业	企业单位数(个)	资产总计	固定资产净　额	固定资产原　价	累计折旧	流动资产合　计
广播电视设备制造	99	455.61	81.25	266.60	180.41	274.58
雷达及配套设备制造	4	23.75	0.54	1.47	0.92	17.02
非专业视听设备制造	292	2439.07	184.69	483.44	278.40	1859.17
智能消费设备制造	131	1672.59	202.62	623.08	419.63	1317.14
电子器件制造	1003	16079.67	5404.61	12031.23	6448.78	8369.41
电子元件及电子专用材料制造	1864	8879.35	2104.86	4963.63	2688.28	5321.90
其他电子设备制造	245	1757.41	361.00	541.79	176.11	923.99
仪器仪表制造业	798	2335.10	321.45	708.59	371.38	1702.15
通用仪器仪表制造	415	1362.52	160.73	329.17	164.28	1005.04
专用仪器仪表制造	137	404.87	58.16	141.61	80.91	316.11
钟表与计时仪器制造	116	166.12	28.62	61.41	28.53	122.79
光学仪器制造	80	336.83	63.76	147.94	79.79	209.45
衡器制造	18	28.90	3.04	7.62	4.58	24.33
其他仪器仪表制造业	32	35.86	7.14	20.84	13.28	24.42
其他制造业	297	494.88	160.62	290.49	126.81	270.48
日用杂品制造	216	290.62	63.83	172.30	106.02	191.64
废弃资源综合利用业	99	273.17	72.44	124.10	50.93	149.23
金属废料和碎屑加工处理	56	127.47	29.09	53.60	23.84	79.70
非金属废料和碎屑加工处理	43	145.70	43.35	70.50	27.08	69.53
金属制品、机械和设备修理业	84	554.96	157.04	302.01	144.03	318.99
金属制品修理	5	3.12	0.30	0.58	0.28	2.43
通用设备修理	4	5.03	0.87	2.15	1.28	3.83
专用设备修理	15	25.72	4.36	7.03	2.66	19.74
铁路、船舶、航空航天等运输设备修理	53	509.77	148.93	286.42	136.55	286.36
其他机械和设备修理业	6	10.25	2.50	5.64	3.15	5.66
电力、热力、燃气及水生产和供应业	**1611**	**16555.64**	**7717.59**	**14505.73**	**6504.42**	**4501.17**
电力、热力生产和供应业	780	9892.77	5620.99	11141.06	5294.72	2389.54
电力生产	714	9510.63	5473.66	10884.67	5186.70	2224.37
电力供应	5	32.62	6.28	14.41	8.13	21.89
热力生产和供应	61	349.53	141.05	241.98	99.88	143.28
燃气生产和供应业	564	4445.17	1514.00	2284.77	720.46	1576.40
燃气生产和供应业	562	4437.37	1510.95	2280.46	719.21	1575.31
水的生产和供应业	267	2217.69	582.59	1079.90	489.24	535.24
自来水生产和供应	115	1161.42	439.46	830.51	389.30	259.87
污水处理及其再生利用	149	1042.04	135.47	230.83	89.04	270.35

单位：亿元

应收账款	存货	产成品	负债合计	流动负债合计	应付账款	所有者权益合计	实收资本	国家资本	集体资本
101.14	69.17	24.78	167.06	151.53	82.98	288.55	154.91	0.37	4.35
2.31	1.28	0.78	14.78	14.76	0.95	8.97	6.30	0.40	
738.04	336.24	129.12	1621.27	1358.13	760.00	806.81	349.93	8.01	0.34
486.08	182.64	76.30	1045.62	1009.71	440.35	627.02	220.43	0.60	0.22
2196.81	1236.26	325.87	7733.19	5776.58	2059.92	8344.55	5982.49	501.15	8.71
2280.88	1037.32	371.31	3891.50	3248.37	1764.44	4888.88	2339.61	23.40	2.20
300.28	119.01	44.06	817.97	521.99	277.44	939.05	327.34	4.19	4.64
510.31	371.90	117.69	993.13	881.33	383.65	1341.70	464.19	8.29	2.16
280.80	207.26	56.99	575.63	523.68	227.28	786.90	262.96	6.89	0.85
98.77	71.85	25.09	176.79	148.65	56.30	228.08	68.83	0.81	1.03
36.07	34.53	14.91	70.08	60.90	32.44	95.80	38.42		
80.00	46.76	18.06	145.91	127.41	57.53	190.89	67.36	0.51	0.28
6.73	4.69	0.98	7.72	7.27	4.49	21.18	6.21	0.08	
7.95	6.82	1.66	17.00	13.42	5.61	18.86	20.41		
71.18	73.10	29.13	226.44	169.66	52.09	264.36	147.10	0.32	0.31
50.34	57.35	22.92	120.94	104.25	34.63	165.60	90.38	0.28	0.31
34.07	17.20	6.29	133.34	102.92	31.28	139.84	75.44	3.39	3.56
17.11	11.44	5.02	62.23	51.89	14.01	65.24	37.01	0.57	0.48
16.96	5.75	1.27	71.11	51.03	17.27	74.60	38.43	2.82	3.08
117.84	79.49	8.65	286.51	217.19	63.83	268.45	167.84	23.58	0.09
0.87	0.14	0.01	2.33	2.14	0.90	0.79	0.39		
1.07	0.30	0.03	1.20	1.20	0.53	3.83	0.82		
7.93	3.69	0.60	11.02	9.45	6.18	14.69	6.61	0.15	
107.91	74.27	7.62	266.64	202.57	55.55	243.13	158.64	23.38	0.09
-0.11	0.83	0.38	5.04	1.56	0.50	5.21	1.09	0.05	
1176.59	**307.60**	**44.32**	**9103.89**	**4929.47**	**949.14**	**7450.26**	**4525.95**	**1088.01**	**76.35**
744.13	178.15	9.23	5493.79	2503.45	410.10	4399.48	3138.98	831.16	54.52
721.79	171.01	7.54	5229.12	2353.04	381.60	4282.01	3058.98	817.53	54.14
3.44	0.11	0.10	7.97	5.50	0.21	24.65	12.78	5.92	
18.89	7.03	1.59	256.70	144.91	28.30	92.83	67.22	7.71	0.38
321.09	102.51	33.28	2334.48	1791.66	400.94	2110.69	884.34	141.17	17.67
320.81	102.45	33.27	2328.82	1788.12	400.27	2108.55	883.05	141.17	17.67
111.38	26.94	1.81	1275.62	634.36	138.10	940.08	502.63	115.68	4.17
49.41	17.74	0.39	668.54	340.54	41.32	491.34	284.77	100.57	1.09
58.73	9.02	1.42	597.61	289.25	95.77	443.97	208.50	15.11	3.08

2-4 续表 6

行 业					营业收入
	法人资本	个人资本	港澳台资本	外商资本	
总 计	**13969.70**	**1528.93**	**14184.72**	**23812.01**	**243188.61**
采矿业	**170.21**	**19.45**	**69.06**	**110.30**	**2293.27**
煤炭开采和洗选业	123.41	9.03	23.72	51.21	744.85
烟煤和无烟煤开采洗选	122.04	9.03	23.23	49.46	732.22
褐煤开采洗选	1.37		0.49	1.75	12.64
石油和天然气开采业	8.23			11.96	1140.70
石油开采	7.63			4.53	831.96
天然气开采	0.60			7.43	308.73
黑色金属矿采选业	13.78	7.01	5.45	5.99	177.29
铁矿采选	12.95	7.01	5.45	5.69	113.84
有色金属矿采选业	17.19	1.46	17.31	32.03	130.69
常用有色金属矿采选	11.05	1.46	14.03	29.54	108.97
贵金属矿采选	6.14		3.29	2.49	21.60
非金属矿采选业	6.11	1.96	11.92	7.98	74.18
土砂石开采	2.31	1.90	6.04	6.37	47.39
化学矿开采	2.69		0.39		3.86
采盐			5.49		4.30
石棉及其他非金属矿采选	1.10	0.05		1.61	18.63
开采专业及辅助性活动	1.49		10.65	1.12	25.56
石油和天然气开采专业及辅助性活动	1.49		10.65	1.12	25.56
制造业	**12426.59**	**1456.69**	**12897.74**	**22983.76**	**234021.13**
农副食品加工业	335.40	63.15	250.97	642.23	8603.40
谷物磨制	9.62	0.56	25.04	50.08	770.07
饲料加工	52.89	6.99	24.70	89.83	1457.69
植物油加工	80.21	23.25	49.77	144.95	3212.14
制糖业	12.95	0.71	4.60	8.43	83.27
屠宰及肉类加工	83.13	16.66	69.61	134.45	1802.23
水产品加工	19.09	5.94	17.90	25.15	446.05
蔬菜、菌类、水果和坚果加工	16.14	5.31	28.18	42.97	347.35
其他农副食品加工	61.37	3.73	31.17	146.37	484.60
食品制造业	248.23	27.43	348.20	616.30	6250.30
焙烤食品制造	12.46	6.23	74.02	86.04	753.38
糖果、巧克力及蜜饯制造	19.82	1.12	25.53	58.87	683.44
方便食品制造	61.00	1.06	97.55	73.54	1022.98

单位：亿元

营业成本	销售费用	管理费用	财务费用	利息费用	投资收益（损失以"—"号记）	营业利润	利润总额	亏损企业亏损额	平均用工人数（万人）
202460.99	**8145.95**	**12518.01**	**1276.76**	**1454.32**	**1445.28**	**17822.02**	**18167.40**	**1731.08**	**1671.98**
1339.15	**27.15**	**91.66**	**39.84**	**28.12**	**9.26**	**686.93**	**687.28**	**28.33**	**11.10**
500.45	16.18	38.82	17.66	18.27	7.44	122.19	123.17	21.50	7.37
494.67	13.81	37.79	17.51	18.12	7.44	120.11	122.06	21.14	7.25
5.77	2.37	1.03	0.15	0.15		2.08	1.11	0.36	0.12
534.17	3.86	27.31	15.51	2.58	0.49	507.27	510.54	0.62	1.50
373.82	2.32	17.26	12.63	2.19	0.10	389.38	390.08	0.17	1.05
160.34	1.53	10.05	2.88	0.39	0.39	117.89	120.46	0.45	0.45
154.49	1.55	5.85	1.61	1.42	0.16	12.20	12.63	0.85	0.61
91.56	1.55	5.76	1.57	1.42	0.16	11.97	12.40	0.85	0.55
78.12	0.83	11.90	4.18	5.02	0.28	32.23	28.06	4.70	0.92
67.79	0.82	9.43	3.54	4.37	0.20	24.47	19.21	3.95	0.70
10.26	0.01	2.14	0.63	0.65	0.08	8.05	9.14	0.44	0.20
51.64	4.39	5.78	0.47	0.41	0.16	10.13	9.89	0.65	0.56
33.03	2.43	3.78	0.15	0.15	0.13	7.23	7.00	0.32	0.30
2.61	0.30	0.36	0.04	0.04		0.53	0.53		0.06
3.05	0.38	0.46	0.11	0.11		0.15	0.16	0.31	0.09
12.95	1.28	1.18	0.18	0.11	0.03	2.22	2.20	0.02	0.12
20.27	0.34	2.00	0.41	0.41	0.73	2.91	2.98	0.02	0.14
20.27	0.34	2.00	0.41	0.41	0.73	2.91	2.98	0.02	0.14
195757.75	**8012.83**	**12177.40**	**1028.65**	**1211.45**	**1359.31**	**16137.41**	**16461.46**	**1665.44**	**1635.39**
7761.56	210.26	203.24	31.73	47.80	15.47	388.73	395.10	44.27	35.11
695.08	26.38	15.18	3.06	3.41	0.99	30.99	30.90	1.31	1.60
1268.98	52.32	52.68	2.55	5.66	11.21	88.86	90.53	4.00	4.80
2976.32	48.00	36.01	0.37	14.05	-12.06	133.22	133.09	4.52	3.57
71.33	2.51	4.38	2.17	2.09	1.23	2.80	4.01	3.20	0.73
1625.84	39.92	41.99	8.47	10.88	10.08	91.15	93.12	12.72	13.39
390.69	9.67	17.20	4.51	2.07	0.48	22.91	23.51	6.68	4.52
299.45	13.14	16.46	4.00	1.72	-0.38	12.53	12.82	2.70	3.65
433.88	18.32	19.33	6.60	7.93	3.92	6.27	7.12	9.14	2.86
4348.18	938.81	339.01	-5.73	20.44	78.35	681.60	697.80	45.54	42.22
535.86	110.88	44.38	0.36	3.21	28.52	87.36	90.37	4.81	9.54
477.12	98.75	48.70	0.25	1.71	2.45	57.57	58.30	0.79	4.17
800.35	109.09	42.20	0.39	2.40	8.04	75.42	79.83	10.97	10.38

2-4 续表 7

行业	法人资本	个人资本	港澳台资本	外商资本	营业收入
乳制品制造	85.56	4.96	49.37	102.78	1688.61
罐头食品制造	9.34	1.59	9.86	20.23	174.4
调味品、发酵制品制造	18.83	4.62	38.01	104.6	728.73
其他食品制造	41.22	7.85	53.85	170.26	1198.76
酒、饮料和精制茶制造业	190.7	23.9	229.96	475.73	3011.01
酒的制造	46.79	7.02	40.94	189.36	676.37
饮料制造	140.64	15.79	181.77	284.45	2246.71
精制茶加工	3.26	1.1	7.25	1.92	87.93
纺织业	241.47	53.84	546.18	376.6	3639.7
棉纺织及印染精加工	122.49	28	323.96	148.84	1886.62
毛纺织及染整精加工	17.67	2.63	23.14	11.19	167.64
麻纺织及染整精加工	2.79	0.47	9.93	0.61	31.6
丝绢纺织及印染精加工	4.53	2.19	4.31	12.07	68.72
化纤织造及印染精加工	23.11	11.14	46.77	23.7	231.71
针织或钩针编织物及其制品制造	18.2	2.61	49.97	21.17	295.05
家用纺织制成品制造	25.13	1.27	32.15	42.9	353.98
产业用纺织制成品制造	27.55	5.52	55.95	116.12	604.37
纺织服装、服饰业	189.64	27.83	351.97	176.43	3421.39
机织服装制造	148.93	18.83	223.07	91.58	2030.33
针织或钩针编织服装制造	29.71	6.25	103.35	63.78	1160.71
服饰制造	10.99	2.74	25.56	21.07	230.35
皮革、毛皮、羽毛及其制品和制鞋业	74.6	30.23	160.79	139.89	2979.9
皮革鞣制加工	15.93	6.17	8.38	13.07	136.71
皮革制品制造	13.89	4.07	29.76	18.76	582.85
毛皮鞣制及制品加工	0.45	0.96	2.03	1.68	12.54
羽毛(绒)加工及制品制造	2.14	1.13	3.51	3.9	31.44
制鞋业	42.19	17.9	117.11	102.49	2216.36
木材加工和木、竹、藤、棕、草制品业	37.2	4.42	49.33	44.41	363.07
木材加工	1.87	0.28	20.81	3.13	23.19
人造板制造	25.41	1.64	14	9.38	99.67
木质制品制造	9.16	1.96	13.52	31.31	202.42
竹、藤、棕、草等制品制造	0.76	0.54	1.01	0.59	37.78
家具制造业	63.86	26.42	113.89	86.96	1313.76
木质家具制造	38.02	9.26	51.4	30.46	500.99
竹、藤家具制造		1.73	0.8	1.64	7.7
金属家具制造	8.04	2.17	41.05	32.04	496
塑料家具制造	4.59	0.19	0.83	1.2	17.13
其他家具制造	13.21	13.08	19.81	21.62	291.94

单位：亿元

营业成本	销售费用	管理费用	财务费用	利息费用	投资收益（损失以“–”号记）	营业利润	利润总额	亏损企业亏损额	平均用工人数（万人）
1252.29	251.43	48.98	-13.03	4.01	39.1	179.08	179.58	9.88	5.41
144.65	5.65	6.8	1.43	0.59	-2.6	12.48	13.78	0.77	1.64
516.38	56.45	43.43	4	5.65	-0.49	105.87	106.8	8.55	4.46
621.53	306.56	104.51	0.88	2.87	3.34	163.83	169.14	9.77	6.62
2118.48	386.7	133.17	3.37	11.22	10.22	310.36	321.32	15.87	22.2
475.15	34.85	44.5	1.72	4.61	1.36	63.5	67.39	7.43	4.38
1573.03	346.76	83.17	1.2	6.27	8.59	240.31	247.22	8.05	17.13
70.3	5.09	5.5	0.45	0.34	0.27	6.55	6.71	0.39	0.7
3084.16	82.91	219.35	42.02	26	19.57	215.06	230.42	27.32	47.16
1652.93	27.74	104.94	20.24	14.23	12.67	85.35	94.59	12.68	24.25
151.96	2.91	9.27	2.88	2.35	0.46	0.16	0.53	3.28	1.88
29.2	0.51	2.02	0.64	0.43		-0.95	-0.86	1.29	0.67
59.23	1.34	4.4	1.07	0.88	0.47	2.69	3.21	0.61	0.94
204.14	4.12	13.73	4.14	2.47	0.4	5.67	5.86	1.86	3.29
251.45	5.38	20.78	3.98	1.62	0.1	12.24	13.48	3.33	4.24
287.23	18.57	19.03	2.92	1.24	0.25	25.15	25.88	1.76	4.42
448.02	22.34	45.18	6.14	2.77	5.21	84.74	87.72	2.5	7.47
2884.24	137.65	208.43	33.89	22.21	15.4	147.31	154	33.23	71.47
1684.96	102.38	123.53	18.37	11.4	14.35	98.8	100.89	20.43	41.33
1004.25	28.18	69.62	12.69	9.88	0.59	39.32	43.01	9.89	24.44
195.03	7.09	15.29	2.83	0.94	0.46	9.2	10.1	2.91	5.69
2465.36	96.25	178.14	20.96	12.02	28.13	226.78	237.77	28.93	58.23
114.66	2.98	8.16	2.19	1.99	0.1	6.26	6.36	3.96	2.46
487.3	15.93	34.59	3.77	2.18	0.1	38.44	39.58	5.29	11.13
10.45	0.27	1.07	0.33	0.25		0.36	0.37	0.28	0.33
28.75	0.79	1.39	0.74	0.37		-0.37	-0.23	1.09	0.35
1824.21	76.28	132.93	13.93	7.22	27.92	182.09	191.69	18.31	43.96
304.62	14.03	21.45	4.38	3.11	2.58	18.49	20.3	3.75	4.73
17.96	0.65	1.55	0.22	0.15	0.65	3.21	3.32	0.81	0.37
84.44	4.19	6.55	1.63	1.54	1.57	4.22	4.77	1.86	1.28
169.64	8.66	11.96	2.35	1.36	0.37	8.17	9.28	1.01	2.7
32.58	0.53	1.39	0.18	0.06		2.9	2.92	0.07	0.38
1083.05	47.74	105.86	10.63	5.62	40.16	100.09	105.99	13.65	20.33
415.47	18.19	39.17	4.75	3.29	10.11	30.92	34.45	6.83	8.38
6.56	0.34	0.44	0.13	0.01		0.15	0.17		0.17
407.12	11.92	44.36	2.56	1.19	29.52	57.79	58.07	2.44	6.42
13.91	0.5	1.77	0.22	0.02		0.6	0.7	0.86	0.41
239.98	16.78	20.11	2.96	1.1	0.54	10.64	12.6	3.52	4.95

2-4 续表 8

行 业					营业收入
	法人资本	个人资本	港澳台资本	外商资本	
造纸和纸制品业	418.00	98.60	565.99	754.53	3991.87
纸浆制造	10.69		11.74	5.00	27.07
造纸	320.93	88.61	346.90	617.55	2325.77
纸制品制造	86.38	9.99	207.35	131.99	1639.02
印刷和记录媒介复制业	67.80	13.44	145.78	175.53	1020.96
印刷	63.90	13.34	140.44	172.07	985.37
装订及印刷相关服务	1.74	0.09	3.14	2.24	25.96
记录媒介复制	2.17		2.20	1.21	9.63
文教、工美、体育和娱乐用品制造业	86.85	24.31	284.88	192.42	3240.76
文教办公用品制造	5.30	0.70	14.47	20.46	164.43
乐器制造	2.44	1.46	5.54	20.95	85.99
工艺美术及礼仪用品制造	37.72	13.72	85.14	39.09	1660.69
体育用品制造	16.23	2.60	56.10	47.52	496.46
玩具制造	24.23	4.86	110.76	45.02	742.34
游艺器材及娱乐用品制造	0.94	0.97	12.88	19.37	90.85
石油、煤炭及其他燃料加工业	198.28	23.21	106.75	198.88	3801.15
精炼石油产品制造	152.07	17.51	71.29	163.36	3117.73
煤炭加工	45.63	5.18	35.15	35.10	658.18
生物质燃料加工	0.59	0.53	0.32	0.42	25.24
化学原料和化学制品制造业	970.25	84.11	1199.30	2685.67	14527.48
基础化学原料制造	365.17	23.74	378.72	876.17	4001.23
肥料制造	30.01	2.80	30.04	24.98	329.36
农药制造	11.04	4.02	6.04	24.62	300.59
涂料、油墨、颜料及类似产品制造	64.23	7.81	132.48	149.11	1510.01
合成材料制造	304.12	19.94	323.59	819.59	4054.68
专用化学产品制造	130.88	15.61	217.90	594.59	2778.10
炸药、火工及焰火产品制造	1.21	0.14	0.01	1.56	8.30
日用化学产品制造	63.59	10.04	110.51	195.04	1545.22
医药制造业	369.83	169.94	381.42	511.71	5652.60
化学药品原料药制造	58.17	14.49	73.61	60.18	527.03
化学药品制剂制造	144.27	70.23	113.92	279.55	3322.78
中药饮片加工	4.00	0.13	4.39	8.12	84.27
中成药生产	41.43	41.95	42.97	21.70	513.67
兽用药品制造	8.20	4.46	6.55	11.79	91.87
生物药品制品制造	100.66	33.33	123.36	86.46	606.90
卫生材料及医药用品制造	10.46	4.00	12.36	34.36	461.71
药用辅料及包装材料	2.64	1.36	4.27	9.55	44.37
化学纤维制造业	181.98	16.27	190.82	156.43	1554.03
纤维素纤维原料及纤维制造	20.73	4.71	43.95	54.21	359.97
合成纤维制造	158.48	11.14	146.79	100.89	1187.96
生物基材料制造	2.77	0.42	0.09	1.34	6.10
橡胶和塑料制品业	297.20	56.68	620.06	944.85	5581.46

单位：亿元

营业成本	销售费用	管理费用	财务费用		投资收益（损失以“—”号记）	营业利润	利润总额	亏损企业亏损额	平均用工人数（万人）
				利息费用					
3186.75	172.40	213.82	48.32	54.76	20.61	383.90	397.73	19.26	20.90
24.40	1.05	1.11	1.73	1.56		-1.37	-1.39	2.80	0.15
1886.15	75.18	124.66	44.97	45.02	13.25	212.26	219.32	10.29	8.63
1276.21	96.17	88.05	1.62	8.19	7.36	173.01	179.81	6.18	12.11
812.70	37.20	87.10	7.80	6.52	4.86	75.82	78.08	7.34	16.70
785.12	35.75	83.21	7.51	6.45	4.69	73.64	75.84	7.09	15.96
19.88	1.17	2.95	0.28	0.05	0.10	1.45	1.47	0.21	0.67
7.70	0.28	0.94	0.01	0.03	0.07	0.74	0.77	0.04	0.08
2787.18	73.55	202.50	25.77	10.08	10.86	151.04	159.22	18.49	59.41
133.15	7.69	13.61	2.13	0.56	0.06	6.90	8.23	3.41	3.31
73.67	1.46	6.71	0.51	0.35		3.26	3.45	0.31	2.00
1449.45	35.08	77.36	9.16	4.42	9.49	96.02	97.66	5.22	14.42
419.03	9.55	33.91	5.49	1.21	0.71	26.71	28.66	2.65	11.03
634.23	17.33	63.99	7.41	2.92	0.53	15.98	18.92	5.89	27.02
77.65	2.44	6.93	1.08	0.62	0.07	2.15	2.31	1.01	1.63
3089.86	46.64	103.09	20.16	24.40	13.48	141.31	137.78	22.34	5.19
2507.25	29.38	78.69	10.84	15.25	12.60	96.23	93.91	12.44	3.02
560.43	16.97	23.47	9.06	8.91	0.60	42.63	41.51	9.83	2.09
22.19	0.29	0.93	0.26	0.24	0.28	2.45	2.37	0.08	0.09
11532.58	672.53	773.51	92.43	110.63	87.61	1396.49	1408.20	120.30	48.44
3325.72	92.28	159.00	35.88	42.86	23.64	376.75	381.40	37.80	9.04
283.81	10.27	13.62	6.04	5.66	1.30	17.26	17.43	2.11	1.26
249.90	12.03	19.12	4.32	2.11	0.96	16.58	16.67	3.49	1.32
1124.21	108.98	124.75	5.18	5.36	7.39	141.82	144.20	6.62	8.11
3375.53	97.31	150.41	22.03	32.13	22.52	350.98	352.52	38.92	9.61
2199.81	110.60	152.44	12.42	17.88	12.69	305.34	305.50	22.10	9.19
6.25	0.42	0.76	0.05	0.03		0.60	0.59	0.16	0.16
967.34	240.64	153.41	6.52	4.60	19.10	187.17	189.89	9.10	9.76
2988.50	1234.93	553.32	33.20	34.40	87.99	870.42	901.63	61.76	37.26
382.83	20.16	47.83	6.63	5.55	3.64	68.29	69.83	4.46	4.70
1689.43	889.46	280.72	15.30	13.51	32.75	437.26	437.76	21.07	16.01
37.62	24.02	7.11	1.60	1.81	4.94	18.50	18.69	0.30	0.72
283.72	106.52	46.65	0.97	7.78	10.64	83.92	107.21	1.86	5.78
51.23	11.38	10.36	0.79	0.56	0.42	18.27	18.53	1.25	0.69
211.38	149.40	122.15	3.42	3.63	9.58	126.00	131.12	30.41	4.79
300.29	31.51	34.16	3.92	1.27	25.99	113.49	113.76	1.85	4.06
31.99	2.46	4.35	0.56	0.30	0.01	4.69	4.72	0.56	0.51
1362.46	22.21	73.93	19.53	21.32	3.69	78.31	81.95	21.34	7.39
283.35	6.83	19.89	3.95	4.48	0.87	46.62	48.52	5.41	1.36
1073.94	15.29	53.52	15.41	16.74	2.81	31.54	32.86	15.88	5.94
5.16	0.09	0.53	0.17	0.10		0.15	0.57	0.05	0.09
4440.01	200.70	409.02	42.79	29.60	12.24	451.35	460.57	61.62	72.14

2-4 续表 9

行　业					营业收入
	法人资本	个人资本	港澳台资本	外商资本	
橡胶制品业	86.70	6.27	163.60	428.79	1428.96
塑料制品业	210.50	50.41	456.46	516.06	4152.51
非金属矿物制品业	440.54	86.05	703.92	677.78	4778.87
水泥、石灰和石膏制造	65.93	9.42	289.84	118.53	1008.57
石膏、水泥制品及类似制品制造	56.02	8.29	56.03	61.36	755.07
砖瓦、石材等建筑材料制造	35.34	13.42	45.94	39.72	434.07
玻璃制造	83.19	19.78	92.11	124.66	629.45
玻璃制品制造	53.55	1.31	93.48	122.79	538.40
玻璃纤维和玻璃纤维增强塑料制品制造	17.06	1.47	56.18	30.38	323.24
陶瓷制品制造	91.07	12.49	38.34	85.02	662.52
耐火材料制品制造	17.70	2.59	15.59	37.58	184.74
石墨及其他非金属矿物制品制造	20.69	17.27	16.41	57.74	242.80
黑色金属冶炼和压延加工业	378.64	15.82	150.04	334.24	6877.31
炼铁	0.86		0.13	2.99	29.41
炼钢	23.48	4.56		35.96	1245.14
钢压延加工	243.46	10.08	149.41	266.65	5317.03
铁合金冶炼	110.84	1.18	0.50	28.63	285.73
有色金属冶炼和压延加工业	432.32	19.56	306.40	268.53	6754.68
常用有色金属冶炼	270.50	1.91	29.01	35.30	2329.38
贵金属冶炼	0.07		1.52	0.69	40.05
稀有稀土金属冶炼	19.25	0.98	0.43	6.75	119.31
有色金属合金制造	25.29	11.51	36.56	40.12	398.87
有色金属压延加工	117.21	5.17	238.88	185.67	3867.07
金属制品业	329.27	39.89	553.66	610.08	5435.92
结构性金属制品制造	50.26	5.89	71.47	74.95	1014.24
金属工具制造	24.12	5.96	30.87	57.34	384.80
集装箱及金属包装容器制造	77.24	2.84	101.76	65.24	712.31
金属丝绳及其制品制造	30.34	4.36	73.39	43.50	384.24
建筑、安全用金属制品制造	25.41	4.81	48.76	77.11	681.62
金属表面处理及热处理加工	23.70	2.30	21.71	59.10	363.45
搪瓷制品制造	2.06	0.45	2.43	5.60	49.77
金属制日用品制造	14.32	5.39	52.56	56.77	476.29
铸造及其他金属制品制造	81.83	7.89	150.72	170.46	1369.21
通用设备制造业	523.93	100.05	444.80	1505.77	12243.62
锅炉及原动设备制造	59.69	8.77	30.03	97.01	1001.39
金属加工机械制造	28.21	8.40	61.84	128.55	721.17
物料搬运设备制造	108.11	42.44	51.07	175.16	2424.49
泵、阀门、压缩机及类似机械制造	115.76	13.94	62.06	318.30	2498.36
轴承、齿轮和传动部件制造	75.63	4.35	28.47	292.39	1126.34
烘炉、风机、包装等设备制造	63.46	11.37	74.47	184.83	2115.83
文化、办公用机械制造	22.01	3.50	54.57	121.83	1178.09
通用零部件制造	41.70	5.51	63.45	155.34	765.65
其他通用设备制造业	9.34	1.77	18.83	32.37	412.31

单位：亿元

营业成本	销售费用	管理费用	财务费用	利息费用	投资收益（损失以“–”号记）	营业利润	利润总额	亏损企业亏损额	平均用工人数（万人）
1081.74	67.65	114.67	12.16	10.24	1.23	130.10	128.68	22.66	16.72
3358.26	133.05	294.35	30.63	19.36	11.01	321.25	331.88	38.96	55.42
3623.73	162.28	281.68	32.24	33.21	32.80	690.55	698.05	28.94	39.51
639.20	20.01	48.53	-0.15	5.63	4.17	297.01	299.23	0.56	4.82
627.01	32.86	35.29	5.44	4.94	4.31	60.48	60.70	4.33	4.56
344.08	19.11	24.57	4.35	3.50	2.00	40.58	41.32	2.80	3.59
475.52	16.22	38.64	5.50	2.98	10.67	102.96	103.62	3.42	4.82
420.28	16.37	38.82	3.38	4.23	0.34	58.62	59.60	5.67	7.33
260.45	7.94	17.28	4.52	3.28	8.04	40.07	41.66	1.98	2.00
514.05	32.84	47.65	6.31	5.13	2.42	60.25	61.11	4.88	8.70
147.89	8.16	12.88	1.33	1.17	0.37	13.55	13.67	1.41	1.67
195.24	8.79	18.02	1.56	2.35	0.49	17.02	17.14	3.89	2.02
6292.90	47.63	183.97	42.82	60.36	32.78	341.53	322.69	19.01	15.39
28.31	0.20	0.89	-0.52	0.07		0.94	0.48	0.17	0.21
1164.13	1.45	24.15	7.88	8.95	0.61	54.76	56.38		1.97
4871.27	38.03	144.57	31.88	47.02	15.10	240.72	221.39	17.90	11.86
229.21	7.95	14.36	3.58	4.32	17.07	45.11	44.44	0.94	1.36
6224.69	43.79	160.33	69.76	82.45	15.81	250.14	254.13	27.98	14.89
2181.17	13.58	31.16	24.95	35.11	2.60	73.73	94.73	9.40	3.51
24.75	0.05	2.97	0.25	0.76		9.85	10.65	0.28	0.21
106.18	1.12	4.83	1.24	1.12	0.29	6.04	5.95	0.85	0.54
358.30	4.51	15.78	3.47	2.64	3.68	19.76	20.28	2.56	1.60
3554.28	24.54	105.59	39.85	42.82	9.24	140.76	122.52	14.90	9.04
4579.83	132.92	335.73	44.80	26.36	24.13	347.09	368.01	23.69	63.63
874.87	19.33	51.88	6.83	3.94	0.90	54.31	62.54	3.99	8.11
308.27	16.02	28.10	4.48	1.90	0.28	26.08	27.37	1.48	5.57
621.23	14.99	32.93	8.37	4.93	5.99	43.08	45.74	2.89	5.68
321.77	12.23	26.08	3.80	3.36	0.54	18.28	19.11	2.38	4.14
573.32	15.58	44.28	4.69	2.74	1.13	42.64	44.32	2.25	9.45
307.48	6.84	21.56	1.72	1.57	0.26	25.03	25.15	2.41	3.51
42.11	1.17	3.14	0.22	-0.04	0.07	3.24	3.95	0.01	0.59
388.81	14.14	33.90	4.36	2.06	10.20	42.80	44.89	2.48	8.08
1141.96	32.62	93.86	10.33	5.91	4.76	91.64	94.95	5.80	18.49
9869.84	426.19	859.14	46.22	49.20	50.48	1032.90	1067.00	57.58	93.24
825.25	35.29	79.18	0.93	5.30	9.86	62.88	63.67	5.64	5.15
557.32	33.36	58.57	0.70	2.45	1.89	68.31	72.05	4.44	6.01
1946.09	101.45	186.71	13.01	18.62	29.93	189.10	193.89	5.33	15.09
1964.53	83.07	175.55	10.17	6.46	7.23	266.67	272.24	7.38	17.17
899.76	24.89	65.96	7.02	4.33	1.44	117.19	120.65	12.24	9.08
1717.12	79.69	130.95	3.73	5.77	6.27	182.98	190.24	4.87	15.67
1038.75	21.93	64.98	3.86	2.18	-8.97	41.07	46.50	12.18	13.00
596.21	26.74	64.31	6.60	2.73	1.98	69.81	71.60	4.29	9.36
324.81	19.76	32.94	0.20	1.35	0.86	34.88	36.16	1.21	2.70

2-4 续表 10

行 业	法人资本	个人资本	港澳台资本	外商资本	营业收入
专用设备制造业	451.41	72.16	532.27	907.13	6767.46
采矿、冶金、建筑专用设备制造	80.95	15.78	81.06	242.31	2058.49
化工、木材、非金属加工专用设备制造	111.01	10.38	187.16	162.04	1254.43
食品、饮料、烟草及饲料生产专用设备制造	10.51	0.28	4.93	14.63	115.32
印刷、制药、日化及日用品生产专用设备制造	9.53	1.13	17.25	47.75	292.13
纺织、服装和皮革加工专用设备制造	11.35	2.68	23.30	41.11	295.49
电子和电工机械专用设备制造	64.10	3.45	83.47	45.08	456.79
农、林、牧、渔专用机械制造	6.93	2.12	12.16	87.35	348.81
医疗仪器设备及器械制造	113.43	17.86	96.01	190.49	1315.64
环保、邮政、社会公共服务及其他专用设备制造	43.59	18.47	26.94	76.37	630.36
汽车制造业	1816.32	93.57	539.99	2806.34	43418.40
汽车整车制造	880.32	29.58	87.12	786.30	24758.20
汽车用发动机制造	107.30	0.33		123.33	1327.41
改装汽车制造	3.59	0.95	1.52	3.43	124.57
汽车车身、挂车制造	12.68	1.03	2.75	21.50	208.41
汽车零部件及配件制造	812.44	61.69	448.60	1860.68	16988.60
铁路、船舶、航空航天和其他运输设备制造业	377.72	26.20	149.13	943.22	2164.04
铁路运输设备制造	19.85	12.50	6.84	28.26	368.96
城市轨道交通设备制造	12.18	0.01	0.17	5.60	190.23
船舶及相关装置制造	187.61	6.86	45.69	159.76	762.04
航空、航天器及设备制造	22.60	0.29	43.11	669.28	98.71
摩托车制造	42.31	2.66	31.53	28.58	398.58
自行车和残疾人座车制造	85.79	2.48	15.04	37.88	222.67
助动车制造	5.64	0.12	1.57	2.09	52.71
非公路休闲车及零配件制造	0.17	0.57	1.99	7.83	54.81
潜水救捞及其他未列明运输设备制造	1.57	0.70	3.18	3.96	15.34
电气机械和器材制造业	885.46	83.95	724.84	1424.33	15336.03
电机制造	80.46	9.50	83.09	296.65	2582.53
输配电及控制设备制造	303.30	14.78	180.00	303.85	3619.69
电线、电缆、光缆及电工器材制造	108.88	6.06	113.06	195.83	1672.63
电池制造	167.55	17.55	132.23	328.49	2353.56
家用电力器具制造	186.48	16.12	129.23	188.05	4065.04
非电力家用器具制造	13.95	2.44	11.36	13.85	138.27
照明器具制造	17.73	17.42	72.66	88.86	806.00
其他电气机械及器材制造	7.11	0.08	3.22	8.73	98.32
计算机、通信和其他电子设备制造业	2608.48	143.92	3030.35	4971.67	57880.78
计算机制造	116.56	8.87	447.77	431.10	16811.10
通信设备制造	195.50	42.05	417.43	277.03	15289.51

单位：亿元

营业成本	销售费用	管理费用	财务费用	利息费用	投资收益（损失以“-”号记）	营业利润	利润总额	亏损企业亏损额	平均用工人数（万人）
5254.83	295.06	560.42	42.72	26.69	34.21	619.27	632.63	62.46	61.60
1691.49	75.61	102.27	9.71	8.67	6.36	174.88	177.27	6.10	8.62
984.17	44.77	111.42	7.93	4.82	13.40	112.03	114.94	9.67	16.82
86.58	5.10	10.44	0.56	0.37	0.04	12.04	12.20	0.67	0.97
224.49	16.67	26.28	1.57	0.87	0.78	22.10	22.82	2.14	2.60
238.56	11.80	23.44	1.72	0.69	2.01	21.74	24.50	2.33	2.89
363.78	12.13	36.98	3.26	0.87	0.47	44.11	45.15	4.95	4.93
288.98	13.27	25.81	2.63	2.38	0.89	14.72	14.33	9.86	2.08
888.93	83.39	160.96	11.38	4.80	6.76	173.64	175.87	12.47	17.69
487.85	32.32	62.81	3.95	3.21	3.49	44.01	45.54	14.27	4.99
35367.93	1187.23	2486.67	37.62	118.17	315.30	3522.88	3522.74	418.08	150.55
19927.03	815.83	1211.61	-2.62	52.99	149.16	1929.86	1910.29	247.51	40.15
1104.00	16.05	50.86	-0.81	3.64	0.43	152.30	151.02	9.20	3.17
104.55	3.52	5.43	0.70	0.29	0.08	10.12	10.14	0.04	0.71
176.17	4.91	14.31	0.22	0.31	0.49	12.01	10.85	1.56	1.59
14046.49	346.61	1203.38	40.04	60.82	165.14	1418.64	1440.45	159.76	104.84
1788.88	51.13	161.51	17.72	17.04	36.22	172.13	176.47	31.04	19.70
260.83	15.47	29.78	2.19	2.70	3.00	60.49	61.17	1.25	2.75
155.86	8.12	12.12	-0.11	0.14	0.21	13.57	13.53	0.18	0.50
675.51	5.76	52.37	12.34	10.78	29.16	42.76	44.21	22.94	6.38
81.92	1.32	12.81	0.82	1.72	0.15	0.98	1.60	4.00	1.27
327.45	10.76	31.65	-0.55	0.70	3.11	32.81	32.88	0.21	3.37
188.55	5.62	14.39	2.14	0.73	0.08	10.92	12.15	1.45	3.89
44.96	1.38	3.88	0.05	0.08	0.01	2.29	2.39	0.30	0.50
41.34	2.02	2.45	0.57	0.03	0.02	8.19	8.29	0.02	0.71
12.47	0.67	2.07	0.26	0.16	0.49	0.12	0.25	0.69	0.35
12707.71	508.24	949.03	105.24	70.90	66.81	1071.90	1098.49	119.78	143.57
2149.30	54.28	155.25	8.94	5.27	7.22	214.85	219.82	8.49	21.27
2922.45	113.67	235.46	31.71	14.38	12.45	316.16	321.06	39.13	31.99
1441.31	45.95	100.74	17.42	12.27	2.34	63.47	66.81	16.10	17.35
1945.90	46.20	132.91	20.56	26.85	18.87	212.69	207.26	23.29	17.84
3396.55	209.51	238.68	17.67	8.19	19.39	207.17	224.28	22.47	38.97
103.91	13.75	11.45	0.51	0.81	1.23	10.18	10.49	1.53	1.60
669.63	21.82	66.54	7.76	2.89	5.32	39.60	40.88	8.26	13.32
78.67	3.06	8.00	0.66	0.25		7.78	7.90	0.51	1.22
53116.24	667.59	2109.85	134.78	268.07	280.91	2120.70	2192.76	304.72	429.16
16047.75	148.92	316.20	-4.67	36.17	36.73	339.28	363.98	18.82	84.70
14508.27	163.11	340.83	1.82	80.71	125.00	343.66	358.85	41.03	97.85

2-4 续表 11

行　业					营业收入
	法人资本	个人资本	港澳台资本	外商资本	
广播电视设备制造	9.50	0.87	90.18	49.63	459.04
雷达及配套设备制造	4.95		0.16	0.80	25.60
非专业视听设备制造	96.27	1.67	85.22	158.42	3109.04
智能消费设备制造	57.85	6.25	57.16	98.34	1927.39
电子器件制造	1674.61	27.89	985.38	2781.16	10683.46
电子元件及电子专用材料制造	363.53	46.23	870.33	1033.20	8495.05
其他电子设备制造	89.71	10.09	76.72	141.99	1080.58
仪器仪表制造业	92.31	24.43	117.44	219.56	2195.95
通用仪器仪表制造	56.05	11.89	61.20	126.08	1195.95
专用仪器仪表制造	11.37	1.34	6.59	47.69	418.87
钟表与计时仪器制造	3.51	1.03	26.15	7.74	156.50
光学仪器制造	8.79	9.93	18.58	29.26	345.39
衡器制造	1.09	0.11	0.61	4.32	30.43
其他仪器仪表制造业	11.50	0.13	4.30	4.47	48.82
其他制造业	46.45	1.36	34.07	64.60	434.49
日用杂品制造	15.76	0.93	24.08	49.02	356.09
废弃资源综合利用业	17.43	3.05	34.50	13.51	291.08
金属废料和碎屑加工处理	8.41	1.73	17.32	8.50	186.51
非金属废料和碎屑加工处理	9.01	1.32	17.18	5.01	104.57
金属制品、机械和设备修理业	55.03	2.89	30.04	56.20	486.58
金属制品修理	0.03		0.13	0.23	3.33
通用设备修理	0.62			0.20	4.27
专用设备修理	0.76		1.33	4.38	16.76
铁路、船舶、航空航天等运输设备修理	53.58	2.89	28.05	50.64	455.70
其他机械和设备修理业	0.05		0.24	0.75	6.03
电力、热力、燃气及水生产和供应业	**1372.90**	**52.79**	**1217.92**	**717.95**	**6874.22**
电力、热力生产和供应业	980.08	26.23	839.79	407.17	3419.31
电力生产	951.44	25.04	827.27	383.52	3261.01
电力供应	1.14		0.04	5.68	24.32
热力生产和供应	27.49	1.19	12.47	17.97	133.97
燃气生产和供应业	234.80	20.30	255.75	214.65	2943.37
燃气生产和供应业	233.57	20.30	255.70	214.65	2940.04
水的生产和供应业	158.02	6.26	122.38	96.13	511.54
自来水生产和供应	61.41	3.09	62.82	55.79	302.75
污水处理及其再生利用	94.97	3.17	51.83	40.34	201.55

单位：亿元

营业成本	销售费用	管理费用	财务费用	利息费用	投资收益（损失以“-”号记）	营业利润	利润总额	亏损企业亏损额	平均用工人数（万人）
387.92	13.58	27.56	2.04	0.56	0.92	26.09	27.34	2.48	4.96
24.11	0.24	0.50	0.03	0.17	0.03	0.71	0.70		0.06
2860.37	64.28	127.12	20.42	17.71	43.54	69.24	65.87	12.20	20.51
1710.24	38.11	95.01	5.37	10.12	3.07	84.23	86.13	11.19	12.90
9379.65	91.84	627.96	44.64	82.98	42.59	666.28	680.22	150.71	86.53
7308.70	131.21	499.60	54.47	34.32	22.78	499.21	517.17	62.63	106.57
889.25	16.31	75.07	10.66	5.32	6.25	92.01	92.50	5.66	15.07
1671.64	94.68	182.36	10.72	8.98	16.30	243.60	249.99	16.99	21.79
899.78	56.67	95.38	5.66	6.12	9.59	143.12	147.88	9.12	8.64
319.24	19.90	37.57	0.62	1.05	1.11	40.23	41.14	2.36	3.18
126.39	9.86	14.39	0.95	0.33	0.26	4.36	4.89	4.06	5.37
265.64	5.30	28.47	3.01	1.35	5.32	47.47	47.42	0.99	3.64
21.32	1.29	2.67	0.09	0.04	-0.01	5.04	5.14		0.34
39.26	1.65	3.88	0.40	0.10	0.03	3.39	3.51	0.46	0.64
352.77	15.84	31.80	3.33	1.86	0.45	28.51	29.33	3.07	8.09
295.79	13.17	24.26	2.87	1.57	0.08	17.98	18.58	1.87	6.85
249.26	2.32	13.68	2.21	1.88	1.09	25.12	26.51	3.28	1.08
162.91	1.37	8.24	1.07	1.04	-0.55	13.70	15.18	1.92	0.58
86.34	0.95	5.44	1.14	0.84	1.64	11.41	11.33	1.35	0.50
406.01	3.36	35.63	7.01	5.91	0.83	33.72	34.48	3.82	4.27
2.69	0.04	0.47		0.01		0.12	0.14		0.08
3.13	0.04	0.45	0.01			0.58	0.57		0.04
10.63	1.07	1.45	0.07	0.04	0.02	3.29	3.32		0.17
384.60	2.12	32.73	6.89	5.76	0.75	28.81	29.51	3.81	3.92
4.62	0.08	0.49	0.05	0.09	0.07	0.84	0.85		0.05
5364.09	**105.98**	**248.95**	**208.28**	**214.76**	**76.71**	**997.68**	**1018.67**	**37.30**	**25.49**
2583.28	3.56	93.30	174.44	164.50	23.35	568.03	575.29	27.06	9.78
2451.87	1.74	85.76	169.90	160.98	22.59	553.32	559.48	25.73	8.97
21.31	0.19	0.67	-0.03			2.02	1.92		0.03
110.10	1.62	6.87	4.57	3.52	0.76	12.68	13.89	1.33	0.78
2450.13	88.33	115.33	12.05	24.72	40.38	315.50	323.77	6.44	11.40
2447.05	88.33	115.21	11.98	24.56	40.38	315.46	323.72	6.13	11.39
330.68	14.08	40.32	21.78	25.54	12.98	114.15	119.61	3.80	4.31
189.60	13.33	24.73	10.29	15.27	12.31	74.40	77.84	1.24	3.04
135.36	0.75	15.40	11.17	10.04	0.66	38.87	40.88	2.39	1.25

2-5 大中型工业企业

行 业	企业单位数(个)	资产总计	固定资产净额	固定资产原价	累计折旧	流动资产合计
总 计	**47045**	**897779.22**	**247167.94**	**494509.02**	**238192.38**	**428512.63**
采矿业	**2052**	**90525.01**	**28903.40**	**65531.58**	**35418.52**	**28042.16**
煤炭开采和洗选业	1407	52653.61	13957.08	25549.39	11045.30	19961.11
烟煤和无烟煤开采洗选	1372	51238.03	13536.60	24751.78	10682.00	19563.72
褐煤开采洗选	33	1378.59	396.13	766.03	356.05	394.00
石油和天然气开采业	46	19801.39	11024.54	32536.12	20972.99	2455.78
石油开采	30	16479.43	8868.05	27122.33	17741.07	2044.39
天然气开采	16	3321.96	2156.49	5413.79	3231.92	411.38
黑色金属矿采选业	185	9387.19	1710.50	2875.16	1108.96	2382.21
铁矿采选	175	9341.59	1695.40	2848.02	1097.94	2362.72
锰矿、铬矿采选	8	23.77	5.07	9.52	4.41	8.85
有色金属矿采选业	237	3861.79	1301.38	2162.73	790.81	1057.40
常用有色金属矿采选	125	2166.74	742.62	1161.67	392.05	589.58
贵金属矿采选	71	1056.97	358.58	616.42	241.71	292.79
稀有稀土金属矿采选	41	638.08	200.18	384.64	157.06	175.04
非金属矿采选业	110	1940.27	251.68	502.09	239.79	671.11
土砂石开采	48	898.06	70.25	135.35	63.37	214.49
化学矿开采	16	238.88	56.19	113.84	52.23	110.10
采盐	32	721.42	106.47	221.32	111.53	319.37
石棉及其他非金属矿采选	14	81.92	18.77	31.58	12.65	27.15
开采专业及辅助性活动	65	2866.29	652.57	1891.42	1252.19	1509.20
煤炭开采和洗选专业及辅助性活动	4	59.44	5.72	10.72	5.00	25.80
石油和天然气开采专业及辅助性活动	60	2806.27	646.84	1880.52	1247.03	1482.84
制造业	**43227**	**673787.60**	**147256.26**	**288973.25**	**134794.00**	**379753.01**
农副食品加工业	1820	14225.09	2869.32	5436.81	2390.93	8144.27
谷物磨制	130	742.42	177.89	395.84	199.77	415.75
饲料加工	193	3418.60	450.47	892.06	387.69	1757.82
植物油加工	109	1946.12	310.91	684.34	355.40	1454.71
制糖业	136	1220.84	234.14	536.23	299.36	803.13
屠宰及肉类加工	640	3765.04	826.93	1402.90	552.86	2014.62
水产品加工	245	862.55	159.24	309.50	139.97	546.39
蔬菜、菌类、水果和坚果加工	181	772.65	167.58	309.41	112.93	445.67
其他农副食品加工	186	1496.88	542.16	906.53	342.95	706.18
食品制造业	1305	10748.67	2516.37	4836.90	2210.44	5751.88
焙烤食品制造	266	1053.89	272.97	531.29	248.93	603.38
糖果、巧克力及蜜饯制造	77	675.03	152.35	361.07	196.58	406.41
方便食品制造	243	1381.19	341.70	631.73	273.84	733.25

主要经济指标(大、中类行业)

单位：亿元

应收账款	存货	产成品	负债合计	流动负债合计	应付账款	所有者权益合计	实收资本	国家资本	集体资本
98509.65	**81448.04**	**28358.83**	**498299.15**	**385532.18**	**117094.26**	**399416.94**	**180692.65**	**54303.47**	**2170.67**
3127.96	**1422.16**	**586.05**	**55126.22**	**36891.11**	**6709.64**	**35342.58**	**18059.79**	**7545.20**	**157.47**
1919.25	800.44	317.23	35522.58	24781.52	3725.01	17131.03	7014.91	2460.03	132.54
1842.72	786.39	312.70	34736.15	24242.11	3645.20	16501.88	6680.31	2370.47	130.77
74.74	13.06	3.76	759.07	514.98	77.15	619.52	333.49	88.44	1.77
284.48	164.99	84.66	9535.26	4972.91	1625.03	10209.91	6905.99	4165.51	0.30
80.85	137.45	78.24	8177.96	4183.58	1309.12	8245.26	5625.75	2961.28	0.30
203.64	27.54	6.42	1357.30	789.33	315.92	1964.65	1280.24	1204.23	
301.67	138.82	78.13	5334.85	3381.38	375.63	4052.34	1659.98	460.72	8.35
298.99	133.18	74.59	5309.91	3357.13	368.26	4031.68	1652.65	458.72	6.35
1.72	1.26	0.74	13.07	12.39	1.91	10.69	5.49	2.00	2.00
117.06	159.52	61.16	2061.00	1429.16	166.08	1800.79	680.42	277.18	13.19
72.74	63.22	22.87	1114.29	735.19	101.33	1052.45	424.29	158.74	9.89
30.49	52.84	6.45	646.27	499.45	33.24	410.70	125.92	29.85	1.81
13.82	43.47	31.84	300.44	194.52	31.51	337.64	130.21	88.59	1.49
82.05	58.56	29.43	844.20	613.20	80.77	1096.07	309.18	134.40	1.73
8.61	6.30	5.08	412.84	262.34	17.01	485.22	128.12	37.20	1.40
32.71	22.71	5.78	136.56	120.48	31.21	102.32	57.09	38.84	0.20
32.35	23.42	14.84	249.57	187.64	24.35	471.85	112.08	55.56	0.05
8.38	6.14	3.74	45.23	42.75	8.19	36.68	11.90	2.80	0.08
421.11	97.79	14.91	1818.13	1709.69	735.63	1048.16	1485.48	43.56	1.35
5.28	1.05	0.73	33.98	33.24	8.54	25.45	13.36	8.99	
415.34	96.76	14.18	1783.66	1675.99	726.81	1022.61	1472.12	34.57	1.35
91349.51	**78785.05**	**27703.48**	**369046.99**	**306343.56**	**100875.08**	**304736.41**	**121348.96**	**19259.77**	**1897.45**
1016.89	2076.56	832.10	8104.98	6920.27	1209.61	6116.29	2412.85	157.91	55.06
82.17	158.67	45.26	354.81	308.36	39.74	387.62	125.98	19.14	2.18
89.74	296.26	43.61	1777.01	1462.64	147.90	1641.58	555.08	6.93	10.32
121.21	459.01	188.41	1211.23	1149.59	199.10	731.07	299.87	27.16	11.80
87.26	165.70	111.22	926.98	831.13	166.25	293.86	147.70	42.30	1.54
287.22	371.16	175.91	2041.01	1681.08	303.90	1724.03	689.75	20.51	12.38
142.64	239.11	136.50	483.18	412.61	125.15	379.37	140.35	13.45	2.00
103.24	121.07	42.38	374.03	291.75	88.75	398.62	132.89	9.35	1.59
103.41	265.58	88.81	936.73	783.12	138.81	560.14	321.22	19.07	13.25
1126.71	963.52	407.83	5281.24	4664.99	1262.28	5467.44	1975.49	96.76	70.66
99.94	76.98	32.37	417.82	374.98	116.05	636.07	215.44	1.18	0.59
85.36	64.41	29.21	300.76	280.56	111.55	374.27	110.37		1.05
172.15	133.69	51.71	702.73	620.58	203.28	678.45	356.53	17.43	-0.44

2-5 续表 1

行 业	企业单位数(个)	资产总计	固定资产净额	固定资产原价	累计折旧	流动资产合计
乳制品制造	191	3298.21	538.13	1032.19	458.20	1706.34
罐头食品制造	126	343.15	66.60	162.63	86.43	224.74
调味品、发酵制品制造	154	1629.87	505.99	996.67	482.33	857.66
其他食品制造	248	2367.33	638.63	1121.33	464.14	1220.11
酒、饮料和精制茶制造业	682	13223.53	2216.98	4386.74	2061.27	8329.21
酒的制造	335	10700.43	1595.24	2941.68	1295.72	6854.94
饮料制造	233	2162.45	539.85	1274.15	683.98	1285.57
精制茶加工	114	360.65	81.89	170.91	81.57	188.70
烟草制品业	68	10846.00	1200.71	3147.34	1938.78	7669.08
烟叶复烤	16	380.07	74.70	166.59	91.88	256.82
卷烟制造	40	10417.86	1117.94	2961.69	1835.91	7379.85
其他烟草制品制造	12	48.07	8.07	19.07	10.99	32.42
纺织业	1994	10450.65	2751.03	5718.37	2844.91	5624.20
棉纺织及印染精加工	1166	6590.83	1784.96	3815.80	1942.13	3392.19
毛纺织及染整精加工	94	736.75	134.26	312.38	175.21	464.11
麻纺织及染整精加工	47	128.68	37.94	75.01	36.55	68.89
丝绢纺织及印染精加工	81	241.21	61.38	122.72	60.36	116.30
化纤织造及印染精加工	129	569.90	172.64	346.17	169.15	304.54
针织或钩针编织物及其制品制造	116	481.67	122.16	244.01	114.92	282.65
家用纺织制成品制造	155	854.05	187.13	363.48	164.38	505.83
产业用纺织制成品制造	206	847.55	250.57	438.81	182.19	489.70
纺织服装、服饰业	1939	6728.21	1082.22	2174.20	1022.87	3974.07
机织服装制造	1264	4729.32	751.16	1504.49	694.57	2738.12
针织或钩针编织服装制造	489	1686.10	252.07	529.89	269.36	1042.51
服饰制造	186	312.79	78.99	139.82	58.94	193.44
皮革、毛皮、羽毛及其制品和制鞋业	1114	3419.51	686.25	1216.80	490.42	2052.28
皮革鞣制加工	62	278.06	59.97	100.79	40.06	121.78
皮革制品制造	192	615.15	113.34	188.50	64.53	417.74
毛皮鞣制及制品加工	17	138.57	30.66	51.71	18.89	79.51
羽毛(绒)加工及制品制造	23	68.43	8.65	13.72	5.00	48.72
制鞋业	820	2319.30	473.63	862.09	361.93	1384.54
木材加工和木、竹、藤、棕、草制品业	334	1192.33	257.40	520.72	237.38	671.28
木材加工	30	160.33	18.61	32.28	12.03	77.22
人造板制造	166	529.23	139.56	290.57	133.56	265.99
木质制品制造	107	460.81	89.62	173.27	80.15	303.37
竹、藤、棕、草等制品制造	31	41.96	9.60	24.61	11.65	24.70
家具制造业	739	3540.70	676.43	1127.23	421.82	2131.40
木质家具制造	410	2065.37	406.53	677.38	246.46	1200.06
竹、藤家具制造	14	21.12	9.44	12.89	3.39	8.50
金属家具制造	166	775.30	133.74	245.52	111.05	533.41
塑料家具制造	14	29.69	9.36	15.22	5.60	15.43
其他家具制造	135	649.22	117.37	176.22	55.31	374.00

单位：亿元

应收账款	存货	产成品	负债合计	流动负债合计	应付账款	所有者权益合计	实收资本	国家资本	集体资本
426.89	157.17	71.62	1756.45	1635.52	467.35	1541.76	518.97	25.20	32.61
25.95	74.35	45.30	161.99	141.80	27.28	181.16	59.21	6.11	0.62
150.49	192.53	71.73	654.39	522.73	135.01	975.47	313.29	14.20	18.77
165.92	264.40	105.89	1287.09	1088.81	201.76	1080.25	401.70	32.63	17.46
525.22	2133.76	549.56	5112.21	4576.18	743.72	8111.32	1309.95	208.43	29.17
199.54	1882.31	424.84	3923.03	3492.17	493.77	6777.40	795.06	180.52	21.95
297.33	163.33	82.84	1065.68	980.61	231.22	1096.78	470.47	25.76	6.35
28.35	88.12	41.88	123.50	103.40	18.73	237.15	44.42	2.16	0.87
273.50	3956.48	197.86	2269.79	2250.10	507.87	8576.20	1033.75	525.37	1.31
6.41	64.10	55.08	75.42	71.10	30.97	304.64	200.86	38.58	
262.82	3884.56	138.28	2173.20	2157.91	471.10	8244.66	824.92	486.35	
4.28	7.82	4.50	21.17	21.09	5.81	26.90	7.97	0.45	1.31
1091.85	1427.49	691.47	5354.90	4294.20	854.03	5095.75	2049.78	134.58	29.16
592.43	839.35	391.19	3443.88	2756.12	499.65	3146.95	1356.47	110.10	16.65
98.62	164.05	98.89	349.93	217.20	53.13	386.82	121.82	3.11	2.54
13.12	32.12	18.73	73.99	60.52	9.04	54.69	27.97	1.67	4.46
27.94	44.04	21.65	121.23	96.06	22.85	119.97	33.61	1.27	1.35
44.15	81.04	37.85	333.65	264.98	32.54	236.26	113.73		0.23
74.29	61.52	30.50	264.47	234.02	42.57	217.21	92.70	0.03	
126.34	111.78	53.33	418.15	371.38	107.70	435.90	167.54	5.77	3.15
114.95	93.59	39.32	349.60	293.92	86.54	497.96	135.94	12.63	0.76
1057.13	960.38	560.20	3130.68	2637.77	900.12	3597.53	1349.55	19.59	33.25
701.59	650.40	405.89	2157.28	1789.08	582.10	2572.04	1003.01	16.63	30.58
305.68	254.23	127.85	788.03	677.07	263.51	898.07	267.38	2.77	2.57
49.87	55.74	26.46	185.37	171.62	54.51	127.42	79.16	0.19	0.10
564.13	466.77	215.36	1478.38	1220.89	369.63	1941.13	630.91	3.72	2.94
21.39	47.13	17.25	100.71	97.05	16.57	177.35	67.90		
78.82	97.79	31.71	246.98	187.77	57.73	368.17	74.02	0.11	0.42
4.41	37.11	13.19	63.22	31.71	4.07	75.35	27.25	1.50	
18.73	13.45	3.93	45.87	41.67	11.97	22.56	11.96		0.02
440.79	271.28	149.28	1021.60	862.69	279.29	1297.70	449.79	2.12	2.50
152.74	173.34	85.01	620.19	472.58	114.26	572.14	235.96	30.67	3.31
9.25	12.32	6.60	63.49	36.86	5.51	96.84	49.74	12.19	
49.45	65.33	28.58	278.62	211.97	40.36	250.61	92.61	16.54	1.90
87.45	89.80	46.83	259.16	206.44	62.32	201.65	85.81	1.77	1.41
6.59	5.89	3.00	18.92	17.31	6.07	23.05	7.80	0.17	
575.13	423.02	154.46	1993.40	1825.33	582.17	1547.31	593.55	5.43	2.66
294.91	248.53	89.13	1174.69	1060.53	302.79	890.68	325.24	2.51	2.33
1.77	3.08	1.12	11.73	9.21	4.19	9.39	4.61		
156.89	95.02	33.56	440.25	429.96	170.22	335.06	150.44	2.48	0.24
4.70	5.76	1.70	13.56	13.01	4.55	16.13	10.20		
116.86	70.63	28.95	353.17	312.61	100.42	296.05	103.06	0.43	0.08

2-5 续表 2

行 业	企业单位数(个)	资产总计	固定资产净额	固定资产原价	累计折旧	流动资产合计
造纸和纸制品业	666	10568.94	3489.93	6356.32	2777.04	4978.98
纸浆制造	19	318.27	162.30	267.40	97.04	105.78
造纸	319	8283.26	2816.38	5141.51	2265.24	3726.40
纸制品制造	328	1967.40	511.25	947.41	414.76	1146.80
印刷和记录媒介复制业	532	2826.71	595.85	1426.33	817.02	1565.76
印刷	513	2655.13	570.27	1375.12	791.79	1467.76
装订及印刷相关服务	18	163.26	22.97	48.02	24.64	93.61
文教、工美、体育和娱乐用品制造业	1153	4599.20	799.43	1526.97	658.95	3100.93
文教办公用品制造	94	496.65	80.24	149.34	67.95	315.40
乐器制造	38	153.58	37.70	78.64	39.99	95.56
工艺美术及礼仪用品制造	482	2478.74	382.46	676.04	269.49	1734.54
体育用品制造	177	611.77	106.23	245.67	108.27	416.28
玩具制造	326	665.64	149.22	303.17	143.05	418.88
游艺器材及娱乐用品制造	36	192.81	43.58	74.10	30.20	120.27
石油、煤炭及其他燃料加工业	508	33568.55	9685.19	21703.06	10505.90	14759.62
精炼石油产品制造	178	24470.36	7042.39	16844.08	8467.24	10642.50
煤炭加工	321	8563.02	2564.80	4733.44	1990.34	3918.90
生物质燃料加工	5	63.80	27.00	33.79	6.76	33.96
化学原料和化学制品制造业	2333	51091.13	18088.33	32665.16	13765.48	20290.64
基础化学原料制造	653	19067.66	7309.48	13273.45	5592.87	6741.03
肥料制造	251	6734.73	2602.05	4905.32	2187.68	2620.12
农药制造	130	1808.78	473.15	811.99	327.92	916.75
涂料、油墨、颜料及类似产品制造	227	2803.32	593.32	1033.93	428.50	1526.95
合成材料制造	317	12939.66	5442.70	9422.24	3740.89	4517.89
专用化学产品制造	345	4833.44	1105.91	2140.13	988.53	2366.18
炸药、火工及焰火产品制造	200	877.50	241.54	415.35	161.87	292.02
日用化学产品制造	210	2026.03	320.18	662.75	337.22	1309.69
医药制造业	1563	28206.60	4691.67	8108.61	3288.95	16159.95
化学药品原料药制造	314	4784.22	1255.66	2213.10	918.12	2277.03
化学药品制剂制造	384	9243.90	1324.51	2332.00	991.77	5771.09
中药饮片加工	60	1264.72	146.77	234.37	83.47	897.49
中成药生产	367	6179.01	923.06	1616.60	653.35	3450.49
兽用药品制造	65	488.66	127.79	216.79	80.64	235.08
生物药品制品制造	193	4394.13	607.68	989.13	370.02	2400.82
卫生材料及医药用品制造	156	1703.53	264.15	426.83	154.04	1046.29
药用辅料及包装材料	24	148.43	42.03	79.77	37.54	81.66
化学纤维制造业	263	6974.53	1934.09	3884.56	1900.52	2786.23
纤维素纤维原料及纤维制造	55	1490.76	523.32	943.05	414.42	620.79
合成纤维制造	193	5271.24	1338.27	2830.43	1452.97	2079.41
生物基材料制造	15	212.53	72.49	111.09	33.13	86.03
橡胶和塑料制品业	1666	11723.23	3149.87	6272.65	3054.80	6314.55

单位：亿元

应收账款	存货	产成品	负债合计	流动负债合计	应付账款	所有者权益合计	实收资本	国家资本	集体资本
979.30	803.14	289.54	6026.26	4843.36	946.08	4542.67	2595.90	167.77	21.32
21.74	21.21	3.93	237.27	188.06	42.33	81.01	108.12	17.72	
625.57	563.46	202.71	4797.21	3804.13	660.56	3486.05	2139.32	149.22	12.43
331.99	218.47	82.91	991.78	851.17	243.19	975.61	348.46	0.83	8.89
423.86	279.16	114.91	1078.77	920.50	305.34	1747.93	671.06	86.06	8.98
386.15	269.19	110.52	1000.16	858.85	286.07	1654.97	649.76	86.06	8.98
37.32	9.02	3.46	77.68	60.74	19.03	85.58	19.80		
586.81	1214.00	634.91	2312.80	1952.26	558.52	2286.40	740.31	8.46	4.18
55.29	77.83	30.52	264.16	236.79	80.67	232.48	67.26	0.43	
15.35	36.18	12.33	55.34	48.35	21.24	98.25	48.96		0.41
211.44	844.04	493.91	1265.89	1069.86	181.55	1212.86	271.29	6.30	1.44
143.25	89.02	34.58	292.02	227.02	120.99	319.75	124.37	1.52	0.76
126.30	127.46	49.33	345.51	293.55	124.38	320.13	184.82		1.16
35.17	39.47	14.24	89.88	76.69	29.69	102.93	43.61	0.20	0.40
1595.17	3601.64	940.36	21517.46	16757.56	4300.51	12051.08	5994.37	2412.08	62.95
1013.91	2855.05	689.42	15181.30	11584.34	2910.50	9289.05	4285.33	2010.05	21.74
567.29	667.62	240.54	5980.33	4873.95	1334.45	2582.69	1596.84	310.95	41.21
13.19	10.80	4.65	51.68	41.57	5.88	12.13	5.94	3.10	
3434.75	3394.09	1411.36	28430.24	21344.44	4780.92	22660.89	11464.13	2833.14	164.85
794.07	1042.25	422.61	11238.50	8482.95	1810.21	7829.16	4269.42	1081.15	52.80
266.07	455.73	159.06	4561.18	3638.91	605.07	2173.56	1477.95	358.17	23.05
169.75	220.31	105.80	864.47	744.29	179.45	944.32	264.08	40.00	7.20
400.48	272.97	131.04	1366.11	1180.66	314.10	1437.21	443.80	23.85	17.08
695.14	755.82	288.46	7147.42	4624.01	1041.36	5792.24	3597.48	1210.16	36.98
646.56	440.39	204.11	2082.42	1678.50	499.28	2751.02	889.73	97.48	25.24
68.91	41.67	18.29	343.86	237.07	53.48	533.64	191.24	18.81	1.08
393.77	164.95	81.99	826.29	758.05	277.97	1199.75	330.43	3.51	1.42
3266.24	3415.93	1665.02	10754.36	8687.05	1900.67	17452.23	3986.09	358.11	73.73
448.31	503.07	234.26	2000.46	1568.17	303.08	2783.75	812.41	29.49	28.01
1235.96	1299.46	661.14	3722.43	3229.38	806.26	5521.47	1249.69	122.73	20.55
190.68	348.92	260.88	708.91	463.47	89.95	555.81	114.51	8.73	1.32
600.38	586.13	207.34	2150.74	1778.88	321.06	4028.27	815.74	76.84	11.43
48.97	41.70	21.26	150.05	123.79	38.66	338.61	76.12	7.73	3.70
510.73	386.80	122.69	1302.51	1027.13	176.82	3091.62	766.47	109.74	8.54
212.08	230.73	147.50	666.06	457.21	151.94	1037.47	126.93	1.57	0.19
19.13	19.11	9.96	53.20	39.03	12.90	95.23	24.21	1.29	
370.80	539.57	289.00	4129.93	3396.35	594.21	2844.60	1529.54	203.60	12.63
67.46	141.07	59.48	982.32	760.23	150.90	508.44	330.74	117.45	6.24
297.14	384.47	224.72	3037.56	2550.82	424.14	2233.68	1142.28	82.96	6.40
6.20	14.04	4.81	110.05	85.29	19.17	102.48	56.53	3.19	
1753.79	1336.17	639.46	5600.99	4747.69	1450.86	6122.24	2629.25	201.13	102.21

2-5 续表 3

行 业	企业单位数(个)	资产总计	固定资产净额	固定资产原价	累计折旧	流动资产合计
橡胶制品业	415	5343.20	1749.19	3481.27	1708.63	2644.95
塑料制品业	1251	6380.03	1400.69	2791.38	1346.17	3669.60
非金属矿物制品业	2857	26156.94	7057.35	13511.61	6113.76	13302.67
水泥、石灰和石膏制造	520	9190.51	2567.91	5340.83	2690.56	4625.53
石膏、水泥制品及类似制品制造	336	2596.74	333.11	668.90	315.50	1709.34
砖瓦、石材等建筑材料制造	237	1081.06	218.06	409.73	175.98	583.49
玻璃制造	153	2386.11	742.89	1355.59	567.75	1165.87
玻璃制品制造	297	1897.42	594.83	1078.68	461.46	993.39
玻璃纤维和玻璃纤维增强塑料制品制造	93	1460.51	523.33	817.75	293.32	621.23
陶瓷制品制造	863	3395.82	972.61	2034.35	984.15	1490.84
耐火材料制品制造	125	887.29	102.20	241.19	128.33	553.33
石墨及其他非金属矿物制品制造	233	3261.49	1002.43	1564.57	496.71	1559.65
黑色金属冶炼和压延加工业	859	57090.04	18688.44	37745.23	18506.38	24369.24
炼铁	64	989.15	377.22	694.43	317.07	506.94
炼钢	74	6765.60	2210.88	4297.95	2036.56	2705.95
钢压延加工	599	45750.31	15444.12	31647.51	15733.96	19686.17
铁合金冶炼	122	3584.98	656.22	1105.34	418.80	1470.17
有色金属冶炼和压延加工业	959	33932.37	9645.23	17054.54	6959.75	15557.87
常用有色金属冶炼	324	18706.21	6135.53	10762.51	4455.08	8199.09
贵金属冶炼	62	2127.00	326.17	720.93	380.20	872.20
稀有稀土金属冶炼	28	1610.17	328.69	552.59	222.07	701.59
有色金属合金制造	75	1486.99	338.66	576.36	213.51	724.82
有色金属压延加工	470	10002.00	2516.18	4442.15	1688.90	5060.16
金属制品业	2143	15529.95	2947.83	5947.89	2930.32	9622.86
结构性金属制品制造	530	4512.08	645.85	1187.61	519.68	3103.79
金属工具制造	188	755.63	200.09	406.75	204.21	424.52
集装箱及金属包装容器制造	156	1493.88	249.95	480.49	221.28	928.96
金属丝绳及其制品制造	75	673.53	184.26	427.62	234.34	385.34
建筑、安全用金属制品制造	236	1091.73	239.24	459.10	216.43	691.45
金属表面处理及热处理加工	158	692.55	181.81	368.59	169.49	432.46
搪瓷制品制造	18	66.79	9.25	21.91	11.63	43.45
金属制日用品制造	201	736.52	130.05	257.66	123.96	459.80
铸造及其他金属制品制造	581	5507.24	1107.34	2338.16	1229.31	3153.09
通用设备制造业	2498	29032.61	4225.82	8823.37	4345.26	19635.70
锅炉及原动设备制造	237	5721.25	725.85	1575.31	806.83	3953.61
金属加工机械制造	269	2803.26	355.42	741.42	368.88	1864.22
物料搬运设备制造	265	5310.15	625.98	1231.95	530.18	3828.98
泵、阀门、压缩机及类似机械制造	453	4232.84	690.53	1460.49	759.61	2920.00
轴承、齿轮和传动部件制造	298	2711.30	674.46	1420.65	708.03	1588.02
烘炉、风机、包装等设备制造	423	4252.06	531.27	1049.74	484.02	2817.39
文化、办公用机械制造	144	1415.20	186.85	471.11	281.31	1010.46
通用零部件制造	325	1633.10	308.08	653.99	317.08	1009.27
其他通用设备制造业	84	953.46	127.37	218.70	89.33	643.74

单位：亿元

应收账款	存货	产成品	负债合计	流动负债合计	应付账款	所有者权益合计	实收资本	国家资本	集体资本
688.30	613.65	326.70	2617.16	2226.97	620.33	2726.04	1252.35	135.88	15.87
1065.49	722.52	312.76	2983.83	2520.72	830.54	3396.20	1376.90	65.25	86.34
2800.00	1923.74	893.28	12333.49	10351.59	2773.76	13823.44	5049.87	770.65	88.21
380.73	339.32	100.98	3533.44	2947.39	608.11	5657.07	1714.85	490.24	34.66
794.09	140.33	68.57	1598.29	1432.60	619.77	998.45	305.51	46.45	3.73
208.46	113.15	53.20	487.62	432.49	134.54	593.43	213.70	9.73	2.77
193.07	154.99	57.53	1310.82	1148.96	228.18	1075.29	570.32	41.16	4.61
287.35	196.55	106.74	1012.42	811.72	302.27	885.00	424.26	36.95	3.48
167.97	94.08	30.54	745.77	555.02	148.11	714.74	312.85	75.58	15.33
367.63	462.79	296.76	1568.78	1315.85	308.22	1827.03	672.88	4.61	4.85
145.44	109.35	67.85	423.65	390.64	118.40	463.65	164.46	18.38	2.59
255.26	313.18	111.10	1652.71	1316.91	306.16	1608.78	671.03	47.55	16.19
2149.12	6046.20	1929.23	34144.94	28352.68	7271.51	22945.10	10404.83	2108.83	74.01
113.17	170.71	62.77	761.06	701.52	248.23	228.09	173.02	80.77	1.41
184.63	693.80	290.72	4498.31	3701.97	926.50	2267.29	853.71	83.81	3.72
1727.05	4891.42	1448.05	26959.68	22391.29	5590.49	18790.63	7988.89	1862.41	41.87
124.27	290.28	127.68	1925.89	1557.90	506.29	1659.09	1389.22	81.84	27.02
2202.18	4570.68	937.49	20104.75	15068.84	3392.51	13827.62	6799.22	1694.38	113.01
847.83	2830.46	409.09	11688.14	8857.54	2093.93	7018.08	3792.27	1137.91	65.04
35.07	351.50	48.19	1207.76	808.48	133.03	919.24	165.83	72.16	8.50
71.03	192.79	50.48	854.45	236.55	36.68	755.72	143.38	49.97	4.74
149.16	158.51	64.07	742.15	541.78	161.37	744.83	302.14	100.34	1.20
1099.10	1037.42	365.66	5612.26	4624.48	967.50	4389.74	2395.59	334.00	33.54
2698.50	2198.82	881.74	8794.36	7627.64	2135.50	6735.60	2874.04	244.99	36.65
933.48	737.43	313.17	3031.10	2743.64	785.17	1480.99	673.58	75.53	10.07
126.74	116.13	50.62	304.34	271.98	99.91	451.29	157.23	11.02	1.48
273.80	227.87	77.90	880.76	792.61	201.96	613.12	300.08	10.95	6.07
119.28	75.11	38.23	364.96	298.67	50.07	308.57	210.07	14.99	1.65
207.54	152.87	62.40	494.27	452.17	131.49	597.46	204.86	0.66	7.49
118.12	99.28	45.81	440.75	386.66	89.13	251.80	152.67	0.49	0.05
15.03	9.21	2.83	34.62	28.37	13.20	32.17	16.97		
132.31	99.60	41.13	362.28	340.17	106.62	374.23	130.30	0.12	2.00
772.21	681.32	249.64	2881.28	2313.39	657.96	2625.96	1028.28	131.24	7.85
5649.05	4462.50	1638.77	15678.80	13723.31	4824.15	13353.82	4475.75	652.39	60.44
806.76	797.61	230.31	3200.27	2896.11	1007.54	2520.99	785.78	261.88	7.49
382.47	459.98	149.40	1532.70	1277.03	311.47	1270.56	418.25	61.18	11.10
1245.14	962.14	340.56	3442.89	3004.58	919.26	1867.26	631.73	60.61	15.56
891.80	727.83	298.43	2140.45	1888.74	790.83	2092.39	696.06	45.66	10.49
542.88	366.92	158.72	1275.57	1028.73	378.79	1435.72	578.74	72.54	4.07
900.70	514.16	234.75	2236.46	2015.06	777.60	2015.60	621.11	42.28	6.35
342.02	213.49	84.37	594.77	518.57	252.96	820.43	284.17	14.74	0.01
373.93	215.86	98.83	770.02	670.06	254.76	863.07	354.70	80.39	2.69
163.36	204.52	43.40	485.67	424.44	130.95	467.79	105.21	13.13	2.68

2-5 续表 4

行 业	企业单位数(个)	资产总计	固定资产净额	固定资产原价	累计折旧	流动资产合计
专用设备制造业	2033	28432.38	3485.04	6616.98	3031.70	19106.90
采矿、冶金、建筑专用设备制造	454	13608.98	1540.54	3044.22	1436.86	9386.77
化工、木材、非金属加工专用设备制造	386	2913.89	534.98	1059.01	515.56	1907.28
食品、饮料、烟草及饲料生产专用设备制造	50	336.07	66.22	137.65	70.35	231.02
印刷、制药、日化及日用品生产专用设备制造	62	666.66	86.68	160.54	73.43	351.80
纺织、服装和皮革加工专用设备制造	80	675.71	87.94	186.52	96.90	487.86
电子和电工机械专用设备制造	163	1591.56	156.23	259.20	101.43	1181.57
农、林、牧、渔专用机械制造	113	1035.75	158.85	317.92	154.30	714.71
医疗仪器设备及器械制造	440	3844.85	513.76	887.22	364.90	2292.75
环保、邮政、社会公共服务及其他专用设备制造	285	3758.91	339.83	564.70	217.95	2553.13
汽车制造业	2815	66974.44	12076.22	25270.09	12747.05	39318.24
汽车整车制造	227	38586.19	6201.80	13230.19	6748.80	21586.79
汽车用发动机制造	52	1920.91	429.21	1005.24	545.35	1178.88
改装汽车制造	94	1227.19	162.86	305.51	136.18	846.65
低速汽车制造	4	107.59	13.93	27.33	13.37	58.41
电车制造	3	58.25	7.21	12.47	5.26	32.15
汽车车身、挂车制造	65	577.29	101.67	208.01	104.28	370.06
汽车零部件及配件制造	2370	24497.01	5159.54	10481.34	5193.81	15245.30
铁路、船舶、航空航天和其他运输设备制造业	855	18353.29	3152.22	5792.60	2527.69	12104.29
铁路运输设备制造	156	4755.69	614.24	1153.33	518.58	3292.23
城市轨道交通设备制造	20	390.92	40.72	69.71	28.10	291.73
船舶及相关装置制造	180	7073.35	1355.35	2466.09	1063.89	4511.32
航空、航天器及设备制造	161	3977.84	777.56	1378.44	572.81	2583.28
摩托车制造	181	1355.34	230.17	488.09	245.17	882.14
自行车和残疾人座车制造	69	251.41	47.71	91.18	43.44	172.28
助动车制造	60	392.24	58.41	91.63	29.61	267.15
非公路休闲车及零配件制造	18	106.70	19.74	38.45	18.70	69.22
潜水救捞及其他未列明运输设备制造	10	49.81	8.33	15.70	7.36	34.95
电气机械和器材制造业	3708	54733.85	7354.02	14478.49	6662.26	36218.80
电机制造	496	7875.95	861.04	1706.45	813.46	5653.48
输配电及控制设备制造	1064	15894.56	2064.86	3952.71	1596.84	10159.92
电线、电缆、光缆及电工器材制造	490	5705.49	672.30	1405.76	682.80	3778.64
电池制造	451	9826.20	1934.41	3033.76	1058.21	5809.38
家用电力器具制造	733	12880.56	1419.33	3604.66	2147.13	9211.76
非电力家用器具制造	60	503.13	64.42	125.19	60.20	292.55
照明器具制造	363	1768.86	305.76	594.62	280.64	1146.62
其他电气机械及器材制造	51	279.11	31.90	55.33	22.98	166.46
计算机、通信和其他电子设备制造业	4733	108515.10	20172.87	39775.53	18955.23	69385.04
计算机制造	575	13456.33	1084.07	3355.74	2028.17	10465.00
通信设备制造	507	30798.17	2232.50	4386.00	2105.07	24430.09

单位：亿元

应收账款	存货	产成品	负债合计	流动负债合计	应付账款	所有者权益合计	实收资本	国家资本	集体资本
5512.30	4425.36	1705.79	15666.45	13148.32	4344.91	12765.93	4296.24	628.72	80.57
2919.42	2121.35	936.05	8439.27	6891.73	2220.41	5169.71	1865.64	399.61	41.34
540.34	507.66	161.35	1498.43	1339.86	445.43	1415.45	527.03	48.60	11.47
46.42	78.70	21.96	153.70	125.92	48.86	182.38	69.90	11.66	0.26
83.74	100.18	25.55	328.59	272.94	94.42	338.07	162.71	0.14	1.09
118.41	113.41	41.23	367.59	319.76	106.11	308.11	116.67	31.07	0.09
371.71	333.52	136.48	815.57	633.63	222.09	775.99	274.18	6.61	16.38
155.19	191.45	99.67	643.73	567.73	199.26	392.03	232.31	17.93	2.19
473.60	394.23	137.31	1314.47	1127.91	383.70	2530.38	579.56	5.00	5.33
803.47	584.85	146.20	2105.10	1868.84	624.64	1653.80	468.23	108.10	2.43
10243.34	5603.98	2741.19	39508.11	34488.19	14327.38	27466.32	10135.50	1874.83	260.66
3997.90	2668.27	1373.89	24406.38	21068.98	8582.14	14179.81	5312.39	1231.18	143.30
326.04	203.85	107.49	1028.52	904.20	382.55	892.39	490.91	153.54	23.49
287.65	164.78	58.71	841.43	764.54	276.61	385.76	186.97	45.05	21.16
10.88	20.26	2.13	50.85	49.33	8.67	56.75	24.23	12.10	
1.48	1.19	0.41	46.99	44.90	19.96	11.26	8.20		
108.69	61.96	31.61	329.81	301.83	112.63	247.48	90.41	17.19	3.74
5510.70	2483.67	1166.96	12804.14	11354.41	4944.82	11692.87	4022.39	415.77	68.97
2931.30	3186.47	528.15	11298.60	9665.51	3722.69	7054.69	3815.84	1143.81	13.84
1211.46	684.36	155.33	2671.15	2427.86	1356.04	2084.54	928.77	436.66	7.09
113.51	61.53	8.57	260.64	241.75	138.92	130.29	60.52	22.44	
564.28	1345.01	100.00	4854.53	3981.06	1118.31	2218.81	1583.81	383.17	0.65
606.86	869.78	163.62	2334.67	1906.02	696.78	1643.16	810.32	290.11	3.22
256.02	123.93	60.95	675.02	628.73	247.04	680.32	208.42	10.38	2.88
59.93	45.30	17.71	149.55	140.74	59.93	101.86	139.61	0.05	
81.63	36.27	15.40	258.46	249.79	78.70	133.78	61.83	1.00	
25.38	14.42	4.43	63.69	63.11	16.26	43.01	13.59		
12.24	5.89	2.14	30.89	26.47	10.71	18.92	8.98		
11215.29	5707.72	2502.99	31288.58	26708.11	10312.12	23445.30	8425.58	682.03	255.10
1649.96	1050.05	367.89	4944.45	4408.80	1648.78	2931.51	1061.90	187.98	1.23
3835.29	1484.29	538.63	8869.06	7639.88	3124.58	7025.51	2909.58	272.13	76.02
1484.32	661.83	351.91	2908.04	2306.79	655.08	2797.45	1137.81	64.20	17.12
1671.47	974.28	370.13	5447.62	4327.65	1575.89	4378.58	1771.76	116.23	144.29
2036.14	1199.07	725.72	7901.60	6964.49	2837.41	4978.96	1113.14	27.34	14.17
121.88	54.78	28.57	235.67	199.35	75.68	267.46	88.51	0.37	0.50
344.02	243.89	104.97	842.97	731.18	335.40	925.89	294.68	12.78	1.57
72.21	39.52	15.17	139.17	129.97	59.30	139.94	48.21	1.00	0.19
25288.85	12066.66	3849.27	61587.10	51302.04	24771.16	46927.63	21837.61	1644.04	206.59
5453.21	1538.96	457.35	9519.87	8974.99	5842.77	3936.46	1240.05	34.91	2.47
8362.56	4630.47	1366.31	20421.88	17837.60	8556.32	10375.91	2429.53	119.12	30.38

2-5 续表 5

行 业	企业单位数(个)	资产总计	固定资产净额	固定资产原价	累计折旧	流动资产合计
广播电视设备制造	124	1437.61	320.63	572.06	244.09	822.98
雷达及配套设备制造	27	691.92	87.40	156.44	66.47	492.78
非专业视听设备制造	272	4400.48	414.06	850.93	428.39	3254.96
智能消费设备制造	206	3602.77	509.26	1047.39	535.72	2672.76
电子器件制造	1116	34002.76	10977.10	20810.59	9601.08	15592.69
电子元件及电子专用材料制造	1668	16833.00	3833.02	7589.55	3682.56	9843.17
其他电子设备制造	238	3292.07	714.83	1006.84	263.69	1810.61
仪器仪表制造业	680	6337.83	705.97	1364.11	636.58	4280.12
通用仪器仪表制造	354	3993.68	370.41	682.80	303.67	2674.24
专用仪器仪表制造	125	1205.37	128.83	258.28	125.98	875.17
钟表与计时仪器制造	74	152.02	31.37	61.50	28.80	105.15
光学仪器制造	93	809.69	163.21	334.25	165.23	521.02
衡器制造	18	89.74	5.73	11.23	5.50	48.90
其他仪器仪表制造业	16	87.33	6.43	16.05	7.40	55.65
其他制造业	187	2063.25	472.45	954.92	475.21	1085.09
日用杂品制造	134	400.61	91.58	221.04	126.24	245.37
废弃资源综合利用业	85	826.47	202.62	340.55	129.18	458.69
金属废料和碎屑加工处理	58	690.63	165.78	271.28	104.65	388.21
非金属废料和碎屑加工处理	27	135.84	36.84	69.27	24.53	70.47
金属制品、机械和设备修理业	136	1875.51	379.13	788.58	386.16	1003.16
通用设备修理	7	11.09	1.13	3.07	1.85	9.72
专用设备修理	22	492.26	25.55	87.18	57.99	136.85
铁路、船舶、航空航天等运输设备修理	76	1291.29	339.02	660.71	302.12	797.65
电气设备修理	12	14.19	1.43	3.20	1.77	12.49
其他机械和设备修理业	15	56.02	10.20	30.81	20.60	39.30
电力、热力、燃气及水生产和供应业	**1766**	**133466.61**	**71008.29**	**140004.19**	**67979.86**	**20717.46**
电力、热力生产和供应业	1185	115723.37	64418.96	129271.43	63954.74	15771.61
电力生产	800	42938.15	26804.65	49285.95	21880.63	7045.33
电力供应	189	69042.44	36040.75	77195.68	40866.60	7293.71
热力生产和供应	196	3742.78	1573.55	2789.81	1207.51	1432.57
燃气生产和供应业	204	6209.45	2535.68	3787.11	1207.59	1882.35
燃气生产和供应业	203	6196.62	2530.70	3781.37	1206.82	1874.89
水的生产和供应业	377	11533.79	4053.65	6945.64	2817.52	3063.50
自来水生产和供应	341	9056.61	3122.14	5616.90	2420.89	2502.59
污水处理及其再生利用	36	2477.18	931.51	1328.74	396.64	560.91

单位：亿元

应收账款	存货		负债合计	流动负债合计		所有者权益合计	实收资本		
		产成品			应付账款			国家资本	集体资本
309.03	157.19	57.13	743.36	602.73	309.62	694.25	375.14	154.33	5.03
100.59	139.34	29.81	448.92	331.02	124.10	243.00	68.58	46.62	
1146.28	645.97	220.70	2826.01	2576.24	1216.92	1574.46	495.25	22.89	3.83
1069.56	409.55	159.34	2191.20	2076.86	999.74	1411.58	485.17	20.02	1.68
4401.67	2474.68	769.54	16216.91	11273.12	4143.14	17785.84	12398.17	1048.71	114.05
3862.97	1754.24	656.84	7555.24	6422.32	3044.89	9277.75	3717.01	175.70	40.37
582.97	316.25	132.23	1663.70	1207.16	533.65	1628.37	628.70	21.76	8.78
1241.47	859.68	292.01	2757.23	2408.48	962.36	3580.60	969.54	87.28	8.42
781.54	522.56	167.62	1737.65	1532.23	612.68	2256.03	597.89	59.85	4.36
229.42	192.87	69.52	522.87	455.46	150.75	682.50	180.73	16.98	1.98
32.03	32.57	15.79	56.05	51.23	27.29	95.97	33.68		0.18
165.45	94.25	35.89	359.33	302.50	144.75	450.36	137.05	8.12	
15.15	9.22	2.17	42.39	35.03	15.27	47.35	12.81	2.33	1.90
17.87	8.22	1.01	38.94	32.03	11.62	48.39	7.39		
223.09	217.31	63.37	1306.88	832.60	272.99	756.37	285.22	100.34	13.86
55.43	63.53	24.48	165.86	141.54	49.12	234.75	99.55	0.17	
102.28	119.69	40.16	412.32	366.71	74.26	414.15	199.17	17.06	4.49
84.14	105.66	33.23	350.75	314.02	63.42	339.88	172.72	17.06	3.54
18.14	14.03	6.93	61.57	52.70	10.84	74.28	26.45		0.95
298.72	231.21	21.61	968.81	787.99	308.97	906.70	578.09	157.62	3.24
5.77	0.22	0.20	5.15	5.15	3.06	5.94	2.60	0.47	0.83
31.68	6.63	1.78	156.11	115.47	25.72	336.15	182.76	25.04	0.45
236.03	213.14	16.57	757.76	618.79	258.82	533.53	374.54	125.53	0.81
6.27	0.74	0.01	7.56	7.56	3.10	6.63	3.95	1.47	0.35
15.68	10.25	3.05	33.75	32.73	14.98	22.27	12.75	5.11	0.60
4032.18	**1240.83**	**69.30**	**74125.94**	**42297.51**	**9509.54**	**59337.94**	**41283.90**	**27498.49**	**115.76**
3343.13	975.10	26.79	63709.28	36623.31	8536.83	52011.36	37680.52	25304.78	103.31
1546.98	792.34	20.20	27304.92	12506.97	2083.80	15630.50	10131.92	3296.88	91.73
1641.72	117.92	2.33	33667.55	22416.98	6122.31	35374.89	26991.93	21791.95	6.76
154.43	64.83	4.26	2736.82	1699.35	330.71	1005.97	556.68	215.94	4.81
254.98	134.88	28.49	3697.89	2635.82	442.08	2511.56	1259.14	619.86	6.14
253.92	134.60	28.21	3695.91	2633.85	441.62	2500.71	1249.14	619.86	6.14
434.07	130.85	14.02	6718.77	3038.38	530.64	4815.02	2344.23	1573.86	6.31
200.05	119.84	13.10	5338.39	2437.51	333.11	3718.22	1778.81	1247.37	4.26
234.02	11.01	0.93	1380.38	600.87	197.53	1096.80	565.43	326.49	2.05

2-5 续表 6

行 业	法人资本	个人资本	港澳台资本	外商资本	营业收入
总 计	**81438.55**	**17534.27**	**9762.62**	**15591.49**	**695028.36**
采矿业	**9623.28**	**588.85**	**58.92**	**86.07**	**28142.32**
煤炭开采和洗选业	3922.46	431.36	19.96	48.58	15581.70
烟煤和无烟煤开采洗选	3696.26	416.04	19.96	46.82	15079.43
褐煤开采洗选	226.20	15.32		1.75	491.71
石油和天然气开采业	2740.18				6208.00
石油开采	2664.17				5049.57
天然气开采	76.01				1158.42
黑色金属矿采选业	1130.42	58.49	1.70	0.30	2387.18
铁矿采选	1127.96	57.91	1.70		2283.61
锰矿、铬矿采选	0.91	0.58			15.62
有色金属矿采选业	283.78	61.69	8.24	36.35	1467.32
常用有色金属矿采选	183.99	42.86	5.46	23.37	838.87
贵金属矿采选	65.71	12.79	2.79	12.98	411.66
稀有稀土金属矿采选	34.09	6.05			216.78
非金属矿采选业	142.65	26.69	3.06	0.65	518.28
土砂石开采	68.61	20.91			214.49
化学矿开采	18.00	0.05			103.15
采盐	49.09	4.32	3.06		161.26
石棉及其他非金属矿采选	6.95	1.41		0.65	39.38
开采专业及辅助性活动	1403.80	10.62	25.96	0.19	1970.04
煤炭开采和洗选专业及辅助性活动	4.37				21.62
石油和天然气开采专业及辅助性活动	1399.43	10.62	25.96	0.19	1947.64
制造业	**59302.88**	**16646.45**	**9191.77**	**15157.47**	**606938.44**
农副食品加工业	1093.73	594.97	129.92	381.26	18710.65
谷物磨制	48.85	32.82	4.31	18.69	1528.56
饲料加工	250.58	254.35	11.01	21.90	2676.04
植物油加工	120.65	35.52	16.90	87.83	3542.65
制糖业	76.13	19.20	0.31	8.23	835.18
屠宰及肉类加工	361.77	129.62	55.91	109.55	6461.02
水产品加工	55.33	40.15	17.84	11.58	1111.56
蔬菜、菌类、水果和坚果加工	55.60	37.54	5.61	23.19	911.15
其他农副食品加工	124.82	45.77	18.03	100.29	1644.48
食品制造业	826.57	423.20	207.70	350.61	12007.89
焙烤食品制造	69.59	40.73	43.01	60.34	1312.05
糖果、巧克力及蜜饯制造	28.71	23.68	18.10	38.83	769.35
方便食品制造	179.99	31.65	72.53	55.36	1761.53

单位：亿元

营业成本	销售费用	管理费用	财务费用		投资收益（损失以“–”号记）	营业利润	利润总额	亏损企业亏损额	平均用工人数（万人）
				利息费用					
573690.98	**20402.47**	**36719.37**	**7144.61**	**7793.55**	**5726.41**	**46238.56**	**47198.56**	**6352.99**	**4582.60**
20147.15	**480.18**	**2537.47**	**1079.21**	**1247.88**	**452.88**	**2678.23**	**2696.21**	**1373.73**	**372.84**
10410.84	377.00	1409.15	714.30	859.53	295.59	2019.10	1954.09	513.75	243.49
10124.69	369.19	1368.80	697.19	842.86	286.15	1917.48	1880.03	500.58	236.90
278.24	7.81	38.92	16.16	15.71	9.44	101.78	74.11	13.12	6.21
4801.11	32.40	630.72	159.60	165.68	9.45	10.57	141.19	760.16	59.40
4118.20	28.19	531.30	139.65	148.68	9.05	-286.55	-173.93	759.31	56.76
682.91	4.21	99.42	19.95	17.00	0.40	297.12	315.12	0.85	2.64
1749.63	27.12	214.19	141.48	154.51	111.16	305.74	245.51	47.82	17.97
1653.67	26.76	212.54	140.45	153.94	111.16	301.94	241.73	47.66	17.52
13.17	0.35	0.91	0.34	0.30		0.55	0.53	0.16	0.34
935.04	14.02	142.90	38.52	43.19	15.25	287.24	285.44	25.22	17.71
536.24	8.20	68.40	21.03	22.60	10.86	176.73	175.66	16.23	8.98
242.66	2.96	49.89	10.61	13.79	2.29	92.86	92.93	5.11	5.65
156.14	2.86	24.61	6.88	6.80	2.10	17.65	16.84	3.88	3.09
378.61	27.00	45.94	14.22	15.16	14.46	54.29	59.99	2.61	7.38
150.52	7.84	18.42	8.10	8.13	9.72	33.60	33.39	1.69	2.54
80.06	4.08	8.15	3.34	3.90	0.21	4.93	5.07	0.07	1.13
121.99	12.32	16.44	1.59	2.11	4.50	9.82	15.55	0.43	3.08
26.03	2.75	2.93	1.19	1.03	0.03	5.94	5.98	0.41	0.63
1864.81	2.21	93.61	10.71	9.47	6.96	0.61	9.48	24.18	26.79
20.34	0.08	3.55	0.12	0.12	-0.01	-2.24	-2.25	2.51	0.72
1843.82	2.14	89.97	10.58	9.35	6.97	2.84	11.72	21.66	26.03
498856.80	**19633.89**	**32787.81**	**4494.74**	**4966.42**	**4626.39**	**41139.61**	**41941.10**	**4363.97**	**3955.71**
16643.46	424.27	518.76	143.07	139.75	154.35	1088.58	1098.86	80.13	126.06
1367.27	37.33	33.79	10.83	6.63	0.06	73.51	75.18	3.27	7.19
2206.09	64.53	118.20	28.46	23.74	112.15	371.91	368.83	3.35	14.78
3237.40	61.49	51.60	8.92	23.43	-8.07	169.33	170.23	1.73	6.44
738.05	13.97	34.50	21.57	21.12	-0.53	26.32	28.53	7.60	7.27
5892.56	119.75	136.09	29.66	29.66	32.71	294.03	295.14	39.11	52.44
992.48	26.24	39.57	14.62	9.17	3.97	39.58	42.02	12.37	14.46
775.82	31.73	40.69	8.19	5.78	6.26	57.06	59.11	2.59	9.85
1433.80	69.23	64.32	20.81	20.23	7.81	56.85	59.82	10.10	13.63
8948.21	1371.54	580.93	39.46	62.47	190.12	1211.43	1226.58	47.77	103.55
963.57	152.81	63.19	4.76	5.19	28.87	151.46	155.66	2.45	20.04
545.78	103.51	53.69	1.43	2.24	35.62	95.79	96.58	1.45	6.77
1408.39	149.91	73.52	5.93	8.57	28.04	145.37	151.11	11.48	19.48

2-5 续表 7

行　业					营业收入
	法人资本	个人资本	港澳台资本	外商资本	
乳制品制造	252.65	107.03	22.00	79.49	3576.90
罐头食品制造	29.35	15.08	6.32	1.74	492.08
调味品、发酵制品制造	110.28	94.10	22.47	53.46	1711.76
其他食品制造	156.01	110.94	23.27	61.39	2384.22
酒、饮料和精制茶制造业	575.74	182.02	84.22	226.01	9472.38
酒的制造	350.32	125.90	12.89	99.12	6235.27
饮料制造	203.98	41.58	65.91	126.89	2685.99
精制茶加工	21.43	14.54	5.42		551.12
烟草制品业	506.26	0.81			11279.13
烟叶复烤	162.29				136.66
卷烟制造	337.91	0.66			11104.36
其他烟草制品制造	6.06	0.15			38.11
纺织业	793.78	602.21	319.13	170.93	10751.77
棉纺织及印染精加工	532.56	373.53	230.14	93.49	6602.29
毛纺织及染整精加工	69.93	33.79	6.17	6.28	697.63
麻纺织及染整精加工	6.30	7.78	7.76		137.12
丝绢纺织及印染精加工	11.27	13.24	0.76	5.72	256.64
化纤织造及印染精加工	38.07	46.36	18.09	10.98	466.79
针织或钩针编织物及其制品制造	24.58	41.27	18.65	8.16	550.75
家用纺织制成品制造	62.36	58.22	12.65	25.38	878.27
产业用纺织制成品制造	48.72	28.00	24.91	20.92	1162.29
纺织服装、服饰业	571.51	388.69	236.42	100.06	7057.42
机织服装制造	459.07	294.32	154.58	47.80	4729.85
针织或钩针编织服装制造	78.78	71.92	70.75	40.59	1906.63
服饰制造	33.67	22.45	11.08	11.68	420.94
皮革、毛皮、羽毛及其制品和制鞋业	245.33	155.52	126.53	96.86	5028.48
皮革鞣制加工	20.65	34.33	6.32	6.60	447.15
皮革制品制造	29.75	17.43	16.43	9.88	612.96
毛皮鞣制及制品加工	12.61	12.66	0.48		150.77
羽毛(绒)加工及制品制造	7.95	3.67	0.19	0.13	66.22
制鞋业	174.37	87.43	103.12	80.25	3751.38
木材加工和木、竹、藤、棕、草制品业	84.89	72.32	20.77	24.00	1386.83
木材加工	11.44	9.46	14.81	1.84	137.36
人造板制造	31.86	38.77	1.79	1.76	651.19
木质制品制造	35.14	23.01	4.17	20.31	466.50
竹、藤、棕、草等制品制造	6.45	1.07		0.10	131.78
家具制造业	265.65	190.72	75.23	53.88	3342.93
木质家具制造	176.65	94.86	33.24	15.65	1834.03
竹、藤家具制造	0.97	2.00		1.64	32.36
金属家具制造	31.08	63.91	30.46	22.26	856.06
塑料家具制造	4.80	4.89	0.19	0.33	30.55
其他家具制造	52.15	25.05	11.34	14.00	589.93

单位：亿元

营业成本	销售费用	管理费用	财务费用		投资收益（损失以"—"号记）	营业利润	利润总额	亏损企业亏损额	平均用工人数（万人）
				利息费用					
2737.11	470.63	108.11	-6.84	13.18	86.05	346.02	340.38	10.95	16.66
411.71	16.65	22.30	3.78	2.44	0.47	36.83	38.76	0.46	6.48
1285.72	108.18	91.51	9.70	11.53	3.90	212.96	213.78	2.41	11.64
1595.94	369.86	168.62	20.69	19.33	7.16	223.00	230.30	18.56	22.48
5464.36	941.42	496.40	9.41	48.94	96.11	2029.42	2035.00	24.54	69.57
3174.79	498.64	349.96	3.32	39.26	61.23	1652.44	1651.61	18.99	41.78
1873.27	412.82	111.52	1.33	6.61	34.70	315.52	322.38	3.90	21.43
416.30	29.96	34.92	4.76	3.07	0.18	61.46	61.02	1.65	6.36
3489.23	142.63	635.49	-57.82	3.54	78.37	1127.96	1121.25	5.96	15.79
104.91	4.21	12.95	-5.37		0.54	18.22	17.45	0.75	1.35
3355.33	137.90	617.90	-52.38	3.48	77.82	1106.07	1100.01	5.21	13.25
28.99	0.52	4.64	-0.06	0.06	0.02	3.67	3.79		1.18
9229.33	220.20	534.98	144.46	105.84	43.97	621.12	662.23	58.58	141.14
5822.28	103.01	307.98	92.67	71.33	28.69	278.67	303.55	42.56	88.95
629.53	8.61	30.07	9.97	7.51	3.20	21.72	28.15	2.65	6.60
123.38	2.29	7.06	2.44	1.70	0.62	1.68	1.81	2.49	2.63
222.77	5.37	13.24	3.71	2.61	0.73	10.93	12.99	1.55	4.22
402.69	6.75	26.91	7.82	5.36	1.15	19.83	20.97	3.48	7.64
461.05	10.62	28.78	7.97	4.79	-4.80	35.59	37.88	2.23	6.65
706.55	47.17	46.55	10.93	6.81	7.86	72.74	74.37	1.91	11.15
861.08	36.38	74.41	8.96	5.74	6.51	179.96	182.52	1.72	13.30
5796.12	332.26	417.45	67.70	48.36	42.52	417.06	431.78	42.65	143.01
3843.58	245.69	275.30	39.57	29.76	22.55	307.91	314.94	25.42	93.24
1595.41	71.94	114.95	24.08	16.42	19.46	93.42	98.77	13.96	37.42
357.13	14.64	27.20	4.05	2.18	0.50	15.73	18.07	3.28	12.35
4219.11	141.64	274.05	34.49	21.34	29.25	358.17	372.61	28.66	102.76
368.15	11.67	21.50	5.73	5.15	0.17	36.61	36.09	4.10	8.42
514.61	19.60	37.28	3.42	3.09	0.28	34.79	35.66	4.74	12.35
134.37	2.92	6.13	2.59	0.54	0.10	3.42	4.09	2.61	2.43
58.28	2.59	2.30	1.25	0.39	0.30	2.06	2.14	0.32	1.24
3143.71	104.86	206.85	21.50	12.17	28.40	281.29	294.63	16.89	78.32
1157.60	48.22	69.52	15.75	9.70	9.17	91.79	94.66	7.25	17.37
114.29	3.35	6.51	1.40	0.52	6.80	16.79	16.93	0.19	1.42
560.93	16.41	28.26	7.63	4.97	2.23	36.39	37.83	4.33	7.86
369.30	24.64	28.07	6.16	3.84	0.14	32.17	33.40	2.73	6.68
113.08	3.83	6.68	0.56	0.37		6.45	6.50		1.42
2684.54	155.51	239.81	28.21	17.99	65.07	279.01	286.34	14.42	52.01
1467.30	95.76	127.92	14.36	11.28	17.15	133.07	137.16	8.14	29.80
27.86	0.43	1.74	0.08	0.03		2.13	2.21		0.71
691.84	25.48	64.45	5.75	3.40	30.14	93.23	94.90	2.17	11.31
24.75	0.86	2.26	0.54	0.13		1.94	2.07	0.84	0.84
472.79	32.98	43.44	7.48	3.15	17.78	48.64	50.00	3.26	9.35

2–5 续表 8

行业					营业收入
	法人资本	个人资本	港澳台资本	外商资本	
造纸和纸制品业	1004.46	309.47	435.23	657.65	7371.86
纸浆制造	75.67	3.00	11.74		115.78
造纸	803.59	244.77	333.07	596.25	4985.25
纸制品制造	125.20	61.71	90.43	61.41	2270.82
印刷和记录媒介复制业	238.31	133.84	93.81	110.07	2442.45
印刷	229.78	123.12	93.16	108.66	2330.52
装订及印刷相关服务	8.53	9.22	0.65	1.41	107.92
文教、工美、体育和娱乐用品制造业	205.61	188.97	218.10	114.99	5773.82
文教办公用品制造	21.34	27.66	8.01	9.82	577.71
乐器制造	14.80	14.30	3.88	15.57	143.03
工艺美术及礼仪用品制造	95.14	98.19	60.51	9.70	3356.66
体育用品制造	34.64	13.80	46.75	26.90	676.01
玩具制造	33.57	24.96	90.35	34.77	856.36
游艺器材及娱乐用品制造	6.11	10.06	8.60	18.24	164.05
石油、煤炭及其他燃料加工业	2800.01	498.43	80.31	140.60	37267.58
精炼石油产品制造	1918.16	175.46	45.84	114.08	30234.08
煤炭加工	861.54	322.17	34.46	26.51	6820.87
生物质燃料加工	2.05	0.79			82.04
化学原料和化学制品制造业	5329.12	1161.11	763.48	1206.84	34703.23
基础化学原料制造	2074.42	428.21	229.97	397.30	11591.92
肥料制造	901.01	163.57	16.80	15.34	3833.16
农药制造	158.71	44.40	1.37	12.40	1347.29
涂料、油墨、颜料及类似产品制造	203.97	96.92	60.28	41.69	2175.97
合成材料制造	1479.23	176.25	252.29	442.57	9196.61
专用化学产品制造	280.36	171.39	121.16	194.10	3979.54
炸药、火工及焰火产品制造	127.09	42.70		1.56	635.51
日用化学产品制造	104.34	37.67	81.61	101.89	1943.23
医药制造业	1968.09	951.86	246.77	386.44	17396.79
化学药品原料药制造	489.33	169.02	60.76	34.72	2595.04
化学药品制剂制造	503.46	302.67	60.15	240.14	7012.17
中药饮片加工	80.07	19.27		5.13	456.96
中成药生产	428.28	245.01	36.36	17.81	3153.91
兽用药品制造	31.37	29.22	1.13	2.97	489.10
生物药品制品制造	364.20	137.13	80.89	65.98	1965.81
卫生材料及医药用品制造	61.79	38.55	6.29	18.55	1610.43
药用辅料及包装材料	9.58	11.00	1.20	1.14	113.36
化学纤维制造业	780.76	268.30	154.31	109.94	6042.34
纤维素纤维原料及纤维制造	81.52	40.13	35.25	50.14	1159.78
合成纤维制造	650.90	223.16	119.07	59.79	4773.48
生物基材料制造	48.33	5.01			109.07
橡胶和塑料制品业	888.90	527.27	374.74	535.00	10464.26

单位：亿元

营业成本	销售费用	管理费用	财务费用		投资收益（损失以“—”号记）	营业利润	利润总额	亏损企业亏损额	平均用工人数（万人）
				利息费用					
6015.40	270.56	381.90	124.53	130.60	60.20	626.36	663.20	39.21	46.27
100.78	3.19	7.66	7.67	6.26	0.69	-2.67	-2.17	6.30	0.96
4122.71	140.54	262.21	108.52	113.40	49.33	397.46	421.06	28.66	25.63
1791.91	126.82	112.03	8.34	10.93	10.18	231.57	244.31	4.26	19.68
1935.00	80.00	200.84	19.01	15.02	24.41	217.04	223.57	9.47	33.69
1850.22	74.32	189.21	16.50	13.01	20.55	207.04	213.52	7.02	31.90
83.39	4.27	10.83	2.54	2.01	3.83	9.56	9.63	2.45	1.69
4870.88	156.31	331.23	53.41	31.09	21.35	365.01	379.59	15.98	86.84
473.30	26.96	35.98	4.00	3.72	10.84	47.03	51.05	2.70	6.91
116.42	3.59	11.72	1.12	0.68	0.16	9.77	10.15	0.25	2.68
2888.85	81.27	146.22	28.88	18.96	7.03	212.36	216.45	5.88	31.65
545.99	16.82	51.48	7.41	1.93	1.88	53.31	55.30	1.50	13.09
720.65	22.79	71.41	9.54	4.20	1.23	27.86	31.54	4.59	29.83
125.67	4.87	14.42	2.45	1.60	0.21	14.68	15.11	1.05	2.67
30456.76	287.30	974.53	336.20	343.16	109.90	954.41	939.14	444.36	67.70
24393.19	134.73	746.54	204.23	223.63	103.10	556.06	546.92	359.07	38.78
5879.76	150.35	217.47	131.82	118.23	6.39	380.60	374.80	84.19	27.89
75.48	1.82	0.95	1.08	0.81		2.52	2.48		0.23
28362.78	1122.73	1901.04	560.81	576.87	292.34	2556.86	2574.92	446.10	174.32
9800.77	227.54	601.68	218.07	224.45	134.81	591.16	607.58	256.68	53.68
3228.69	106.23	201.25	104.88	109.54	17.25	176.46	173.53	67.22	23.88
1066.16	33.98	101.11	17.17	11.73	3.18	134.45	132.73	9.91	8.19
1636.03	129.01	160.31	16.93	16.37	11.92	238.98	244.77	8.07	13.18
7778.98	161.75	368.09	147.93	162.10	61.76	678.26	680.40	85.33	28.48
3210.41	138.40	219.18	38.62	38.79	26.12	382.20	384.32	10.14	19.83
440.06	41.13	76.97	10.41	7.26	3.48	56.63	57.00	2.44	13.26
1201.68	284.69	172.45	6.79	6.63	33.83	298.74	294.59	6.31	13.82
8954.78	3736.98	1827.92	176.78	187.94	365.36	2936.70	2974.88	138.88	135.78
1769.71	152.41	260.50	49.96	37.70	34.13	381.42	385.49	21.26	23.53
3213.93	2074.89	760.25	30.57	48.92	122.80	999.71	1008.08	31.89	41.48
277.31	72.47	36.58	24.03	24.22	5.88	43.40	37.71	41.06	3.90
1628.76	780.31	293.07	25.42	39.62	131.41	551.61	577.28	16.52	34.04
306.58	32.43	64.64	14.43	2.35	1.77	67.61	68.19	0.56	4.02
688.87	454.93	285.35	12.45	20.08	40.99	545.50	548.01	26.85	13.86
987.69	164.14	117.39	19.08	14.36	28.14	333.11	335.56	0.63	13.50
81.93	5.39	10.14	0.84	0.70	0.24	14.35	14.56	0.11	1.46
5493.55	57.30	237.32	88.21	93.36	44.38	200.12	211.36	58.53	29.09
1035.90	15.01	51.47	24.65	25.06	5.44	30.09	34.13	27.24	7.07
4358.47	39.97	179.39	61.99	67.25	39.32	170.67	177.55	27.09	21.18
99.18	2.32	6.46	1.57	1.05	-0.37	-0.63	-0.32	4.20	0.84
8350.93	362.31	671.79	110.94	89.78	72.95	978.82	990.68	68.74	123.27

2-5 续表 9

行业	法人资本	个人资本	港澳台资本	外商资本	营业收入
橡胶制品业	393.17	205.88	143.05	358.50	3950.56
塑料制品业	495.72	321.39	231.69	176.50	6513.70
非金属矿物制品业	2358.55	925.48	525.37	373.81	18583.25
水泥、石灰和石膏制造	663.81	197.11	254.48	74.55	5143.36
石膏、水泥制品及类似制品制造	169.16	71.68	11.21	3.27	2352.37
砖瓦、石材等建筑材料制造	95.98	83.41	16.10	5.70	1257.86
玻璃制造	253.64	90.65	86.54	93.72	1346.65
玻璃制品制造	147.13	67.64	72.32	96.75	1604.29
玻璃纤维和玻璃纤维增强塑料制品制造	129.84	30.66	44.79	16.65	836.64
陶瓷制品制造	341.06	230.59	22.91	68.86	3661.92
耐火材料制品制造	61.94	62.17	10.51	8.89	564.54
石墨及其他非金属矿物制品制造	495.98	91.57	6.51	5.42	1815.62
黑色金属冶炼和压延加工业	5839.01	2186.81	142.81	252.40	62351.37
炼铁	61.43	26.95	0.13	2.33	1677.98
炼钢	513.36	217.39		35.43	8697.85
钢压延加工	4894.45	1067.61	130.80	190.80	49757.79
铁合金冶炼	369.76	874.87	11.88	23.85	2217.75
有色金属冶炼和压延加工业	4028.04	571.77	251.70	137.81	34414.55
常用有色金属冶炼	2224.88	280.11	36.17	48.17	18402.02
贵金属冶炼	56.96	21.97	6.25		2580.88
稀有稀土金属冶炼	53.68	32.91		2.08	776.50
有色金属合金制造	138.36	43.67	14.40	4.18	1321.11
有色金属压延加工	1554.16	193.10	194.89	83.39	11334.03
金属制品业	1351.41	651.82	331.66	257.51	15922.16
结构性金属制品制造	349.46	178.10	34.58	25.84	4599.47
金属工具制造	68.11	40.28	14.02	22.32	759.04
集装箱及金属包装容器制造	142.12	50.16	60.35	30.44	1267.13
金属丝绳及其制品制造	109.65	23.20	47.94	12.64	653.20
建筑、安全用金属制品制造	87.67	49.01	26.75	33.28	1446.14
金属表面处理及热处理加工	89.60	32.58	8.49	21.48	1354.40
搪瓷制品制造	9.09	1.67	1.38	4.82	80.40
金属制日用品制造	40.05	26.47	27.60	34.07	797.09
铸造及其他金属制品制造	455.66	250.36	110.56	72.62	4965.28
通用设备制造业	1604.74	968.71	260.40	929.07	21969.61
锅炉及原动设备制造	273.94	126.46	39.60	76.41	3230.48
金属加工机械制造	155.47	105.13	34.72	50.64	1683.76
物料搬运设备制造	225.16	187.12	22.19	121.11	4302.93
泵、阀门、压缩机及类似机械制造	250.90	159.36	28.12	201.53	3666.85
轴承、齿轮和传动部件制造	210.76	88.97	12.66	189.74	2074.72
烘炉、风机、包装等设备制造	249.24	174.12	45.71	103.40	3645.82
文化、办公用机械制造	72.56	41.68	44.53	110.66	1393.78
通用零部件制造	126.16	61.86	25.18	58.43	1364.77
其他通用设备制造业	40.55	24.01	7.69	17.15	606.50

单位：亿元

营业成本	销售费用	管理费用	财务费用	利息费用	投资收益(损失以“–”号记)	营业利润	利润总额	亏损企业亏损额	平均用工人数(万人)
3108.29	166.78	264.56	52.78	38.14	31.94	362.82	364.50	30.49	41.83
5242.64	195.52	407.22	58.16	51.65	41.01	616.01	626.18	38.26	81.43
14237.99	580.27	1054.91	209.25	212.51	169.15	2546.86	2587.23	79.63	173.15
3447.15	134.58	270.33	34.91	67.86	65.60	1285.15	1316.24	14.47	26.35
1940.47	78.19	113.75	21.56	20.40	25.99	226.13	227.47	2.61	16.20
997.63	48.34	67.13	21.47	11.23	7.77	117.11	118.20	1.60	12.03
1030.93	26.23	80.83	20.96	17.52	11.81	189.72	192.36	4.66	11.14
1289.63	53.76	106.52	16.25	14.23	6.66	135.36	135.99	9.42	22.18
648.59	24.79	49.15	21.03	17.00	19.55	116.25	118.84	2.04	7.60
2931.22	144.42	214.08	36.75	26.25	12.08	303.38	308.26	6.71	56.55
448.67	31.17	40.48	7.16	5.40	9.68	41.71	43.12	4.87	7.03
1503.71	38.80	112.63	29.16	32.64	10.00	132.05	126.75	33.26	14.06
56927.57	576.05	1837.24	496.53	596.40	2.94	2263.96	2401.36	227.08	177.44
1594.58	7.26	34.36	12.53	9.03	0.63	25.54	22.70	10.11	5.87
7928.90	48.44	267.61	97.37	107.27	-27.97	308.67	315.35	11.80	22.01
45370.75	475.66	1464.60	349.85	444.60	10.41	1888.64	2008.02	157.62	139.33
2033.34	44.69	70.67	36.77	35.50	19.88	41.10	55.30	47.55	10.23
31132.79	252.05	877.67	463.75	474.89	86.78	1514.38	1518.29	167.98	108.46
16786.12	111.73	367.72	266.13	285.97	-1.95	686.72	712.99	96.91	52.65
2364.30	6.60	70.51	32.07	34.04	41.97	138.07	121.39	1.82	5.11
645.06	5.63	34.97	18.74	9.67	9.54	74.00	73.38	1.39	2.95
1156.54	15.40	60.67	11.30	12.03	15.71	83.29	82.17	5.90	6.83
10180.77	112.69	343.81	135.51	133.19	21.51	532.29	528.36	61.96	40.92
13675.66	342.38	830.73	129.43	102.85	39.11	900.97	933.52	94.11	142.61
4009.75	98.84	209.81	37.40	30.26	2.14	220.18	223.52	9.30	33.71
585.49	26.50	59.49	7.59	3.97	1.26	76.48	79.77	1.77	10.35
1083.26	27.43	71.59	17.34	15.51	14.38	79.14	80.67	8.43	10.27
568.08	16.99	36.33	5.62	4.27	-30.59	-8.09	-0.24	29.22	5.19
1210.68	35.54	77.28	9.48	6.75	2.00	107.95	110.71	2.23	17.76
1224.27	16.81	45.01	5.52	3.85	-0.64	58.38	69.37	2.74	9.16
67.90	2.40	4.76	0.60	0.17	0.31	4.84	5.10		1.13
631.73	38.05	56.00	7.98	4.62	12.40	74.09	76.14	0.81	13.33
4294.49	79.83	270.46	37.91	33.45	37.83	288.01	288.48	39.60	41.71
17669.80	791.87	1592.74	138.84	147.07	153.14	1812.12	1864.37	116.18	192.24
2614.89	97.35	269.27	7.96	24.83	26.23	266.06	269.83	20.93	21.93
1308.81	82.84	144.10	20.83	16.88	22.32	127.43	135.55	27.08	19.73
3470.27	167.37	304.60	20.18	28.13	47.97	353.88	359.90	4.96	27.49
2900.72	137.72	259.60	26.90	21.18	15.42	353.92	361.52	6.03	31.72
1657.32	55.39	138.25	21.77	18.30	14.08	197.22	203.70	17.42	20.70
2965.73	151.30	237.15	17.26	20.81	25.67	278.84	292.67	12.56	30.46
1189.72	36.26	84.45	6.71	4.56	-4.77	74.28	76.00	7.77	16.05
1095.01	37.72	100.83	13.03	7.79	2.51	108.12	112.07	11.58	18.51
467.33	25.92	54.49	4.20	4.59	3.72	52.36	53.07	7.86	5.65

2-5 续表 10

行业					营业收入
	法人资本	个人资本	港澳台资本	外商资本	
专用设备制造业	2049.58	698.77	326.69	511.90	18294.62
采矿、冶金、建筑专用设备制造	988.75	203.52	61.78	170.64	8342.34
化工、木材、非金属加工专用设备制造	199.20	99.13	109.92	58.71	2079.44
食品、饮料、烟草及饲料生产专用设备制造	47.22	4.65	0.59	5.52	269.68
印刷、制药、日化及日用品生产专用设备制造	105.84	24.68	3.60	27.37	534.71
纺织、服装和皮革加工专用设备制造	34.85	16.28	11.19	23.19	405.53
电子和电工机械专用设备制造	141.37	36.70	60.44	12.67	944.91
农、林、牧、渔专用机械制造	118.50	24.05	5.54	64.11	1022.72
医疗仪器设备及器械制造	241.22	134.02	68.00	126.00	2613.84
环保、邮政、社会公共服务及其他专用设备制造	172.64	155.74	5.63	23.69	2081.45
汽车制造业	4899.36	593.60	387.74	2119.30	66140.46
汽车整车制造	2913.24	138.08	82.18	804.41	38591.96
汽车用发动机制造	187.91	5.62		120.35	2102.50
改装汽车制造	86.38	31.56	1.70	1.12	1137.15
低速汽车制造	1.00	0.03		11.10	58.50
电车制造	7.00	1.20			55.97
汽车车身、挂车制造	51.66	10.20	0.25	7.37	615.10
汽车零部件及配件制造	1652.17	406.91	303.61	1174.95	23579.26
铁路、船舶、航空航天和其他运输设备制造业	2082.03	194.27	123.89	202.99	10280.04
铁路运输设备制造	429.94	32.10	7.06	15.92	2953.78
城市轨道交通设备制造	31.85	2.33		3.89	312.32
船舶及相关装置制造	948.01	39.01	40.49	117.46	2641.02
航空、航天器及设备制造	434.92	25.41	39.36	17.30	1904.97
摩托车制造	114.18	43.37	23.93	13.68	1335.98
自行车和残疾人座车制造	95.94	6.97	9.79	26.85	336.52
助动车制造	18.71	39.76	0.96	1.40	618.00
非公路休闲车及零配件制造	4.71	3.28		5.59	113.51
潜水救捞及其他未列明运输设备制造	3.76	2.03	2.30	0.89	63.92
电气机械和器材制造业	4622.29	1296.37	471.24	1093.43	45871.10
电机制造	415.39	155.77	74.95	226.58	6023.38
输配电及控制设备制造	1808.13	464.10	78.70	205.37	11872.43
电线、电缆、光缆及电工器材制造	600.40	279.94	53.16	123.00	6285.52
电池制造	979.22	117.76	98.25	316.00	6441.60
家用电力器具制造	627.74	171.09	109.61	163.18	12868.22
非电力家用器具制造	55.68	19.59	4.94	7.43	412.58
照明器具制造	118.88	63.09	49.57	48.79	1760.41
其他电气机械及器材制造	16.84	25.03	2.06	3.08	206.95
计算机、通信和其他电子设备制造业	11378.97	1482.18	2695.37	4419.71	104804.76
计算机制造	303.50	107.57	406.98	384.62	19701.30
通信设备制造	1352.17	280.83	387.91	259.13	38263.91

单位：亿元

营业成本	销售费用	管理费用	财务费用		投资收益（损失以"−"号记）	营业利润	利润总额	亏损企业亏损额	平均用工人数（万人）
				利息费用					
14015.25	863.68	1425.34	181.84	188.36	183.42	1919.38	1957.33	86.33	151.75
6652.79	368.31	527.37	86.30	109.24	77.80	739.74	750.27	33.68	43.30
1648.72	59.76	171.88	21.42	16.92	12.11	178.11	183.48	8.92	26.23
206.84	12.31	25.98	2.09	2.05	2.09	23.37	23.27	0.41	2.87
424.93	23.59	36.33	4.41	3.15	3.62	49.66	50.83	1.83	4.66
323.42	17.29	35.50	2.98	2.74	2.38	28.21	33.45	0.99	5.04
712.18	35.33	98.55	10.29	6.49	8.25	106.17	109.92	6.45	11.47
862.51	32.22	63.79	5.70	6.45	6.66	53.96	55.14	7.14	8.99
1604.50	220.21	291.22	24.66	16.55	57.17	530.51	535.93	11.94	31.75
1579.36	94.66	174.71	23.99	24.77	13.33	209.66	215.04	14.98	17.44
55328.63	1862.51	3900.76	139.99	290.41	885.97	4316.99	4359.82	833.18	279.55
32612.84	1273.34	2065.85	25.84	169.27	714.53	1991.44	1999.05	671.08	88.78
1758.97	35.99	89.19	0.32	4.93	1.50	212.30	211.72	10.83	6.00
967.12	38.32	62.36	7.07	6.97	2.70	62.51	65.50	10.51	6.68
49.43	1.52	4.56	-0.42	0.51	0.01	3.26	3.55	0.28	0.73
49.64	0.75	1.29	0.56	0.03		3.53	3.68		0.61
516.29	14.42	38.35	3.94	3.00	0.92	41.97	41.80	2.90	4.98
19374.34	498.18	1639.16	102.68	105.72	166.31	2001.98	2034.52	137.58	171.77
8677.30	202.64	868.08	78.21	95.53	92.52	513.81	535.58	163.40	96.07
2372.93	83.65	279.34	12.13	13.82	26.42	238.98	244.96	5.65	21.81
266.24	8.40	19.37	0.84	1.27	1.13	16.75	16.84	0.16	1.37
2389.14	19.24	216.96	32.01	44.92	23.62	-14.33	-4.25	121.28	25.67
1566.79	18.65	206.63	21.18	25.61	23.78	108.58	112.01	31.31	23.03
1107.46	35.18	87.97	7.45	7.75	13.58	107.36	106.55	1.80	13.05
288.86	11.16	17.61	2.55	0.88	0.81	15.45	16.67	0.79	5.42
543.02	20.70	30.33	-0.02	0.63	3.16	25.22	27.21	0.64	3.72
90.07	3.24	7.72	1.78	0.49	-0.01	10.40	10.00	1.78	1.47
52.79	2.42	2.13	0.29	0.16	0.03	5.40	5.58		0.53
38048.79	1824.65	2706.78	297.99	283.39	399.29	3257.70	3338.67	298.48	339.30
5085.48	186.90	360.74	24.14	28.96	22.53	382.63	392.32	48.59	42.33
9944.34	391.20	723.23	107.16	85.31	130.55	836.36	864.12	96.58	83.92
5452.09	179.11	288.27	70.00	57.36	47.01	320.91	325.92	14.86	34.45
5393.53	123.53	398.74	54.46	68.37	40.67	453.04	451.53	90.77	52.59
10266.40	839.56	759.13	23.99	33.33	139.26	1081.79	1117.04	36.92	93.13
316.84	32.79	27.86	2.68	2.08	1.87	34.90	35.98	0.35	4.58
1421.58	61.21	129.96	14.52	6.80	15.70	139.07	142.39	8.10	25.26
168.53	10.35	18.84	1.03	1.17	1.70	9.01	9.37	2.31	3.03
90869.93	2235.65	6741.07	408.80	597.01	810.96	5295.10	5406.33	701.71	742.40
18493.40	213.81	493.76	6.96	51.37	68.66	547.08	575.33	22.14	107.82
32337.69	1229.87	3143.87	58.71	176.30	467.42	1885.89	1895.91	100.80	182.13

2-5 续表 11

行业					营业收入
	法人资本	个人资本	港澳台资本	外商资本	
广播电视设备制造	61.81	31.24	85.53	37.20	1253.38
雷达及配套设备制造	19.38	2.58			320.11
非专业视听设备制造	246.09	47.95	62.92	111.58	5697.41
智能消费设备制造	266.72	75.02	41.20	80.53	4041.48
电子器件制造	7389.31	334.67	892.29	2615.55	18982.71
电子元件及电子专用材料制造	1386.76	542.04	756.78	808.21	14494.75
其他电子设备制造	353.23	60.27	61.77	122.89	2049.71
仪器仪表制造业	412.77	276.10	65.97	119.01	4164.25
通用仪器仪表制造	255.96	182.32	34.22	61.19	2468.99
专用仪器仪表制造	74.63	53.35	1.41	32.38	736.78
钟表与计时仪器制造	5.74	3.56	17.27	6.93	149.56
光学仪器制造	72.13	27.50	12.46	16.84	695.61
衡器制造	1.53	6.44		0.61	67.14
其他仪器仪表制造业	2.78	2.93	0.61	1.06	46.17
其他制造业	83.24	32.17	15.88	39.73	1368.88
日用杂品制造	31.05	16.07	13.29	38.96	543.89
废弃资源综合利用业	63.92	110.38	3.05	0.27	1186.37
金属废料和碎屑加工处理	46.76	104.33	1.04		1054.78
非金属废料和碎屑加工处理	17.16	6.05	2.02	0.27	131.59
金属制品、机械和设备修理业	350.26	8.29	23.31	35.37	1087.22
通用设备修理	1.25	0.05			14.95
专用设备修理	155.96	1.31			116.33
铁路、船舶、航空航天等运输设备修理	183.78	5.81	23.23	35.37	853.56
电气设备修理	1.99	0.14			25.15
其他机械和设备修理业	6.71	0.33			64.33
电力、热力、燃气及水生产和供应业	**12512.39**	**298.97**	**511.93**	**347.95**	**59947.60**
电力、热力生产和供应业	11478.01	244.77	336.76	214.50	55001.56
电力生产	5996.29	208.67	336.36	201.98	14190.33
电力供应	5182.86	5.18		5.18	39779.77
热力生产和供应	298.86	30.92	0.40	7.34	1031.46
燃气生产和供应业	376.35	33.32	132.11	91.36	3220.11
燃气生产和供应业	366.35	33.32	132.11	91.36	3214.19
水的生产和供应业	658.03	20.89	43.06	42.09	1725.93
自来水生产和供应	436.91	13.13	38.44	38.69	1434.98
污水处理及其再生利用	221.11	7.76	4.62	3.40	290.94

单位：亿元

营业成本	销售费用	管理费用	财务费用		投资收益（损失以“–”号记）	营业利润	利润总额	亏损企业亏损额	平均用工人数（万人）
				利息费用					
1058.16	32.54	77.26	6.99	9.33	3.52	76.61	78.85	7.87	12.47
265.53	3.17	39.31	2.08	4.57	6.34	17.13	16.82	6.87	2.68
5153.21	136.80	247.26	31.60	40.21	79.99	180.95	191.31	18.34	35.66
3478.20	92.78	242.24	17.38	18.43	18.52	243.13	246.86	18.74	34.10
16306.44	247.46	1355.77	153.90	204.21	102.47	1122.86	1143.55	352.47	158.57
12138.81	224.48	964.99	108.98	75.11	56.09	1075.72	1108.64	151.91	181.59
1638.49	54.74	176.62	22.21	17.48	7.94	145.73	149.07	22.57	27.39
3082.77	213.39	403.21	26.32	23.41	81.71	517.20	527.71	20.91	45.58
1807.83	145.78	229.98	15.56	15.28	62.40	330.31	337.33	8.59	22.33
527.35	41.09	88.23	2.70	3.58	12.27	91.99	93.71	1.88	7.98
115.67	10.14	13.55	0.99	0.48	-0.75	7.51	8.30	2.62	5.37
549.01	10.78	60.77	6.00	3.56	6.96	73.01	73.80	7.80	8.05
51.12	2.39	5.74	0.31	0.08	0.53	7.95	8.10		1.10
31.79	3.21	4.94	0.75	0.44	0.29	6.42	6.46	0.01	0.75
1150.36	23.36	112.04	5.51	6.25	2.78	94.06	94.12	4.03	18.56
453.08	17.33	34.90	4.02	2.21	1.67	33.98	34.75	1.08	11.27
1045.79	7.29	33.22	10.73	9.32	0.61	86.45	87.98	6.47	4.50
937.59	5.71	25.34	8.98	8.22	0.71	73.40	74.63	4.49	3.41
108.19	1.58	7.88	1.75	1.10	-0.10	13.05	13.35	1.99	1.09
922.12	6.90	110.10	12.94	13.28	18.20	40.75	42.13	33.23	15.88
12.41	0.03	1.01	0.02	0.03		1.35	1.40	0.16	0.46
95.93	0.88	10.43	3.11	3.75	16.92	21.92	21.23	0.07	1.85
721.72	5.54	92.21	9.54	9.23	1.20	14.97	16.77	32.96	10.05
22.39	0.03	1.94	0.06	0.04	0.03	0.57	0.58		1.09
58.70	0.41	3.04	0.22	0.22	-0.02	1.49	1.54	0.05	2.14
54687.03	**288.41**	**1394.09**	**1570.66**	**1579.25**	**647.13**	**2420.72**	**2561.24**	**615.29**	**254.05**
50679.61	32.94	1091.26	1446.36	1432.08	546.13	2038.60	2134.20	543.19	209.94
11227.86	16.20	370.66	886.24	894.17	209.92	1646.47	1660.60	297.08	54.83
38470.79	9.84	647.74	522.29	499.45	336.89	404.42	455.41	197.98	141.25
980.96	6.90	72.86	37.83	38.46	-0.68	-12.28	18.19	48.12	13.85
2708.11	141.11	135.89	41.60	50.41	50.80	250.10	256.77	26.23	16.34
2702.79	140.55	135.58	41.67	50.41	50.80	250.22	256.89	26.11	16.30
1299.32	114.36	166.93	82.71	96.76	50.21	132.03	170.28	45.87	27.78
1078.55	113.74	145.46	54.84	66.77	42.69	96.85	131.79	40.93	25.20
220.76	0.62	21.47	27.87	29.99	7.52	35.18	38.49	4.94	2.58

三、分地区数据

3-1 按地区分组的规模以上

地区	企业单位数（个）	资产总计	固定资产净额	固定资产原价	累计折旧	流动资产合计	应收账款	存货
全国	**399375**	**1303499.30**	**353369.87**	**684983.51**	**311548.48**	**648817.50**	**167496.23**	**125903.81**
北京	3028	55167.01	8590.61	17105.14	8518.03	21084.47	4510.63	2956.06
天津	5120	21666.02	6731.84	14921.91	7925.54	10752.97	2807.35	2283.14
河北	14239	51303.14	15794.17	29431.18	12769.63	23980.22	5302.16	4601.74
山西	5480	49185.03	14281.10	25538.81	10821.75	21183.36	3598.33	2268.28
内蒙古	2985	34255.77	13518.82	24198.68	10008.84	11285.10	2267.25	1786.81
辽宁	7755	42923.57	11752.84	25320.64	12490.78	21561.10	4346.76	4798.18
吉林	3043	17292.03	4741.45	9768.03	4699.32	7461.33	1562.92	1596.23
黑龙江	3832	17238.28	5743.37	14015.88	7910.14	7720.76	1530.75	1490.40
上海	8804	49569.73	8631.10	21937.06	12971.61	29065.23	7467.99	5624.81
江苏	50168	133267.37	32401.42	66058.91	32428.85	79085.46	26244.56	15930.24
浙江	47956	95819.43	21741.62	40322.20	18069.56	53512.57	15767.27	10317.40
安徽	18447	43846.63	11799.75	20827.76	8684.02	22826.55	7120.00	4087.31
福建	18845	41995.99	11263.71	22883.84	10540.51	21136.44	5185.63	4735.04
江西	14341	28165.76	7916.68	15096.60	6110.54	13907.15	3680.47	3058.65
山东	29628	101462.91	25183.96	48047.80	21616.27	53618.24	11576.79	10874.65
河南	19803	54669.23	16289.25	30875.29	12667.74	25597.97	6089.72	4737.02
湖北	15708	44195.49	12533.09	25418.10	11901.60	21434.85	5282.60	4272.63
湖南	18239	32463.31	8904.13	17845.94	7816.71	15321.10	4457.28	3330.69
广东	58483	150717.82	30415.82	62452.78	31060.92	90365.50	25774.65	18161.93
广西	7099	20709.93	6455.64	11238.30	4418.92	9990.31	2263.23	2083.11
海南	493	3586.57	1272.19	2311.05	959.55	1607.62	356.21	232.50
重庆	6938	23236.71	6881.71	13133.76	5780.05	11753.07	3785.06	2043.23
四川	15280	53091.09	17730.34	33055.92	14124.02	23297.90	5940.58	4594.66
贵州	4482	17244.62	5658.48	9710.42	3686.37	7625.53	1336.09	1460.93
云南	4401	24673.74	9551.37	15585.28	5613.62	8815.16	1576.17	2368.02
西藏	167	2044.00	1047.49	1389.84	340.09	453.29	68.44	40.90
陕西	7205	39183.43	12233.93	22932.30	9668.66	16274.30	3453.80	2969.18
甘肃	1952	12207.36	4817.41	9311.10	4208.26	4446.22	1027.75	1014.76
青海	580	6802.81	3127.26	5072.82	1786.90	2105.76	522.36	311.17
宁夏	1241	10657.48	4690.50	7688.86	2772.91	3294.64	760.19	510.06
新疆	3633	24857.05	11668.80	21487.29	9176.75	8253.34	1833.26	1364.09

工业企业主要经济指标

单位：亿元

产成品	负债合计	流动负债合计	应付账款	所有者权益合计	实收资本	国家资本	集体资本
46626.50	**735385.85**	**559569.17**	**160756.98**	**566379.65**	**280495.93**	**67260.99**	**4116.96**
1068.99	24193.79	19334.91	5203.94	30973.23	21103.52	15704.79	19.38
812.39	11980.49	9499.54	3101.02	9679.10	5953.48	1062.35	65.15
1671.68	31201.55	25217.80	6656.27	19949.49	9613.31	1941.25	102.38
894.33	35852.95	25870.93	5625.20	13330.04	7133.29	2380.71	140.25
589.13	20311.15	13719.39	3183.44	13961.13	8652.82	2569.60	133.78
1442.80	26527.91	20267.42	5284.94	16390.86	9491.46	1154.28	85.08
604.44	9139.61	7334.70	2554.89	8126.83	4095.32	733.29	49.40
466.50	10384.29	7074.50	2028.81	6889.19	3287.80	623.22	80.53
1889.77	24125.17	20574.95	8015.04	25439.52	10539.33	3223.37	40.31
6298.52	70749.82	50599.97	17897.80	62517.73	34429.98	4198.96	603.27
4113.63	52453.20	44669.10	12852.71	43291.32	19269.09	1770.26	145.19
1616.23	24376.51	19241.13	6927.29	19470.11	8955.72	1623.13	152.97
1921.38	21283.79	15194.81	4227.00	20390.23	9053.10	900.91	95.62
1199.73	14872.34	11069.21	3483.80	13111.93	5561.51	767.17	73.01
4418.94	63475.11	52168.19	13949.81	37913.96	17981.71	2089.73	432.09
1636.40	30863.49	23547.96	6801.26	23552.19	10919.10	1735.18	166.02
1541.94	23100.74	17514.61	5738.98	21007.97	8850.97	1998.86	193.36
1219.29	16554.22	12224.59	3801.19	15719.59	6906.94	1353.90	88.92
6785.23	84861.65	68214.30	16324.37	65856.33	27145.59	3865.84	553.96
834.08	13185.07	9739.74	2726.78	7473.94	3597.99	997.60	62.07
71.13	1925.07	1283.08	300.65	1652.02	865.52	182.30	22.29
788.90	13106.43	10534.88	4257.95	10087.58	4564.70	899.99	67.68
1602.92	29718.74	21045.67	6211.24	23266.90	10624.84	2700.82	158.40
364.30	10432.81	6986.19	1492.23	6783.18	2890.55	815.12	66.72
600.92	14289.32	8336.72	1948.02	10337.17	4920.96	1582.10	88.64
13.50	1064.31	563.78	132.07	979.69	275.19	113.76	3.08
1101.91	21719.49	15721.83	4443.65	17365.24	8960.06	4740.21	120.62
273.07	7326.98	4616.89	1178.42	4876.38	3122.74	1705.83	140.07
102.32	4614.35	2865.09	589.01	2188.67	1392.73	378.99	32.81
191.05	6625.31	4297.54	1148.14	4031.22	2963.48	707.11	39.81
491.09	15070.20	10239.74	2671.09	9766.90	7373.14	2740.35	94.07

3-1 续表

地　区					营业收入	营业成本	销售费用
	法人资本	个人资本	港澳台资本	外商资本			
全　国	**122411.84**	**47751.09**	**14611.60**	**24409.13**	**1083658.43**	**903752.49**	**30777.84**
北　京	3509.86	737.24	224.36	907.89	23849.02	19709.89	1224.40
天　津	2713.24	643.98	248.64	1218.85	19006.15	16297.66	448.13
河　北	4479.51	2432.10	252.40	401.24	43213.24	37201.03	943.38
山　西	3391.31	977.94	99.20	143.58	22020.97	18017.75	618.89
内蒙古	4870.13	874.18	98.21	96.84	17488.87	14051.01	456.44
辽　宁	5650.63	1271.32	445.11	1084.39	30666.47	26094.98	739.15
吉　林	2523.35	395.14	72.99	320.94	13225.97	10844.89	557.95
黑龙江	1915.29	481.62	67.16	119.17	9896.72	8446.54	283.70
上　海	3354.96	878.48	698.04	2341.67	39524.92	31866.99	1414.55
江　苏	11771.97	7270.50	3242.58	7342.37	125344.17	105135.42	3752.24
浙　江	9367.25	5107.74	1461.39	1417.33	78625.03	64917.35	2380.64
安　徽	4416.24	2059.84	276.37	427.17	38549.29	32583.07	976.97
福　建	4237.39	1889.51	996.00	925.82	55280.85	47077.26	1250.87
江　西	2884.73	1390.96	246.56	198.70	36442.65	31102.07	736.26
山　东	9682.56	3562.34	749.27	1397.20	87160.70	75333.94	2057.76
河　南	5191.20	3381.33	280.54	151.85	48606.50	41711.68	1000.19
湖　北	4235.82	1716.89	226.51	474.44	40925.19	33842.09	1190.29
湖　南	3475.49	1591.38	166.40	230.81	38914.75	30842.98	1215.46
广　东	11078.49	4413.69	3844.32	3380.68	149930.12	123896.02	5086.29
广　西	1509.90	543.02	203.35	278.26	17646.30	15100.47	381.51
海　南	488.56	70.96	20.80	80.51	2165.24	1673.92	118.17
重　庆	2206.72	806.47	260.99	322.63	23052.14	19387.49	639.02
四　川	5427.69	1723.19	193.84	418.31	46565.30	38367.50	1460.51
贵　州	1481.27	393.02	65.91	68.50	9342.21	6685.76	305.33
云　南	2567.67	574.64	28.62	78.26	14943.50	11672.09	388.51
西　藏	105.97	30.78	3.54	18.07	331.66	257.95	16.04
陕　西	2701.11	870.03	38.12	489.81	24422.64	19692.13	593.73
甘　肃	1039.63	205.59	12.25	17.29	7588.41	6390.37	132.58
青　海	870.97	92.16	9.26	8.33	2443.49	2016.27	46.60
宁　夏	1147.83	1001.24	49.45	18.04	4802.34	4030.78	83.93
新　疆	4115.11	363.80	29.43	30.17	11683.60	9505.12	278.34

单位：亿元

管理费用	财务费用	利息费用	投资收益(损失以"–"号记)	营业利润	利润总额	亏损企业亏损额	平均用工人数(万人)
58274.73	**11687.65**	**11141.58**	**6574.61**	**66461.67**	**68465.01**	**10036.02**	**7756.09**
1296.74	248.02	309.47	598.21	1723.11	1729.55	289.90	83.13
903.48	121.28	117.14	-228.47	702.51	971.15	326.47	107.62
1755.06	570.19	539.95	78.82	2147.44	2177.78	367.41	272.19
1229.46	743.92	863.20	183.90	1113.92	1086.28	494.12	192.06
716.19	444.34	446.87	201.75	1319.40	1314.98	390.46	87.72
1439.79	426.11	403.19	221.11	1303.62	1341.22	629.51	195.30
730.51	129.01	130.64	66.65	550.29	573.99	433.00	76.24
553.14	154.18	162.29	104.45	214.93	311.48	276.35	83.63
2963.95	93.71	175.19	625.20	2812.85	2882.67	348.54	183.71
7304.90	982.60	696.69	542.07	7380.82	7622.80	1028.42	856.32
4968.22	875.19	843.99	765.64	5519.70	5807.04	489.28	683.75
1995.04	355.56	341.18	200.73	2336.10	2439.55	227.35	282.81
2316.99	388.92	350.04	138.42	3907.02	3949.87	188.15	414.33
1479.99	263.67	206.63	46.30	2489.34	2591.34	119.25	238.34
3855.83	995.33	977.32	502.32	4208.29	4431.32	759.13	550.80
1915.41	618.91	569.92	167.41	2780.32	2823.18	354.19	465.32
2216.47	336.03	306.96	250.94	2630.29	2646.93	363.03	274.51
2706.37	366.99	255.93	45.33	2644.76	2559.92	194.61	313.05
10291.87	1053.43	960.70	1253.81	9297.74	9572.09	1016.48	1308.52
667.80	206.17	220.61	24.61	933.16	990.49	117.21	125.82
98.56	37.56	40.57	10.27	130.43	133.15	30.09	11.09
1186.66	171.97	166.83	108.13	1472.99	1506.53	147.65	161.76
2087.06	516.41	547.60	133.90	3363.20	3386.38	240.23	302.16
524.13	205.41	191.46	27.73	1153.18	1174.41	131.72	77.04
643.24	298.25	299.46	205.74	1115.32	1115.02	162.71	80.40
28.35	10.10	10.58	0.49	18.98	19.17	35.16	2.31
1226.19	333.71	307.67	181.71	1982.04	2037.07	243.74	163.00
272.49	161.86	158.84	26.80	285.13	300.06	112.97	46.58
122.13	99.67	88.83	8.05	97.40	103.18	98.98	14.60
209.05	175.65	162.11	30.67	182.89	194.61	122.53	29.75
569.66	303.50	289.72	51.90	644.48	671.79	297.40	72.20

3-2 按地区分组的国有

地区	资产总计	固定资产净额	固定资产原价	累计折旧	流动资产合计	应收账款	存货
全国	**500460.95**	**180955.80**	**352740.35**	**165073.51**	**177774.42**	**32849.01**	**32479.16**
北京	39980.04	7235.80	14186.50	6993.08	10681.50	2170.68	1207.82
天津	8547.39	2987.55	6345.93	3241.05	3327.11	606.36	641.07
河北	19102.12	8537.61	16033.73	7148.52	5811.30	1130.27	1100.32
山西	32873.68	9943.07	17838.13	7678.31	12364.06	1719.07	1046.37
内蒙古	19273.89	9271.39	17291.97	7492.79	5012.83	978.34	831.89
辽宁	20244.75	6717.45	15508.95	8543.69	8234.76	1043.85	1972.49
吉林	9822.58	2994.52	6578.90	3372.95	3529.11	567.84	770.76
黑龙江	10443.71	4064.49	11078.56	6763.33	3948.44	600.47	556.00
上海	22057.01	4428.79	11865.96	7289.88	10439.80	1661.93	1860.79
江苏	23684.11	8973.11	18895.38	9676.32	10288.32	2565.86	2201.44
浙江	14229.19	5980.36	12510.28	6411.68	5236.68	1529.41	946.63
安徽	16363.71	5509.90	10429.50	4812.12	6177.86	985.83	951.18
福建	11214.38	4678.40	8681.78	3647.28	3238.08	655.66	775.48
江西	7887.42	2796.86	5359.02	2504.46	3382.14	745.12	699.58
山东	31610.55	10482.33	20326.09	9480.61	12330.96	2184.83	2105.40
河南	18149.58	7016.08	13982.24	6681.56	7156.49	1295.79	1606.45
湖北	19598.26	6036.09	12425.86	6219.46	8282.20	1519.84	1443.30
湖南	10628.72	4175.83	8212.45	3867.43	4386.88	1078.02	1115.01
广东	29717.50	11051.43	21222.22	9977.33	9876.38	2010.50	2052.91
广西	10162.26	4017.05	7049.22	2868.60	3674.28	636.73	792.75
海南	1614.96	785.06	1395.32	590.94	493.47	43.28	67.07
重庆	9259.76	3314.78	6344.62	2947.31	3871.49	808.12	611.68
四川	25529.03	10926.40	19066.54	7832.37	8592.40	1462.14	1652.08
贵州	11080.45	4181.02	7160.87	2870.32	4622.34	575.73	850.20
云南	17055.54	7730.62	12245.79	4287.09	4555.12	680.22	1432.51
西藏	1348.05	853.03	1116.67	263.44	249.57	37.66	15.99
陕西	26071.83	8867.21	16600.19	7080.03	9568.48	1725.13	1753.99
甘肃	8654.52	3761.42	7607.19	3638.49	2721.32	573.48	658.02
青海	4953.84	2506.58	4024.16	1418.41	1239.36	301.94	150.02
宁夏	4769.38	3043.76	5290.24	2061.34	890.95	248.88	143.20
新疆	14532.74	8087.82	16066.08	7413.32	3590.75	706.02	466.80

控股工业企业主要经济指标

单位：亿元

产成品	负债合计	流动负债合计	应付账款	所有者权益合计	实收资本	国家资本	集体资本
8933.45	**289136.95**	**195320.60**	**49532.24**	**211176.28**	**118431.52**	**62905.92**	**806.46**
398.15	16270.89	12190.53	2817.16	23709.15	18546.35	15664.64	4.07
180.85	4797.09	3394.12	953.80	3743.75	2484.69	932.63	9.04
318.20	12340.05	9141.84	2255.36	6700.24	3913.26	1841.10	22.84
366.53	24699.81	16827.70	3075.72	8183.43	4645.68	2276.67	74.33
188.89	11724.47	7201.31	1688.41	7564.17	5482.96	2494.21	23.91
464.00	12658.50	9089.10	2141.25	7583.52	4372.56	1073.50	9.25
297.15	4832.48	3768.19	1493.09	4989.55	2513.45	714.86	10.04
150.37	6198.78	3690.55	1039.25	4297.05	1922.46	587.91	9.88
488.57	10299.55	8153.53	2611.56	11757.46	4876.25	2800.03	8.75
673.65	13285.82	9248.35	2910.69	10398.29	6126.65	3699.63	66.86
204.90	7659.16	4701.64	1195.41	6543.56	3319.79	1649.34	20.87
264.92	8705.98	6083.30	1610.75	7657.72	3226.16	1438.90	19.93
137.17	6468.11	3488.57	825.08	4737.50	2935.95	753.85	17.16
205.95	4596.79	3315.85	913.40	3292.30	1363.13	652.79	9.04
822.46	20157.11	14662.05	3608.79	11445.41	5894.81	1875.44	63.37
407.09	12185.69	9007.38	2200.80	5964.23	3177.74	1563.11	43.52
348.80	10480.32	7570.79	2330.45	9113.00	3669.61	1803.73	63.42
208.84	6142.69	4378.07	1097.06	4467.53	2295.38	1117.87	10.05
620.18	15626.59	9740.75	2808.09	14090.91	6194.52	3071.30	24.62
239.87	6592.54	4157.52	972.97	3540.23	1758.85	952.88	22.67
12.53	890.08	446.23	93.20	724.88	418.65	172.15	2.25
225.65	5290.75	3991.32	1217.91	3955.71	2115.85	832.42	21.48
433.58	14477.10	8729.91	2046.43	11027.28	5586.60	2545.61	46.85
122.25	6637.69	4259.82	811.87	4437.23	1705.95	765.19	28.43
212.20	10030.39	4962.82	997.50	7030.13	3479.68	1510.54	35.73
4.49	650.65	353.78	94.93	697.39	134.25	77.22	2.13
565.92	15012.54	10496.20	2840.34	11040.97	6400.32	4687.83	42.39
138.88	5242.02	3136.74	774.91	3418.42	2304.21	1671.28	19.99
37.76	3395.74	2035.38	392.74	1558.33	1000.99	360.49	20.51
32.60	3330.42	1874.03	394.68	1438.96	1156.60	687.39	5.99
161.07	8457.15	5223.21	1318.64	6067.96	5408.15	2631.40	47.08

3-2 续表

地 区					营业收入	营业成本	销售费用
	法人资本	个人资本	港澳台资本	外商资本			
全 国	**50216.77**	**2161.98**	**555.02**	**1909.88**	**279606.80**	**229113.53**	**5386.63**
北 京	2534.53	80.80	34.11	228.20	13622.32	11803.83	329.63
天 津	1283.63	62.88	1.92	193.33	4958.18	4380.80	61.79
河 北	1895.40	107.93	22.90	23.07	10546.04	8948.16	150.06
山 西	2134.16	135.90	4.95	19.67	10281.01	7985.08	301.73
内蒙古	2833.16	104.10	2.45	25.13	8267.26	6580.26	94.38
辽 宁	3295.38	90.73	2.38	101.96	13109.52	11203.74	277.36
吉 林	1653.06	20.48	5.59	109.42	8264.79	6794.30	309.29
黑龙江	1272.54	34.90	6.33	10.90	4715.29	4041.12	70.16
上 海	1753.82	99.48	66.33	147.84	13353.10	10611.43	276.48
江 苏	2066.43	118.72	37.48	137.54	17850.81	14782.00	374.80
浙 江	1472.62	66.72	62.99	47.23	10400.58	8516.47	153.50
安 徽	1611.40	101.16	29.54	25.22	10422.98	8598.59	175.64
福 建	2006.62	55.68	21.07	81.57	7422.91	6382.05	71.71
江 西	668.22	20.30	2.04	10.74	6786.63	5796.42	103.32
山 东	3401.04	271.70	75.26	153.00	21230.19	18105.11	361.13
河 南	1473.07	68.12	10.56	13.58	11103.57	9383.09	141.51
湖 北	1542.52	81.55	16.89	158.64	10682.36	8404.57	250.59
湖 南	1054.63	44.34	51.22	17.26	7569.83	5699.63	163.53
广 东	2689.16	136.17	54.14	211.79	21279.76	17955.04	390.87
广 西	720.90	35.19	1.97	25.24	7224.13	6073.24	138.92
海 南	196.96	20.03	0.25	27.01	876.38	686.18	7.40
重 庆	1183.19	18.62	12.74	47.40	5868.13	4814.55	214.30
四 川	2892.20	73.83	11.94	14.08	12728.92	9991.57	311.25
贵 州	856.19	40.15	9.30	6.69	4810.55	2997.14	108.02
云 南	1829.85	75.19	2.09	26.28	8159.82	6000.77	116.30
西 藏	51.34	3.57			151.29	135.95	6.88
陕 西	1576.92	66.95	2.56	23.67	12440.49	9859.04	193.59
甘 肃	563.55	31.46	3.95	12.20	5738.97	4819.12	75.49
青 海	591.38	26.99		1.63	1541.28	1235.64	19.16
宁 夏	438.58	24.59		0.07	2051.26	1684.19	15.72
新 疆	2674.35	43.76	2.05	9.51	6148.46	4844.46	122.13

单位：亿元

管理费用	财务费用		投资收益（损失以"－"号记）	营业利润	利润总额	亏损企业亏损额	平均用工人数（万人）
		利息费用					
13932.08	**4821.04**	**5456.99**	**2749.16**	**15005.95**	**15346.08**	**4707.70**	**1382.80**
601.85	187.90	221.10	385.82	880.95	877.66	181.50	36.15
260.56	53.22	63.96	-3.05	-10.21	40.85	156.32	21.58
519.33	265.70	267.64	76.87	294.02	307.04	190.87	63.42
732.50	556.73	692.87	164.47	517.41	510.14	347.61	103.39
330.40	291.76	292.49	36.26	547.12	543.62	221.37	42.99
635.50	183.88	231.36	173.36	219.07	197.43	416.09	78.09
428.25	43.06	62.88	23.35	259.38	269.32	321.04	33.06
332.56	95.56	113.91	5.97	-130.65	-61.63	210.02	48.15
1000.73	13.09	80.13	415.57	974.73	967.63	152.28	34.17
769.95	152.71	141.56	92.90	1020.56	1028.45	213.67	56.88
382.76	117.27	133.36	60.61	739.40	750.70	56.71	26.10
516.78	130.27	174.28	104.71	706.48	735.44	53.20	52.38
247.86	124.52	133.14	55.52	354.28	360.94	76.71	23.79
259.92	71.40	79.73	13.63	301.26	311.90	34.96	30.99
947.39	296.35	348.86	155.84	922.31	943.71	329.86	105.14
578.94	280.11	288.34	70.04	313.77	336.09	183.43	93.22
628.20	94.44	140.05	196.80	755.18	730.71	197.57	53.98
491.99	104.33	101.71	-9.83	385.34	385.42	113.02	41.18
921.57	238.70	280.81	291.36	1201.28	1250.19	211.20	69.15
268.52	98.00	121.93	9.58	321.69	338.29	48.15	32.67
26.00	17.53	21.70	4.58	33.50	34.19	15.53	2.48
377.27	84.28	82.28	60.05	250.86	257.71	69.23	29.86
658.77	238.89	301.73	47.40	1135.25	1143.21	109.17	70.92
271.98	144.43	144.03	21.32	886.37	893.71	81.14	32.67
329.01	230.20	240.43	124.94	594.68	587.01	106.16	31.53
14.37	4.67	5.79	0.54	-9.19	-9.43	28.83	1.20
675.75	220.24	230.71	110.52	960.13	1005.29	162.97	80.55
182.10	119.34	120.66	20.04	207.66	221.22	74.81	30.84
81.94	70.55	67.19	5.87	73.43	76.82	72.29	8.88
94.78	100.87	91.50	11.31	28.29	28.37	57.18	12.18
364.59	191.05	180.86	22.79	271.59	284.14	214.82	35.20

3-3 按地区分组的有限责任公司

地区	资产总计	固定资产净额	固定资产原价	累计折旧	流动资产合计	应收账款	存货
全国	**478896.19**	**160198.04**	**290438.88**	**123732.44**	**195428.04**	**42496.42**	**36365.08**
北京	34284.77	5459.31	10301.29	4913.16	8801.50	1970.75	927.57
天津	7053.36	2373.66	4844.32	2341.70	3205.68	708.96	596.00
河北	21512.50	8058.19	13806.26	5400.57	8146.94	1783.60	1625.57
山西	31371.86	9187.52	15435.16	6011.40	12177.96	1693.66	931.80
内蒙古	22453.09	10123.67	17614.57	6926.60	6933.20	1458.64	964.40
辽宁	18809.17	5492.29	10966.37	5301.70	8259.49	1193.06	1557.40
吉林	4908.87	1975.19	3758.40	1703.10	1784.60	404.36	380.76
黑龙江	10504.55	3908.97	10149.49	6039.31	4210.81	680.74	652.91
上海	13929.42	3161.50	7696.53	4465.17	7361.41	1399.19	1546.54
江苏	26763.10	9540.51	19106.50	9305.40	12749.50	3667.48	2678.70
浙江	20437.23	7417.05	14094.68	6555.06	8353.96	2460.35	1673.39
安徽	15007.45	4765.26	7930.57	3027.52	6670.14	1961.46	1204.45
福建	9132.68	4313.65	7544.49	3107.68	2753.85	653.24	661.72
江西	9740.98	3032.50	5449.33	2278.55	4767.53	1255.51	939.59
山东	34183.14	9998.63	17624.95	7136.19	16910.14	3001.13	3389.30
河南	19647.65	6532.81	11818.31	4927.23	9042.73	1749.19	1872.94
湖北	14114.39	4289.62	7894.89	3385.52	6878.35	1578.25	1516.88
湖南	7178.24	2462.81	4562.36	1938.66	3152.76	855.87	682.40
广东	40116.95	10971.84	21128.60	9950.26	20084.92	5417.26	4036.70
广西	9803.63	3905.89	6612.65	2533.91	3587.39	671.56	813.37
海南	1409.13	550.25	907.42	296.14	635.78	159.45	100.70
重庆	7287.23	2790.57	5482.52	2537.24	3036.30	871.03	563.62
四川	27324.56	11180.55	18650.92	6952.68	10143.85	1994.39	1964.81
贵州	10196.20	3233.74	5352.31	1937.30	4622.44	588.73	870.16
云南	14148.61	6186.39	9937.81	3521.80	4079.38	714.11	1346.10
西藏	1293.84	694.61	945.02	249.00	264.41	31.81	20.99
陕西	21764.64	6276.90	11433.52	4480.61	9201.75	1613.11	1616.36
甘肃	5185.37	2074.35	3652.99	1463.38	1941.95	538.24	424.63
青海	4118.86	2155.14	3253.88	998.15	1243.10	362.57	197.19
宁夏	4185.30	2584.16	4080.50	1354.05	843.68	234.20	135.17
新疆	11029.40	5500.50	8402.28	2693.42	3582.55	824.55	472.95

工业企业主要经济指标

单位：亿元

产成品	负债合计	流动负债合计	应付账款	所有者权益合计	实收资本	国家资本	集体资本
11196.41	**286404.65**	**199963.75**	**51217.82**	**192273.72**	**114658.52**	**49386.38**	**1683.11**
294.01	13269.41	9944.95	2069.46	21015.36	17452.88	15331.61	8.43
212.04	4285.89	3218.24	917.58	2760.92	2436.99	726.35	13.06
496.51	14642.08	11351.15	2730.14	6855.89	4620.48	1499.46	54.41
341.26	23949.38	16415.03	2826.73	7430.62	4433.42	1767.98	107.29
295.65	13887.79	8930.27	2094.58	8580.67	5751.10	1810.17	83.99
334.13	11845.51	8771.44	1826.41	6961.60	4714.47	860.28	38.29
117.39	3132.72	2286.72	614.09	1754.66	1256.55	517.39	21.33
182.54	6163.55	3669.85	1102.99	4387.02	2017.22	430.81	52.18
363.79	6640.89	5333.37	1778.15	7288.53	4248.96	2405.51	15.01
1048.68	15173.06	10589.94	3456.54	11590.04	6839.62	3203.93	249.62
484.43	12238.47	8460.65	2560.20	8178.12	4449.98	1434.09	54.72
488.57	8858.66	6427.07	2010.71	6148.79	3677.77	1157.53	73.67
119.06	5265.13	2913.25	790.02	3856.17	2687.62	553.59	33.01
332.38	5863.34	4387.41	1379.36	3870.24	2049.08	522.25	22.78
1345.22	22323.35	17444.50	3909.97	11821.69	6258.22	1456.55	213.57
491.32	12226.90	9362.34	2274.90	7390.96	4002.81	1402.02	81.00
474.94	7787.41	5583.40	1878.25	6314.91	3612.13	872.17	63.17
232.68	4160.32	3070.41	858.84	2991.27	1794.06	771.48	22.48
1131.37	23122.91	16783.49	5335.35	16994.20	7516.68	2518.97	71.74
241.87	6241.34	3890.48	961.01	3565.25	1901.07	864.02	27.13
34.14	836.87	532.32	147.84	564.86	309.30	77.03	15.33
189.99	4120.30	2995.73	921.06	3164.49	1661.00	453.79	32.69
610.96	16079.94	10235.79	2609.55	11209.71	6059.89	1992.66	99.94
154.75	6057.11	4057.50	774.02	4132.72	1527.65	567.57	44.28
206.66	8197.48	4089.06	876.90	5942.13	3231.26	1354.40	28.52
7.13	584.85	271.99	92.83	709.00	147.31	88.95	0.87
595.13	12459.38	8627.28	2204.24	9276.25	4078.91	2311.84	73.27
113.38	3454.18	2065.79	500.28	1732.19	1197.96	534.82	30.97
50.40	2978.41	1871.23	304.02	1140.67	819.05	313.32	24.50
39.31	3054.17	1670.66	336.32	1131.13	912.58	446.53	6.06
166.71	7503.88	4712.45	1075.49	3513.67	2992.50	1139.31	19.82

3-3 续表

地　区					营业收入	营业成本	销售费用
	法人资本	个人资本	港澳台资本	外商资本			
全　国	**57543.88**	**5878.92**	**103.93**	**174.94**	**299936.61**	**247056.35**	**7134.87**
北　京	2048.02	63.44	0.19	1.18	9674.69	8610.71	195.59
天　津	1555.89	132.19	2.74	5.51	4620.75	4154.29	74.58
河　北	2585.93	475.61	0.02	3.65	13175.06	11221.26	248.31
山　西	2365.53	183.86	5.10	3.34	9496.94	7206.90	315.10
内蒙古	3483.25	363.71	3.09	4.71	10844.69	8606.45	174.61
辽　宁	3573.88	422.65	0.07	18.34	10660.03	9481.90	179.91
吉　林	644.76	64.21	1.70	7.15	2948.75	2457.83	126.92
黑龙江	1415.77	117.22		1.25	4627.57	4047.81	99.98
上　海	1794.26	24.42	0.04	9.72	8631.50	6784.66	163.30
江　苏	2969.76	372.38	25.04	18.89	22759.84	18798.00	836.95
浙　江	2731.37	200.81	16.26	12.72	15600.18	13065.95	244.81
安　徽	2086.05	351.90	5.79	2.83	11752.67	9926.70	246.46
福　建	2058.24	37.25	5.43	0.01	7151.62	6122.47	67.68
江　西	1298.66	199.28	1.92	3.83	10158.53	8738.13	178.29
山　东	3949.22	568.02	3.44	7.75	27071.57	23106.12	638.40
河　南	2086.64	404.53	11.34	7.01	15102.91	12780.96	259.13
湖　北	2315.74	330.36	0.41	28.12	10066.21	7980.12	282.41
湖　南	872.59	124.50		3.00	6567.38	5383.68	160.97
广　东	4408.14	481.80	10.59	18.10	36008.03	29434.68	1141.40
广　西	918.39	90.77	0.13	0.63	6935.19	5906.78	82.26
海　南	199.57	17.37			931.25	705.07	69.33
重　庆	1122.97	51.49		0.06	5249.29	4334.95	119.97
四　川	3694.05	256.72	9.30	7.22	16632.82	13358.73	473.85
贵　州	836.90	74.31	0.10	4.49	4360.93	2580.48	122.91
云　南	1752.85	93.27	0.35	1.07	7374.94	5182.22	162.34
西　藏	41.50	16.00			140.85	136.65	6.56
陕　西	1497.37	193.20	0.82	2.26	11834.83	9222.84	263.76
甘　肃	587.32	44.27		0.57	2783.15	2310.30	48.15
青　海	448.60	32.42			1203.56	981.03	21.50
宁　夏	433.99	26.01			1320.34	1055.03	19.83
新　疆	1766.67	64.93	0.05	1.52	4250.51	3373.66	109.59

单位：亿元

管理费用	财务费用		投资收益（损失以"－"号记）	营业利润	利润总额	亏损企业亏损额	平均用工人数（万人）
		利息费用					
16002.93	**5016.96**	**5197.70**	**1689.27**	**17155.18**	**17697.50**	**4165.90**	**1726.50**
465.51	162.28	178.26	306.56	599.65	595.72	85.16	31.01
242.28	46.95	49.85	-261.88	-199.45	34.70	148.78	25.73
607.71	288.04	279.28	24.23	597.75	595.08	126.66	76.95
700.20	559.54	661.28	127.87	507.58	483.02	385.54	100.68
461.28	333.12	321.97	30.61	848.27	834.47	261.40	56.51
530.66	195.96	218.79	165.16	209.57	195.48	268.16	74.33
178.81	65.34	52.49	10.41	-56.87	-43.08	247.06	27.75
339.59	99.57	114.45	4.99	-96.11	-33.96	207.05	44.50
588.70	10.61	44.46	114.71	514.46	525.40	147.26	31.15
1138.41	196.15	171.57	99.82	1234.17	1263.58	197.55	90.75
626.43	196.25	218.08	78.25	1117.27	1147.81	91.88	55.51
584.66	154.36	147.97	72.01	778.11	807.09	87.79	78.73
225.63	100.38	100.28	16.45	427.22	432.02	43.06	28.08
419.97	89.94	81.34	8.26	562.80	592.25	55.81	59.23
1217.83	354.24	393.28	92.98	1270.13	1328.44	236.62	144.01
709.73	269.27	266.32	38.83	684.57	691.25	175.63	121.38
625.91	77.78	90.12	25.83	571.67	575.58	140.27	68.09
461.89	77.58	65.92	-25.39	398.79	393.23	75.65	43.44
2848.37	312.85	307.02	425.13	2215.55	2241.68	223.32	196.18
248.97	106.79	116.05	5.53	354.72	377.03	46.50	37.31
45.90	19.00	18.35	2.82	65.23	67.32	11.47	5.07
297.20	75.83	67.09	32.86	297.45	308.62	80.99	30.94
800.55	286.73	337.52	45.41	1264.00	1275.56	144.34	101.42
251.40	126.84	123.22	18.86	863.05	866.02	88.04	27.73
318.99	178.68	180.86	92.02	622.02	615.35	102.36	31.43
11.02	3.82	4.46	-0.30	-16.38	-16.28	30.93	1.21
611.16	207.05	199.50	99.93	1103.59	1113.04	116.69	73.05
102.00	83.17	75.89	17.49	126.34	130.84	62.53	16.81
63.84	62.48	54.11	-2.73	53.23	54.41	69.59	7.29
81.61	92.80	83.11	5.03	12.23	12.21	60.22	9.56
196.71	183.54	174.82	17.53	224.59	233.63	147.59	30.64

3-4 按地区分组的股份有限公司

地区	资产总计	固定资产净额	固定资产原价	累计折旧	流动资产合计	应收账款	存货
全国	**185000.73**	**38352.89**	**83165.62**	**42812.14**	**84803.65**	**16525.54**	**13785.14**
北京	7101.63	564.31	1194.78	603.11	3429.04	791.84	418.07
天津	3152.22	983.88	2155.76	1106.05	1252.87	285.35	236.85
河北	5626.48	1591.22	3617.84	1963.64	2507.08	418.96	341.69
山西	4593.10	1143.92	2511.81	1361.45	2041.59	284.25	321.48
内蒙古	3689.70	698.08	1680.78	950.04	1290.85	192.75	323.09
辽宁	5192.37	1857.26	5350.73	3322.40	2148.17	281.93	572.47
吉林	3204.80	715.41	1771.11	907.96	1549.98	319.60	234.68
黑龙江	1472.25	391.72	1052.38	599.27	564.98	108.78	142.79
上海	8122.15	831.92	2616.45	1740.03	3487.45	650.14	334.95
江苏	12697.98	1878.73	3980.97	2028.22	6964.24	1577.78	1145.56
浙江	14789.51	1656.48	3198.90	1502.46	7529.12	1670.62	1146.70
安徽	11088.26	2879.34	5785.69	2865.66	5089.70	682.71	612.72
福建	2948.88	475.02	801.52	320.35	1038.35	161.23	201.68
江西	3059.74	635.27	1206.35	552.13	1677.16	323.94	396.06
山东	18574.78	3576.00	7163.30	3486.11	8272.26	1502.87	1525.61
河南	8620.82	1857.54	3999.91	1953.21	3779.52	676.48	633.13
湖北	9509.03	2010.07	4292.01	2195.09	4045.35	760.54	626.93
湖南	4505.40	703.89	1449.13	655.32	2743.72	1011.52	403.28
广东	20439.36	1820.91	3736.37	1882.48	11863.32	2488.95	1800.49
广西	1655.72	402.11	875.84	417.32	745.29	92.23	100.38
海南	549.91	83.38	211.87	125.05	293.59	47.62	30.25
重庆	3132.99	664.75	1127.66	493.20	1631.96	273.16	203.32
四川	5779.43	1582.40	3549.73	1903.94	2578.35	510.91	530.73
贵州	1338.62	414.71	789.97	354.26	583.01	109.15	94.38
云南	4649.62	1811.42	2723.05	900.72	1615.28	225.38	287.12
西藏	361.82	145.90	181.17	34.93	92.32	17.76	6.49
陕西	6551.16	2455.24	4798.89	2293.48	1866.18	428.95	307.53
甘肃	3459.58	836.81	2005.43	1043.22	1366.63	198.41	380.25
青海	1218.21	242.84	529.43	269.60	355.03	40.44	41.76
宁夏	678.96	276.31	618.50	307.16	229.74	38.47	45.10
新疆	7236.24	3166.04	8188.31	4674.30	2171.54	352.81	339.61

工业企业主要经济指标

单位：亿元

产成品	负债合计	流动负债合计	应付账款	所有者权益合计	实收资本	国家资本	集体资本
4834.81	**89526.13**	**67854.20**	**18145.75**	**95351.98**	**30372.46**	**7607.95**	**712.61**
149.36	2900.18	2343.66	578.52	4201.45	1159.05	130.17	5.80
75.20	1377.98	1037.33	359.53	1774.24	531.75	253.63	13.40
139.00	2744.17	2225.32	765.23	2825.52	792.00	112.50	5.19
99.06	2776.54	2087.22	533.61	1816.56	383.00	100.65	6.52
77.15	2008.34	1514.21	328.96	1681.35	840.77	34.15	2.80
237.29	3051.92	2147.60	428.84	2137.73	887.83	129.84	6.22
73.91	1487.73	1211.31	476.91	1717.18	539.00	171.55	7.68
56.45	745.10	547.08	124.85	726.86	279.12	124.05	9.01
108.21	3064.11	2204.45	776.69	5058.04	803.41	276.21	2.96
364.43	5622.84	4179.99	1048.82	7075.14	2082.54	308.97	49.83
520.47	5675.87	4762.50	1198.92	9104.16	2529.25	118.10	57.43
215.11	5239.70	4021.55	1077.28	5848.56	1632.32	217.83	10.74
55.10	1333.67	898.06	174.64	1615.20	362.09	119.73	3.88
106.27	1466.09	1142.92	279.06	1591.98	392.82	73.55	7.19
644.98	9898.93	7842.17	2017.16	8692.98	2889.74	327.36	54.13
231.48	4964.16	3523.69	724.79	3655.88	917.79	133.32	35.96
177.85	4037.16	2747.19	610.93	5458.94	1041.23	257.20	52.63
124.65	2629.24	2102.87	739.31	1870.33	640.26	230.26	10.34
758.27	10212.55	8418.45	2542.75	10226.81	3034.82	374.09	107.80
48.49	993.26	714.83	100.19	633.54	176.10	38.56	14.16
10.79	196.06	168.55	25.50	352.10	126.48	7.92	5.95
83.97	1614.62	1377.35	464.32	1515.62	584.90	245.15	13.38
137.07	2372.70	1628.89	463.66	3400.99	776.36	121.67	13.54
27.46	747.90	574.55	107.32	590.09	216.85	54.42	6.71
59.77	2595.36	1567.73	340.71	2052.79	551.77	64.52	32.99
1.51	159.85	65.17	19.50	201.96	75.06	19.00	2.00
78.49	3412.43	2542.78	750.32	3132.48	2148.26	1792.06	18.25
63.72	1866.26	1284.78	303.04	1592.08	781.78	451.61	98.24
19.94	736.76	392.00	100.42	481.45	137.26	35.08	3.60
10.49	332.40	236.71	58.31	345.94	171.36	66.23	1.60
78.87	3262.24	2343.29	625.67	3974.00	2887.50	1218.56	52.70

3-4 续表

地　区	法人资本	个人资本	港澳台资本	外商资本	营业收入	营业成本	销售费用
全　国	**14868.07**	**6732.28**	**213.86**	**226.86**	**99526.28**	**78898.45**	**3852.07**
北　京	594.48	417.61	8.59	2.40	2488.55	1848.55	167.67
天　津	160.15	84.18		20.39	1885.15	1570.83	49.56
河　北	449.23	191.26	32.24	1.58	3389.03	2740.67	147.55
山　西	182.48	93.35			1917.08	1501.50	45.97
内蒙古	679.10	124.70		0.02	1596.66	1246.10	76.80
辽　宁	624.12	122.37	0.36	6.52	4060.88	3444.53	69.39
吉　林	282.47	76.88		0.43	2285.04	1854.31	105.67
黑龙江	91.02	52.39		2.65	1191.16	870.95	33.01
上　海	363.81	141.48	15.29	1.16	3265.49	2795.30	180.85
江　苏	1026.14	660.99	11.19	25.42	7623.01	5928.59	335.27
浙　江	1510.20	835.95	5.14	2.44	7556.86	5549.14	374.10
安　徽	1005.96	368.45	22.54	6.80	6235.81	5207.00	185.03
福　建	145.26	87.24	5.72	0.25	1183.99	950.73	40.00
江　西	213.35	95.87	0.43	2.43	2365.51	1875.65	49.72
山　东	1748.19	639.42	62.70	52.49	11371.82	9426.78	358.53
河　南	396.69	346.98	0.81	1.69	4252.00	3401.50	129.21
湖　北	488.85	207.45	12.44	22.66	3966.41	3034.74	148.53
湖　南	260.96	110.21	0.17	28.32	2683.36	2073.58	124.21
广　东	1193.68	1323.31	19.84	16.10	11705.50	8900.27	622.52
广　西	85.95	37.32		0.08	829.12	614.04	40.23
海　南	83.51	27.55		1.54	191.85	133.14	22.66
重　庆	192.75	121.06		12.56	1950.55	1638.38	90.64
四　川	396.73	234.34	2.25	5.74	2842.38	1998.12	164.42
贵　州	117.75	37.97			627.13	452.84	40.44
云　南	356.93	94.81		2.51	2360.27	2048.55	61.92
西　藏	46.61	5.91	1.54		96.90	58.99	5.85
陕　西	265.82	65.69		6.45	2669.54	2160.05	41.33
甘　肃	194.05	37.88			2540.30	2142.99	45.57
青　海	73.07	23.88		1.63	459.45	310.07	10.24
宁　夏	78.78	24.46		0.29	492.27	368.28	7.72
新　疆	1559.99	41.34	12.61	2.31	3443.18	2752.30	77.46

单位：亿元

管理费用	财务费用		投资收益(损失以"−"号记)	营业利润	利润总额	亏损企业亏损额	平均用工人数(万人)
		利息费用					
6522.41	**1247.38**	**1502.42**	**2553.80**	**7907.27**	**8041.24**	**1486.01**	**597.66**
249.95	42.23	59.58	160.58	237.00	239.81	69.97	13.56
120.73	21.28	22.01	38.71	43.31	45.94	69.67	9.45
185.94	38.21	46.64	96.21	118.45	123.81	96.74	22.07
141.56	34.20	55.61	41.16	167.80	167.31	9.84	18.29
60.81	38.92	44.35	74.59	160.53	153.77	23.01	7.97
206.14	52.33	59.64	12.09	-67.28	-56.14	170.08	23.07
137.16	23.22	30.53	32.48	100.44	91.22	49.80	12.30
58.34	11.21	10.72	7.36	54.07	59.53	11.22	6.79
219.71	21.21	40.24	293.64	337.82	330.55	22.03	8.98
537.44	77.20	67.14	130.52	644.48	653.75	95.24	40.40
627.32	76.61	91.91	293.32	1108.71	1125.87	48.90	50.24
354.89	57.87	89.25	97.58	490.87	514.70	17.08	36.61
91.66	24.95	30.77	52.92	121.54	123.02	20.57	9.05
123.58	25.48	22.28	8.35	196.64	196.88	10.87	13.12
678.21	148.17	163.66	251.32	677.16	685.45	212.85	70.59
269.26	99.80	87.51	61.56	301.45	296.30	80.25	40.89
287.76	56.76	76.23	172.75	512.91	514.68	38.62	27.68
184.40	22.16	29.19	46.96	201.89	188.38	35.03	13.31
955.43	88.74	140.37	338.40	1113.35	1160.54	138.84	69.72
41.83	13.61	17.66	6.90	55.64	57.82	15.56	5.45
12.25	1.22	3.11	2.38	22.74	22.62	1.10	1.29
122.84	17.70	19.11	52.28	88.43	84.04	10.16	8.68
211.11	29.33	39.75	74.28	425.34	423.43	22.82	21.69
50.27	14.56	16.27	5.60	71.14	75.94	3.17	7.62
77.18	61.83	66.82	98.62	214.22	213.75	11.69	8.06
8.77	1.29	1.37	0.61	22.34	22.36	0.41	0.44
134.31	45.07	47.33	51.65	172.53	211.32	72.42	18.27
84.06	31.75	38.79	8.97	79.48	71.14	24.91	12.40
31.58	17.43	19.95	9.37	50.86	53.75	4.00	3.46
18.39	8.64	9.18	4.78	31.55	29.00	0.28	2.57
239.54	44.42	55.46	27.83	151.87	160.71	98.86	13.64

3-5 按地区分组的私营

地 区	资产总计	固定资产净额	固定资产原价	累计折旧	流动资产合计	应收账款	存货
全 国	**345022.79**	**73993.65**	**139353.84**	**57447.24**	**205754.08**	**60158.67**	**45126.93**
北 京	2268.12	196.17	380.18	176.29	1635.86	526.54	350.24
天 津	3758.73	717.84	1200.50	467.19	2295.87	641.77	460.05
河 北	16738.03	3671.54	6908.35	2882.07	9785.31	2377.25	2044.22
山 西	8750.19	2081.30	3736.51	1530.06	4999.69	1016.26	811.77
内蒙古	4242.84	1108.52	1826.49	677.41	1986.16	429.12	368.05
辽 宁	9633.15	1886.51	3807.11	1253.33	5856.48	1634.81	1446.79
吉 林	2747.37	689.77	1147.96	418.64	1524.01	373.51	394.91
黑龙江	2894.70	697.07	1223.77	473.28	1621.36	385.15	455.30
上 海	7231.90	894.20	1761.13	842.39	5121.36	1753.74	1017.77
江 苏	48313.93	9633.16	17854.54	7786.21	31261.37	11009.80	6517.65
浙 江	40123.56	8465.14	14740.21	6074.78	25242.34	8163.44	5245.44
安 徽	11024.64	2576.31	4174.52	1495.33	6757.59	2470.24	1585.28
福 建	17330.75	3573.17	7520.57	3465.30	9923.88	2387.93	2412.92
江 西	10523.18	2777.48	5271.55	2002.72	5292.18	1500.73	1249.79
山 东	27663.62	5609.10	10103.04	4087.60	17766.36	4464.88	4170.63
河 南	17179.21	4846.16	9264.15	3099.65	8016.25	1917.67	1635.16
湖 北	10711.85	2900.59	6520.03	3064.01	5517.59	1606.10	1405.91
湖 南	14358.51	3283.92	6808.04	2733.22	6820.71	1915.74	1631.48
广 东	38956.94	5520.71	11667.36	5810.86	27491.29	8050.33	6176.34
广 西	5285.28	990.43	1730.17	626.06	3404.83	910.57	775.11
海 南	206.74	29.38	54.12	23.34	151.73	43.58	41.63
重 庆	8079.98	2131.49	3977.18	1554.45	4174.20	1412.89	800.52
四 川	12594.68	3271.39	6831.00	3193.28	6634.67	1915.46	1557.73
贵 州	3224.03	751.58	1316.44	427.02	1684.70	449.74	359.70
云 南	4370.82	1101.42	2038.89	790.05	2398.23	519.29	564.33
西 藏	98.46	22.05	34.22	11.66	47.53	13.56	8.37
陕 西	5838.58	1314.58	2371.24	801.84	3236.15	995.97	626.71
甘 肃	1253.60	319.67	520.66	167.20	710.79	210.30	158.43
青 海	635.59	176.66	330.78	122.31	356.22	80.94	62.02
宁 夏	4473.31	1048.35	1565.99	480.38	1944.89	408.95	300.79
新 疆	4510.51	1708.01	2667.11	909.33	2094.47	572.40	491.90

工业企业主要经济指标

单位：亿元

产成品	负债合计	流动负债合计	应付账款	所有者权益合计	实收资本	国家资本	集体资本
19293.68	**198275.49**	**162553.62**	**41445.64**	**145706.96**	**66142.67**	**595.59**	**1087.36**
133.41	1132.00	1036.39	410.93	1136.12	365.03		
195.54	2209.39	1849.30	531.40	1549.47	1004.14	5.11	23.65
836.10	9535.60	8358.67	2300.90	7130.82	2934.36	10.66	23.14
380.52	6271.50	5175.30	1397.97	2470.95	1297.65	14.26	18.52
164.29	2624.85	2137.01	490.69	1621.40	880.51	5.95	39.93
504.63	6531.56	5295.79	1583.05	3101.59	1693.22	4.20	24.85
151.18	1716.04	1457.81	396.41	1027.16	641.91	1.31	8.99
165.66	1815.25	1543.30	411.25	1073.90	618.82	12.94	16.16
434.11	3590.53	3284.32	1218.51	3640.98	1191.61	3.34	3.17
2791.54	27646.94	18647.26	6093.60	20667.16	11232.27	155.53	183.62
2182.06	24257.59	22462.87	5973.78	15834.98	7356.91	18.01	19.10
736.46	6213.24	5321.60	1732.76	4811.39	2326.09	20.16	57.32
1135.77	8325.56	6473.86	1742.42	8826.01	3045.28	27.36	52.86
577.98	5177.98	3917.96	1280.48	5285.75	2125.25	34.00	39.93
1743.35	18969.52	17025.50	4981.27	8657.61	4596.82	36.01	107.98
673.33	7221.80	5464.15	1619.74	9738.27	4656.31	15.17	37.60
667.47	5144.86	4037.79	1251.43	5508.21	2176.95	32.23	51.21
743.79	6588.73	4879.09	1476.83	7636.03	3116.35	72.00	35.69
2508.05	23999.61	20709.58	-964.55	14957.34	5333.64	26.58	193.29
376.05	3617.91	3180.23	934.22	1647.82	770.79	5.17	12.19
10.41	140.80	125.96	35.21	65.62	29.20		0.51
344.68	4322.43	3528.17	1369.27	3720.25	1275.75	10.80	19.18
673.38	6482.31	5243.16	1641.92	6051.65	2215.28	19.86	17.86
159.96	2021.62	1480.39	396.61	1181.15	534.13	5.11	12.58
251.70	2753.00	2107.35	570.06	1581.46	773.22	11.57	21.68
3.62	68.33	31.08	8.45	30.13	24.26	2.96	0.19
289.19	3144.72	2514.77	934.62	2643.96	1111.25	10.16	12.43
76.08	781.80	601.15	176.78	468.04	277.80	2.34	9.19
29.05	448.61	317.64	90.43	186.98	135.95	3.80	4.72
132.70	2550.05	1981.19	636.81	1922.94	1483.20	14.38	25.13
221.62	2971.36	2364.97	722.38	1531.81	918.74	14.62	14.70

3-5 续表

地　区	法人资本	个人资本	港澳台资本	外商资本	营业收入	营业成本	销售费用
全　国	**30780.01**	**33477.46**	**102.60**	**76.01**	**413564.00**	**351705.62**	**11356.68**
北　京	134.59	230.35		0.09	1463.40	1055.77	120.64
天　津	578.89	396.09	0.32	0.05	4420.86	3995.11	79.62
河　北	1144.86	1751.60	0.68	0.39	20694.70	18224.03	344.79
山　西	573.87	690.51	0.50	0.02	7522.34	6541.70	226.02
内蒙古	444.46	379.98	0.30	2.00	3120.32	2672.04	88.72
辽　宁	967.98	694.90	1.27	0.02	8308.63	7236.09	169.68
吉　林	381.47	249.92	0.01		1962.78	1653.03	71.23
黑龙江	271.53	300.24	16.33	0.82	2320.93	2042.63	70.23
上　海	559.86	622.36	2.27	0.60	5934.10	4676.97	272.10
江　苏	5014.88	5826.92	26.71	24.35	50815.73	43457.28	1237.86
浙　江	3415.79	3898.85	3.26	1.99	38801.77	32521.21	1163.78
安　徽	930.99	1312.40	1.72	3.51	14413.85	12388.61	381.47
福　建	1305.09	1642.39	8.18	1.94	30864.61	26408.71	714.01
江　西	1004.72	1037.51	6.35	2.71	19301.66	16555.21	422.27
山　东	2260.90	2176.86	3.63	8.77	31334.56	27859.91	637.26
河　南	2008.84	2592.24	1.96	0.07	21018.47	17980.95	494.63
湖　北	946.81	1145.53	0.71	0.37	18006.60	15261.58	516.85
湖　南	1689.09	1315.49	3.47	0.57	24736.73	19838.60	831.71
广　东	2722.91	2363.03	5.18	22.52	51482.50	43276.71	1771.78
广　西	342.72	409.47	1.04	0.06	6093.46	5339.02	143.90
海　南	11.47	17.12			162.46	136.35	6.92
重　庆	628.98	614.03	2.83	0.24	9935.10	8125.26	274.20
四　川	964.14	1212.23	0.74	0.25	20526.87	17198.45	708.91
贵　州	243.76	272.18	0.37	0.13	3004.93	2479.92	117.86
云　南	367.47	368.81	0.09	3.36	4318.16	3747.60	117.18
西　藏	13.78	7.32			29.56	21.21	1.69
陕　西	489.69	595.40	2.98	0.58	6774.97	5676.41	209.67
甘　肃	147.56	118.33	0.06	0.02	875.14	766.60	27.87
青　海	92.63	34.80			375.53	334.48	13.01
宁　夏	488.01	943.44	11.66	0.58	2166.95	1898.33	48.85
新　疆	632.26	257.16	0.01		2776.35	2335.88	71.97

单位：亿元

管理费用	财务费用		投资收益（损失以“–”号记）	营业利润	利润总额	亏损企业亏损额	平均用工人数（万人）
		利息费用					
21954.84	**3718.85**	**2554.98**	**766.09**	**22903.66**	**23800.48**	**2245.18**	**3574.36**
151.05	11.46	10.65	18.23	139.84	145.91	18.84	11.65
185.58	22.64	17.15	-25.56	101.03	130.60	48.20	37.25
672.02	188.83	147.43	-66.28	1050.64	1069.01	78.56	138.44
289.54	115.01	95.28	8.58	301.32	294.90	81.40	49.56
114.03	43.52	37.71	55.69	166.26	170.72	71.28	16.74
349.10	132.96	68.90	21.67	370.76	405.81	108.83	55.30
105.30	36.30	24.87	4.82	90.40	101.82	31.51	20.02
96.12	25.77	19.93	3.55	77.07	89.00	29.05	17.88
547.88	42.90	29.23	58.40	436.93	471.33	56.04	49.73
3138.97	474.97	257.78	142.11	2432.68	2581.65	343.85	418.33
2693.37	466.01	396.60	168.98	2012.15	2186.30	210.07	456.55
759.62	118.41	75.31	13.40	712.61	770.80	81.46	136.23
1300.40	180.54	130.43	0.41	2130.74	2149.26	39.64	249.52
757.93	109.61	67.92	25.28	1384.12	1448.26	31.22	132.81
1273.51	309.43	224.87	70.00	1125.55	1222.66	206.64	230.36
735.54	184.37	109.39	43.33	1500.40	1532.32	73.99	240.08
886.48	163.32	82.77	10.41	1059.76	1091.46	42.01	131.67
1779.53	210.34	107.89	10.98	1747.77	1681.85	33.28	215.52
3553.51	317.06	212.89	147.59	2504.34	2597.02	320.49	510.55
246.33	58.64	53.73	3.98	270.94	294.65	40.04	61.47
8.89	2.10	1.62	0.34	7.82	7.95	1.12	1.97
549.38	70.35	49.72	12.94	858.68	879.84	31.62	93.77
865.13	163.67	122.87	1.64	1314.11	1323.84	44.38	140.39
163.48	31.09	19.24	1.02	164.62	171.18	29.18	29.84
191.19	50.75	41.28	11.18	197.52	203.54	37.38	33.90
3.52	2.27	1.38	0.16	0.70	0.78	3.80	0.32
301.73	52.32	31.67	14.46	446.61	451.41	36.60	49.50
36.95	17.56	14.21	-0.01	20.93	24.30	11.52	7.79
15.77	9.52	5.24	1.17	2.71	5.00	10.46	2.28
84.79	57.45	52.95	2.41	69.21	81.20	60.29	13.32
98.21	49.67	44.07	5.21	205.42	216.09	32.44	21.61

3-6 按地区分组的港澳台商

地区	资产总计	固定资产净额	固定资产原价	累计折旧	流动资产合计	应收账款	存货
全国	**107263.30**	**24194.41**	**51855.87**	**26332.36**	**63583.30**	**20109.29**	**10975.95**
北京	3155.66	354.29	744.07	381.64	2097.92	427.59	464.77
天津	2270.76	1306.73	3605.06	2293.79	697.71	198.54	131.99
河北	2434.74	761.58	1549.90	764.44	1202.60	157.45	167.65
山西	1459.34	320.55	818.84	451.59	1011.02	371.74	96.34
内蒙古	727.15	375.93	611.60	225.10	239.51	70.32	47.13
辽宁	2430.15	474.74	854.93	368.17	1425.54	387.98	134.31
吉林	376.54	99.18	206.90	105.17	181.91	52.88	44.74
黑龙江	603.68	123.93	244.45	110.40	370.30	90.72	68.22
上海	4893.82	880.63	2431.65	1500.07	2990.71	903.53	591.13
江苏	16458.69	3721.03	7980.22	4066.83	10194.06	3565.63	1715.27
浙江	8654.16	1752.59	3384.73	1569.02	5370.05	1427.35	1020.13
安徽	3095.47	609.36	1084.31	457.09	2155.23	1491.35	188.86
福建	7010.17	1402.57	3338.99	1772.49	4262.54	1081.00	817.73
江西	1619.48	429.68	963.84	313.79	815.12	234.86	152.28
山东	8383.55	1592.81	3253.96	1522.21	4507.03	760.02	728.91
河南	4072.94	542.14	1031.93	469.76	3140.01	1346.87	312.11
湖北	1969.97	585.38	1041.41	424.16	1032.77	244.50	152.73
湖南	2314.77	784.92	1437.36	633.42	875.05	253.40	95.81
广东	26383.56	5870.42	13100.23	7006.57	16211.86	5263.32	3437.70
广西	1085.83	327.58	557.42	223.57	585.72	204.71	104.72
海南	538.31	105.76	271.26	163.96	314.07	36.61	33.85
重庆	1691.44	377.58	685.82	305.97	1142.73	628.98	153.05
四川	3208.34	470.53	1230.83	731.76	1830.37	733.62	193.59
贵州	490.64	201.16	302.65	81.43	154.56	33.91	17.28
云南	417.71	146.00	261.97	112.87	192.67	45.38	37.18
西藏	3.27	1.53	2.10	0.57	1.58	0.51	
陕西	544.37	126.73	244.93	111.62	310.17	47.10	39.26
甘肃	242.17	119.02	177.63	58.60	97.08	15.74	4.85
青海	158.86	62.67	80.79	17.86	44.67	9.59	3.26
宁夏	442.82	228.10	281.69	53.47	89.52	12.17	10.42
新疆	124.95	39.30	74.39	34.98	39.22	11.92	10.67

投资工业企业主要经济指标

单位：亿元

产成品	负债合计	流动负债合计	应付账款	所有者权益合计	实收资本	国家资本	集体资本
4287.77	**58657.52**	**48567.61**	**19170.94**	**48499.32**	**22624.99**	**1380.57**	**163.04**
155.96	1787.46	1587.01	798.91	1368.20	331.44	78.88	0.10
48.45	1359.59	1159.08	250.04	911.17	382.67	15.36	0.86
46.98	1336.42	906.49	187.15	1098.32	362.18	31.66	4.85
31.29	994.66	861.35	408.31	464.68	313.42	69.65	
19.39	375.62	270.89	54.07	351.53	206.32	55.08	
58.02	1388.20	1119.14	313.05	1041.95	633.39	18.68	2.97
18.39	281.20	214.17	46.47	95.34	84.02	1.22	0.27
14.61	350.08	309.51	75.49	253.60	75.23	6.88	
227.41	2383.09	2179.47	1082.80	2510.63	1036.81	42.14	6.13
711.82	7940.53	6310.96	2416.04	8518.16	4763.53	145.54	63.48
472.26	4238.36	3775.15	1279.40	4408.57	2165.81	54.50	6.33
39.39	2250.98	2016.68	1549.03	844.48	505.92	60.61	1.55
366.19	3392.59	2715.57	777.34	3560.40	1442.94	27.98	3.45
70.78	838.01	703.43	233.01	770.09	419.57	39.80	1.02
230.78	4924.65	3866.36	1005.33	3447.28	1342.16	69.73	6.82
149.06	3204.58	3000.45	1467.86	870.06	449.42	65.07	3.25
57.46	988.38	846.06	236.86	980.43	409.25	64.62	3.62
46.90	1088.97	622.19	232.26	1221.77	511.12	75.80	5.68
1318.45	13983.62	11563.52	4859.37	12399.94	5474.43	237.15	25.72
33.12	514.64	441.29	201.25	566.88	276.68	16.00	
9.44	186.82	144.58	40.80	351.49	176.83	73.15	0.40
53.95	1165.56	1031.10	762.90	525.84	325.31	11.36	
65.90	2367.39	2047.54	712.37	832.36	347.45	22.51	16.67
5.96	293.68	165.63	39.99	196.96	152.53	38.04	
10.71	192.90	145.89	41.47	224.81	132.08	37.62	2.87
	1.55	0.12	0.01	1.72	1.46		
13.52	311.63	269.42	52.76	230.23	83.54	0.20	
1.65	140.59	104.57	5.05	101.58	59.66	14.83	
0.15	133.57	47.87	17.56	25.28	28.70	5.43	
5.07	187.05	105.21	12.09	255.77	98.17		7.01
4.72	55.16	36.90	11.89	69.79	32.97	1.11	

3-6 续表

地　　区					营业收入	营业成本	销售费用
	法人资本	个人资本	港澳台资本	外商资本			
全　　国	**5197.37**	**817.32**	**13118.95**	**1946.62**	**95890.75**	**80385.00**	**2819.53**
北　　京	26.89	7.55	214.26	3.76	3553.63	3096.56	203.58
天　　津	80.17	4.61	226.96	54.71	1602.12	1114.88	31.90
河　　北	121.58	4.84	174.71	24.55	1934.47	1459.55	116.88
山　　西	129.76	1.06	89.13	23.82	1000.84	942.08	5.79
内 蒙 古	28.93	0.82	93.67	27.81	382.46	302.87	12.43
辽　　宁	144.90	8.04	397.75	61.04	1535.55	1316.02	48.20
吉　　林	16.24	0.72	56.68	8.90	215.29	179.31	9.46
黑 龙 江	15.99	2.68	47.65	2.03	410.89	301.14	40.14
上　　海	225.09	53.15	673.15	37.14	5435.49	4604.39	161.47
江　　苏	985.22	161.07	2900.53	507.68	14551.59	12029.86	426.62
浙　　江	600.29	71.18	1391.76	41.74	6870.26	5661.39	207.28
安　　徽	182.88	7.85	223.98	29.05	2782.73	2539.05	35.98
福　　建	266.05	73.20	927.72	144.24	8758.99	7275.26	265.50
江　　西	128.67	31.51	195.64	22.94	1833.94	1533.16	44.88
山　　东	395.43	115.55	611.12	142.79	5948.42	4990.36	146.75
河　　南	89.38	23.38	251.42	16.98	3913.27	3729.42	38.53
湖　　北	101.72	8.30	190.93	40.06	1723.52	1398.53	79.70
湖　　南	212.84	19.06	157.51	40.23	1190.03	902.75	33.06
广　　东	1027.82	178.99	3533.15	471.46	24468.75	20130.89	782.24
广　　西	48.35	2.74	178.40	31.19	831.41	671.78	17.51
海　　南	18.61	6.66	20.80	57.22	492.02	368.96	7.90
重　　庆	55.99	4.45	222.81	30.70	2251.92	2087.68	25.08
四　　川	105.05	4.29	157.94	40.96	2873.07	2667.57	39.59
贵　　州	24.69	1.56	55.31	32.93	174.49	128.74	3.83
云　　南	26.57	12.21	23.14	29.66	218.85	161.93	12.10
西　　藏		1.46			0.25	0.15	
陕　　西	38.92	3.37	28.73	12.33	476.37	420.72	10.54
甘　　肃	29.18	1.10	12.19	2.36	186.48	172.12	0.34
青　　海	12.52		8.80	1.95	60.79	53.42	1.21
宁　　夏	46.07	5.90	37.79	1.40	145.56	96.72	4.86
新　　疆	11.57		15.32	4.98	67.31	47.74	6.18

单位：亿元

管理费用	财务费用	利息费用	投资收益(损失以“–”号记)	营业利润	利润总额	亏损企业亏损额	平均用工人数(万人)
4792.20	**688.31**	**720.07**	**696.54**	**7178.74**	**7332.41**	**571.38**	**823.27**
108.11	7.67	20.15	94.42	197.35	194.85	16.93	5.99
67.88	14.25	6.16	1.17	344.17	348.67	4.84	7.45
118.26	14.54	22.84	4.45	224.37	222.03	7.28	11.34
13.71	3.24	16.68	1.00	34.92	35.35	3.32	7.37
17.01	10.47	11.51	4.14	38.96	38.59	3.78	2.19
58.60	24.21	22.06	1.60	81.62	82.22	27.80	8.67
13.93	4.90	5.00	-0.12	5.81	6.31	11.10	1.67
12.47	3.88	5.57	34.52	87.18	91.86	4.54	1.82
272.95	5.07	11.72	82.66	329.48	335.19	33.17	24.47
856.32	105.21	69.15	85.73	1176.03	1186.09	108.18	115.64
434.17	61.46	70.27	51.86	514.76	537.03	61.26	53.50
70.52	15.13	13.65	5.12	120.26	104.13	17.74	11.44
405.65	48.22	40.89	59.60	791.69	802.69	27.85	79.18
79.99	15.98	13.56	1.29	152.99	156.07	6.30	16.88
221.55	74.21	84.28	56.65	549.76	599.22	19.04	30.13
50.98	5.54	50.37	6.83	85.23	87.82	7.34	28.64
86.24	11.70	20.28	7.54	146.33	150.71	11.11	14.24
85.73	32.42	26.64	4.91	131.34	132.10	3.95	20.19
1611.29	192.90	148.56	157.26	1703.46	1755.63	159.23	336.43
28.13	5.50	5.50	2.55	108.34	111.56	4.67	8.52
12.38	-0.48	2.33	4.14	25.15	25.57	2.29	0.84
52.10	-3.99	7.76	2.12	92.46	95.78	3.57	10.87
53.24	10.18	19.87	3.80	102.56	104.58	4.42	15.63
9.21	6.87	6.56	1.34	25.58	26.15	1.49	2.01
17.04	1.96	1.84	2.22	25.10	25.82	5.53	2.06
0.01	0.02			0.08	0.08		
20.80	3.38	3.28	1.73	19.28	18.31	5.94	3.42
3.04	4.13	4.11	0.03	6.18	6.21	1.15	0.38
1.08	4.89	4.90		-0.39	-1.89	3.19	0.28
6.44	4.01	3.72	18.04	50.26	50.11	0.15	1.34
3.40	0.84	0.87	-0.04	8.45	3.57	4.23	0.68

3-7 按地区分组的外商投资

地区	资产总计	固定资产净额	固定资产原价	累计折旧	流动资产合计	应收账款	存货
全国	**141163.60**	**33903.37**	**75601.64**	**39895.08**	**85563.10**	**25290.40**	**16738.35**
北京	6857.21	1018.90	2359.96	1317.69	4888.91	770.25	736.46
天津	5073.97	1252.31	2946.59	1646.26	3141.56	946.01	780.51
河北	3612.82	971.71	1938.96	921.73	1949.73	492.25	352.99
山西	1295.73	437.18	764.45	313.01	622.10	150.49	53.43
内蒙古	1872.24	313.80	621.91	290.72	671.81	81.16	68.87
辽宁	5967.97	1663.55	3585.96	1872.97	3470.84	753.54	977.36
吉林	2933.22	857.03	1939.61	1046.73	1517.99	319.55	441.76
黑龙江	884.75	283.99	607.36	310.88	466.60	119.07	97.12
上海	15222.50	2835.45	7354.79	4375.43	9977.49	2732.36	2099.05
江苏	27061.62	7193.30	16336.73	8886.52	16721.04	6136.45	3642.30
浙江	10669.81	2191.30	4389.03	2146.56	6721.41	1961.45	1184.38
安徽	2387.80	615.61	1235.29	577.43	1480.60	408.62	268.32
福建	4883.44	1217.20	3136.07	1696.09	2913.07	886.87	600.66
江西	1808.73	513.86	1140.50	437.82	830.48	249.92	167.66
山东	8260.23	1758.04	4329.69	2503.46	5259.95	1527.58	947.45
河南	1849.95	452.35	913.04	445.38	956.36	256.60	157.77
湖北	4787.68	1147.84	2390.33	1193.86	2917.64	799.71	332.84
湖南	1451.08	396.91	836.99	405.73	791.71	350.08	116.56
广东	22525.67	4897.25	11022.53	5953.81	14153.27	4451.44	2602.35
广西	2522.89	705.11	1241.60	526.40	1525.27	344.00	264.93
海南	389.75	191.11	326.55	123.82	138.60	49.15	13.92
重庆	2624.71	821.54	1686.08	811.89	1530.25	546.28	279.32
四川	2829.85	672.55	1604.00	735.94	1654.33	687.62	253.42
贵州	354.04	109.20	174.89	63.49	123.27	30.81	15.24
云南	398.31	82.86	190.92	94.81	196.68	23.60	35.91
西藏	135.56	63.81	87.71	23.90	35.74	0.32	3.99
陕西	1980.93	971.48	1956.38	977.85	702.36	163.11	194.90
甘肃	128.06	66.42	152.98	86.05	53.59	19.96	10.04
青海	53.24	29.69	59.42	29.72	18.72	1.46	2.06
宁夏	131.80	56.19	80.92	24.52	62.90	19.92	13.85
新疆	208.04	115.82	190.41	54.61	68.84	10.76	22.91

工业企业主要经济指标

单位：亿元

产成品	负债合计	流动负债合计	应付账款	所有者权益合计	实收资本	国家资本	集体资本
6328.63	**75056.28**	**62744.06**	**25545.62**	**65916.05**	**35094.66**	**2444.59**	**228.29**
330.26	4144.86	3810.26	1221.25	2712.35	1459.58	139.08	2.54
275.51	2433.23	2088.70	1001.22	2640.73	1530.90	39.66	12.73
129.63	2059.04	1691.79	491.96	1550.66	640.82	49.90	8.51
18.33	702.49	524.26	167.48	592.53	253.86	27.20	3.50
27.81	870.01	620.62	128.67	1002.57	316.49	34.52	6.57
284.40	3125.55	2526.33	1021.97	2842.43	1397.97	67.85	6.83
200.55	1779.03	1558.35	826.94	1154.15	579.57	16.25	10.85
30.08	536.50	412.43	154.54	347.74	179.73	13.80	1.28
751.13	8355.25	7492.38	3115.90	6862.70	3236.28	489.06	9.84
1312.43	13218.32	10116.20	4621.35	13843.30	9158.76	215.22	49.92
441.93	5310.47	4730.08	1757.84	5355.97	2622.66	69.80	4.71
108.97	1221.72	1003.33	428.22	1166.09	604.79	16.99	5.89
233.78	2426.19	1921.63	712.58	2383.75	1367.01	103.04	1.92
82.93	873.88	557.27	187.52	833.76	430.58	28.88	0.68
407.47	4376.82	3858.04	1443.39	3881.42	1935.37	56.56	37.73
56.84	939.25	796.72	280.24	907.25	321.34	18.89	1.69
115.10	3139.59	2799.94	1208.15	1649.48	838.64	184.09	17.30
53.62	776.36	668.47	237.42	669.96	325.83	60.71	12.49
1039.10	12151.01	10082.17	4396.22	10374.65	5132.64	571.48	16.69
120.28	1620.93	1392.88	494.36	901.46	425.09	40.91	4.38
3.63	207.31	152.59	17.15	182.43	135.15		0.11
99.83	1655.96	1433.10	691.76	968.75	606.43	97.72	1.82
94.87	1695.51	1471.68	683.15	1138.88	610.42	19.58	3.34
3.74	184.52	116.17	28.93	169.41	95.74	10.61	2.48
13.24	146.27	113.08	30.56	252.03	106.00	26.14	
0.70	85.92	37.67	9.66	49.64	20.38		
76.47	761.06	610.14	144.08	1219.55	600.54	16.49	1.76
2.08	66.30	31.97	6.90	61.76	50.01	21.29	0.09
0.77	17.84	15.52	2.10	35.40	11.15	3.80	
2.83	69.87	42.07	17.34	61.93	38.30	1.10	
10.33	105.22	68.20	16.79	103.32	62.63	3.97	2.63

3-7 续表

地区					营业收入	营业成本	销售费用
	法人资本	个人资本	港澳台资本	外商资本			
全　国	**8772.33**	**711.61**	**1065.77**	**21865.39**	**147297.86**	**122075.99**	**5326.42**
北　京	401.43	14.76	1.32	900.45	5850.62	4356.38	528.67
天　津	299.90	21.84	18.62	1138.15	6291.22	5329.44	210.04
河　北	160.84	5.75	44.75	371.07	3075.33	2674.00	77.44
山　西	93.52	8.76	4.47	116.41	769.29	609.79	16.88
内蒙古	209.16	2.81	1.15	62.29	1125.52	904.48	100.73
辽　宁	262.04	18.00	44.88	997.09	5574.33	4200.03	265.74
吉　林	230.57	2.84	14.60	304.45	5148.19	4090.58	221.20
黑龙江	46.33	7.33	3.19	107.79	791.21	658.70	36.00
上　海	400.55	36.50	7.28	2293.05	16157.30	12919.55	634.71
江　苏	1625.67	225.28	278.07	6764.59	28474.92	23954.02	897.59
浙　江	1056.13	88.59	44.98	1358.45	9104.07	7481.70	381.64
安　徽	166.76	13.56	22.30	379.30	2497.00	2061.03	113.82
福　建	387.71	46.00	48.95	779.39	6739.95	5790.90	156.77
江　西	177.88	23.10	42.21	157.82	1608.66	1348.32	32.98
山　东	536.48	52.92	68.39	1183.30	8259.98	6999.89	257.68
河　南	151.18	8.47	15.00	126.10	2200.95	1874.03	65.76
湖　北	213.83	19.13	21.85	382.46	5436.15	4543.94	148.33
湖　南	72.91	17.19	3.85	158.68	1427.17	1156.34	40.85
广　东	1442.81	58.62	275.34	2766.70	25399.68	21418.59	752.51
广　西	103.98	2.15	23.78	246.30	2675.44	2326.01	94.57
海　南	111.14	2.16		21.74	161.31	118.60	11.18
重　庆	177.79	14.76	35.36	278.48	3452.14	3025.16	121.83
四　川	191.18	8.95	23.59	363.48	3088.44	2688.73	53.93
贵　州	41.31	3.10	7.30	30.95	239.52	192.09	14.27
云　南	32.89	3.67	5.04	38.25	248.92	186.42	22.34
西　藏	0.31		2.00	18.07	49.27	31.94	0.74
陕　西	103.65	4.84	5.60	468.20	1116.44	876.90	53.91
甘　肃	14.29			14.34	81.53	62.43	5.75
青　海	1.69	0.44	0.46	4.75	23.78	18.20	0.35
宁　夏	21.34	0.10		15.78	63.24	47.26	2.24
新　疆	37.06		1.45	17.53	166.31	130.57	5.97

单位：亿元

管理费用	财务费用	利息费用	投资收益（损失以“－”号记）	营业利润	利润总额	亏损企业亏损额	平均用工人数（万人）
7725.82	**588.45**	**734.25**	**748.73**	**10643.28**	**10834.99**	**1159.70**	**848.71**
284.42	12.75	28.40	16.29	554.95	553.12	88.18	18.50
272.07	12.38	18.31	19.07	416.56	412.27	45.36	26.55
135.67	26.43	30.06	19.17	152.85	153.80	50.47	15.40
36.51	10.50	13.59	4.46	90.86	93.33	4.26	7.72
43.06	3.83	16.52	36.49	65.84	60.56	26.24	2.98
256.53	10.24	23.22	19.77	703.35	706.66	40.77	28.19
195.52	1.64	4.95	4.43	488.29	491.89	12.51	11.01
30.95	8.20	6.89	53.54	96.37	99.63	10.54	3.35
1323.92	14.17	49.37	75.17	1190.93	1215.77	88.46	68.18
1556.84	118.89	121.06	80.16	1848.61	1889.30	269.70	184.21
565.02	70.04	61.71	169.32	746.12	786.07	76.26	63.93
146.42	6.56	9.02	2.43	159.83	167.06	16.98	14.98
274.01	24.69	38.46	6.08	430.10	436.63	36.89	45.85
74.08	11.93	8.60	0.32	127.61	132.77	11.80	12.08
375.26	50.48	56.46	24.61	551.37	559.34	51.95	57.12
77.97	8.61	8.39	10.57	173.45	173.61	6.21	15.45
257.76	8.82	17.84	13.36	344.70	332.96	66.51	21.62
86.03	17.35	16.85	5.73	68.55	66.70	28.96	8.05
1276.22	101.61	115.10	161.54	1710.72	1764.64	165.21	187.41
93.10	18.27	24.30	5.08	126.55	131.84	7.27	10.61
11.14	7.67	7.03	0.90	12.46	12.59	2.42	0.63
143.09	10.42	21.02	6.67	127.35	130.11	19.19	14.98
95.47	12.09	13.95	4.94	212.01	215.56	17.86	17.80
8.46	1.74	2.34	0.01	19.30	22.51	1.95	2.26
12.63	1.99	3.00	0.87	24.32	24.53	1.75	1.76
3.87	1.27	1.99	0.03	10.43	10.52		0.20
73.20	9.44	8.52	7.63	153.65	154.01	7.22	5.81
3.37	1.62	2.05	0.05	7.19	7.23	1.36	0.60
1.59	0.70	0.56		3.09	3.16	0.12	0.22
4.16	1.54	1.99	0.07	7.77	8.04	1.34	0.45
7.49	2.57	2.70		18.13	18.81	1.97	0.85

3-8 按地区分组的大型

地区	资产总计	固定资产净额	固定资产原价	累计折旧	流动资产合计	应收账款	存货
全国	**604454.88**	**168430.50**	**346021.28**	**171769.85**	**276672.06**	**60103.29**	**50883.07**
北京	40570.49	6953.80	13677.22	6759.99	12486.80	2066.11	1459.44
天津	9929.63	3929.19	9414.78	5372.71	3857.13	873.48	763.36
河北	24332.02	8271.73	16207.22	7714.14	10087.24	1577.53	1926.67
山西	28009.14	6646.74	13015.63	6319.53	12808.21	1613.82	993.56
内蒙古	17395.21	6590.52	12565.29	5711.57	5145.88	573.76	853.31
辽宁	22663.41	6744.70	15955.94	8480.94	10007.34	1538.24	2319.51
吉林	9343.97	2281.82	5105.28	2647.74	3509.17	513.68	751.64
黑龙江	8745.43	3158.89	9425.78	6097.36	3507.42	463.83	472.38
上海	25089.38	4794.64	13232.07	8304.64	12977.49	2409.05	2458.08
江苏	50231.12	13455.44	29618.83	15837.92	27895.54	8524.65	5490.84
浙江	29661.16	7164.64	13020.40	5758.68	14511.33	4111.46	2681.88
安徽	18652.44	5482.62	10369.89	4788.77	8778.48	2975.74	1416.23
福建	16154.88	4918.76	9603.40	4457.54	7566.08	1626.63	1637.57
江西	10674.48	3033.04	6047.47	2753.41	5485.98	1370.01	1188.59
山东	47789.40	12589.04	24984.64	11992.82	22449.56	3844.46	4198.86
河南	26460.12	7616.43	15080.52	7003.55	13316.21	3166.63	2353.37
湖北	21200.14	6299.44	12653.13	6253.54	9475.71	1736.10	1705.20
湖南	13851.50	3443.28	6809.51	3293.77	7524.02	2224.22	1630.68
广东	74713.95	15385.12	32695.14	17107.01	43312.22	11167.66	8316.43
广西	8064.16	2700.36	4596.58	1859.52	3476.73	582.10	736.60
海南	1408.79	713.55	1194.46	478.72	501.14	87.39	86.88
重庆	9137.13	2593.90	5093.32	2445.25	5042.98	1712.10	795.02
四川	23071.45	7539.92	15254.11	7309.13	9937.75	2089.33	1863.32
贵州	7693.61	2287.29	4096.91	1792.41	3663.41	366.32	750.10
云南	9959.18	3602.23	6452.74	2772.60	3701.86	470.91	1324.39
西藏	879.93	558.78	770.83	212.05	138.35	0.37	6.40
陕西	21677.52	7165.78	13914.04	6354.78	7866.47	1255.48	1310.49
甘肃	6022.81	2320.50	5161.16	2710.22	1907.80	238.35	536.96
青海	3730.83	1883.51	3102.68	1170.41	844.99	141.76	105.11
宁夏	5059.97	2169.53	3909.60	1574.84	1217.02	222.39	210.24
新疆	12281.63	6135.31	12992.73	6434.30	3671.75	559.71	539.95

工业企业主要经济指标

单位：亿元

产成品	负债合计	流动负债合计	应付账款	所有者权益合计	实收资本	国家资本	集体资本
16173.20	**335924.19**	**256305.47**	**79653.73**	**268474.50**	**118524.50**	**43610.47**	**1021.30**
537.50	17479.07	13611.33	3069.98	23091.41	17824.08	15115.26	
257.84	5430.05	4217.53	1377.18	4499.57	2753.36	732.83	0.69
571.23	14682.16	12151.58	3345.09	9593.67	3506.74	1059.61	6.75
323.70	19830.01	13843.02	2628.77	8179.13	3257.57	1360.87	44.75
217.44	9455.80	6448.41	1473.55	7939.41	4551.93	1618.00	29.15
575.55	13574.05	10086.53	2777.55	9089.36	4579.82	610.17	8.76
293.76	4232.79	3485.21	1567.58	5111.18	2183.83	471.73	14.46
125.68	4809.91	3054.01	979.00	3935.52	1479.10	304.99	0.55
643.43	12264.81	10236.40	3964.40	12824.57	4757.11	2293.42	0.92
1972.67	26217.98	21013.32	7887.18	24013.14	10682.77	2413.47	255.86
1003.45	15158.46	12037.27	4046.15	14502.69	5185.01	876.25	23.85
415.64	11328.83	8820.61	3691.14	7323.60	3198.60	734.59	8.80
546.32	8717.69	6052.06	1645.80	7437.20	3038.55	226.71	7.35
346.43	5994.87	4541.94	1521.20	4679.61	1557.86	280.48	7.14
1610.48	28212.22	22533.85	5845.91	19577.18	6931.80	807.61	74.40
712.03	16388.12	13006.53	3971.37	10071.99	3706.76	930.52	73.75
411.90	11295.51	8409.75	2818.19	9904.63	3848.16	1301.68	45.74
453.63	8136.57	6293.23	2114.91	5714.92	2007.57	673.80	15.16
3065.67	41973.98	32831.78	12288.76	32739.96	10534.25	2165.86	156.51
236.03	5334.35	3829.91	1031.41	2729.82	1079.54	381.41	3.53
15.32	824.33	461.78	86.15	584.45	346.37	78.11	6.65
268.63	5374.83	4643.47	2319.87	3762.31	1643.34	237.56	17.04
541.16	12988.57	9622.64	2821.99	10082.89	4413.77	1374.61	39.45
98.29	3821.31	2573.63	450.26	3872.30	885.86	291.80	0.15
127.34	4731.68	2988.85	741.74	5227.50	1468.22	413.25	32.80
0.59	298.11	135.59	65.10	581.82	47.60	14.70	
473.75	11897.46	8846.35	2366.23	9780.07	4814.18	3277.59	18.77
87.63	3265.02	2090.71	550.43	2757.79	1622.94	1223.17	100.09
35.12	2502.46	1541.49	330.32	1228.37	706.86	176.91	2.72
64.68	2957.75	2087.96	551.13	2102.22	1603.67	405.86	7.01
140.35	6745.43	4808.75	1325.39	5536.20	4307.28	1757.67	18.51

3-8 续表

地　区	法人资本	个人资本	港澳台资本	外商资本	营业收入	营业成本	销售费用
全　国	**52295.24**	**7535.91**	**5397.55**	**8853.09**	**451853.09**	**373843.73**	**12658.08**
北　京	2029.35	44.89	94.74	539.83	15821.02	13630.79	690.76
天　津	1297.49	58.80	136.04	527.51	8241.35	6973.64	164.36
河　北	1756.00	507.57	111.51	65.30	20291.84	17414.57	439.26
山　西	1528.63	212.38	55.84	55.10	11544.21	9403.16	309.05
内蒙古	2551.91	297.35	38.25	17.27	8790.11	7102.61	240.47
辽　宁	3293.53	158.63	188.74	520.63	17519.31	14867.27	338.11
吉　林	1507.41	42.17		148.06	8466.76	6958.95	326.41
黑龙江	1067.76	59.89	16.83	29.09	4618.89	3945.38	78.92
上　海	1341.87	142.29	311.95	666.67	19461.19	15769.05	500.23
江　苏	3597.45	888.78	1179.13	2348.07	48923.55	41108.15	1577.71
浙　江	2941.95	668.04	394.23	280.69	22436.57	18023.31	737.58
安　徽	2021.60	185.88	111.79	135.95	14180.65	11908.54	340.45
福　建	1838.42	274.98	270.83	420.25	15910.30	13330.46	348.09
江　西	993.74	143.83	90.82	41.84	10660.32	9083.31	201.25
山　东	4643.88	667.75	276.85	456.19	37540.80	31978.06	913.99
河　南	1982.89	519.12	164.26	31.87	22608.24	19600.05	370.21
湖　北	1987.53	227.10	84.76	201.35	13713.88	11019.65	377.71
湖　南	937.39	150.88	109.15	121.20	10274.08	7732.40	316.56
广　东	4719.64	673.72	1452.06	1366.45	70960.21	57493.84	2765.67
广　西	424.41	75.20	57.55	137.44	6581.05	5666.40	144.21
海　南	231.25	5.04		25.31	845.43	662.75	20.31
重　庆	949.16	170.79	149.57	119.24	9898.39	8663.23	262.04
四　川	2521.00	227.01	52.50	197.10	15692.48	12819.25	484.05
贵　州	535.26	41.87	6.23	10.55	4039.04	2346.62	118.74
云　南	867.30	131.74	0.73	22.40	6350.74	4570.96	140.17
西　藏	15.30			17.60	87.80	95.60	0.25
陕　西	1126.23	45.75		345.83	11673.26	9455.43	204.85
甘　肃	268.19	27.58	3.91		4680.15	3950.14	58.79
青　海	484.66	32.34	5.95	4.29	1347.46	1099.42	14.36
宁　夏	330.53	840.28	20.00		2270.77	1883.06	27.11
新　疆	2503.51	14.25	13.34		6423.24	5287.67	146.42

单位：亿元

管理费用	财务费用	利息费用	投资收益（损失以"–"号记）	营业利润	利润总额	亏损企业亏损额	平均用工人数（万人）
23051.51	**4179.33**	**5117.77**	**4415.27**	**28678.20**	**29084.96**	**3642.84**	**2500.61**
553.90	187.04	229.49	461.89	988.57	975.03	147.54	35.35
339.50	36.47	41.27	-166.95	372.67	550.92	132.05	34.76
835.17	264.92	273.82	156.06	988.17	977.50	184.66	101.99
652.53	391.98	554.88	166.73	675.18	649.54	162.15	99.44
341.26	183.66	209.47	132.57	661.88	668.11	133.22	42.32
661.18	205.77	215.09	74.29	849.28	838.90	281.62	74.69
440.80	25.38	42.93	49.25	340.83	349.59	282.93	33.38
317.14	63.57	83.67	51.87	-50.14	0.43	169.89	43.00
1402.64	-25.60	71.57	436.37	1306.18	1306.88	128.09	62.35
2308.88	251.57	266.49	332.02	3079.81	3106.16	308.56	253.43
1212.65	168.85	214.25	328.66	2106.25	2125.85	62.28	123.87
694.55	150.99	171.82	108.20	789.12	822.01	85.85	76.68
670.32	112.91	152.24	101.65	1247.73	1259.92	51.54	109.72
441.74	81.68	84.97	46.29	629.89	640.45	38.61	64.13
1627.47	399.29	480.10	362.94	2236.44	2248.64	253.54	191.23
875.44	288.50	327.81	134.36	1088.49	1105.75	125.53	185.11
757.71	75.19	144.08	176.36	921.78	898.43	170.52	74.69
652.79	86.48	105.00	26.94	717.26	698.93	93.67	65.84
5197.63	376.07	451.07	889.37	4969.97	5030.15	236.60	453.18
234.48	67.08	88.43	8.71	292.95	310.65	6.95	28.88
30.17	20.89	22.84	2.51	29.68	30.05	10.81	3.69
428.26	30.17	51.25	62.36	396.69	405.98	51.50	47.85
689.53	112.74	196.42	128.56	1199.49	1193.17	86.34	97.71
221.37	64.41	72.18	17.18	872.62	873.81	18.55	29.63
275.90	98.21	104.27	132.69	566.78	562.67	9.95	26.46
9.43	2.02	3.48	0.03	-18.65	-19.03	27.65	0.70
539.35	169.47	168.55	117.72	869.73	906.06	94.31	63.99
146.31	54.66	64.72	18.77	155.46	165.27	28.90	24.05
68.89	43.22	42.00	8.98	75.82	76.09	43.59	7.47
104.33	74.64	64.31	18.93	70.39	67.13	77.51	14.64
320.21	117.11	119.29	29.96	247.90	259.94	137.93	30.39

3-9 按地区分组的中型

地区	资产总计	固定资产净额	固定资产原价	累计折旧	流动资产合计	应收账款	存货
全国	**293324.35**	**78737.45**	**148487.74**	**66422.53**	**151840.57**	**38406.36**	**30564.97**
北京	7004.13	748.60	1685.31	935.45	3759.15	1003.01	546.41
天津	4838.23	1265.21	2604.47	1282.36	2538.35	699.51	593.20
河北	9784.67	2871.90	5633.09	2604.85	5210.36	1001.49	1040.70
山西	12136.35	4439.44	7367.08	2822.42	4424.82	711.65	626.08
内蒙古	7803.76	3382.15	5705.11	2191.72	2644.95	521.37	458.06
辽宁	8865.51	2218.03	4237.48	1946.72	5028.42	1059.79	1131.69
吉林	3675.22	1209.04	2423.53	1163.22	1803.37	477.95	325.88
黑龙江	3833.92	1278.68	2301.68	994.43	1784.94	389.75	375.16
上海	11494.32	1752.92	3872.73	2032.96	7146.50	2153.07	1357.93
江苏	33613.90	7641.22	15499.33	7545.07	19988.14	6390.65	4210.22
浙江	26960.19	5711.43	10884.37	5080.52	15034.76	4037.72	2994.97
安徽	10139.16	2330.21	4116.36	1716.36	5493.63	1278.40	892.16
福建	11322.64	2979.37	5907.02	2800.54	5861.47	1485.84	1326.51
江西	5923.90	1846.95	3474.18	1459.55	2741.11	636.05	624.07
山东	24168.03	5922.72	11120.33	4975.30	13959.01	2852.55	3057.65
河南	12481.51	4109.67	7407.60	2955.22	5138.26	919.16	1021.35
湖北	8530.15	2311.27	4766.75	2324.78	4584.76	1328.79	908.31
湖南	6973.34	1907.91	4015.81	1896.00	3058.04	808.13	645.31
广东	34963.64	7594.87	15033.14	7266.60	20087.80	5874.15	4207.42
广西	5537.04	1763.34	3231.16	1399.35	2790.98	503.20	585.90
海南	871.61	244.59	511.81	263.71	509.04	104.52	67.62
重庆	6092.21	1751.46	3443.80	1587.33	3034.13	860.08	588.01
四川	10542.93	3269.87	6292.56	2837.16	5127.92	1445.64	1072.32
贵州	4041.30	1527.08	2648.61	1029.76	1644.45	288.15	303.78
云南	5177.04	2425.26	3767.96	1227.63	1787.92	274.92	418.73
西藏	450.52	167.43	210.91	43.42	90.01	5.36	9.14
陕西	6503.02	2203.22	3940.20	1628.28	2922.22	659.67	512.88
甘肃	1891.56	787.70	1384.26	569.58	782.69	174.71	179.29
青海	852.46	268.05	512.69	223.77	394.90	59.57	91.81
宁夏	2247.77	867.80	1498.86	611.28	935.70	133.31	126.92
新疆	4604.30	1940.07	2989.57	1007.18	1532.78	268.21	265.48

工业企业主要经济指标

单位：亿元

产成品	负债合计	流动负债合计	应付账款	所有者权益合计	实收资本	国家资本	集体资本
12185.63	**162374.97**	**129226.71**	**37440.53**	**130942.44**	**62168.15**	**10693.00**	**1149.37**
171.55	2979.40	2456.38	820.71	4024.73	1457.24	310.97	8.87
228.44	2499.40	2040.32	655.44	2338.83	1301.91	149.48	26.46
445.06	6033.81	5172.70	1216.37	3750.86	2073.30	437.19	34.54
267.95	9336.69	7310.25	1612.63	2799.66	1943.78	658.01	59.68
161.98	4975.79	3545.62	859.35	2827.97	1958.81	312.87	22.39
361.52	5685.65	4547.39	1051.39	3177.13	1767.23	233.37	25.69
113.33	2213.10	1761.41	485.86	1462.12	764.49	137.03	6.02
108.09	2486.70	1808.45	418.32	1347.23	684.92	159.18	18.84
500.94	5430.96	4737.42	1806.47	6063.36	2637.01	604.40	9.12
1700.39	17183.91	12889.54	4310.04	16429.99	8123.71	763.15	114.64
1270.95	13840.16	12041.58	3391.99	13120.03	5153.29	313.16	63.32
362.46	4527.72	3718.87	1218.12	5611.44	1980.88	470.72	54.53
561.52	5298.29	4130.40	1127.39	6024.35	2552.82	303.76	36.91
258.48	2863.45	2067.55	631.55	3060.45	1439.11	234.93	23.03
1360.89	15679.89	13587.33	3668.90	8484.32	4374.41	642.77	157.37
393.18	6669.97	5015.12	1184.56	5811.54	2847.61	455.56	41.02
382.16	4447.20	3640.17	1261.02	4082.95	1604.39	334.48	52.08
285.09	3277.51	2502.39	681.37	3695.83	1791.15	384.66	19.48
1595.16	18442.89	14998.88	5276.32	16520.74	6870.92	829.78	103.99
256.66	3249.21	2594.43	632.27	2287.83	1140.28	392.45	9.63
26.54	392.92	358.69	76.63	478.69	166.95	18.92	6.91
242.57	3347.89	2780.84	871.06	2744.32	1249.32	367.56	23.84
391.46	5491.12	4289.52	1353.47	5051.43	2227.13	460.91	41.84
99.47	2931.55	1958.16	428.25	1109.76	954.44	293.53	32.81
175.22	2931.97	2126.19	506.59	2245.07	1364.27	365.68	15.85
2.67	256.59	102.61	25.16	193.94	111.50	55.58	2.00
223.88	3505.65	2514.71	705.11	2997.38	1419.04	517.80	62.27
63.22	1297.27	877.80	223.14	594.28	413.94	133.65	10.10
22.26	534.79	412.33	98.85	317.67	210.39	50.88	7.35
51.06	1535.28	1086.38	265.91	712.49	537.59	85.99	7.54
101.50	3028.23	2153.27	576.29	1576.07	1046.33	214.59	51.26

3-9 续表

地　区	法人资本	个人资本	港澳台资本	外商资本	营业收入	营业成本	销售费用
全　国	**29143.31**	**9998.35**	**4365.07**	**6738.40**	**243175.26**	**199847.25**	**7744.39**
北　京	691.99	243.28	45.56	156.58	3589.06	2586.44	286.74
天　津	658.84	145.86	48.11	273.17	4372.14	3730.79	126.64
河　北	975.64	422.81	60.94	142.18	8579.72	7314.53	205.01
山　西	905.66	251.56	12.26	56.60	5053.38	3946.33	125.98
内蒙古	1323.42	231.87	27.78	31.60	4372.64	3458.95	101.52
辽　宁	860.84	258.64	119.07	269.62	5485.19	4635.31	188.70
吉　林	421.11	85.40	31.56	83.37	2237.82	1799.00	126.30
黑龙江	362.07	69.19	33.91	41.72	2218.80	1810.28	123.26
上　海	916.64	184.40	155.56	764.41	8784.48	6993.27	474.25
江　苏	3031.97	1263.41	1061.78	1888.75	28284.70	23220.51	925.01
浙　江	2760.03	1189.72	402.09	424.99	21142.99	17333.34	700.53
安　徽	938.17	307.34	68.30	141.82	7063.52	5852.51	194.39
福　建	988.89	481.49	431.76	302.86	14944.90	12507.57	382.40
江　西	728.50	274.60	88.44	89.61	7673.98	6393.69	173.35
山　东	2159.40	789.37	178.42	392.08	22308.95	19284.96	514.01
河　南	1457.64	794.72	36.26	58.92	10885.09	9208.43	267.59
湖　北	729.41	291.40	55.02	141.96	8401.23	6897.76	269.59
湖　南	926.89	360.87	30.67	68.58	8661.09	6787.87	310.17
广　东	2641.26	1085.95	1178.63	1031.31	32358.24	26463.03	1062.99
广　西	423.16	129.33	102.33	79.79	4658.58	3853.48	89.55
海　南	123.82	14.91	1.59	0.81	765.01	556.56	66.82
重　庆	532.32	175.79	78.30	71.50	5593.92	4528.15	170.55
四　川	1171.40	398.38	51.04	103.57	11377.14	9244.99	402.92
贵　州	505.28	68.68	27.73	26.40	1754.65	1426.44	63.41
云　南	851.98	109.28	6.30	15.18	3559.69	2831.80	120.42
西　藏	38.68	15.24			111.22	69.06	7.90
陕　西	604.41	171.54	12.56	50.46	4267.72	3206.83	150.70
甘　肃	231.08	26.06	2.00	11.05	1193.13	1023.93	29.37
青　海	143.89	6.45	1.83		379.53	327.37	11.93
宁　夏	367.04	58.24	11.66	7.12	1238.00	1073.37	25.90
新　疆	671.89	92.59	3.63	12.38	1858.71	1480.70	46.50

单位：亿元

管理费用	财务费用	利息费用	投资收益（损失以“-”号记）	营业利润	利润总额	亏损企业亏损额	平均用工人数（万人）
13667.86	**2965.28**	**2675.78**	**1311.14**	**17560.37**	**18113.60**	**2710.15**	**2081.99**
328.30	24.79	37.69	84.26	431.21	435.72	53.43	21.30
229.08	36.03	37.92	-70.54	118.51	166.30	109.94	24.59
383.00	109.04	113.18	8.60	502.75	509.51	78.31	64.41
347.30	209.64	189.78	9.20	260.07	260.96	208.24	57.42
189.40	127.15	126.47	55.96	376.60	355.73	122.13	24.13
350.16	99.12	98.07	135.12	195.75	213.50	170.11	54.56
137.98	46.39	42.45	12.80	97.76	100.09	85.32	20.78
109.12	39.74	37.79	48.18	173.03	197.51	46.34	18.85
645.42	46.36	49.68	122.20	717.50	735.62	87.17	47.68
1820.70	265.85	197.46	90.45	1976.32	2043.88	291.54	219.62
1354.39	233.20	222.07	223.59	1679.44	1761.77	114.97	189.98
399.96	39.97	59.91	71.01	628.82	653.34	38.64	59.79
653.24	119.33	101.80	36.49	1253.20	1264.81	51.60	128.12
315.32	57.53	42.86	-0.71	693.61	711.41	19.83	58.28
930.53	278.60	242.68	67.60	1047.05	1155.18	218.82	149.10
442.85	154.37	133.13	17.65	722.84	711.55	135.78	131.96
489.57	78.26	61.26	28.89	637.00	660.45	70.57	72.75
654.75	104.82	55.64	11.93	702.24	699.86	43.61	88.87
2101.85	317.16	260.27	218.40	2428.11	2497.02	278.90	366.75
176.57	58.66	65.14	10.26	327.70	345.46	43.38	39.88
31.67	5.68	7.09	3.43	80.82	81.85	2.53	3.24
324.94	61.70	52.82	36.66	480.12	489.69	43.68	48.27
521.89	127.84	119.37	1.19	922.29	927.83	47.88	79.09
114.57	67.76	64.51	8.92	67.45	77.25	61.78	18.75
147.86	58.93	63.75	33.45	261.38	260.14	77.19	22.13
7.79	1.27	1.31	0.54	25.01	24.98		0.47
245.70	57.74	59.18	28.70	516.90	523.01	72.02	33.14
47.71	33.55	30.40	0.84	50.66	49.41	29.23	9.72
22.31	11.30	9.80	-1.36	2.86	3.99	22.75	3.21
51.30	36.29	36.20	6.85	44.28	48.65	21.43	7.20
92.63	57.18	56.12	10.57	139.10	147.14	63.01	17.94

3-10 按地区分组的小型

地区	资产总计	固定资产净额	固定资产原价	累计折旧	流动资产合计	应收账款	存货
全国	**405720.07**	**106201.92**	**190474.49**	**73356.10**	**220304.87**	**68986.58**	**44455.78**
北京	7592.40	888.22	1742.62	822.59	4838.52	1441.50	950.21
天津	6898.16	1537.44	2902.66	1270.46	4357.49	1234.36	926.58
河北	17186.44	4650.54	7590.87	2450.64	8682.62	2723.13	1634.38
山西	9039.54	3194.93	5156.11	1679.80	3950.33	1272.87	648.64
内蒙古	9056.80	3546.14	5928.28	2105.56	3494.27	1172.12	475.44
辽宁	11394.66	2790.11	5127.23	2063.11	6525.34	1748.73	1346.98
吉林	4272.84	1250.60	2239.22	888.36	2148.79	571.30	518.71
黑龙江	4658.93	1305.80	2288.42	818.35	2428.41	677.17	642.85
上海	12986.03	2083.55	4832.26	2634.02	8941.24	2905.87	1808.80
江苏	49422.35	11304.76	20940.75	9045.86	31201.78	11329.27	6229.18
浙江	39198.08	8865.55	16417.43	7230.36	23966.48	7618.09	4640.54
安徽	15055.03	3986.91	6341.51	2178.89	8554.44	2865.86	1778.92
福建	14518.47	3365.59	7373.42	3282.44	7708.88	2073.15	1770.95
江西	11567.37	3036.69	5574.94	1897.58	5680.06	1674.41	1245.98
山东	29505.48	6672.21	11942.83	4648.14	17209.67	4879.78	3618.14
河南	15727.60	4563.16	8387.17	2708.97	7143.50	2003.92	1362.30
湖北	14465.20	3922.38	7998.22	3323.29	7374.37	2217.70	1659.11
湖南	11638.47	3552.94	7020.63	2626.94	4739.05	1424.92	1054.70
广东	41040.23	7435.83	14724.50	6687.32	26965.48	8732.85	5638.08
广西	7108.72	1991.94	3410.56	1160.05	3722.60	1177.92	760.61
海南	1306.17	314.06	604.79	217.13	597.45	164.31	78.00
重庆	8007.36	2536.35	4596.64	1747.47	3675.96	1212.89	660.21
四川	19476.72	6920.55	11509.25	3977.73	8232.23	2405.60	1659.02
贵州	5509.71	1844.10	2964.91	864.19	2317.67	681.62	407.05
云南	9537.51	3523.87	5364.58	1613.39	3325.37	830.34	624.90
西藏	713.55	321.28	408.10	84.62	224.92	62.71	25.36
陕西	11002.89	2864.93	5078.06	1685.60	5485.61	1538.66	1145.81
甘肃	4293.00	1709.22	2765.68	928.46	1755.73	614.68	298.52
青海	2219.52	975.70	1457.44	392.72	865.87	321.03	114.24
宁夏	3349.74	1653.16	2280.41	586.79	1141.93	404.49	172.91
新疆	7971.11	3593.41	5504.99	1735.27	3048.82	1005.35	558.66

工业企业主要经济指标

单位：亿元

产成品	负债合计	流动负债合计	应付账款	所有者权益合计	实收资本	国家资本	集体资本
18267.67	**237086.69**	**174036.99**	**43662.72**	**166962.71**	**99803.29**	**12957.52**	**1946.29**
359.94	3735.31	3267.20	1313.25	3857.08	1822.20	278.56	10.51
326.10	4051.03	3241.69	1068.40	2840.70	1898.22	180.04	38.01
655.39	10485.58	7893.52	2094.80	6604.96	4033.28	444.44	61.10
302.68	6686.26	4717.66	1383.80	2351.25	1931.94	361.83	35.82
209.72	5879.56	3725.36	850.54	3193.75	2142.07	638.73	82.24
505.73	7268.20	5633.50	1456.00	4124.38	3144.41	310.74	50.63
197.36	2693.72	2088.08	501.45	1553.53	1147.00	124.54	28.92
232.74	3087.68	2212.04	631.50	1606.44	1123.78	159.05	61.14
745.40	6429.40	5601.13	2244.17	6551.60	3145.20	325.55	30.28
2625.46	27347.93	16697.12	5700.58	22074.60	15623.50	1022.34	232.77
1839.24	23454.58	20590.25	5414.57	15668.60	8930.79	580.85	58.02
838.13	8519.95	6701.65	2018.03	6535.07	3776.24	417.82	89.65
813.53	7267.82	5012.35	1453.81	6928.68	3461.74	370.45	51.36
594.83	6014.02	4459.71	1331.05	5371.87	2564.54	251.77	42.83
1447.56	19582.99	16047.01	4435.00	9852.47	6675.51	639.34	200.32
531.19	7805.40	5526.31	1645.33	7668.66	4364.72	349.11	51.25
747.89	7358.02	5464.69	1659.76	7020.39	3398.42	362.70	95.54
480.57	5140.14	3428.98	1004.91	6308.83	3108.22	295.44	54.28
2124.41	24444.77	20383.64	-1240.72	16595.63	9740.42	870.20	293.46
341.39	4601.51	3315.41	1063.10	2456.30	1378.17	223.75	48.91
29.26	707.82	462.61	137.87	588.87	352.20	85.27	8.74
277.71	4383.71	3110.57	1067.02	3580.95	1672.04	294.87	26.80
670.31	11239.05	7133.51	2035.78	8132.58	3983.95	865.31	77.11
166.54	3679.96	2454.39	613.73	1801.12	1050.25	229.79	33.75
298.37	6625.67	3221.69	699.69	2864.60	2088.47	803.17	39.99
10.23	509.62	325.59	41.81	203.94	116.09	43.48	1.08
404.29	6316.39	4360.76	1372.30	4587.80	2726.83	944.81	39.57
122.21	2764.69	1648.38	404.85	1524.31	1085.85	349.01	29.88
44.95	1577.10	911.27	159.84	642.63	475.48	151.20	22.75
75.31	2132.28	1123.20	331.10	1216.52	822.22	215.27	25.27
249.23	5296.53	3277.72	769.40	2654.63	2019.53	768.09	24.30

3-10 续表

地区	法人资本	个人资本	港澳台资本	外商资本	营业收入	营业成本	销售费用
全国	**40973.29**	**30216.82**	**4848.98**	**8817.64**	**388630.07**	**330061.51**	**10375.37**
北京	788.52	449.07	84.05	211.48	4438.94	3492.66	246.90
天津	756.91	439.33	64.49	418.17	6392.66	5593.23	157.13
河北	1747.87	1501.72	79.95	193.77	14341.68	12471.93	299.10
山西	957.02	514.00	31.10	31.88	5423.39	4668.26	183.86
内蒙古	994.81	344.96	32.17	47.96	4326.11	3489.45	114.45
辽宁	1496.26	854.05	137.30	294.14	7661.98	6592.40	212.34
吉林	594.83	267.57	41.42	89.50	2521.39	2086.95	105.24
黑龙江	485.45	352.54	16.42	48.36	3059.03	2690.89	81.52
上海	1096.46	551.79	230.53	910.60	11279.25	9104.66	440.06
江苏	5142.55	5118.31	1001.68	3105.55	48135.92	40806.76	1249.52
浙江	3665.28	3249.98	665.08	711.66	35045.48	29560.70	942.52
安徽	1456.47	1566.62	96.28	149.40	17305.12	14822.03	442.13
福建	1410.08	1133.04	293.41	202.71	24425.65	21239.23	520.38
江西	1162.49	972.53	67.30	67.25	18108.35	15625.06	361.67
山东	2879.28	2105.22	294.01	548.92	27310.95	24070.92	629.76
河南	1750.68	2067.49	80.02	61.06	15113.17	12903.21	362.40
湖北	1518.87	1198.39	86.72	131.12	18810.08	15924.68	542.99
湖南	1611.21	1079.63	26.58	41.03	19979.58	16322.71	588.74
广东	3717.59	2654.02	1213.64	982.92	46611.67	39939.16	1257.63
广西	662.33	338.49	43.47	61.02	6406.66	5580.59	147.75
海南	133.48	51.01	19.21	54.39	554.80	454.60	31.04
重庆	725.24	459.89	33.13	131.90	7559.83	6196.11	206.43
四川	1735.28	1097.80	90.30	117.64	19495.68	16303.27	573.54
贵州	440.73	282.47	31.95	31.54	3548.52	2912.70	123.18
云南	848.39	333.62	21.58	40.68	5033.06	4269.33	127.93
西藏	51.99	15.54	3.54	0.47	132.63	93.29	7.89
陕西	970.47	652.74	25.57	93.52	8481.66	7029.88	238.18
甘肃	540.36	151.94	6.34	6.24	1715.13	1416.29	44.42
青海	242.42	53.37	1.49	4.05	716.50	589.48	20.31
宁夏	450.27	102.71	17.79	10.92	1293.57	1074.34	30.92
新疆	939.72	256.97	12.46	17.79	3401.66	2736.75	85.42

单位：亿元

管理费用	财务费用	利息费用	投资收益（损失以"—"号记）	营业利润	利润总额	亏损企业亏损额	平均用工人数（万人）
21555.35	**4543.03**	**3348.03**	**848.21**	**20223.10**	**21266.45**	**3683.04**	**3173.49**
414.55	36.19	42.29	52.06	303.33	318.80	88.94	26.49
334.91	48.78	37.95	9.02	211.34	253.93	84.48	48.27
536.89	196.23	152.95	-85.84	656.52	690.77	104.44	105.79
229.63	142.30	118.54	7.96	178.68	175.77	123.73	35.20
185.54	133.53	110.94	13.22	280.93	291.14	135.11	21.27
428.45	121.22	90.03	11.70	258.60	288.82	177.78	66.05
151.74	57.24	45.25	4.61	111.70	124.31	64.75	22.09
126.88	50.87	40.83	4.40	92.03	113.55	60.11	21.78
915.88	72.94	53.95	66.63	789.17	840.18	133.28	73.68
3175.32	465.19	232.74	119.60	2324.69	2472.76	428.31	383.27
2401.18	473.14	407.67	213.39	1734.01	1919.42	312.03	369.90
900.52	164.60	109.45	21.51	918.17	964.20	102.86	146.34
993.43	156.69	96.00	0.29	1406.10	1425.14	85.02	176.49
722.93	124.47	78.80	0.72	1165.84	1239.47	60.80	115.93
1297.83	317.43	254.54	71.77	924.80	1027.51	286.77	210.47
597.12	176.03	108.98	15.40	968.99	1005.88	92.89	148.25
969.19	182.59	101.62	45.70	1071.51	1088.06	121.94	127.07
1398.84	175.69	95.29	6.46	1225.26	1161.13	57.34	158.34
2992.38	360.19	249.36	146.04	1899.66	2044.93	500.97	488.58
256.76	80.43	67.04	5.64	312.51	334.38	66.88	57.07
36.72	10.98	10.64	4.34	19.92	21.26	16.76	4.17
433.46	80.10	62.76	9.11	596.19	610.86	52.47	65.65
875.65	275.84	231.82	4.15	1241.43	1265.39	106.01	125.37
188.19	73.24	54.77	1.63	213.11	223.35	51.39	28.66
219.48	141.10	131.44	39.60	287.16	292.22	75.57	31.81
11.13	6.81	5.79	-0.07	12.62	13.22	7.51	1.13
441.13	106.51	79.94	35.29	595.41	608.00	77.42	65.87
78.47	73.65	63.72	7.19	79.01	85.37	54.84	12.82
30.94	45.15	37.04	0.43	18.72	23.10	32.64	3.92
53.42	64.71	61.60	4.89	68.22	78.82	23.58	7.91
156.82	129.21	114.30	11.37	257.48	264.71	96.47	23.87

3-11 按地区分组的

地　区	资产总计	固定资产净额	固定资产原价	累计折旧	流动资产合计	应收账款	存货
全　国	**107931.55**	**32894.01**	**73100.53**	**38350.11**	**35855.05**	**4657.45**	**2338.49**
北　京	4010.40	707.21	1057.87	452.17	746.18	140.58	20.05
天　津	2318.02	1423.45	4051.20	2607.07	557.40	83.22	27.54
河　北	3873.16	1073.04	2676.77	1489.28	1508.66	199.50	113.51
山　西	26229.57	5951.44	10415.53	4324.29	11149.98	1214.27	493.58
内蒙古	9945.73	3029.35	5764.29	2601.85	3367.01	491.21	219.71
辽　宁	4706.53	905.91	3108.69	2176.38	1421.01	134.05	116.23
吉　林	952.66	285.95	770.06	447.46	170.46	35.84	28.42
黑龙江	5213.67	1926.81	6526.91	4506.51	1920.98	209.63	127.90
上　海	151.71	78.16	166.97	88.81	37.44	1.57	3.42
江　苏	565.01	181.40	397.19	191.12	206.59	24.77	18.86
浙　江	464.39	44.40	90.86	41.55	195.13	28.14	12.42
安　徽	3360.13	911.75	1677.60	741.27	745.45	68.53	47.62
福　建	445.35	143.58	368.52	192.32	131.77	19.46	21.19
江　西	737.53	170.13	305.00	108.98	294.12	52.00	57.56
山　东	7452.06	1369.66	3156.77	1682.63	2581.37	221.90	105.95
河　南	4841.92	1509.65	3569.05	1861.30	1780.09	271.72	115.36
湖　北	816.98	223.37	598.73	351.14	326.34	60.83	28.35
湖　南	656.80	232.31	425.31	154.07	184.72	32.78	26.17
广　东	1624.53	956.99	2636.83	1675.73	388.81	55.95	46.72
广　西	547.03	91.10	194.00	72.98	252.19	48.90	27.55
海　南	141.00	27.85	44.32	15.86	37.48	3.12	11.03
重　庆	830.33	335.58	697.17	333.92	203.54	22.91	7.89
四　川	4404.84	1638.23	4039.34	2320.39	1271.67	341.51	96.65
贵　州	2455.85	652.74	1094.22	374.67	870.46	156.84	66.76
云　南	1875.57	430.79	815.12	298.64	789.60	113.03	91.58
西　藏	510.08	204.44	259.89	55.15	84.38	5.23	9.23
陕　西	9300.34	3473.02	6945.97	3264.68	2724.36	347.20	162.10
甘　肃	1624.56	842.07	1723.99	874.72	349.43	33.62	32.98
青　海	920.17	147.72	338.95	169.88	269.51	6.87	22.39
宁　夏	1668.06	1110.45	1824.26	650.42	223.43	30.77	65.25
新　疆	5287.56	2815.47	7359.16	4224.87	1065.49	201.49	114.50

采矿业主要经济指标

单位：亿元

产成品	负债合计	流动负债合计	应付账款	所有者权益合计	实收资本	国家资本	集体资本
1115.68	**65930.07**	**44946.79**	**8330.93**	**41797.27**	**21853.97**	**8842.29**	**234.59**
4.41	2506.41	1352.53	180.45	1503.99	648.92	0.09	0.82
8.40	1298.32	1046.27	276.77	1019.70	317.08	43.23	
65.27	2497.74	1940.05	319.91	1318.95	492.16	269.14	1.93
229.06	19825.97	14113.03	2184.79	6402.03	2750.44	980.74	68.83
92.63	4929.02	3122.27	720.44	5023.91	2451.93	982.29	24.02
52.86	2317.75	1507.12	227.12	2388.78	1130.23	30.66	1.24
14.31	676.55	490.66	141.86	275.46	386.99	20.74	9.28
66.38	2709.73	1496.24	504.67	2503.51	714.56	62.73	6.86
0.45	123.68	87.13	11.79	28.03	9.00		
8.22	285.32	218.26	59.22	279.69	210.97	114.88	0.15
6.16	300.46	180.94	18.90	163.93	76.18	22.24	2.15
25.87	2087.24	1401.28	204.11	1272.88	592.04	352.21	3.61
11.82	166.28	118.81	22.30	266.65	78.27	25.52	0.54
38.66	393.45	253.72	49.88	342.77	137.75	49.94	1.75
51.13	5169.35	3359.05	339.13	2271.55	1479.26	123.18	10.99
69.55	3213.64	2506.91	414.67	1615.40	766.71	420.95	14.22
18.75	436.16	268.69	49.25	378.76	118.80	43.06	4.46
13.70	311.82	224.46	29.56	339.37	222.66	39.99	1.44
15.60	1025.18	653.99	169.67	599.35	311.44	261.76	1.51
17.92	339.73	231.08	51.75	176.92	67.63	12.72	0.51
2.07	46.09	39.10	11.87	94.78	41.73	15.30	0.13
3.27	357.46	243.38	33.60	458.43	160.05	79.42	0.30
53.35	2006.89	1265.83	320.89	2392.50	1114.66	636.09	2.75
29.17	1814.31	1214.11	197.07	636.30	318.41	88.82	4.05
44.41	1150.80	848.67	113.45	694.89	354.72	150.05	3.64
3.46	332.32	130.03	27.08	177.77	122.30	42.56	2.12
67.46	4681.67	3239.76	779.26	4603.68	3026.45	2398.19	54.13
20.02	762.03	487.69	102.94	860.75	655.47	462.22	1.87
14.85	484.88	333.65	70.48	435.27	72.92	7.28	
23.37	1202.81	714.58	102.30	465.24	319.55	163.48	0.10
43.09	2477.00	1857.48	595.75	2806.02	2704.69	942.80	11.20

3-11 续表

地区	法人资本	个人资本	港澳台资本	外商资本	营业收入	营业成本	销售费用
全国	**11027.91**	**1534.92**	**85.07**	**127.65**	**40167.22**	**29699.71**	**883.30**
北京	636.75	0.61	10.65		579.64	541.06	1.12
天津	272.46	1.00		0.40	1063.89	736.89	2.14
河北	135.32	81.99	2.86	0.91	1641.89	1347.98	29.76
山西	1358.45	310.16	2.36	29.61	7758.29	5615.63	325.15
内蒙古	1247.83	181.58	10.63	4.60	3860.45	2464.70	72.02
辽宁	1041.23	46.48	2.34	8.27	1369.37	1083.77	20.82
吉林	342.95	9.22	2.80	1.99	324.79	311.82	4.39
黑龙江	605.13	21.74	18.04	0.01	1578.41	1339.52	16.26
上海	9.00				24.31	18.48	0.12
江苏	83.64	5.53	2.75	4.02	327.73	279.74	5.70
浙江	35.23	13.64	1.60	1.33	192.17	113.82	5.85
安徽	168.58	65.82	0.50	1.31	1244.94	893.05	27.99
福建	25.76	23.61	2.71	0.13	702.74	612.79	15.33
江西	55.12	28.06	2.76	0.11	664.05	533.16	16.46
山东	1254.64	52.30	3.19	34.96	2219.45	1670.85	23.81
河南	227.66	97.74	1.16	4.98	2055.97	1746.99	30.31
湖北	38.53	31.97	0.11	0.66	568.61	451.09	23.98
湖南	100.27	78.39	0.32	2.24	730.66	567.08	28.43
广东	27.51	11.86	5.08	3.72	819.51	466.25	13.76
广西	31.37	22.14	0.14	0.75	295.62	203.88	16.60
海南	22.40	3.81	0.10		44.41	30.93	0.61
重庆	67.59	12.75			378.80	283.24	8.20
四川	403.67	68.98	3.06	0.12	2369.76	1836.48	43.10
贵州	147.99	72.44	5.05	0.05	950.12	729.02	29.93
云南	163.49	32.73	0.14	4.67	871.77	659.88	24.40
西藏	39.75	20.28		17.60	99.60	67.39	1.17
陕西	407.33	166.03	0.78		4051.91	2609.65	52.77
甘肃	157.52	31.87	2.00		542.02	424.25	8.81
青海	61.35	4.28			230.84	191.18	2.43
宁夏	149.08	6.89			483.42	352.35	7.16
新疆	1710.32	31.01	3.94	5.22	2072.11	1516.77	24.69

单位：亿元

管理费用	财务费用	利息费用	投资收益(损失以"一"号记)	营业利润	利润总额	亏损企业亏损额	平均用工人数(万人)
3187.60	**1262.05**	**1373.12**	**505.38**	**3634.88**	**3624.34**	**1598.46**	**444.98**
35.04	70.82	78.33	78.23	14.10	1.86	4.36	3.13
39.98	7.53	1.80	1.09	251.83	254.95	21.36	5.86
117.10	63.58	54.41	37.04	73.75	67.74	84.35	19.40
594.74	410.18	536.33	127.34	571.29	543.07	284.66	88.77
226.96	107.17	99.72	33.91	656.97	627.42	85.50	20.37
157.45	45.71	57.49	24.04	37.55	18.51	105.60	22.99
45.14	10.72	10.85	2.07	-151.36	-153.02	179.91	8.60
181.64	33.03	52.42	0.84	-85.82	-53.20	120.74	29.24
2.90	0.54		0.25	0.17	0.32	0.44	0.12
25.59	2.23	2.26	18.00	30.48	30.43	1.75	3.02
17.04	9.74	9.42	0.57	41.12	39.82	1.69	1.12
124.01	53.71	54.60	39.75	171.03	175.63	17.36	16.74
30.22	3.01	2.93	0.60	34.16	33.09	1.47	4.83
34.43	6.87	4.68	1.64	65.41	67.71	1.85	5.90
245.11	74.47	96.07	22.33	67.90	68.52	201.11	37.05
148.00	72.52	72.06	35.49	32.40	39.41	108.23	37.47
39.92	10.26	7.43	0.30	30.92	29.11	15.49	4.89
64.68	8.82	5.72	-0.40	44.53	44.55	4.27	10.40
35.48	12.10	4.18	0.18	256.40	254.22	0.98	2.94
32.68	5.40	2.35	1.88	27.18	28.10	6.56	3.65
4.17	0.70	0.79	-0.30	4.21	4.17	0.35	0.40
25.33	5.87	4.91	1.46	49.51	50.34	10.88	4.91
159.42	31.69	30.26	9.88	271.83	264.46	38.48	21.03
81.09	30.37	21.47	2.48	54.13	61.36	28.26	18.22
61.23	18.31	16.98	29.27	107.60	104.00	20.83	10.18
9.31	3.91	3.71	0.10	15.41	15.34	3.66	0.56
300.01	64.37	54.78	22.44	738.34	762.82	110.49	30.94
35.28	18.12	16.70	4.90	39.91	52.39	8.06	7.67
27.40	9.89	11.79	6.01	21.24	23.93	7.25	3.01
48.45	34.22	25.46	0.29	-2.42	-1.15	10.55	6.48
237.80	36.19	33.18	3.73	165.12	168.42	111.99	15.12

3-12 按地区分组的煤炭

地　区	资产总计	固定资产净额	固定资产原价	累计折旧	流动资产合计	应收账款	存货
全　国	**59712.45**	**15384.04**	**28179.27**	**11884.58**	**23324.76**	**2588.77**	**1161.08**
北　京	0.51	0.11	0.29	0.18	0.40	0.25	0.03
天　津	7.07		0.01	0.01	5.91	4.59	0.10
河　北	1809.18	226.51	633.21	321.25	724.43	61.64	20.86
山　西	25275.53	5667.79	9969.46	4175.33	10803.71	1142.99	458.52
内蒙古	7439.67	1887.84	3411.04	1406.78	2869.32	422.82	164.87
辽　宁	620.48	160.36	492.21	300.60	277.75	15.91	31.60
吉　林	212.45	114.11	212.29	98.12	65.05	10.98	7.06
黑龙江	901.42	342.21	760.56	416.58	322.99	70.69	37.66
上　海							
江　苏	347.57	115.10	205.27	82.19	113.70	8.94	7.96
浙　江	0.43	0.11	0.20	0.09	0.12	0.04	0.04
安　徽	2272.71	667.85	1265.83	587.30	389.51	10.63	21.50
福　建	116.60	24.95	55.80	18.59	46.07	3.97	3.13
江　西	91.39	30.29	46.87	15.60	32.47	2.41	1.86
山　东	4317.19	570.13	1338.34	697.58	1943.60	116.41	19.73
河　南	3142.39	1163.45	2051.99	828.27	1251.70	167.63	65.69
湖　北	3.33	1.27	2.08	0.81	1.27	0.24	0.05
湖　南	191.09	62.32	115.74	41.48	52.41	6.51	4.47
广　东							
广　西	67.69	9.40	15.54	6.34	40.85	3.21	2.06
海　南							
重　庆	382.08	67.83	149.08	63.70	136.33	8.25	3.49
四　川	541.47	191.20	411.96	184.96	210.82	23.35	15.02
贵　州	2279.69	612.90	1033.09	357.20	782.26	132.68	52.76
云　南	655.13	159.17	309.62	95.49	240.62	22.90	25.58
西　藏							
陕　西	5441.33	1683.31	3002.41	1199.88	2158.87	240.48	106.81
甘　肃	626.62	160.40	362.44	200.29	227.49	11.28	15.59
青　海	139.23	36.87	59.28	21.63	69.79	2.95	4.59
宁　夏	1528.62	1014.43	1636.84	559.42	199.59	29.91	64.03
新　疆	1301.57	414.12	637.83	204.91	357.76	67.10	26.01

开采和洗选业主要经济指标

单位：亿元

产成品	负债合计	流动负债合计	应付账款	所有者权益合计	实收资本	国家资本	集体资本
526.61	**40570.59**	**28600.90**	**4485.82**	**19058.68**	**8516.34**	**3047.40**	**161.58**
	0.27	0.26	0.24	0.24	0.06		
	3.63	3.63	0.50	3.45	0.70		
10.71	1256.70	926.59	88.48	552.53	264.49	173.15	0.77
206.51	19258.44	13641.13	2042.22	6014.75	2552.04	964.27	67.58
65.13	3778.68	2410.52	568.11	3668.09	1506.03	178.12	16.82
5.68	364.15	300.76	39.36	256.33	111.05		
3.65	189.83	165.10	23.11	22.62	28.79	1.30	
22.53	734.36	621.08	135.27	166.63	148.22	51.15	0.03
3.07	175.72	134.99	42.09	171.85	67.75		
0.02	0.36	0.36		0.07	0.01		
11.50	1505.24	1020.73	153.58	767.47	332.80	222.51	2.95
1.57	49.30	27.51	2.76	56.29	22.54	12.79	0.01
0.86	63.98	48.33	5.20	27.12	14.93	9.22	0.01
13.90	3027.71	2071.17	165.54	1278.54	341.59	77.28	4.64
36.47	2151.97	1767.26	276.38	983.46	406.59	194.09	12.32
0.02	4.07	4.06	2.32	-0.74	1.06		
2.34	108.47	84.60	6.61	81.47	56.43	13.60	0.38
1.84	45.09	38.51	5.63	22.60	4.03		0.20
0.92	191.96	149.14	18.79	177.29	96.78	56.66	0.10
7.31	445.34	320.15	35.61	95.37	104.93	12.08	0.55
22.36	1705.72	1128.81	178.67	569.75	282.52	85.56	3.60
18.23	421.89	258.59	33.69	207.34	110.72	27.28	1.77
39.90	2643.49	1768.63	390.34	2788.72	1331.17	816.98	48.51
10.70	325.28	256.01	29.94	299.55	164.87	11.82	0.33
4.03	78.05	71.39	9.21	61.16	15.29	0.43	
22.61	1136.53	672.12	90.94	392.10	250.37	99.75	0.10
14.78	904.36	709.45	141.22	394.65	300.61	39.36	0.91

3-12 续表

地区					营业收入	营业成本	销售费用
	法人资本	个人资本	港澳台资本	外商资本			
全国	**4389.11**	**841.98**	**23.72**	**51.24**	**20821.60**	**14725.97**	**559.71**
北京		0.06			0.21	0.08	0.01
天津	0.70				1.41	0.72	
河北	72.83	17.74			497.39	418.17	11.68
山西	1221.61	273.74	2.36	22.18	7394.43	5343.27	320.49
内蒙古	1138.50	158.37	10.63	2.60	3155.63	1975.54	60.60
辽宁	105.20	5.85			146.19	108.36	0.97
吉林	23.30	4.19			64.68	58.51	1.26
黑龙江	82.33	14.65			420.32	334.21	4.47
上海							
江苏	66.91	0.84			156.40	137.54	0.83
浙江		0.01			0.48	0.41	
安徽	82.75	24.60			796.41	607.77	9.22
福建	3.33	4.51	1.90		80.96	67.00	1.63
江西	4.93	0.77			30.36	24.00	0.49
山东	225.58	10.78		23.31	942.30	641.94	15.02
河南	165.44	30.91	0.66	3.16	1424.12	1217.20	23.43
湖北	0.96	0.10			0.98	0.76	0.01
湖南	25.17	17.28			115.50	92.65	3.46
广东							
广西	3.29	0.53			25.50	22.82	0.93
海南							
重庆	36.07	3.95			104.77	90.62	1.66
四川	69.76	22.55			428.11	365.01	10.30
贵州	128.25	60.11	5.00		812.06	620.44	24.33
云南	64.25	17.43			318.42	238.56	10.57
西藏							
陕西	329.79	135.18	0.71		2673.83	1461.72	38.40
甘肃	130.56	22.17			242.76	194.92	6.49
青海	14.17	0.69			36.93	25.33	0.38
宁夏	143.75	6.77			441.69	317.96	6.79
新疆	249.68	8.19	2.46		509.76	360.49	6.30

单位：亿元

管理费用	财务费用	利息费用	投资收益(损失以“−”号记)	营业利润	利润总额	亏损企业亏损额	平均用工人数(万人)
1628.64	**788.35**	**908.65**	**305.82**	**2301.16**	**2221.57**	**636.14**	**270.18**
0.09				0.03	0.03		
0.12			0.04	0.60	0.62		0.04
37.76	32.49	32.06	12.17	11.11	6.35	20.21	9.77
570.93	403.78	530.93	126.72	521.38	492.13	276.83	85.62
176.63	78.43	71.79	31.42	579.56	535.00	62.66	16.19
21.09	6.16	7.13	5.13	11.30	10.96	6.46	6.82
10.60	4.70	4.32	0.03	-7.66	-7.17	9.77	3.04
49.09	5.63	5.65	0.69	15.82	15.77	14.93	13.58
12.17	0.98	1.09	18.59	22.22	22.15		2.17
0.03				0.02	0.02		
77.58	41.73	45.20	26.18	84.59	90.04	9.40	13.12
7.32	-0.30	0.23	0.25	6.11	6.17	1.10	1.85
2.31	0.96	0.51	0.02	3.22	3.11	0.05	1.31
114.59	25.25	44.03	19.84	132.00	133.49	33.40	17.28
85.66	45.95	55.43	34.01	49.33	50.96	46.22	28.72
0.15				0.04	0.01	0.03	0.03
8.05	2.43	1.94	-0.82	4.58	4.43	2.70	3.77
1.15	0.21	0.28		0.36	0.41	0.78	0.39
8.89	2.87	2.67	0.20	1.06	2.36	9.79	3.42
29.52	8.47	7.87	0.03	1.51	-4.45	29.28	9.07
71.53	27.60	20.55	2.21	46.19	53.65	26.36	16.96
25.69	4.69	3.92	0.12	29.68	28.28	8.32	5.72
212.28	40.10	31.22	21.31	711.64	701.15	45.46	16.40
17.28	5.28	5.11	4.86	16.21	15.19	2.26	5.01
2.84	1.18	0.84	0.40	4.96	5.27	1.24	0.57
46.80	33.47	24.71	0.29	-5.49	-6.21	10.39	5.10
38.48	16.28	11.16	2.13	60.79	61.88	18.49	4.23

3-13 按地区分组的石油和

地区	资产总计	固定资产净额	固定资产原价	累计折旧	流动资产合计	应收账款	存货
全国	**21507.69**	**11794.68**	**34114.78**	**21750.79**	**2893.15**	**388.90**	**172.21**
北京	216.34	2.65	5.70	29.38	50.28	6.88	0.05
天津	1553.66	1316.55	3753.70	2433.40	101.64	3.31	16.63
河北	498.24	482.31	1379.16	894.87	14.00	0.29	7.24
山西	459.97	133.11	198.80	65.66	130.33	38.06	2.08
内蒙古	997.30	816.00	1766.83	946.59	45.05	1.00	4.38
辽宁	389.67	353.16	1685.85	1332.70	-55.67	0.61	6.29
吉林	415.26	69.65	352.94	259.99	2.36	2.75	2.95
黑龙江	3680.61	1414.73	5396.94	3901.39	1269.44	28.23	33.45
上海	151.71	78.16	166.97	88.81	37.44	1.57	3.42
江苏	93.93	28.99	117.09	72.34	33.48	0.49	0.45
浙江							
安徽	4.78	2.70	2.74	0.04	0.73		
福建							
江西							
山东	1590.60	300.97	930.54	612.24	86.04	45.75	11.48
河南	300.57	63.91	1015.90	836.28	32.69	11.85	2.53
湖北	259.03	103.55	332.27	228.72	51.90	2.03	0.69
湖南							
广东	1213.45	848.74	2449.72	1600.98	211.66	14.21	22.52
广西	38.84	1.71	23.49	21.77	4.72		0.15
海南	48.07	2.87	4.93	2.06	3.34		0.26
重庆	322.44	237.12	486.99	245.20	14.33	3.98	0.65
四川	2027.86	1133.78	2914.95	1768.61	301.07	175.77	4.58
贵州							
云南							
西藏							
陕西	2993.24	1587.27	3461.42	1839.17	171.44	8.33	12.60
甘肃	694.80	567.55	1190.61	621.20	28.30	0.02	2.48
青海	433.17	50.39	167.35	101.92	88.39		5.90
宁夏	97.62	79.78	167.40	87.36	3.94		0.35
新疆	3026.53	2119.02	6142.50	3760.11	256.24	43.73	31.08

天然气开采业主要经济指标

单位：亿元

产成品	负债合计	流动负债合计	应付账款	所有者权益合计	实收资本	国家资本	集体资本
86.47	**10143.42**	**5308.22**	**1730.82**	**11307.41**	**7582.23**	**4624.03**	**0.75**
	85.48	67.66	36.75	130.86	38.86		
3.53	966.33	746.59	146.20	587.33			
1.89	177.00	51.63	40.82	265.03			
0.36	261.25	212.70	101.79	198.72	59.78	12.54	0.28
3.07	343.98	119.75	61.03	653.31	603.70	599.27	
6.29	249.94	61.75	34.24	139.73			
2.21	275.34	138.61	65.90	139.27	139.45	5.82	0.17
30.95	1444.39	397.41	268.16	2236.22	477.05	2.05	
0.45	123.68	87.13	11.79	28.03	9.00		
0.10	47.05	36.63	1.38	46.88	108.39	108.39	
	1.29	0.65	0.42	3.49	3.62	3.62	
7.73	1118.39	440.06	57.73	472.21	937.92		
2.04	274.20	102.97	27.13	26.37	190.08	189.78	0.30
0.32	129.14	76.41	9.85	129.89			
4.61	813.17	481.66	123.89	400.28	232.97	222.80	
	7.00	1.69		31.84			
0.13	8.72	5.65	2.84	39.35	15.00	15.00	
0.27	100.87	40.23	2.99	221.56	40.38	19.87	
1.17	679.24	295.50	98.24	1348.61	573.36	547.52	
7.00	1659.23	1201.70	289.16	1334.01	1524.77	1523.06	
1.62	242.42	72.80	43.56	452.38	445.90	445.90	
3.32	172.11	79.39	48.24	261.06			
0.23	33.89	10.18	6.15	63.73	63.73	63.73	
9.17	929.33	579.45	252.54	2097.20	2118.27	864.68	

3-13 续表

地区					营业收入	营业成本	销售费用
	法人资本	个人资本	港澳台资本	外商资本			
全　国	**2940.05**	**5.44**		**11.96**	**6656.93**	**5077.93**	**34.50**
北　京	38.86				22.60	16.72	0.20
天　津					577.03	366.14	1.50
河　北					133.48	134.50	0.26
山　西	36.30	3.23		7.43	102.08	72.58	0.91
内蒙古	4.35	0.08			282.90	232.20	0.17
辽　宁					206.90	218.01	0.86
吉　林	131.39	0.08		1.99	117.69	137.34	2.04
黑龙江	475.00				803.85	708.59	9.32
上　海	9.00				24.31	18.48	0.12
江　苏					28.77	21.68	0.06
浙　江							
安　徽					0.20	0.22	
福　建							
江　西							
山　东	937.92				546.58	516.84	2.52
河　南					86.24	102.13	0.88
湖　北					61.18	59.76	0.64
湖　南							
广　东	7.63			2.54	507.52	237.41	2.11
广　西					10.79	2.40	0.02
海　南					8.29	5.65	
重　庆	20.51				128.26	84.72	0.46
四　川	25.84				772.56	522.01	4.48
贵　州							
云　南							
西　藏							
陕　西	0.01	1.71			729.63	604.81	0.46
甘　肃					199.84	159.03	0.18
青　海					145.76	88.04	0.27
宁　夏					28.19	22.13	0.02
新　疆	1253.24	0.35			1032.29	746.56	7.03

单位：亿元

管理费用	财务费用	利息费用	投资收益（损失以“-”号记）	营业利润	利润总额	亏损企业亏损额	平均用工人数（万人）
670.58	**165.17**	**172.04**	**9.73**	**130.01**	**262.04**	**778.20**	**60.39**
6.95	1.22	1.84	0.03	-0.45	-0.51	0.68	0.14
21.68	8.70	0.76		250.81	252.40	18.65	1.95
21.14	2.69	3.30	0.07	-55.85	-56.80	56.80	2.30
6.42	1.97	2.24		22.59	26.36	3.85	0.63
10.28	10.25	10.10		14.94	33.41	8.30	0.45
32.38	7.20	5.52	-0.02	-68.81	-56.58	56.58	3.99
24.87	3.17	3.80	-0.16	-156.21	-160.28	162.32	2.82
117.66	24.19	44.31		-129.57	-95.75	95.75	10.09
2.90	0.54		0.25	0.17	0.32	0.44	0.12
6.71	0.20	0.23		1.68	1.68		0.12
0.04	-0.01			-0.05	-0.04	0.04	0.03
52.69	30.48	33.76	0.10	-159.15	-159.24	159.92	11.78
23.93	8.97	2.78	1.00	-59.31	-52.93	52.96	3.05
10.94	1.95	2.33		-12.43	-12.14	12.14	1.02
13.38	8.22	1.58	0.24	219.44	218.95		0.58
0.07	0.18			7.49	7.49		0.01
0.47	-0.02	0.05	0.02	0.24	0.23		0.01
8.89	2.03	1.56	0.13	28.33	28.32	0.82	0.18
65.33	10.26	11.25	7.86	170.38	169.43	2.72	3.38
49.12	19.48	19.29	0.16	-10.56	24.30	60.36	7.76
7.79	7.60	7.52		14.91	28.76	2.27	1.28
17.38	1.87	3.12		7.66	9.86		1.86
1.07	1.07	1.07		2.45	4.44		1.30
168.48	12.98	15.62	0.04	41.30	50.34	83.60	5.56

3-14 按地区分组的黑色

地区	资产总计	固定资产净额	固定资产原价	累计折旧	流动资产合计	应收账款	存货
全国	**11644.98**	**2204.78**	**3834.59**	**1525.93**	**3529.36**	**475.46**	**297.44**
北京	3330.62	630.92	764.96	134.00	499.62	76.34	10.04
天津	21.67	7.37	12.33	4.96	14.12	5.59	3.40
河北	1427.92	305.55	570.50	238.27	711.63	127.39	73.43
山西	402.49	123.37	204.17	68.64	176.71	18.30	28.40
内蒙古	870.84	98.60	205.54	104.50	268.22	36.76	18.80
辽宁	3002.49	229.43	584.83	352.50	854.83	28.29	37.63
吉林	136.38	44.68	74.58	25.08	30.73	5.26	2.24
黑龙江	45.86	15.89	25.27	9.36	10.34	1.07	2.22
上海							
江苏	35.33	9.57	14.00	3.90	21.20	8.16	3.47
浙江	1.87	0.45	1.32	0.84	0.85	0.11	0.07
安徽	364.16	145.17	252.73	96.74	92.71	22.88	8.98
福建	98.33	50.77	106.60	54.14	25.02	4.92	6.46
江西	43.85	11.30	20.65	8.11	11.86	2.56	1.18
山东	351.73	105.72	198.55	81.77	152.73	7.62	11.77
河南	102.88	24.51	43.76	16.68	52.43	12.17	4.95
湖北	98.74	34.71	82.20	44.88	43.82	18.54	7.71
湖南	34.40	4.86	16.89	5.91	9.61	0.40	1.85
广东	58.71	6.75	18.54	11.71	32.08	1.20	1.90
广西	20.22	2.75	4.44	1.54	10.20	1.69	2.83
海南	69.48	21.96	33.35	11.08	18.66	1.74	1.88
重庆	7.42	0.91	1.90	0.94	4.66	0.39	0.59
四川	402.53	94.43	189.30	90.83	166.80	47.80	16.75
贵州	22.09	6.46	9.72	2.84	8.84	1.10	1.66
云南	189.94	60.96	107.22	43.04	96.17	22.10	11.88
西藏	30.28	2.90	5.84	2.87	12.48	0.04	0.34
陕西	118.06	29.06	63.92	29.60	47.27	7.35	5.85
甘肃	98.05	34.94	56.43	21.08	30.37	4.26	4.40
青海	36.82	19.42	26.09	6.61	13.99	0.17	2.37
宁夏	31.52	12.20	13.68	1.48	17.91	0.08	0.31
新疆	190.27	69.16	125.27	52.02	93.49	11.18	24.07

金属矿采选业主要经济指标

单位：亿元

产成品	负债合计	流动负债合计	应付账款	所有者权益合计	实收资本	国家资本	集体资本
171.51	**6778.76**	**4576.43**	**628.08**	**4862.08**	**2092.17**	**497.84**	**32.52**
3.99	2238.56	1140.76	80.74	1092.06	297.11	0.09	0.82
1.84	10.38	10.38	8.66	11.29	3.14		
47.03	984.44	903.43	175.53	443.18	207.18	88.21	1.09
19.22	242.52	200.62	24.47	160.82	124.03	3.00	0.90
8.90	530.88	347.64	49.39	339.95	215.47	169.78	6.65
23.06	1265.64	752.13	53.32	1736.85	696.23	30.31	0.71
1.92	67.48	57.64	23.51	68.90	35.47	12.15	8.77
1.43	32.86	18.29	5.38	13.00	10.85		4.50
2.35	24.32	16.76	6.51	11.01	7.83	0.82	
0.05	0.75	0.50	0.06	1.12	0.62		
4.81	190.19	142.71	23.38	173.97	99.43	78.02	0.11
3.64	50.98	34.70	6.03	46.81	21.07	7.72	0.20
0.66	31.21	26.37	2.70	11.86	6.04	0.16	0.10
6.27	221.39	196.20	27.60	130.12	78.19	17.29	2.87
1.45	44.66	41.05	9.90	57.75	32.29	16.90	
4.92	58.50	36.99	10.25	40.10	37.12	32.08	0.48
0.64	16.87	9.18	2.20	17.36	15.23		
0.55	29.96	24.71	1.85	28.75	9.96	0.25	
1.73	13.20	11.36	2.65	6.85	3.13	2.06	
1.08	23.82	21.30	1.07	45.65	19.68	0.19	0.13
0.40	3.66	3.59	0.35	2.64	0.67		
8.30	228.30	188.40	41.46	174.05	60.06	18.32	0.54
1.43	14.32	12.42	1.32	7.77	6.29		
5.27	134.32	100.39	17.94	54.98	23.42	0.01	0.60
0.26	5.74	5.25	0.10	24.54	7.71	1.17	2.00
4.53	73.70	53.07	9.78	44.36	11.52	0.55	1.90
2.27	65.00	58.34	8.71	33.05	5.76		0.05
1.58	18.95	18.50	6.02	17.87	13.35		
0.14	26.29	26.29	3.25	5.23	2.01		
11.78	129.84	117.46	23.95	60.18	41.30	18.75	0.11

3-14 续表

地　　区	法人资本	个人资本	港澳台资本	外商资本	营业收入	营业成本	销售费用
全　　国	**1349.95**	**198.39**	**5.47**	**7.99**	**4159.96**	**3234.93**	**61.78**
北　　京	295.84	0.35			386.03	364.02	0.44
天　　津	2.84			0.30	70.16	69.60	
河　　北	57.80	58.18	1.89		926.19	734.22	12.13
山　　西	91.69	28.44			204.46	158.01	2.18
内 蒙 古	30.95	6.08		2.00	188.46	125.94	2.84
辽　　宁	648.46	16.43	0.32		624.07	424.94	3.85
吉　　林	13.25	1.31			37.18	29.37	0.56
黑 龙 江	6.25	0.10			14.50	12.84	0.15
上　　海							
江　　苏	2.16	1.33		3.52	88.65	83.71	2.06
浙　　江	0.53	0.09			1.27	0.99	0.04
安　　徽	11.80	9.51			189.88	124.97	3.54
福　　建	6.10	7.05			228.69	208.27	3.07
江　　西	4.73	1.05			47.44	42.02	0.75
山　　东	44.50	9.19	3.19	1.16	217.70	153.99	2.10
河　　南	3.53	10.86		1.01	41.66	32.77	0.34
湖　　北	0.80	3.76			95.06	76.88	1.85
湖　　南	10.83	4.40			24.35	19.05	0.98
广　　东	8.91	0.80			18.02	7.75	1.14
广　　西	0.50	0.57			10.45	8.64	0.27
海　　南	16.61	2.75			16.71	10.78	0.07
重　　庆	0.29	0.38			11.98	9.31	0.85
四　　川	26.99	14.21			309.87	238.35	10.62
贵　　州	5.69	0.60			15.60	13.95	0.22
云　　南	18.69	4.12			125.30	90.62	3.64
西　　藏	1.13	3.40			3.06	2.15	0.27
陕　　西	3.56	5.44	0.07		96.32	78.13	1.03
甘　　肃	4.35	1.36			30.06	23.72	0.89
青　　海	13.14	0.22			11.43	8.72	0.01
宁　　夏	2.01				8.54	8.44	0.01
新　　疆	16.03	6.41			116.84	72.76	5.87

单位：亿元

管理费用	财务费用	利息费用	投资收益（损失以“−”号记）	营业利润	利润总额	亏损企业亏损额	平均用工人数（万人）
292.19	**165.98**	**173.82**	**119.44**	**435.31**	**372.92**	**71.61**	**28.29**
19.00	65.71	74.37	74.10	14.51	1.95		1.35
0.10	0.04			0.26	0.26		0.06
47.19	27.32	18.33	24.34	115.52	111.63	6.76	5.86
13.03	3.42	2.83	0.02	19.84	17.20	2.33	1.91
16.47	15.12	14.54	0.22	13.24	11.90	8.68	1.46
82.10	24.68	38.80	17.29	89.11	51.05	34.83	4.93
3.13	1.21	1.25	0.40	2.51	2.62	1.57	0.40
1.03	0.08	0.01	-0.03	0.08	0.05	0.34	0.16
1.50	0.73	0.57	-0.72	-0.24	-0.37	1.10	0.22
0.08	0.01	0.01		0.12	0.13		0.02
24.23	4.09	3.35	3.41	33.05	33.56	3.76	1.48
5.50	1.68	1.74		8.46	7.44	0.10	0.92
1.79	0.10	0.04		1.69	1.72	0.17	0.30
21.54	4.17	2.64	0.94	29.06	27.53	3.06	1.95
3.25	0.55	0.50	0.08	3.67	3.71	0.20	0.35
6.66	1.64	1.41		6.92	5.46	0.06	1.00
2.89	0.35	0.10		0.75	0.77	0.26	0.36
1.14	0.87	0.64	-0.26	2.91	2.95	0.02	0.15
0.61	0.32	0.31		0.36	0.41	0.22	0.12
2.38	0.55	0.58	-0.32	1.76	1.75		0.31
0.74	0.01	0.01		0.89	0.86	0.01	0.22
14.06	4.84	4.08	-0.20	36.49	36.49	2.02	1.69
0.90	0.30	0.29		-0.20	-0.14	0.61	0.37
6.68	3.01	3.65	0.03	17.89	18.05	0.50	0.75
0.84	-0.06	0.10	0.05	-0.20	-0.22	0.30	0.07
4.91	1.72	1.00	0.03	9.32	9.13	0.34	0.81
1.86	1.43	0.56		1.06	1.06	1.20	0.29
1.40	0.80	0.80		0.42	0.40	0.61	0.09
0.16	-0.34	-0.34		0.26	0.28	0.13	0.05
7.00	1.64	1.67	0.07	25.80	25.28	2.42	0.65

3-15 按地区分组的有色

地　区	资产总计	固定资产净　额	固定资产原　价	累计折旧	流动资产合　计	应收账款	存货
全　国	**6271.10**	**1878.26**	**3218.35**	**1175.85**	**2060.55**	**255.17**	**316.48**
北　京							
天　津							
河　北	43.31	21.25	34.48	13.23	14.75	0.73	2.18
山　西	63.16	21.01	34.13	11.92	23.44	5.49	3.34
内蒙古	519.37	210.51	342.27	122.93	134.82	16.11	22.95
辽　宁	241.60	47.36	96.84	41.44	146.71	33.13	20.37
吉　林	102.39	38.56	76.32	35.52	39.74	6.67	5.30
黑龙江	173.84	56.84	81.08	24.03	33.93	3.67	4.44
上　海							
江　苏	6.58	1.61	4.25	2.23	3.02	0.08	0.33
浙　江	17.91	2.15	5.30	1.96	8.97	1.70	1.27
安　徽	101.28	28.59	46.20	17.61	44.07	13.46	4.68
福　建	78.75	24.50	85.62	47.31	14.86	1.85	4.69
江　西	270.99	61.86	107.65	37.22	106.55	12.44	36.23
山　东	832.61	282.16	443.08	158.12	234.69	17.87	42.13
河　南	436.10	149.57	241.05	85.99	163.69	35.51	30.55
湖　北	44.21	9.43	25.06	13.95	23.74	2.60	2.24
湖　南	243.51	105.66	179.86	65.07	48.57	7.75	10.71
广　东	97.17	32.68	55.76	23.02	30.59	3.47	9.93
广　西	227.86	34.37	81.24	22.76	106.06	12.73	9.54
海　南	15.05	1.95	3.10	1.11	10.51	0.55	8.15
重　庆	0.19	0.07	0.10	0.03	0.11		0.10
四　川	339.01	65.34	117.44	48.55	142.42	11.17	10.11
贵　州	38.57	12.02	16.37	3.46	15.56	3.66	2.33
云　南	823.63	158.69	299.69	114.26	350.16	37.58	23.96
西　藏	472.59	199.72	251.85	51.90	67.07	3.41	8.44
陕　西	392.19	96.18	230.46	100.71	120.51	8.21	23.51
甘　肃	122.77	64.32	87.87	22.89	29.60	5.00	5.81
青　海	286.51	35.64	72.63	32.41	85.20	1.64	5.08
宁　夏							
新　疆	279.95	116.23	198.68	76.23	61.22	8.70	18.12

金属矿采选业主要经济指标

单位：亿元

产成品	负债合计	流动负债合计	应付账款	所有者权益合计	实收资本	国家资本	集体资本
143.75	**3604.70**	**2597.56**	**332.75**	**2627.11**	**1109.39**	**381.89**	**21.01**
0.87	23.32	22.03	3.24	19.99	4.12	0.32	
2.04	42.80	37.95	8.04	20.36	11.17	0.90	
10.15	229.08	202.29	30.93	290.63	106.86	33.70	
12.02	161.96	146.86	21.21	79.64	32.07	0.34	0.53
1.23	59.68	45.73	4.40	42.71	27.80	1.47	
1.39	77.37	55.60	8.19	96.47	38.46	0.22	1.29
0.21	5.12	4.71	0.15	1.46	0.73		
1.08	9.69	8.39	1.28	8.22	3.41	0.01	
3.16	73.40	58.29	2.95	27.88	23.73	1.08	0.31
2.67	25.02	21.03	5.84	53.73	9.63	3.39	0.15
25.05	136.71	86.44	23.49	135.55	44.60	15.98	0.58
7.37	552.74	427.21	24.90	279.87	70.20	18.72	1.93
23.22	304.93	242.63	31.10	131.16	53.69	12.97	1.38
1.06	14.06	11.06	1.37	30.15	6.74	2.00	0.10
5.09	114.66	90.37	9.50	126.64	87.44	25.02	0.41
4.13	67.26	52.13	6.33	29.91	10.64	1.99	
3.83	150.91	70.15	15.78	48.03	16.61	8.71	0.11
0.19	9.24	9.20	7.39	5.68	4.26		
0.07	0.15	0.15		0.04			
5.31	176.51	102.51	18.98	161.54	76.89	42.76	0.57
1.66	25.96	15.83	2.97	12.38	7.85	2.38	0.29
10.39	470.64	385.98	37.10	349.82	171.97	94.71	0.74
3.19	321.86	120.27	25.87	150.73	113.61	40.52	
9.29	126.99	65.93	16.49	261.63	60.86	46.16	1.98
2.49	75.88	61.01	6.06	46.89	25.16	3.93	0.72
1.68	198.83	149.06	3.96	87.68	38.05	5.33	
4.91	149.92	104.75	15.21	128.32	62.84	19.27	9.92

3-15 续表

地　区					营业收入	营业成本	销售费用
	法人资本	个人资本	港澳台资本	外商资本			
全　国	**482.37**	**159.85**	**17.32**	**46.76**	**2748.74**	**1952.27**	**31.37**
北　京							
天　津							
河　北	1.26	1.58	0.97		22.41	14.11	0.29
山　西	7.02	3.25			40.98	28.68	0.41
内 蒙 古	62.68	10.47			186.47	100.84	0.64
辽　宁	8.41	16.41	0.52	5.87	126.62	94.08	3.11
吉　林	22.45	1.08	2.80		42.43	22.63	0.07
黑 龙 江	33.25	0.92	2.79		85.75	43.42	0.18
上　海							
江　苏	0.73				4.71	2.51	0.09
浙　江	0.42	2.97			5.68	3.80	0.15
安　徽	12.87	9.48			32.02	25.43	0.31
福　建	2.91	3.10		0.09	85.26	75.38	0.51
江　西	17.60	7.69	2.76		237.05	189.63	4.09
山　东	26.54	12.50		10.49	251.17	144.46	0.41
河　南	24.53	13.54	0.50	0.77	179.85	133.67	0.74
湖　北	2.45	1.53		0.66	27.70	14.64	0.14
湖　南	33.20	26.56		2.24	229.64	178.03	6.60
广　东	3.72	1.53	3.41		76.56	55.99	1.74
广　西	4.41	3.38			105.18	72.65	0.96
海　南	4.26				10.38	8.96	0.06
重　庆					0.47	0.39	
四　川	26.71	6.85			150.93	110.79	2.03
贵　州	3.86	1.32			29.89	21.77	1.41
云　南	65.88	5.84	0.14	4.67	303.27	237.31	2.64
西　藏	38.62	16.87		17.60	93.53	63.27	0.90
陕　西	8.88	3.84			212.27	172.76	2.48
甘　肃	14.64	3.86	2.00		38.91	22.39	0.15
青　海	31.63	1.09			77.15	63.14	0.36
宁　夏							
新　疆	23.45	4.19	1.43	4.38	92.46	51.55	0.87

单位：亿元

管理费用	财务费用	利息费用	投资收益（损失以“−”号记）	营业利润	利润总额	亏损企业亏损额	平均用工人数（万人）
240.89	**72.39**	**64.95**	**44.87**	**395.64**	**386.83**	**60.38**	**27.44**
3.39	0.31	0.08	0.11	3.08	3.36	0.10	0.24
3.59	0.93	0.28	0.60	6.69	6.58	1.24	0.45
20.27	3.00	2.95	0.60	43.84	41.69	5.45	1.64
10.77	5.02	3.79	0.82	10.88	11.63	2.48	1.84
4.40	1.31	1.24	1.79	14.44	14.31	2.62	0.80
4.58	2.51	2.06	0.05	31.07	30.17	0.25	0.34
0.67			0.05	0.92	0.94	0.50	0.07
0.99	0.21	0.17	0.23	0.65	0.75	0.06	0.16
3.37	2.03	0.85	0.37	0.74	0.46	2.31	0.55
3.74	0.52	0.39	0.21	3.94	3.64	0.09	0.42
14.07	2.50	2.52	0.30	23.64	24.98	1.31	2.13
35.42	7.85	11.64	0.73	52.17	52.82	3.10	2.94
14.15	7.60	6.28	0.30	16.13	15.18	6.84	2.19
2.66	0.03	0.11		9.22	9.16	0.13	0.40
22.09	3.36	2.07	0.41	13.67	13.91	1.02	2.99
5.64	1.71	1.14	0.11	10.89	10.43	0.12	0.69
15.66	3.86	1.14	1.93	8.74	10.00	2.29	1.37
0.49	0.15	0.13		0.48	0.47	0.35	0.04
0.02				0.04	0.03		0.01
10.98	1.89	2.97	1.08	23.34	23.20	1.40	1.21
3.02	1.14	0.21		1.81	1.61	0.29	0.16
20.81	8.27	6.59	28.17	49.52	47.64	11.14	2.80
8.13	3.96	3.61	0.05	15.02	14.96	3.33	0.47
13.61	1.62	1.92	0.93	15.58	16.05	1.33	1.82
5.35	3.13	2.97	0.04	6.80	6.48	1.45	0.54
4.72	5.94	6.99	5.66	7.47	7.38	5.30	0.31
8.29	3.53	2.87	0.33	24.88	19.01	5.88	0.87

3-16 按地区分组的非金属矿

地 区	资产总计	固定资产净额	固定资产原价	累计折旧	流动资产合计	应收账款	存货
全 国	**5698.23**	**941.22**	**1761.27**	**707.87**	**2376.14**	**443.63**	**282.45**
北 京	1.21	0.01	0.06	0.05	1.20	0.72	0.28
天 津	326.23	10.37	19.81	9.45	188.47	1.80	3.76
河 北	87.51	33.93	53.58	19.31	42.34	9.45	8.30
山 西	22.15	5.78	8.40	2.57	9.97	3.75	1.22
内蒙古	118.55	16.40	38.62	21.06	49.60	14.51	8.71
辽 宁	184.77	29.81	48.20	17.98	83.21	30.02	14.98
吉 林	6.68	2.75	4.26	1.33	3.15	1.22	0.55
黑龙江	46.36	6.94	11.72	4.52	25.52	7.98	3.48
上 海							
江 苏	81.13	26.04	56.45	30.41	35.06	7.07	6.65
浙 江	444.17	41.69	84.04	38.66	185.19	26.29	11.05
安 徽	612.66	66.49	108.74	39.16	215.17	21.40	11.97
福 建	151.66	43.35	120.51	72.27	45.81	8.72	6.92
江 西	329.55	66.61	129.76	48.06	141.56	32.95	18.26
山 东	228.28	51.88	89.02	35.89	115.54	18.24	18.94
河 南	733.47	72.71	103.59	20.19	208.54	24.16	8.19
湖 北	403.30	72.10	147.93	56.40	191.12	34.92	17.06
湖 南	187.42	59.47	112.55	41.62	74.00	18.13	9.13
广 东	179.76	39.40	67.93	24.69	81.06	18.78	9.62
广 西	192.42	42.87	69.29	20.56	90.37	31.27	12.97
海 南	8.41	1.07	2.94	1.61	4.97	0.83	0.74
重 庆	118.20	29.64	59.12	24.07	48.10	10.28	3.06
四 川	692.73	88.42	183.20	82.65	277.98	48.82	45.37
贵 州	115.50	21.35	35.04	11.18	63.80	19.41	10.01
云 南	206.79	51.95	98.55	45.81	102.59	30.45	30.16
西 藏	7.21	1.82	2.20	0.38	4.83	1.79	0.45
陕 西	86.35	28.30	48.67	14.68	37.14	8.07	8.69
甘 肃	60.66	10.47	18.38	5.51	18.59	5.30	3.59
青 海	24.45	5.40	13.60	7.30	12.13	2.10	4.46
宁 夏	10.29	4.04	6.33	2.15	1.99	0.78	0.55
新 疆	30.37	10.17	18.79	8.34	17.12	4.42	3.32

采选业主要经济指标

单位：亿元

产成品	负债合计	流动负债合计	应付账款	所有者权益合计	实收资本	国家资本	集体资本
169.86	**2869.57**	**2030.88**	**364.52**	**2808.51**	**1016.81**	**243.09**	**15.18**
0.28	0.60	0.53	0.16	0.62	0.20		
3.03	124.08	101.69	3.08	202.14	43.23	43.23	
4.69	50.02	35.41	11.44	37.48	15.88	6.96	0.08
0.94	15.02	14.74	2.45	7.06	3.32		
5.38	46.40	42.07	10.97	71.92	19.87	1.41	0.54
5.42	97.81	81.95	18.02	86.96	22.26	0.01	
0.41	4.85	4.75	0.61	1.84	1.15		0.02
1.99	19.32	16.64	4.05	27.04	16.56	9.31	0.01
2.49	32.90	24.96	9.09	48.22	26.04	5.66	0.15
5.01	289.66	171.69	17.55	154.52	72.14	22.22	2.15
5.99	314.34	176.84	22.97	298.31	131.63	46.99	0.25
3.94	40.98	35.57	7.68	109.81	25.03	1.63	0.17
12.09	159.81	91.19	18.79	168.23	72.17	24.59	1.07
15.46	121.86	101.03	19.85	106.43	42.36	2.89	1.09
6.13	317.70	233.98	27.88	410.31	77.16	2.69	0.21
11.93	226.07	137.49	24.15	175.32	70.16	5.68	3.68
5.63	71.74	40.30	11.25	113.90	63.57	1.38	0.65
6.30	88.12	69.15	15.90	91.64	34.51	13.68	1.37
10.53	123.53	109.37	27.69	67.60	43.86	1.95	0.21
0.67	4.31	2.95	0.58	4.10	2.79	0.11	
1.61	60.82	50.28	11.48	56.90	22.21	2.89	0.19
31.15	335.25	224.87	31.92	353.95	92.58	15.41	1.09
3.72	68.31	57.05	14.11	46.39	21.75	0.87	0.16
10.52	123.95	103.70	24.71	82.67	48.56	28.06	0.53
0.01	4.71	4.50	1.10	2.50	0.99	0.87	0.12
5.28	42.34	29.56	9.27	42.01	19.66	2.45	0.67
2.53	37.68	24.13	7.95	22.98	9.48		0.77
4.24	16.94	15.31	3.03	7.50	6.22	1.52	
0.39	6.11	5.99	1.97	4.18	3.45		
2.13	24.36	23.19	4.80	5.98	8.00	0.63	

3-16 续表

地区					营业收入	营业成本	销售费用
	法人资本	个人资本	港澳台资本	外商资本			
全国	**441.51**	**295.85**	**12.61**	**8.57**	**3662.35**	**2723.03**	**191.38**
北京		0.20			0.34	0.12	0.03
天津					35.64	30.50	0.62
河北	3.44	4.49		0.91	60.04	45.39	5.39
山西	1.82	1.50			10.82	7.76	1.17
内蒙古	11.35	6.57			46.99	30.18	7.76
辽宁	11.15	7.20	1.51	2.40	72.89	48.31	11.85
吉林	0.21	0.92			4.78	3.41	0.46
黑龙江	4.04	3.20			23.46	14.94	1.88
上海							
江苏	13.69	3.29	2.75	0.50	48.75	34.05	2.65
浙江	34.28	10.56	1.60	1.33	184.73	108.62	5.66
安徽	60.34	22.23	0.50	1.31	223.09	131.69	14.85
福建	13.42	8.95	0.81	0.04	307.83	262.14	10.11
江西	27.84	18.55		0.11	348.07	276.54	11.07
山东	20.04	18.35			109.32	72.92	3.74
河南	34.05	40.16		0.05	195.13	146.32	4.30
湖北	34.14	26.56	0.11		375.77	293.10	20.91
湖南	31.08	30.15	0.32		360.76	277.06	17.37
广东	7.26	9.53	1.67	1.00	179.64	134.77	8.68
广西	23.17	17.65	0.14	0.75	143.71	97.38	14.42
海南	1.52	1.06	0.10		9.04	5.54	0.49
重庆	10.71	8.42			133.32	98.21	5.22
四川	48.22	24.68	3.06	0.12	373.09	285.49	15.60
贵州	10.20	10.42	0.05	0.05	92.57	72.86	3.96
云南	14.63	5.34			124.52	93.16	7.56
西藏					3.01	1.96	
陕西	7.43	9.12			141.84	114.64	9.14
甘肃	5.88	2.83			15.42	11.02	0.94
青海	2.42	2.28			9.57	5.95	1.41
宁夏	3.32	0.13			4.99	3.81	0.35
新疆	5.88	1.49			23.23	15.24	3.79

单位：亿元

管理费用	财务费用		投资收益（损失以"–"号记）	营业利润	利润总额	亏损企业亏损额	平均用工人数（万人）
		利息费用					
248.14	**57.38**	**42.79**	**18.02**	**364.57**	**364.02**	**25.76**	**29.56**
0.08	0.01	0.01		0.08	0.08		0.01
3.56	0.69	0.94	0.63	0.42	0.74		0.51
7.31	0.50	0.40	0.35	-0.26	3.09	0.48	1.20
0.62	0.08	0.05		0.75	0.76	0.40	0.13
3.31	0.38	0.34	1.67	5.39	5.42	0.42	0.62
5.60	1.79	1.63	0.06	3.53	3.69	1.72	0.94
0.18	0.12	0.09		0.51	0.50	0.01	0.07
1.86	0.25	0.20	0.08	3.90	3.91	0.56	0.28
4.38	0.33	0.38	0.06	5.86	6.00	0.15	0.44
15.93	9.52	9.24	0.34	40.33	38.93	1.63	0.95
18.51	5.86	5.21	9.79	52.43	51.43	1.85	1.50
13.67	1.11	0.57	0.13	15.66	15.85	0.18	1.63
16.24	3.30	1.60	1.32	36.80	37.82	0.32	2.15
11.65	2.98	1.48	0.43	13.14	13.47	1.45	1.18
11.98	6.26	4.73	0.08	20.52	20.20	1.79	1.81
18.79	6.54	3.48	0.30	26.65	26.25	3.11	2.36
31.60	2.67	1.61	0.01	25.52	25.44	0.29	3.27
13.34	0.78	0.59	0.08	17.69	16.39	0.84	1.41
15.18	0.85	0.62	-0.05	10.22	9.79	3.27	1.76
0.83	0.02	0.03	0.01	1.73	1.72		0.05
6.77	0.95	0.66	1.12	19.19	18.76	0.25	1.08
21.09	6.55	3.92	0.44	36.47	36.06	3.03	2.82
5.63	1.32	0.42	0.26	6.32	6.23	1.00	0.74
8.03	2.34	2.82	0.96	10.51	10.04	0.87	0.89
0.34		0.01		0.59	0.60	0.03	0.03
6.34	0.98	0.80		7.86	7.93	0.36	1.02
2.18	0.50	0.37		0.36	0.32	0.77	0.27
1.05	0.10	0.04	-0.04	0.72	1.02	0.10	0.17
0.41	0.02	0.01		0.36	0.35	0.03	0.03
1.66	0.58	0.54		1.30	1.21	0.86	0.25

3-17 按地区分组的开采专业及

地区	资产总计	固定资产净额	固定资产原价	累计折旧	流动资产合计	应收账款	存货
全国	**3081.12**	**685.11**	**1976.76**	**1296.26**	**1665.08**	**503.07**	**106.79**
北京	461.72	73.51	286.86	288.56	194.69	56.38	9.65
天津	409.39	89.16	265.35	159.25	247.26	67.93	3.64
河北							
山西	6.27	0.40	0.57	0.17	5.83	5.69	0.02
内蒙古							
辽宁	267.51	85.81	200.76	131.17	114.19	26.10	5.35
吉林	79.50	16.18	49.67	27.42	29.43	8.95	10.33
黑龙江	365.58	90.20	251.34	150.61	258.76	97.98	46.64
上海							
江苏							
浙江							
安徽	4.54	0.95	1.37	0.42	3.26	0.16	0.50
福建							
江西	1.75	0.08	0.08		1.68	1.64	0.04
山东	131.39	58.75	156.99	96.83	48.59	16.00	1.90
河南	126.52	35.50	112.75	73.89	71.04	20.39	3.44
湖北	0.49	0.02	0.16	0.14	0.43	0.07	0.07
湖南							
广东	75.43	29.41	44.89	15.33	33.43	18.29	2.76
广西							
海南							
重庆							
四川	401.24	65.06	222.49	144.79	172.58	34.60	4.82
贵州							
云南	0.09	0.02	0.05	0.03	0.05	0.01	
西藏							
陕西	269.17	48.89	139.09	80.64	189.13	74.76	4.64
甘肃	21.66	4.38	8.26	3.75	15.08	7.77	1.10
青海							
宁夏							
新疆	458.87	86.78	236.08	123.26	279.65	66.35	11.90

辅助性活动主要经济指标

单位：亿元

产成品	负债合计	流动负债合计	应付账款	所有者权益合计	实收资本	国家资本	集体资本
16.97	**1952.31**	**1829.12**	**787.34**	**1128.51**	**1532.62**	**44.24**	**3.37**
0.14	181.50	143.32	62.56	280.22	312.69		
	193.90	183.98	118.32	215.49	270.02		
	5.94	5.89	5.81	0.33	0.10	0.04	0.07
0.39	178.24	163.67	60.96	89.27	268.62		0.01
4.90	79.38	78.83	24.33	0.12	154.33		0.32
8.09	401.43	387.22	83.62	-35.84	23.43		1.03
0.41	2.79	2.06	0.80	1.75	0.83		
	1.74	1.39	-0.30	0.01	0.01		
0.40	127.19	123.32	43.50	4.19	8.83	7.00	0.46
0.25	120.18	119.01	42.29	6.35	6.89	4.51	
0.07	0.22	0.22	0.10	0.26	0.20		
0.01	26.67	26.33	21.70	48.76	23.37	23.04	0.14
0.11	142.26	134.40	94.68	258.98	206.84		
				0.08	0.05		
1.46	135.92	120.87	64.23	132.95	78.46	8.99	1.08
0.42	15.76	15.40	6.72	5.90	4.30	0.56	
0.32	339.18	323.18	158.03	119.69	173.67	0.10	0.26

3-17 续表

地区	法人资本	个人资本	港澳台资本	外商资本	营业收入	营业成本	销售费用
全国	**1424.74**	**33.18**	**25.96**	**1.13**	**2106.54**	**1977.53**	**4.10**
北京	302.05		10.65		170.46	160.13	0.45
天津	268.92	1.00		0.10	279.64	269.93	0.03
河北							
山西					5.52	5.33	
内蒙古							
辽宁	268.02	0.59			192.69	190.06	0.17
吉林	152.36	1.65			58.03	60.56	0.01
黑龙江	4.26	2.87	15.26	0.01	230.54	225.53	0.26
上海							
江苏							
浙江							
安徽	0.83				3.33	2.98	0.07
福建							
江西	0.01				1.12	0.97	0.06
山东	0.05	1.32			152.18	140.56	0.01
河南	0.10	2.27			128.96	114.90	0.62
湖北	0.18	0.02			0.28	0.23	0.01
湖南							
广东				0.18	37.77	30.33	0.08
广西							
海南							
重庆							
四川	206.15	0.68			335.20	314.83	0.08
贵州							
云南	0.05				0.25	0.23	
西藏							
陕西	57.65	10.74			198.02	177.59	1.26
甘肃	2.09	1.65			15.03	13.18	0.16
青海							
宁夏							
新疆	162.04	10.38	0.05	0.84	297.52	270.18	0.84

单位：亿元

管理费用	财务费用		投资收益（损失以“–”号记）	营业利润	利润总额	亏损企业亏损额	平均用工人数（万人）
		利息费用					
105.92	**12.39**	**10.51**	**7.48**	**7.48**	**16.42**	**26.35**	**28.99**
8.91	3.87	2.11	4.10	-0.07	0.31	3.68	1.63
14.52	-1.90	0.10	0.42	-0.26	0.93	2.71	3.30
0.15				0.04	0.04		0.04
5.51	0.86	0.62	0.75	-8.47	-2.24	3.53	4.46
1.96	0.21	0.16		-4.94	-3.00	3.62	1.46
7.42	0.36	0.20	0.04	-7.13	-7.34	8.91	4.79
0.28				0.27	0.19		0.06
0.01	0.01	0.01		0.08	0.08		
9.20	3.73	2.53	0.30	0.68	0.45	0.17	1.93
9.02	3.19	2.34	0.02	2.06	2.29	0.23	1.35
0.03							
1.98	0.53	0.23	0.01	5.47	5.50		0.12
18.44	-0.32	0.18	0.66	3.65	3.71	0.02	2.86
0.01							0.02
13.76	0.47	0.54	0.01	4.50	4.25	2.64	3.12
0.81	0.18	0.18		0.57	0.56	0.10	0.28
13.89	1.19	1.32	1.16	11.03	10.69	0.74	3.57

3-18 按地区分组的其他

地区	资产总计	固定资产净额	固定资产原价	累计折旧	流动资产合计	应收账款	存货
全国	**15.98**	**5.92**	**15.52**	**8.82**	**6.00**	**2.45**	**2.04**
北京							
天津							
河北	7.01	3.49	5.85	2.36	1.50		1.50
山西							
内蒙古							
辽宁							
吉林							
黑龙江							
上海							
江苏	0.48	0.10	0.14	0.04	0.13	0.02	
浙江							
安徽							
福建							
江西							
山东	0.25	0.05	0.23	0.19	0.18		
河南							
湖北	7.87	2.28	9.03	6.23	4.07	2.42	0.53
湖南	0.38		0.26		0.12		
广东							
广西							
海南							
重庆							
四川							
贵州							
云南							
西藏							
陕西							
甘肃							
青海							
宁夏							
新疆							

采矿业主要经济指标

单位：亿元

产成品	负债合计	流动负债合计	应付账款	所有者权益合计	实收资本	国家资本	集体资本
0.52	**10.72**	**3.69**	**1.60**	**4.97**	**4.40**	**3.80**	**0.20**
0.08	6.26	0.95	0.39	0.75	0.50	0.50	
	0.22	0.21		0.26	0.23		
	0.07	0.07		0.18	0.16		
0.44	4.09	2.46	1.21	3.78	3.50	3.30	0.20
	0.09						

3-18 续表

地区					营业收入	营业成本	销售费用
	法人资本	个人资本	港澳台资本	外商资本			
全　国	**0.16**	**0.23**			**11.09**	**8.03**	**0.47**
北　京							
天　津							
河　北					2.39	1.60	0.01
山　西							
内蒙古							
辽　宁							
吉　林							
黑龙江							
上　海							
江　苏	0.16	0.07			0.44	0.25	0.01
浙　江							
安　徽							
福　建							
江　西							
山　东		0.16			0.20	0.15	0.01
河　南							
湖　北					7.65	5.73	0.42
湖　南					0.41	0.31	0.03
广　东							
广　西							
海　南							
重　庆							
四　川							
贵　州							
云　南							
西　藏							
陕　西							
甘　肃							
青　海							
宁　夏							
新　疆							

单位：亿元

管理费用	财务费用	利息费用	投资收益（损失以“–”号记）	营业利润	利润总额	亏损企业亏损额	平均用工人数（万人）
1.23	**0.39**	**0.35**	**0.02**	**0.71**	**0.54**	**0.02**	**0.13**
0.31	0.27	0.23		0.16	0.13		0.04
0.16			0.02	0.03	0.03		
0.02				0.01			
0.70	0.11	0.11		0.51	0.37	0.02	0.08
0.05	0.01			0.01	0.01		0.01

3-19 按地区分组的

地　区	资产总计	固定资产净额	固定资产原价	累计折旧	流动资产合计	应收账款	存货
全　国	**979939.83**	**208029.70**	**407804.20**	**184731.84**	**570561.07**	**152430.25**	**121515.11**
北　京	24938.86	2588.77	5736.89	3056.78	16150.90	3730.81	2911.16
天　津	16262.57	3820.14	7913.89	3882.43	9335.09	2559.63	2201.17
河　北	39640.20	10243.24	18386.87	7593.38	20749.21	4578.56	4405.92
山　西	16573.23	4427.25	8149.81	3561.73	8545.44	1911.94	1690.60
内蒙古	15566.16	5438.20	9095.16	3342.21	5973.94	1042.68	1497.85
辽　宁	32270.81	7528.84	15812.87	7293.58	18713.74	3917.85	4583.62
吉　林	13732.57	2838.92	5915.59	2808.12	6670.04	1383.93	1527.12
黑龙江	8414.50	1944.48	3871.94	1734.96	4919.03	1087.58	1298.65
上　海	45043.30	6577.21	16835.10	9931.89	28342.05	7350.11	5591.33
江　苏	120279.12	25143.73	51431.81	25158.63	76009.03	25621.30	15775.86
浙　江	85748.53	16179.84	29057.74	12461.62	51299.61	15304.41	10131.77
安　徽	35824.88	7816.13	13811.66	5705.89	21242.42	6775.10	3980.73
福　建	36059.64	7983.54	16694.17	7748.45	19980.89	4918.45	4595.73
江　西	24154.51	6006.07	11652.64	4699.35	12888.86	3429.66	2966.83
山　东	78839.91	16838.29	31975.15	14336.90	46968.86	10556.81	10569.36
河　南	42503.98	10591.22	19646.58	7511.59	22240.29	5508.42	4520.99
湖　北	36849.97	8601.63	17749.75	8291.37	20186.71	4918.58	4204.93
湖　南	27136.17	5756.69	11900.48	5168.67	14463.64	4262.62	3268.44
广　东	129502.06	19812.10	41852.90	21160.00	86415.14	24924.28	17884.83
广　西	15175.03	3581.50	6430.34	2641.43	8890.65	1986.70	2005.02
海　南	2429.37	563.55	1187.71	563.55	1421.90	322.01	203.95
重　庆	19505.91	4845.03	9360.60	4112.69	11040.10	3705.56	2007.22
四　川	37021.38	8839.59	17548.65	7746.67	20480.58	5343.54	4439.29
贵　州	10201.35	2230.15	3881.68	1430.54	5869.70	942.94	1355.17
云　南	13010.30	2862.97	5417.78	2315.73	6772.92	1160.20	2248.92
西　藏	416.72	109.51	158.20	47.64	192.60	40.50	27.85
陕　西	24781.57	6058.02	10842.74	4344.20	12435.47	2816.56	2744.02
甘　肃	7233.18	1830.36	3755.33	1750.53	3329.52	669.43	960.82
青　海	3051.00	1179.59	1925.45	664.54	1231.11	239.73	282.81
宁　夏	5563.09	1484.00	2531.59	918.77	2343.98	416.14	426.16
新　疆	12209.97	4309.12	7273.12	2748.01	5457.66	1004.20	1206.99

制造业主要经济指标

单位：亿元

产成品	负债合计	流动负债合计	应付账款	所有者权益合计	实收资本	国家资本	集体资本
45309.71	**541685.19**	**448285.73**	**138343.13**	**436803.96**	**197956.98**	**23568.50**	**3227.22**
1063.06	13204.76	11806.43	4134.02	11734.10	4797.35	813.33	18.38
797.54	8631.45	7091.08	2591.91	7624.69	4792.44	559.67	65.13
1591.42	23519.07	20220.49	5460.50	16030.25	7342.20	979.53	71.76
654.09	11367.21	9216.97	2686.45	5207.43	2923.09	618.95	53.62
489.37	9607.83	7285.33	1710.90	5961.33	4025.66	566.86	81.89
1382.70	20116.59	16491.34	4599.38	12152.15	6809.77	749.35	75.59
586.76	6706.47	5736.74	2200.82	7001.16	3042.64	334.47	35.37
395.79	5161.46	4199.82	1211.53	3290.31	1718.09	391.20	65.16
1886.62	22134.09	19232.58	7804.21	22904.18	8594.82	1555.53	35.87
6279.72	63099.18	46533.13	17016.57	57180.11	30749.42	1916.37	512.46
4100.01	46543.39	41834.85	12179.73	39150.17	16810.31	538.90	131.55
1580.04	19497.40	16193.65	6304.82	16327.47	7016.28	845.10	143.41
1904.30	17821.82	13627.47	3876.49	17929.76	7580.22	520.53	77.17
1153.79	12395.85	9710.56	3130.31	11580.31	4636.40	537.68	69.41
4349.27	48484.21	42691.23	12559.82	30293.76	13239.52	1118.25	379.81
1550.14	22642.05	18310.81	5714.65	19620.22	8677.38	893.49	143.75
1516.53	19161.87	15180.39	5243.86	17606.26	7356.98	1188.84	173.15
1196.51	13333.91	10553.85	3509.68	13642.57	5663.79	993.83	78.01
6753.48	73749.37	63144.72	15109.03	55752.84	22306.01	1320.06	408.83
811.28	9428.78	8134.43	2460.34	5723.17	2755.69	602.98	55.79
68.70	1162.48	976.14	236.79	1258.26	570.91	113.87	21.67
784.25	11140.05	9415.40	4040.17	8337.85	3604.20	612.39	60.78
1543.97	20235.21	16647.44	5382.81	16701.48	6999.40	935.73	116.43
331.48	5072.75	4157.26	999.87	5106.43	1715.58	439.84	24.12
551.01	6355.02	5447.95	1538.84	6637.75	2378.60	508.24	70.14
10.03	195.56	151.70	38.35	221.15	89.18	36.59	0.96
1030.03	13660.32	10667.74	3176.41	11051.11	4726.07	1747.68	53.17
249.28	4197.18	3100.95	823.66	3029.28	1542.56	756.12	126.23
86.84	2355.51	1825.20	366.43	695.73	692.75	225.17	19.16
166.70	3142.37	2554.38	753.41	2419.78	1828.41	183.03	16.06
445.02	7561.97	6145.73	1481.37	4632.90	2971.26	964.94	42.36

3-19 续表

地　区	法人资本	个人资本	港澳台资本	外商资本	营业收入	营业成本	销售费用
全　国	**89582.99**	**45024.92**	**13248.37**	**23384.70**	**961643.75**	**802586.64**	**29394.71**
北　京	2196.36	726.85	137.03	905.40	16983.19	13225.09	1213.25
天　津	2143.65	628.54	238.04	1156.14	16721.71	14438.38	440.23
河　北	3452.86	2287.55	183.14	362.92	37850.90	32577.31	894.90
山　西	1448.67	626.15	74.30	101.41	11662.77	10102.55	271.26
内蒙古	2675.43	558.24	62.56	71.70	10661.51	9070.17	373.00
辽　宁	3595.80	1161.41	416.96	1008.40	27003.02	22953.23	701.20
吉　林	1941.11	356.83	63.37	311.29	11849.82	9564.44	546.43
黑龙江	726.63	391.63	36.74	105.97	6952.92	5802.77	257.88
上　海	3121.91	869.15	692.31	2317.54	37768.42	30231.39	1395.33
江　苏	10881.11	7173.53	3009.99	7255.66	118570.06	99205.50	3691.71
浙　江	8295.63	5073.94	1400.39	1369.99	72657.10	59641.98	2347.69
安　徽	3435.45	1956.93	232.47	402.93	34881.78	29548.91	937.38
福　建	3327.98	1846.68	907.49	892.52	52065.86	44323.71	1220.52
江　西	2274.03	1341.33	229.70	183.87	34084.14	29102.73	709.24
山　东	6398.05	3372.00	603.67	1300.14	78582.69	68033.74	2002.58
河　南	4065.31	3222.08	214.86	125.97	43244.57	37044.21	948.22
湖　北	3697.35	1655.25	191.24	448.91	38059.10	31545.05	1151.65
湖　南	2801.61	1483.93	96.12	210.24	36221.98	28615.53	1168.68
广　东	9290.71	4351.18	3710.44	3223.52	140163.33	115553.60	5021.50
广　西	1158.88	502.56	158.92	272.78	15726.93	13533.42	359.40
海　南	304.21	66.83	16.42	47.80	1788.16	1357.51	115.28
重　庆	1591.44	781.12	247.85	310.41	21487.35	18067.69	622.38
四　川	3808.25	1583.21	163.72	389.50	41037.17	34098.25	1385.02
贵　州	880.50	302.82	34.34	33.96	6820.90	4613.86	269.54
云　南	1219.40	509.09	20.54	50.15	12190.63	9578.14	356.68
西　藏	40.11	9.05	2.00	0.47	161.41	106.57	14.46
陕　西	1744.29	670.06	33.45	477.27	13199.82	15238.40	527.46
甘　肃	497.58	154.45	3.36	4.52	5892.88	4974.66	120.26
青　海	348.35	85.41	8.81	5.65	1581.83	1370.66	41.26
宁　夏	601.50	980.66	33.52	13.64	3130.16	2644.12	74.15
新　疆	1618.84	296.45	24.62	24.05	7641.63	6423.05	216.17

单位：亿元

管理费用	财务费用	利息费用	投资收益（损失以"–"号记）	营业利润	利润总额	亏损企业亏损额	平均用工人数（万人）
52862.19	**7408.65**	**6890.61**	**5239.86**	**57693.86**	**59469.77**	**7356.96**	**6958.00**
1148.86	92.33	138.26	304.87	1314.43	1322.05	268.37	70.64
821.71	87.24	88.16	-238.13	409.63	667.14	295.40	97.69
1530.92	391.49	381.84	18.39	1856.56	1875.67	253.18	234.89
559.03	205.11	207.55	51.83	467.68	447.76	152.81	90.03
433.92	161.58	187.12	110.22	471.62	476.50	193.02	51.00
1202.30	291.76	270.25	197.65	1222.25	1268.08	457.23	157.21
644.79	74.62	82.53	62.94	709.66	718.84	212.07	58.33
324.19	68.05	62.87	98.89	347.24	375.67	79.40	40.85
2918.69	75.05	155.64	595.06	2732.98	2804.96	339.16	180.14
7130.49	855.90	599.05	488.09	6887.32	7126.06	998.50	838.27
4825.97	734.58	703.94	734.01	5125.94	5409.35	465.81	670.54
1815.78	233.09	224.99	150.22	2012.24	2103.66	200.03	256.40
2225.08	306.44	269.18	122.71	3644.12	3683.48	175.86	401.82
1401.45	213.53	163.72	40.93	2296.17	2391.20	110.29	223.94
3432.67	717.40	654.44	409.80	3804.15	4027.14	469.12	483.34
1675.16	419.34	376.77	117.50	2603.03	2631.68	219.26	405.83
2111.55	243.76	221.59	207.41	2276.34	2294.88	321.42	258.60
2554.72	277.58	180.02	41.70	2487.84	2398.32	168.86	287.37
9996.92	802.63	714.95	1084.91	8348.39	8597.54	975.92	1279.88
581.28	119.24	136.42	19.42	792.54	844.59	93.65	111.05
82.13	16.16	20.00	10.40	116.94	119.36	17.08	8.74
1117.86	126.97	123.91	99.24	1361.68	1388.95	113.68	151.11
1819.41	263.76	302.63	112.23	2752.99	2777.46	161.12	260.73
408.35	63.18	65.75	11.88	1024.88	1034.82	64.98	51.20
532.49	83.82	87.63	158.49	811.34	820.86	89.28	60.25
11.55	1.45	1.61	0.32	27.55	28.73	2.35	1.04
853.65	191.05	180.16	150.26	1088.68	1110.58	109.32	120.03
204.54	67.89	72.76	14.76	211.13	210.02	61.46	30.75
81.46	39.82	31.56	0.84	23.48	25.92	65.84	9.80
139.26	64.42	62.92	23.23	129.62	137.86	98.87	20.10
276.00	119.40	122.40	39.81	335.44	350.67	123.63	46.42

3-20 按地区分组的农副

地　区	资产总计	固定资产净　额	固定资产原　价	累计折旧	流动资产合　计	应收账款	存货
全　国	**31461.96**	**6521.08**	**12253.02**	**4998.65**	**18587.55**	**2879.51**	**5553.39**
北　京	470.40	38.84	79.67	39.12	249.18	30.84	40.29
天　津	326.71	80.70	138.29	54.03	211.83	29.48	62.10
河　北	1450.30	245.70	438.02	164.28	929.00	117.25	253.68
山　西	181.04	58.50	80.47	19.08	92.52	13.83	33.36
内蒙古	538.96	143.21	215.85	69.38	297.85	42.94	110.49
辽　宁	1237.12	222.58	394.69	157.64	789.71	123.51	289.18
吉　林	759.45	172.59	295.23	106.89	451.76	60.72	156.84
黑龙江	1333.60	311.71	489.70	140.99	852.49	122.00	395.18
上　海	345.64	58.44	103.98	44.93	238.24	49.87	52.52
江　苏	1637.97	372.85	673.19	276.92	1071.35	222.47	342.17
浙　江	969.87	176.98	291.68	111.19	590.40	99.99	155.14
安　徽	1088.87	278.51	426.91	139.12	645.65	160.90	225.04
福　建	1581.15	325.75	644.55	290.34	931.10	212.39	308.64
江　西	1521.54	286.44	570.58	245.76	921.08	60.54	266.23
山　东	3937.84	775.94	1356.19	540.98	2652.07	389.41	778.89
河　南	3098.16	581.33	1093.96	378.10	1277.07	123.99	269.64
湖　北	1552.48	415.89	1028.15	520.10	805.41	162.85	284.43
湖　南	1363.49	382.83	817.12	329.54	565.63	93.09	165.71
广　东	2037.21	343.68	647.73	285.27	1415.33	262.27	389.29
广　西	1488.37	257.95	578.53	305.84	1001.77	118.77	234.02
海　南	162.69	19.01	40.34	18.87	121.50	22.37	39.63
重　庆	484.15	144.42	264.61	101.15	225.05	43.90	68.87
四　川	1485.95	293.11	639.62	312.78	815.06	99.15	171.29
贵　州	217.69	43.37	83.48	22.84	115.67	24.31	32.51
云　南	600.43	136.25	258.91	111.37	345.61	64.46	83.78
西　藏	9.27	2.77	3.37	0.51	4.29	0.80	1.40
陕　西	585.39	134.63	235.39	81.65	330.51	38.84	103.06
甘　肃	293.91	56.16	89.84	29.98	184.57	32.42	61.11
青　海	74.00	16.84	27.22	9.32	42.36	10.11	12.38
宁　夏	112.94	26.52	42.21	14.54	68.93	13.46	26.86
新　疆	515.39	117.57	203.53	76.15	334.56	32.60	139.62

食品加工业主要经济指标

单位：亿元

产成品	负债合计	流动负债合计	应付账款	所有者权益合计	实收资本	国家资本	集体资本
2194.48	**18091.63**	**15136.05**	**2894.14**	**13234.57**	**6071.44**	**321.30**	**147.75**
18.86	243.28	180.77	24.81	227.12	118.26	6.04	0.11
20.62	208.80	196.20	34.77	117.91	99.37	14.62	0.06
96.11	910.37	811.27	152.04	536.91	213.97	4.06	1.17
11.85	116.61	91.34	20.10	62.45	33.39	0.12	0.52
57.25	333.80	294.96	77.92	205.07	129.42	3.69	3.76
116.17	840.36	679.32	104.44	396.75	225.20	25.41	4.11
48.89	508.77	447.66	55.42	249.45	181.94	2.03	11.77
128.83	874.51	783.80	105.00	454.64	302.09	35.59	9.11
18.79	190.74	170.99	37.23	154.90	74.64	5.78	
125.19	1019.15	617.57	151.79	618.81	400.48	22.33	3.73
66.31	568.00	518.10	80.73	401.74	206.51	4.47	0.66
85.78	549.90	470.68	116.67	538.96	199.44	5.11	2.76
164.97	773.68	678.31	165.83	792.83	294.56	1.58	10.38
58.65	805.15	593.48	87.21	714.36	190.60	3.82	1.58
316.81	2594.46	2393.98	499.97	1322.26	649.12	22.77	39.91
89.54	1582.61	1283.59	149.61	1484.99	739.87	19.05	7.06
116.89	706.87	549.29	141.35	830.97	309.59	4.31	5.62
70.35	541.94	388.99	80.27	810.96	344.15	22.92	6.80
140.11	1337.95	1172.63	282.99	699.26	326.42	21.01	7.04
112.14	998.13	884.89	170.15	489.41	224.99	47.65	9.18
12.05	126.59	114.93	16.00	36.10	18.82		0.53
24.64	203.21	165.73	42.67	277.96	70.39	3.76	0.94
70.21	666.33	513.18	99.37	812.43	233.90	5.46	5.57
13.01	135.14	88.18	18.65	83.50	45.15	1.65	0.87
43.62	360.96	318.13	53.71	232.02	108.77	6.03	6.45
0.76	3.28	2.55	0.33	5.99	3.92		
51.98	255.05	193.27	38.06	320.59	109.53	4.41	2.93
31.60	161.11	112.99	26.22	132.73	66.21	8.92	3.16
7.84	44.60	29.54	4.80	29.40	16.97	0.77	
10.08	66.79	62.58	11.55	46.15	29.12	0.72	0.19
64.59	363.49	327.15	44.49	147.93	104.64	17.23	1.78

3-20 续表

地 区					营业收入	营业成本	销售费用
	法人资本	个人资本	港澳台资本	外商资本			
全 国	**2,643.21**	**2,037.42**	**265.35**	**655.46**	**48,806.80**	**43,766.63**	**1,056.74**
北 京	48.89	53.63	0.07	9.52	463.87	416.93	20.74
天 津	18.93	13.76	6.74	45.26	571.96	527.05	12.51
河 北	106.57	64.80	9.71	27.68	2,119.07	1,956.63	36.58
山 西	17.24	15.23	0.20	0.09	242.53	231.64	3.82
内蒙古	81.75	30.55	4.43	5.25	495.42	448.30	13.18
辽 宁	72.04	58.82	11.08	53.74	2,010.25	1,867.58	31.61
吉 林	47.72	44.85	12.72	62.86	902.58	830.66	18.63
黑龙江	100.57	107.16	15.85	33.30	1,681.88	1,540.46	52.31
上 海	29.64	14.90	14.54	9.79	433.78	365.16	24.64
江 苏	148.77	94.81	27.06	103.77	2,874.77	2,611.43	54.10
浙 江	95.51	65.33	18.44	22.09	972.64	883.25	23.22
安 徽	79.58	82.62	7.81	21.56	2,127.69	1,928.27	43.19
福 建	117.08	111.13	24.54	29.75	3,222.46	2,844.44	62.40
江 西	98.96	79.72	1.72	4.80	1,809.47	1,529.85	38.84
山 东	278.68	171.99	31.11	104.12	6,811.02	6,321.64	115.98
河 南	354.72	339.03	4.11	15.94	3,463.49	3,048.90	61.36
湖 北	110.07	151.81	18.84	18.93	3,235.91	2,853.39	79.26
湖 南	178.52	129.28	3.02	3.60	3,276.66	2,740.38	95.24
广 东	160.11	69.09	30.36	38.81	3,650.62	3,355.61	63.30
广 西	95.28	40.54	7.84	24.45	1,713.51	1,555.64	26.76
海 南	12.96	4.47	0.67	0.20	178.15	162.35	2.95
重 庆	28.98	30.17	4.58	2.38	842.86	719.27	23.81
四 川	125.75	89.07	6.57	1.48	2,572.86	2,238.12	76.04
贵 州	25.60	16.73	0.31	-	268.72	236.22	6.36
云 南	50.77	43.53	0.08	1.71	847.04	759.35	19.45
西 藏	2.12	1.81	-	-	3.88	3.01	0.13
陕 西	50.14	46.05	2.79	3.20	1,103.33	976.59	26.65
甘 肃	29.59	23.22	0.11	1.21	242.75	217.63	6.71
青 海	9.29	6.90	-	-	33.19	29.10	1.18
宁 夏	15.47	9.85	-	2.90	91.15	78.21	3.67
新 疆	51.92	26.60	0.05	7.06	543.30	489.55	12.15

单位：亿元

管理费用	财务费用	利息费用	投资收益（损失以“－”号记）	营业利润	利润总额	亏损企业亏损额	平均用工人数（万人）
1,457.32	**355.03**	**286.49**	**197.33**	**2,205.08**	**2,244.09**	**227.10**	**279.19**
18.30	1.80	2.25	13.33	18.60	17.50	3.67	2.03
11.65	2.29	2.31	-0.89	17.43	17.56	3.51	1.35
42.90	10.49	17.85	3.21	68.07	69.60	7.93	9.32
5.70	2.98	2.59	0.50	-1.41	-0.25	5.19	1.88
17.02	6.44	5.43	-0.82	6.29	8.23	10.97	2.98
40.02	15.49	10.57	1.42	53.13	56.89	15.91	11.61
18.81	12.12	10.39	0.27	17.41	21.22	12.70	4.57
31.42	17.18	13.70	0.91	37.31	42.30	16.03	6.49
22.53	1.71	2.03	7.44	26.99	27.91	2.96	2.50
90.90	12.83	6.97	1.77	103.76	106.43	14.04	11.62
38.56	14.30	13.70	24.50	34.33	38.50	11.11	6.76
59.47	11.67	8.73	6.85	88.60	92.75	2.86	13.50
93.31	16.85	13.20	7.43	204.77	204.95	5.02	19.48
76.42	18.51	8.12	27.80	176.67	177.26	3.83	8.48
152.13	45.45	41.88	25.34	188.91	198.10	37.74	42.27
73.19	25.17	19.07	9.91	254.49	254.36	10.66	28.50
98.88	25.53	14.86	8.24	163.69	167.78	8.05	14.98
208.39	25.06	12.29	2.18	178.12	155.11	2.88	22.72
92.84	16.41	15.63	-2.68	118.79	124.20	18.94	18.44
52.00	21.91	23.06	3.57	60.11	64.33	9.71	9.18
5.64	2.44	1.87	0.37	4.80	5.04	1.13	1.97
28.18	3.93	2.94	0.88	63.87	64.64	0.56	5.31
80.52	16.09	14.63	42.50	173.98	173.66	3.79	13.77
11.47	2.65	1.98	0.05	11.75	12.69	1.71	2.28
30.30	8.21	6.78	7.83	35.94	37.45	5.17	6.16
0.37	0.04	0.04	-	0.32	0.42	0.07	0.05
27.47	5.72	3.93	4.01	67.49	68.83	0.97	5.30
8.13	3.24	2.77	0.79	7.24	8.85	2.51	1.73
2.19	1.20	0.53	0.08	-0.35	0.49	0.66	0.27
4.55	1.63	1.51	0.03	3.49	4.94	0.75	0.68
14.08	5.69	4.89	0.52	20.50	22.32	6.08	3.01

3-21 按地区分组的食品

地 区	资产总计	固定资产净额	固定资产原价	累计折旧	流动资产合计	应收账款	存货
全 国	**17291.05**	**4183.93**	**7839.20**	**3378.55**	**9265.97**	**1873.36**	**1897.46**
北 京	489.75	67.81	150.35	80.39	305.94	64.58	35.42
天 津	402.39	104.36	206.10	98.97	252.23	42.77	38.71
河 北	797.74	191.03	330.94	129.73	408.37	86.35	93.78
山 西	155.54	57.21	86.74	29.46	74.80	19.17	17.10
内蒙古	1554.83	187.77	384.64	195.56	622.01	111.89	78.98
辽 宁	350.34	90.93	164.57	69.57	220.75	54.70	33.73
吉 林	247.03	80.75	133.24	50.29	116.35	22.26	38.89
黑龙江	692.49	179.63	333.88	138.46	429.15	151.52	59.85
上 海	823.21	156.34	328.38	163.89	496.49	119.55	80.28
江 苏	983.61	275.46	497.74	204.53	517.78	140.80	100.36
浙 江	774.21	193.15	349.09	153.96	445.25	104.46	100.82
安 徽	388.52	116.71	200.99	82.59	198.33	51.90	51.46
福 建	989.17	167.57	350.11	152.50	591.41	89.07	109.36
江 西	261.54	76.24	144.30	57.99	124.45	25.88	32.65
山 东	1423.16	410.71	722.44	301.40	787.61	155.17	202.41
河 南	1274.02	338.81	582.71	181.66	633.06	82.71	112.28
湖 北	620.68	156.82	331.40	159.24	331.38	69.48	75.83
湖 南	635.33	186.66	403.73	195.40	316.64	35.99	100.94
广 东	1824.45	370.88	763.06	385.08	1068.76	205.43	201.82
广 西	210.27	63.91	103.35	36.22	119.78	22.03	30.73
海 南	65.84	15.41	26.73	11.22	40.72	6.84	6.11
重 庆	212.97	58.89	112.16	48.19	106.42	20.09	22.38
四 川	711.12	203.58	368.68	154.42	377.28	57.71	94.60
贵 州	141.88	26.50	53.92	12.48	85.45	6.59	15.79
云 南	259.55	69.22	123.23	50.78	134.80	26.66	33.50
西 藏	11.23	3.06	4.12	1.01	5.18	1.61	0.53
陕 西	313.71	100.80	166.76	57.01	142.92	36.54	39.02
甘 肃	116.11	28.52	45.89	15.05	54.00	11.92	14.05
青 海	45.80	8.57	15.34	5.63	27.60	2.62	10.90
宁 夏	217.87	78.99	125.72	46.55	95.28	21.81	13.63
新 疆	296.68	117.64	228.90	109.33	135.78	25.26	51.57

制造业主要经济指标

单位：亿元

产成品	负债合计	流动负债合计	应付账款	所有者权益合计	实收资本	国家资本	集体资本
800.70	**8468.85**	**7247.50**	**1886.90**	**8757.14**	**3769.21**	**164.26**	**97.16**
16.74	220.68	208.38	74.73	269.06	120.01	1.98	0.30
17.56	209.22	199.09	57.08	193.17	96.25	1.94	0.14
41.95	415.09	339.16	89.73	377.51	187.05	4.32	0.76
5.56	74.65	63.52	12.85	80.89	29.52	0.30	4.95
40.34	783.71	721.53	130.62	768.18	198.38	2.73	0.20
14.73	212.15	179.61	45.86	138.19	97.43	0.73	0.98
12.92	163.30	130.25	25.11	82.15	81.88	1.16	0.51
21.54	400.53	349.88	133.26	291.36	125.33	10.33	7.60
40.62	432.46	399.21	142.57	390.75	198.06	3.62	0.08
42.61	452.72	331.59	93.64	530.88	287.64	22.89	3.25
36.85	365.55	342.13	84.90	407.51	195.37	3.95	0.83
21.61	198.99	174.38	54.13	189.53	104.56	0.88	0.53
46.53	379.86	298.02	61.07	597.24	192.58	9.37	0.72
13.40	95.06	72.69	17.89	165.99	56.72	1.42	1.44
81.22	849.92	740.11	156.97	570.27	317.49	6.39	10.57
46.20	576.21	470.57	118.98	690.85	305.02	8.59	39.16
33.17	270.71	222.93	56.27	346.07	131.27	16.95	3.04
27.39	293.55	241.30	44.52	338.01	132.52	10.56	2.60
91.28	837.51	773.05	243.69	986.93	382.24	12.52	6.63
11.65	112.65	88.01	19.29	95.82	55.79	5.79	0.30
4.05	24.62	21.10	4.55	41.22	8.57		0.51
8.49	89.55	76.31	23.95	123.08	30.91	1.24	0.26
32.56	287.18	238.98	66.02	423.45	144.16	4.25	5.25
10.95	80.25	48.51	7.58	49.87	11.69	1.54	0.37
15.99	118.24	88.72	23.50	138.39	51.73	0.68	0.35
0.41	5.76	4.57	1.50	5.48	2.89	0.55	
18.30	131.34	112.61	29.85	179.99	68.51	3.69	0.74
4.89	64.20	47.29	9.11	49.61	24.32	2.55	1.97
3.62	26.38	20.24	1.39	19.42	8.02	0.16	0.48
5.38	127.78	108.68	23.64	90.09	33.84	0.13	
32.20	169.04	135.08	32.65	126.17	89.46	23.07	2.64

3-21 续表

地区					营业收入	营业成本	销售费用
	法人资本	个人资本	港澳台资本	外商资本			
全　国	**1573.30**	**959.50**	**351.15**	**622.79**	**19311.92**	**14935.88**	**1705.05**
北　京	44.83	16.79	10.43	45.68	522.86	347.94	110.55
天　津	37.58	9.26	3.06	44.28	365.83	285.09	34.53
河　北	112.73	40.34	0.97	26.88	920.97	739.73	92.15
山　西	12.53	8.98	2.33	0.43	133.69	105.90	8.54
内蒙古	64.39	103.54	6.13	21.38	1293.85	1011.03	159.90
辽　宁	41.98	24.50	19.15	10.10	241.42	191.91	18.25
吉　林	45.64	14.20	10.99	9.38	124.25	100.04	6.09
黑龙江	61.00	17.63	9.19	19.57	601.99	425.84	68.97
上　海	68.22	23.29	42.74	60.11	839.04	559.41	149.11
江　苏	99.22	44.69	40.54	77.06	859.07	641.98	74.47
浙　江	68.42	40.94	16.84	64.38	601.09	470.11	42.68
安　徽	59.45	32.48	6.24	4.99	545.25	453.66	27.78
福　建	74.47	57.54	34.62	15.85	1578.19	1296.69	76.47
江　西	31.04	15.58	2.13	5.12	350.54	276.17	16.88
山　东	111.25	74.29	34.84	80.15	1314.63	1060.17	71.74
河　南	159.83	93.99	0.93	2.52	1518.24	1291.28	52.51
湖　北	51.27	44.56	2.96	12.49	846.78	698.85	40.29
湖　南	55.17	53.86	2.29	8.03	1321.96	1088.52	60.91
广　东	118.52	83.37	81.34	79.85	2246.63	1447.37	388.23
广　西	23.33	12.35	0.40	13.62	182.52	139.76	12.60
海　南	2.81	3.52	0.46	1.28	31.07	20.40	3.82
重　庆	15.94	11.78	1.60	0.10	282.97	218.57	18.47
四　川	59.26	55.65	12.55	7.19	1165.96	914.04	78.92
贵　州	5.09	4.61		0.08	156.12	134.29	6.69
云　南	24.53	21.01	2.10	3.06	264.31	201.25	25.39
西　藏	1.14	1.20			3.19	2.47	0.31
陕　西	34.63	20.25	2.52	6.69	456.07	364.10	28.73
甘　肃	12.09	7.67	0.05		55.00	52.98	3.66
青　海	3.70	2.65	1.04		17.94	14.16	1.69
宁　夏	22.76	10.81	0.04	0.10	217.88	186.23	12.05
新　疆	50.48	8.19	2.68	2.40	242.62	195.94	12.68

单位：亿元

管理费用	财务费用	利息费用	投资收益(损失以“-”号记)	营业利润	利润总额	亏损企业亏损额	平均用工人数(万人)
1018.50	**99.90**	**103.39**	**206.84**	**1673.87**	**1709.97**	**118.25**	**174.29**
29.74	-0.04	0.88	3.81	36.23	35.75	8.67	3.55
17.38	1.22	1.18	0.30	25.89	27.47	3.91	2.65
34.03	7.78	7.04	16.94	61.02	63.27	4.89	7.02
7.51	1.88	1.44	0.06	9.43	8.99	1.84	1.58
42.30	-8.37	7.36	58.83	146.27	136.58	4.96	4.37
13.48	1.73	1.04	0.60	15.14	14.14	4.60	2.99
8.32	2.87	2.62	-0.74	6.22	8.17	6.18	1.60
21.62	0.83	3.41	27.64	111.68	118.51	7.24	3.12
58.91	-0.70	1.80	8.91	78.79	82.62	9.42	6.00
64.49	7.61	6.34	6.09	72.09	74.81	9.50	8.47
41.09	3.37	5.09	3.67	46.69	52.35	4.38	6.52
26.80	3.70	2.50	0.39	33.14	37.07	2.56	5.32
70.98	7.72	6.43	22.37	145.31	146.07	3.36	13.91
20.04	2.54	1.57	0.14	33.35	34.75	0.67	3.73
75.87	16.18	11.16	-4.29	79.65	86.43	11.55	13.30
50.54	10.87	7.87	35.46	138.27	141.95	6.11	21.06
41.57	3.50	3.39	3.23	61.78	62.72	1.83	6.78
87.83	9.72	6.05	3.02	69.10	65.55	2.90	14.08
154.75	4.13	5.58	11.86	253.72	254.88	9.53	18.77
9.99	3.43	3.34	-0.64	15.42	16.57	2.85	2.85
2.56	0.06	-0.10	0.04	4.03	4.12	0.36	0.50
15.30	1.64	1.41	-0.63	26.69	27.20	0.15	3.17
58.43	6.36	5.47	4.25	102.52	103.91	1.78	9.89
5.47	0.61	0.51	0.01	8.21	8.64	0.61	1.34
15.16	2.07	1.82	0.55	21.59	22.21	1.17	2.78
0.47	0.12	0.04		-0.19	0.19		0.04
20.57	2.05	1.64	3.07	38.68	39.14	2.26	4.20
3.23	1.45	1.09	-0.03	3.51	3.73	1.74	0.83
1.67	0.47	0.18	0.01	-0.13	0.99	0.64	0.30
8.28	2.83	2.96	-0.12	8.22	9.47	0.82	1.21
10.13	2.29	2.26	2.01	21.56	21.71	1.76	2.35

3-22 按地区分组的酒、饮料和

地区	资产总计	固定资产净额	固定资产原价	累计折旧	流动资产合计	应收账款	存货
全国	**18983.23**	**3842.77**	**7483.15**	**3328.28**	**11202.62**	**1063.21**	**3092.22**
北京	616.56	73.71	164.94	88.53	389.95	32.97	35.23
天津	101.41	34.89	92.77	53.17	55.48	23.93	13.49
河北	586.53	113.37	214.81	90.31	324.45	22.66	74.28
山西	255.12	55.27	105.57	43.13	146.24	11.61	70.68
内蒙古	158.77	46.25	89.16	40.87	74.12	3.82	36.52
辽宁	178.68	53.69	127.17	72.40	103.36	23.76	31.55
吉林	289.43	107.46	187.19	75.26	133.38	14.00	36.45
黑龙江	230.59	83.38	141.85	56.35	118.58	11.90	36.34
上海	157.58	31.01	81.59	46.85	107.73	29.82	17.74
江苏	1030.34	204.72	406.47	200.90	659.29	56.29	268.12
浙江	584.84	163.30	339.48	173.49	323.74	63.13	101.68
安徽	728.20	151.00	260.56	96.68	452.71	44.08	167.48
福建	614.66	154.00	345.52	165.97	285.57	62.50	84.22
江西	281.41	116.27	180.25	62.29	125.44	16.59	44.89
山东	917.42	171.03	320.18	141.77	510.95	55.81	158.56
河南	721.44	200.04	406.69	176.25	349.48	49.49	110.72
湖北	1084.90	210.05	424.65	196.52	711.80	72.51	146.89
湖南	440.90	139.29	284.44	110.88	198.58	29.66	68.83
广东	1036.95	251.46	576.74	292.12	621.84	137.91	83.70
广西	274.31	69.71	137.76	65.00	148.10	17.91	65.70
海南	64.08	12.58	30.05	17.43	46.12	4.46	7.63
重庆	176.16	47.35	107.55	52.57	74.60	15.34	23.56
四川	3685.87	683.62	1264.81	535.36	2124.29	123.58	581.79
贵州	3318.07	290.68	457.36	157.44	2344.59	42.57	530.17
云南	463.03	96.27	163.29	59.60	273.47	27.76	123.07
西藏	92.24	16.50	29.88	13.35	41.87	1.72	4.54
陕西	479.15	143.57	316.99	149.22	236.49	40.21	67.58
甘肃	144.17	44.95	84.21	33.71	77.80	16.67	33.48
青海	39.81	11.96	20.84	8.43	18.92	3.85	10.06
宁夏	56.30	20.46	32.94	11.60	26.74	1.63	16.11
新疆	174.29	44.96	87.45	40.83	96.97	5.09	41.16

精制茶制造业主要经济指标

单位：亿元

产成品	负债合计	流动负债合计	应付账款	所有者权益合计	实收资本	国家资本	集体资本
947.12	**7943.26**	**6892.74**	**1262.67**	**10998.31**	**2952.48**	**316.90**	**57.62**
13.28	265.57	232.76	34.23	351.00	119.61	5.57	0.10
4.51	48.69	39.62	12.27	52.71	42.88	3.07	0.23
19.27	242.44	211.66	51.13	343.29	160.58	18.57	0.03
17.42	109.83	100.46	20.26	145.28	39.97	7.00	0.82
11.04	73.24	69.85	13.29	85.53	51.55	14.78	4.93
8.96	85.41	79.82	18.50	93.27	55.26	8.80	3.14
12.19	189.92	160.62	14.93	99.38	83.57	7.44	0.72
12.74	116.82	105.46	25.19	113.42	71.88	7.28	0.59
4.76	83.89	82.37	19.71	73.69	58.50	5.72	0.01
40.49	339.62	280.78	50.59	690.71	155.49	24.46	5.48
51.14	266.56	252.65	58.64	318.28	147.29	6.97	0.11
33.98	307.26	271.89	49.83	420.95	117.10	7.25	0.22
45.31	226.11	194.09	57.70	377.88	110.73	1.23	0.32
16.25	160.94	144.54	38.82	119.47	59.70	3.21	1.47
57.65	500.99	458.91	107.68	416.43	167.99	12.99	6.87
30.04	408.74	341.31	72.89	304.79	180.04	6.56	0.66
47.83	555.38	499.16	56.18	528.43	144.74	16.36	2.90
33.18	168.93	120.23	26.08	271.19	121.21	19.25	3.79
30.18	469.90	428.80	104.02	567.05	265.25	26.39	2.02
23.54	137.33	111.21	21.37	136.75	62.92	4.80	3.75
3.50	35.25	31.98	5.11	28.83	17.93		0.53
8.80	67.26	54.51	14.57	108.69	54.57	6.02	
229.68	1329.94	1096.09	215.34	2347.93	235.22	28.11	8.22
74.92	1036.93	924.92	69.34	2280.53	160.01	45.55	4.05
50.29	264.24	231.50	34.61	197.72	66.90	2.69	4.55
1.72	52.01	43.04	2.42	40.23	15.28	1.04	0.10
33.21	205.25	166.18	34.75	267.12	82.17	10.53	1.19
10.56	67.45	56.78	11.33	75.47	29.07	5.03	0.50
7.58	12.24	9.12	2.20	27.57	14.66		
2.14	29.89	25.98	6.20	26.40	10.32	1.91	
10.97	85.22	66.45	13.47	88.32	50.10	8.33	0.30

3-22 续表

地区	法人资本	个人资本	港澳台资本	外商资本	营业收入	营业成本	销售费用
全国	**1245.94**	**599.55**	**233.67**	**491.91**	**14790.53**	**9640.80**	**1180.29**
北京	58.07	12.81	12.45	30.61	253.04	173.03	34.66
天津	20.27	0.67	3.36	15.29	89.45	68.65	10.15
河北	70.95	14.08	3.86	53.09	300.96	206.75	31.11
山西	14.91	9.40	2.43	5.40	164.72	90.10	4.59
内蒙古	22.61	6.33		2.90	70.21	54.21	4.70
辽宁	18.63	4.00	3.52	17.18	148.62	102.88	15.47
吉林	32.29	14.52	8.11	20.49	172.53	137.75	10.23
黑龙江	23.86	20.54	0.75	18.87	150.37	114.98	10.81
上海	36.27	0.70	8.75	7.04	133.58	85.40	32.00
江苏	46.04	17.82	17.00	44.70	641.74	340.39	47.30
浙江	57.88	28.41	19.12	34.80	445.85	322.60	42.43
安徽	56.88	31.78	6.51	14.45	537.27	322.27	67.08
福建	36.08	38.11	7.89	27.10	1007.13	798.43	60.78
江西	31.81	9.27	1.05	12.90	258.65	186.94	16.91
山东	79.40	27.24	10.29	31.19	570.30	438.20	54.36
河南	97.73	49.28	11.55	7.55	697.70	537.63	48.53
湖北	50.38	33.17	19.20	22.73	765.31	531.35	57.34
湖南	47.00	40.20	2.23	8.75	768.57	588.05	42.88
广东	85.82	25.66	68.76	56.59	969.41	685.85	117.12
广西	29.20	11.55	7.78	5.83	194.25	136.09	13.73
海南	1.91	1.97	2.16	11.26	48.24	32.79	9.85
重庆	26.37	14.96	2.84	4.37	219.79	151.12	17.39
四川	102.69	79.26	2.53	14.33	3649.74	2394.42	262.16
贵州	65.40	37.50	2.60	4.91	1389.23	317.85	61.41
云南	28.63	24.75	2.63	3.64	371.48	267.26	38.26
西藏	9.52	2.14	2.00	0.47	21.71	14.35	3.32
陕西	34.99	26.95	0.45	8.06	541.98	401.51	45.84
甘肃	19.21	1.69	0.13	2.50	86.94	57.98	9.95
青海	7.04	5.25	1.37	1.00	10.79	5.74	2.01
宁夏	4.31	3.29	0.81		19.67	13.78	1.27
新疆	29.77	6.27	1.53	3.91	91.29	62.43	6.65

单位：亿元

管理费用	财务费用	利息费用	投资收益(损失以"—"号记)	营业利润	利润总额	亏损企业亏损额	平均用工人数(万人)
794.36	**62.58**	**84.13**	**107.24**	**2448.01**	**2465.71**	**66.59**	**113.54**
21.54	-0.11	3.79	20.08	23.61	24.37	4.19	2.47
4.64	0.08	0.25	0.04	4.00	4.98	0.63	0.72
15.39	2.08	2.08	17.98	46.89	47.99	1.97	2.63
11.87	0.69	0.73	-0.45	28.75	29.56	1.58	2.30
5.20	0.69	0.80	0.25	1.39	1.82	1.85	1.13
7.80	0.14	0.56	0.09	15.26	16.43	1.44	1.36
8.98	3.50	3.42	1.19	7.81	8.21	3.09	1.39
7.34	1.79	1.27	0.19	7.46	8.19	1.75	1.29
8.33	-0.11	0.31	6.19	12.67	13.15	1.16	1.10
34.77	0.61	1.63	18.85	186.32	186.53	1.27	4.44
22.80	3.06	3.48	9.52	56.90	59.55	2.16	3.24
30.32	0.15	2.37	3.32	86.23	87.98	2.20	4.94
52.91	3.80	2.95	2.11	82.70	84.39	0.98	9.84
13.16	1.82	0.96	0.37	34.85	35.43	0.81	2.13
27.36	3.61	4.10	10.98	28.62	29.76	5.30	5.45
33.12	7.86	5.99	0.49	55.63	57.40	7.38	8.11
49.84	7.10	6.49	5.26	101.96	100.65	3.06	6.16
64.39	6.40	2.25	0.32	51.64	49.04	3.06	6.87
44.64	0.57	3.05	4.10	110.45	114.96	3.76	6.63
12.97	3.25	2.94	0.85	23.88	24.82	0.77	2.55
2.65	-0.12	0.22	0.02	2.52	2.38	1.06	0.64
13.21	0.88	0.84	-0.18	26.88	26.86	0.72	1.77
151.03	2.90	21.11	1.20	598.85	600.25	0.59	18.78
87.03	4.09	4.41	2.53	738.53	734.66	5.05	7.44
18.81	3.32	3.24	0.31	38.71	39.65	2.62	3.22
1.41	0.52	0.38	-0.22	1.83	1.85	1.22	0.18
30.76	2.44	2.48	0.75	50.28	50.72	3.06	4.43
5.55	0.49	0.83	0.51	8.05	8.16	0.89	1.02
1.57	0.18	0.04		-0.03	-0.19	0.79	0.25
1.55	0.51	0.52		1.56	1.69	0.81	0.22
3.43	0.40	0.64	0.63	13.81	14.47	1.39	0.84

3-23 按地区分组的烟草

地区	资产总计	固定资产净额	固定资产原价	累计折旧	流动资产合计	应收账款	存货
全国	**11052.40**	**1254.89**	**3279.16**	**2016.41**	**7801.84**	**296.83**	**3981.14**
北京	45.99	8.12	27.91	19.79	36.74	0.91	5.29
天津	33.72	8.00	28.22	20.23	22.47	1.43	3.57
河北	155.81	26.12	70.61	44.03	119.28	13.83	81.40
山西	52.34	14.81	26.24	11.44	34.42	1.54	5.66
内蒙古	98.94	14.14	33.89	19.75	80.71	0.03	26.46
辽宁	52.45	14.95	39.00	24.05	32.89	1.44	23.02
吉林	114.53	29.31	74.72	45.35	73.56	3.12	58.49
黑龙江	99.66	27.04	61.65	34.61	61.95	5.33	31.30
上海	1621.24	79.61	186.22	106.61	1208.41	37.05	253.03
江苏	755.48	88.90	184.61	91.16	627.32	18.48	285.92
浙江	609.62	62.00	148.20	86.20	480.87	14.62	303.63
安徽	330.98	59.55	142.97	82.41	237.22	7.56	146.67
福建	267.92	41.08	157.27	116.15	193.41	15.33	122.79
江西	171.34	39.48	77.62	37.39	120.07	3.57	69.46
山东	322.78	39.46	132.17	92.62	226.78	9.04	138.55
河南	426.61	68.32	170.40	102.08	317.29	8.62	198.67
湖北	634.77	56.53	135.62	78.80	499.46	38.27	198.03
湖南	908.41	102.51	260.66	158.15	689.60	6.91	363.05
广东	535.47	50.08	164.79	114.40	400.63	11.13	233.11
广西	229.16	35.21	87.29	52.08	158.85	4.03	83.39
海南	27.22	7.14	14.32	7.17	18.76	0.05	3.51
重庆	187.76	19.76	57.75	37.71	154.98	10.32	86.79
四川	277.78	30.14	91.71	61.56	227.07	14.55	91.50
贵州	364.94	73.30	165.49	92.20	252.88	6.34	144.94
云南	2335.95	179.01	555.56	376.55	1253.39	56.74	850.32
西藏							
陕西	203.23	33.54	85.74	52.20	144.16	2.67	102.37
甘肃	139.17	28.29	62.94	34.65	101.99	3.91	62.64
青海							
宁夏	5.47	2.14	7.44	5.29	2.84		2.63
新疆	43.64	16.38	28.14	11.76	23.84		4.95

制品业主要经济指标

单位：亿元

产成品	负债合计	流动负债合计	应付账款	所有者权益合计	实收资本	国家资本	集体资本
215.91	**2322.73**	**2295.76**	**522.75**	**8729.67**	**1081.10**	**535.63**	**2.49**
0.24	12.55	12.40	0.52	33.44	9.30	9.30	
0.65	33.72	33.72	0.37				
2.13	89.76	89.64	9.79	66.05	13.16	1.15	
1.99	11.54	11.34	5.63	40.80	6.13		
3.88	27.51	27.49	7.15	71.44	13.46	12.33	
2.05	10.56	10.56	2.97	41.89	6.54	3.04	
3.86	33.90	33.58	6.36	80.63	18.59	18.59	
3.43	17.27	17.27	12.31	82.39	15.58	15.08	
9.49	244.37	244.35	12.95	1376.87	17.64		
17.63	83.25	83.14	42.06	672.23	16.25	11.92	
14.42	172.26	171.96	24.70	437.36	10.43		
9.36	83.90	83.84	28.95	247.09	41.67	28.34	1.01
3.68	75.34	74.82	36.24	192.58	109.55	18.43	
2.24	29.46	28.82	9.96	141.88	21.79	13.27	
2.45	96.87	94.07	18.43	225.91	65.89	1.78	
5.62	106.87	103.26	20.76	319.74	43.38	0.23	0.14
9.69	199.14	197.52	61.85	435.63	31.62	30.20	1.05
8.63	141.32	140.56	39.02	767.08	74.92	43.92	
7.96	95.89	95.29	13.27	439.58	150.10	145.62	
0.32	77.17	71.20	9.82	151.99	51.72		
1.15	7.16	7.16	3.07	20.06	4.71	4.71	
10.20	74.42	72.52	21.95	113.34	26.94	26.44	
11.39	103.71	103.23	26.81	174.07	26.26	0.80	
3.78	91.69	91.58	20.97	273.25	88.63		
73.35	307.03	302.31	69.11	2028.92	149.69	86.05	0.28
2.38	50.76	49.77	9.28	152.47	28.06	25.32	
2.97	40.05	39.09	5.43	99.12	37.23	37.23	
	0.14	0.14	0.52	5.33			
0.96	5.13	5.13	2.50	38.51	1.87	1.87	

3-23 续表

地 区					营业收入	营业成本	销售费用
	法人资本	个人资本	港澳台资本	外商资本			
全 国	**536.82**	**3.91**		**2.24**	**11380.59**	**3554.63**	**144.37**
北 京					55.09	15.30	0.78
天 津					65.27	18.86	0.74
河 北	12.02				279.23	122.20	1.09
山 西	6.13				47.55	16.12	0.64
内蒙古	1.13				120.17	27.94	2.36
辽 宁	3.50				81.81	24.63	1.31
吉 林					168.69	49.78	3.20
黑龙江		0.50			113.93	38.66	1.61
上 海	17.64				1061.23	194.82	5.77
江 苏	4.33				861.28	317.76	7.97
浙 江	9.76	0.67			936.13	478.38	11.95
安 徽	12.31				428.40	117.57	7.61
福 建	90.75	0.37			309.46	95.24	2.43
江 西	8.51				226.68	62.08	3.18
山 东	64.10				345.69	99.76	6.91
河 南	42.90	0.11			525.02	143.73	8.93
湖 北	0.37				791.98	210.65	11.62
湖 南	30.77	0.22			986.74	244.51	11.30
广 东	4.33	0.15			510.48	168.96	7.89
广 西	51.72				256.69	74.60	5.13
海 南					33.12	11.86	0.43
重 庆	0.50				227.67	74.34	3.12
四 川	25.46				347.13	101.13	5.93
贵 州	86.74	1.89			427.78	98.27	6.48
云 南	61.11			2.24	1719.35	605.37	19.59
西 藏							
陕 西	2.74				232.64	73.96	3.95
甘 肃					153.76	45.11	2.19
青 海							
宁 夏					22.52	6.81	
新 疆					45.08	16.22	0.25

单位：亿元

管理费用	财务费用		投资收益（损失以"–"号记）	营业利润	利润总额	亏损企业亏损额	平均用工人数（万人）
		利息费用					
648.42	**-59.19**	**3.92**	**79.71**	**1150.43**	**1143.35**	**7.09**	**16.57**
6.91	-0.72		0.02	1.91	1.69		0.08
4.92	-0.22			5.64	5.66		0.08
21.61	-0.04		0.02	-4.76	-5.21	5.21	0.50
2.78	-0.38			5.53	5.62		0.09
7.80	-0.98			11.73	10.81		0.25
6.51	-0.16	0.02	-0.01	1.35	1.32	0.08	0.26
10.07	0.35	0.53	0.03	12.70	12.58		0.41
9.01	-0.28	0.04		11.85	11.88		0.47
51.32	-19.11		31.41	228.61	227.88		0.36
23.08	-6.37		1.07	103.11	105.25		0.62
20.97	-3.15	0.19	1.80	67.86	67.58		0.35
37.07	-1.51	0.07	0.57	20.97	20.81	0.35	0.85
12.21	-0.37		1.05	20.68	20.56	0.07	0.54
10.95	-1.00		0.02	16.36	14.87	0.42	0.50
29.59	-0.06	0.28	0.18	34.83	34.74	0.06	0.81
51.03	-1.31	0.01	0.66	40.62	40.09		1.44
23.75	-4.14	0.01	6.56	109.04	108.02	0.06	0.73
58.89	-5.26	0.01	0.94	95.55	93.82	0.25	1.17
26.12	-2.26	0.17	4.94	56.81	56.59	0.19	1.56
12.05	-0.74	1.31	0.14	18.17	17.96	0.09	0.32
1.87	-0.27		0.01	2.55	2.51		0.05
26.74	-0.47	0.02	0.05	1.42	1.26	0.31	0.43
28.01	-2.25		0.08	21.66	24.12		0.49
31.28	-2.11		0.23	43.24	42.74		0.80
111.27	-6.04	0.51	29.73	194.33	192.13		2.27
13.33	-0.15	0.34	0.11	14.47	14.06		0.76
5.01	0.20	0.42	0.10	5.30	5.15		0.28
1.42	-0.01			4.77	4.76		0.04
2.86	-0.39			4.14	4.09		0.07

3-24 按地区分组的

地　区	资产总计	固定资产净　额	固定资产原　价	累计折旧	流动资产合　计	应收账款	存货
全　国	**20349.95**	**5248.41**	**10854.60**	**5214.50**	**11553.61**	**2718.29**	**3102.07**
北　京	16.48	1.04	3.26	2.22	13.47	3.51	3.87
天　津	143.02	18.59	49.44	27.40	86.44	7.87	17.92
河　北	494.17	123.32	212.58	76.72	268.37	70.96	87.60
山　西	29.63	9.32	12.00	2.68	14.45	2.79	6.02
内蒙古	53.57	6.39	11.97	5.34	39.43	14.83	16.90
辽　宁	131.72	25.21	48.70	22.71	88.35	23.39	14.13
吉　林	21.23	4.50	7.74	2.60	13.16	2.26	4.82
黑龙江	45.73	9.82	18.57	8.38	29.94	5.35	14.87
上　海	193.32	26.59	69.33	42.22	149.96	47.55	31.69
江　苏	3934.61	948.83	2038.25	1062.58	2528.67	692.91	704.91
浙　江	4676.21	1205.51	2374.56	1112.63	2737.78	778.77	726.53
安　徽	601.20	152.48	262.59	102.96	304.59	71.83	87.48
福　建	1782.36	430.27	1017.22	533.12	1004.58	194.36	252.95
江　西	419.70	121.69	233.72	98.98	186.45	45.99	56.66
山　东	2151.57	466.51	1069.12	566.68	1175.43	217.24	304.37
河　南	940.54	345.64	604.68	219.90	403.17	58.80	99.96
湖　北	996.03	305.36	825.26	473.10	491.17	92.03	124.22
湖　南	387.41	98.37	230.30	86.42	198.34	41.75	51.80
广　东	1527.09	370.49	870.50	478.22	938.96	217.86	249.46
广　西	151.87	40.39	64.35	21.27	87.17	14.66	40.64
海　南	13.21	2.27	5.72	3.45	6.04	0.96	0.80
重　庆	58.60	12.05	27.13	13.87	34.82	5.88	8.51
四　川	399.78	117.94	224.66	94.90	172.35	27.97	51.73
贵　州	19.94	7.51	9.97	2.21	8.74	0.44	2.64
云　南	24.35	5.81	9.47	3.22	14.37	2.71	5.85
西　藏	0.93	0.34	0.44	0.09	0.59	0.11	0.18
陕　西	171.39	60.48	94.09	31.31	74.45	7.74	20.89
甘　肃	20.11	3.55	9.70	2.83	10.13	1.09	2.48
青　海	4.11	0.28	2.60	2.32	3.63	0.39	1.67
宁　夏	170.09	36.21	49.40	12.29	86.93	23.05	18.58
新　疆	770.01	291.63	397.29	101.89	331.67	43.19	91.93

纺织业主要经济指标

单位：亿元

产成品	负债合计	流动负债合计	应付账款	所有者权益合计	实收资本	国家资本	集体资本
1544.42	**11360.29**	**9161.87**	**1915.05**	**8913.74**	**4395.59**	**158.65**	**56.82**
1.27	6.45	6.44	2.08	10.03	4.60	0.59	
12.90	83.26	77.89	11.16	59.76	36.16	18.67	0.57
48.66	274.51	229.09	45.58	216.99	95.50	7.74	0.85
3.82	17.83	10.35	2.20	11.80	7.88		
9.31	32.71	31.42	3.65	20.86	10.29		
7.19	78.89	61.90	20.47	52.83	26.68	0.52	1.58
3.60	17.04	16.23	2.20	4.19	3.40		0.30
8.44	29.56	23.28	6.36	16.17	8.76	2.10	0.42
16.55	81.97	75.84	36.37	111.35	40.11	0.74	0.54
371.54	2312.51	1526.99	347.84	1622.10	891.23	15.28	11.18
374.68	2916.16	2741.98	502.65	1754.43	933.81	5.00	3.62
46.31	291.53	239.95	56.00	309.67	117.72	1.59	4.87
118.52	864.19	661.31	109.02	891.98	384.77	1.25	1.11
31.91	207.16	151.98	36.33	208.67	74.20	0.46	0.22
139.00	1199.59	1041.12	212.98	951.70	400.74	6.69	16.02
43.38	410.11	275.72	49.30	512.78	209.77	4.69	0.39
61.82	441.69	338.46	73.69	543.06	183.90	10.88	6.33
29.51	225.85	184.02	37.66	158.73	73.76	14.94	2.46
94.91	788.54	684.72	181.34	738.55	442.91	0.13	1.05
19.65	98.91	79.33	10.64	53.37	38.39	1.33	0.04
0.11	3.11	1.91	0.21	10.10	5.46	0.08	
4.61	45.17	41.54	7.16	13.18	11.10	0.40	
28.64	195.02	138.59	28.52	200.65	65.44	9.40	0.66
2.26	11.89	7.60	0.85	8.07	7.24	0.08	0.15
2.87	13.14	11.97	1.53	11.16	7.12		0.02
0.05	0.72	0.12	0.04	0.21	0.11		
11.00	79.33	45.87	10.03	91.56	33.81	4.93	0.39
1.22	12.39	6.21	0.70	7.04	4.52	0.15	
1.49	3.66	3.55	0.04	0.45	0.60		
9.41	101.47	83.51	49.03	68.62	65.65	10.85	1.60
39.78	515.94	362.97	69.40	253.70	209.95	40.15	2.45

3-24 续表

地　区					营业收入	营业成本	销售费用
	法人资本	个人资本	港澳台资本	外商资本			
全　国	**1604.69**	**1643.28**	**551.93**	**379.88**	**23473.81**	**20411.78**	**441.33**
北　京	2.63	0.98		0.40	17.86	15.16	0.46
天　津	2.86	2.75	0.08	11.24	106.49	89.82	1.48
河　北	34.00	50.07	0.16	2.49	513.53	469.48	7.00
山　西	5.52	2.36			22.91	20.69	0.34
内蒙古	7.50	2.77		0.02	22.23	21.41	0.33
辽　宁	10.59	7.88		6.12	76.94	60.11	2.17
吉　林	1.16	1.95			9.91	7.96	0.28
黑龙江	2.88	3.13	0.22		22.30	21.05	0.30
上　海	7.07	9.90	9.40	12.47	237.72	186.00	8.07
江　苏	279.62	328.09	103.84	153.23	4296.32	3802.10	75.13
浙　江	295.02	434.73	120.23	75.20	4117.77	3503.37	76.12
安　徽	53.76	44.30	4.37	8.83	677.85	586.05	12.27
福　建	92.77	183.32	85.62	20.71	3265.16	2892.51	38.78
江　西	23.84	37.61	10.01	2.06	771.30	673.34	13.03
山　东	204.31	139.04	20.14	14.53	1895.34	1711.55	29.77
河　南	82.98	118.17	1.15	2.39	1198.56	1043.31	18.54
湖　北	75.23	83.80	2.52	5.14	2017.85	1663.77	59.03
湖　南	20.44	34.54	0.98	0.40	636.98	540.92	19.87
广　东	156.03	58.70	168.50	58.49	2027.62	1707.25	51.53
广　西	6.98	8.86	20.43	0.76	120.75	111.24	1.30
海　南	5.38				7.09	4.99	0.25
重　庆	2.51	8.09	0.10		56.10	47.55	1.22
四　川	22.64	30.37	0.69	1.68	627.39	561.03	10.41
贵　州	3.78	3.23			22.52	19.11	0.42
云　南	3.51	3.59			25.10	23.03	0.31
西　藏		0.11			0.19	0.15	0.01
陕　西	15.37	12.47	0.50		220.87	196.24	2.07
甘　肃	4.11	0.27			6.33	5.53	0.25
青　海		0.60			1.18	1.21	
宁　夏	50.19	3.01			53.60	50.37	0.67
新　疆	132.01	28.61	2.99	3.73	398.03	375.48	9.94

单位：亿元

管理费用	财务费用	利息费用	投资收益（损失以"–"号记）	营业利润	利润总额	亏损企业亏损额	平均用工人数（万人）
1131.42	**283.93**	**185.14**	**54.46**	**1157.34**	**1237.65**	**146.84**	**286.09**
1.26	0.15	0.14	0.51	1.23	1.35	0.13	0.13
5.34	4.00	3.64	0.78	6.55	6.69	0.63	0.67
14.96	5.77	3.82	1.21	17.82	16.91	2.97	6.94
1.34	0.31	0.24		0.33	0.67	0.11	0.45
0.72	0.76	0.38		-1.10	-0.53	0.97	0.40
5.60	1.60	0.87	0.01	6.93	7.67	1.80	1.31
0.66	0.35	0.32		0.58	0.76	0.15	0.28
1.49	0.24	0.24	0.53	-0.32	0.93	1.19	0.78
15.45	1.08	0.44	0.30	26.72	28.43	1.16	1.90
214.72	51.91	28.28	6.61	139.07	153.46	34.38	51.03
284.96	65.09	55.26	19.88	193.81	222.62	30.49	57.72
33.25	6.04	4.33	6.22	43.35	46.43	3.71	8.35
108.08	30.11	18.86	-8.72	172.63	174.40	3.23	23.16
28.05	4.89	2.84	-0.37	48.66	49.92	2.42	9.73
78.26	28.57	19.32	15.48	55.12	58.43	15.12	33.53
33.01	12.47	7.35	0.16	86.00	87.73	6.21	18.26
105.40	25.97	10.44	2.88	148.62	151.85	4.69	19.59
39.63	7.51	3.60	0.13	22.54	22.61	2.32	6.39
108.09	14.28	5.00	7.61	143.90	149.27	12.21	23.94
6.34	2.24	1.99	-0.09	-0.92	1.55	4.50	3.58
0.88	0.14	0.19		0.54	0.57		0.07
3.11	1.36	1.33		3.47	3.08	1.26	0.88
18.23	5.97	3.75	-0.04	28.43	30.87	1.16	5.81
1.39	0.27	0.11		1.21	1.39	0.35	0.33
1.15	0.43	0.35	-0.13	-0.01	0.51	0.33	0.47
0.03	0.01	0.01		-0.01	0.01		
4.50	2.02	1.56	0.07	14.17	14.88	2.89	2.79
0.47	0.06		0.01	-0.01	0.09	0.12	0.20
0.09	0.09	0.01		-0.21	-0.19	0.21	0.03
2.97	1.97	1.80		-2.65	-2.11	3.29	0.89
11.98	8.30	8.65	1.44	0.88	7.39	8.80	6.49

3-25 按地区分组的纺织

地区	资产总计	固定资产净额	固定资产原价	累计折旧	流动资产合计	应收账款	存货
全国	**11234.15**	**1969.23**	**3988.58**	**1793.97**	**6777.41**	**1822.54**	**1693.59**
北京	133.76	14.55	29.88	14.79	100.20	19.18	34.48
天津	15.14	1.28	3.82	2.50	11.91	2.21	5.10
河北	155.89	26.46	48.39	20.59	112.31	26.66	28.90
山西	33.20	6.72	12.78	5.65	19.99	7.02	7.44
内蒙古	223.21	17.32	34.53	17.13	71.57	10.07	18.77
辽宁	120.86	20.03	46.00	25.79	87.81	18.54	17.24
吉林	60.15	13.18	22.28	8.89	40.33	8.98	8.27
黑龙江	9.55	1.98	2.92	0.74	6.98	4.86	1.22
上海	274.52	24.52	63.39	37.50	215.19	74.87	50.83
江苏	1601.98	253.80	527.33	264.44	1077.47	332.77	258.77
浙江	2304.48	384.80	708.85	318.76	1557.20	430.41	336.78
安徽	295.15	77.94	134.41	52.79	175.45	58.84	41.78
福建	1308.18	174.49	461.01	224.51	756.46	196.30	189.94
江西	364.61	97.85	189.66	65.04	180.57	57.74	37.54
山东	1030.65	99.19	215.34	111.73	526.93	145.07	108.30
河南	603.54	247.86	390.57	103.80	207.25	33.07	39.82
湖北	314.05	79.90	205.11	95.87	153.64	27.87	53.28
湖南	215.37	37.91	80.07	28.69	65.91	16.25	18.18
广东	1811.44	301.57	658.59	340.36	1194.01	305.39	382.90
广西	30.68	6.73	14.56	5.31	20.05	3.49	5.71
海南	4.45	0.16	0.39	0.22	0.78	0.04	0.01
重庆	29.12	7.32	11.27	3.19	19.35	4.34	8.32
四川	122.82	44.75	80.08	31.31	63.36	16.10	15.20
贵州	16.12	3.54	7.11	2.51	10.48	1.81	3.35
云南	42.73	5.42	8.08	2.46	34.54	3.07	1.76
西藏	0.16	0.15	0.20	0.05	0.05		
陕西	54.21	7.72	13.48	3.69	29.14	7.28	9.35
甘肃	4.63	0.84	1.72	0.79	3.50	0.86	0.39
青海	9.71	2.05	4.01	1.55	5.89	0.17	0.78
宁夏	1.45	0.38	0.65	0.26	1.03	0.20	0.28
新疆	42.34	8.80	12.10	3.05	28.06	9.08	8.91

服装、服饰业主要经济指标

单位：亿元

产成品	负债合计	流动负债合计	应付账款	所有者权益合计	实收资本	国家资本	集体资本
892.02	**5640.83**	**4646.95**	**1491.30**	**5544.51**	**2347.80**	**47.16**	**42.54**
21.59	72.21	64.35	13.59	61.55	25.31	4.67	0.68
2.79	10.38	10.00	2.23	4.76	4.15		0.03
14.61	104.53	99.71	21.46	51.20	26.30	2.89	1.25
3.79	21.38	20.30	4.82	11.67	6.16	2.60	
3.49	105.79	91.32	12.50	117.42	23.23	1.01	
7.33	64.93	56.72	12.34	55.93	32.56	0.41	0.73
4.28	34.91	33.33	8.63	25.20	14.31	1.59	0.21
0.57	6.30	6.05	4.74	3.01	2.00	0.27	0.32
29.58	144.00	136.36	61.75	130.53	61.77	0.21	0.08
149.98	875.59	561.76	197.93	726.39	296.11	8.07	23.38
192.14	1286.58	1231.50	396.42	1017.14	478.35	2.49	3.15
21.23	155.61	134.66	45.13	139.54	109.89	1.75	2.38
112.99	512.09	376.72	109.81	771.58	194.13	0.36	0.29
21.07	173.15	127.65	39.05	186.52	55.67	2.39	0.82
45.72	637.54	517.60	233.86	392.76	220.98	0.92	3.07
15.47	166.03	117.33	26.83	424.50	174.88	1.68	0.24
25.79	145.51	120.32	26.13	166.38	77.64	4.09	3.11
10.15	56.51	36.07	10.19	158.59	80.75	2.67	0.11
182.18	902.97	766.71	226.32	908.46	380.20	0.06	1.64
3.76	12.35	9.99	3.06	18.35	9.40	0.40	0.30
0.01	0.42	0.38	0.02	4.02	0.05	0.05	
6.03	12.21	10.16	2.10	16.49	8.23	0.41	
7.51	47.56	36.21	15.30	74.23	24.27	2.39	0.52
0.92	5.53	3.92	1.01	9.47	5.58	0.51	
0.82	27.04	26.12	0.83	15.65	8.04	1.28	
	0.05	0.05		0.11	0.05		
3.42	20.75	15.87	5.85	33.94	14.41	1.57	
0.19	2.19	1.94	0.77	2.43	1.07	0.37	0.10
0.13	5.36	4.73	0.08	4.35	3.07	1.00	
0.09	1.10	1.01	0.31	0.35	0.41	0.12	
4.40	30.24	28.12	8.24	11.99	8.83	0.91	0.13

3-25 续表

地区	法人资本	个人资本	港澳台资本	外商资本	营业收入	营业成本	销售费用
全国	**862.16**	**860.03**	**354.96**	**177.58**	**13868.58**	**11711.20**	**495.61**
北京	12.79	5.28	0.46	1.43	108.05	75.77	17.54
天津	0.42	3.30	0.03	0.37	13.09	10.52	0.75
河北	7.12	14.81	0.12	0.12	157.92	142.43	2.84
山西	0.70	2.86			20.64	16.35	1.44
内蒙古	15.39	6.81	0.02		33.17	24.71	0.65
辽宁	14.50	8.21	4.67	4.03	130.96	109.74	4.97
吉林	5.55	4.64		2.32	40.10	31.14	1.05
黑龙江	0.10	1.31			4.91	4.49	
上海	29.13	13.62	5.81	12.91	285.47	244.95	17.21
江苏	105.71	88.99	36.46	33.50	1751.84	1507.43	43.88
浙江	173.23	180.19	86.01	33.27	1893.67	1583.73	84.95
安徽	19.98	78.17	5.09	2.51	611.98	544.95	11.12
福建	63.90	50.27	63.18	16.01	2494.80	2111.12	79.87
江西	14.40	25.69	6.21	6.16	833.98	718.54	14.34
山东	148.36	33.61	7.11	24.71	694.47	594.03	22.51
河南	53.63	115.49	2.71	1.13	838.66	706.08	19.76
湖北	28.67	38.93	2.37	0.43	628.34	538.44	17.65
湖南	41.57	33.22	0.46	2.72	327.91	256.84	15.70
广东	95.43	117.64	130.40	35.03	2490.49	2058.90	122.61
广西	4.87	2.88	0.69	0.25	40.52	33.48	0.59
海南					0.26	0.16	0.01
重庆	3.25	3.85	0.15	0.58	51.52	44.68	1.70
四川	7.34	11.82	2.15	0.03	261.99	219.50	10.55
贵州	1.80	2.97	0.30		19.91	16.41	0.40
云南	2.34	3.87	0.56		15.97	13.18	0.23
西藏		0.05			0.16	0.14	
陕西	5.90	6.87		0.06	70.81	60.06	2.36
甘肃	0.23	0.37			3.57	2.20	0.07
青海	1.71	0.36			2.02	1.76	0.02
宁夏	0.02	0.27			2.03	1.69	0.10
新疆	4.12	3.66			39.40	37.77	0.72

单位：亿元

管理费用	财务费用	利息费用	投资收益（损失以“–”号记）	营业利润	利润总额	亏损企业亏损额	平均用工人数（万人）
796.99	**121.42**	**73.98**	**54.98**	**692.31**	**721.84**	**93.59**	**263.87**
10.53	0.43	0.44	0.57	3.06	3.96	3.54	2.30
1.31	0.09	0.01		0.35	0.44	0.17	0.46
7.68	1.72	0.93	0.06	2.58	2.80	0.84	3.13
1.92	0.33	0.33	0.05	0.71	0.89	0.04	0.53
4.45	4.65	3.44	8.44	6.25	6.34	0.23	0.72
10.23	1.63	0.49	0.53	4.12	4.80	1.25	5.01
3.37	0.37	0.46	0.02	5.11	5.54	1.29	1.89
0.31				0.06	0.10	0.08	0.11
20.51	2.10	1.13	1.39	1.15	2.08	7.54	3.05
113.62	19.16	10.28	10.22	66.19	68.20	10.99	34.68
144.86	28.45	24.79	20.06	51.81	61.77	17.39	37.63
30.75	2.48	1.32	0.12	19.82	22.09	1.75	13.63
96.02	8.66	4.75	5.43	187.59	189.42	1.38	32.84
32.80	2.30	0.89	-0.05	62.71	64.19	0.88	13.64
38.50	9.09	6.67	2.84	28.89	29.12	5.83	17.45
26.49	6.66	3.64	-0.36	68.25	69.07	0.83	17.84
27.87	4.70	2.51	0.49	34.90	35.27	2.10	9.64
27.52	3.18	1.05	-0.01	22.30	21.48	0.28	6.32
166.56	22.62	8.84	5.17	103.23	106.72	32.74	52.02
5.64	0.24	0.15		0.19	0.94	0.84	1.47
0.08				0.01	0.02		0.01
2.90	0.27	0.18	0.01	1.86	1.99	0.46	1.31
12.27	1.52	1.15	0.02	15.83	16.31	0.74	2.86
1.79	0.05	0.03		1.17	1.34	0.24	0.72
1.59	0.06	0.06		0.83	1.18	0.27	0.41
				0.01	0.01		0.01
3.60	0.33	0.21		4.38	4.66	0.75	1.11
0.96		-0.01		0.28	0.26		0.16
0.60	0.07			-0.45	-0.35	0.36	0.19
0.26	0.02	0.02		0.02	0.06	0.01	0.14
1.98	0.26	0.22		-0.91	1.13	0.78	2.61

3-26 按地区分组的皮革、毛皮、

地区	资产总计	固定资产净额	固定资产原价	累计折旧	流动资产合计	应收账款	存货
全国	**6613.83**	**1291.19**	**2575.44**	**1059.47**	**3841.84**	**1086.80**	**985.50**
北京	9.04	0.37	0.88	0.51	5.77	1.07	3.75
天津	14.72	3.23	6.08	2.85	10.57	3.36	3.62
河北	578.29	71.77	98.41	23.28	120.72	32.30	28.71
山西	0.20	0.06	0.06		0.14	0.05	0.09
内蒙古	4.56	0.47	1.10	0.28	3.66	1.37	0.71
辽宁	39.80	7.22	11.45	4.22	27.45	10.10	6.17
吉林	4.19	0.28	0.39	0.09	3.11	0.42	2.41
黑龙江	18.52	0.99	1.92	0.43	12.38	7.15	3.48
上海	260.86	12.48	26.46	13.09	236.10	22.25	44.08
江苏	211.91	34.28	71.21	34.14	159.71	65.94	44.94
浙江	920.50	164.18	285.43	115.83	621.92	200.71	155.24
安徽	253.16	49.11	75.22	25.00	164.12	54.64	41.53
福建	1793.80	365.13	714.05	301.66	1073.81	319.39	215.65
江西	292.82	85.21	154.32	61.87	135.30	29.94	23.77
山东	214.56	34.61	74.85	34.88	153.56	36.52	55.53
河南	567.91	213.35	346.72	75.43	198.12	36.28	65.91
湖北	79.40	20.57	68.33	38.01	45.02	8.73	14.75
湖南	226.55	61.43	130.16	37.09	103.03	37.96	31.70
广东	802.93	117.45	387.94	251.24	563.79	163.98	171.63
广西	31.20	4.45	8.91	3.89	24.68	10.68	8.13
海南	0.14	0.02	0.07	0.04	0.06	0.02	0.01
重庆	55.70	12.22	40.38	10.62	29.63	10.26	6.73
四川	122.41	23.11	52.17	20.07	59.36	15.40	19.78
贵州	26.34	3.34	7.64	2.70	20.14	3.52	2.49
云南	2.59	0.24	0.40	0.15	2.20	0.32	1.19
西藏							
陕西	18.71	1.45	4.54	1.09	10.02	2.49	2.22
甘肃	53.56	2.60	4.09	0.40	49.50	9.85	28.04
青海							
宁夏	8.02	1.44	2.11	0.57	6.57	1.52	3.04
新疆	1.43	0.13	0.16	0.03	1.38	0.60	0.19

羽毛及其制品和制鞋业主要经济指标

单位：亿元

产成品	负债合计	流动负债合计	应付账款	所有者权益合计	实收资本	国家资本	集体资本
427.91	**3097.08**	**2519.02**	**711.88**	**3451.04**	**1203.15**	**6.80**	**7.51**
2.45	4.97	4.22	0.58	4.07	0.67		
1.26	8.49	8.48	2.46	6.23	4.78	0.09	
12.60	149.81	144.15	16.19	428.12	31.07		0.02
0.07	0.15	0.15	0.08	0.04	0.01		
0.41	1.72	1.22	0.85	1.77	1.03		
1.39	23.91	22.83	6.92	15.89	6.69		
1.90	2.71	2.62	0.04	1.38	0.56		
2.20	11.30	10.23	2.14	5.74	1.97		
14.55	56.50	54.39	13.56	204.36	11.65		0.22
18.68	128.35	83.42	28.68	83.56	51.73	0.03	0.67
61.89	572.19	551.26	123.73	346.97	181.43	0.02	0.81
20.27	144.85	130.70	33.18	108.31	51.05		1.55
111.45	855.80	619.02	180.94	922.96	213.33	0.08	2.64
9.71	117.16	81.60	27.92	173.15	68.09	0.31	0.04
27.16	139.21	133.72	35.65	62.82	41.71		0.02
29.30	159.69	101.38	23.99	390.95	229.50	0.45	0.26
7.70	36.33	26.36	10.13	42.62	16.36	1.27	
14.62	88.91	62.32	29.86	128.66	54.23	0.08	0.13
69.19	438.94	365.11	138.86	364.00	191.19	0.25	0.72
4.82	19.26	17.72	7.15	12.12	7.68		
0.01	0.01	0.01	0.01	0.12	0.09		
3.29	25.81	21.05	4.99	26.44	5.29	2.21	
8.12	56.07	49.80	15.63	65.39	17.13	0.36	0.30
1.37	13.43	10.11	3.49	12.63	4.58	0.14	0.07
1.13	2.32	0.51	0.25	0.50	0.37		
1.31	6.19	4.42	1.61	12.20	5.13	0.01	0.05
0.38	27.39	6.97	0.83	26.17	4.07	1.50	
0.61	4.65	4.62	1.79	3.37	1.36		
0.04	0.95	0.60	0.38	0.49	0.40		

3-26 续表

地区	法人资本	个人资本	港澳台资本	外商资本	营业收入	营业成本	销售费用
全国	**441.63**	**441.92**	**164.21**	**141.08**	**10129.01**	**8635.64**	**247.26**
北京		0.36		0.32	3.51	2.96	0.23
天津	1.62	2.84	0.09	0.14	16.08	14.20	0.39
河北	10.99	18.38	0.93	0.75	866.22	701.69	26.86
山西		0.01			0.20	0.17	0.01
内蒙古	0.74	0.29			3.92	3.22	0.05
辽宁	3.08	0.26	0.11	3.24	36.34	29.71	1.61
吉林	0.22	0.34			2.46	2.13	0.01
黑龙江	1.50	0.33		0.14	47.75	44.62	0.15
上海	3.66	3.38	1.05	3.35	126.95	110.54	3.13
江苏	14.41	14.17	12.78	9.66	224.36	193.89	5.06
浙江	58.60	102.68	12.09	7.24	800.91	688.34	23.43
安徽	16.76	26.63	3.78	2.32	301.67	267.42	4.24
福建	52.82	62.63	59.01	36.15	3703.96	3123.03	95.26
江西	22.40	25.92	5.67	13.75	497.91	418.61	10.71
山东	15.51	12.44	1.72	12.01	220.45	202.74	2.85
河南	126.87	101.67	0.25		723.08	617.76	14.16
湖北	3.39	7.35	0.09	4.26	197.49	171.90	3.43
湖南	32.37	15.57	3.08	3.01	715.30	606.74	16.09
广东	54.42	30.74	61.06	44.02	1247.34	1093.76	31.06
广西	1.40	3.39	2.18	0.71	47.89	44.48	0.78
海南		0.09			0.18	0.17	0.01
重庆	1.89	1.19			76.23	66.04	1.55
四川	8.81	7.33	0.32	0.01	196.60	169.43	4.26
贵州	3.06	1.31			35.43	30.84	0.64
云南	0.07	0.30			2.78	2.47	0.06
西藏							
陕西	3.83	1.24			25.01	20.53	0.93
甘肃	2.46	0.11			3.93	3.60	0.13
青海							
宁夏	0.75	0.62			2.88	2.60	0.05
新疆	0.02	0.37			2.20	2.06	0.11

单位：亿元

管理费用	财务费用	利息费用	投资收益（损失以“—”号记）	营业利润	利润总额	亏损企业亏损额	平均用工人数（万人）
522.82	**76.32**	**48.16**	**26.39**	**618.00**	**639.63**	**61.01**	**180.83**
0.28	0.01	0.02		0.01	0.09	0.05	0.04
1.29	0.19	0.04		-0.07	0.16	0.51	0.47
36.49	14.29	15.18	-0.02	83.48	83.73	3.18	18.10
0.01				0.02	0.02		
0.30	-0.03			0.36	0.35	0.05	0.24
2.23	-0.12	0.04		2.67	2.79	1.21	0.54
0.27	0.03			0.01	0.08		0.16
0.19	0.01			1.74	1.67	0.19	0.16
6.93	-0.52	0.18	0.02	6.62	6.91	0.63	1.12
15.66	2.35	1.05	0.01	6.05	6.56	2.65	5.14
63.60	13.32	9.30	1.45	11.31	16.47	9.23	20.96
12.58	2.29	1.32	0.21	13.89	16.67	1.91	3.67
168.84	18.63	9.95	20.34	299.19	304.40	7.60	51.26
20.08	2.13	1.00	0.07	43.91	44.51	0.90	8.71
9.19	2.63	1.71	0.75	1.31	2.99	4.08	4.35
20.68	6.82	1.73	0.28	59.15	60.14	1.71	11.39
9.69	0.83	0.17		10.76	10.95	0.33	2.28
41.86	3.39	1.43	0.09	43.11	43.58	0.78	10.72
95.28	7.25	3.14	3.30	16.02	19.58	21.47	33.96
1.92	0.38	0.23		0.15	-0.04	1.26	1.23
0.01							
2.83	0.29	0.24	-0.14	5.13	5.25	0.27	1.41
8.93	1.71	1.10	0.07	10.06	8.71	2.47	3.45
1.73	-0.01	0.04		2.05	2.15	0.08	0.80
0.17	0.02	0.04		0.05	0.07	0.01	0.11
1.14	0.14	0.11	-0.04	1.57	1.56	0.07	0.32
0.42	0.26	0.10		-0.53	0.18	0.33	0.09
0.19	0.05	0.04		-0.02	0.07	0.02	0.04
0.02					0.05		0.08

3-27 按地区分组的木材加工和木、

地区	资产总计	固定资产净额	固定资产原价	累计折旧	流动资产合计	应收账款	存货
全国	**5158.26**	**1139.34**	**2360.19**	**1005.15**	**3035.28**	**843.08**	**783.22**
北京	4.82	0.30	0.82	0.49	4.25	1.19	1.23
天津	12.14	1.79	3.16	1.36	7.86	2.45	3.13
河北	167.28	49.50	74.53	22.54	97.45	19.31	26.62
山西	5.14	1.07	2.01	0.93	4.02	0.63	0.94
内蒙古	8.16	1.84	3.04	1.20	5.14	0.96	2.15
辽宁	68.38	18.19	35.99	16.00	42.08	12.21	15.62
吉林	84.54	8.07	19.73	9.68	51.55	7.25	12.99
黑龙江	59.46	7.86	14.65	6.40	43.40	10.04	17.43
上海	50.60	8.94	19.70	10.65	34.10	10.61	6.69
江苏	607.72	115.86	218.77	78.31	411.15	127.91	103.00
浙江	478.64	85.59	140.25	53.76	311.45	102.40	69.79
安徽	236.84	61.22	106.16	40.40	138.19	42.68	40.62
福建	375.52	84.55	277.90	173.99	210.48	53.11	81.57
江西	171.42	42.94	82.60	30.69	90.57	26.64	23.78
山东	585.82	111.73	223.91	79.81	385.41	146.29	71.22
河南	325.86	106.07	208.91	75.18	134.72	31.62	28.81
湖北	317.11	72.59	159.43	72.89	154.84	18.69	37.47
湖南	190.61	66.57	167.43	69.38	64.30	14.80	18.75
广东	435.83	64.88	151.57	83.27	279.21	72.79	70.38
广西	545.62	103.53	186.36	68.56	352.74	103.10	88.22
海南	13.02	2.94	4.41	1.26	8.57	2.29	3.06
重庆	61.74	22.64	53.77	25.86	24.31	6.10	5.74
四川	198.29	55.15	123.92	54.92	106.69	16.26	24.29
贵州	32.55	10.10	16.17	5.55	16.57	3.94	7.20
云南	53.14	13.54	26.22	10.95	25.95	3.11	13.36
西藏							
陕西	46.74	15.04	27.09	6.30	17.99	3.34	4.03
甘肃	2.69	0.29	0.38	0.09	1.24	0.29	0.58
青海							
宁夏	2.16	0.52	0.67	0.15	1.35	0.40	0.45
新疆	16.43	6.03	10.64	4.56	9.69	2.67	4.09

竹、藤、棕、草制品业主要经济指标

单位：亿元

产成品	负债合计	流动负债合计	应付账款	所有者权益合计	实收资本	国家资本	集体资本
380.31	**2857.54**	**2288.30**	**595.93**	**2262.53**	**1153.06**	**49.40**	**23.68**
0.26	3.46	3.41	1.20	1.37	1.07		
1.07	8.14	7.95	1.72	4.00	3.38		0.05
13.04	101.31	78.85	18.31	63.20	29.08	1.00	1.06
0.26	4.11	4.11	0.53	1.02	0.86		
1.11	6.32	6.32	1.79	1.85	1.32		0.04
5.13	40.50	35.40	7.77	27.88	24.29	0.05	0.99
6.23	57.86	48.66	4.72	26.08	17.13	4.97	1.00
6.19	39.37	36.78	10.27	20.02	13.09	2.85	
3.09	20.98	20.50	8.10	29.61	11.01		1.01
54.04	367.59	227.60	59.68	240.13	130.59	3.44	0.47
31.56	306.64	280.23	69.21	171.71	92.99	0.07	
19.66	116.05	97.59	20.77	120.79	50.43	0.92	1.42
44.11	166.26	141.88	45.00	202.04	83.43	1.86	0.18
13.18	77.16	60.03	20.58	93.69	33.76	0.41	1.44
30.77	426.36	379.39	112.10	158.16	112.62	1.91	2.62
17.04	101.88	68.24	17.99	217.80	124.46	0.43	0.88
17.00	150.54	88.86	18.74	165.03	69.50	0.69	0.31
9.71	59.33	38.88	8.24	126.43	70.22	12.75	0.25
33.05	232.40	196.18	54.56	203.43	93.16	10.84	1.18
44.15	341.52	289.45	77.05	201.25	103.32	5.50	7.51
1.91	9.53	9.10	1.63	3.50	2.21		
2.70	30.17	18.03	5.85	30.66	9.42	0.01	0.13
11.18	108.78	93.30	16.70	87.11	36.42		3.11
2.17	21.39	16.85	3.52	11.18	11.03		
5.70	29.36	20.29	4.43	20.82	10.05	0.84	
2.76	16.59	9.11	1.71	26.46	12.97	0.86	0.01
0.49	2.20	1.88	0.29	0.48	0.51		
0.17	1.37	1.37	0.56	0.80	0.44		
2.59	10.39	8.05	2.90	6.05	4.31		

3-27 续表

地　区	法人资本	个人资本	港澳台资本	外商资本	营业收入	营业成本	销售费用
全　国	**448.77**	**536.48**	**49.38**	**45.25**	**8668.70**	**7678.61**	**180.59**
北　京		1.06			7.50	6.92	0.23
天　津	0.85	2.44		0.04	12.65	11.58	0.28
河　北	12.46	12.58	1.15	0.82	182.56	166.76	2.61
山　西	0.63	0.23			3.34	3.07	0.08
内蒙古	0.33	0.95			7.22	6.55	0.18
辽　宁	10.69	8.74		3.81	78.78	71.37	2.14
吉　林	4.05	6.80		0.31	44.27	39.05	1.10
黑龙江	2.65	6.74	0.85		52.94	48.49	1.53
上　海	5.61	1.90	0.16	2.33	43.64	35.00	1.72
江　苏	51.11	53.19	5.57	16.81	728.05	636.67	17.85
浙　江	42.10	42.98	4.34	3.50	465.49	382.60	17.97
安　徽	17.85	30.15	0.10		415.70	368.58	8.66
福　建	20.76	52.28	1.17	7.18	1285.46	1161.73	23.10
江　西	9.43	16.34	4.33	1.80	320.82	281.86	6.24
山　东	40.68	61.03	2.19	4.08	1312.90	1235.19	11.63
河　南	45.35	75.20	2.60		488.19	413.88	11.99
湖　北	47.17	21.32			329.46	285.99	8.84
湖　南	24.90	32.22	0.03	0.06	700.32	585.92	19.33
广　东	25.64	25.21	26.00	4.28	432.25	369.51	13.29
广　西	50.93	38.34	0.90	0.14	1123.94	1028.35	14.18
海　南	0.94	1.26			18.00	16.83	0.62
重　庆	3.55	5.73			151.18	120.97	5.44
四　川	17.27	15.96		0.07	303.67	262.70	8.01
贵　州	6.61	4.43			42.92	36.47	1.20
云　南	2.46	6.75			57.48	51.20	1.08
西　藏							
陕　西	2.16	9.93			39.50	33.25	1.03
甘　肃	0.02	0.49			1.87	1.70	0.02
青　海							
宁　夏	0.03	0.42			2.53	2.35	0.02
新　疆	2.52	1.79			16.10	14.07	0.23

单位：亿元

管理费用	财务费用		投资收益(损失以"–"号记)	营业利润	利润总额	亏损企业亏损额	平均用工人数(万人)
		利息费用					
320.83	**63.79**	**39.96**	**15.05**	**382.23**	**395.48**	**41.27**	**90.02**
0.30	0.02	0.02		0.01	0.02	0.03	0.03
0.55	0.14	0.05		0.09	-0.01	0.19	0.13
5.28	2.14	1.95		4.23	4.91	1.65	1.55
0.11	0.22	0.19		-0.16	-0.10	0.13	0.04
0.36	0.09	0.06		-0.01	0.09	0.24	0.21
3.15	1.18	0.55	0.03	-1.04	-0.49	2.90	1.16
2.54	0.57	1.33	0.05	-0.44	-0.97	2.67	0.77
1.70	0.26	0.18	0.01	0.67	1.07	0.94	0.66
4.20	0.06	0.23	0.07	2.16	2.30	0.58	0.39
35.66	6.94	2.25	1.40	27.66	29.51	4.70	7.13
30.33	7.95	5.41	3.08	25.96	28.88	1.97	6.42
15.21	3.16	2.10	0.38	18.45	19.50	1.69	3.75
38.38	5.78	3.75	0.28	52.91	53.27	0.92	9.32
10.21	1.72	1.35	-0.19	19.47	20.08	0.22	3.03
24.03	6.11	3.83	0.61	31.00	32.11	5.98	12.26
14.68	3.80	1.51	0.04	40.89	41.52	0.70	7.40
14.03	3.63	2.29	0.01	12.59	12.15	3.09	2.92
45.21	4.45	1.59	0.06	33.14	32.07	0.53	6.42
22.43	4.19	3.08	6.64	27.34	28.52	2.67	5.58
24.89	6.41	4.90	2.75	49.85	52.33	4.23	14.46
0.37	0.01	0.02	0.01	0.13	0.16	0.13	0.18
8.66	0.73	0.38		14.27	14.40	0.16	1.22
11.14	2.31	1.51	-0.37	15.85	15.77	2.51	2.72
2.84	0.84	0.59		1.24	1.37	1.11	0.66
2.40	0.51	0.37	0.01	2.07	2.89	0.81	0.93
1.30	0.31	0.23	0.17	3.08	3.06	0.09	0.41
0.06	0.04	0.03		0.05	0.05	0.09	0.04
0.12	0.02	0.02		0.01	0.06	0.03	0.04
0.71	0.21	0.17		0.74	0.95	0.30	0.21

3-28 按地区分组的家具

地　区	资产总计	固定资产净　额	固定资产原　价	累计折旧	流动资产合　计	应收账款	存货
全　国	**6320.73**	**1244.25**	**2137.43**	**780.79**	**3873.95**	**1033.79**	**846.04**
北　京	119.62	12.58	24.35	11.69	75.86	14.16	28.48
天　津	85.38	25.94	44.02	17.74	43.87	6.71	11.92
河　北	166.88	35.15	56.75	18.23	106.93	24.60	27.81
山　西	4.57	0.76	1.68	0.92	3.12	0.91	1.28
内蒙古	1.19	0.44	0.65	0.21	0.55	-0.01	0.32
辽　宁	101.95	25.71	52.22	26.38	66.67	20.62	18.58
吉　林	12.17	3.98	6.32	1.27	3.95	1.01	1.52
黑龙江	34.58	7.88	15.89	7.92	21.88	5.91	11.23
上　海	363.14	26.69	68.44	34.44	273.31	89.81	32.15
江　苏	380.24	101.67	144.82	41.64	209.96	59.73	60.34
浙　江	1186.04	203.01	328.09	123.74	741.61	225.57	148.75
安　徽	180.43	45.34	63.54	17.08	103.17	32.31	25.98
福　建	296.03	58.83	117.29	52.46	183.18	43.08	37.50
江　西	311.32	50.69	84.92	26.51	203.79	102.27	48.03
山　东	195.16	35.62	72.15	24.27	118.39	37.04	40.99
河　南	303.62	132.03	203.15	50.41	111.42	21.40	24.74
湖　北	167.27	57.06	94.22	28.51	76.97	17.41	24.68
湖　南	102.54	25.78	47.25	14.89	42.89	9.06	10.63
广　东	1850.33	248.03	448.49	189.44	1280.17	277.66	230.71
广　西	30.95	5.41	8.60	2.61	20.20	5.45	5.29
海　南	0.21	0.01	0.02	0.01	0.19		0.11
重　庆	90.88	36.36	57.82	17.53	32.73	6.98	9.23
四　川	273.32	90.19	172.29	66.01	119.72	25.27	35.57
贵　州	18.38	6.26	9.46	2.18	6.59	1.95	1.31
云　南	12.17	0.85	1.50	0.55	8.99	0.60	3.59
西　藏							
陕　西	25.19	6.94	11.46	3.19	13.24	3.10	4.32
甘　肃							
青　海							
宁　夏	1.49	0.39	0.80	0.41	0.27	-0.03	0.19
新　疆	5.67	0.67	1.23	0.54	4.32	1.21	0.80

制造业主要经济指标

单位：亿元

产成品	负债合计	流动负债合计	应付账款	所有者权益合计	实收资本	国家资本	集体资本
342.22	**3576.65**	**3118.79**	**950.48**	**2725.54**	**1263.78**	**9.64**	**7.55**
19.50	86.77	70.38	15.50	32.85	17.91	0.58	
4.35	50.33	46.77	11.23	35.05	25.90		
8.87	117.10	109.10	26.79	49.77	35.01	1.85	0.07
0.72	1.79	1.76	0.43	2.78	0.54		
0.09	0.69	0.66	0.03	0.50	0.85		
6.00	60.70	56.50	21.10	41.25	12.63	0.82	
0.70	8.61	7.40	0.68	3.14	2.75	0.08	
5.42	23.00	20.51	4.52	11.58	10.68		0.03
14.21	245.59	237.21	78.88	117.55	40.08	2.42	
25.90	202.91	148.78	53.36	177.33	112.26	0.43	0.51
55.03	709.08	674.08	212.55	477.83	228.18	0.04	0.24
9.65	89.58	81.47	25.98	90.85	33.93	0.49	
15.58	145.49	124.94	33.81	145.79	55.29		0.14
22.75	155.49	127.91	53.88	155.27	58.80	0.78	0.46
17.65	145.49	116.82	35.87	49.14	39.20	0.02	3.07
11.34	90.39	54.06	19.94	205.28	144.90	0.13	0.74
8.56	76.84	43.03	14.90	89.74	36.67	1.25	0.02
6.12	42.81	31.36	8.68	58.04	28.87		0.34
81.25	1081.28	961.63	289.52	769.05	295.21		1.31
2.68	20.67	16.47	3.21	10.28	5.39	0.10	
	0.17			0.04	0.01		
5.06	40.61	30.51	5.40	50.15	16.11	0.17	0.11
15.39	152.68	133.57	30.57	119.11	49.79	0.45	0.47
0.58	6.19	3.59	1.34	11.79	5.30		0.05
2.43	10.06	9.38	0.38	2.11	1.09		
2.26	7.90	6.60	1.36	16.53	4.72		
0.04	0.79	0.79	0.05	0.70	0.50		
0.08	3.65	3.51	0.50	2.03	1.21		

3-28 续表

地 区					营业收入	营业成本	销售费用
	法人资本	个人资本	港澳台资本	外商资本			
全 国	**506.96**	**538.33**	**114.17**	**87.13**	**7069.83**	**5822.47**	**285.31**
北 京	10.22	5.85	1.07	0.18	71.61	56.02	4.84
天 津	11.29	8.25	3.73	2.64	64.92	55.05	1.68
河 北	17.85	15.13	0.11		160.66	139.69	4.68
山 西	0.16	0.38			3.33	3.02	0.05
内 蒙 古	0.85				0.25	0.21	0.03
辽 宁	5.46	1.23	0.30	4.82	67.93	59.83	1.61
吉 林	0.43	2.25			4.73	3.84	0.14
黑 龙 江	7.57	3.07			18.90	16.57	0.74
上 海	9.72	12.38	5.62	9.93	306.96	243.20	11.70
江 苏	47.48	38.89	9.20	15.75	350.77	287.11	14.32
浙 江	111.57	84.67	17.89	13.76	1043.67	852.30	52.44
安 徽	13.65	19.46	0.06	0.26	237.84	194.04	10.45
福 建	14.71	24.73	9.60	6.11	658.31	559.04	21.10
江 西	20.78	36.20	0.12	0.46	493.06	408.61	13.42
山 东	11.34	16.81	4.12	3.84	186.86	162.26	6.25
河 南	37.27	106.75			365.07	286.02	15.95
湖 北	26.51	8.72	0.16		162.10	135.05	4.67
湖 南	13.98	14.55			264.15	209.02	8.91
广 东	108.48	95.81	62.09	27.53	1959.18	1622.78	79.36
广 西	2.73	2.56			32.12	27.13	1.25
海 南		0.01			0.67	0.65	0.01
重 庆	6.51	7.46	0.02	1.85	122.17	97.37	5.40
四 川	23.45	25.42			422.66	345.28	22.62
贵 州	2.39	2.86			27.12	21.71	1.52
云 南	0.28	0.72	0.08		4.70	3.93	0.21
西 藏							
陕 西	1.81	2.91			35.92	29.57	1.58
甘 肃							
青 海							
宁 夏		0.50			0.49	0.40	0.08
新 疆	0.45	0.75			3.67	2.76	0.31

单位：亿元

管理费用	财务费用	利息费用	投资收益（损失以“-”号记）	营业利润	利润总额	亏损企业亏损额	平均用工人数（万人）
473.56	**61.90**	**36.48**	**66.84**	**449.91**	**467.50**	**40.55**	**111.47**
5.51	2.10	2.14	0.27	3.08	3.20	1.09	0.58
4.94	0.27	0.25		2.73	2.84	0.54	1.42
7.31	2.45	1.99	0.11	5.47	6.74	1.95	2.74
0.13	0.04	0.03		0.08	0.09		0.04
0.05	0.02		-0.01	-0.08	-0.07	0.07	0.02
3.78	0.65	0.35	0.01	1.66	2.02	0.87	7.44
0.60	0.44	0.42	0.20	0.19	0.30	0.16	0.14
1.48	0.26	0.20		-0.32	-0.18	0.56	0.59
34.02	0.39	0.71	28.97	45.92	46.11	2.65	2.61
28.77	4.64	1.34	1.44	14.85	15.39	3.74	6.45
86.52	16.61	9.76	17.98	52.42	60.67	8.34	18.12
15.52	1.40	0.68	-0.05	15.16	15.39	0.59	2.61
31.96	3.68	0.99	0.41	40.68	41.01	1.50	7.14
25.61	2.89	2.72	-0.19	41.02	41.62	0.25	5.96
9.69	2.59	1.37	0.78	4.43	6.95	2.22	3.81
12.20	3.92	1.27	-0.05	43.59	43.76	1.04	5.49
7.86	1.44	0.93	0.13	11.40	12.08	0.45	1.87
19.01	1.40	0.87		18.18	17.69	0.05	2.55
140.65	12.07	7.06	16.63	111.27	112.82	12.70	32.07
1.47	0.36	0.28	0.01	1.76	1.90	0.16	0.46
0.01							0.01
6.77	0.69	0.71	0.29	10.83	10.95	0.24	1.46
25.98	2.99	2.05	-0.11	20.48	20.98	0.95	7.00
1.24	0.21	0.10	0.01	2.25	2.25	0.05	0.26
0.34	0.10	0.08		0.09	0.08	0.15	0.09
1.82	0.25	0.13		2.56	2.69	0.12	0.46
0.10	0.02	0.02		-0.11	-0.09	0.09	0.03
0.23	0.03	0.03		0.31	0.33	0.03	0.06

3-29 按地区分组的造纸和

地区	资产总计	固定资产净额	固定资产原价	累计折旧	流动资产合计	应收账款	存货
全国	**15107.37**	**4671.57**	**8569.45**	**3682.19**	**7636.80**	**1849.54**	**1413.62**
北京	52.48	9.21	27.91	18.64	34.08	8.77	9.41
天津	206.25	104.54	179.94	74.99	83.69	25.22	22.36
河北	298.67	105.26	190.29	78.52	158.50	20.81	51.00
山西	41.99	15.84	26.47	10.45	15.69	2.31	6.21
内蒙古	51.73	11.12	30.62	19.42	33.71	8.41	8.63
辽宁	186.05	72.95	117.06	38.14	85.03	19.50	19.35
吉林	61.53	32.78	50.53	15.02	20.25	4.39	6.78
黑龙江	63.95	22.08	51.68	27.28	32.02	11.45	9.40
上海	289.40	54.99	136.62	77.51	189.03	60.94	35.73
江苏	1852.73	506.04	1096.38	554.85	1000.84	269.53	140.30
浙江	1778.50	455.40	779.97	308.25	1044.36	285.71	172.31
安徽	537.26	117.63	193.73	74.74	226.42	44.45	37.70
福建	930.98	255.21	475.62	199.63	546.40	126.47	81.09
江西	315.58	128.65	206.77	66.59	128.54	23.61	23.57
山东	2600.84	721.37	1345.12	607.87	1133.28	156.81	177.45
河南	431.37	150.37	290.01	121.71	223.17	42.11	48.80
湖北	531.54	240.35	348.77	91.46	206.12	40.69	51.35
湖南	480.82	143.45	288.03	131.20	234.71	50.08	80.27
广东	2355.75	644.01	1329.89	669.94	1334.13	405.66	254.82
广西	599.11	256.32	360.80	100.86	278.87	45.64	32.97
海南	355.18	178.12	281.80	103.55	146.92	60.69	8.89
重庆	329.44	155.31	259.05	98.85	137.65	50.19	34.20
四川	396.19	171.78	276.96	99.02	167.03	44.45	51.56
贵州	88.23	33.20	52.70	15.79	42.35	9.22	9.44
云南	109.98	31.82	80.29	44.43	60.30	12.50	15.04
西藏	1.37	0.23	0.44	0.21	0.95	0.16	0.23
陕西	72.13	27.45	49.62	20.37	33.18	11.71	8.18
甘肃	15.49	6.09	8.11	2.02	7.30	1.34	2.90
青海							
宁夏	37.15	6.10	14.33	6.38	15.78	2.48	7.79
新疆	35.68	13.91	19.95	4.49	16.52	4.23	5.87

纸制品业主要经济指标

单位：亿元

产成品	负债合计	流动负债合计	应付账款	所有者权益合计	实收资本	国家资本	集体资本
529.44	**8769.83**	**7163.99**	**1581.23**	**6317.09**	**3705.86**	**197.50**	**57.44**
3.49	27.13	25.84	8.12	25.35	13.18	0.43	0.09
8.02	86.52	79.18	26.65	119.73	92.12	0.82	0.74
22.13	176.90	122.76	27.27	120.58	82.50	14.00	0.48
2.74	25.90	22.94	3.45	16.08	10.91		
2.23	27.16	26.82	7.41	24.58	8.75	1.64	
7.45	107.68	85.99	20.70	78.37	52.30	8.76	0.05
1.72	38.53	26.71	5.26	21.66	22.44	0.12	
4.50	33.35	30.09	9.05	30.59	10.29	0.03	0.20
13.71	128.26	119.78	38.69	161.14	74.08	0.31	0.45
53.87	986.78	741.21	174.32	865.95	711.91	20.62	0.44
57.78	985.18	876.37	170.56	790.91	359.64	0.87	0.74
17.00	320.35	242.54	53.50	216.91	62.78	0.61	3.98
31.41	529.70	438.05	111.66	388.45	142.02	0.33	1.60
10.02	157.77	127.07	26.79	157.11	81.20	14.59	1.76
72.52	1873.27	1554.53	247.87	726.90	422.11	16.33	16.68
21.93	292.89	232.00	57.65	137.69	109.68	6.36	1.76
19.36	302.54	210.88	53.98	228.84	156.18	0.06	1.51
11.78	271.55	201.72	52.22	206.70	118.70	56.85	0.50
94.92	1200.31	1067.92	277.61	1155.44	581.36	45.87	22.38
10.90	439.03	324.42	46.50	159.10	187.07	1.49	0.15
2.24	197.73	151.28	14.87	157.45	121.95		
20.18	126.59	103.40	38.15	202.22	125.03	1.99	0.45
17.80	226.91	183.40	58.61	167.67	71.78	1.71	0.18
3.55	62.71	48.83	12.58	32.85	22.16	0.15	0.02
6.66	61.52	54.30	18.04	48.46	28.24	1.20	2.26
0.07	0.96	0.74	0.14	0.41	0.38		
4.95	38.41	28.32	12.15	33.12	12.27	0.06	0.19
1.54	9.58	7.16	1.69	5.91	4.10		0.84
1.04	14.33	11.96	1.75	22.82	8.94	2.31	
3.92	20.28	17.77	3.97	14.08	11.79		

3-29 续表

地　区					营业收入	营业成本	销售费用
	法人资本	个人资本	港澳台资本	外商资本			
全　国	**1400.49**	**694.46**	**580.57**	**775.19**	**13155.65**	**11103.55**	**418.47**
北　京	2.25	1.29	2.89	6.24	65.17	49.13	2.91
天　津	10.86	10.61	52.33	16.76	232.76	200.37	4.80
河　北	15.34	40.09	11.34	1.22	291.73	262.52	4.29
山　西	6.00	4.91			35.79	34.23	0.65
内蒙古	1.98	0.32	1.37	3.45	70.33	51.87	2.31
辽　宁	6.62	10.98	24.07	1.82	137.88	120.34	3.68
吉　林	17.86	4.46			40.95	38.29	1.23
黑龙江	4.83	5.09	0.14		41.56	34.47	1.79
上　海	25.15	9.74	17.99	20.44	294.75	229.67	27.36
江　苏	151.40	142.86	66.26	330.32	1344.61	1105.89	53.39
浙　江	218.98	92.69	21.84	24.52	1461.43	1220.76	42.22
安　徽	32.39	16.69	2.10	7.00	353.84	302.63	9.05
福　建	47.15	49.57	34.27	8.94	1250.16	1061.66	32.25
江　西	24.22	15.43	25.00	0.19	373.60	317.12	5.75
山　东	208.12	61.76	26.96	92.27	1590.23	1367.14	42.90
河　南	66.90	33.98	0.68		447.97	389.21	11.59
湖　北	107.37	29.50	11.26	6.49	453.30	382.88	19.23
湖　南	42.87	16.02	0.85	1.60	561.16	453.17	20.19
广　东	154.98	81.32	171.44	105.37	2450.41	2086.60	79.17
广　西	32.51	14.59	2.52	135.82	269.87	212.07	9.76
海　南	119.28	0.11		2.56	154.85	123.02	4.44
重　庆	10.93	7.19	101.92	2.55	370.83	311.94	13.14
四　川	37.56	23.47	1.96	6.90	556.23	480.37	19.02
贵　州	20.37	1.62			92.19	79.60	2.28
云　南	19.27	4.17	1.19	0.15	78.07	68.03	2.39
西　藏	0.20	0.18			0.47	0.36	0.06
陕　西	6.88	4.49	0.20	0.45	84.51	74.07	1.60
甘　肃	1.86	1.40			12.44	12.19	0.10
青　海							
宁　夏	0.44	6.19			16.39	14.68	0.29
新　疆	5.90	3.78	1.97	0.14	22.16	19.25	0.65

单位：亿元

管理费用	财务费用		投资收益(损失以“–”号记)	营业利润	利润总额	亏损企业亏损额	平均用工人数(万人)
		利息费用					
672.01	**174.10**	**166.11**	**68.94**	**811.62**	**876.79**	**81.73**	**98.76**
4.73	0.11	0.16	0.05	8.07	9.12	0.89	0.35
11.24	0.60	0.48	0.02	15.46	15.69	1.26	1.27
11.45	2.06	1.57	1.56	11.60	12.71	1.57	2.62
1.14	0.44	0.38		-0.90	-0.05	0.69	0.26
5.16	-0.06	0.13	0.17	11.36	11.38	0.12	0.42
6.78	1.57	1.22	0.20	5.97	7.36	2.58	1.26
2.46	0.83	0.70	0.01	-1.47	-0.88	1.61	0.44
3.03	0.93	0.71		0.95	1.32	0.98	0.49
18.18	0.59	1.19	3.60	17.37	18.07	4.32	1.98
72.63	20.14	16.73	9.55	101.63	106.44	8.86	7.71
85.01	25.96	20.90	6.81	92.56	109.68	7.22	11.20
19.64	4.88	2.22	0.60	18.91	20.69	1.57	2.33
47.09	3.64	7.43	0.79	102.78	106.09	0.86	9.05
12.39	3.28	4.33	0.44	34.11	35.97	0.51	2.38
79.09	34.23	41.66	30.71	95.99	101.91	9.81	10.29
18.79	10.03	8.54	0.01	14.65	16.67	10.15	5.80
25.02	6.99	5.70	0.08	19.45	29.53	2.47	3.13
40.64	7.94	5.14	-0.46	29.62	30.39	1.17	4.38
131.90	16.28	18.99	13.18	144.82	149.89	8.60	20.36
16.50	13.04	10.11	0.08	17.88	19.47	8.75	2.70
6.98	7.72	7.04		12.16	12.23		0.35
17.76	1.58	2.41	0.43	25.85	26.89	0.85	2.06
20.65	6.40	4.17	0.04	22.78	24.37	3.31	4.66
3.99	1.05	0.53		4.77	5.19	0.65	0.89
4.83	2.13	2.01	0.78	0.85	0.94	2.52	0.92
0.07	0.01	0.01		-0.03	0.02	0.02	0.01
2.36	0.87	0.78	0.23	4.08	4.58	0.07	0.78
0.23	0.30	0.27		-0.50	-0.08	0.15	0.15
1.05	0.27	0.33	0.03	0.07	0.26	0.02	0.21
1.21	0.29	0.25	0.01	0.76	0.93	0.16	0.32

3-30 按地区分组的印刷和

地　区	资产总计	固定资产净　额	固定资产原　价	累计折旧	流动资产合　计	应收账款	存货
全　国	**6381.16**	**1546.02**	**3438.00**	**1781.77**	**3602.21**	**1094.24**	**672.98**
北　京	219.39	46.23	157.80	110.50	141.11	18.44	27.09
天　津	104.49	27.49	58.57	29.99	42.02	18.59	8.87
河　北	167.74	50.61	108.48	54.72	91.64	23.85	17.34
山　西	28.34	6.41	17.03	9.69	14.19	2.96	2.76
内蒙古	19.70	7.77	10.79	3.03	8.40	3.62	2.18
辽　宁	38.04	12.04	26.65	14.38	22.73	6.58	4.02
吉　林	25.70	4.78	12.75	6.91	15.18	5.44	3.67
黑龙江	16.96	4.10	11.07	6.62	10.55	2.00	2.11
上　海	259.01	58.54	173.43	113.15	160.82	41.20	28.82
江　苏	760.17	193.26	416.97	215.75	473.85	171.53	81.30
浙　江	653.50	155.48	309.86	150.86	369.82	131.83	59.54
安　徽	298.77	76.05	133.14	55.20	176.93	55.26	41.53
福　建	262.21	55.29	120.69	55.86	134.36	44.01	25.07
江　西	169.97	49.32	111.85	58.01	83.73	19.93	17.64
山　东	258.27	74.06	152.79	70.07	149.17	46.03	33.25
河　南	213.95	59.26	111.32	44.64	116.31	28.60	21.90
湖　北	426.99	111.91	228.75	101.47	235.00	66.02	52.76
湖　南	179.43	59.71	133.57	60.57	79.91	24.50	20.74
广　东	1369.84	284.54	638.72	346.05	786.32	275.25	130.63
广　西	47.20	9.49	23.99	12.62	24.05	7.74	3.86
海　南	13.13	2.69	5.88	3.19	8.97	1.52	0.96
重　庆	154.46	50.51	116.41	56.24	66.82	26.16	12.88
四　川	253.09	64.06	162.64	95.38	143.30	36.35	32.24
贵　州	53.73	12.16	24.23	11.54	32.07	5.57	4.71
云　南	225.31	29.19	70.47	40.30	126.85	10.74	16.36
西　藏	0.94	0.50	1.06	0.56	0.36	0.03	0.11
陕　西	125.45	27.76	71.94	40.47	69.06	14.17	16.39
甘　肃	8.30	2.11	6.46	4.19	4.12	1.06	0.75
青　海	1.67	0.77	1.68	0.91	0.82	0.46	0.19
宁　夏	16.96	6.80	11.30	4.51	8.85	3.17	2.40
新　疆	8.44	3.12	7.68	4.42	4.91	1.64	0.92

记录媒介复制业主要经济指标

单位：亿元

产成品	负债合计	流动负债合计	应付账款	所有者权益合计	实收资本	国家资本	集体资本
269.55	**2924.28**	**2437.51**	**746.15**	**3445.80**	**1640.13**	**145.90**	**24.61**
8.81	72.20	59.68	23.79	147.19	80.74	11.27	2.03
2.57	38.59	34.71	11.17	65.90	38.08	3.54	0.03
5.55	85.67	77.45	22.91	82.07	52.21	3.86	0.42
0.77	17.73	14.05	2.81	10.53	6.00	1.46	0.03
1.05	14.27	2.94	0.95	5.42	1.17	0.72	0.25
1.22	18.57	16.46	3.64	19.48	10.52	0.15	0.53
1.35	13.40	12.47	2.02	12.19	7.09	2.56	0.15
0.68	9.14	8.05	1.95	7.36	4.33	2.41	0.30
11.70	99.42	87.86	33.93	159.59	74.30	6.36	0.95
34.11	404.49	290.94	85.35	355.69	182.50	11.02	3.09
23.02	354.29	330.32	75.59	299.19	148.91	3.20	0.82
19.72	131.90	112.84	34.83	166.87	61.74	1.37	0.52
10.68	111.63	91.78	24.52	148.47	52.90	1.17	0.58
5.96	64.25	47.40	9.86	104.91	45.07	19.37	0.98
12.55	142.41	126.42	35.92	114.45	73.53	7.67	0.53
9.36	94.76	76.39	25.08	116.73	49.75	3.09	1.81
21.34	201.57	157.58	48.26	225.05	100.65	7.24	0.92
8.51	73.55	51.63	21.17	103.62	37.48	0.39	0.35
50.51	628.22	549.67	190.68	741.62	416.33	23.74	3.28
1.87	18.84	16.30	5.15	28.35	9.14	1.75	0.51
0.35	4.53	4.22	1.55	8.60	4.32	3.00	
6.00	74.59	60.08	22.84	79.51	24.44	0.63	0.52
12.77	100.57	89.81	30.97	151.97	64.18	2.45	1.60
2.44	20.42	17.91	5.86	33.31	13.90	2.01	3.56
7.75	49.58	35.12	11.44	175.68	35.75	3.09	0.17
0.11	0.42	0.16	0.05	0.52	0.23	0.23	
7.25	57.94	45.92	10.18	67.50	33.94	17.67	0.30
0.12	8.31	7.77	0.95	-0.01	2.15	0.71	0.11
0.06	1.51	1.49	0.56	0.16	0.70	0.05	
0.73	7.83	6.87	1.32	9.13	5.88	2.67	
0.64	3.68	3.23	0.87	4.76	2.22	1.06	0.29

3-30 续表

地　区	法人资本	个人资本	港澳台资本	外商资本	营业收入	营业成本	销售费用
全　国	**676.15**	**466.13**	**151.29**	**176.05**	**6638.28**	**5488.93**	**184.14**
北　京	46.94	14.11	3.65	2.74	145.71	110.89	4.27
天　津	21.71	9.56	0.58	2.66	67.13	56.53	2.35
河　北	30.14	15.03	0.70	2.06	130.40	111.28	2.76
山　西	3.21	1.30			17.19	14.51	0.59
内蒙古	0.21				3.33	2.73	0.06
辽　宁	5.52	3.20		1.12	34.69	29.48	0.78
吉　林	2.95	1.44			14.93	12.03	0.27
黑龙江	0.59	1.03			11.64	10.37	0.21
上　海	39.06	12.35	7.93	7.64	211.75	171.46	6.55
江　苏	59.30	60.87	8.32	39.89	703.26	569.60	22.93
浙　江	39.54	67.83	8.02	29.50	523.03	433.98	15.24
安　徽	29.36	26.86	2.69	0.94	373.81	313.11	9.86
福　建	16.71	28.83	4.88	0.74	477.92	410.02	11.04
江　西	10.17	9.61	4.93		268.93	223.97	5.58
山　东	27.66	23.99	1.68	12.01	234.94	199.35	7.33
河　南	19.25	20.90	0.41	4.30	262.29	217.92	5.18
湖　北	55.81	34.83	1.60	0.24	511.64	421.52	16.28
湖　南	22.84	12.80	0.06	1.03	443.95	359.65	10.36
广　东	155.83	71.69	96.90	64.89	1296.52	1082.27	37.79
广　西	3.39	2.55		0.94	35.47	28.93	0.65
海　南	0.03	0.72		0.57	4.60	3.47	0.11
重　庆	14.33	6.69	0.79	1.49	195.88	153.61	6.26
四　川	38.87	15.31	4.82	1.12	379.20	314.59	10.67
贵　州	5.26	2.69	0.39		34.10	26.95	0.72
云　南	15.83	13.30	1.17	2.18	80.56	63.58	1.72
西　藏					0.63	0.56	
陕　西	8.86	5.34	1.77		152.04	127.33	4.12
甘　肃	0.94	0.40			4.54	3.81	0.10
青　海	0.60	0.05			0.88	0.84	0.02
宁　夏	0.63	2.58			12.78	10.72	0.25
新　疆	0.63	0.25			4.54	3.86	0.09

单位：亿元

管理费用	财务费用		投资收益（损失以“-”号记）	营业利润	利润总额	亏损企业亏损额	平均用工人数（万人）
		利息费用					
472.07	**53.37**	**37.71**	**31.18**	**435.00**	**452.38**	**33.74**	**91.71**
19.29	-0.02	0.38	0.53	10.63	10.89	2.00	1.82
5.36	0.66	0.48	0.05	2.13	2.28	1.48	0.95
9.56	1.41	1.20	0.32	4.73	5.10	1.72	2.07
1.65	0.26	0.10	0.04	0.13	0.25	0.37	0.42
0.39	0.10	0.01		0.04	0.13	0.13	0.08
2.53	0.42	0.36		1.34	1.77	0.38	0.59
1.28	0.30	0.16		1.05	1.13	0.22	0.29
0.88	0.15	0.10		0.01	-0.25	0.55	0.22
23.64	0.53	0.80	0.97	10.24	11.52	2.08	2.47
53.97	7.50	4.15	1.56	46.57	50.44	3.66	9.33
41.66	6.82	5.68	2.16	25.46	28.27	2.54	7.57
22.47	2.47	1.64	1.14	26.62	27.46	0.43	11.14
22.48	3.28	1.83	2.27	32.34	32.75	0.34	4.75
12.95	1.21	0.93	-0.12	24.01	24.33	0.34	2.20
17.19	2.31	1.77	1.76	9.45	10.48	1.84	3.38
14.50	2.01	1.23	0.27	18.37	18.77	0.47	3.52
30.96	3.83	2.53	0.44	36.49	37.75	3.17	6.29
29.77	2.62	1.24	0.11	37.43	35.23	0.21	3.92
99.34	10.87	7.39	12.93	73.53	77.06	9.19	20.62
2.47	0.26	0.30	0.48	3.44	3.62	0.06	0.51
0.80	0.05	0.05	0.02	0.16	0.17	0.08	0.08
14.01	2.07	0.94	0.80	19.52	19.95	0.07	2.05
22.92	2.34	1.59	4.13	29.62	30.40	0.58	3.99
2.40	0.09	0.10	0.21	4.55	4.66	0.11	0.49
8.05	0.12	1.50	0.81	7.34	7.81	0.39	1.07
0.10				-0.04	0.02		0.02
8.85	1.20	0.77	0.26	9.86	10.12	0.70	1.28
0.73	0.19	0.15		-0.21	-0.20	0.26	0.17
0.16	0.01	0.01		-0.16	-0.16	0.18	0.04
1.13	0.20	0.22		0.47	0.63	0.03	0.25
0.60	0.10	0.12	0.04	-0.13	-0.01	0.15	0.12

3-31 按地区分组的文教、工美、

地区	资产总计	固定资产净额	固定资产原价	累计折旧	流动资产合计	应收账款	存货
全国	**8891.12**	**1605.09**	**3183.29**	**1361.58**	**5781.75**	**1269.18**	**2092.28**
北京	81.24	7.80	14.08	6.28	61.83	5.32	36.15
天津	78.23	8.64	25.94	17.23	48.37	2.77	16.40
河北	145.71	30.61	57.02	15.87	79.14	21.75	27.18
山西	15.07	5.52	7.04	1.52	7.85	1.22	2.00
内蒙古							
辽宁	39.76	6.90	11.41	4.50	27.20	4.32	10.35
吉林	7.03	1.26	3.11	1.43	4.31	0.87	1.62
黑龙江	6.88	1.43	2.33	0.91	3.75	0.52	1.55
上海	369.91	32.84	63.24	28.23	294.13	46.34	127.54
江苏	996.28	205.21	387.00	165.90	641.48	185.63	180.39
浙江	1293.20	268.35	468.97	194.90	811.81	183.28	230.59
安徽	229.98	52.80	87.39	33.01	135.31	44.59	47.19
福建	905.69	171.57	398.43	192.86	503.17	135.42	147.73
江西	308.42	73.78	163.09	64.74	135.73	34.60	35.83
山东	524.24	92.04	233.31	106.86	341.30	70.32	99.83
河南	687.82	168.22	285.14	91.62	375.48	51.73	93.97
湖北	360.15	68.71	186.91	100.05	217.26	28.96	67.34
湖南	151.64	40.85	75.68	22.71	70.58	20.99	23.77
广东	2426.11	292.09	585.49	272.97	1866.16	400.27	874.68
广西	25.66	4.91	9.20	2.84	15.92	5.20	5.61
海南	2.26	0.02	0.04	0.02	1.98	0.09	1.68
重庆	53.14	16.27	31.57	13.01	24.99	5.79	5.96
四川	68.72	13.70	29.01	10.76	46.43	4.64	22.53
贵州	11.31	2.40	4.24	1.10	6.59	1.95	2.41
云南	57.87	30.40	38.19	7.62	32.78	2.26	21.87
西藏	3.06	0.60	0.77	0.17	1.74	0.06	0.33
陕西	22.49	4.71	8.23	1.77	13.41	4.60	4.60
甘肃	0.61	0.21	0.23	0.02	0.34	0.02	0.20
青海	6.77	2.11	3.68	1.57	2.76	0.57	0.86
宁夏	1.81	0.69	1.39	0.51	0.72	0.13	0.45
新疆	10.04	0.48	1.14	0.58	9.23	4.98	1.65

体育和娱乐用品制造业主要经济指标

单位：亿元

产成品	负债合计	流动负债合计	应付账款	所有者权益合计	实收资本	国家资本	集体资本
1029.54	**4710.04**	**3788.63**	**1069.76**	**4141.47**	**1741.47**	**19.15**	**17.77**
13.43	65.62	61.70	28.03	15.62	21.17	0.94	
6.01	39.44	37.46	13.10	38.79	19.61	1.52	0.37
10.82	69.83	60.28	13.79	75.71	34.01	0.80	
1.03	10.64	9.56	2.23	4.43	3.22		1.00
5.79	25.77	24.77	5.37	14.00	8.35	1.42	0.06
0.54	5.03	3.35	0.86	2.00	2.08		0.20
1.01	4.50	4.00	0.89	2.37	0.94		
73.15	191.18	175.53	37.92	178.73	40.83	1.12	0.61
85.58	545.60	363.70	122.35	450.70	250.76	5.53	2.17
93.71	783.93	743.51	206.01	508.96	228.43	1.05	1.76
24.92	107.99	98.97	21.74	121.98	119.33	0.42	1.27
66.95	364.98	291.62	84.98	525.85	144.87		0.62
17.56	123.42	80.76	21.50	175.08	61.39	0.01	0.51
41.12	289.64	233.20	59.58	234.45	78.63	0.87	0.94
27.75	196.14	143.20	51.05	484.09	129.95	0.60	0.38
24.93	199.61	75.75	19.13	158.81	70.02	0.66	3.89
10.86	59.63	43.70	20.08	90.65	42.67	0.33	0.53
501.76	1516.62	1246.02	329.30	909.49	442.72	3.82	3.33
2.09	11.44	9.93	3.32	13.35	7.92		0.06
1.28	1.17	1.16	0.27	1.08	0.23		
2.37	18.49	12.70	3.74	34.51	8.47		
3.79	38.35	35.78	11.92	28.51	8.61	0.01	
0.83	6.07	3.96	2.01	5.11	2.35	0.01	0.02
8.29	12.84	10.91	2.85	44.97	4.80		0.01
0.30	0.66	0.66	0.01	2.40	0.44		
2.19	8.86	6.31	2.72	13.24	6.50		0.02
0.05	0.12	0.12	0.02	0.49	0.41		
0.56	4.42	2.70	0.82	2.35	0.38		
0.21	0.61	0.61	0.12	1.20	0.98		
0.67	7.43	6.69	4.05	2.53	1.38	0.06	0.01

3-31 续表

地　区					营业收入	营业成本	销售费用
	法人资本	个人资本	港澳台资本	外商资本			
全　国	**533.71**	**683.90**	**294.07**	**192.58**	**12300.17**	**10511.41**	**316.09**
北　京	17.76	1.54		0.94	45.64	36.80	4.96
天　津	3.63	5.47	0.56	8.06	76.68	68.22	1.53
河　北	11.44	21.34	0.07	0.35	182.68	156.60	4.77
山　西	0.67	1.56			10.22	9.12	0.55
内蒙古							
辽　宁	1.35	3.51		2.01	23.58	20.60	0.86
吉　林	0.50	1.26		0.12	2.67	2.33	0.14
黑龙江	0.45	0.46		0.02	2.58	2.22	0.08
上　海	11.32	14.30	7.78	5.71	652.25	584.97	11.21
江　苏	83.85	88.97	22.79	47.44	1252.90	1065.96	35.77
浙　江	59.44	98.59	29.51	38.09	1330.09	1113.42	47.89
安　徽	12.92	102.99	0.24	1.49	340.44	289.13	8.13
福　建	35.26	61.08	29.37	18.54	2093.38	1744.78	56.15
江　西	21.84	19.92	13.05	6.06	524.04	441.26	9.96
山　东	24.80	26.70	13.84	11.48	553.87	465.24	16.61
河　南	61.80	66.00	0.85		608.24	522.73	12.66
湖　北	20.16	32.72	11.25	1.33	482.98	411.51	11.75
湖　南	24.25	16.35	1.22		412.94	340.13	9.56
广　东	126.73	100.72	159.10	49.02	3258.25	2871.36	68.26
广　西	2.94	1.89	1.84	1.19	64.77	60.68	1.10
海　南	0.20		0.03		1.11	0.92	0.05
重　庆	2.09	4.22	2.16		78.50	61.29	2.52
四　川	3.85	4.35	0.40		130.90	110.32	7.27
贵　州	0.64	1.69			20.82	17.23	0.62
云　南	1.94	2.54		0.32	98.73	71.39	1.49
西　藏		0.44			0.36	0.26	0.02
陕　西	2.24	4.24			39.77	32.15	1.56
甘　肃	0.41				0.26	0.21	0.01
青　海	0.26	0.12			2.22	1.79	0.10
宁　夏	0.38	0.60			0.69	0.55	0.05
新　疆	0.58	0.34		0.39	8.63	8.25	0.47

单位：亿元

管理费用	财务费用	利息费用	投资收益（损失以"–"号记）	营业利润	利润总额	亏损企业亏损额	平均用工人数（万人）
658.79	**109.21**	**56.72**	**24.98**	**661.46**	**691.74**	**53.81**	**166.96**
3.17	0.59	0.56	0.04	-0.01	0.25	0.88	0.33
3.92	0.44	0.51	-0.47	1.73	1.80	0.46	1.01
7.97	1.82	1.01	0.48	11.08	11.76	0.66	2.63
0.61	0.11	0.11	0.02	-0.19	-0.05	0.19	0.18
1.60	0.59	0.51	-0.03	-0.32	-0.16	0.67	0.41
0.30	0.16	0.09		-0.27	-0.27	0.29	0.11
0.25	0.01	0.01		-0.01	0.22		0.15
18.31	4.11	3.38	11.49	45.62	46.70	1.56	2.31
84.49	11.50	4.12	2.12	47.84	53.58	7.66	18.15
96.81	16.65	12.21	12.09	62.99	70.17	4.88	21.05
16.03	3.27	1.76	0.01	22.15	23.23	1.02	5.41
91.89	14.94	6.90	-1.64	168.13	168.99	1.20	22.54
19.64	3.89	1.78	0.02	46.60	47.59	0.83	6.01
34.71	7.26	2.96	0.17	27.98	30.82	3.47	8.15
17.53	5.95	3.36	0.13	42.23	43.25	1.05	10.94
25.49	3.64	1.38	0.20	26.75	27.17	0.54	4.14
29.44	3.03	1.04	-0.04	24.97	23.91	0.26	4.27
176.42	28.65	13.78	6.72	104.06	111.17	27.26	52.72
2.20	0.34	0.15		0.30	0.64	0.44	2.17
0.07	0.01	0.01	0.05	0.09	0.10		0.02
4.55	0.56	0.19	0.17	8.71	8.95		0.97
4.50	0.73	0.46	-6.53	6.94	7.04	0.10	1.01
1.36	0.28	0.07		1.15	1.18	0.03	0.32
14.18	0.27	0.24	-0.01	10.42	10.44	0.02	0.79
0.06	0.02	0.01		-0.01	-0.01	0.03	0.02
2.48	0.22	0.09		3.17	3.26	0.10	0.75
0.02	0.01			0.01	0.01		0.01
0.28	0.07			-0.07	-0.02	0.03	0.07
0.17	0.02	0.01		-0.10	0.02	0.06	0.03
0.33	0.07	0.02		-0.50		0.14	0.31

3-32 按地区分组的石油、煤炭及

地区	资产总计	固定资产净额	固定资产原价	累计折旧	流动资产合计	应收账款	存货
全国	**37434.26**	**10399.20**	**23148.20**	**11070.52**	**16949.09**	**2014.72**	**4289.37**
北京	506.19	98.68	379.46	264.24	75.83	15.53	32.44
天津	552.20	180.92	514.65	297.72	211.83	45.93	69.12
河北	1470.94	588.73	1158.06	522.84	721.43	81.95	170.90
山西	3377.54	668.07	1376.25	626.53	1593.44	184.99	207.27
内蒙古	1183.42	443.27	873.79	365.85	477.79	43.70	89.05
辽宁	4303.26	825.13	2728.40	1241.28	2517.12	426.53	775.35
吉林	75.23	16.61	37.61	20.92	31.69	3.59	9.26
黑龙江	962.97	322.39	889.88	518.19	343.92	38.70	99.10
上海	803.51	161.73	666.02	493.64	283.16	28.24	69.70
江苏	846.17	268.71	585.22	311.43	419.62	77.95	122.08
浙江	2940.30	1037.58	1456.84	419.07	801.35	53.18	324.54
安徽	291.00	134.86	313.48	150.22	101.23	24.25	30.14
福建	1160.61	486.98	1205.07	550.67	379.55	51.63	117.57
江西	358.71	165.35	302.65	133.66	138.16	41.03	32.54
山东	6583.62	1501.84	2988.42	1434.35	4178.82	465.33	1146.60
河南	810.07	240.42	533.13	236.66	363.06	31.08	105.23
湖北	222.04	90.00	194.96	98.11	84.52	12.63	24.83
湖南	190.03	89.81	217.26	119.28	63.34	10.33	16.37
广东	1923.14	760.04	1608.81	777.64	758.97	101.35	260.62
广西	459.14	135.73	353.00	201.90	267.25	25.11	57.29
海南	398.20	107.02	247.56	140.54	230.10	14.75	34.10
重庆	48.80	10.26	36.05	9.18	20.89	2.23	13.63
四川	671.99	264.53	515.46	243.73	270.74	21.42	97.47
贵州	90.02	38.81	56.06	16.31	42.72	4.46	7.66
云南	440.32	208.49	362.92	106.60	132.43	21.78	56.52
西藏							
陕西	4686.76	689.21	1245.50	555.60	1688.00	134.78	130.29
甘肃	455.01	144.09	615.31	348.84	131.42	8.22	39.86
青海	30.78	18.36	35.01	16.57	11.23	1.39	5.52
宁夏	388.74	127.66	270.06	132.18	168.82	11.65	33.92
新疆	1203.55	573.92	1381.29	716.78	440.66	31.00	110.42

其他燃料加工业主要经济指标

单位：亿元

产成品	负债合计	流动负债合计	应付账款	所有者权益合计	实收资本	国家资本	集体资本
1197.52	**24167.57**	**18798.78**	**4933.08**	**13263.19**	**6912.38**	**2578.17**	**79.90**
6.69	247.75	218.33	43.29	258.45	98.34	94.00	
16.68	252.64	188.16	70.45	299.56	240.44	198.65	1.14
46.19	996.15	816.69	216.76	474.78	193.08	29.72	6.33
87.12	2527.73	1823.01	518.72	853.89	522.23	114.65	1.82
28.21	772.54	556.00	146.04	410.89	306.53	18.92	5.00
139.02	3324.30	2597.52	656.62	976.89	438.07	71.76	5.87
4.46	57.49	51.75	8.14	17.74	33.52	2.20	0.12
28.11	672.41	515.54	130.09	290.56	175.81	95.46	0.06
10.31	352.10	241.68	66.66	451.40	202.33	89.24	
33.47	448.72	345.03	114.05	397.45	196.53	27.64	0.07
28.39	1756.94	1071.44	420.64	1183.31	881.70	20.37	
9.97	150.05	128.37	37.87	140.95	111.71	71.93	0.40
17.30	665.54	327.02	77.86	494.08	401.02	25.64	
12.64	237.33	223.49	27.47	121.18	79.79	68.69	0.02
431.10	4957.61	4330.60	1392.55	1620.56	611.01	178.92	39.77
35.01	601.77	513.06	90.49	209.04	102.80	20.69	4.27
15.56	134.69	109.44	19.05	86.58	88.25	62.51	0.18
6.49	96.84	69.12	12.31	93.19	107.25	81.24	0.22
44.57	1076.49	715.06	191.57	846.65	403.02	194.63	6.50
18.91	185.28	151.02	47.82	277.02	134.26	124.00	1.84
10.15	171.87	151.19	31.39	226.33	126.56	72.05	
8.30	33.50	20.52	10.92	15.06	11.70	3.98	
13.58	353.21	293.80	87.01	318.74	138.79	107.00	0.50
4.48	66.91	60.91	5.55	22.83	16.54	0.36	0.01
14.89	254.71	239.66	70.01	185.61	104.05	12.40	
52.96	2658.32	2088.30	229.56	2028.36	374.57	213.51	5.22
10.30	285.14	199.16	48.94	169.87	73.35	50.25	0.03
2.41	21.48	11.72	5.04	9.30	9.44		
13.92	208.01	187.21	45.06	179.42	115.32	58.92	
46.34	600.07	554.01	111.17	603.49	614.38	468.85	0.50

3-32 续表

地 区					营业收入	营业成本	销售费用
	法人资本	个人资本	港澳台资本	外商资本			
全 国	**3178.68**	**767.19**	**107.59**	**200.64**	**41976.56**	**34731.53**	**375.07**
北 京	2.96	0.22	0.31	0.86	458.36	355.46	3.58
天 津	3.90	20.09		16.65	700.18	568.21	8.80
河 北	93.13	51.90	12.00		2201.30	1843.14	24.12
山 西	292.75	105.13	4.46	3.42	2025.81	1707.23	50.49
内蒙古	213.23	54.05	1.25	14.07	997.71	829.60	24.14
辽 宁	292.73	62.00	3.93	1.77	5863.19	5103.65	27.86
吉 林	10.26	20.75		0.20	63.56	61.46	0.89
黑龙江	62.81	17.49			1111.07	860.35	16.90
上 海	58.21	19.21	35.01	0.66	1097.82	836.64	6.97
江 苏	104.52	42.62	4.70	16.99	1554.35	1268.69	14.09
浙 江	837.94	6.43	11.69	5.26	1971.19	1504.41	7.80
安 徽	22.12	3.59	11.89	1.77	588.04	454.35	3.19
福 建	288.57	10.17	0.54	76.11	1398.85	1228.58	8.52
江 西	7.13	3.92	0.04		510.69	390.32	5.41
山 东	247.21	131.94	0.67	12.30	9355.76	8357.81	46.39
河 南	31.00	39.81	2.97	4.04	924.28	769.55	12.06
湖 北	19.56	3.82	1.00	1.19	564.16	460.37	2.85
湖 南	18.20	7.58			672.03	518.67	5.05
广 东	168.57	8.77	6.53	18.01	2883.41	2291.21	15.30
广 西	5.33	3.01	0.08		587.60	435.16	4.26
海 南	19.50	1.51	9.49	24.02	480.19	372.09	1.99
重 庆	0.69	7.03			39.92	29.92	1.76
四 川	20.52	9.05	0.94	0.77	826.31	684.74	6.11
贵 州	13.71	2.29	0.09	0.08	86.39	73.63	3.32
云 南	80.83	10.02		0.80	652.60	510.81	6.88
西 藏							
陕 西	79.54	74.61		1.68	1850.85	1407.23	41.27
甘 肃	20.72	2.36			770.79	520.92	7.00
青 海	9.42	0.02			28.08	23.85	3.07
宁 夏	40.10	16.30			446.70	337.75	4.32
新 疆	113.53	31.49			1265.38	925.74	10.70

单位：亿元

管理费用	财务费用	利息费用	投资收益（损失以“－”号记）	营业利润	利润总额	亏损企业亏损额	平均用工人数（万人）
1101.69	**366.67**	**365.62**	**111.34**	**1047.78**	**1034.91**	**505.78**	**80.38**
25.64	1.26	2.35	-1.57	-7.44	-7.26	10.88	0.86
31.71	0.21	2.61	-18.39	-39.38	-31.83	49.92	1.13
49.50	21.88	21.95	-0.14	50.40	54.23	34.46	4.59
69.41	48.81	43.92	17.92	144.45	141.63	17.55	9.71
38.55	13.15	13.78	-0.04	15.92	15.25	28.63	3.57
130.07	81.59	43.65	8.05	105.11	103.27	116.80	8.27
2.25	1.20	0.98		-3.90	-3.89	5.08	0.43
35.01	7.70	7.99	-0.48	19.71	23.76	4.31	4.20
38.20	-2.07	4.61	20.80	15.63	15.30	0.67	1.37
43.61	5.19	7.24	3.05	34.80	35.00	10.50	2.14
59.43	11.72	31.75	7.81	202.07	202.63	2.20	2.03
20.45	2.35	2.68	-0.09	14.16	13.99	3.33	0.85
15.70	5.57	7.26	2.82	49.99	50.11	0.42	1.30
17.38	6.02	4.12	0.12	0.32	0.04	5.75	1.57
187.07	61.30	64.38	11.67	225.19	219.53	26.71	10.52
27.37	17.66	15.28	0.31	12.24	10.47	20.77	3.17
13.60	1.68	2.37	-0.18	2.30	2.11	7.58	0.70
39.01	2.78	2.49	-0.51	5.14	2.24	6.62	1.90
59.24	11.07	13.09	11.26	41.99	42.01	42.81	2.44
13.54	-0.71	1.51	0.30	-1.17	-1.41	14.28	0.56
6.86	0.15	2.30	3.75	14.03	14.13	1.43	0.22
2.28	0.39	0.29		4.80	5.00	0.07	0.19
18.77	2.73	3.02	2.10	29.94	30.17	0.79	1.67
2.95	2.21	2.16		3.79	3.70	0.36	0.31
13.33	3.10	2.88	2.77	-17.21	-17.26	23.78	1.23
46.29	44.76	42.19	40.37	73.96	73.16	8.13	6.99
32.32	4.63	5.83		4.89	-2.68	18.69	2.81
1.69	0.43	0.41		-1.14	-1.13	1.13	0.13
10.13	3.17	3.23		27.70	24.49	3.61	1.29
50.33	6.73	9.31	-0.34	19.47	18.15	38.55	4.24

3-33 按地区分组的化学原料和

地区	资产总计	固定资产净额	固定资产原价	累计折旧	流动资产合计	应收账款	存货
全国	**78651.54**	**24896.92**	**46137.21**	**19537.04**	**35428.58**	**7480.51**	**6385.32**
北京	503.51	54.43	139.27	74.81	319.26	65.39	53.55
天津	1467.21	502.60	952.63	432.57	591.61	138.56	101.70
河北	2633.70	810.56	1349.65	503.25	1235.38	250.05	213.98
山西	1754.93	809.07	1186.79	370.74	654.72	105.45	99.37
内蒙古	3498.52	1856.30	2886.07	888.86	722.01	106.14	134.12
辽宁	2754.29	1201.76	1776.36	522.70	1193.78	157.69	204.89
吉林	783.50	223.34	747.61	451.70	344.37	48.26	96.04
黑龙江	549.94	123.87	267.30	129.21	300.48	46.38	65.75
上海	3318.56	736.80	1951.00	1181.22	2000.37	596.10	388.58
江苏	9314.07	2655.91	5782.52	2950.98	4804.17	1221.98	900.10
浙江	7238.44	1550.66	2924.67	1333.06	3826.56	875.52	572.96
安徽	2691.06	923.93	1493.97	551.14	1216.83	248.29	221.13
福建	2257.04	715.82	1303.89	474.53	985.01	191.47	177.52
江西	1457.94	438.62	982.99	448.81	609.20	142.43	136.78
山东	10059.04	2855.94	5225.13	2247.08	4866.84	789.77	835.05
河南	3608.40	1223.67	2060.89	783.23	1472.39	208.45	254.84
湖北	3261.34	864.68	2045.77	1092.35	1182.26	213.68	261.82
湖南	1485.12	403.07	891.26	371.71	548.92	130.36	130.93
广东	5487.73	1161.25	2405.27	1195.59	3283.17	960.63	568.54
广西	629.54	147.37	282.35	107.22	328.69	77.49	73.86
海南	366.43	71.19	166.12	94.38	190.87	14.49	20.11
重庆	949.22	400.80	769.87	341.09	351.37	58.52	75.53
四川	2633.90	746.29	1459.64	630.87	1207.58	241.46	214.77
贵州	1162.45	421.35	708.04	259.84	432.84	124.75	55.04
云南	1000.32	270.87	647.55	348.53	539.70	100.05	129.21
西藏	19.23	7.37	9.64	2.12	7.89	1.35	1.84
陕西	2903.71	1375.07	2066.10	611.94	805.80	149.50	113.77
甘肃	317.18	104.13	185.70	78.08	145.75	15.68	38.37
青海	1191.18	532.78	823.89	244.32	347.76	36.43	77.69
宁夏	1123.09	547.00	874.31	272.76	336.41	40.01	62.93
新疆	2230.97	1160.45	1770.97	542.37	576.59	124.17	104.55

化学制品制造业主要经济指标

单位：亿元

产成品	负债合计	流动负债合计	应付账款	所有者权益合计	实收资本	国家资本	集体资本
2787.52	**42731.43**	**32667.40**	**7987.46**	**35852.53**	**18771.49**	**3336.40**	**338.71**
29.01	194.87	180.15	55.29	308.63	166.76	28.43	0.20
45.46	750.02	561.46	149.12	717.19	352.97	38.31	1.02
101.89	1443.51	1189.08	271.40	1185.07	471.04	71.94	5.94
36.33	1405.92	1098.65	217.82	348.74	361.54	115.65	18.61
52.24	2269.10	1408.51	251.80	1229.00	1000.22	319.80	31.03
80.12	1793.06	1346.82	352.91	961.23	623.33	24.65	1.55
29.87	506.53	421.92	92.76	276.62	264.03	2.27	2.04
33.02	375.10	301.66	76.89	186.32	138.99	35.72	25.69
158.68	1304.18	1178.29	471.86	2014.38	1000.52	145.94	3.31
412.80	4064.86	3019.84	879.28	5249.22	2951.93	385.95	26.11
258.87	3034.56	2580.65	625.12	4194.33	1543.67	65.21	5.76
102.54	1409.33	994.18	289.67	1281.73	582.02	170.23	14.66
70.82	1251.50	744.08	163.01	998.71	604.28	92.47	7.07
56.59	585.70	449.98	117.87	868.73	273.80	15.49	4.22
412.26	6413.85	5302.95	1199.55	3669.49	1591.50	133.81	55.66
90.31	2235.54	1633.58	312.70	1365.28	647.35	157.49	29.96
109.33	1695.10	1140.57	281.00	1546.69	589.75	103.29	20.06
68.67	543.93	399.38	101.83	914.85	448.16	42.49	6.22
220.28	2775.34	2346.10	706.11	2712.39	1246.67	149.69	32.42
36.30	334.61	280.61	81.30	293.37	140.57	14.64	10.16
10.94	125.40	111.16	16.09	238.95	95.91	4.77	0.75
35.96	486.28	388.80	62.69	462.64	250.01	38.61	1.88
95.43	1277.32	953.11	230.79	1343.48	645.96	47.83	5.71
24.13	787.85	656.20	105.19	373.15	276.59	73.36	1.45
58.03	643.75	586.40	139.04	355.35	228.82	57.70	1.47
0.93	9.12	6.31	0.99	10.11	6.69	2.99	
45.76	1630.93	833.59	244.61	1267.39	979.50	596.18	5.90
16.80	184.18	159.17	40.63	133.00	89.10	45.82	2.99
20.39	1030.49	829.20	122.86	160.92	260.14	109.57	4.88
29.59	752.65	578.58	95.20	369.48	266.24	68.24	7.16
44.17	1416.86	986.43	232.08	816.09	673.45	177.86	4.86

3-33 续表

地区	法人资本	个人资本	港澳台资本	外商资本	营业收入	营业成本	销售费用
全国	**8156.72**	**3021.23**	**1208.86**	**2701.54**	**63809.79**	**52682.60**	**2020.79**
北京	90.60	20.09	2.24	25.20	333.95	234.85	25.50
天津	134.54	26.12	16.74	134.98	998.18	809.75	29.54
河北	168.66	166.02	22.41	36.07	1903.93	1585.72	65.36
山西	134.12	63.28	1.24	28.65	794.70	686.19	25.46
内蒙古	503.30	116.42	11.26	18.30	1471.30	1169.50	45.53
辽宁	378.17	82.16	76.59	60.21	1989.29	1726.79	43.97
吉林	211.69	30.70	2.64	14.69	822.86	656.94	16.09
黑龙江	39.76	22.09	0.55	15.19	376.32	338.09	9.02
上海	220.56	47.03	64.48	519.19	3326.12	2616.74	184.65
江苏	967.34	340.96	334.88	896.65	8659.69	7079.23	244.02
浙江	772.15	260.13	308.23	132.19	5598.60	4571.19	146.36
安徽	237.49	101.29	15.19	43.16	2183.89	1792.37	77.13
福建	332.05	100.85	25.44	46.39	2532.51	2175.50	54.41
江西	110.25	84.63	38.73	20.47	1777.07	1454.17	46.96
山东	809.23	437.27	47.25	108.15	8273.00	7136.94	178.92
河南	283.46	158.55	7.17	7.21	2910.98	2506.19	65.42
湖北	272.47	128.02	15.97	49.95	3156.85	2611.68	90.54
湖南	260.07	129.24	4.98	5.17	2342.77	1874.48	76.63
广东	322.41	207.61	172.18	362.37	5685.26	4486.28	305.88
广西	68.24	32.13	2.58	12.82	503.17	427.95	14.78
海南	67.86	19.67	0.60	2.25	255.30	230.72	5.12
重庆	128.42	33.39	6.14	41.56	760.44	605.52	28.56
四川	346.82	186.14	4.30	52.78	2467.85	2031.23	79.65
贵州	177.84	15.98	0.10	7.85	469.34	399.17	15.56
云南	120.10	31.52	1.45	15.97	931.78	780.91	41.05
西藏	3.70				7.07	5.48	0.50
陕西	283.67	51.59	2.84	39.32	1181.18	980.75	30.21
甘肃	28.12	11.83		0.34	231.83	200.22	7.21
青海	100.02	43.69		1.99	310.11	225.56	11.76
宁夏	123.00	46.99	20.77	0.08	629.78	518.33	16.26
新疆	460.60	25.83	1.90	2.41	924.67	764.15	38.77

单位：亿元

管理费用	财务费用	利息费用	投资收益(损失以"—"号记)	营业利润	利润总额	亏损企业亏损额	平均用工人数(万人)
3625.48	**814.43**	**766.61**	**397.91**	**4331.81**	**4439.56**	**786.98**	**339.94**
30.89	1.38	1.60	5.22	44.71	42.30	3.70	1.87
70.71	13.39	15.69	5.47	75.54	74.48	4.39	3.90
113.43	33.20	30.10	20.68	119.16	118.18	30.08	13.69
55.29	40.11	40.90	1.58	-14.17	-10.09	45.05	7.54
93.93	55.49	57.37	10.06	95.93	96.89	42.89	8.75
97.83	31.46	31.67	6.77	87.07	92.23	36.21	8.52
39.96	7.50	4.03	0.41	14.31	11.56	11.18	4.68
19.07	5.52	5.03	0.90	3.11	4.10	10.13	2.76
205.55	4.54	12.17	19.87	319.30	332.59	22.76	9.87
518.61	61.13	51.97	31.30	666.15	673.10	82.81	33.61
309.09	45.54	55.40	74.79	599.70	618.53	16.05	20.67
140.79	29.57	27.15	8.64	146.88	152.12	18.09	12.33
106.02	31.18	28.26	3.18	149.27	149.04	31.99	10.40
85.70	15.69	9.55	1.38	164.22	166.68	2.74	12.33
401.79	120.44	100.86	72.07	445.53	480.26	92.76	36.63
128.28	54.34	52.89	1.90	123.78	125.91	27.59	19.29
175.52	36.91	32.17	15.99	182.37	180.52	28.67	17.27
169.48	20.04	9.49	10.03	165.60	157.81	7.85	26.40
370.36	36.53	36.31	35.15	421.43	447.21	79.00	31.67
26.68	5.24	4.43	3.77	30.73	31.92	3.83	4.17
4.32	-0.73	2.62	2.65	19.00	19.07	2.32	0.33
53.25	10.44	7.91	1.80	62.50	64.38	13.21	4.31
132.39	26.52	22.13	18.21	200.02	196.75	14.59	15.27
26.96	12.43	16.54	2.36	14.22	14.19	12.03	3.70
48.24	12.81	13.46	2.49	51.73	51.61	9.08	5.84
0.91	0.07	0.06	0.05	0.15	0.15	0.17	0.08
67.33	36.66	35.68	19.31	66.59	67.76	25.21	7.82
15.10	3.43	2.81	0.36	5.64	6.61	3.82	2.07
31.43	13.76	11.87	-0.20	1.63	2.12	40.48	2.64
36.36	17.41	16.30	17.26	37.03	38.14	39.85	5.02
50.22	32.44	30.18	4.48	32.68	33.44	28.44	6.50

3-34 按地区分组的医药

地区	资产总计	固定资产净额	固定资产原价	累计折旧	流动资产合计	应收账款	存货
全国	**38010.09**	**6688.34**	**11864.80**	**4827.31**	**21842.82**	**4694.48**	**4801.34**
北京	2204.61	270.63	456.60	182.07	1393.46	331.17	344.70
天津	1040.14	147.02	271.61	118.45	613.77	121.60	186.45
河北	1421.04	291.80	483.34	183.81	847.63	150.83	145.50
山西	482.84	121.74	209.10	86.62	248.96	63.57	62.26
内蒙古	463.44	148.67	226.74	77.73	184.97	45.28	33.23
辽宁	803.49	156.59	261.91	104.17	420.43	89.91	150.35
吉林	1476.54	222.91	377.40	144.67	722.84	150.03	150.66
黑龙江	457.62	82.94	160.18	71.22	278.37	54.74	55.40
上海	1957.59	232.46	456.27	214.03	1076.21	219.87	275.80
江苏	4206.10	735.41	1295.99	533.21	2728.53	800.34	601.92
浙江	3088.47	554.75	976.04	410.39	1619.84	292.12	352.65
安徽	1072.80	212.32	343.03	127.85	666.71	197.24	181.26
福建	562.22	118.44	240.28	113.19	320.03	68.38	73.69
江西	1259.81	301.92	617.44	258.24	617.40	113.20	109.45
山东	4072.45	805.50	1327.95	487.84	2286.46	466.04	491.45
河南	1278.36	302.47	560.32	217.15	612.12	114.83	111.27
湖北	1471.24	341.26	619.67	249.44	767.45	151.94	148.80
湖南	758.83	170.30	310.21	117.08	347.44	69.45	75.45
广东	3794.02	406.47	726.74	311.23	2404.49	426.06	574.19
广西	332.75	62.55	113.47	44.08	189.78	34.82	40.59
海南	360.88	52.12	93.74	40.42	212.50	42.93	31.09
重庆	730.89	172.49	372.10	187.03	377.54	59.22	65.21
四川	1714.65	289.63	543.08	236.66	982.90	242.27	189.41
贵州	478.13	59.52	104.53	41.29	298.21	75.37	44.77
云南	969.78	105.19	173.34	65.98	722.05	133.89	92.33
西藏	74.70	5.95	9.43	3.48	26.73	2.90	2.89
陕西	725.79	137.72	245.13	92.69	447.62	109.86	115.11
甘肃	311.16	49.88	83.18	31.45	190.73	27.54	45.74
青海	50.19	10.25	17.79	7.41	31.41	8.10	7.27
宁夏	142.00	35.75	67.45	31.65	86.05	7.82	12.34
新疆	247.56	83.71	120.74	36.78	120.18	23.16	30.09

制造业主要经济指标

单位：亿元

产成品	负债合计	流动负债合计	应付账款	所有者权益合计	实收资本	国家资本	集体资本
2286.82	**15513.72**	**12591.41**	**2897.49**	**22451.06**	**6337.21**	**454.00**	**155.27**
183.36	848.58	723.29	197.63	1356.03	327.50	42.63	1.28
68.14	353.24	311.88	111.85	686.90	199.25	14.72	1.24
61.03	661.73	570.46	122.10	759.31	220.25	3.78	3.18
27.59	239.01	210.68	36.14	244.51	77.93	6.11	2.20
14.03	286.99	222.94	39.92	176.45	107.44	10.21	0.04
74.16	362.48	308.29	99.00	441.01	139.89	0.81	1.80
48.99	497.29	413.08	70.07	979.30	212.83	26.56	3.28
16.28	198.87	141.60	34.12	258.73	78.96	7.37	0.21
137.85	669.23	570.90	165.28	1283.82	381.01	60.06	0.69
249.77	1576.51	1230.28	326.98	2629.58	813.49	40.07	20.28
172.63	1143.11	976.27	200.49	1945.36	565.13	19.61	5.36
98.18	550.09	467.70	138.07	522.70	239.33	12.64	27.52
25.04	167.88	127.04	32.79	393.78	117.98	6.90	0.41
53.76	496.04	388.12	76.35	761.59	185.87	4.63	3.33
276.17	1708.25	1366.44	299.78	2343.88	530.06	23.46	11.81
41.72	557.69	414.95	74.45	711.25	259.88	9.19	6.18
65.99	616.03	501.84	105.17	855.18	255.20	22.04	9.73
37.21	256.53	199.01	43.49	502.55	174.94	11.70	1.87
348.62	1721.16	1317.02	269.78	2072.86	496.39	50.37	18.05
15.78	168.58	149.29	33.78	161.45	65.30	0.62	0.24
10.57	141.66	122.21	21.13	219.22	62.11	1.25	12.12
26.95	314.91	262.68	41.83	416.34	106.87	19.13	13.78
78.24	676.10	529.42	129.83	1035.66	258.16	9.85	0.85
17.52	178.81	155.72	21.56	298.63	94.14	0.75	0.21
28.23	379.94	337.53	95.20	589.68	113.52	12.81	2.65
0.94	20.73	9.60	1.47	53.98	11.82	2.70	0.14
69.70	339.56	278.76	58.89	383.11	97.43	4.90	0.42
18.77	121.74	91.93	18.57	189.42	57.79	24.51	1.33
2.63	24.20	20.67	6.49	25.99	15.74	2.90	5.06
5.28	103.74	89.01	10.30	38.26	21.51	0.09	
11.71	133.05	82.80	15.00	114.51	49.50	1.61	

3-34 续表

地　区					营业收入	营业成本	销售费用
	法人资本	个人资本	港澳台资本	外商资本			
全　国	**3131.11**	**1670.54**	**390.13**	**534.84**	**25053.57**	**14118.37**	**4654.63**
北　京	142.08	51.76	40.35	49.40	1344.21	618.55	372.27
天　津	120.80	38.12	0.67	23.70	599.71	363.22	119.36
河　北	130.41	64.97	10.70	7.20	887.93	466.46	180.60
山　西	37.26	32.04	0.06	0.25	225.95	134.01	47.88
内蒙古	55.39	9.14	31.22	0.35	177.43	106.99	21.10
辽　宁	83.67	14.90	3.77	34.95	492.77	255.94	125.16
吉　林	96.25	73.05	9.93	3.75	513.34	169.94	162.25
黑龙江	40.22	30.73	0.25	0.18	181.95	88.03	41.65
上　海	156.11	60.91	22.42	80.83	1014.38	511.92	219.67
江　苏	317.47	168.60	79.78	187.29	3622.01	1654.57	947.41
浙　江	322.05	170.25	13.16	34.79	1797.16	964.09	300.12
安　徽	105.88	84.34	4.09	4.86	904.86	683.77	74.53
福　建	59.52	23.23	23.07	4.86	488.08	288.33	50.01
江　西	100.53	73.38	2.78	1.21	1337.38	968.47	129.08
山　东	261.56	180.09	23.23	29.57	2632.06	1523.03	433.12
河　南	148.61	91.36	2.96	1.58	1104.22	780.87	107.91
湖　北	120.98	66.30	31.99	4.17	1141.10	749.60	134.70
湖　南	68.74	92.23	0.31	0.08	1025.13	674.52	109.76
广　东	251.50	74.07	68.37	34.03	1720.80	894.03	322.85
广　西	35.79	17.35	2.07	9.23	176.24	90.84	36.51
海　南	31.30	15.46	0.61	1.35	227.60	91.49	76.00
重　庆	31.11	42.05		0.80	549.96	344.86	93.05
四　川	148.08	79.23	16.00	4.14	1367.88	837.60	233.41
贵　州	64.97	20.82	0.28	7.11	250.56	114.93	78.58
云　南	61.48	33.39	1.55	1.63	346.94	176.74	86.85
西　藏	8.12	0.86			16.92	4.68	2.52
陕　西	53.77	30.65	0.50	7.19	630.78	397.84	112.94
甘　肃	21.50	10.44			120.06	66.41	15.83
青　海	4.54	3.23			19.67	8.83	5.33
宁　夏	15.30	6.12			49.40	33.20	2.17
新　疆	36.12	11.44		0.33	87.08	54.61	12.01

单位：亿元

管理费用	财务费用	利息费用	投资收益(损失以"–"号记)	营业利润	利润总额	亏损企业亏损额	平均用工人数(万人)
2598.16	**259.56**	**246.69**	**392.57**	**3631.11**	**3693.40**	**274.29**	**213.82**
141.44	12.25	13.23	35.02	212.11	204.75	14.82	8.24
51.21	3.48	3.41	21.63	76.09	75.58	9.80	4.70
78.52	11.00	11.90	6.76	145.58	146.88	7.28	8.75
28.70	4.49	4.27	0.63	10.59	11.73	2.82	3.30
19.10	5.87	5.45	0.01	23.16	23.85	4.42	2.21
51.81	4.24	3.38	3.30	54.88	53.85	7.65	3.59
56.00	10.53	10.65	23.22	135.31	135.17	12.35	5.81
26.31	2.35	3.26	5.18	27.61	28.86	6.35	2.71
128.13	4.31	5.74	23.78	167.88	171.33	14.85	6.08
496.85	10.44	10.15	46.84	538.50	547.09	34.85	21.79
213.82	23.91	21.46	40.20	327.24	330.19	20.03	15.31
69.44	7.25	5.04	2.68	69.29	72.96	11.45	7.63
48.19	2.71	2.10	7.23	103.95	105.28	2.18	3.99
88.95	11.85	11.27	1.91	139.33	141.18	2.42	9.37
267.28	27.29	28.54	44.77	403.70	432.79	10.03	22.49
73.76	15.38	12.60	2.92	121.07	121.81	4.22	12.17
107.63	10.35	12.32	4.01	140.26	141.49	10.71	12.69
121.97	20.01	3.64	7.78	92.24	92.83	4.19	7.59
191.51	38.70	35.97	42.40	292.77	299.19	61.75	15.39
17.41	1.58	2.52	0.05	29.96	31.41	2.85	2.80
27.51	1.92	2.10	2.95	32.63	33.66	4.14	1.82
47.37	6.89	6.76	3.09	53.03	53.51	5.27	9.19
109.19	9.47	12.79	6.65	167.30	168.11	4.12	11.81
23.06	1.54	3.44	0.87	27.94	28.95	2.50	3.21
35.82	0.03	4.43	49.75	118.50	119.17	4.36	3.09
2.44	-0.09	0.14	0.05	8.13	8.11	0.19	0.18
45.77	4.90	2.80	1.31	65.93	66.87	3.68	4.46
9.81	1.46	2.21	7.22	31.72	32.17	2.74	1.33
2.71	0.53	0.42	0.02	2.39	2.57	0.23	0.39
5.87	1.85	1.48	0.06	5.22	5.33	1.05	0.69
10.57	3.06	3.22	0.28	6.78	6.75	1.00	1.02

3-35 按地区分组的化学

地区	资产总计	固定资产净额	固定资产原价	累计折旧	流动资产合计	应收账款	存货
全国	**8965.02**	**2381.11**	**4814.91**	**2295.62**	**3871.51**	**588.73**	**807.06**
北京	8.01	2.50	3.23	0.73	4.68	0.07	0.99
天津	4.81	1.45	2.15	0.70	2.98	0.60	0.67
河北	167.63	81.50	122.22	37.46	43.75	5.75	11.53
山西	9.51	0.53	1.13	0.61	2.49	0.36	1.84
内蒙古							
辽宁	44.58	16.53	31.10	14.55	16.58	2.83	6.27
吉林	145.34	60.74	113.24	52.39	60.94	6.29	13.14
黑龙江	3.03	0.87	1.66	0.79	1.28	0.26	0.43
上海	24.39	5.69	15.37	9.58	15.22	4.96	3.10
江苏	2360.39	645.00	1445.35	729.48	1215.15	227.91	251.05
浙江	3535.98	752.75	1395.64	627.31	1305.58	176.48	249.30
安徽	114.79	30.04	52.08	20.34	60.29	6.23	11.02
福建	885.97	273.81	672.59	379.77	406.88	58.97	97.96
江西	131.09	74.42	116.89	40.58	51.62	5.12	12.37
山东	290.86	55.01	129.62	68.46	148.38	15.42	24.49
河南	330.42	80.83	162.42	74.68	125.69	19.37	22.32
湖北	36.97	11.16	37.78	25.66	15.55	3.37	5.37
湖南	23.00	8.53	18.99	5.27	5.93	1.13	3.36
广东	155.99	41.89	115.48	73.35	80.46	18.13	19.90
广西							
海南							
重庆	51.13	23.22	32.46	9.24	24.71	4.27	3.83
四川	308.34	85.67	154.28	67.17	156.43	21.42	45.99
贵州	0.35	0.01	0.01	0.01	0.35	0.07	0.22
云南	11.19	1.26	6.53	5.27	9.57	0.86	2.10
西藏							
陕西	17.69	6.59	16.58	9.00	10.10	0.36	3.47
甘肃	1.08	0.47	0.79	0.31	0.30	0.10	0.14
青海							
宁夏	20.66	11.43	13.54	2.10	7.58	0.66	1.34
新疆	281.80	109.22	153.78	40.80	99.00	7.75	14.84

纤维制造业主要经济指标

单位：亿元

产成品	负债合计	流动负债合计	应付账款	所有者权益合计	实收资本	国家资本	集体资本
438.24	**5285.32**	**4235.43**	**723.60**	**3675.07**	**2084.24**	**222.18**	**23.55**
0.54	0.80	0.57	0.30	7.21	1.69	1.29	
0.26	2.46	2.07	0.80	2.34	2.26	2.15	
5.36	94.12	60.02	21.07	73.29	72.79	54.00	
1.67	7.30	7.26	0.13	2.21	2.00	2.00	
3.30	26.81	25.20	4.10	17.77	16.02		
7.54	113.68	99.60	19.25	31.67	10.37	8.13	
0.12	1.44	1.41	0.11	1.59	0.81		
1.37	12.55	10.37	2.19	11.84	6.79		
121.25	1422.41	1011.45	219.83	937.98	662.88	73.43	0.87
147.83	1976.80	1691.93	261.22	1555.37	730.54	5.44	5.13
4.88	46.23	34.07	11.05	68.55	30.69	0.20	
67.06	533.89	439.49	37.43	351.72	198.98	4.89	
4.12	83.48	46.32	18.25	47.61	38.14		
14.25	144.23	125.11	30.40	147.26	98.72	10.65	3.61
14.37	200.94	154.89	12.94	128.62	35.39	17.95	
2.54	18.96	15.22	4.21	18.01	13.17		
1.26	18.15	16.42	0.96	4.86	11.22	1.60	
11.16	64.63	55.00	14.83	91.36	45.75	5.46	0.39
1.09	20.20	17.83	4.86	30.93	7.49	0.57	
19.69	246.37	198.49	19.77	61.98	23.87	4.52	0.25
0.15	0.21	0.21	0.17	0.14	0.10		
0.55	1.78	1.71	0.89	9.41	5.03		
1.64	6.49	6.49	3.74	11.19	9.57	4.93	
0.09	1.07	1.03	0.04	0.01	0.26		
0.60	12.60	3.13	2.03	8.06	8.18	0.44	5.94
5.55	227.72	210.15	33.01	54.08	51.54	24.54	7.36

3-35 续表

地区	法人资本	个人资本	港澳台资本	外商资本	营业收入	营业成本	销售费用
全　国	**1037.19**	**451.70**	**192.16**	**157.45**	**7991.05**	**7258.52**	**81.76**
北　京	0.29	0.11			2.83	1.87	0.09
天　津	0.06			0.05	3.81	2.36	0.06
河　北	12.49	6.29			121.12	113.59	0.84
山　西					0.30	0.31	0.04
内蒙古							
辽　宁	11.37	1.25	2.48	0.92	22.86	20.47	0.54
吉　林	0.56	1.68			70.50	64.40	1.70
黑龙江	0.12	0.68			3.19	1.21	0.02
上　海	1.29	1.52	3.70	0.28	20.19	17.40	0.39
江　苏	332.45	154.12	41.96	60.06	2117.85	1917.89	24.25
浙　江	470.36	184.52	33.26	31.83	2769.57	2582.06	17.21
安　徽	20.21	7.14	2.65	0.49	102.80	92.97	0.94
福　建	44.40	42.86	99.83	7.00	1490.46	1322.88	11.60
江　西	3.02	1.77		33.35	125.47	109.79	4.90
山　东	63.86	11.21	4.21	5.17	143.22	123.83	3.04
河　南	7.84	8.86		0.74	199.58	183.56	1.48
湖　北	4.38	2.23		6.55	39.60	36.06	1.07
湖　南	9.25	0.37			33.28	30.21	0.51
广　东	12.82	16.34	2.85	7.90	173.92	139.58	3.75
广　西							
海　南							
重　庆	6.00	0.92			46.14	34.40	0.88
四　川	12.95	3.78		2.36	375.26	344.04	6.02
贵　州	0.04	0.06			0.70	0.65	0.01
云　南	2.86	0.94	1.23		15.27	10.17	0.10
西　藏							
陕　西	3.84	0.06		0.74	24.69	20.76	0.11
甘　肃		0.26			1.06	1.03	0.01
青　海							
宁　夏	1.80				7.92	6.43	0.36
新　疆	14.93	4.70			79.49	80.60	1.85

单位：亿元

管理费用	财务费用		投资收益(损失以"—"号记)	营业利润	利润总额	亏损企业亏损额	平均用工人数(万人)
		利息费用					
325.37	**113.49**	**110.07**	**52.61**	**248.13**	**266.53**	**84.15**	**42.20**
0.38			0.02	0.65	0.66		0.07
0.64				0.65	0.65	0.10	0.03
6.59	2.18	2.63	0.02	-3.57	-3.26	4.10	1.11
0.13	0.03	0.03					0.04
1.64	0.53	0.46	0.01	-0.59	-0.54	1.79	0.29
2.46	5.45	3.93	0.11	-3.53	-3.47	3.58	0.87
0.43				1.52	2.08	0.02	0.04
1.41	0.66	0.27	0.08	0.41	0.53	0.22	0.17
96.99	27.21	21.47	17.02	59.56	69.23	28.50	13.29
88.09	36.60	43.45	30.17	76.66	80.10	18.45	12.22
4.18	0.30	0.35	-0.34	3.66	3.79	1.33	0.52
66.01	18.60	16.29	1.07	70.61	70.91	6.03	4.49
6.93	1.64	1.96	0.01	1.89	3.96	1.88	0.67
9.90	2.12	1.75	0.31	3.55	4.12	3.10	1.34
8.48	4.37	4.49	2.38	3.13	3.30	0.49	1.98
1.96	0.58	0.44		-0.34	-0.23	1.53	0.51
1.99	0.27	0.28	0.04	0.37	0.41	0.24	0.38
9.94	1.15	0.66	0.50	20.13	20.04	1.42	1.23
2.08	0.15	0.09		8.58	8.64		0.27
9.05	8.43	8.13	0.74	6.80	7.36	0.12	1.56
0.04				-0.01	0.03		0.01
0.87	-0.05	0.01	0.06	4.14	4.11	0.01	0.05
0.74	0.08	0.10		2.26	2.27		0.08
0.04				-0.02	-0.03	0.06	0.02
0.56	0.16	0.17	0.01	0.58	0.58		0.07
3.84	3.02	3.13	0.42	-8.95	-8.71	11.17	0.92

3-36 按地区分组的橡胶和

地区	资产总计	固定资产净额	固定资产原价	累计折旧	流动资产合计	应收账款	存货
全国	**23964.34**	**5832.11**	**11712.40**	**5560.58**	**13982.29**	**4576.73**	**2898.03**
北京	66.74	9.09	28.19	17.12	51.17	16.32	12.16
天津	468.61	148.92	297.82	146.16	264.66	80.50	56.31
河北	878.33	159.79	288.68	116.51	541.95	222.35	93.00
山西	85.01	26.53	41.81	14.26	52.02	21.63	12.61
内蒙古	35.71	9.02	14.25	4.63	19.66	5.53	6.01
辽宁	527.39	185.32	386.20	189.13	258.92	78.29	56.56
吉林	147.53	47.12	84.10	36.10	83.41	28.55	18.06
黑龙江	54.85	14.78	36.84	21.14	33.69	12.98	10.57
上海	1189.93	183.36	469.21	282.04	754.18	237.65	120.79
江苏	3589.95	886.05	1836.79	919.78	2238.28	848.67	444.08
浙江	2909.86	720.29	1379.04	642.52	1691.64	587.53	346.27
安徽	1220.14	316.10	593.26	265.03	673.33	243.57	143.58
福建	1231.89	303.83	666.65	343.15	698.90	191.21	153.93
江西	422.12	109.32	193.74	72.66	212.75	57.64	41.10
山东	2893.18	768.62	1472.40	691.85	1711.51	398.39	389.30
河南	694.74	251.80	455.22	173.07	300.00	62.60	58.03
湖北	596.77	164.15	355.63	171.92	317.55	93.98	61.69
湖南	307.66	99.44	196.45	76.18	137.76	42.18	35.85
广东	4490.75	876.43	1885.51	946.26	2805.22	1046.14	563.72
广西	140.60	40.29	59.15	17.27	78.39	24.37	20.50
海南	34.79	8.94	15.02	5.72	19.17	2.62	4.22
重庆	325.25	122.98	264.81	133.58	138.71	41.80	37.52
四川	520.91	138.98	291.45	137.59	289.13	90.31	69.77
贵州	204.37	59.18	101.52	39.82	105.59	23.37	18.91
云南	102.34	17.40	33.61	14.21	64.99	17.79	18.21
西藏	13.29	1.24	1.93	0.34	8.40	0.56	0.60
陕西	409.42	84.52	132.05	35.89	233.58	59.42	60.02
甘肃	113.64	21.41	29.42	7.41	59.52	13.84	9.15
青海	3.29	0.30	0.80	0.37	2.60	0.95	0.80
宁夏	43.92	15.03	22.81	7.70	21.32	5.71	7.32
新疆	241.36	41.87	78.05	31.17	114.28	20.27	27.37

塑料制品业主要经济指标

单位：亿元

产成品	负债合计	流动负债合计	应付账款	所有者权益合计	实收资本	国家资本	集体资本
1363.27	**12087.02**	**10244.73**	**-5437.67**	**11830.82**	**5851.32**	**253.21**	**143.18**
5.61	33.32	30.29	12.04	33.41	17.87	0.13	
27.14	248.41	227.83	53.11	220.21	164.11	0.35	2.27
42.85	391.79	340.33	96.48	483.86	272.98	38.89	1.53
6.49	56.46	53.54	24.31	28.55	25.72	4.52	0.07
1.90	15.69	15.35	5.44	19.92	11.10	0.05	
26.47	294.90	254.42	51.59	232.50	178.91	0.65	3.00
8.75	87.43	73.20	27.58	59.66	38.91	1.64	0.05
4.85	38.11	34.89	17.86	16.45	16.33	0.14	0.79
52.00	471.48	415.15	137.61	717.97	276.55	2.33	1.27
207.59	1662.43	1191.86	400.44	1927.53	1079.47	7.54	89.15
166.68	1521.46	1427.58	362.84	1386.05	616.38	9.24	6.41
71.15	544.01	433.41	150.35	676.14	291.92	24.03	1.33
62.03	583.61	495.84	152.81	641.79	281.20	4.81	1.23
21.68	194.26	149.08	37.93	226.75	90.76	1.13	0.41
201.66	1754.22	1565.13	369.25	1137.25	519.50	37.17	8.30
30.57	259.33	209.66	54.25	423.02	259.14	4.52	3.03
32.13	263.46	216.34	64.78	331.64	128.67	1.79	0.88
18.28	119.85	91.60	29.27	183.42	100.48	2.20	1.07
232.78	2397.97	2082.34	-7739.34	2092.77	982.33	9.04	15.56
11.40	86.53	78.85	15.76	53.69	24.02		0.50
1.73	16.39	15.15	4.09	18.40	11.40	3.44	0.06
19.68	153.93	133.72	37.86	169.21	82.73	6.02	3.43
35.51	225.42	190.71	51.30	293.85	114.06	4.50	0.84
12.26	113.48	90.66	22.54	89.95	28.01	3.24	0.09
9.81	58.84	51.49	13.45	43.16	26.64	3.81	0.24
0.22	11.83	11.10	1.54	1.46	1.00		0.52
28.98	249.58	176.81	41.21	157.66	103.57	66.49	0.03
4.91	63.56	54.00	8.76	50.08	35.37	4.74	1.12
0.33	2.39	2.38	0.87	0.90	0.70	0.10	
4.53	28.97	19.75	3.93	14.95	14.43	0.01	0.01
13.30	137.90	112.28	52.42	98.65	57.06	10.70	0.01

3-36 续表

地区	法人资本	个人资本	港澳台资本	外商资本	营业收入	营业成本	销售费用
全国	**2030.82**	**1842.03**	**627.85**	**953.17**	**25580.33**	**21142.19**	**766.81**
北京	9.69	4.25	0.74	3.06	60.11	49.02	2.45
天津	38.80	37.85	45.84	39.00	392.07	327.04	13.78
河北	87.68	131.75	5.20	7.88	825.51	658.13	22.54
山西	12.12	9.01			63.75	51.91	1.75
内蒙古	3.53	7.52			23.50	20.13	0.37
辽宁	38.47	21.52	3.85	111.43	365.20	297.95	12.28
吉林	10.36	16.09	9.20	1.57	133.22	115.15	2.20
黑龙江	2.87	8.45		4.09	48.15	43.10	1.17
上海	72.85	71.10	26.62	102.38	1001.61	776.55	40.24
江苏	339.82	214.95	142.67	285.34	3338.88	2689.24	104.84
浙江	212.73	295.21	34.30	58.49	2881.43	2367.43	100.10
安徽	138.04	85.17	5.84	37.51	1375.77	1123.54	43.72
福建	84.44	91.73	45.32	53.66	1869.43	1591.09	42.08
江西	49.15	37.87	1.28	0.93	730.15	612.48	14.21
山东	188.44	212.21	19.89	53.49	2341.68	1934.62	77.91
河南	141.19	106.56	0.36	3.47	701.29	585.58	18.93
湖北	67.23	53.31	4.07	1.39	878.30	732.77	26.86
湖南	45.88	30.59	0.58	20.16	762.51	625.76	19.82
广东	292.67	249.87	273.43	140.77	5407.13	4527.33	143.86
广西	15.53	7.54	0.44		120.04	101.88	2.61
海南	7.68	0.23			27.94	24.44	0.47
重庆	35.01	17.24	1.20	19.83	449.25	372.32	14.55
四川	47.44	55.32	4.21	1.76	971.19	823.20	35.86
贵州	7.24	15.72	1.07	0.65	203.25	166.80	5.13
云南	9.30	9.87	0.07	3.34	130.08	114.40	2.66
西藏	0.12	0.35			4.72	4.29	0.04
陕西	21.78	13.74	0.67	0.87	248.81	208.49	7.56
甘肃	23.38	6.13			56.42	50.27	1.82
青海	0.21	0.39			2.62	2.40	0.07
宁夏	2.29	11.80	0.24	0.08	24.53	21.61	1.28
新疆	24.87	18.69	0.77	2.02	141.78	123.26	5.62

单位：亿元

管理费用	财务费用		投资收益（损失以"—"号记）	营业利润	利润总额	亏损企业亏损额	平均用工人数（万人）
		利息费用					
1626.24	**244.76**	**170.48**	**87.76**	**1734.16**	**1786.37**	**157.98**	**281.25**
5.59	0.31	0.24	0.04	0.78	0.97	2.44	0.61
27.71	3.27	3.02	0.72	18.37	18.29	5.77	3.64
42.38	9.55	6.55	5.30	93.90	92.86	3.55	7.96
4.11	0.79	0.48	0.06	5.10	5.62	0.45	0.96
1.32	0.15	0.09	0.13	1.68	1.70	0.18	0.28
28.37	5.55	4.60	0.07	8.15	9.97	11.31	4.22
6.86	1.19	0.94	0.05	6.59	7.00	2.12	1.22
2.37	0.30	0.17		1.04	1.31	0.28	0.63
81.12	7.46	5.08	9.85	104.23	106.13	5.41	8.23
251.11	33.56	18.97	6.06	242.62	246.29	33.04	35.26
208.35	32.16	27.94	15.84	180.92	193.87	11.37	34.53
79.78	12.43	7.69	10.01	119.37	122.89	6.00	13.21
88.75	14.10	8.62	-3.70	121.93	124.04	1.32	17.59
27.01	4.53	2.07	0.57	70.62	72.76	0.84	4.96
138.12	37.76	22.89	20.54	159.73	166.26	12.95	24.60
28.88	6.58	5.09	0.14	55.76	56.99	2.72	9.99
50.81	7.93	5.53	1.61	57.73	59.64	1.97	7.23
51.70	4.29	1.96	0.15	47.63	44.64	1.03	5.71
385.23	39.23	28.00	15.42	293.52	304.71	44.59	79.07
7.41	1.38	1.02	-0.27	6.01	6.49	0.97	2.07
1.34	0.24	0.23	0.18	1.53	1.56	0.08	0.21
24.04	3.46	2.82	-0.02	28.17	29.34	4.32	4.06
42.36	6.79	4.91	0.37	56.49	57.57	0.43	7.44
12.69	4.17	3.78	0.18	20.27	22.98	0.32	1.76
6.01	0.70	0.66	0.06	6.09	6.52	0.53	1.29
0.12	0.01	0.01		0.24	0.27	0.01	0.02
12.27	4.39	4.64	2.41	17.99	18.06	0.81	2.45
2.93	0.84	0.41	1.90	2.57	2.69	0.40	0.49
0.16	0.02	0.02		-0.02	-0.01	0.05	0.04
1.84	0.67	0.62		-0.68	-0.49	1.52	0.33
5.51	0.93	1.39	0.10	5.82	5.44	1.20	1.19

3-37 按地区分组的非金属

地 区	资产总计	固定资产净额	固定资产原价	累计折旧	流动资产合计	应收账款	存货
全 国	**62166.57**	**15497.08**	**29540.04**	**12664.81**	**35116.71**	**12700.93**	**5288.21**
北 京	982.12	72.06	174.70	96.97	654.88	300.83	68.59
天 津	592.91	140.74	273.33	126.55	396.97	194.37	64.77
河 北	2199.61	626.28	1215.17	541.72	1253.21	412.01	218.52
山 西	1213.99	398.04	690.84	285.46	654.77	261.54	134.05
内蒙古	1175.38	464.92	730.88	218.70	479.29	118.35	94.24
辽 宁	1833.15	379.83	764.91	369.35	1111.21	329.20	186.27
吉 林	574.44	147.92	288.40	132.77	326.84	107.89	39.94
黑龙江	673.84	153.74	291.13	129.93	366.53	122.20	77.65
上 海	1067.49	103.20	272.01	140.85	856.95	390.61	108.25
江 苏	4947.99	985.63	1954.21	900.63	3351.46	1512.00	435.18
浙 江	3880.77	755.24	1356.29	581.02	2488.23	1183.95	346.29
安 徽	4608.77	859.87	1494.88	602.69	2718.61	623.50	226.04
福 建	2595.23	610.52	1297.79	626.92	1335.75	412.52	305.29
江 西	2338.69	684.37	1294.11	525.32	1145.58	355.43	212.74
山 东	5002.95	1152.57	2073.61	868.20	3103.10	1168.49	490.40
河 南	4604.25	1335.86	2396.42	861.73	2281.55	669.99	365.03
湖 北	2375.58	656.91	1334.98	583.96	1185.71	432.38	194.90
湖 南	2434.87	685.86	1381.21	563.57	876.83	324.96	164.54
广 东	5704.96	1313.77	2739.20	1382.59	3553.91	1210.01	591.72
广 西	1626.14	431.44	793.93	318.89	926.66	308.71	132.56
海 南	320.03	56.14	138.12	75.19	235.30	86.68	14.48
重 庆	1472.64	412.98	800.42	366.09	764.89	338.53	85.02
四 川	3284.42	943.98	1935.81	843.77	1725.55	645.01	253.36
贵 州	1093.59	391.91	681.21	254.88	515.85	208.02	71.63
云 南	1133.19	390.10	694.92	251.82	539.68	179.23	74.63
西 藏	184.46	66.46	92.24	25.40	93.58	30.95	15.09
陕 西	1338.80	367.24	778.12	337.58	700.17	316.04	102.45
甘 肃	785.18	202.73	381.75	163.94	465.62	158.11	63.87
青 海	262.68	100.61	178.19	68.09	117.73	40.10	22.72
宁 夏	270.60	75.31	160.92	80.84	157.38	58.69	20.44
新 疆	1587.84	530.84	880.34	339.42	732.92	200.60	107.56

矿物制品业主要经济指标

单位：亿元

产成品	负债合计	流动负债合计	应付账款	所有者权益合计	实收资本	国家资本	集体资本
2347.39	**33891.29**	**28459.82**	**10408.60**	**28175.36**	**13372.98**	**1549.39**	**254.01**
29.09	599.23	545.40	272.04	382.90	163.31	21.43	4.05
24.78	359.18	328.31	141.71	233.73	173.65	20.00	2.50
80.91	1318.59	1177.50	380.42	877.36	564.61	102.72	13.59
64.22	879.78	760.60	280.83	333.08	289.45	42.57	8.14
26.55	736.55	612.03	151.60	429.74	347.37	15.52	11.13
89.49	1085.75	942.87	280.80	747.39	572.59	18.34	9.17
15.85	377.46	301.58	92.63	197.48	112.85	12.72	2.28
19.95	454.63	407.81	124.18	217.79	143.98	20.00	5.62
61.01	683.60	648.98	331.73	383.89	184.63	14.33	0.46
194.13	2903.78	2007.88	796.10	2044.21	1104.40	60.22	19.06
151.19	2397.34	2182.20	882.54	1483.76	695.43	92.40	5.09
99.90	1763.33	1447.54	474.95	2845.44	674.24	126.88	10.58
161.61	1203.32	914.58	281.00	1377.65	585.32	28.32	8.47
110.65	1122.06	886.86	312.14	1211.74	504.75	52.53	6.88
209.09	3068.48	2769.68	1049.15	1930.13	938.89	100.79	36.26
159.81	2137.28	1679.11	526.57	2453.88	1192.10	106.51	11.00
93.08	1070.27	882.22	349.75	1298.30	515.82	33.93	12.61
81.71	993.42	728.38	235.99	1424.78	738.76	50.61	13.69
278.54	3391.26	3017.04	1129.08	2313.80	991.38	36.84	20.39
62.37	840.11	699.98	266.56	784.43	320.84	48.81	3.93
3.49	162.94	153.74	90.79	157.09	51.41	17.59	
33.50	818.50	674.21	223.39	651.72	267.33	35.88	2.52
110.44	1599.82	1318.08	523.21	1673.11	678.88	86.09	18.40
31.46	709.00	595.31	192.44	382.89	272.71	63.49	7.00
29.58	692.55	570.17	194.47	445.85	256.62	67.29	6.06
4.46	87.46	71.53	29.65	97.01	43.16	29.08	0.20
39.93	741.84	629.54	310.19	586.02	337.88	64.62	8.32
24.76	409.60	370.65	143.04	374.64	180.08	33.13	3.54
9.32	228.02	198.45	61.99	34.66	58.11	32.57	1.00
10.12	157.55	149.11	64.51	113.06	64.81	10.88	0.32
36.42	898.60	788.47	215.15	687.83	347.63	103.32	1.76

3-37 续表

地 区	法人资本	个人资本	港澳台资本	外商资本	营业收入	营业成本	销售费用
全 国	**5700.77**	**4441.89**	**715.02**	**699.03**	**58018.13**	**47371.21**	**1982.49**
北 京	98.38	34.46	0.55	4.44	493.31	416.34	15.96
天 津	66.53	47.89	13.25	23.47	465.28	388.54	16.17
河 北	225.64	197.25	9.05	15.91	1904.50	1587.77	60.36
山 西	116.92	114.17	0.25	7.40	712.34	587.69	30.19
内蒙古	273.54	38.60		0.79	654.69	552.74	13.98
辽 宁	161.68	329.16	23.53	30.71	1057.76	872.74	50.31
吉 林	70.52	22.14	1.82	3.36	279.78	236.77	12.98
黑龙江	88.06	27.98	0.10	2.11	340.67	300.06	10.10
上 海	57.65	26.97	10.61	74.61	838.76	698.42	26.31
江 苏	388.52	406.25	101.10	129.16	4502.04	3754.25	152.89
浙 江	308.78	235.37	29.49	24.30	3759.16	3069.84	150.67
安 徽	253.36	208.42	47.95	27.05	3015.94	2348.24	91.81
福 建	172.43	253.36	53.83	68.92	4494.45	3763.45	126.20
江 西	221.11	189.08	27.39	7.74	3073.20	2484.73	81.31
山 东	399.78	326.43	28.67	46.36	4028.80	3319.76	144.03
河 南	472.65	562.36	6.25	32.15	3999.73	3315.10	125.26
湖 北	234.14	199.42	7.05	26.54	2926.72	2385.36	100.14
湖 南	422.88	243.49	7.31	0.76	3373.40	2622.87	139.30
广 东	411.99	239.32	203.71	79.07	6058.32	5002.65	211.63
广 西	108.60	84.49	68.56	6.42	1483.57	1131.99	60.16
海 南	17.89	14.99	0.94		228.01	187.36	7.07
重 庆	131.29	79.04	8.66	9.93	1403.37	1076.32	47.69
四 川	320.07	191.61	25.05	37.58	4122.01	3380.12	134.89
贵 州	97.31	78.55	23.74	2.63	890.01	744.67	35.33
云 南	98.98	69.99	3.04	11.26	961.20	773.23	34.99
西 藏	12.03	1.84			101.36	70.22	7.53
陕 西	132.65	99.80	9.96	22.54	1428.27	1163.04	44.82
甘 肃	106.72	36.36	0.03		449.22	359.11	15.93
青 海	16.81	7.73			95.51	72.51	6.58
宁 夏	33.05	17.74		2.82	163.26	128.46	8.69
新 疆	180.79	57.62	3.13	1.00	712.49	576.86	19.20

单位：亿元

管理费用	财务费用	利息费用	投资收益（损失以"-"号记）	营业利润	利润总额	亏损企业亏损额	平均用工人数（万人）
2949.64	**561.40**	**444.48**	**209.60**	**4952.77**	**5054.68**	**281.34**	**457.02**
38.84	5.90	7.88	18.38	45.93	46.92	3.79	2.85
27.00	3.14	2.60	0.21	28.06	29.51	4.17	3.23
92.51	27.03	21.54	-2.25	122.87	125.62	12.54	17.42
45.27	13.69	11.29	0.66	31.23	34.46	14.77	9.65
37.60	10.88	12.15	2.73	37.70	38.29	10.76	4.48
61.77	18.91	14.99	8.64	55.35	60.44	19.95	10.16
17.82	8.03	7.86	0.35	7.07	8.33	5.73	2.52
19.14	5.85	3.99	7.77	11.59	13.15	8.19	2.30
55.39	5.17	2.92	4.80	54.22	57.55	2.79	3.95
256.09	33.93	24.61	5.27	293.39	318.74	20.15	30.37
182.18	34.91	33.86	26.06	337.40	341.88	11.41	21.21
139.39	3.73	21.89	30.46	446.59	455.90	7.07	18.62
182.73	27.69	19.39	10.86	377.80	377.51	4.65	34.42
128.62	19.27	12.99	-2.13	340.17	344.64	4.00	22.66
210.82	54.47	35.95	25.60	292.51	305.28	22.99	31.50
180.49	52.07	37.19	4.79	295.18	301.01	25.22	41.03
139.75	27.37	10.96	7.59	257.88	259.30	8.94	20.43
256.14	38.63	18.61	1.55	270.08	268.02	7.80	34.24
299.58	43.99	33.79	14.82	479.13	482.39	20.44	53.12
66.76	9.81	9.22	2.23	206.41	210.10	4.26	15.00
10.42	2.54	2.23	0.31	19.07	19.37	4.01	1.25
76.74	18.67	15.34	0.82	172.78	173.66	2.28	11.22
175.45	40.18	31.60	4.92	356.39	357.34	13.36	26.08
51.48	12.97	10.34	0.64	38.45	40.95	13.36	7.34
43.20	7.73	7.80	9.92	102.70	104.37	5.98	6.95
5.45	0.68	0.84	0.44	17.17	17.72	0.60	0.42
63.98	13.81	10.58	11.12	124.05	125.91	5.97	12.10
24.72	4.01	5.66	-0.84	42.94	43.19	4.67	4.23
11.54	1.44	0.94	0.95	5.37	6.11	5.09	0.96
10.56	2.12	2.15	1.25	12.98	14.08	1.67	1.39
38.22	12.79	13.31	11.69	70.30	72.97	4.73	5.93

3-38 按地区分组的黑色金属冶炼和

地区	资产总计	固定资产净额	固定资产原价	累计折旧	流动资产合计	应收账款	存货
全国	**63240.11**	**19973.67**	**40433.41**	**19653.37**	**28220.83**	**2812.97**	**7126.14**
北京	73.85	31.53	75.24	43.71	27.50	7.40	10.26
天津	1580.81	467.37	1076.84	528.59	834.86	50.49	243.91
河北	12880.40	4430.77	7830.14	3271.50	5534.72	492.56	1276.13
山西	3359.12	1070.88	2144.49	1057.43	1373.70	78.05	307.14
内蒙古	2851.67	953.12	1663.72	702.76	1026.97	137.96	330.45
辽宁	4152.23	1562.48	3258.73	1652.96	1866.78	95.47	492.40
吉林	762.04	337.87	574.34	153.28	164.64	17.35	51.17
黑龙江	411.34	126.48	190.68	44.87	160.79	19.51	37.94
上海	2674.01	497.72	2059.56	1544.95	1149.05	238.88	184.18
江苏	6949.88	1795.37	4087.57	2252.92	3505.60	421.09	863.47
浙江	1396.71	308.88	700.34	385.58	857.85	106.08	214.75
安徽	1559.08	611.93	1316.00	695.85	720.73	37.07	214.20
福建	1338.06	371.75	732.24	310.99	520.75	51.42	152.78
江西	1132.87	314.96	695.43	373.49	607.84	30.86	137.09
山东	5382.70	1639.24	2879.03	1181.68	2834.42	363.21	617.02
河南	1947.39	562.62	1151.00	563.48	1029.78	72.70	298.88
湖北	1457.73	638.68	1727.89	1071.15	576.89	53.38	172.12
湖南	951.00	367.19	890.32	512.38	384.79	45.38	100.02
广东	1847.74	784.30	1482.88	692.38	688.23	87.34	238.75
广西	2228.05	592.63	934.21	334.33	977.55	96.94	311.50
海南							
重庆	719.43	301.33	420.29	116.64	275.44	41.01	79.71
四川	2125.47	708.83	1785.18	967.44	895.32	84.31	178.28
贵州	438.59	157.98	289.13	130.56	165.84	25.99	30.87
云南	1007.19	276.70	520.13	236.63	528.44	48.28	195.00
西藏							
陕西	527.75	221.23	406.74	164.62	234.47	34.13	73.62
甘肃	602.58	228.99	513.19	280.91	201.61	20.90	70.96
青海	273.86	107.92	166.17	55.09	129.57	15.91	32.46
宁夏	2026.50	249.40	380.14	106.70	684.94	28.34	96.40
新疆	582.06	255.51	481.79	220.51	261.75	10.97	114.67

压延加工业主要经济指标

单位：亿元

产成品	负债合计	流动负债合计	应付账款	所有者权益合计	实收资本	国家资本	集体资本
2406.53	**38286.15**	**31517.96**	**8002.99**	**24874.89**	**11918.94**	**2249.44**	**86.54**
3.32	79.62	21.93	13.80	-5.78	28.98	26.00	
86.46	1008.78	609.62	134.13	572.03	630.41	74.38	0.67
380.86	8311.04	6855.94	1704.74	4520.59	1636.81	288.51	1.89
130.74	2220.49	1751.02	379.09	1138.03	370.79	88.63	2.33
106.64	1606.91	1290.90	394.85	1243.79	912.21	2.60	16.35
211.72	2478.93	1954.74	296.13	1673.29	905.17	265.52	0.38
16.65	496.05	363.55	152.18	265.92	152.01	2.71	2.55
6.29	261.35	138.29	54.79	135.98	75.48	0.24	
39.41	1015.52	771.13	217.44	1658.49	314.79	169.71	0.26
361.63	3900.08	2983.11	817.40	3049.80	1228.14	40.66	21.63
79.33	782.71	753.93	125.74	612.97	356.98	125.95	0.40
69.81	911.33	779.59	177.91	647.75	215.91	75.78	0.02
42.32	808.41	727.54	141.46	524.18	312.07	82.76	0.16
39.04	535.46	493.31	119.24	596.54	156.04	43.72	0.55
230.66	3548.58	3129.96	905.50	1834.61	643.55	172.81	9.36
87.26	1257.02	1114.74	309.40	688.81	267.61	55.62	-0.01
43.92	792.30	722.27	265.79	665.42	232.21	120.58	1.62
29.35	513.11	436.20	84.48	437.39	236.53	106.41	
74.75	1065.24	989.38	248.30	782.49	502.32	25.87	12.34
88.45	1332.85	1087.23	274.92	894.37	358.95	82.40	
22.45	379.26	273.33	61.60	339.68	194.40	1.12	0.77
53.12	1410.21	1173.97	246.45	714.14	524.80	142.53	2.58
10.88	323.36	244.76	71.99	115.23	94.22	28.22	0.01
48.84	684.81	637.59	163.18	322.46	208.74	59.77	9.91
33.74	426.69	409.58	131.53	96.59	110.83	6.35	0.08
14.20	411.79	389.46	114.75	190.61	125.05	107.96	2.36
8.95	215.53	184.55	34.15	58.33	58.77	37.94	
41.42	1033.05	788.59	286.68	994.80	964.13	9.20	0.35
44.30	475.67	441.75	75.36	106.39	101.05	5.47	

3-38 续表

地　区					营业收入	营业成本	销售费用
	法人资本	个人资本	港澳台资本	外商资本			
全　国	**6419.46**	**2801.20**	**194.88**	**366.14**	**73054.90**	**66889.38**	**686.23**
北　京	1.38	0.16		1.44	108.55	104.86	0.32
天　津	430.32	116.15	0.08	8.81	2723.73	2585.18	12.73
河　北	894.76	412.28	23.25	16.11	13345.93	11917.54	78.28
山　西	179.36	100.26	0.19	0.01	3348.73	3028.37	39.81
内蒙古	801.35	91.78		0.12	2181.61	2011.48	52.07
辽　宁	697.64	112.59	1.79	26.29	4112.77	3827.85	66.60
吉　林	137.92	7.48		1.34	662.65	618.96	10.87
黑龙江	48.49	26.75			409.26	365.58	9.19
上　海	60.06	37.18	18.28	29.30	1673.61	1535.64	11.68
江　苏	782.59	213.26	74.05	95.95	9833.82	9045.05	69.39
浙　江	92.64	112.79	12.52	12.69	2000.76	1827.85	16.98
安　徽	60.21	53.81	18.82	7.27	2128.26	1949.53	26.41
福　建	132.19	31.69	5.34	59.93	2179.01	1962.32	15.84
江　西	96.11	15.67			1797.56	1624.28	10.35
山　东	313.38	118.32	13.02	16.67	7180.80	6720.71	39.00
河　南	154.78	49.90	0.13	7.19	2754.00	2542.03	27.77
湖　北	78.19	30.40	1.22	0.20	1860.17	1720.34	12.01
湖　南	122.99	6.97	0.16		1446.59	1251.15	13.13
广　东	339.25	43.82	13.83	67.20	2808.45	2564.11	26.21
广　西	211.18	53.77		11.49	2497.36	2297.26	20.87
海　南							
重　庆	12.92	178.25	0.54	0.81	745.32	649.31	3.58
四　川	341.56	35.34		2.78	2487.14	2258.82	29.59
贵　州	51.59	14.40			418.39	394.53	6.53
云　南	70.58	68.49			1435.87	1356.70	22.41
西　藏							
陕　西	85.71	18.67			1037.34	983.27	7.88
甘　肃	2.36	12.36			530.90	485.66	20.46
青　海	13.07	7.56			193.46	175.34	5.05
宁　夏	132.72	809.67	11.66	0.54	598.89	582.97	10.21
新　疆	74.15	21.43			553.96	502.72	21.01

单位：亿元

管理费用	财务费用	利息费用	投资收益（损失以“–”号记）	营业利润	利润总额	亏损企业亏损额	平均用工人数（万人）
2088.79	**552.24**	**635.66**	**-64.76**	**2441.51**	**2624.31**	**301.58**	**213.29**
1.66	1.18	1.21	0.02	0.05	0.06	0.50	0.13
60.96	9.45	9.81	-248.14	-232.30	-17.85	78.46	6.81
405.80	151.27	162.30	-89.53	614.91	609.86	11.34	39.55
118.20	44.38	40.51	22.70	122.75	105.55	17.55	12.64
54.61	31.87	36.55	27.36	43.08	43.30	11.61	9.25
80.75	43.11	56.18	9.90	79.53	80.39	26.14	13.67
16.24	12.77	3.88	6.86	7.86	7.57	10.07	2.70
18.12	5.78	4.86	0.11	9.43	9.21	0.09	1.54
63.24	6.47	18.46	65.09	117.29	111.64	6.45	2.29
273.67	45.08	49.30	39.50	423.39	402.04	10.47	20.49
68.91	4.40	13.00	19.08	96.78	99.35	3.12	6.37
66.46	10.73	11.86	6.34	68.84	78.19	1.33	6.00
65.20	7.11	9.34	1.83	122.71	121.98	8.66	7.68
49.58	-1.38	5.49	7.27	118.06	116.51	0.11	5.09
148.90	36.37	41.97	7.05	244.89	242.42	21.23	15.70
86.06	15.72	19.02	0.72	68.07	66.65	6.95	11.40
76.64	6.53	7.28	3.40	47.04	48.91	2.02	5.32
86.68	4.15	9.31	1.53	82.55	80.06	0.98	4.10
68.80	13.57	13.57	10.79	137.41	133.35	9.79	6.97
65.69	13.53	19.27	2.19	98.33	114.50	5.15	6.21
15.37	4.01	4.61	-0.01	67.47	65.08	0.35	1.83
84.75	20.96	37.21	24.68	87.86	89.88	3.35	8.40
11.58	3.94	4.32	2.10	4.44	2.33	3.60	1.90
34.52	10.84	8.02	9.90	16.54	16.65	7.56	5.03
18.99	8.11	7.26	0.01	14.69	14.83	6.07	3.46
12.30	5.79	7.64	1.52	5.49	5.47	3.25	2.57
7.77	5.34	3.37	-0.50	1.58	1.29	1.59	1.30
15.28	23.61	23.31	2.57	-33.10	-29.81	37.53	2.59
12.08	7.56	6.76	0.88	5.89	4.89	6.26	2.31

3-39 按地区分组的有色金属

地区	资产总计	固定资产净额	固定资产原价	累计折旧	流动资产合计	应收账款	存货
全国	**42707.82**	**11126.60**	**19922.06**	**8129.32**	**21235.59**	**3458.38**	**6051.15**
北京	76.29	10.45	20.37	9.92	48.70	8.95	16.52
天津	759.37	137.75	181.18	43.02	322.29	61.00	41.60
河北	496.14	204.38	339.79	121.05	200.42	50.90	52.36
山西	1151.20	454.33	944.56	483.29	456.98	27.90	149.97
内蒙古	2083.28	785.29	1278.96	463.32	895.65	171.26	325.42
辽宁	1892.79	271.26	452.83	165.49	989.18	246.87	118.05
吉林	143.75	42.59	100.37	39.96	90.91	15.34	29.68
黑龙江	111.75	54.65	78.99	13.89	42.95	2.86	22.89
上海	291.01	41.57	95.99	53.66	211.13	79.26	46.49
江苏	2091.86	368.52	736.61	327.65	1363.23	447.85	338.52
浙江	1489.94	218.87	387.06	163.53	930.62	203.66	261.70
安徽	1430.94	265.96	452.67	184.91	789.27	95.82	240.76
福建	2091.68	346.59	581.44	229.27	986.16	95.36	271.20
江西	2515.36	612.23	1359.11	690.28	1292.85	225.89	508.26
山东	5443.37	1406.40	2424.05	977.13	2940.11	374.03	876.12
河南	4849.55	1412.32	2575.09	990.57	2171.82	254.33	609.18
湖北	349.37	122.28	231.14	99.68	176.53	30.29	83.18
湖南	1199.84	307.25	703.47	351.40	548.65	77.41	205.32
广东	1940.99	319.50	651.06	300.42	1318.13	320.28	293.77
广西	1803.63	672.86	1045.09	363.02	869.14	64.55	228.85
海南	13.68	4.54	7.36	2.07	1.72	0.53	0.28
重庆	709.09	159.25	328.43	142.52	343.67	54.76	70.02
四川	582.30	157.59	290.86	126.73	314.58	76.61	93.50
贵州	475.43	220.66	373.89	130.74	156.84	12.69	54.46
云南	2525.14	636.90	1057.97	379.80	930.60	87.49	282.64
西藏							
陕西	1345.17	350.16	582.10	218.02	713.08	85.91	234.28
甘肃	2118.51	510.47	936.86	418.02	879.61	117.87	297.29
青海	706.45	256.82	425.06	165.04	304.74	30.72	75.36
宁夏	178.27	69.05	197.18	102.25	86.45	13.54	20.79
新疆	1841.71	706.11	1082.49	372.68	859.58	124.45	202.68

冶炼和压延加工业主要经济指标

单位：亿元

产成品	负债合计	流动负债合计	应付账款	所有者权益合计	实收资本	国家资本	集体资本
1540.66	**25800.83**	**19725.76**	**4429.36**	**16881.81**	**8933.31**	**1907.20**	**144.33**
4.07	26.46	23.74	7.24	49.83	11.57	1.51	
18.46	472.95	278.27	39.50	286.42	283.57	3.27	
20.96	278.41	236.55	48.80	217.73	190.86	27.87	
33.80	821.04	653.64	127.50	329.56	242.78	45.44	6.17
61.12	1409.83	984.86	222.19	695.21	511.64	128.89	0.86
38.89	984.23	844.92	174.41	908.56	706.81	7.38	8.13
5.95	71.69	57.51	14.24	72.04	69.14	0.51	1.36
1.90	80.06	55.09	5.41	31.69	39.41		
17.04	148.07	137.97	33.76	142.94	64.79	0.14	0.20
134.77	1172.78	687.36	157.06	919.08	483.60	26.94	12.26
91.70	916.78	813.00	177.09	566.25	257.71	6.88	0.76
56.79	1023.74	694.80	127.79	407.20	177.26	57.08	0.27
90.10	1227.59	844.94	151.52	862.80	243.13	53.93	2.68
155.39	1251.13	933.88	246.02	1258.93	360.52	65.51	1.68
143.54	3140.17	2709.27	652.22	2302.80	1067.76	30.93	7.21
113.98	2859.80	1950.20	454.91	1974.24	577.72	213.23	13.10
17.00	217.46	167.46	45.57	131.82	72.68	12.90	0.81
51.23	653.20	421.87	78.83	529.49	329.85	152.59	0.81
113.77	1373.11	1262.71	233.80	567.82	293.48	18.86	2.73
65.83	1355.13	1149.56	227.44	448.56	380.31	176.37	3.27
0.06	6.81	3.61	0.35	6.87	0.76		
18.38	361.60	311.38	83.80	348.05	292.62	172.86	6.25
33.77	334.71	278.17	69.05	249.20	164.52	15.16	18.52
10.48	305.61	202.41	64.04	169.82	124.41	63.64	2.84
64.00	1425.39	1065.12	299.03	1100.64	654.85	149.87	10.81
55.10	800.00	632.24	158.19	544.65	295.15	43.66	12.35
50.44	1201.93	869.39	156.35	916.57	496.93	348.09	7.31
12.20	521.67	332.66	78.62	184.78	180.74	30.89	4.55
4.49	139.29	126.88	28.00	38.98	49.08	4.00	0.09
55.44	1220.19	996.30	266.62	619.26	309.64	48.78	19.33

3-39 续表

地　区					营业收入	营业成本	销售费用
	法人资本	个人资本	港澳台资本	外商资本			
全　国	**5102.47**	**1164.17**	**326.78**	**285.69**	**54229.81**	**49812.78**	**382.06**
北　京	6.29	3.24	0.15	0.37	79.38	70.44	0.62
天　津	253.25	17.13	3.13	6.79	703.23	678.30	3.19
河　北	99.46	20.61		42.91	576.09	526.91	5.54
山　西	162.03	15.32		13.82	735.73	665.97	10.81
内蒙古	324.79	50.35	3.95	2.82	2028.31	1820.94	14.28
辽　宁	509.09	33.13	143.95	5.12	1149.71	1071.17	
吉　林	65.57	1.21		0.49	131.00	119.63	1.85
黑龙江	38.90	0.51			114.86	106.27	1.13
上　海	33.20	10.42	2.50	15.84	422.90	384.84	5.73
江　苏	194.52	126.23	33.35	90.31	4187.40	3925.72	31.09
浙　江	142.51	77.18	17.01	13.38	2754.06	2593.15	15.31
安　徽	68.16	44.31	4.41	3.04	2469.51	2344.07	10.39
福　建	107.65	44.54	25.81	8.52	2915.68	2668.69	15.04
江　西	177.64	109.33	1.18	5.18	5125.06	4683.01	31.90
山　东	926.07	86.95	14.42	2.18	6941.98	6444.84	35.59
河　南	225.92	99.17	26.20	0.18	4832.34	4324.48	38.18
湖　北	28.48	15.55		14.94	801.42	689.87	5.46
湖　南	93.21	83.11	0.08	0.01	2007.06	1726.34	21.40
广　东	142.25	55.73	32.87	40.83	3598.48	3348.39	23.05
广　西	133.25	60.66		6.75	1753.37	1609.06	11.87
海　南	0.75	0.01			5.60	3.24	0.04
重　庆	90.74	17.84	0.22	4.71	828.49	741.98	5.90
四　川	93.97	27.75	4.22	4.89	1023.71	929.58	9.22
贵　州	44.64	13.29			551.09	482.65	7.64
云　南	408.07	83.34	1.52	1.23	2472.36	2311.82	12.95
西　藏							
陕　西	193.64	43.54	0.95	1.01	1230.05	1124.92	9.34
甘　肃	128.20	10.30	3.04		2458.15	2305.89	14.51
青　海	135.82	3.53	5.95		692.80	652.50	3.42
宁　夏	41.62	3.37			274.05	253.69	2.39
新　疆	232.77	6.51	1.90	0.37	1365.94	1204.41	27.71

单位：亿元

管理费用	财务费用	利息费用	投资收益（损失以"–"号记）	营业利润	利润总额	亏损企业亏损额	平均用工人数（万人）
1330.82	**561.52**	**549.78**	**85.11**	**1857.39**	**1903.69**	**289.41**	**162.29**
5.38	0.20	0.22	0.50	3.22	3.24	0.27	0.29
11.37	8.57	7.67	-2.92	-0.14	3.34	4.70	1.34
17.37	4.25	4.97	2.80	20.10	19.60	2.03	2.50
31.53	24.13	23.98	-2.99	-7.75	-6.26	21.46	4.24
46.14	35.28	37.20	-0.40	54.41	62.37	57.43	5.44
33.67	19.48	17.96	-1.04	10.52	14.59	16.96	4.67
4.88	8.33	7.79	-8.07	-16.23	-20.60	23.77	0.63
3.48	2.21	2.11	-1.63	1.11	1.14	0.23	0.43
15.70	3.86	2.44	-0.73	11.63	12.11	1.12	1.25
122.57	25.18	17.03	6.04	81.02	87.68	10.64	11.11
65.17	14.42	16.70	4.33	65.90	70.60	5.49	7.28
45.57	13.68	21.58	4.73	54.08	36.06	2.02	5.18
42.40	18.71	29.88	13.68	181.01	184.47	1.83	6.20
117.02	24.33	22.50	1.29	227.96	259.75	10.13	10.35
155.76	74.56	86.27	12.73	225.37	262.38	12.66	14.02
120.48	67.64	55.56	15.06	254.51	235.21	25.72	19.71
17.70	4.67	4.63	-20.68	8.65	13.98	3.94	3.24
97.65	23.02	13.53	17.90	130.88	108.89	6.69	9.79
110.16	20.92	18.45	5.09	94.45	95.58	11.17	14.25
33.74	26.55	26.06	-1.12	68.16	70.21	10.69	5.05
0.93	0.02	0.02		0.46	0.84		0.04
25.21	12.09	6.82	0.11	36.09	35.28	2.16	3.36
25.59	7.39	6.25	-3.11	41.93	41.68	6.30	4.19
20.00	7.28	7.30	-0.10	29.72	33.87	5.10	1.79
58.40	23.89	25.63	42.55	90.94	90.69	8.41	7.57
39.73	17.88	15.76	0.64	35.94	37.57	10.79	6.02
28.47	29.96	30.85	0.50	55.19	53.94	8.66	5.31
12.16	13.40	10.75	0.45	8.03	6.51	9.94	1.98
4.19	4.75	4.68	-1.63	6.13	4.78	4.11	1.03
18.39	24.91	25.17	1.11	84.11	84.21	5.00	4.04

3-40 按地区分组的金属

地区	资产总计	固定资产净额	固定资产原价	累计折旧	流动资产合计	应收账款	存货
全国	**32971.57**	**6370.85**	**12780.27**	**5863.45**	**20860.77**	**6622.95**	**4696.78**
北京	668.59	58.28	118.04	57.17	426.86	84.74	71.53
天津	768.43	189.82	355.58	161.83	499.48	152.81	122.02
河北	1912.60	315.37	631.54	284.22	1150.97	309.06	286.64
山西	434.98	92.57	176.30	79.73	270.97	84.90	67.77
内蒙古	620.96	80.32	166.67	78.65	400.46	35.58	73.36
辽宁	1258.52	191.52	414.14	213.38	932.37	361.08	189.02
吉林	93.07	15.74	31.38	13.87	61.56	22.95	15.40
黑龙江	96.03	25.28	41.01	15.34	58.98	25.17	15.05
上海	1190.98	176.07	425.22	243.00	854.23	319.94	150.48
江苏	5408.18	1032.48	2159.85	1088.71	3655.35	1400.43	788.38
浙江	3204.21	662.91	1199.18	518.43	2049.52	664.32	438.26
安徽	1229.71	229.44	380.26	137.58	781.22	247.40	167.53
福建	1154.39	235.01	517.32	247.54	711.96	202.64	164.66
江西	557.91	151.12	258.48	113.30	280.72	82.20	74.28
山东	2758.15	555.37	1040.96	442.60	1724.68	462.25	448.34
河南	1285.12	307.96	621.45	225.01	632.62	175.92	137.50
湖北	1215.62	242.78	514.39	242.00	784.28	229.74	191.48
湖南	799.27	234.58	463.85	192.21	341.74	106.88	83.95
广东	5299.09	916.48	1919.08	941.16	3535.26	1143.78	790.63
广西	172.68	37.10	62.26	21.86	111.12	35.40	30.38
海南	17.19	3.50	4.94	1.44	10.31	2.25	1.40
重庆	465.35	134.73	266.40	107.83	236.67	70.13	55.76
四川	1123.94	250.22	538.88	266.93	641.23	180.47	165.91
贵州	241.95	30.36	125.24	36.41	99.68	24.80	24.62
云南	160.08	24.65	44.21	17.89	111.85	45.74	26.77
西藏							
陕西	434.70	97.21	181.10	76.20	258.40	84.43	65.93
甘肃	122.77	18.10	28.73	9.76	78.21	25.18	16.20
青海	32.82	9.11	13.43	2.19	15.30	4.80	4.05
宁夏	108.03	21.24	30.83	9.44	68.24	17.58	10.46
新疆	136.28	31.54	49.54	17.77	76.53	20.35	19.01

制品业主要经济指标

单位：亿元

产成品	负债合计	流动负债合计	应付账款	所有者权益合计	实收资本	国家资本	集体资本
1935.02	**18694.37**	**15815.97**	**4435.00**	**14210.27**	**7336.84**	**471.25**	**102.16**
18.23	386.56	346.68	80.18	282.02	134.77	26.12	0.21
54.52	386.98	337.54	102.49	381.46	272.97	16.53	4.98
133.54	1060.39	939.14	227.83	853.14	440.28	24.69	7.91
29.80	240.31	202.71	64.53	194.66	136.40	19.61	1.34
19.74	469.87	393.28	66.75	151.09	79.87	10.69	1.83
83.55	899.93	832.63	295.63	358.59	214.17	19.90	1.27
7.25	67.58	62.06	13.31	25.43	28.01	1.34	0.34
4.64	55.81	52.11	14.60	39.93	32.84	6.24	1.40
70.78	657.26	584.63	223.43	533.71	247.61	8.66	7.37
342.23	2902.06	1928.51	598.17	2506.13	1328.20	102.11	8.93
181.25	1830.74	1729.68	423.32	1371.66	645.67	8.69	6.59
72.75	638.16	512.37	144.83	591.55	359.46	15.22	3.90
67.27	550.06	440.53	130.01	595.55	257.86	3.01	1.81
32.59	240.34	194.77	61.12	316.57	148.29	6.78	4.28
168.70	1802.57	1645.89	414.28	949.22	610.65	21.27	15.94
49.19	506.27	370.90	92.81	745.71	401.39	13.21	2.80
78.36	684.26	582.94	172.68	527.77	235.44	33.94	2.30
38.33	379.18	283.83	71.61	415.81	210.75	9.10	3.82
322.23	3167.68	2894.39	822.48	2131.41	947.61	25.69	8.30
10.74	114.43	105.29	29.31	58.23	41.39	3.19	2.71
0.11	5.63	4.10	0.94	11.56	2.35		0.35
28.38	249.67	198.66	66.52	212.44	78.59	9.55	1.26
58.79	694.57	586.99	145.78	426.46	210.36	31.49	4.32
12.22	99.10	78.60	25.56	141.61	30.30	1.69	0.36
10.05	104.37	98.13	34.41	55.45	31.75	9.10	2.18
22.00	259.29	192.09	63.82	174.52	95.42	25.96	0.95
5.04	75.64	66.21	13.75	47.14	26.41	7.90	1.24
0.65	17.73	13.09	4.05	15.08	15.31	1.20	2.98
4.95	59.87	52.03	11.31	48.16	24.09		
7.13	88.06	86.19	19.50	48.22	48.64	8.37	0.47

3-40 续表

地　区	法人资本	个人资本	港澳台资本	外商资本	营业收入	营业成本	销售费用
全　国	**3068.83**	**2509.01**	**570.07**	**615.27**	**39034.35**	**33895.05**	**811.82**
北　京	60.79	41.60	2.09	3.96	340.71	286.14	7.97
天　津	165.42	56.69	15.11	14.24	905.01	818.99	15.48
河　北	204.81	189.01	1.17	12.69	2587.89	2350.73	39.32
山　西	62.65	44.56	4.99	3.24	414.56	363.08	10.72
内蒙古	51.61	14.69		1.05	330.75	294.44	3.02
辽　宁	76.91	71.61	8.95	35.52	1003.67	881.79	14.17
吉　林	16.61	8.24	0.62	0.86	74.45	66.29	1.66
黑龙江	16.53	7.40	0.12	1.14	76.60	68.43	0.99
上　海	116.30	36.94	12.06	66.28	1074.56	893.37	30.88
江　苏	476.96	449.30	109.78	181.11	6347.11	5511.37	117.68
浙　江	240.46	272.15	61.53	56.24	3527.36	3011.09	93.14
安　徽	93.73	198.64	11.21	36.75	1486.12	1298.74	28.66
福　建	91.95	76.43	39.52	45.14	1900.90	1656.09	37.14
江　西	60.84	68.52	3.63	4.24	1084.34	927.33	21.59
山　东	246.96	224.11	61.14	40.98	3036.59	2728.99	57.16
河　南	202.07	182.24	0.40	0.68	1361.95	1163.03	31.94
湖　北	103.05	88.52	6.49	1.13	1503.10	1297.84	40.95
湖　南	137.47	59.58	0.77	0.02	1562.64	1277.98	43.20
广　东	386.54	205.56	219.53	101.99	6809.03	5882.03	136.26
广　西	18.24	13.04	3.63	0.57	212.88	192.96	3.96
海　南	1.00	1.00			7.17	5.72	0.03
重　庆	31.92	29.38	2.59	3.89	606.34	502.11	13.54
四　川	80.54	88.27	4.34	1.40	1721.47	1487.62	41.29
贵　州	19.04	9.01	0.20		201.03	173.29	5.26
云　南	8.19	12.28			217.47	199.49	3.50
西　藏							
陕　西	33.66	32.82	0.18	1.85	400.85	345.22	7.44
甘　肃	9.29	7.98			92.19	82.06	1.69
青　海	9.50	1.63			10.31	8.32	0.15
宁　夏	19.12	4.68		0.29	44.71	37.31	1.38
新　疆	26.66	13.13		0.02	92.59	83.19	1.64

单位：亿元

管理费用	财务费用		投资收益（损失以“–”号记）	营业利润	利润总额	亏损企业亏损额	平均用工人数（万人）
		利息费用					
2056.44	**319.79**	**222.41**	**36.69**	**1797.63**	**1881.71**	**204.84**	**356.93**
27.45	3.62	4.54	6.37	28.11	28.34	2.22	2.04
39.24	5.03	3.60	-32.13	-9.49	9.64	29.27	6.12
79.63	17.81	16.75	-11.64	65.48	64.39	16.69	16.86
22.26	3.44	2.84	-0.04	13.74	12.52	4.75	5.74
23.14	1.33	2.25	2.83	10.27	10.68	1.27	2.68
52.23	11.36	9.11	0.58	38.77	40.74	10.67	9.51
3.84	1.96	1.36	0.02	0.33	0.56	1.88	0.80
3.99	0.53	0.41	0.67	3.18	3.66	0.56	1.39
87.11	10.62	6.24	6.33	54.62	58.87	10.50	9.07
347.92	52.45	28.01	23.39	316.94	323.59	25.23	46.51
226.59	41.20	33.19	16.76	162.89	175.95	10.20	44.19
68.04	11.43	8.88	5.14	79.80	83.15	3.52	11.98
78.61	8.04	6.31	1.04	116.37	118.02	2.39	15.40
48.35	6.38	3.46	0.04	73.95	76.11	1.00	6.24
139.49	31.71	23.04	3.68	71.30	79.15	26.98	24.07
53.84	12.97	8.16	0.74	90.62	93.62	2.86	16.02
79.16	12.34	7.70	0.13	66.82	68.00	12.58	12.29
113.55	10.07	5.85	0.24	99.25	96.46	2.87	11.95
384.82	43.52	24.22	7.63	336.23	356.00	23.91	84.86
9.89	1.35	1.07	0.08	4.27	5.38	1.27	2.20
0.50	0.14	0.19		0.76	0.78	0.10	0.08
36.81	3.58	2.76	1.70	49.21	49.37	0.67	5.66
76.03	17.00	13.92	-2.09	80.51	80.32	6.39	11.64
9.73	1.49	0.80	0.18	10.13	10.50	0.58	1.74
7.61	1.59	1.40	0.03	4.73	4.96	1.32	1.37
23.18	3.36	2.30	3.73	23.23	24.54	1.04	4.23
4.57	1.42	1.26	0.43	2.39	2.50	1.15	0.70
0.61	0.46	0.49	0.01	0.78	0.80	0.11	0.09
3.56	1.82	1.21	0.48	1.49	2.13	1.07	0.63
4.69	1.77	1.09	0.36	0.95	0.97	1.79	0.87

3-41 按地区分组的通用

地　区	资产总计	固定资产净　额	固定资产原　价	累计折旧	流动资产合　计	应收账款	存货
全　国	**48383.29**	**7639.32**	**15668.12**	**7423.66**	**32724.94**	**10220.97**	**7490.88**
北　京	1127.66	87.54	216.15	125.08	795.45	169.88	199.64
天　津	834.88	163.94	345.82	180.06	574.15	208.16	157.55
河　北	937.52	138.96	289.73	118.64	647.76	261.84	138.00
山　西	316.57	60.37	102.70	41.78	203.32	58.83	59.97
内蒙古	52.44	5.92	10.62	4.62	39.46	17.35	10.60
辽　宁	1974.87	307.67	678.43	358.79	1325.45	392.32	368.56
吉　林	151.59	16.33	31.51	14.99	103.91	37.45	22.60
黑龙江	614.21	67.61	160.60	89.61	480.05	113.80	108.45
上　海	4663.78	597.59	1284.88	667.83	3291.45	910.74	885.91
江　苏	9692.83	1621.69	3280.02	1617.67	6801.58	2430.49	1450.23
浙　江	7009.37	1175.27	2203.00	978.88	4507.45	1423.81	943.52
安　徽	1805.90	371.67	660.59	274.19	1102.67	350.28	249.51
福　建	1046.14	191.10	399.05	191.04	654.15	168.53	166.94
江　西	640.10	149.92	272.11	105.15	386.16	113.16	79.73
山　东	4175.30	607.44	1244.06	589.94	2803.11	701.20	611.96
河　南	1832.84	400.94	936.31	322.74	1012.37	322.73	250.04
湖　北	1073.72	218.83	499.74	246.81	620.01	184.28	149.75
湖　南	1313.29	211.00	409.68	175.66	861.42	405.79	158.47
广　东	4903.17	558.49	1220.02	641.82	3678.83	1162.48	828.34
广　西	370.90	51.15	116.93	62.71	267.95	37.41	61.74
海　南	2.52	1.43	2.67	1.23	0.73	0.17	0.30
重　庆	939.19	211.73	397.15	160.70	557.70	205.74	111.97
四　川	1648.68	228.68	541.87	293.91	1134.80	321.79	273.16
贵　州	118.19	22.80	36.60	12.90	81.13	22.35	17.72
云　南	81.27	13.85	29.13	13.96	56.38	18.76	15.28
西　藏							
陕　西	757.85	108.30	204.84	91.36	546.17	132.82	118.06
甘　肃	169.50	23.82	41.83	17.74	104.73	22.83	31.93
青　海	12.97	2.89	4.33	1.44	9.57	2.23	1.30
宁　夏	108.87	21.75	45.98	21.51	71.42	20.66	18.80
新　疆	7.19	0.65	1.77	0.89	5.64	3.09	0.87

设备制造业主要经济指标

单位：亿元

产成品	负债合计	流动负债合计	应付账款	所有者权益合计	实收资本	国家资本	集体资本
2786.90	**26244.39**	**22588.01**	**7951.87**	**22091.49**	**9222.21**	**828.31**	**121.62**
63.72	486.10	456.86	139.30	641.56	239.47	11.61	0.46
39.15	485.14	459.83	172.65	349.74	209.31	13.83	1.78
44.53	581.15	516.49	151.57	352.24	192.93	3.84	1.58
21.24	199.90	168.41	48.71	116.66	75.87	13.49	0.54
5.19	30.83	29.30	13.46	21.61	10.11	0.20	1.15
101.60	1092.13	958.02	310.22	882.74	477.37	79.14	9.59
9.22	94.20	72.95	17.03	57.32	26.70	3.66	0.12
21.94	394.81	359.93	117.74	219.40	111.27	31.70	7.58
276.60	2743.83	2421.16	823.09	1919.94	723.49	105.66	3.50
548.05	5089.87	3940.02	1415.19	4602.96	2015.65	56.52	19.35
365.79	3661.16	3416.70	1094.09	3344.33	1319.62	17.65	4.85
90.74	943.04	724.62	288.35	862.86	375.30	56.22	7.48
77.07	452.91	341.34	101.14	581.97	220.39	7.05	10.46
38.41	345.50	294.52	96.45	290.73	115.89	2.94	6.14
265.69	2305.06	2085.69	802.52	1862.93	736.74	56.39	8.08
89.73	852.89	682.57	196.64	973.85	379.05	29.48	4.16
67.88	569.67	442.65	143.58	504.87	242.33	52.45	21.99
63.83	749.52	641.83	316.06	561.57	231.51	8.77	1.83
348.13	2693.60	2452.38	1000.16	2209.56	802.93	43.41	5.62
34.63	205.52	187.98	65.56	164.90	39.69	8.22	0.16
0.17	1.13	1.05	0.12	1.40	0.96		
52.88	486.40	401.59	153.13	447.30	191.45	80.72	0.40
75.81	996.93	881.99	280.61	650.20	281.09	88.79	0.70
7.85	71.25	53.52	15.19	46.94	24.40	5.08	0.30
6.15	60.67	52.53	19.47	20.42	22.31	1.32	0.42
51.13	457.23	407.85	124.77	299.29	101.70	41.90	1.99
11.01	128.70	85.71	24.83	40.80	17.67	4.44	1.40
1.15	11.78	6.56	3.73	1.18	1.83	0.97	
7.27	49.81	40.71	14.71	59.06	33.43	2.88	
0.33	3.64	3.24	1.83	3.13	1.77		

3-41 续表

地　　区					营业收入	营业成本	销售费用
	法人资本	个人资本	港澳台资本	外商资本			
全　　国	**3384.17**	**2888.05**	**472.09**	**1526.93**	**41166.75**	**33434.20**	**1380.63**
北　　京	95.53	57.32	4.14	70.41	590.21	448.40	32.73
天　　津	66.74	40.19	10.53	76.24	724.95	579.14	23.69
河　　北	85.80	81.98	2.64	17.08	712.33	604.07	22.23
山　　西	34.11	27.31	0.07	0.35	156.83	126.56	4.81
内 蒙 古	3.75	5.01			51.26	41.36	1.95
辽　　宁	178.80	90.86	8.16	110.81	1040.39	836.54	41.01
吉　　林	12.29	8.91	1.47	0.25	76.55	61.31	3.53
黑 龙 江	46.08	25.54		0.37	236.39	195.22	6.49
上　　海	207.38	132.69	45.13	229.13	3375.99	2693.98	135.60
江　　苏	702.16	577.46	146.03	514.13	8463.21	6791.52	276.35
浙　　江	508.25	578.78	85.05	125.04	5631.34	4503.88	195.20
安　　徽	161.35	118.43	4.61	27.21	1663.27	1390.23	39.94
福　　建	87.18	55.76	12.43	47.50	1394.57	1141.71	39.86
江　　西	61.86	36.89	1.23	6.83	924.60	772.30	19.28
山　　东	284.61	251.25	30.07	105.78	3047.59	2447.24	118.66
河　　南	116.40	227.07	0.67	1.02	1821.49	1512.68	46.89
湖　　北	85.47	71.83	3.39	7.18	1232.60	1035.77	40.44
湖　　南	123.92	93.06	0.90	3.02	1844.75	1524.48	52.10
广　　东	277.84	234.01	108.66	133.40	4736.87	3895.88	172.76
广　　西	16.18	5.36	0.23	9.55	326.16	278.81	13.32
海　　南	0.96				1.16	0.76	0.01
重　　庆	60.94	25.17	1.94	22.28	852.60	693.28	23.76
四　　川	91.96	90.73	3.39	5.53	1494.60	1226.13	45.57
贵　　州	12.21	6.81			83.12	64.81	2.39
云　　南	11.09	6.95		2.33	73.26	63.54	2.12
西　　藏							
陕　　西	28.71	23.34	1.35	4.41	464.99	390.89	12.86
甘　　肃	6.83	4.77		0.22	65.77	53.41	2.75
青　　海	0.86				5.52	5.23	0.10
宁　　夏	14.62	9.10		6.83	67.78	49.52	4.00
新　　疆	0.30	1.48			6.58	5.56	0.22

单位：亿元

管理费用	财务费用	利息费用	投资收益（损失以“－”号记）	营业利润	利润总额	亏损企业亏损额	平均用工人数（万人）
3168.13	**305.14**	**251.41**	**178.56**	**2829.11**	**2963.26**	**247.82**	**400.27**
55.44	2.75	5.81	2.20	51.69	52.81	16.60	4.35
58.73	3.57	3.56	2.03	58.33	61.09	8.68	5.72
41.19	7.58	4.06	0.96	33.92	37.08	5.72	9.03
15.78	3.38	3.04	0.09	6.44	6.77	0.64	2.64
3.52	0.53	0.30	0.47	3.71	3.98	0.43	0.37
96.75	13.25	10.75	17.53	52.99	58.90	22.14	14.22
8.03	1.30	1.22	-0.04	1.88	2.05	0.94	1.15
22.75	1.74	2.38	0.99	11.78	11.98	2.59	2.53
292.61	18.51	22.96	22.03	253.56	263.92	16.91	20.99
670.07	66.58	36.17	46.44	651.39	676.95	38.97	76.36
486.40	56.35	47.90	46.88	412.86	444.43	17.76	69.63
115.94	11.45	7.61	4.43	105.12	112.33	7.80	15.03
80.59	9.58	5.08	-4.22	115.46	116.67	2.42	13.42
48.99	5.77	4.83	0.71	74.67	76.50	1.59	7.02
235.98	21.71	20.37	-2.31	201.55	215.35	31.52	30.61
108.36	18.13	15.40	0.69	115.23	116.28	7.49	21.09
83.39	11.80	7.95	1.50	57.30	60.34	7.82	10.37
123.29	9.99	6.11	0.63	119.96	116.08	2.39	12.64
375.93	18.97	20.92	26.42	281.21	302.77	34.61	53.18
18.73	0.64	2.20	2.89	18.85	19.40	0.41	2.01
0.13	0.05	0.05	0.01	0.26	0.26	0.05	0.02
62.45	5.34	4.59	1.28	67.79	69.98	5.47	7.62
98.88	8.26	9.60	0.93	95.32	95.96	6.38	11.46
8.03	1.36	1.35	-1.30	4.82	5.09	1.39	1.13
5.55	0.77	0.45	0.01	1.49	1.75	1.24	0.79
37.52	3.39	4.29	4.64	20.99	22.31	2.25	4.91
5.34	1.78	1.71		1.77	2.73	2.44	1.15
0.48	0.03	0.05		-1.09	-0.85	0.89	0.07
6.83	0.57	0.70	2.66	9.56	10.00	0.20	0.72
0.42	0.02	0.01		0.32	0.33	0.06	0.05

3-42 按地区分组的专用

地 区	资产总计	固定资产净额	固定资产原价	累计折旧	流动资产合计	应收账款	存货
全 国	**47463.16**	**6323.66**	**12117.72**	**5388.50**	**31862.82**	**9477.92**	**7405.95**
北 京	2351.03	101.09	197.37	94.24	1408.61	341.95	232.09
天 津	1067.37	132.72	265.86	126.21	684.70	168.91	217.13
河 北	2377.70	252.62	478.76	203.31	1331.85	293.39	322.52
山 西	849.29	101.35	187.68	81.63	608.39	218.12	175.09
内蒙古	71.47	9.16	20.29	10.96	50.34	13.79	16.21
辽 宁	1256.00	175.44	377.54	194.57	836.60	252.50	175.91
吉 林	177.25	25.89	52.90	26.29	128.25	34.02	51.03
黑龙江	737.09	155.70	257.93	92.34	486.17	120.06	92.71
上 海	2454.80	243.17	496.44	246.25	1823.00	507.89	455.17
江 苏	7927.54	1150.45	2190.64	1006.38	5766.47	2009.32	1318.32
浙 江	3222.48	553.78	986.82	420.20	2184.59	626.42	517.28
安 徽	1194.79	213.59	372.25	149.02	787.39	250.26	169.72
福 建	1023.16	149.90	350.60	181.54	644.40	156.54	193.68
江 西	558.22	130.88	235.15	82.35	325.74	92.14	66.99
山 东	4172.48	493.87	987.83	467.65	2887.71	816.54	738.53
河 南	2137.28	429.06	785.82	300.29	1245.92	275.68	332.93
湖 北	1230.05	231.14	532.03	252.57	813.06	256.71	202.01
湖 南	5157.20	502.46	922.23	375.46	3463.58	1132.82	585.52
广 东	5096.09	601.22	1147.30	529.70	3520.12	1058.90	845.42
广 西	624.99	45.37	84.98	36.14	414.50	150.52	74.20
海 南	11.55	3.08	4.30	1.21	4.22	1.98	0.46
重 庆	512.98	112.64	212.45	88.60	277.57	80.89	59.73
四 川	1455.95	236.91	492.35	233.12	917.83	253.68	218.91
贵 州	108.61	15.02	26.27	8.76	78.16	14.54	23.09
云 南	118.03	16.89	37.12	17.23	77.88	20.83	23.84
西 藏	1.22	0.84	0.93	0.09	0.29	0.18	0.04
陕 西	1076.71	144.08	273.11	117.82	757.04	214.95	220.99
甘 肃	293.10	60.16	85.15	24.98	201.30	63.90	52.57
青 海	4.07	0.25	0.57	0.31	3.48	1.27	0.33
宁 夏	76.16	8.33	15.65	6.91	58.89	18.27	9.95
新 疆	118.50	26.60	39.40	12.37	74.78	30.97	13.57

设备制造业主要经济指标

单位：亿元

产成品	负债合计	流动负债合计	应付账款	所有者权益合计	实收资本	国家资本	集体资本
2773.34	**26255.45**	**22190.43**	**7110.85**	**21164.25**	**8580.48**	**820.17**	**150.22**
76.23	1142.99	993.55	278.25	1208.04	354.94	34.80	1.01
81.85	545.46	488.46	156.91	515.36	352.02	23.47	10.41
98.93	1569.57	1437.94	237.29	800.50	500.98	69.95	8.58
67.57	573.95	501.68	178.54	274.54	162.04	45.35	1.98
10.21	36.40	33.47	8.54	35.06	16.72	2.84	2.20
56.64	805.99	680.72	213.09	450.01	294.73	40.41	3.35
11.93	111.67	103.44	21.17	65.51	30.32	1.93	0.12
20.90	437.50	298.57	119.03	299.26	119.89	53.43	0.89
151.63	1216.44	1080.85	380.83	1238.35	425.37	22.26	1.48
533.45	4262.52	3200.33	1144.28	3665.02	1645.35	65.79	9.39
181.18	1677.98	1589.08	521.20	1544.69	614.80	14.67	17.90
66.99	620.52	563.77	188.87	574.27	274.07	22.44	4.68
47.55	544.14	459.95	99.15	473.30	177.36	10.05	1.34
33.02	245.73	173.62	55.83	311.65	144.34	35.58	0.37
305.31	2480.91	2172.00	646.80	1693.59	695.26	34.32	36.72
134.81	1062.09	911.54	250.01	1066.46	472.64	53.64	3.19
66.43	688.76	606.95	200.93	540.32	227.80	35.42	6.20
266.66	3155.93	2486.06	868.04	1994.71	330.06	37.65	2.60
301.34	2537.77	2257.01	850.29	2558.32	892.58	21.26	16.13
40.23	382.07	327.65	91.60	242.55	81.31	16.70	0.31
0.07	5.66	3.33	0.66	5.90	2.11		0.70
23.59	264.00	216.72	85.40	245.11	70.67	8.15	0.93
66.83	760.69	641.87	206.50	693.46	346.85	47.33	17.42
7.33	68.96	62.29	15.41	39.02	24.00	7.90	0.60
5.05	71.06	66.13	22.84	46.97	32.19	2.32	0.48
	0.15	0.15	0.08	1.06	1.05		
99.75	642.31	525.31	170.36	433.60	223.72	97.83	1.19
11.71	220.47	202.00	43.12	72.63	38.30	10.49	0.03
0.17	2.57	2.50	0.24	1.50	0.61		
2.23	40.89	39.67	23.49	35.28	9.93	0.02	
3.75	80.28	63.83	32.09	38.22	18.45	4.16	

3-42 续表

地区					营业收入	营业成本	销售费用
	法人资本	个人资本	港澳台资本	外商资本			
全 国	**3654.56**	**2468.24**	**538.70**	**947.78**	**33853.37**	**26321.60**	**1451.93**
北 京	194.79	88.45	13.49	22.41	945.18	663.46	64.28
天 津	237.36	35.03	3.23	42.52	579.96	460.93	23.56
河 北	105.36	286.85	7.99	21.72	1027.08	837.30	38.04
山 西	87.20	25.23		2.27	368.77	305.79	8.97
内蒙古	4.39	6.83		0.45	40.40	30.31	1.80
辽 宁	143.52	60.24	29.66	17.55	557.66	438.73	21.80
吉 林	14.72	10.96		2.60	101.08	75.57	4.27
黑龙江	32.23	23.97	0.09	9.27	515.68	447.24	7.49
上 海	185.45	65.67	33.34	117.17	1591.07	1173.49	81.47
江 苏	627.43	445.16	161.64	335.95	6040.54	4623.98	310.10
浙 江	242.12	209.06	73.50	57.54	2392.51	1820.78	89.15
安 徽	116.54	86.61	4.55	39.26	1018.13	818.02	36.26
福 建	50.44	79.35	15.85	20.03	1131.04	919.55	34.13
江 西	50.71	48.82	7.75	1.10	606.73	492.70	21.01
山 东	291.38	210.09	33.89	88.89	2905.27	2300.31	130.78
河 南	238.29	173.82	0.58	3.13	1925.35	1582.11	57.31
湖 北	108.45	68.77	0.33	8.64	1223.52	1015.02	40.57
湖 南	156.22	107.24	1.03	25.31	3604.39	2708.60	164.34
广 东	380.96	246.08	144.78	83.36	4269.89	3189.71	206.48
广 西	35.79	22.22	4.08	2.21	363.88	296.75	12.41
海 南		1.41			4.32	2.77	0.45
重 庆	34.29	23.66	0.22	3.41	501.21	381.94	20.52
四 川	164.79	81.50	1.12	34.69	1177.66	958.07	42.39
贵 州	10.23	5.27			63.78	51.63	2.14
云 南	21.44	7.80	0.15		73.78	58.04	2.30
西 藏	1.05				0.30	0.23	0.02
陕 西	77.41	37.86	1.44	7.99	604.38	483.88	24.84
甘 肃	23.21	4.57			105.74	91.42	2.70
青 海	0.25	0.36			1.55	1.29	0.05
宁 夏	7.63	2.27		0.01	54.33	43.89	0.96
新 疆	10.91	3.10		0.28	58.20	48.08	1.35

单位：亿元

管理费用	财务费用	利息费用	投资收益（损失以"–"号记）	营业利润	利润总额	亏损企业亏损额	平均用工人数（万人）
2894.29	**327.44**	**277.32**	**217.94**	**2888.80**	**2999.24**	**257.04**	**325.64**
114.49	12.40	16.36	38.65	130.53	133.93	12.20	6.34
58.20	8.59	7.97	4.13	26.83	28.07	17.40	5.00
77.27	13.96	10.59	-1.22	52.59	56.07	13.03	11.45
32.45	11.41	12.46	2.75	13.53	14.04	1.68	4.26
4.28	0.61	0.41	0.15	2.56	2.72	0.65	0.44
58.98	8.86	8.37	5.91	35.34	38.68	10.34	6.60
10.60	1.34	1.04	0.12	7.86	8.23	1.52	1.43
32.37	8.98	7.93	0.56	14.95	16.17	5.32	2.57
191.40	9.04	5.87	17.29	160.73	168.15	22.27	11.31
533.67	59.25	34.68	24.95	497.28	516.25	37.64	55.47
239.34	24.52	19.73	16.75	225.76	241.37	14.47	30.53
84.64	8.15	6.32	4.02	69.98	74.79	6.17	12.93
75.78	7.90	4.18	1.61	94.30	96.34	1.93	9.95
36.06	4.13	3.45	1.19	51.65	52.97	3.03	5.63
217.70	29.44	24.18	12.31	219.33	231.56	24.54	27.15
118.69	19.84	16.64	13.68	140.03	147.34	5.91	20.11
87.74	11.14	8.87	1.08	65.04	67.18	10.83	10.25
259.26	21.73	36.50	12.79	435.17	432.57	3.73	17.74
435.60	34.30	20.39	46.04	435.00	451.86	31.86	59.83
23.97	3.94	4.83	2.48	27.68	28.62	0.99	2.85
0.55	0.05	0.05		0.46	0.43	0.03	0.05
39.22	1.98	1.45	0.77	55.79	57.37	1.13	4.27
81.16	11.38	11.33	2.50	74.12	76.78	10.90	9.78
5.41	0.76	0.75	0.06	2.82	2.76	0.52	0.75
9.01	0.48	0.51	0.13	3.32	3.72	0.93	1.06
0.08				-0.02	-0.02	0.02	
48.16	8.49	8.59	8.59	41.46	45.37	11.55	5.54
8.08	3.79	3.38	0.49	-2.35	-1.60	5.31	1.46
0.11	0.03	0.02		0.02	0.02		0.02
5.89	0.18	0.24	0.12	3.90	4.09	0.02	0.44
4.14	0.75	0.24	0.03	3.12	3.41	1.15	0.43

3-43 按地区分组的汽车

地区	资产总计	固定资产净额	固定资产原价	累计折旧	流动资产合计	应收账款	存货
全国	**84079.75**	**15394.99**	**31698.94**	**15471.53**	**50170.74**	**13898.45**	**7480.29**
北京	4325.75	783.63	1515.44	718.03	2580.98	669.10	423.79
天津	1783.28	491.93	1050.06	546.45	1012.53	298.91	162.17
河北	3146.38	521.73	947.42	401.42	1992.16	629.04	231.22
山西	405.93	78.17	123.69	42.74	260.77	91.13	31.89
内蒙古	256.02	33.75	80.05	43.31	154.65	53.65	18.80
辽宁	3588.29	651.00	1436.30	755.71	2243.13	486.08	411.43
吉林	6540.48	1107.30	2420.86	1273.60	2928.70	535.61	602.16
黑龙江	362.66	56.44	133.52	66.44	239.16	57.70	26.26
上海	8678.49	1238.85	3015.07	1693.69	4615.57	1060.03	531.45
江苏	7575.30	1771.40	3600.03	1756.89	4635.47	1789.94	839.62
浙江	8490.59	1359.60	2317.90	913.80	5155.76	1546.37	518.79
安徽	3162.83	543.38	1092.14	525.01	1830.85	614.20	227.93
福建	1000.79	215.10	499.70	260.44	619.10	192.30	126.84
江西	1729.77	316.90	607.37	262.79	974.51	208.77	180.58
山东	4613.22	805.03	1748.64	896.05	3206.29	1012.34	682.79
河南	2005.42	440.13	837.18	364.48	1139.73	411.07	151.71
湖北	7642.70	1102.06	2448.08	1220.92	4836.93	1026.61	558.84
湖南	1534.15	361.01	671.47	272.82	861.37	379.80	133.65
广东	6925.52	1223.43	2816.28	1513.83	4675.89	1391.59	578.72
广西	1685.28	340.30	688.44	332.89	1126.19	241.56	177.61
海南	34.71	7.13	35.06	26.46	16.88	2.62	2.41
重庆	4456.68	1111.61	2134.77	995.68	2560.20	634.93	360.54
四川	1993.07	494.59	867.90	333.60	1066.79	319.86	213.14
贵州	212.62	48.30	67.64	18.53	115.02	46.11	14.46
云南	319.49	54.35	92.90	36.58	163.55	38.71	35.73
西藏							
陕西	1526.76	216.08	410.37	187.75	1119.65	144.63	229.30
甘肃	45.13	8.08	12.19	3.62	22.47	12.55	4.52
青海							
宁夏	9.70	2.47	2.97	0.48	4.97	1.38	0.86
新疆	28.74	11.22	25.53	7.55	11.46	1.88	3.09

制造业主要经济指标

单位：亿元

产成品	负债合计	流动负债合计	应付账款	所有者权益合计	实收资本	国家资本	集体资本
3553.25	**49969.38**	**43229.52**	**17689.79**	**34096.90**	**13936.39**	**2121.20**	**337.13**
200.91	2831.15	2474.29	1103.46	1494.60	815.04	197.54	0.88
56.56	941.88	826.17	434.94	841.39	465.80	40.91	5.94
120.32	1947.36	1777.00	794.92	1198.74	418.20	20.54	1.14
15.67	263.27	226.54	58.94	144.96	67.29	5.10	0.91
13.77	255.27	240.95	37.94	0.75	44.51	1.48	
143.15	2386.51	2020.62	734.84	1201.78	381.54	34.60	9.41
305.56	2628.31	2310.08	1251.20	3893.38	1467.20	167.12	3.22
8.98	232.81	155.82	85.96	179.71	36.02	5.02	0.75
206.35	4469.83	3903.38	2006.56	4208.67	941.86	216.87	4.48
369.34	4494.87	3303.34	1459.61	3080.42	1944.23	281.90	13.16
243.48	5177.97	4559.73	1159.55	3308.98	1342.19	51.94	5.45
113.58	2048.03	1755.23	704.88	1114.80	465.48	54.54	27.53
57.07	583.79	506.56	186.37	416.04	240.57	60.46	3.46
56.02	1174.56	874.94	311.31	554.74	310.47	132.09	12.39
420.23	2983.00	2809.68	1197.58	1629.63	717.14	51.71	26.69
74.12	1213.60	1007.94	420.73	789.01	363.60	45.11	1.57
252.04	4124.51	3552.53	1386.08	3512.36	966.85	283.36	56.25
65.86	1133.82	990.01	332.02	394.66	332.66	79.15	11.22
219.83	4294.66	3967.01	1687.66	2630.86	1090.71	67.88	108.18
117.71	1211.58	1152.46	469.10	470.94	181.79	26.50	2.34
0.44	16.47	11.78	4.84	18.24	15.75	5.88	6.12
180.14	2825.40	2452.35	1000.03	1627.16	595.60	107.13	10.52
106.30	1261.23	1049.14	401.46	717.29	418.05	71.28	3.42
5.98	136.03	122.92	53.32	73.17	41.18	9.50	0.17
16.40	236.46	188.52	56.39	83.54	48.54	2.65	19.71
179.59	1030.75	934.03	327.16	494.18	197.96	96.94	1.21
3.03	34.83	30.41	16.50	9.87	8.10	1.70	1.00
0.29	7.92	7.79	0.26	1.78	2.11		
0.53	23.51	18.30	6.19	5.23	15.94	2.30	

3-43 续表

地　区					营业收入	营业成本	销售费用
	法人资本	个人资本	港澳台资本	外商资本			
全　国	**6579.73**	**1456.31**	**589.11**	**2851.90**	**81703.92**	**68711.20**	**2194.74**
北　京	308.77	9.72	3.45	294.68	4283.28	3471.35	220.08
天　津	142.52	25.51	3.59	247.33	2381.29	2060.27	25.22
河　北	259.98	65.06	32.78	38.60	2764.17	2433.64	71.29
山　西	52.42	5.95	0.01	2.90	336.23	305.70	5.02
内蒙古	42.59	0.45			124.04	119.44	4.31
辽　宁	142.66	35.72	14.87	144.27	3432.44	2569.30	152.68
吉　林	1076.15	31.73	4.35	184.44	6813.68	5588.13	269.27
黑龙江	24.96	3.78		1.50	396.03	351.95	2.21
上　海	383.11	64.03	38.54	234.83	7727.78	6292.04	140.73
江　苏	705.95	227.52	111.48	604.22	7015.95	5828.89	201.86
浙　江	781.21	248.93	145.41	109.25	5331.90	4441.89	99.33
安　徽	255.43	86.40	8.12	33.46	2794.04	2452.12	58.79
福　建	84.66	31.80	23.65	36.54	1076.02	920.07	31.45
江　西	127.76	29.37	0.62	8.19	1684.59	1463.16	54.05
山　东	242.53	125.23	106.03	164.94	5596.43	4884.59	138.32
河　南	210.30	92.05	4.66	9.79	2155.70	1844.75	48.20
湖　北	310.60	124.47	12.03	180.09	6535.27	5503.22	188.86
湖　南	134.44	21.97	3.08	82.80	1469.25	1239.26	33.12
广　东	486.75	66.80	57.53	303.56	9230.16	7804.11	134.17
广　西	108.09	21.03	2.88	20.96	1729.06	1513.15	73.75
海　南	1.38	0.01	1.40	0.96	11.23	9.03	0.17
重　庆	307.32	62.85	10.03	97.25	4093.94	3442.50	159.77
四　川	237.95	56.30	2.72	46.39	2375.68	2035.76	39.48
贵　州	26.70	4.54	0.12	0.13	145.95	126.77	2.09
云　南	23.40	2.08	0.70		172.83	160.22	5.12
西　藏							
陕　西	81.69	12.51	1.03	4.58	1980.07	1805.77	35.05
甘　肃	5.15			0.25	8.25	6.61	0.21
青　海							
宁　夏	1.61	0.50			7.46	6.87	0.07
新　疆	13.64				31.19	30.67	0.05

单位：亿元

管理费用	财务费用	利息费用	投资收益（损失以“－”号记）	营业利润	利润总额	亏损企业亏损额	平均用工人数（万人）
4946.08	**272.25**	**392.79**	**1018.93**	**4988.05**	**5062.89**	**1100.67**	**417.36**
188.13	14.36	26.15	26.28	293.07	292.05	120.65	9.40
107.44	3.20	5.33	13.07	148.16	151.17	21.01	10.62
124.60	6.92	10.60	32.68	114.74	114.62	34.32	16.50
19.69	0.40	1.97	1.13	7.71	10.61	6.92	2.15
4.95	0.48	1.16	0.04	-6.40	-4.06	5.82	0.61
192.86	14.96	25.84	123.70	388.57	389.36	91.85	13.46
367.14	-9.32	15.41	37.07	461.51	466.01	100.36	20.03
21.90	0.41	0.90	46.46	58.10	58.06	5.43	1.03
813.80	-0.13	19.17	261.31	600.67	599.09	39.98	21.80
501.37	46.81	34.98	13.96	355.17	371.94	173.60	47.08
379.35	42.43	46.00	150.91	502.10	514.33	73.46	43.40
178.02	22.68	25.01	6.39	75.33	89.74	20.85	18.89
62.05	4.91	4.61	2.25	45.22	47.14	22.38	9.26
106.40	16.38	16.90	-4.31	15.68	28.60	24.48	9.57
228.10	14.86	20.52	19.02	305.66	317.16	28.16	31.46
105.37	15.62	10.84	9.24	139.56	140.49	17.04	15.34
394.44	7.01	27.80	150.89	466.98	439.95	98.94	35.28
94.44	11.21	10.58	0.39	16.32	16.07	56.41	9.07
494.88	17.16	24.38	47.07	609.90	615.05	57.74	40.29
94.47	-4.05	8.63	2.16	28.94	31.32	6.62	11.06
2.16	0.46	0.46	0.03	0.11	0.14	0.12	0.15
281.64	24.58	31.17	77.10	165.82	171.10	56.98	26.82
97.58	15.46	15.42	-8.32	115.66	120.66	23.36	13.34
10.61	0.42	0.48	0.67	8.11	8.21	1.13	1.10
10.39	3.85	2.70	-0.75	-6.33	-5.34	8.59	1.22
60.54	0.31	4.89	10.59	80.61	82.31	0.95	8.02
1.25	0.53	0.55	-0.12	-0.55	-0.54	0.85	0.16
0.29	0.17	0.18		0.06	0.08	0.05	0.06
2.23	0.13	0.17	0.03	-2.43	-2.42	2.64	0.19

3-44 按地区分组的铁路、船舶、航空

地区	资产总计	固定资产净额	固定资产原价	累计折旧	流动资产合计	应收账款	存货
全国	**25699.37**	**4261.21**	**8024.35**	**3481.67**	**16934.18**	**4293.22**	**4413.52**
北京	918.49	116.57	189.23	71.25	691.70	198.42	215.38
天津	622.14	124.75	198.14	72.28	340.85	109.52	103.49
河北	656.64	108.44	192.88	80.34	448.02	167.37	115.70
山西	345.08	73.78	131.93	50.35	205.32	68.34	41.83
内蒙古	67.14	11.71	23.52	11.81	42.97	10.46	8.53
辽宁	2820.49	452.34	898.28	371.07	1914.31	213.83	645.16
吉林	692.18	74.47	162.48	86.35	515.24	197.26	62.45
黑龙江	163.59	28.01	61.31	33.06	98.65	32.83	22.93
上海	2108.72	236.83	481.46	243.26	1525.52	138.59	442.30
江苏	3901.69	672.89	1311.86	582.63	2519.34	708.13	612.93
浙江	1198.33	255.62	468.45	205.43	699.97	198.34	199.78
安徽	248.00	51.29	86.65	33.00	154.93	48.67	34.25
福建	309.23	62.91	118.53	52.99	200.45	38.56	87.31
江西	116.62	78.96	94.71	13.65	39.86	7.57	13.37
山东	1823.51	254.56	498.05	229.94	1195.00	352.58	220.88
河南	595.77	112.53	193.70	69.93	383.38	118.04	66.90
湖北	1115.70	201.45	360.98	147.42	721.09	131.31	217.44
湖南	1225.26	207.80	369.65	161.78	778.29	277.98	173.87
广东	1783.94	302.67	539.64	221.76	1200.75	297.49	240.55
广西	76.35	15.94	27.19	10.55	37.86	10.44	9.32
海南	0.41	0.08	0.34	0.26	0.32	0.04	0.11
重庆	1051.01	200.16	415.42	194.20	611.82	196.46	96.80
四川	1242.66	215.30	432.51	179.64	842.72	251.03	229.08
贵州	529.32	129.23	221.45	90.00	337.56	76.17	115.31
云南	91.70	9.02	16.45	7.43	62.98	20.76	12.60
西藏							
陕西	1947.63	257.54	517.69	255.82	1328.12	404.82	417.50
甘肃	41.63	5.51	10.47	4.97	33.28	16.81	7.33
青海	1.40	0.55	0.86	0.30	0.79	0.18	0.19
宁夏	0.54	0.01	0.04	0.03	0.53	0.25	0.01
新疆	4.20	0.29	0.47	0.18	2.57	0.98	0.25

航天和其他运输设备制造业主要经济指标

单位：亿元

产成品	负债合计	流动负债合计	应付账款	所有者权益合计	实收资本	国家资本	集体资本
790.04	**15652.23**	**13278.50**	**5119.13**	**10036.74**	**5892.34**	**1384.16**	**34.31**
47.48	475.87	435.57	171.01	442.62	147.65	60.69	2.75
24.06	428.72	299.74	131.66	193.54	120.80	26.11	0.12
24.80	370.62	339.86	144.37	284.99	117.56	61.74	1.41
9.26	181.93	142.31	57.45	163.14	84.71	29.34	0.52
0.62	31.94	27.19	12.32	35.20	12.44	11.26	0.16
25.76	1774.92	1411.34	528.14	1045.56	573.85	92.61	0.02
5.85	412.88	394.07	266.42	279.30	94.07	55.56	3.81
2.82	69.50	56.11	23.53	94.10	62.40	30.42	0.03
50.80	1567.03	1332.55	415.96	541.69	360.03	94.89	1.38
163.73	2286.25	1794.22	617.91	1615.44	1506.43	158.45	5.35
39.89	912.58	838.77	218.70	285.72	368.32	4.03	2.27
12.14	151.81	124.56	41.99	96.19	63.23	18.79	0.28
8.03	212.13	181.38	30.43	95.10	49.08	6.15	
2.86	79.56	36.56	8.50	36.60	12.87	1.90	0.13
74.07	1118.29	1004.44	497.51	705.22	397.42	81.47	1.39
31.43	255.76	220.58	99.93	336.07	116.90	8.48	0.55
20.11	705.58	625.14	223.55	410.00	220.52	73.56	0.06
47.39	685.59	606.87	269.69	539.39	272.32	91.76	0.79
46.69	1175.60	1043.98	373.23	608.34	433.74	131.94	4.38
2.64	39.93	31.12	8.95	35.95	26.46	18.67	0.31
	0.28	0.28	0.03	0.12	0.06		
43.48	575.56	498.10	159.40	474.45	162.20	16.19	1.37
27.50	740.26	637.08	304.81	502.39	185.44	42.61	0.99
15.79	295.50	246.07	103.67	233.68	172.87	113.76	0.34
1.88	28.70	24.96	11.66	63.00	20.46	9.98	
59.68	1049.42	901.05	389.53	897.12	297.88	141.22	5.83
1.04	22.99	22.56	7.41	18.64	9.72		
0.09	1.04	0.38	0.13	0.37	0.20		
	0.26	0.26	0.20	0.28	0.08		
0.15	1.68	1.42	1.06	2.51	2.65	2.57	0.05

3-44 续表

地　区					营业收入	营业成本	销售费用
	法人资本	个人资本	港澳台资本	外商资本			
全　国	**2812.38**	**509.55**	**150.12**	**946.73**	**15511.30**	**13137.65**	**298.49**
北　京	63.28	20.64	0.15	0.14	448.39	345.95	7.82
天　津	59.08	15.58	4.50	15.40	567.88	502.64	13.11
河　北	37.08	13.57	0.90	2.86	359.41	296.80	9.74
山　西	51.43	1.60		1.83	170.34	134.40	3.34
内蒙古	1.02				55.74	50.04	0.34
辽　宁	431.83	16.55	1.27	31.56	1096.56	976.54	8.03
吉　林	28.15	5.14		1.40	437.09	362.26	12.56
黑龙江	24.29	4.35	3.30	0.01	85.22	65.18	1.22
上　海	247.55	2.90	3.90	9.40	882.85	796.92	9.39
江　苏	415.10	111.47	66.69	749.38	2728.29	2301.84	59.51
浙　江	271.41	71.87	1.27	17.49	823.87	694.65	20.99
安　徽	33.36	8.52	0.25	2.03	163.62	130.94	6.17
福　建	22.97	11.33	5.39	3.23	257.34	225.97	5.31
江　西	6.76	3.34		0.74	111.20	96.35	1.63
山　东	167.48	27.86	3.11	61.12	1046.05	869.60	22.31
河　南	53.29	51.99	0.15	2.44	444.81	349.38	10.78
湖　北	131.09	11.58	3.00	1.23	508.33	446.10	6.75
湖　南	158.74	14.89	0.16	5.99	911.16	739.64	26.18
广　东	182.89	30.34	55.70	28.48	1245.71	1097.23	23.54
广　西	4.87	1.99		0.61	61.94	52.98	0.63
海　南			0.06		0.41	0.38	0.01
重　庆	100.61	41.22	0.14	2.59	872.74	728.19	16.53
四　川	114.48	21.86	0.18	5.32	993.49	849.65	11.85
贵　州	55.85	1.98		0.93	213.39	164.78	3.31
云　南	4.89	5.59			32.68	27.03	0.92
西　藏							
陕　西	134.86	13.41		2.56	975.38	818.72	16.24
甘　肃	9.72				14.93	11.37	0.24
青　海	0.20				0.33	0.26	0.02
宁　夏	0.08				0.39	0.24	0.03
新　疆	0.03				1.75	1.61	0.01

单位：亿元

管理费用	财务费用	利息费用	投资收益（损失以“−”号记）	营业利润	利润总额	亏损企业亏损额	平均用工人数（万人）
1250.05	**112.72**	**126.93**	**119.08**	**779.97**	**817.37**	**213.72**	**159.52**
44.70	2.72	3.92	3.46	49.01	50.15	0.90	3.00
33.36	3.51	3.79	7.27	20.03	21.39	8.11	16.46
34.76	2.60	3.29	0.80	18.47	21.43	1.88	4.40
18.76	2.40	2.25	1.82	12.65	13.87	0.84	2.09
2.80	-0.13	0.20		2.65	2.73		0.31
83.57	-5.98	12.22	1.29	24.88	27.73	19.37	10.13
36.57	0.82	1.31	-0.04	30.74	32.65	4.31	2.22
12.47	0.73	0.61	-0.05	5.77	6.31	0.33	1.28
87.19	6.48	11.72	6.12	0.01	4.52	34.41	6.55
207.93	26.68	14.92	46.44	152.72	157.60	49.16	23.54
67.99	18.17	15.03	1.80	14.28	16.05	21.97	9.62
15.96	1.41	1.04	0.07	9.82	11.09	0.61	1.97
16.80	7.35	5.97	1.09	-6.58	-3.61	17.17	2.89
5.25	0.36	0.17	0.05	7.21	7.46	0.24	1.27
93.20	6.80	7.63	9.60	65.71	69.42	9.39	8.51
39.94	2.22	1.81	2.75	43.56	44.97	1.34	6.91
39.41	-0.03	3.47	4.28	30.29	30.76	0.41	5.25
88.01	6.91	4.50	6.49	54.02	54.57	4.91	7.34
86.27	11.85	11.84	7.98	32.15	34.38	22.58	11.76
5.28	0.20	0.26	0.64	3.56	3.72	0.46	1.27
0.01							0.02
56.61	6.13	6.00	10.01	73.33	72.77	3.95	10.64
62.76	3.84	5.52	1.56	53.69	54.28	3.82	6.66
30.96	3.09	3.19	1.82	14.75	14.86	4.62	3.37
3.50	-0.02	0.22	1.07	1.82	1.92	0.04	0.35
73.07	4.14	5.57	2.32	63.47	64.47	2.84	11.41
2.56	0.46	0.47		1.61	1.52	0.01	0.28
0.06	0.02			-0.04	-0.03	0.03	0.01
0.09				0.02	0.03		0.01
0.20			0.43	0.36	0.36		0.02

3-45 按地区分组的电气机械和

地区	资产总计	固定资产净额	固定资产原价	累计折旧	流动资产合计	应收账款	存货
全国	**77118.99**	**10579.21**	**20775.97**	**9300.62**	**51815.23**	**17551.07**	**8650.87**
北京	1235.16	64.00	145.74	78.43	980.25	361.00	144.77
天津	1223.11	275.53	542.02	251.46	763.94	321.02	177.81
河北	1879.60	304.21	592.06	248.94	1213.82	491.39	195.79
山西	429.31	70.31	115.67	41.62	273.28	105.75	76.21
内蒙古	122.47	18.03	30.90	9.93	89.88	38.53	19.73
辽宁	1152.70	182.92	352.77	158.26	766.55	275.82	143.38
吉林	104.07	16.54	27.34	10.08	64.02	25.66	11.32
黑龙江	391.21	45.86	102.92	56.06	278.93	59.72	54.39
上海	2737.42	289.88	643.56	336.55	2006.77	781.33	381.81
江苏	15285.39	2329.31	4213.73	1771.15	10329.40	3919.84	1625.73
浙江	9658.97	1386.11	2378.22	959.68	6156.57	2166.60	1099.98
安徽	3979.49	559.12	1017.12	418.87	2807.93	1004.63	433.10
福建	3178.62	392.46	775.40	355.27	2251.07	579.71	339.38
江西	2251.21	429.07	938.90	289.43	1309.76	403.09	229.35
山东	3353.56	349.18	655.06	291.34	2055.47	792.81	338.43
河南	2111.88	416.92	754.94	271.74	1166.01	499.28	233.24
湖北	1656.65	332.88	617.15	263.72	1088.61	432.47	222.15
湖南	1462.10	255.29	553.04	233.94	870.26	310.78	181.40
广东	17641.04	1795.24	4410.28	2551.30	12576.11	3290.68	1948.46
广西	312.21	52.18	85.02	30.57	201.21	76.73	44.38
海南	122.79	6.37	59.47	6.55	77.13	47.53	12.86
重庆	1115.14	138.46	268.64	106.23	832.93	387.20	136.83
四川	1647.54	329.83	626.77	277.87	1064.74	310.94	206.40
贵州	283.49	49.23	70.95	17.38	169.45	48.96	42.29
云南	158.94	22.96	41.88	18.68	113.15	46.47	31.38
西藏	4.62	3.50	3.75	0.25	0.69	0.06	0.07
陕西	1541.27	287.78	491.16	174.70	1035.76	351.20	182.51
甘肃	153.73	34.44	51.26	16.42	103.43	45.29	19.92
青海	198.42	69.17	107.62	25.28	95.59	61.73	13.73
宁夏	138.59	25.43	33.26	7.66	99.96	59.28	11.78
新疆	1588.29	46.99	69.39	21.27	972.57	255.60	92.27

器材制造业主要经济指标

单位：亿元

产成品	负债合计	流动负债合计	应付账款	所有者权益合计	实收资本	国家资本	集体资本
3704.44	**43757.08**	**37054.24**	**14292.14**	**33226.30**	**15909.44**	**913.96**	**353.71**
38.39	722.97	646.69	291.44	512.19	259.20	15.29	2.30
81.39	681.78	636.75	322.45	541.33	335.31	26.91	4.45
86.63	1156.47	1059.56	327.82	722.36	535.77	33.82	5.65
31.51	277.56	246.23	107.66	151.75	113.71	33.53	1.63
5.97	97.57	88.01	53.30	25.22	22.12	0.23	2.79
54.79	659.57	532.25	177.07	493.13	321.02	5.37	5.26
3.83	42.01	35.98	11.75	62.06	34.77	5.56	0.32
18.62	207.82	188.98	60.60	183.39	62.83	27.18	2.50
149.73	1476.76	1361.90	611.93	1260.66	517.70	88.63	4.43
721.65	8383.48	6241.46	2392.76	6902.07	4785.29	112.99	173.52
484.03	5213.86	4707.30	1683.33	4422.09	1771.31	24.97	33.10
223.99	2443.05	2192.61	941.03	1536.44	671.16	14.82	18.56
121.12	1571.88	1293.27	480.05	1541.19	405.41	19.90	6.74
103.55	1243.10	981.43	336.85	995.71	509.34	16.24	12.23
160.27	1983.27	1862.66	527.38	1368.14	699.06	66.00	7.62
81.56	1134.40	973.90	454.78	973.42	556.58	86.67	7.03
108.45	913.38	798.62	355.44	742.07	341.70	28.82	7.87
88.01	805.23	660.90	244.22	647.91	360.42	74.66	5.07
848.24	10437.24	8861.92	3597.06	7203.79	2319.02	61.81	30.19
23.12	181.46	161.65	62.93	130.75	80.02	0.32	6.92
1.93	86.09	43.93	14.35	30.15	13.27		
64.42	706.48	634.45	223.65	402.97	140.20	18.99	0.03
63.64	960.20	811.29	276.92	689.50	399.35	32.57	10.00
16.25	147.48	115.16	45.83	134.58	65.92	1.64	0.77
16.51	80.80	75.79	31.31	78.05	52.60	0.91	1.03
0.06	2.43	1.12	0.11	2.19	2.18		
76.70	885.03	803.95	345.59	649.99	282.82	79.93	2.39
10.98	98.70	87.28	34.26	55.03	39.29	12.91	0.86
5.29	144.06	117.40	32.42	54.35	34.36	7.00	
4.64	75.45	69.29	38.02	63.14	24.33	4.85	0.41
9.15	937.47	762.49	209.82	650.70	153.39	11.44	0.03

3-45 续表

地　区	法人资本	个人资本	港澳台资本	外商资本	营业收入	营业成本	销售费用
全　国	**7280.73**	**5107.08**	**765.36**	**1481.31**	**69306.55**	**58096.38**	**2448.16**
北　京	126.84	91.20	2.80	20.76	916.70	720.04	48.78
天　津	100.99	49.39	11.90	141.67	1153.19	1009.99	25.44
河　北	291.80	195.53	1.33	5.64	1679.62	1496.95	35.13
山　西	62.02	15.59	0.09	0.84	257.86	217.91	6.24
内蒙古	14.89	3.70		0.51	152.99	142.09	2.23
辽　宁	141.49	57.35	24.12	87.43	763.89	646.71	25.86
吉　林	14.10	13.26	1.51	0.01	51.44	40.98	1.72
黑龙江	20.04	10.41	2.71		175.47	152.40	8.12
上　海	206.93	110.97	13.20	93.53	2620.60	2136.46	120.29
江　苏	1673.47	2105.01	161.55	558.58	13467.05	11467.65	386.47
浙　江	874.11	629.07	91.07	118.99	8656.29	7241.76	304.71
安　徽	332.89	265.21	14.05	25.62	3798.26	3232.37	151.25
福　建	211.38	73.83	72.72	20.83	2594.40	2051.49	75.53
江　西	324.85	115.71	22.52	17.80	3182.33	2776.96	54.93
山　东	373.14	180.32	27.02	39.84	2440.71	2028.26	108.33
河　南	314.83	143.98	2.04	2.05	1961.56	1668.05	46.23
湖　北	170.52	99.30	2.40	32.79	1813.74	1548.29	53.92
湖　南	186.46	89.07	4.42	0.74	1708.65	1421.80	58.16
广　东	1136.81	579.23	282.25	228.74	16114.10	13041.92	756.46
广　西	43.39	16.50	10.75	2.14	300.69	262.89	5.78
海　南	9.50	0.40		3.36	50.55	43.72	1.25
重　庆	50.41	55.62	3.23	11.90	1149.25	975.42	41.97
四　川	200.40	107.12	4.76	44.50	1635.71	1392.77	47.59
贵　州	44.02	18.28	1.21		233.55	201.99	5.31
云　南	27.53	23.13			159.39	137.69	4.56
西　藏	2.10	0.08			0.45	0.37	
陕　西	142.28	35.19		23.03	1160.78	1045.92	35.66
甘　肃	20.72	4.79			121.85	109.88	4.10
青　海	26.71	0.65			108.23	100.34	0.27
宁　夏	13.47	5.60			113.46	96.14	1.72
新　疆	122.64	11.58	7.70		763.77	687.16	30.12

单位：亿元

管理费用	财务费用	利息费用	投资收益（损失以"–"号记）	营业利润	利润总额	亏损企业亏损额	平均用工人数（万人）
4315.79	**502.31**	**410.36**	**435.48**	**4115.30**	**4275.53**	**527.43**	**557.71**
74.07	2.98	3.91	5.82	74.02	76.15	10.29	3.76
57.59	6.81	5.61	0.66	42.91	44.63	23.19	6.20
79.99	20.63	11.45	10.91	37.65	39.29	23.77	10.49
18.07	2.58	2.26	0.47	13.02	13.02	3.64	2.10
5.36	0.29	0.20	-0.01	2.51	2.60	2.51	0.52
54.08	11.86	7.97	2.66	26.41	29.80	11.37	6.99
4.54	0.66	0.58	0.84	3.77	4.09	0.43	0.58
16.90	2.07	2.36	7.35	5.50	6.74	3.26	1.66
193.69	14.77	9.03	14.79	167.34	175.54	14.61	16.24
813.60	110.71	72.90	68.82	696.21	712.13	116.81	85.03
590.78	92.86	78.08	86.59	513.42	542.61	55.25	82.06
200.43	24.93	19.15	31.76	204.81	215.05	26.59	26.60
170.56	1.92	12.49	4.80	293.47	296.47	6.60	21.20
132.57	21.11	13.71	-0.24	164.55	168.63	17.21	16.95
171.24	21.39	15.67	61.06	162.11	182.02	16.49	18.61
102.35	17.52	12.87	1.66	113.57	119.58	10.42	18.61
112.70	10.37	6.95	3.38	85.49	87.48	13.06	12.56
120.61	12.18	8.22	-22.67	56.17	54.77	38.66	12.86
1113.29	87.87	89.41	140.93	1180.03	1221.18	94.05	178.37
15.21	3.47	3.60	-0.31	12.16	15.76	2.68	3.40
3.83	1.28	0.42	0.01	0.04	0.10	2.04	0.37
49.94	6.86	5.55	-1.58	74.09	77.88	2.67	6.97
92.01	10.21	9.61	-2.50	81.49	81.94	10.70	11.58
14.24	1.83	1.33	1.11	9.37	9.93	3.69	2.08
11.23	0.91	0.61	-0.15	4.06	4.60	1.00	1.44
0.02	0.07	0.07		-0.02	-0.01	0.02	
61.27	7.21	4.86	3.36	40.63	41.59	9.74	6.92
6.00	0.77	0.76	0.12	0.77	1.15	2.22	1.06
3.22	1.28	1.55	0.01	4.89	5.03	3.39	0.57
4.31	0.10	0.55	0.14	11.39	11.66	0.48	0.60
22.11	4.82	8.61	15.68	33.46	34.10	0.60	1.34

3-46 按地区分组的计算机、通信和

地区	资产总计	固定资产净额	固定资产原价	累计折旧	流动资产合计	应收账款	存货
全国	**129821.05**	**22862.00**	**45130.74**	**21061.67**	**83685.15**	**30494.61**	**14846.03**
北京	6263.32	469.08	1191.64	708.60	4475.19	708.81	669.95
天津	1705.67	261.25	684.25	419.82	1142.86	374.65	254.73
河北	861.68	228.10	374.70	142.29	406.82	150.90	61.35
山西	1245.36	112.79	234.92	121.33	1079.70	433.81	80.82
内蒙古	329.09	171.80	258.76	85.42	124.55	33.52	30.04
辽宁	948.68	331.46	762.70	428.96	446.40	127.12	112.72
吉林	130.94	17.94	39.44	20.75	74.87	14.88	12.57
黑龙江	79.01	8.91	18.17	9.27	35.24	14.24	8.10
上海	5861.97	1092.40	2829.97	1684.29	3534.35	999.32	631.10
江苏	18033.59	4440.05	9431.92	4853.41	11150.17	4811.84	2136.50
浙江	7556.16	963.56	1710.83	722.63	5157.28	2079.03	823.52
安徽	5400.29	1152.71	1878.37	697.78	3421.78	1993.75	393.59
福建	4517.79	1112.93	2046.64	886.83	2501.20	873.75	434.47
江西	3565.81	773.57	1286.21	346.71	2158.31	1015.29	374.74
山东	3260.43	448.62	1181.53	716.52	2341.78	749.47	378.57
河南	4056.40	310.90	637.49	306.51	3494.41	1569.93	334.31
湖北	5250.79	1438.43	1912.15	452.90	2599.95	902.21	441.16
湖南	2529.96	406.09	761.03	298.21	1486.22	491.07	210.25
广东	41679.78	5060.43	10262.78	5043.71	28627.34	9105.25	5775.26
广西	915.38	77.28	158.92	63.87	753.26	414.30	121.97
海南	18.43	0.39	1.34	0.96	17.92	2.95	9.39
重庆	3590.39	647.57	1324.38	604.54	2442.39	1259.24	410.41
四川	7386.10	1776.62	3272.22	1245.15	4157.32	1679.21	696.03
贵州	383.11	57.13	98.08	34.05	280.55	106.60	71.71
云南	575.68	190.84	285.81	76.33	323.65	147.32	66.33
西藏							
陕西	2803.81	976.06	1954.64	895.59	1093.58	330.34	241.10
甘肃	390.87	132.92	229.39	96.07	123.69	30.31	29.95
青海	95.75	27.08	74.19	47.11	55.60	15.89	4.17
宁夏	251.38	83.86	114.79	30.39	145.75	53.58	22.72
新疆	133.44	91.22	113.46	21.70	33.03	6.03	8.51

其他电子设备制造业主要经济指标

单位：亿元

产成品	负债合计	流动负债合计	应付账款	所有者权益合计	实收资本	国家资本	集体资本
4881.82	**73329.76**	**60794.93**	**29193.51**	**56324.55**	**27443.73**	**2013.78**	**292.13**
208.17	3423.71	3239.76	1078.34	2839.62	1247.89	199.95	1.00
75.79	756.58	641.47	328.80	949.09	446.52	12.41	23.96
22.90	315.04	279.14	132.49	546.54	410.08	30.08	0.01
31.09	849.95	834.22	458.76	395.41	174.84	2.04	
9.79	158.76	86.63	43.94	165.92	194.51	5.73	
51.04	335.87	299.50	96.67	612.81	290.09	33.04	4.14
4.91	49.80	35.93	10.83	81.09	20.01	2.78	0.28
5.24	39.02	33.86	8.51	39.98	22.65		
210.89	2942.75	2340.87	1211.87	2919.22	2022.20	465.48	1.14
717.12	9204.76	7193.26	3805.96	8828.83	4888.03	253.21	32.43
328.66	3955.39	3578.26	1631.34	3612.82	1430.64	34.00	14.73
127.36	3456.41	2946.44	1958.02	1943.88	1291.01	43.96	3.37
189.95	2212.66	1593.01	729.61	2280.60	1366.75	74.39	13.36
170.27	2115.37	1711.04	850.36	1339.28	763.29	23.89	2.64
148.70	1797.92	1664.32	691.55	1463.02	528.27	19.85	8.81
147.21	3011.25	2945.95	1609.00	1041.09	453.50	7.03	0.23
110.74	2957.07	1924.95	964.36	2290.81	1686.76	223.27	3.15
73.66	995.87	809.54	395.96	1525.62	502.08	56.44	9.29
1753.31	24576.30	20278.35	8885.55	17103.64	6385.51	152.39	70.36
34.88	620.13	577.22	392.37	287.61	91.15	5.34	0.53
2.39	9.90	9.90	3.78	8.53	1.04	1.04	
104.63	2400.04	2044.78	1551.30	1200.66	662.86	26.11	0.96
225.26	4983.86	4136.72	1699.69	2394.81	1529.12	129.96	3.01
35.37	232.82	168.57	87.78	146.20	57.47	11.49	0.62
18.28	305.84	279.29	147.94	262.36	75.08	9.00	0.64
55.41	1279.46	892.19	323.89	1517.80	677.72	171.39	1.15
6.37	153.41	98.07	47.70	236.55	117.05	14.41	96.29
1.83	34.48	32.40	4.65	61.27	11.90		0.02
6.02	90.54	75.00	27.25	160.84	61.63	4.79	
4.60	64.81	44.28	15.22	68.63	34.08	0.30	

3-46 续表

地区					营业收入	营业成本	销售费用
	法人资本	个人资本	港澳台资本	外商资本			
全国	**13764.33**	**3281.94**	**3069.53**	**5009.22**	**123807.96**	**107000.35**	**2666.20**
北京	606.11	121.05	31.60	288.18	4212.60	3662.47	182.87
天津	149.62	15.25	34.58	210.69	1890.39	1667.45	30.06
河北	276.56	63.45	21.03	18.93	441.77	359.96	10.69
山西	79.09	7.79	55.48	30.44	1094.19	1035.60	1.98
内蒙古	181.81	3.79	2.93	0.25	194.55	177.67	3.42
辽宁	36.24	21.01	6.15	188.23	671.21	477.26	10.59
吉林	14.49	1.86		0.61	57.19	43.52	1.54
黑龙江	19.90	2.75			17.18	12.84	0.98
上海	745.88	31.84	232.49	545.36	5659.78	5234.10	50.78
江苏	1535.71	423.16	1059.91	1583.59	18450.07	16415.02	206.80
浙江	792.78	324.74	87.97	176.42	6172.65	4998.18	224.43
安徽	1094.48	72.79	39.54	36.86	3488.01	3087.10	53.36
福建	854.89	162.11	61.40	193.45	4107.81	3538.75	94.43
江西	466.87	200.59	47.81	21.50	4112.06	3643.71	44.38
山东	202.82	138.20	34.78	123.09	3318.91	2919.76	52.37
河南	234.30	62.35	134.86	14.72	4279.37	4080.35	13.42
湖北	1300.48	88.16	31.39	40.32	2568.96	2241.51	56.59
湖南	270.11	71.88	57.72	36.65	2354.42	1819.74	58.57
广东	3062.61	1182.61	944.23	973.31	43880.13	36337.34	1389.58
广西	42.98	14.75	18.38	5.58	1193.72	1094.02	7.65
海南					6.57	4.35	0.13
重庆	407.86	55.28	98.56	74.05	5591.51	5172.01	36.44
四川	1071.54	163.45	57.73	103.42	6815.44	6283.33	94.27
贵州	20.09	11.76	3.93	9.59	408.13	362.59	6.90
云南	52.80	10.03	2.33	0.28	802.56	635.37	18.42
西藏							
陕西	149.83	20.03	4.28	331.04	1590.76	1358.26	12.02
甘肃	3.99	2.35			145.15	118.19	2.02
青海	8.23	0.53	0.46	2.66	36.52	32.65	0.28
宁夏	55.66	1.19			162.79	124.10	0.27
新疆	26.59	7.19			83.54	63.14	0.97

单位：亿元

管理费用	财务费用	利息费用	投资收益（损失以“–”号记）	营业利润	利润总额	亏损企业亏损额	平均用工人数（万人）
8259.70	**559.02**	**692.46**	**881.48**	**6074.30**	**6252.94**	**1003.22**	**914.84**
205.59	20.49	32.46	99.49	220.99	226.98	37.45	8.61
93.81	4.79	3.76	7.51	103.48	99.79	13.39	9.61
42.66	6.39	6.26	0.46	26.22	26.35	15.27	6.79
28.65	-3.25	9.30	3.43	37.49	37.59	2.64	13.00
12.61	2.09	2.17	0.03	-0.86	-1.55	6.49	0.98
48.76	3.97	3.79	6.85	142.09	144.81	5.58	5.40
6.97	0.94	1.05	0.56	5.17	5.46	0.11	0.71
2.92	1.30	0.08	1.13	0.97	1.28	0.47	0.26
284.08	-8.49	12.95	17.37	146.02	154.16	82.02	27.70
954.02	93.90	81.72	0.85	746.72	803.69	211.88	151.46
500.29	36.88	38.72	49.28	469.89	487.95	76.66	51.87
223.91	31.25	26.72	8.38	104.92	110.55	59.77	24.88
245.37	16.84	27.35	25.71	255.01	256.48	36.74	31.28
186.38	27.42	21.38	5.18	215.92	222.69	21.14	38.48
195.15	14.78	20.89	23.64	152.90	154.73	22.35	24.94
80.29	1.92	44.53	12.90	116.31	120.71	10.60	40.38
215.89	2.27	24.29	6.28	41.03	46.67	69.03	20.06
185.91	17.70	9.35	-1.74	226.14	219.15	7.73	28.88
4135.82	225.34	235.06	563.44	2247.40	2298.03	254.09	330.31
26.18	3.95	2.13	-2.80	42.46	46.00	4.79	9.49
1.09	-0.02			1.02	1.03		0.07
166.59	7.55	14.08	0.45	208.34	218.66	9.32	28.62
231.26	23.41	50.25	18.94	207.75	210.22	37.34	41.42
23.47	1.35	1.22	0.14	13.41	15.16	5.48	3.87
30.34	4.86	0.96	0.63	111.26	111.80	2.14	2.92
103.76	15.90	16.17	31.66	174.65	176.10	7.45	9.76
12.59	1.96	2.06	1.31	13.04	13.41	0.32	1.20
2.40	0.99	0.91	0.01	2.24	2.58	0.04	0.22
9.24	0.24	0.57	0.36	29.06	29.01	1.70	1.17
3.70	2.28	2.26	0.01	13.25	13.45	1.24	0.52

3-47 按地区分组的仪器仪表

地　区	资产总计	固定资产净额	固定资产原价	累计折旧	流动资产合计	应收账款	存货
全　国	**11608.21**	**1340.18**	**2529.40**	**1117.46**	**7950.23**	**2459.53**	**1603.97**
北　京	631.09	38.64	74.96	35.47	447.41	124.68	96.81
天　津	145.70	9.46	24.13	14.07	121.90	42.69	23.32
河　北	269.91	30.17	59.25	26.95	198.33	73.15	36.40
山　西	66.45	10.65	15.50	4.76	36.14	16.84	5.82
内蒙古							
辽　宁	200.73	23.25	47.98	24.56	139.38	43.97	32.17
吉　林	21.47	2.84	5.46	2.62	13.94	3.66	3.64
黑龙江	73.30	6.95	14.98	8.01	56.04	14.14	12.28
上　海	545.10	39.30	97.38	56.15	445.24	126.75	86.71
江　苏	3021.52	382.80	682.21	294.69	1924.79	586.17	423.89
浙　江	1917.03	234.33	396.55	161.00	1333.82	398.84	257.02
安　徽	207.82	28.18	52.14	23.65	151.06	54.61	22.36
福　建	273.47	32.89	60.00	24.36	168.07	45.72	32.21
江　西	208.12	39.88	79.63	21.69	120.48	38.63	19.40
山　东	519.26	47.82	92.16	39.94	382.26	118.57	77.86
河　南	414.33	64.23	119.35	49.34	257.51	78.98	41.84
湖　北	256.68	36.76	85.83	44.23	178.26	60.27	39.00
湖　南	215.12	29.48	58.87	20.44	131.86	50.55	19.96
广　东	1659.89	141.58	309.91	160.76	1174.99	375.19	247.25
广　西	20.35	5.88	9.34	3.32	13.47	4.58	2.73
海　南							
重　庆	224.11	28.14	54.02	23.22	152.46	47.02	33.14
四　川	247.33	37.76	67.79	26.98	181.80	66.24	37.83
贵　州	16.32	2.50	4.07	1.57	12.01	5.60	2.30
云　南	49.69	8.90	13.27	3.98	33.86	12.38	7.98
西　藏							
陕　西	339.93	50.72	94.07	42.19	246.76	59.80	38.70
甘　肃	29.59	1.78	2.50	0.72	5.61	1.91	0.96
青　海	2.29	0.29	1.29	1.00	1.51	0.95	0.18
宁　夏	28.60	4.89	6.56	1.67	19.86	6.99	1.82
新　疆	2.99	0.10	0.21	0.11	1.42	0.63	0.39

制造业主要经济指标

单位：亿元

产成品	负债合计	流动负债合计	应付账款	所有者权益合计	实收资本	国家资本	集体资本
528.60	**5282.49**	**4568.28**	**1834.93**	**6301.12**	**2073.39**	**144.42**	**21.97**
22.45	272.44	244.85	86.29	358.64	121.47	10.04	0.92
8.66	69.14	66.78	37.45	76.56	29.85	1.43	0.10
13.91	117.67	107.82	39.28	152.24	42.93	1.13	1.06
1.04	30.50	27.43	9.17	35.96	13.85	0.41	
9.22	85.74	67.68	22.78	114.99	32.38	2.24	0.03
0.60	4.41	4.13	1.64	17.05	5.57	1.02	0.03
4.30	39.62	34.24	12.31	33.65	17.97	2.33	0.37
28.56	217.12	200.80	85.54	327.99	91.08	4.54	1.28
124.63	1405.75	1076.85	427.11	1615.77	515.85	68.90	3.07
90.97	815.63	761.76	261.91	1101.40	294.59	0.98	4.02
9.20	90.14	81.42	35.91	117.68	44.45	6.41	0.34
10.27	107.21	90.96	33.51	165.01	61.16	0.28	0.22
7.32	94.38	75.09	30.91	112.32	60.37	2.06	1.20
31.48	227.96	220.13	83.33	291.29	122.61	13.10	1.15
12.95	162.97	137.89	65.61	250.81	69.05	5.04	0.05
15.97	132.02	103.90	37.32	124.12	48.26	2.29	0.33
6.85	81.56	64.44	23.16	113.33	36.79	0.88	0.84
91.29	828.51	750.27	343.88	831.37	294.97	1.40	4.97
0.99	11.53	10.74	3.16	8.82	3.58		0.18
13.70	116.02	99.65	56.71	107.64	56.20	7.88	0.03
9.87	132.40	123.43	48.72	114.93	42.35	3.97	1.07
0.97	8.82	8.52	3.52	7.50	4.90	1.08	
1.49	28.10	26.53	10.83	21.46	6.66	3.35	0.04
10.77	172.16	160.58	70.12	167.77	43.53	3.23	0.27
0.14	11.05	8.37	1.11	18.54	4.46	0.16	
0.10	0.16	0.16	0.07	2.13	0.15		0.15
0.79	17.52	11.91	3.24	11.08	7.73		
0.12	1.95	1.95	0.31	1.05	0.61	0.26	0.25

3-47 续表

地区					营业收入	营业成本	销售费用
	法人资本	个人资本	港澳台资本	外商资本			
全国	**858.24**	**706.85**	**118.81**	**223.09**	**8188.40**	**6091.04**	**409.21**
北京	40.35	54.95	3.94	11.26	322.15	221.41	23.91
天津	13.76	8.98	3.28	2.30	129.83	97.52	7.31
河北	17.66	20.02		3.06	176.49	121.15	11.14
山西	11.32	2.12			29.02	20.82	1.49
内蒙古							
辽宁	9.71	13.63	0.70	6.08	120.23	84.00	6.71
吉林	1.78	2.56		0.18	8.13	5.54	0.46
黑龙江	5.58	9.50		0.19	34.62	27.46	1.70
上海	20.68	27.59	4.46	32.51	447.06	315.41	25.87
江苏	188.40	161.75	19.46	74.26	1879.65	1435.44	82.74
浙江	120.26	115.70	25.40	28.23	1254.18	878.82	72.15
安徽	11.51	14.74	0.32	11.12	148.83	112.37	7.55
福建	16.53	22.35	15.94	5.84	279.60	227.27	9.83
江西	49.47	7.60	0.03		200.82	163.33	6.16
山东	56.52	44.67	0.08	7.09	335.15	234.10	25.32
河南	41.86	21.12	0.21	0.77	369.30	300.45	9.94
湖北	30.16	14.93	0.02	0.54	242.00	178.89	12.49
湖南	22.89	12.11	0.03	0.05	181.21	129.56	8.29
广东	109.55	106.53	43.23	29.29	1324.44	1003.73	65.75
广西	1.20	2.18		0.01	16.11	11.79	0.61
海南							
重庆	36.63	7.49	0.23	3.95	153.32	113.84	11.16
四川	18.12	12.70	0.64	5.85	254.30	190.64	9.37
贵州	3.40	0.42			14.70	11.61	0.49
云南	1.20	1.39	0.67		35.38	28.15	0.74
西藏							
陕西	27.83	11.53	0.17	0.50	215.20	165.74	6.92
甘肃	0.47	3.83			1.94	1.62	0.06
青海					0.82	0.54	0.04
宁夏	1.39	6.34			13.18	9.38	0.99
新疆		0.11			0.72	0.47	0.04

单位：亿元

管理费用	财务费用		投资收益（损失以"–"号记）	营业利润	利润总额	亏损企业亏损额	平均用工人数（万人）
		利息费用					
870.94	**61.23**	**48.15**	**115.45**	**849.11**	**887.42**	**58.60**	**90.68**
45.25	2.21	3.38	8.35	35.91	37.12	4.61	2.67
13.40	0.29	0.22	0.31	10.08	10.47	1.24	1.18
16.93	1.04	0.73	-0.10	25.23	26.27	0.35	2.14
3.80	0.46	0.43	0.22	2.89	3.32	0.20	0.32
15.23	1.13	0.94	0.21	13.38	14.28	1.60	1.81
1.70	-0.02	0.03	0.27	0.90	1.02	0.15	0.21
5.61	0.73	0.53	0.45	0.05	0.04	1.90	0.67
50.96	0.76	0.84	4.16	59.21	61.37	0.93	3.67
184.07	15.16	9.63	46.92	198.56	206.47	8.03	16.52
141.78	10.64	8.47	22.03	174.26	185.15	3.66	14.01
19.46	0.42	0.67	5.32	14.75	15.95	2.13	1.60
22.83	2.25	1.52	0.47	17.63	18.35	0.81	3.26
13.24	1.35	1.07	0.68	16.74	17.29	0.63	2.59
44.09	1.02	1.37	2.03	31.96	34.56	1.09	4.20
26.66	0.71	0.63	2.05	34.34	35.57	0.34	5.05
27.64	2.82	1.84	0.72	17.52	18.05	6.78	2.68
19.07	1.78	1.13	0.53	22.88	23.25	0.78	1.71
147.82	13.96	10.49	17.80	106.31	109.96	20.98	19.01
1.92	0.08	0.04	-0.01	1.46	1.60	0.06	0.39
16.75	0.67	0.95	1.30	12.89	13.16	0.53	2.12
21.02	2.19	1.53	0.17	28.85	29.57	0.64	1.92
1.77	0.08	0.05	-0.03	0.69	0.80	0.12	0.19
3.02	0.32	0.28	0.01	2.84	2.99		0.39
24.31	0.61	0.87	1.54	19.12	19.81	0.49	2.14
0.51	0.42	0.39	0.01	-0.62	-0.49	0.57	0.06
0.18				0.05	0.07		0.04
1.79	0.04	0.02	0.02	1.27	1.34		0.13
0.13	0.09	0.09		-0.03	0.09		0.01

3-48 按地区分组的其他

地 区	资产总计	固定资产净额	固定资产原价	累计折旧	流动资产合计	应收账款	存货
全 国	**3022.22**	**720.02**	**1341.43**	**598.97**	**1649.26**	**383.75**	**353.21**
北 京	268.82	17.06	36.55	19.49	235.24	85.57	36.13
天 津	14.19	3.07	6.63	3.50	10.07	3.13	2.38
河 北	11.05	1.29	2.96	1.63	8.31	3.23	2.52
山 西	170.20	32.40	64.67	30.90	94.73	7.67	12.15
内蒙古	3.60	0.31	0.38	0.07	3.07	1.90	0.09
辽 宁	32.26	9.07	21.15	12.05	21.20	4.58	5.30
吉 林	5.21	0.95	2.10	1.15	3.90	1.82	0.72
黑龙江	4.62	0.61	1.12	0.50	3.14	0.54	1.06
上 海	69.91	18.65	50.20	31.45	44.57	11.13	15.53
江 苏	121.63	31.67	65.26	31.89	73.91	23.39	21.58
浙 江	251.23	48.93	92.92	43.51	167.08	37.54	38.63
安 徽	90.32	20.62	31.97	11.19	52.96	12.80	16.53
福 建	126.00	14.69	35.24	15.83	81.79	24.31	23.19
江 西	37.73	8.60	16.36	4.87	17.51	5.71	4.51
山 东	34.94	6.53	10.31	3.77	22.75	8.76	4.87
河 南	182.57	44.06	95.66	50.12	106.47	8.91	19.63
湖 北	76.65	14.48	28.88	13.48	53.99	8.08	9.98
湖 南	127.43	28.66	53.44	20.98	66.24	8.67	18.76
广 东	394.90	64.09	130.10	65.62	277.79	73.04	57.19
广 西	7.33	1.86	3.97	2.09	4.03	0.61	0.94
海 南							
重 庆	199.25	60.05	101.96	40.24	109.89	12.61	14.40
四 川	195.38	102.75	169.02	65.91	71.05	18.38	23.51
贵 州	35.45	7.04	13.11	5.67	27.11	10.37	2.55
云 南	2.31	0.42	0.79	0.33	1.74	0.44	0.38
西 藏							
陕 西	136.61	82.08	88.90	5.45	27.71	7.02	4.79
甘 肃	422.63	100.09	217.78	117.28	62.99	3.53	15.92
青 海							
宁 夏							
新 疆							

制造业主要经济指标

单位：亿元

产成品	负债合计	流动负债合计	应付账款	所有者权益合计	实收资本	国家资本	集体资本
117.52	**1811.94**	**1246.92**	**390.82**	**1203.23**	**523.70**	**107.32**	**17.95**
4.88	205.19	195.01	55.10	63.62	26.91		
0.69	5.90	5.46	2.64	8.29	5.45	0.10	
1.26	5.22	5.13	1.45	5.83	2.47	0.07	
2.24	127.75	109.61	28.27	42.45	35.74	35.09	
0.02	1.75	1.75	0.44	1.85	1.66		
1.92	16.36	14.68	4.57	15.90	9.11	0.01	0.33
0.24	2.11	1.99	0.34	3.06	1.80		
0.67	2.43	2.42	0.54	2.19	1.36		
5.83	29.98	24.78	8.94	39.92	15.43	0.02	
9.36	59.32	37.10	15.31	62.31	29.45		0.38
15.56	149.73	144.40	36.57	101.17	46.96	0.20	
6.59	42.49	39.22	7.51	47.83	19.62	4.17	1.82
10.59	52.66	43.09	10.56	67.89	26.63	0.21	0.09
1.91	12.99	9.70	3.82	24.58	16.30		0.01
1.30	21.03	19.17	6.41	13.90	8.76	1.00	
6.03	65.41	49.72	22.61	116.84	23.11	7.54	0.68
1.88	42.82	40.10	9.67	33.49	13.00	0.03	0.01
4.02	63.17	58.37	7.34	64.03	23.23	0.43	0.35
20.54	191.31	171.96	66.35	203.59	89.17	1.42	1.21
0.20	4.69	4.00	0.36	2.64	2.50		
3.01	113.82	106.05	19.16	85.43	30.86	14.92	12.98
12.29	154.61	44.82	22.73	40.77	15.50	13.03	0.10
1.31	25.07	21.48	15.48	10.19	3.29		
0.02	1.08	1.04	0.63	1.23	0.16	0.11	
2.36	79.61	45.07	7.46	57.01	37.55	0.04	
2.81	335.41	50.78	36.57	87.21	37.69	28.95	

3-48 续表

地区	法人资本	个人资本	港澳台资本	外商资本	营业收入	营业成本	销售费用
全国	**190.52**	**108.11**	**34.07**	**65.71**	**2427.70**	**2029.60**	**56.53**
北京	16.88	8.61		1.41	161.41	144.43	0.32
天津	1.79	1.78	0.96	0.83	15.98	13.13	0.80
河北	0.97	1.16		0.27	14.89	12.83	0.42
山西	0.61	0.05			113.68	98.48	0.27
内蒙古		1.66			3.42	3.20	0.06
辽宁	0.68	0.47	0.14	7.48	21.42	16.15	1.25
吉林	0.97	0.83			2.23	1.89	0.04
黑龙江	0.30	1.06			2.50	1.72	0.20
上海	5.80	1.62	1.13	6.85	50.81	36.05	3.57
江苏	8.77	6.23	0.81	13.26	139.42	114.64	5.41
浙江	21.38	17.99	2.57	4.82	240.12	200.77	7.95
安徽	5.91	7.73			93.28	78.63	3.10
福建	7.65	5.84	10.14	2.70	263.72	225.71	7.02
江西	7.42	7.35	0.27	1.25	66.78	55.08	1.46
山东	3.04	2.46	0.06	2.20	34.56	29.95	0.70
河南	10.18	4.72			137.48	115.64	2.02
湖北	11.06	1.89		0.01	85.11	73.85	1.29
湖南	13.98	8.47			235.54	192.16	3.96
广东	31.75	21.13	15.49	18.17	390.62	320.02	13.55
广西	0.38	0.72	0.65	0.74	4.81	3.53	0.23
海南							
重庆	1.63	1.34			108.82	89.89	1.36
四川	1.22	1.15			72.15	66.55	0.62
贵州	2.29	1.00			36.10	33.13	0.44
云南	0.03	0.02			3.93	3.38	0.07
西藏							
陕西	27.11	2.84	1.85	5.71	17.54	13.78	0.43
甘肃	8.75				111.39	85.01	
青海							
宁夏							
新疆							

单位：亿元

管理费用	财务费用		投资收益（损失以"–"号记）	营业利润	利润总额	亏损企业亏损额	平均用工人数（万人）
		利息费用					
187.42	**14.40**	**11.58**	**4.36**	**153.62**	**156.13**	**11.12**	**33.09**
8.47	-0.15		0.76	8.56	8.72	0.20	0.33
1.57	0.17	0.07		0.23	0.27	0.48	0.26
0.87	0.13	0.02	-0.50	0.12	0.15	0.50	0.28
8.48	0.32	0.94	1.11	6.59	6.26	0.97	0.98
0.08	0.01			0.05	0.06		0.01
2.21	0.27	0.33	0.01	1.34	1.45		0.39
0.22	0.05	0.02		-0.01	0.01	0.08	0.04
0.39	0.02	0.02		0.15	0.13	0.11	0.04
6.80	0.72	0.58	0.01	3.31	3.47	0.43	0.78
9.10	1.10	0.36	0.50	9.07	9.37	0.65	1.86
19.12	3.27	2.08	1.20	9.46	10.59	0.97	4.94
5.92	0.63	0.83	0.55	5.87	6.03	0.99	0.91
12.10	1.36	0.77	0.33	17.00	17.03	0.44	3.53
4.00	0.66	0.35		5.30	5.51	0.07	0.78
2.22	0.38	0.20	0.05	1.17	1.12	0.37	0.55
10.24	0.03	0.34	-1.65	7.67	7.36	1.74	2.13
6.16	0.05	0.11	-0.01	3.83	4.12	0.08	0.75
17.45	0.86	0.34	0.03	19.93	19.44	0.26	3.79
35.20	3.60	1.84	0.87	17.66	18.96	2.16	7.01
0.61	0.11	0.04		0.29	0.30	0.13	0.14
13.94	0.02	0.55	0.73	6.25	5.91	0.02	1.32
7.40	0.70	0.74	0.13	4.42	4.31	0.05	0.78
2.06	0.07	0.09	0.12	0.56	0.60	0.04	0.45
0.27	0.01			0.19	0.19		0.03
1.57	-0.16	0.11		1.67	1.69	0.39	0.23
10.96	0.18	0.82	0.13	22.95	23.09		0.81

3-49 按地区分组的废弃资源

地区	资产总计	固定资产净额	固定资产原价	累计折旧	流动资产合计	应收账款	存货
全国	**3397.45**	**770.83**	**1270.77**	**434.82**	**1963.54**	**464.55**	**526.09**
北京	12.40	3.26	6.84	3.51	7.74	2.46	0.21
天津	72.29	14.71	24.56	9.00	44.88	10.87	6.80
河北	167.21	37.30	59.44	20.14	99.58	40.27	17.07
山西	32.78	7.29	12.18	2.58	16.07	6.27	4.03
内蒙古	31.25	8.52	11.05	2.53	20.15	9.00	4.39
辽宁	103.11	24.18	42.28	15.86	60.50	7.78	15.80
吉林	14.08	1.42	2.73	1.31	8.70	1.18	2.52
黑龙江	26.05	4.45	5.97	1.50	19.93	9.42	2.52
上海	61.73	18.15	31.06	12.24	36.41	10.19	6.11
江苏	224.59	58.92	91.93	31.27	133.49	35.65	27.84
浙江	308.54	59.59	90.11	26.52	201.75	34.08	41.18
安徽	199.04	38.49	63.08	19.79	123.34	38.54	21.05
福建	86.16	23.44	35.75	10.89	48.13	12.38	11.38
江西	277.57	56.91	100.53	39.93	160.26	44.02	53.12
山东	178.22	42.57	57.19	13.58	80.70	22.88	17.56
河南	114.71	37.64	63.43	23.29	61.87	26.53	8.81
湖北	392.97	87.37	130.81	36.39	201.33	32.14	75.17
湖南	132.23	41.67	106.16	53.78	54.69	15.05	15.91
广东	516.79	92.40	159.87	57.05	335.09	35.01	148.72
广西	80.34	11.17	22.52	10.14	52.15	12.02	11.11
海南	1.09	0.05	0.07	0.02	0.09	0.02	0.01
重庆	43.76	11.84	18.40	5.92	24.17	3.43	2.50
四川	88.59	21.84	35.40	11.51	48.91	17.99	7.08
贵州	11.27	3.06	5.86	0.75	4.40	1.35	0.39
云南	62.55	15.57	22.94	6.42	35.20	8.07	8.24
西藏							
陕西	77.21	21.48	31.90	7.77	42.81	13.64	6.39
甘肃	15.99	5.25	7.76	2.50	7.34	1.15	3.29
青海	1.31	0.48	0.55	0.07	0.76	0.10	0.18
宁夏	13.43	4.50	5.60	1.09	8.11	3.19	1.84
新疆	50.18	17.30	24.80	7.46	24.99	9.89	4.88

综合利用业主要经济指标

单位：亿元

产成品	负债合计	流动负债合计	应付账款	所有者权益合计	实收资本	国家资本	集体资本
262.28	**1936.31**	**1579.88**	**354.60**	**1458.42**	**815.53**	**63.32**	**21.10**
0.09	4.57	3.07	0.81	7.84	3.08	0.50	
4.40	37.59	32.67	7.26	34.70	29.53	1.18	1.53
8.68	108.33	94.78	28.79	57.74	38.39	0.55	5.78
2.05	19.15	16.60	2.87	13.62	12.32		0.04
2.59	17.53	16.26	4.35	13.73	5.82	0.50	0.18
8.01	72.71	34.74	6.91	30.41	18.40	1.33	0.12
0.32	6.74	6.36	0.68	7.34	4.05	0.24	
1.15	15.23	13.00	2.54	10.82	5.50		0.40
3.18	30.39	26.44	6.12	31.34	14.62	1.59	0.05
14.59	124.84	74.12	19.08	99.75	72.61	4.24	3.08
13.09	183.69	164.82	37.05	124.84	61.92	2.65	
13.50	110.75	95.11	26.21	88.29	49.56	15.91	0.14
5.52	52.28	44.69	7.93	32.51	19.98	1.96	0.23
30.99	169.97	141.59	29.05	106.48	57.44	4.47	2.20
7.54	94.01	87.31	25.37	84.22	41.07	1.32	0.48
3.08	53.28	45.92	10.88	61.44	42.34	0.20	2.41
19.21	204.92	182.67	17.93	187.78	139.49	1.90	0.40
6.83	59.51	43.60	15.74	74.64	36.19	1.48	0.26
94.19	318.02	254.44	56.78	198.77	68.43	9.69	0.50
9.43	51.67	45.83	5.91	28.18	13.25	2.51	0.50
	0.79	0.30	0.07	0.29	0.38		
0.96	23.64	11.36	3.01	20.12	8.40	1.31	0.40
3.78	50.29	40.15	6.09	38.06	24.05	0.98	1.87
0.21	6.97	4.81	1.29	4.29	3.53		
2.34	29.50	25.72	7.20	33.05	14.41	0.58	0.40
3.53	40.00	34.71	8.85	37.21	17.71	2.71	0.05
1.18	9.42	6.51	3.24	6.57	5.42	3.85	0.06
0.07	1.06	1.03	0.83	0.25	0.23		
0.67	6.70	6.52	1.83	6.73	2.94		
1.10	32.78	24.77	9.92	17.40	4.49	1.68	0.03

3-49 续表

地区	法人资本	个人资本	港澳台资本	外商资本	营业收入	营业成本	销售费用
全国	**356.13**	**323.23**	**36.44**	**13.95**	**5878.91**	**5383.29**	**55.82**
北京	1.07	1.42		0.09	4.36	3.44	0.02
天津	17.85	6.20		2.77	86.81	84.11	0.47
河北	15.28	12.65	3.57	0.55	154.95	140.85	2.33
山西	1.91	7.87	2.50		86.51	65.78	0.23
内蒙古	2.45	2.68			47.82	43.23	0.47
辽宁	11.64	5.08	0.16	0.06	120.02	116.12	1.16
吉林	0.30	3.44		0.06	17.61	16.34	0.11
黑龙江	3.92	1.03			67.54	67.74	0.72
上海	7.03	2.36	1.61	1.98	47.92	35.23	1.05
江苏	28.06	24.62	10.32	2.29	311.88	283.29	3.42
浙江	31.22	17.82	8.04	2.19	357.93	324.33	3.17
安徽	16.40	16.01		1.11	451.83	429.04	4.20
福建	9.03	7.87	0.89		228.76	218.23	1.48
江西	34.98	15.48			898.62	840.86	5.73
山东	22.83	13.00	0.87	1.72	152.50	138.60	1.38
河南	15.67	24.06			189.33	172.22	2.64
湖北	37.59	98.98	0.62		452.45	428.96	4.43
湖南	21.18	12.64	0.36	0.27	263.32	218.41	4.73
广东	32.94	19.20	5.38	0.73	1097.10	1017.40	9.05
广西	4.04	6.20			293.95	263.67	2.01
海南	0.38				0.32	0.21	
重庆	4.70	1.87		0.13	50.99	40.82	1.30
四川	14.61	4.48	2.12		165.01	142.26	1.96
贵州	2.40	1.13			8.38	6.62	0.32
云南	5.66	7.73			106.71	99.51	0.89
西藏							
陕西	8.29	6.66			123.42	108.71	1.25
甘肃	0.99	0.51			11.85	10.69	0.25
青海	0.05	0.18			2.28	2.14	0.04
宁夏	2.09	0.85			26.27	23.66	0.39
新疆	1.57	1.22			52.50	40.79	0.59

单位：亿元

管理费用	财务费用	利息费用	投资收益（损失以“−”号记）	营业利润	利润总额	亏损企业亏损额	平均用工人数（万人）
156.89	**41.61**	**30.18**	**5.48**	**222.26**	**255.50**	**42.66**	**18.18**
0.68	-0.03	0.07	0.32	0.92	0.90		0.05
2.69	0.10	0.21	0.62	-0.04	2.61	1.19	0.24
5.14	1.84	1.35	0.47	3.69	3.65	1.70	0.95
1.57	0.45	0.34	0.03	18.54	0.80	0.54	0.23
1.44	0.34	0.17		2.64	2.48	0.32	0.18
3.71	1.49	0.45	0.34	-9.22	-6.93	12.26	0.51
0.55	0.01	0.01	0.19	0.75	0.80	0.02	0.08
0.74	0.23	0.15		0.23	1.37	0.23	0.09
3.71	0.24	0.41	0.03	8.14	8.69	0.17	0.24
14.56	2.31	1.44	0.01	7.65	11.24	3.98	1.21
11.02	3.59	3.36	0.30	16.86	20.60	3.51	1.24
9.97	2.05	1.46	1.96	7.01	14.35	0.33	1.25
4.26	1.66	1.62	0.04	1.67	3.27	1.16	0.55
16.04	3.85	1.97	-0.74	25.83	38.97	0.95	1.74
5.37	2.05	1.08	0.42	4.92	6.03	1.87	0.65
6.54	2.27	1.78	0.15	4.93	7.70	1.54	1.06
13.11	5.84	5.05	-0.08	4.77	6.32	6.39	1.24
15.30	2.55	1.57	0.10	17.26	20.01	1.05	1.23
19.80	4.25	3.00	0.82	45.67	46.96	2.57	2.24
3.13	0.99	0.78		22.89	23.72	0.51	0.56
0.03	0.03	0.03		0.04	0.06		
2.72	0.63	0.59		5.27	5.42	0.23	0.34
5.62	1.64	1.45	0.07	12.01	12.85	0.45	0.90
0.71	0.13	0.08	0.01	0.54	0.87	0.15	0.08
2.85	0.77	0.59	0.11	2.36	3.07	0.84	0.40
3.27	1.30	0.75		6.11	6.76	0.16	0.49
0.59	0.16	0.15	0.32	0.45	0.47	0.23	0.10
0.11				-0.02	0.03		0.01
0.42	0.05	0.06		1.25	2.60	0.09	0.09
1.24	0.80	0.20		9.14	9.81	0.21	0.22

3-50 按地区分组的金属制品、机械和

地区	资产总计	固定资产净额	固定资产原价	累计折旧	流动资产合计	应收账款	存货
全国	**2389.82**	**454.62**	**931.95**	**449.61**	**1335.97**	**405.42**	**287.36**
北京	455.71	19.67	86.01	63.00	107.64	37.61	20.95
天津	35.86	6.74	10.27	3.53	24.01	9.13	2.08
河北	107.11	42.34	70.26	28.58	56.95	12.20	18.46
山西	40.94	6.91	11.51	4.41	32.24	12.75	7.01
内蒙古	6.66	1.37	2.26	0.89	4.94	2.76	1.44
辽宁	78.83	10.68	45.96	24.96	59.84	7.30	11.06
吉林	6.89	1.47	3.10	1.63	4.39	1.44	2.03
黑龙江	29.40	7.03	11.65	4.51	11.66	4.29	1.22
上海	335.47	92.77	173.68	78.18	215.14	58.77	46.76
江苏	27.43	10.60	17.36	6.76	14.16	4.31	3.94
浙江	221.56	63.37	113.38	45.51	127.95	29.65	24.55
安徽	148.76	14.30	30.12	15.81	123.21	14.97	22.55
福建	113.51	41.63	76.34	34.20	53.62	11.63	9.22
江西	5.17	0.54	1.13	0.59	4.44	0.17	0.38
山东	60.38	9.92	21.56	10.00	38.56	13.99	9.80
河南	49.62	5.58	12.48	6.79	37.02	19.59	4.08
湖北	82.01	10.60	35.26	22.63	54.67	19.60	14.20
湖南	7.33	1.84	3.46	1.62	4.17	0.98	0.49
广东	243.12	53.24	99.19	45.48	171.08	85.34	39.94
广西	24.96	2.40	5.86	3.46	19.28	12.47	1.22
海南	5.25	1.20	1.84	0.65	4.01	3.10	0.32
重庆	7.47	1.72	3.09	1.37	5.72	2.23	1.50
四川	154.83	18.46	41.65	21.61	89.23	19.73	33.62
贵州	8.92	3.70	6.25	2.56	4.28	3.16	0.20
云南	13.99	0.60	0.69	0.08	11.98	0.42	0.06
西藏							
陕西	66.20	20.89	37.31	15.92	32.07	10.21	3.72
甘肃	45.18	4.43	8.46	3.78	17.42	4.29	6.23
青海	1.68	0.14	0.36	0.22	1.50	0.78	
宁夏	2.28	0.23	0.55	0.32	2.03	0.70	0.02
新疆	3.28	0.26	0.89	0.55	2.78	1.84	0.31

设备修理业主要经济指标

单位：亿元

产成品	负债合计	流动负债合计	应付账款	所有者权益合计	实收资本	国家资本	集体资本
34.92	**1225.49**	**1000.64**	**397.34**	**1164.56**	**716.00**	**178.32**	**6.50**
0.90	141.69	96.06	21.07	314.02	99.11		
0.78	19.00	17.54	9.78	16.86	15.54	0.69	0.80
0.10	54.60	43.94	17.92	52.51	59.75	55.45	0.06
4.67	33.04	32.94	11.61	7.91	9.29	3.94	
0.57	3.36	3.36	1.86	3.30	1.95	1.05	
0.42	66.97	54.50	23.82	11.86	57.88	1.48	0.01
0.81	5.15	4.68	3.38	1.75	0.74	0.01	0.60
0.45	19.27	13.10	7.04	10.13	8.67	0.01	0.29
4.41	206.59	176.37	81.76	128.88	101.36	38.91	0.62
0.53	15.34	9.64	2.46	12.09	10.94	3.81	
0.95	148.54	133.25	51.30	73.02	55.41	5.87	1.00
0.47	57.00	39.14	18.86	91.76	10.24	5.11	
1.43	35.23	21.59	9.31	78.23	32.86	1.69	0.86
0.26	2.70	2.34	1.02	2.47	1.14		0.02
2.67	39.03	30.94	11.80	21.35	91.56	4.93	0.63
0.07	28.44	26.63	21.85	21.18	16.01		0.06
1.81	43.89	34.44	16.36	38.39	10.93	2.81	
0.05	5.63	5.63	0.68	1.69	1.10		0.20
5.92	132.92	120.62	39.28	110.20	52.94	22.14	0.02
0.09	15.39	15.07	6.80	9.57	6.58	5.88	0.10
	1.17	1.17	0.87	4.07	2.50		
0.37	2.75	2.70	1.55	4.72	3.10		0.85
5.06	63.90	46.26	16.32	90.94	21.04	0.85	
0.04	3.86	3.15	2.14	5.06	3.40	3.00	0.20
	10.34	10.34	0.20	3.65	3.61	3.39	0.01
0.31	33.29	31.36	9.38	32.91	29.53	16.85	
1.69	32.55	20.05	6.76	12.63	6.88	0.35	
	0.68	0.68	0.40	1.01	0.15	0.05	0.05
	0.83	0.83	0.56	1.45	0.99		
0.10	2.32	2.32	1.21	0.96	0.84	0.06	0.11

3-50 续表

地　区	法人资本	个人资本	港澳台资本	外商资本	营业收入	营业成本	销售费用
全　国	**402.28**	**41.69**	**30.04**	**57.17**	**1456.55**	**1218.16**	**16.09**
北　京	85.89	3.93		9.29	117.60	99.77	1.52
天　津	10.31	1.67	0.09	1.97	17.93	15.63	0.25
河　北	3.71	0.54			60.04	48.02	0.19
山　西	3.64	1.66		0.05	25.35	21.84	0.46
内蒙古	0.90				5.89	4.81	0.19
辽　宁	55.56	0.83			52.78	45.33	0.29
吉　林	0.04	0.10			5.40	4.38	0.05
黑龙江	5.56	0.20	2.60		9.51	7.66	0.08
上　海	53.39	1.72	1.05	5.66	267.52	235.61	1.61
江　苏	0.63	1.50		5.00	21.88	17.03	1.22
浙　江	23.21	6.22	4.62	14.49	145.22	112.95	2.37
安　徽	3.50	1.64			55.56	42.82	0.55
福　建	7.55	1.74	16.23	4.78	116.81	99.37	1.01
江　西	0.18	0.74	0.21		6.52	5.35	0.09
山　东	82.99	1.52	1.28	0.21	40.93	33.52	0.39
河　南	13.45	1.53		0.97	35.30	29.74	0.67
湖　北	7.06	1.06			102.56	84.25	2.36
湖　南	0.30	0.59			7.26	6.05	0.09
广　东	14.32	4.07	3.95	8.44	190.30	160.43	1.77
广　西	0.50	0.10			20.08	16.27	0.15
海　南	2.50				4.45	3.62	
重　庆	2.10	0.14			8.03	6.31	0.07
四　川	8.27	9.40		2.53	75.99	65.22	0.03
贵　州	0.20				6.16	4.65	0.01
云　南	0.21				0.96	0.87	
西　藏							
陕　西	8.46	0.44		3.77	32.03	25.84	0.20
甘　肃	6.53				14.01	11.97	0.27
青　海	0.05				4.81	4.28	
宁　夏	0.97	0.03			2.64	2.18	0.16
新　疆	0.35	0.32			3.01	2.41	0.03

单位：亿元

管理费用	财务费用	利息费用	投资收益（损失以"–"号记）	营业利润	利润总额	亏损企业亏损额	平均用工人数（万人）
143.18	**16.28**	**15.43**	**20.34**	**65.78**	**68.23**	**36.76**	**20.30**
13.22	4.18	4.13	16.32	15.16	15.06	1.71	1.45
1.80	-0.07	0.02		0.25	0.26	0.85	0.32
7.16	0.26	0.16	0.06	2.90	2.09	0.04	1.20
2.11	0.21	0.20	0.02	0.58	0.67	0.22	0.65
0.71	0.03	0.03		0.11	0.10	0.03	0.11
4.31	1.02	1.02	0.01	1.47	0.51	1.55	0.90
0.54				0.37	0.40		0.18
1.50	0.21	0.19	0.20	0.35	0.54	0.08	0.22
36.28	2.01	1.95	1.35	-14.07	-13.69	28.59	2.79
1.90	0.42	0.34	0.01	1.03	1.06	0.14	0.38
11.12	2.56	2.06	0.22	15.38	16.66	0.05	1.90
8.32	-1.32	0.04	0.04	4.66	4.68		0.55
6.98	2.24	1.09	0.48	7.59	7.68	0.28	1.18
0.66	-0.04	0.01		0.40	0.44		0.16
4.91	0.96	0.15	0.27	0.87	1.17	0.92	0.75
3.34	0.08	0.06	0.09	1.32	2.00		0.67
7.95	1.09	1.16	0.01	3.96	4.36	0.28	2.01
0.65	0.01	0.01	0.10	0.55	0.62		0.20
13.65	1.57	1.83	0.09	12.07	12.26	1.14	2.21
2.18	0.03	0.05		1.33	1.49	0.02	0.33
0.57				0.52	0.62		0.21
0.80		0.01		0.95	1.00		0.27
5.53	0.14	0.20	1.05	5.43	5.30	0.07	0.42
0.61	0.04	0.02		0.77	0.76		0.11
0.07	0.02	0.04		-0.01	-0.01	0.03	0.04
3.74	0.52	0.50	0.03	1.51	1.65	0.74	0.42
1.59	0.08	0.12		0.06	0.22		0.25
0.29				0.20	0.20		0.21
0.28	-0.01			0.03	0.07		0.07
0.43	0.05	0.03		0.06	0.05	0.02	0.14

3-51 按地区分组的电力、热力、

地区	资产总计	固定资产净额	固定资产原价	累计折旧	流动资产合计	应收账款	存货
全国	**215627.92**	**112446.16**	**204078.78**	**88466.52**	**42401.39**	**10408.53**	**2050.22**
北京	26217.75	5294.64	10310.39	5009.08	4187.39	639.24	24.86
天津	3085.43	1488.25	2956.82	1436.04	860.48	164.49	54.43
河北	7789.77	4477.89	8367.54	3686.97	1722.34	524.09	82.31
山西	6382.23	3902.40	6973.47	2935.73	1487.94	472.11	84.09
内蒙古	8743.89	5051.27	9339.23	4064.78	1944.15	733.35	69.25
辽宁	5946.23	3318.09	6399.07	3020.83	1426.35	294.86	98.33
吉林	2606.80	1616.59	3082.38	1443.74	620.83	143.15	40.69
黑龙江	3610.11	1872.07	3617.04	1668.68	880.75	233.54	63.85
上海	4374.71	1975.73	4935.00	2950.91	685.74	116.31	30.06
江苏	12423.24	7076.30	14229.90	7079.10	2869.84	598.49	135.52
浙江	9606.52	5517.38	11173.61	5566.39	2017.83	434.72	173.21
安徽	4661.62	3071.87	5338.49	2236.86	838.68	276.37	58.96
福建	5491.01	3136.59	5821.16	2599.74	1023.78	247.71	118.12
江西	3273.72	1740.48	3138.96	1302.21	724.17	198.81	34.25
山东	15170.95	6976.01	12915.89	5596.75	4068.02	798.07	199.34
河南	7323.33	4188.38	7659.66	3294.85	1577.59	309.57	100.68
湖北	6528.54	3708.10	7069.62	3259.10	921.80	303.18	39.36
湖南	4670.34	2915.12	5520.16	2493.96	672.75	161.88	36.08
广东	19591.23	9646.74	17963.05	8225.19	3561.54	794.42	230.38
广西	4987.86	2783.04	4613.96	1704.52	847.47	227.63	50.55
海南	1016.19	680.80	1079.02	380.14	148.24	31.08	17.52
重庆	2900.46	1701.10	3075.99	1333.44	509.43	56.59	28.12
四川	11664.88	7252.52	11467.93	4056.96	1545.64	255.53	58.72
贵州	4587.42	2775.59	4734.52	1881.15	885.37	236.31	39.00
云南	9787.87	6257.61	9352.37	2999.25	1252.65	302.94	27.52
西藏	1117.20	733.53	971.74	237.31	176.31	22.71	3.82
陕西	5101.52	2702.89	5143.59	2059.77	1114.48	290.04	63.06
甘肃	3349.61	2144.98	3831.77	1583.01	767.28	324.70	20.96
青海	2831.63	1799.95	2808.41	952.49	605.14	275.76	5.97
宁夏	3426.33	2096.05	3333.01	1203.72	727.23	313.28	18.65
新疆	7359.52	4544.20	6855.01	2203.87	1730.18	627.57	42.60

燃气及水生产和供应业主要经济指标

单位：亿元

产成品	负债合计	流动负债合计	应付账款	所有者权益合计	实收资本	国家资本	集体资本
201.11	**127770.59**	**66336.64**	**14082.92**	**87778.42**	**60684.98**	**34850.20**	**655.14**
1.52	8482.62	6175.95	889.46	17735.14	15657.25	14891.36	0.17
6.44	2050.73	1362.19	232.34	1034.71	843.95	459.45	0.02
14.99	5184.75	3057.25	875.86	2600.28	1778.95	692.57	28.69
11.18	4659.77	2540.93	753.96	1720.58	1459.77	781.02	17.81
7.13	5774.30	3311.80	752.10	2975.89	2175.22	1020.46	27.87
7.24	4093.57	2268.96	458.44	1849.93	1551.46	374.27	8.24
3.37	1756.59	1107.30	212.21	850.21	665.70	378.08	4.76
4.33	2513.10	1378.44	312.61	1095.37	855.14	169.29	8.51
2.69	1867.41	1255.24	199.04	2507.31	1935.51	1667.83	4.44
10.59	7365.31	3848.59	822.01	5057.93	3469.59	2167.72	90.66
7.46	5609.35	2653.31	654.08	3977.21	2382.60	1209.13	11.49
10.32	2791.87	1646.19	418.36	1869.75	1347.39	425.82	5.95
5.25	3295.70	1448.53	328.20	2193.83	1394.61	354.86	17.92
7.28	2083.04	1104.93	303.61	1188.85	787.36	179.55	1.84
18.54	9821.54	6117.91	1050.86	5348.66	3262.93	848.30	41.29
16.72	5007.80	2730.24	671.94	2316.57	1475.01	420.74	8.05
6.66	3502.70	2065.53	445.87	3022.95	1375.19	766.95	15.75
9.08	2908.49	1446.28	261.94	1737.65	1020.49	320.07	9.46
16.15	10087.10	4415.60	1045.67	9504.13	4528.13	2284.03	143.61
4.88	3416.56	1374.22	214.70	1573.85	774.67	381.90	5.77
0.35	716.50	267.84	51.99	298.97	252.88	53.13	0.50
1.38	1608.92	876.10	184.18	1291.30	800.46	208.19	6.60
5.61	7476.64	3132.40	507.54	4172.93	2510.78	1129.01	39.22
3.65	3545.75	1614.82	295.30	1040.45	856.56	286.46	38.55
5.51	6783.50	2040.11	295.74	3004.53	2187.65	923.81	14.86
0.01	536.43	282.05	66.64	580.77	63.71	34.60	
4.42	3377.50	1814.33	487.97	1710.45	1207.54	594.34	13.33
3.76	2367.77	1028.26	251.82	986.36	924.70	487.48	11.96
0.63	1773.96	706.24	152.10	1057.67	627.06	146.54	13.65
0.98	2280.13	1028.58	292.42	1146.20	815.52	360.60	23.65
2.98	5031.22	2236.53	593.97	2327.98	1697.19	832.62	40.51

3-51 续表

地　区					营业收入	营业成本	销售费用
	法人资本	个人资本	港澳台资本	外商资本			
全　国	**21800.94**	**1191.25**	**1278.16**	**896.78**	**81847.45**	**71466.14**	**499.84**
北　京	676.76	9.78	76.68	2.49	6286.19	5943.74	10.03
天　津	297.14	14.45	10.59	62.30	1220.55	1122.39	5.75
河　北	891.33	62.56	66.40	37.41	3720.45	3275.74	18.71
山　西	584.20	41.63	22.54	12.57	2599.92	2299.57	22.48
内蒙古	946.87	134.36	25.02	20.54	2966.91	2516.14	11.42
辽　宁	1013.60	63.42	25.80	67.71	2294.09	2057.99	17.13
吉　林	239.29	29.09	6.81	7.66	1051.35	968.63	7.12
黑龙江	583.52	68.25	12.38	13.19	1365.39	1304.26	9.56
上　海	224.05	9.32	5.73	24.13	1732.19	1617.12	19.10
江　苏	807.22	91.44	229.85	82.70	6446.38	5650.18	54.82
浙　江	1036.39	20.17	59.41	46.01	5775.77	5161.55	27.09
安　徽	812.20	37.09	43.40	22.93	2422.57	2141.11	11.60
福　建	883.64	19.22	85.81	33.17	2512.26	2140.75	15.02
江　西	555.59	21.57	14.10	14.72	1694.46	1466.18	10.56
山　东	2029.87	138.04	142.41	62.10	6358.56	5629.35	31.37
河　南	898.24	61.51	64.52	20.89	3305.96	2920.48	21.66
湖　北	499.94	29.67	35.16	24.87	2297.48	1845.95	14.65
湖　南	573.60	29.05	69.96	18.33	1962.11	1660.37	18.35
广　东	1760.27	50.65	128.79	153.44	8947.28	7876.16	51.03
广　西	319.65	18.32	44.30	4.74	1623.75	1363.16	5.51
海　南	161.95	0.32	4.28	32.71	332.67	285.48	2.28
重　庆	547.69	12.61	13.15	12.22	1185.99	1036.56	8.44
四　川	1215.77	71.00	27.05	28.69	3158.37	2432.77	32.39
贵　州	452.78	17.76	26.52	34.49	1571.20	1342.87	5.87
云　南	1184.77	32.82	7.93	23.45	1881.10	1434.07	7.43
西　藏	26.11	1.46	1.54		70.65	83.99	0.40
陕　西	549.50	33.94	3.89	12.55	2170.91	1844.08	13.50
甘　肃	384.53	19.27	6.89	12.77	1153.51	991.46	3.51
青　海	461.27	2.46	0.45	2.68	580.82	454.43	2.92
宁　夏	397.25	13.68	15.93	4.41	1188.77	1034.31	2.63
新　疆	785.95	36.34	0.87	0.91	1969.87	1565.30	37.48

单位：亿元

管理费用	财务费用		投资收益(损失以"-"号记)	营业利润	利润总额	亏损企业亏损额	平均用工人数(万人)
		利息费用					
2224.93	**3016.95**	**2877.86**	**829.37**	**5132.93**	**5370.89**	**1080.60**	**353.10**
112.84	84.87	92.88	215.11	394.58	405.64	17.17	9.36
41.79	26.52	27.17	8.57	41.05	49.05	9.72	4.07
107.04	115.12	103.71	23.40	217.13	234.36	29.88	17.90
75.68	128.63	119.32	4.73	74.96	95.44	56.64	13.26
55.32	175.58	160.03	57.61	190.81	211.06	111.94	16.36
80.03	88.64	75.46	-0.58	43.83	54.63	66.68	15.10
40.58	43.67	37.26	1.64	-8.01	8.17	41.03	9.32
47.31	53.10	46.99	4.73	-46.49	-10.99	76.20	13.53
42.35	18.12	19.56	29.89	79.69	77.39	8.94	3.45
148.82	124.46	95.38	35.97	463.03	466.31	28.16	15.03
125.22	130.87	130.63	31.06	352.63	357.87	21.77	12.09
55.24	68.77	61.59	10.76	152.84	160.26	9.95	9.67
61.69	79.47	77.93	15.12	228.74	233.30	10.83	7.68
44.10	43.28	38.23	3.73	127.76	132.43	7.11	8.50
178.04	203.46	226.82	70.19	336.24	335.66	88.90	30.41
92.25	127.04	121.08	14.42	144.88	152.09	26.70	22.02
65.00	82.01	77.93	43.24	323.04	322.95	26.12	11.02
86.98	80.59	70.19	4.04	112.39	117.05	21.48	15.28
259.47	238.69	241.57	168.72	692.95	720.34	39.57	25.69
53.85	81.53	81.85	3.30	113.44	117.79	17.00	11.12
12.27	20.70	19.78	0.17	9.27	9.62	12.66	1.94
43.47	39.14	38.00	7.44	61.81	67.24	23.09	5.75
108.22	220.96	214.72	11.80	338.38	344.47	40.63	20.40
34.69	111.87	104.24	13.38	74.17	78.23	38.48	7.62
49.52	196.12	194.85	17.99	196.38	190.17	52.60	9.97
7.49	4.73	5.25	0.07	-23.98	-24.90	29.15	0.71
72.53	78.29	72.72	9.02	155.02	163.67	23.94	12.03
32.67	75.85	69.38	7.14	34.09	37.66	43.45	8.17
13.27	49.96	45.48	1.20	52.67	53.34	25.90	1.80
21.35	77.00	73.74	7.15	55.69	57.89	13.12	3.18
55.85	147.91	134.13	8.37	143.92	152.70	61.78	10.65

3-52 按地区分组的电力、

地区	资产总计	固定资产净额	固定资产原价	累计折旧	流动资产合计	应收账款	存货
全国	**180566.74**	**100443.08**	**184837.32**	**81647.06**	**31187.79**	**8744.50**	**1499.06**
北京	24057.31	4521.11	9074.94	4548.32	3637.27	445.32	21.81
天津	2158.80	1180.48	2468.99	1257.86	552.06	80.64	39.09
河北	6315.81	4003.45	7659.78	3483.04	1230.64	402.11	42.32
山西	5412.07	3529.99	6431.14	2774.12	1179.36	415.68	60.78
内蒙古	7702.09	4660.84	8762.79	3888.32	1656.49	679.90	58.01
辽宁	4850.30	2980.82	5820.19	2787.06	985.84	243.95	87.23
吉林	2334.79	1505.90	2892.51	1366.75	528.38	132.94	32.84
黑龙江	3212.03	1746.76	3421.14	1599.21	745.43	216.36	59.52
上海	2798.36	1618.71	4212.30	2586.75	380.94	58.77	10.77
江苏	9292.23	6090.07	12614.51	6467.33	1506.95	483.98	94.66
浙江	7205.29	4588.65	9549.48	4897.21	1279.60	365.45	145.64
安徽	3872.63	2800.88	4894.60	2079.05	558.36	232.54	31.77
福建	4592.51	2819.36	5288.41	2399.51	760.53	213.36	97.45
江西	2575.89	1555.34	2852.65	1213.15	475.53	179.94	19.12
山东	12880.84	6197.05	11689.23	5207.68	3212.66	649.98	140.08
河南	5956.80	3728.65	6966.35	3097.33	1069.07	239.46	63.59
湖北	5654.43	3410.52	6600.11	3101.69	596.00	243.19	20.21
湖南	3814.78	2568.04	4957.31	2316.33	462.73	123.62	26.69
广东	15804.41	8229.53	15626.82	7313.16	2572.24	623.29	181.29
广西	4457.44	2555.49	4293.51	1614.82	705.81	209.26	41.18
海南	801.96	599.68	948.46	332.54	85.54	26.06	16.02
重庆	2122.72	1426.73	2653.84	1187.48	254.42	39.89	17.15
四川	9426.56	6724.01	10588.30	3745.60	825.28	183.94	23.91
贵州	3902.18	2642.99	4544.24	1826.31	610.66	205.52	26.03
云南	8787.31	5799.88	8724.81	2830.50	950.11	276.62	14.21
西藏	1070.31	730.56	965.65	234.18	161.68	19.86	3.15
陕西	4154.28	2321.10	4520.99	1870.68	843.12	260.19	48.83
甘肃	3149.11	2082.57	3710.39	1529.26	701.63	320.05	17.87
青海	2750.17	1774.56	2766.49	937.65	572.55	273.67	4.95
宁夏	3059.78	1969.23	3149.69	1147.25	627.86	300.26	15.91
新疆	6393.51	4080.12	6187.71	2006.89	1459.05	598.69	36.97

热力生产和供应业主要经济指标

单位：亿元

产成品	负债合计	流动负债合计	应付账款	所有者权益合计	实收资本	国家资本	集体资本
69.13	**106929.12**	**54869.07**	**11815.93**	**73635.62**	**53282.80**	**31220.55**	**426.40**
0.95	7477.47	5696.16	743.80	16579.85	15063.81	14523.67	0.17
1.97	1465.93	998.05	173.80	692.87	607.20	405.71	0.02
3.04	4191.18	2385.58	643.87	2127.06	1458.97	627.05	17.30
4.97	3945.92	2125.74	673.56	1465.72	1264.71	662.80	17.04
4.34	5006.61	2760.36	665.65	2701.79	1951.41	904.80	26.42
4.00	3422.80	1881.93	415.92	1424.77	1274.71	239.00	6.10
2.31	1588.25	1006.91	194.64	746.55	627.30	362.70	0.76
2.68	2255.52	1229.70	288.23	954.88	787.72	140.29	5.55
0.01	1191.90	867.66	127.56	1606.46	1405.03	1221.96	0.99
2.30	5428.12	3062.09	734.94	3864.10	2854.75	1813.84	78.29
0.67	4102.51	1967.93	546.87	3101.69	1871.94	954.71	8.98
4.80	2358.50	1347.57	359.19	1514.13	1205.92	364.85	2.95
2.31	2825.45	1192.18	277.24	1767.05	1186.56	257.78	15.51
0.51	1642.31	796.36	247.28	933.57	690.27	138.87	1.26
8.97	8396.89	5193.34	843.10	4483.55	2860.76	670.86	33.16
2.65	4233.40	2210.64	576.85	1724.78	1243.55	335.85	5.44
1.77	2955.60	1735.61	385.77	2699.00	1250.41	725.50	6.35
5.12	2375.99	1133.91	207.71	1428.17	875.69	239.87	7.19
2.19	7854.15	3282.84	799.16	7950.26	3751.36	2019.37	9.92
1.81	3089.72	1233.66	184.82	1370.84	703.81	343.09	5.58
0.21	613.34	227.76	45.14	188.62	170.59	28.14	
0.16	1252.44	675.68	155.08	870.04	634.38	142.48	3.97
1.03	6194.70	2469.41	362.87	3229.44	2188.86	957.47	34.54
2.04	3104.48	1358.92	260.39	796.76	739.45	244.88	31.43
1.30	6221.01	1773.80	255.02	2566.46	1886.95	668.06	14.55
0.01	498.67	279.13	66.04	571.64	58.58	29.47	
3.19	2791.07	1458.60	425.88	1363.99	1014.89	506.84	3.92
1.41	2239.92	950.09	241.59	913.70	883.08	460.33	11.66
0.04	1741.78	686.91	148.30	1008.39	614.28	140.14	13.65
0.18	2069.64	916.82	267.80	990.14	730.14	340.66	23.65
2.19	4393.85	1963.75	497.84	1999.35	1425.74	749.50	40.02

3-52 续表

地 区	法人资本	个人资本	港澳台资本	外商资本	营业收入	营业成本	销售费用
全 国	**19278.65**	**904.26**	**893.00**	**547.49**	**68955.50**	**60860.52**	**75.19**
北 京	517.31	6.82	13.52	2.33	5674.92	5415.25	1.78
天 津	185.36	7.59	2.87	5.66	916.45	862.58	2.06
河 北	692.87	47.15	50.91	23.69	2992.98	2653.76	1.88
山 西	518.21	36.51	19.10	11.05	2203.55	1951.07	3.28
内蒙古	869.84	109.82	20.08	20.34	2688.60	2276.89	5.88
辽 宁	930.02	58.53	11.79	30.86	2059.36	1867.29	1.52
吉 林	228.67	23.33	4.40	7.43	964.56	900.61	0.87
黑龙江	561.15	62.16	6.50	12.07	1280.67	1235.34	2.38
上 海	160.05	7.89	0.29	13.84	1180.70	1123.93	
江 苏	697.84	62.96	156.61	45.20	5442.61	4874.84	2.93
浙 江	825.69	14.74	33.68	34.14	4854.28	4362.61	3.48
安 徽	760.29	31.81	33.71	12.31	2063.26	1849.32	0.89
福 建	799.40	12.74	75.20	25.92	2064.39	1765.85	1.09
江 西	516.52	17.05	4.18	12.39	1376.09	1219.61	0.96
山 东	1904.31	117.05	93.39	41.07	5469.72	4893.64	7.48
河 南	799.71	43.16	41.28	17.11	2693.12	2421.87	2.53
湖 北	449.57	15.92	31.32	18.89	2012.30	1610.91	1.19
湖 南	527.10	21.07	67.56	12.89	1625.12	1404.43	4.42
广 东	1452.12	31.25	106.49	124.87	7039.73	6295.54	6.68
广 西	296.24	12.79	41.64	4.46	1488.03	1257.95	1.21
海 南	137.17	0.32	4.03	0.94	296.03	260.23	
重 庆	475.72	3.50		8.72	822.99	736.51	0.90
四 川	1123.72	46.58	21.25	5.26	2348.24	1820.46	4.21
贵 州	403.01	11.63	26.52	21.97	1451.92	1256.42	0.65
云 南	1156.41	30.09	7.93	9.91	1727.80	1314.74	3.05
西 藏	26.11	1.46	1.54		65.02	80.20	0.14
陕 西	476.28	19.14	2.03	6.68	1723.80	1459.36	3.55
甘 肃	375.42	18.13	2.98	12.77	1069.93	922.43	0.75
青 海	457.98	1.33	0.45	0.73	552.20	435.08	1.31
宁 夏	340.99	9.95	10.89	4.00	1058.62	925.19	0.75
新 疆	613.55	21.81	0.87		1748.49	1406.62	7.35

单位：亿元

管理费用	财务费用	利息费用	投资收益(损失以“-”号记)	营业利润	利润总额	亏损企业亏损额	平均用工人数(万人)
1571.11	**2734.33**	**2579.07**	**672.69**	**4046.98**	**4207.70**	**899.17**	**267.20**
75.89	73.08	74.71	198.37	355.54	366.14	12.38	6.82
27.10	18.15	18.78	1.67	15.73	23.27	6.37	2.66
77.13	101.98	91.10	14.01	163.06	174.76	19.95	13.67
56.94	114.19	105.48	3.54	78.77	94.72	40.99	9.94
40.84	164.79	149.07	56.90	188.14	204.73	94.74	13.85
60.71	80.18	70.09	-1.40	35.82	36.66	59.37	10.96
32.57	40.84	34.74	1.48	-10.40	4.93	39.01	7.85
40.52	47.84	40.82	4.65	-44.16	-13.17	71.57	11.51
25.56	16.52	16.80	23.24	46.11	44.78	6.16	1.82
98.08	113.87	85.56	19.53	329.99	325.75	21.94	9.67
88.63	106.54	104.29	24.01	297.98	290.38	5.78	8.14
36.85	64.84	57.99	5.74	114.89	120.09	8.92	6.93
46.40	75.28	73.82	9.94	181.73	186.09	9.32	5.63
28.49	37.58	32.27	1.24	85.46	89.31	5.51	6.10
130.24	186.53	209.19	64.57	266.23	260.46	78.85	24.37
64.49	116.26	111.58	11.63	88.30	93.92	23.15	16.49
48.75	75.60	71.87	40.37	306.84	304.47	19.01	7.88
57.31	70.02	60.62	2.18	82.96	85.94	19.47	11.69
173.13	195.76	193.83	135.03	497.54	521.71	11.17	17.30
46.16	76.90	77.03	2.66	99.24	99.97	15.86	9.51
9.06	19.73	17.89	-1.08	3.08	3.29	11.87	1.33
27.70	37.58	35.24	3.74	20.81	24.63	22.46	3.62
56.09	207.29	198.50	4.97	237.96	242.60	38.25	14.64
23.99	105.80	98.06	10.84	61.24	64.30	36.74	6.21
40.21	185.79	181.11	10.65	178.52	174.34	48.11	8.82
6.80	4.57	5.08	-0.07	-24.76	-25.66	29.15	0.63
54.49	66.24	62.82	6.12	133.33	139.39	13.61	9.11
27.80	75.44	68.35	5.09	26.36	29.03	42.54	7.22
10.21	49.76	45.33	0.76	47.91	48.62	25.61	1.57
16.97	72.42	69.02	5.00	43.59	45.37	12.08	2.64
42.00	132.95	118.06	7.30	139.19	146.87	49.23	8.62

3-53 按地区分组的燃气生产和

地　区	资产总计	固定资产净额	固定资产原价	累计折旧	流动资产合计	应收账款	存货
全　国	**13821.02**	**5214.63**	**7780.70**	**2378.97**	**4772.47**	**809.53**	**319.79**
北　京	844.12	222.49	351.19	127.74	224.82	31.34	0.55
天　津	413.87	199.95	271.10	70.12	141.02	44.88	8.95
河　北	1086.89	349.58	481.62	108.39	380.04	103.82	34.33
山　西	780.92	291.48	400.25	101.52	257.03	45.21	20.47
内蒙古	659.92	261.12	376.75	106.83	161.08	18.96	9.61
辽　宁	292.49	126.99	195.31	66.88	90.48	17.42	7.67
吉　林	135.68	60.84	93.50	30.48	33.66	7.05	7.17
黑龙江	97.83	34.87	66.20	30.73	35.86	8.06	3.41
上　海	470.93	135.94	259.80	122.60	193.37	41.19	14.80
江　苏	846.84	273.95	423.34	143.24	336.52	61.11	17.57
浙　江	739.23	361.59	516.26	147.88	224.34	38.94	10.31
安　徽	337.83	128.84	199.06	55.53	122.11	30.13	6.79
福　建	261.70	124.85	200.07	69.22	79.02	20.52	16.73
江　西	176.67	82.83	119.16	31.89	55.27	5.76	4.49
山　东	895.00	311.16	472.58	140.28	393.43	85.80	29.60
河　南	753.63	234.48	337.71	94.21	358.83	42.42	31.90
湖　北	289.30	123.88	180.65	53.17	119.47	15.18	7.30
湖　南	192.55	83.70	138.22	36.95	59.25	7.61	4.78
广　东	1139.35	455.05	665.24	205.59	396.52	66.09	26.26
广　西	123.21	50.64	68.30	17.63	44.70	10.92	3.82
海　南	133.22	44.06	68.90	23.71	39.60	1.06	0.67
重　庆	279.05	84.86	137.06	50.61	111.33	9.98	4.13
四　川	724.92	208.20	356.59	133.72	244.11	23.14	13.94
贵　州	151.47	54.29	73.15	17.56	47.39	14.14	2.83
云　南	539.21	284.68	374.78	89.02	147.13	7.68	7.82
西　藏	29.48	0.15	0.44	0.30	6.56	0.10	0.49
陕　西	565.77	229.80	375.06	127.51	181.64	23.33	12.64
甘　肃	90.63	29.87	57.24	22.14	44.73	1.70	2.75
青　海	36.84	14.00	23.51	7.82	15.65	1.45	0.87
宁　夏	175.61	61.65	87.77	26.13	67.35	8.34	2.43
新　疆	556.87	288.80	409.90	119.56	160.15	16.21	4.71

供应业主要经济指标

单位：亿元

产成品	负债合计	流动负债合计	应付账款	所有者权益合计	实收资本	国家资本	集体资本
97.00	**8291.11**	**5806.13**	**1244.32**	**5497.76**	**2979.71**	**1103.03**	**47.56**
0.16	336.19	215.76	38.62	507.93	102.05	5.32	
4.10	250.27	180.92	30.20	163.60	122.16	40.27	
9.29	745.65	550.96	198.66	335.80	224.52	33.84	10.51
6.10	616.27	352.44	60.69	163.20	125.29	77.00	0.59
2.20	536.76	432.71	61.68	123.16	130.02	55.91	
1.22	161.88	142.85	17.52	130.60	103.19	14.81	1.44
0.92	83.61	62.31	11.48	52.07	20.02	2.66	0.28
1.54	54.03	48.95	10.51	43.78	31.86	14.21	
2.26	226.21	170.62	57.35	244.72	105.42	86.41	
6.91	414.43	256.59	49.82	432.41	154.94	22.76	4.40
4.02	438.26	240.38	54.97	282.10	188.15	96.66	0.86
3.92	194.18	158.24	39.68	143.65	49.51	9.72	2.40
2.40	128.08	99.27	29.53	133.62	60.08	8.20	0.26
2.06	108.71	96.18	17.08	67.92	37.86	18.10	0.38
6.68	544.27	462.00	111.51	350.86	181.16	60.98	5.85
13.45	482.37	385.97	63.04	271.43	130.34	35.17	0.94
2.77	191.06	171.97	27.61	98.24	52.86	6.73	5.13
2.67	120.04	96.30	18.86	72.51	25.97	9.07	1.55
11.79	667.26	461.89	101.37	472.09	257.18	78.40	2.07
2.73	78.21	64.82	11.26	45.00	20.18	5.54	0.12
0.13	69.67	22.12	5.33	63.55	56.85	14.04	
0.73	149.52	104.36	13.72	129.53	54.83	16.85	2.60
2.85	386.31	233.66	35.64	338.03	142.70	51.82	3.18
0.66	90.87	74.63	13.44	60.60	37.88	4.19	3.16
0.27	264.31	142.80	21.89	274.90	245.23	221.53	0.05
	28.76	2.34	0.28	0.72	0.50	0.50	
1.00	337.32	244.41	52.74	222.37	111.49	33.32	1.22
2.25	61.14	50.17	4.81	29.49	15.51	8.28	0.30
0.56	12.08	10.97	1.62	24.77	4.82	0.95	
0.78	98.37	71.68	10.77	77.24	39.31	6.28	
0.59	415.01	197.87	72.64	141.86	147.82	63.53	0.28

3-53 续表

地　区					营业收入	营业成本	销售费用
	法人资本	个人资本	港澳台资本	外商资本			
全　国	**1136.78**	**192.18**	**260.11**	**240.06**	**9340.50**	**8001.58**	**263.02**
北　京	37.01	0.27	59.46		471.89	423.35	1.47
天　津	39.97	2.98		38.94	200.14	175.91	1.77
河　北	139.83	13.15	14.48	12.71	639.03	559.26	13.35
山　西	38.37	4.81	3.00	1.52	356.71	315.00	17.56
内蒙古	49.48	19.49	4.95	0.20	216.19	197.13	3.15
辽　宁	41.58	3.80	11.79	29.77	142.67	118.37	8.79
吉　林	9.91	4.54	2.41	0.23	62.81	50.91	4.24
黑龙江	6.82	5.62	5.09	0.12	54.61	44.39	4.99
上　海	17.04	0.05	1.00	0.92	414.51	381.79	11.50
江　苏	42.49	18.14	43.87	23.28	709.34	574.81	21.67
浙　江	56.44	3.00	23.59	7.59	656.98	575.96	10.95
安　徽	22.15	1.95	6.47	6.82	254.19	217.15	5.95
福　建	38.27	3.90	6.52	2.93	350.33	303.71	7.67
江　西	13.19	1.22	4.17	0.80	188.95	158.94	5.18
山　东	60.63	16.65	22.27	14.78	652.00	551.73	18.93
河　南	57.78	10.66	22.32	3.47	477.39	402.04	14.37
湖　北	32.16	4.11	3.84	0.89	176.89	149.31	6.64
湖　南	9.94	1.26	1.55	2.61	161.53	132.17	6.51
广　东	128.11	9.40	13.54	25.66	1259.99	1123.01	25.21
广　西	10.49	1.48	2.26	0.28	85.94	72.38	2.29
海　南	10.80		0.25	31.77	20.06	14.58	0.87
重　庆	23.73	7.77	0.38	3.50	282.06	244.65	3.98
四　川	44.33	16.83	5.50	21.05	556.88	435.49	21.95
贵　州	24.40	6.13			65.76	54.68	2.05
云　南	19.89	1.37		2.40	104.93	82.42	1.84
西　藏					2.64	2.31	0.14
陕　西	55.82	13.86	1.40	5.87	397.95	346.67	8.07
甘　肃	5.80	1.14			69.57	57.81	2.35
青　海	0.77	1.14		1.95	24.59	16.59	1.22
宁　夏	29.30	3.73			105.63	92.23	0.66
新　疆	70.29	13.72			178.35	126.82	27.69

单位：亿元

管理费用	财务费用	利息费用	投资收益（损失以"–"号记）	营业利润	利润总额	亏损企业亏损额	平均用工人数（万人）
315.44	**106.59**	**115.46**	**81.64**	**731.21**	**745.95**	**90.85**	**34.38**
26.76	-1.51	3.66	14.68	35.75	35.75	2.76	1.10
6.60	4.36	3.62	0.01	13.17	13.32	1.19	0.69
18.46	8.45	8.37	7.56	49.26	50.77	7.05	2.36
13.04	12.74	12.30	1.01	-0.39	0.71	12.39	2.06
8.32	7.08	7.68	0.57	-0.29	1.11	13.93	1.18
6.88	1.49	0.99	0.53	10.99	12.74	1.59	1.52
3.41	1.81	1.41	0.08	2.99	3.26	0.45	0.57
2.91	0.22	0.44	0.03	3.16	2.91	0.98	0.70
9.37	-1.01	-0.01	3.75	21.45	21.33	0.34	0.67
22.71	2.27	1.93	5.17	91.38	92.56	1.42	1.71
13.44	6.81	7.94	1.75	51.18	51.86	0.88	1.18
7.95	1.11	0.91	2.60	23.66	24.46	0.47	1.18
6.98	1.63	1.33	3.94	36.52	36.73	0.01	0.70
5.78	1.65	1.40	-0.90	15.49	15.48	1.47	0.73
23.53	5.28	4.95	3.40	54.24	55.77	2.34	2.53
16.13	4.60	3.62	1.93	41.49	42.08	1.32	2.44
5.71	2.12	2.02	1.12	13.88	14.16	1.47	0.95
9.40	1.41	0.87	0.04	11.56	12.12	0.09	0.81
30.33	9.45	10.61	10.77	83.14	84.17	22.38	2.21
2.13	0.86	0.85	0.01	8.19	10.56	0.52	0.43
1.45	0.81	1.74	1.21	3.42	3.46	0.56	0.18
7.27	0.85	1.33	3.69	28.14	28.11	0.32	1.04
31.45	3.94	7.86	5.14	62.22	62.29	0.91	2.79
3.92	2.07	2.33	1.16	3.97	4.06	1.11	0.41
4.37	7.45	7.49	7.20	17.67	14.38	0.17	0.50
0.23			0.05	0.01	0.01		0.02
12.71	5.79	3.74	2.69	24.75	27.13	4.45	1.75
2.56	-0.19	0.42	2.00	8.46	8.49	0.35	0.37
1.86	0.09	0.09	0.01	4.76	4.77		0.10
2.11	3.25	2.97	0.25	7.25	7.55	0.69	0.23
7.66	11.74	12.56	0.19	3.74	3.84	9.25	1.29

3-54 按地区分组的水的生产和

地区	资产总计	固定资产净额	固定资产原价	累计折旧	流动资产合计	应收账款	存货
全国	**21240.17**	**6788.46**	**11460.75**	**4440.49**	**6441.12**	**854.50**	**231.38**
北京	1316.32	551.04	884.26	333.01	325.29	162.58	2.49
天津	512.77	107.82	216.73	108.06	167.40	38.98	6.40
河北	387.07	124.87	226.14	95.53	111.66	18.16	5.66
山西	189.24	80.93	142.08	60.09	51.55	11.23	2.84
内蒙古	381.88	129.31	199.69	69.63	126.58	34.49	1.63
辽宁	803.44	210.28	383.57	166.89	350.04	33.50	3.43
吉林	136.33	49.85	96.36	46.50	58.79	3.16	0.69
黑龙江	300.25	90.43	129.70	38.75	99.46	9.13	0.91
上海	1105.42	221.08	462.90	241.56	111.43	16.35	4.50
江苏	2284.17	712.28	1192.06	468.54	1026.37	53.40	23.28
浙江	1662.00	567.14	1107.87	521.29	513.89	30.34	17.25
安徽	451.16	142.15	244.84	102.27	158.21	13.70	20.40
福建	636.80	192.37	332.68	131.00	184.23	13.84	3.94
江西	521.17	102.31	167.15	57.16	193.38	13.11	10.64
山东	1395.11	467.80	754.07	248.78	461.93	62.28	29.66
河南	612.90	225.25	355.60	103.31	149.68	27.70	5.19
湖北	584.80	173.70	288.87	104.23	206.32	44.81	11.85
湖南	663.00	263.39	424.63	140.68	150.77	30.64	4.61
广东	2647.46	962.16	1670.99	706.45	592.78	105.04	22.84
广西	407.21	176.91	252.15	72.06	96.96	7.45	5.54
海南	81.01	37.05	61.67	23.89	23.10	3.96	0.83
重庆	498.70	189.50	285.08	95.35	143.68	6.71	6.84
四川	1513.39	320.31	523.05	177.65	476.25	48.45	20.87
贵州	533.77	78.30	117.13	37.28	227.32	16.65	10.14
云南	461.36	173.05	252.78	79.73	155.41	18.64	5.48
西藏	17.41	2.82	5.65	2.83	8.06	2.76	0.18
陕西	381.46	151.98	247.54	61.58	89.71	6.53	1.59
甘肃	109.87	32.54	64.15	31.60	20.92	2.95	0.33
青海	44.62	11.39	18.41	7.02	15.94	0.64	0.16
宁夏	190.95	65.17	95.54	30.34	32.02	4.68	0.31
新疆	409.14	175.27	257.40	77.42	110.99	12.67	0.92

供应业主要经济指标

单位：亿元

产成品	负债合计	流动负债合计	应付账款	所有者权益合计	实收资本	国家资本	集体资本
34.99	**12550.35**	**5661.44**	**1022.68**	**8645.04**	**4422.47**	**2526.61**	**181.19**
0.42	668.96	264.03	107.04	647.36	491.38	362.38	
0.37	334.53	183.22	28.34	178.24	114.59	13.47	
2.66	247.92	120.72	33.33	137.42	95.46	31.68	0.87
0.10	97.58	62.74	19.71	91.66	69.77	41.22	0.18
0.58	230.94	118.73	24.77	150.94	93.79	59.74	1.45
2.02	508.89	244.19	25.00	294.55	173.57	120.46	0.71
0.14	84.73	38.08	6.08	51.60	18.38	12.72	3.72
0.11	203.54	99.79	13.87	96.71	35.56	14.79	2.96
0.42	449.29	216.96	14.13	656.13	425.07	359.46	3.45
1.38	1522.76	529.91	37.25	761.41	459.91	331.12	7.97
2.77	1068.58	445.00	52.24	593.42	322.51	157.75	1.65
1.59	239.19	140.38	19.49	211.97	91.96	51.25	0.60
0.55	342.16	157.09	21.43	293.15	147.98	88.88	2.15
4.71	332.01	212.39	39.25	187.35	59.24	22.58	0.20
2.88	880.39	462.57	96.25	514.24	221.01	116.46	2.28
0.61	292.03	133.63	32.05	320.36	101.12	49.72	1.68
2.13	356.04	157.95	32.50	225.71	71.93	34.72	4.27
1.29	412.47	216.07	35.38	236.97	118.83	71.13	0.73
2.17	1565.69	670.87	145.14	1081.78	519.59	186.26	131.62
0.34	248.63	75.74	18.61	158.01	50.68	33.27	0.06
0.01	33.49	17.96	1.52	46.80	25.43	10.96	0.50
0.50	206.96	96.06	15.38	291.73	111.24	48.86	0.04
1.73	895.63	429.33	109.04	605.45	179.22	119.72	1.50
0.95	350.41	181.28	21.47	183.09	79.22	37.38	3.96
3.94	298.18	123.50	18.83	163.17	55.46	34.23	0.26
	9.00	0.59	0.32	8.41	4.63	4.63	
0.23	249.11	111.33	9.35	124.09	81.16	54.18	8.18
0.10	66.70	28.01	5.41	43.17	26.11	18.88	
0.04	20.10	8.37	2.17	24.52	7.96	5.45	
0.02	112.12	40.08	13.84	78.82	46.07	13.66	
0.21	222.36	74.91	23.48	186.78	123.63	19.59	0.21

3-54 续表

地　区					营业收入	营业成本	销售费用
	法人资本	个人资本	港澳台资本	外商资本			
全　国	**1385.51**	**94.82**	**125.05**	**109.23**	**3551.45**	**2604.03**	**161.62**
北　京	122.44	2.69	3.70	0.16	139.38	105.15	6.78
天　津	71.81	3.88	7.72	17.70	103.96	83.90	1.92
河　北	58.63	2.26	1.01	1.02	88.43	62.72	3.49
山　西	27.61	0.32	0.44		39.66	33.50	1.65
内蒙古	27.55	5.05			62.12	42.12	2.39
辽　宁	41.99	1.09	2.23	7.09	92.06	72.33	6.81
吉　林	0.71	1.23			23.98	17.11	2.00
黑龙江	15.56	0.47	0.79	1.00	30.11	24.52	2.19
上　海	46.96	1.39	4.44	9.37	136.98	111.39	7.59
江　苏	66.89	10.34	29.37	14.21	294.43	200.53	30.22
浙　江	154.26	2.43	2.13	4.28	264.50	222.97	12.66
安　徽	29.77	3.32	3.23	3.79	105.11	74.65	4.76
福　建	45.97	2.57	4.08	4.32	97.54	71.19	6.25
江　西	25.87	3.30	5.75	1.54	129.42	87.63	4.41
山　东	64.93	4.34	26.76	6.25	236.84	183.98	4.96
河　南	40.76	7.69	0.91	0.31	135.44	96.57	4.76
湖　北	18.21	9.64		5.09	108.29	85.73	6.82
湖　南	36.56	6.72	0.85	2.83	175.47	123.77	7.42
广　东	180.04	10.00	8.77	2.90	647.55	457.61	19.14
广　西	12.92	4.04	0.39		49.78	32.83	2.01
海　南	13.98				16.57	10.67	1.41
重　庆	48.24	1.34	12.77		80.94	55.40	3.55
四　川	47.73	7.59	0.30	2.38	253.24	176.82	6.23
贵　州	25.36			12.52	53.52	31.77	3.18
云　南	8.48	1.37		11.13	48.36	36.91	2.54
西　藏					2.99	1.48	0.12
陕　西	17.39	0.94	0.46		49.17	38.06	1.88
甘　肃	3.32		3.91		14.00	11.22	0.41
青　海	2.52				4.03	2.76	0.38
宁　夏	26.97		5.04	0.41	24.53	16.88	1.22
新　疆	102.11	0.82		0.91	43.03	31.87	2.44

单位：亿元

管理费用	财务费用	利息费用	投资收益（损失以“–”号记）	营业利润	利润总额	亏损企业亏损额	平均用工人数（万人）
338.38	**176.03**	**183.33**	**75.03**	**354.74**	**417.24**	**90.57**	**51.52**
10.19	13.30	14.51	2.05	3.30	3.75	2.03	1.45
8.08	4.00	4.78	6.89	12.15	12.46	2.17	0.72
11.46	4.69	4.23	1.82	4.81	8.83	2.87	1.87
5.71	1.70	1.54	0.18	-3.42	0.02	3.25	1.26
6.15	3.71	3.28	0.13	2.96	5.22	3.27	1.33
12.45	6.97	4.37	0.30	-2.98	5.23	5.72	2.61
4.59	1.02	1.10	0.08	-0.60	-0.01	1.57	0.90
3.89	5.04	5.74	0.06	-5.48	-0.73	3.65	1.33
7.42	2.60	2.77	2.91	12.13	11.29	2.44	0.96
28.03	8.32	7.89	11.27	41.66	48.00	4.80	3.65
23.15	17.51	18.40	5.30	3.47	15.64	15.11	2.78
10.45	2.82	2.69	2.42	14.29	15.70	0.57	1.56
8.31	2.56	2.78	1.24	10.49	10.47	1.49	1.35
9.82	4.05	4.56	3.40	26.81	27.64	0.12	1.67
24.27	11.65	12.67	2.22	15.77	19.42	7.71	3.51
11.63	6.19	5.88	0.86	15.10	16.09	2.23	3.09
10.53	4.30	4.04	1.75	2.32	4.31	5.65	2.19
20.27	9.15	8.70	1.82	17.87	18.99	1.92	2.78
56.00	33.48	37.13	22.92	112.27	114.45	6.02	6.18
5.55	3.77	3.97	0.63	6.02	7.26	0.63	1.19
1.76	0.17	0.15	0.03	2.77	2.87	0.23	0.43
8.50	0.71	1.43	0.01	12.87	14.51	0.31	1.09
20.68	9.73	8.36	1.69	38.20	39.58	1.46	2.97
6.77	4.00	3.86	1.37	8.97	9.86	0.63	1.00
4.94	2.89	6.25	0.13	0.19	1.45	4.32	0.66
0.46	0.16	0.17	0.09	0.77	0.75	0.01	0.06
5.33	6.26	6.17	0.21	-3.07	-2.86	5.88	1.17
2.31	0.61	0.60	0.05	-0.72	0.13	0.56	0.58
1.20	0.12	0.06	0.43		-0.05	0.29	0.12
2.27	1.33	1.75	1.90	4.85	4.98	0.35	0.31
6.19	3.22	3.52	0.87	0.99	1.99	3.30	0.74

3−55 按地区分组主要工业产品产量(2020年)

地　区	原盐(万吨)	成品糖(万吨)	啤酒(万千升)	卷烟(亿支)	布(亿米)
全　国	**5852.68**	**1431.30**	**3411.11**	**23863.73**	**459.19**
北　京			79.26	161.82	
天　津	195.61		16.42	210.62	0.39
河　北	291.17	51.34	178.20	773.54	11.67
山　西			17.82	151.10	0.17
内蒙古	103.86	81.51	58.52	305.10	
辽　宁	92.97		171.39	274.25	0.77
吉　林		0.32	72.43	528.23	0.25
黑龙江		20.88	128.53	384.70	0.03
上　海			28.88	878.08	1.03
江　苏	581.93	6.93	173.75	1039.45	87.25
浙　江		0.64	259.64	920.43	113.09
安　徽	155.35		75.99	1203.47	7.41
福　建	34.34	15.01	156.94	886.45	77.81
江　西	212.30	1.52	69.97	630.71	7.81
山　东	1295.75	105.33	457.96	1267.12	42.06
河　南	107.50	0.26	192.90	1550.43	14.53
湖　北	426.58		97.54	1330.46	41.34
湖　南	330.46	1.36	66.64	1624.96	1.65
广　东	4.38	126.02	357.46	1278.37	20.71
广　西	3.85	677.03	111.84	706.71	0.39
海　南	5.62	11.43	3.38	115.00	
重　庆	372.16	0.80	65.54	557.50	1.70
四　川	514.10	2.67	217.97	895.22	14.92
贵　州		3.58	100.50	1160.07	0.33
云　南	160.30	257.18	69.65	3515.88	
西　藏			12.53		
陕　西			67.08	798.50	8.24
甘　肃	15.14	6.27	34.90	461.20	
青　海	465.33		1.30		
宁　夏	90.89	0.28	19.96	80.00	0.59
新　疆	393.08	60.93	46.20	174.35	5.07

3-55 续表 1

地 区	机制纸及纸板（万吨）	硫 酸（折100%）（万吨）	烧碱（折100%）（万吨）	纯碱（碳酸钠）（万吨）	乙烯（万吨）
全 国	**12700.63**	**9238.18**	**3673.87**	**2812.37**	**2159.96**
北 京	3.89				81.70
天 津	266.70	21.59	82.32	62.82	111.82
河 北	340.17	181.07	135.26	218.46	
山 西	69.64	44.43	48.66	3.38	
内蒙古	7.37	494.87	332.19	4.23	3.97
辽 宁	186.28	142.36	76.47		183.87
吉 林	52.24	79.91	2.58		86.00
黑龙江	31.86	5.55	22.67	15.09	131.10
上 海	42.33	5.53	70.70		206.09
江 苏	1411.25	252.91	261.77	484.07	220.33
浙 江	1452.75	274.33	208.35	29.59	204.20
安 徽	406.64	673.87	85.49	88.81	
福 建	798.49	343.73	35.90	25.49	138.74
江 西	291.06	287.52	179.99	40.16	0.61
山 东	2297.70	541.09	988.61	383.75	119.88
河 南	355.66	435.60	170.72	470.56	24.86
湖 北	467.54	1330.48	85.69	173.29	69.78
湖 南	316.10	207.55	59.74	32.86	0.64
广 东	2435.96	229.43	33.16	54.39	365.68
广 西	313.38	444.10	82.37		
海 南	174.95				
重 庆	402.48	59.36	35.12	117.64	
四 川	365.83	513.05	120.42	128.93	
贵 州	32.79	597.80			
云 南	74.29	1566.39	22.87	9.54	
西 藏					
陕 西	58.34	119.24	113.51	25.60	
甘 肃	5.54	248.32	36.39		69.70
青 海		13.72	19.61	413.79	
宁 夏	23.27	63.22	73.09	29.91	
新 疆	16.13	61.16	290.23		141.00

3-55 续表 2

地　区	农用氮、磷、钾化学肥料总计(折纯)(万吨)	化学农药原药(折有效成分100%)(万吨)	初级形态的塑料(塑料树脂及共聚物)(万吨)	化学纤维(万吨)	水泥(万吨)
全　国	**5495.97**	**214.80**	**10542.20**	**6124.68**	**239470.83**
北　京			112.70	0.26	286.90
天　津	14.78		339.70	7.49	551.50
河　北	212.82	3.59	183.14	96.50	11859.97
山　西	400.21	0.06	102.37		5616.66
内蒙古	424.17	4.30	860.16	0.71	3610.88
辽　宁	35.60	1.55	542.72	18.79	5447.01
吉　林	21.88	1.82	135.51	40.28	2232.80
黑龙江	55.27	0.50	247.07	2.51	2409.91
上　海	0.96	1.35	421.62	37.93	398.89
江　苏	200.77	58.20	1135.60	1534.12	15275.13
浙　江	63.96	19.19	1132.52	2964.24	13260.00
安　徽	268.00	16.07	328.09	51.46	14189.26
福　建	86.25		398.33	856.36	9718.36
江　西	23.43	1.36	84.68	86.90	10030.74
山　东	352.64	28.54	945.98	74.75	15970.42
河　南	489.20	8.22	215.50	75.33	11767.92
湖　北	490.03	14.91	174.51	32.54	9826.63
湖　南	65.09	13.02	60.20	6.95	11043.16
广　东	11.30	1.98	713.44	67.15	17165.52
广　西	47.71	3.11	28.60		12129.05
海　南	65.25	0.19	34.87		1838.85
重　庆	167.20	0.21	48.08	17.96	6524.41
四　川	359.13	27.61	284.79	79.01	14517.47
贵　州	338.91		4.73	1.37	10820.86
云　南	224.33	0.12	34.56	4.01	13130.31
西　藏					1085.04
陕　西	145.78	0.48	593.24	3.97	6809.85
甘　肃	24.54	3.70	159.43		4716.73
青　海	523.14		53.98		1225.79
宁　夏	68.22	3.60	439.27	2.27	1979.94
新　疆	315.40	1.11	726.79	61.81	4030.88

3-55 续表 3

地 区	平板玻璃（万重量箱）	生铁（万吨）	粗钢（万吨）	钢材（万吨）	金属切削机床（万台）	大中型拖拉机（万台）
全 国	**95227.79**	**88897.61**	**106476.68**	**132489.18**	**43.89**	**34.52**
北 京	51.73			184.42	0.88	
天 津	3152.11	2198.87	2171.82	5724.05	0.09	0.41
河 北	13728.37	22903.76	24976.95	31320.12	0.20	
山 西	2252.16	6089.08	6637.78	6181.45		
内 蒙 古	1041.24	2380.83	3119.87	2883.92		
辽 宁	4682.69	7235.20	7609.40	7578.40	2.77	
吉 林	1199.02	1407.74	1525.61	1661.62		
黑 龙 江	399.14	863.13	986.55	878.96	0.04	1.33
上 海		1411.33	1575.60	1879.61	0.41	
江 苏	1757.21	10022.92	12108.20	15004.86	5.37	7.74
浙 江	4270.37	852.84	1457.03	3806.68	11.04	1.79
安 徽	4466.23	2537.32	3696.69	3607.46	1.97	0.09
福 建	5362.13	1106.21	2466.50	3861.65	1.16	
江 西	488.37	2332.07	2682.07	3093.92	0.35	0.02
山 东	7792.64	7668.42	7993.51	11269.32	4.93	15.87
河 南	1907.57	2769.49	3530.16	4233.36	0.23	6.46
湖 北	9566.46	2727.44	3557.23	3649.11	0.83	0.54
湖 南	4318.31	2105.44	2612.90	2729.73	0.33	
广 东	10027.52	2158.74	3382.34	4866.19	5.48	
广 西	2650.24	1457.14	3452.23	4731.16	0.11	
海 南	424.67					
重 庆	1596.50	637.84	899.95	1309.95	0.77	
四 川	5902.06	2136.79	2792.63	3437.18	0.85	0.01
贵 州	1648.07	368.63	461.94	741.09	0.19	
云 南	2459.27	1873.25	2233.02	2640.72	3.49	0.27
西 藏						
陕 西	2222.51	1232.21	1521.53	2019.98	2.07	
甘 肃	534.26	782.29	1059.17	1102.65	0.13	
青 海	74.34	160.34	193.24	189.11	0.01	
宁 夏	422.68	319.98	466.62	481.99	0.19	
新 疆	829.90	1158.32	1306.13	1420.52		

3-55 续表 4

地　区	汽车（万辆）	#基本型乘用车(轿车)（万辆）	发电机组(发电设备)（万千瓦）	家用电冰箱（万台）	房间空气调节器（万台）
全　国	**2532.49**	**923.98**	**13384.46**	**9014.71**	**21035.25**
北　京	166.01	65.31	555.68		
天　津	94.57	53.73	775.98	22.15	158.75
河　北	97.53	14.11	356.28		1197.98
山　西	4.89	0.46	30.23		
内蒙古	2.90	2.89	85.95		
辽　宁	74.82	37.24	57.90	156.88	92.63
吉　林	265.64	143.97			
黑龙江	7.17	7.17	1806.75		
上　海	264.68	145.48	1882.25	21.15	231.23
江　苏	75.21	30.14	1365.86	1265.22	401.51
浙　江	90.43	52.35	757.38	592.71	1583.33
安　徽	116.07	13.24		2437.87	3009.70
福　建	18.04	2.64	38.52		141.63
江　西	45.20	0.73	34.54	78.14	486.56
山　东	115.82	5.92	584.50	832.37	1479.23
河　南	54.54	17.84	123.16	216.11	1248.03
湖　北	209.34	84.95	113.91	570.06	1760.31
湖　南	39.13	7.83	493.97		622.75
广　东	313.29	172.70	624.79	2305.76	6714.61
广　西	174.49	23.80	8.20	99.38	
海　南	0.13				
重　庆	158.00	28.78	102.67	148.70	1696.19
四　川	71.34	2.26	2589.29	111.13	210.80
贵　州	7.52			157.08	
云　南	2.00		40.08		
西　藏					
陕　西	62.83	10.11	30.18		
甘　肃	0.04		1.20		
青　海			97.50		
宁　夏	0.01		94.89		
新　疆	0.87	0.32	732.80		

3-55 续表 5

地　区	家用洗衣机(万台)	移动通信手持机(手机)(万台)	微型计算机设备(万台)	集成电路(亿块)	彩色电视机(万台)
全　国	**8041.87**	**146961.78**	**37800.41**	**2614.23**	**19626.24**
北　京		9928.54	552.42	170.71	279.41
天　津	220.39	6.73		18.92	49.29
河　北	8.62			0.47	
山　西		2261.35	0.53		
内蒙古					173.24
辽　宁		15.95	46.26	7.40	11.68
吉　林					
黑龙江		36.84		2.65	
上　海	133.96	3686.58	1799.51	288.67	158.74
江　苏	2238.61	5527.48	5029.46	836.45	796.37
浙　江	907.21	3704.59	139.21	174.10	1.11
安　徽	2380.40	91.35	3097.13	9.18	1611.76
福　建		2382.81	1493.63	16.95	1330.02
江　西	20.45	5649.09	2188.45	3.31	84.24
山　东	662.19	606.47	0.26	22.16	1774.86
河　南	49.20	13625.32	1.48	0.03	24.72
湖　北		2667.01	1720.01	0.57	178.78
湖　南		2369.20	184.51	17.85	
广　东	741.57	61951.12	4621.58	373.57	11233.36
广　西	141.11	1504.90	185.05	0.20	670.91
海　南					
重　庆	523.40	13450.47	9130.26	45.49	
四　川	14.76	13319.83	7527.01	106.37	970.10
贵　州		1352.91	0.07	0.69	183.62
云　南		574.74	82.57	5.15	26.74
西　藏					
陕　西		1707.75		56.06	67.28
甘　肃		51.57		457.29	
青　海					
宁　夏					
新　疆		489.19	1.00		

四、附　录

主要指标解释

资产总计 指企业过去的交易或者事项形成的、由企业拥有或者控制的、预期会给企业带来经济利益的资源。包括企业拥有的土地、办公楼、厂房、机器、运输工具、存货等实物资产和现金、存款、应收账款和预付账款等金融资产。资产一般按流动性（资产的变现或耗用时间长短）分为流动资产和非流动资产。其中流动资产可分为货币资金、交易性金融资产、应收票据、应收账款、预付款项、其他应收款、存货等；非流动资产可分为长期股权投资、固定资产、无形资产及其他非流动资产等。来源于会计“资产负债表”中“资产总计”项目的期末余额数。

流动资产合计 资产满足以下条件之一应归为流动资产：（1）预计在一个正常营业周期中变现、出售或耗用，主要包括存货、应收账款等；（2）主要为交易目的而持有；（3）预计在资产负债表日起一年内（含一年）变现；（4）自资产负债日起一年内，交换其他资产或清偿负债的能力不受限制的现金或现金等价物。包括货币资金、应收票据、应收账款、存货等项目。来源于会计“资产负债表”中“流动资产合计”项目的期末余额数。

应收账款 指资产负债表日以摊余成本计量的、企业因销售商品、提供服务等经营活动应收取的款项。来源于会计“资产负债表”中“应收账款”项目的期末余额数。

存货 指企业在日常活动中持有以备出售的产成品或商品、处在生产过程中的在产品、在生产过程或提供劳务过程中耗用的材料或物料等，通常包括原材料、在产品、半成品、产成品、商品以及周转材料等。来源于会计“资产负债表”中“存货”项目的期末余额数。

产成品 指企业已经完成全部生产过程并验收入库，可以按照合同规定的条件送交订货单位，或者可以作为商品对外销售的产品。如果会计“资产负债表”列示“产成品”或“库存商品”项目，则根据其期末余额填报；或者，根据会计“产成品”或“库存商品”科目的借方余额，减去为“产成品”或“库存商品”计提的存货跌价准备等填报。

固定资产净额 指固定资产原价减去累计折旧、固定资产减值准备后的金额。根据会计“资产负债表”中“固定资产”或“固定资产净额”项目的期末余额填报。

固定资产合计 指企业为生产商品、提供劳务、出租或经营管理而持有的，使用寿命超过一个会计年度的有形资产。包括使用期限超过一年的房屋、建筑物、机器、机械、运输工具以及其他与生产、经营有关的设备、器具、工具等。来源于会计“资产负债表”中“固定资产”项目的期末余额数。

固定资产原价 指固定资产的成本，包括企业在购置、自行建造、安装、改建、扩建、技术改造某项固定资产时所发生的全部支出总额。来源于会计“固定资产”科目的期末借方余额。

累计折旧 指企业在报告期末提取的历年固定资产折旧累计数。来源于会计“累计折旧”科目的期末贷方余额。

负债合计 指企业过去的交易或者事项形成的，预期会导致经济利益流出企业的现时义务。包括银行贷款、借款、应付账款、应付职工工资、应付职工福利费、应交税金等企业负有偿还责任的债务。负债一般按偿还期长短分为流动负债和非流动负债。执行企业会计准则或《小企业会计准则》的企业：负债合计=流动负债合计+非流动负债合计；执行其他企业会计制度的企业负债包括流动负债和长期负债。来源于会计“资产负债表”中“负债合计”项目的期末余额数。

流动负债合计 负债满足下列条件之一的应归为流动负债：（1）预计在一个正常营业周期中清偿；（2）主要为交易目的而持有；（3）自资产负债表日起一年内到期应予清偿；（4）企业无权自主地将清偿推迟至资产负债表日后一年以上。包括短期借款、应付票据、应付账款、应付职工薪酬、应交税费等项目。来源于会计“资产负债表”中“流动负债合计”项目的期末余额数。

应付账款 指企业因购买材料、商品和接受劳务供应等经营活动应支付的款项。来源于会计“资产负债表”中“应付账款”项目的期末余额数。

所有者权益合计 指企业资产扣除负债后由所有者享有的剩余权益。公司的所有者权益又称股东权益。包括实收资本、资本公积、盈余公积、未分配利润等。来源于会计“资产负债表”中“所有者权益合计”项目的期末余额数。

实收资本 指企业各投资者实际投入的资本（或股本）总额，包括货币、实物、无形资产等各种形式的投入。实收资本按投资主体可分为国家资本、集体资本、法人资本、个人资本、港澳台资本和外商资本。来源于会计“资产负债表”中“所有者权益”项下“实收资本”的期末余额数。

国家资本 指有权代表国家投资的政府部门或机构、直属事业单位对企业形成的资本金。

集体资本 指由本企业职工等自然人集体投资或各种机构对企业进行扶持形成的集体性质的资本金。

法人资本 指法人以其依法可支配的资产投入企业形成的资本金。

个人资本 指自然人实际投入企业的资本金。

港澳台资本 指我国香港、澳门和台湾地区投资者实际投入企业的资本金。

外商资本 指外国投资者实际投入企业的资本金。

营业收入 指企业从事销售商品、提供劳务和让渡资产使用权等生产经营活动形成的经济利益流入。包括“主营业务收入”和“其他业务收入”。根据会计“利润表”中“营业收入”项目的本年累计数填报。

营业成本 指企业从事销售商品、提供劳务和让渡资产使用权等生产经营活动发生的实际成本。“营业成本”应当与“营业收入”进行配比。包括“主营业务成本”和“其他业务成本”。根据会计“利润表”中“营业成本”项目的本年累计数填报。

销售费用 指企业在销售商品和材料、提供劳务的过程中发生的各种费用，包括保险费、包装费、展览费和广告费、商品维修费、预计产品质量保证损失、运输费、装卸费等以及为销售本企业商品而专设的销售机构（含销售网点、售后服务网点等）的职工薪酬、业务费、折旧费等经营费用。来源于会计“利润表”中“销售费用”项目的本期金额数。

管理费用 指企业为组织和管理企业生产经营所发生的费用，包括企业在筹建期间内发生的开办费、董事会和行政管理部门在企业经营管理中发生的，或者应当由企业统一负担的公司经费等。来源于会计“利润表”中“管理费用”项目的本期金额数（包含研发费用）。

财务费用 指企业为筹集生产经营所需资金等而发生的筹资费用，包括企业生产经营期间发生的利息支出（减利息收入）、汇兑损失（减汇兑收益）以及相关的手续费等。来源于会计“利润表”中“财务费用”项目的本期金额数。

利息费用 指企业为筹集生产经营所需资金等而发生的应予费用化的利息支出。包括短期借款利息、长期借款利息、应付票据利息、票据贴现利息、应付债券利息、长期应付引进国外设备款利息等。执行企业会计准则或《小企业会计准则》的企业，根据会计“利润表”中“利息费用”项目的本年累计数填报。执行其他企业会计制度的企业，根据会计“财务费用”科目下“利息支出”明细科目的本期发生额填报，如果企业没有单独设立“利息收入”明细科目，应填报利息支出减利息收入后的净额。

投资收益 指企业确认的投资收益或投资损失，反映企业以各种方式对外投资所取得的收益。来源于会计“利润表”中“投资收益”项目的本期金额数。

营业利润 指企业从事生产经营活动所取得的利润。执行企业会计准则或《小企业会计准则》的企业，根据会计“利润表”中“营业利润”项目的本年累计数填报；执行其他企业会计制度的企业，根据会计“损益表”中“营业利润”项目、“投资收益”项目的本年累计数之和填报。

利润总额 指企业在一定会计期间的经营成果，是生产经营过程中各种收入扣除各种耗费后的盈余，反映企业在报告期内实现的盈亏总额。利润总额为营业利润加上营业外收入，减去营业外支出后的金额，根据会计“利润表”中“利润总额”项目的本年累计数填报。

平均用工人数 指报告期企业平均实际拥有的、参与本企业生产经营活动的人员数。

营业收入利润率 计算公式为：营业收入利润率=利润总额÷营业收入×100% 。

人均营业收入 计算公式为：人均营业收入=营业收入÷平均用工人数，单位：万元/人。

每百元资产实现的营业收入 计算公式为：每百元资产实现的营业收入=营业收入÷资产总计×100，单位：元。**资产负债率** 计算公式为：资产负债率=负债合计÷资产总计×100%，单位：%。

产成品存货周转天数 计算公式为：产成品存货周转天数=360×产成品存货÷营业成本，单位：天。

应收账款平均回收期 计算公式为：应收账款平均回收期=360×应收账款÷营业收入，单位：天。